Aus dreißig Jahren

Mit Beiträgen von

Wolf Bierbach
Karl Fischer
Walter Först
Marcel Gärtner
Alfred Hartlieb von Wallthor
Dietrich Höroldt
Wolfram Köhler
Horst Lademacher
Paul Ludwig
Rudolf Morsey
Carola Stern
Karl Teppe

Aus dreißig Jahren

Rheinisch-Westfälische Politiker-Porträts

Herausgegeben von
Walter Först

GROTE

Mit einundzwanzig Abbildungen

Gesamtherstellung Buch- und Offsetdruck Alois Palmer Ing. (grad.)
5060 Bergisch Gladbach 2
Printed in Germany
ISBN 3 7745 6433 7

Inhalt

Einleitung

„Nach dreißig Jahren" ist 1979 ein Stichwort, unter dem sich vieles aufführen läßt, als Erinnerung wie als Fragestellung; 1949 wurde das Grundgesetz fertig und die Bundesrepublik Deutschland konstituiert. Zugleich hat es den Charakter von Rückschau und Zwischenbilanz; ein von Bundespräsident Scheel herausgegebenes Buch trägt diesen Titel. „Aus dreißig Jahren" meint gewiß auch Rückschau, Erinnerung, aber von Zwischenbilanz ist hier keine Rede, weil dazu mindestens äußerlich kein Anlaß besteht, und die Fragestellungen, die sich ergeben, sind auf die anderen dreißig Jahre gerichtet, die das Land Nordrhein-Westfalen bereits 1976 alt war. Aber dreißig, zweiunddreißig, wenn man von dem ersten Landtag an zählen will, mit dessen Wahl 1947 die Bevölkerung dem neuen Land zum ersten Mal eine demokratische Legitimation gab, oder dreiunddreißig, von der britischen Verordnung aus dem Hochsommer 1946 an gerechnet – es kommt dieser Porträt-Sammlung nicht auf einen genau umrissenen Zeitabschnitt an. Sie will zur Geschichte des Landes beisteuern, die noch immer in den Anfängen steckt, beisteuern mit Porträtskizzen, die sich nicht auf das rein Biographische beschränken, sondern die Personen in ihrer Zeit und in ihren Aufgaben, aber damit zugleich auch in ihren eigenen wie in den Problemen der Zeit zeigen.

Der Zeitraum, den der Titel meint, ist für das Leben der Personen, die hier beschrieben werden, ohnehin nur ein Ausschnitt. Nur sechs von ihnen, sechs von einundzwanzig, sind nicht mehr im 19. Jahrhundert geboren, einer der Sechs, Gockeln, auf der Schwelle des 20. Jahrhunderts. Die meisten waren schon in der Weimarer Republik politisch tätig. Auszunehmen wären da nur Heinemann und Meyers, Salzmann und Wandersleb dagegen nur mit Einschränkung, weil sie keine reinen Beamten waren, nicht jedoch Weyer, der Jüngste in der Reihe, der das Ende der ersten deutschen Republik als Halbwüchsiger erlebte. Wenn aber die Mehrheit der Porträtfiguren schon nach 1918, einige noch früher politisch tätig war, dann ist ihr Engagement in Nordrhein-Westfalen Fortsetzung, Weiterentwicklung, manchmal Höhepunkt und meistens Abschluß einer Laufbahn, die, als sie begann, nicht auf eben dieses Land gerichtet sein konnte; der Zweite Weltkrieg war in den zwanziger Jahren nicht vorauszusehen, in den frühen dreißiger allenfalls zu ahnen. Als sie dann 1945 oder bald danach – die meisten jedenfalls – zu ihren Ämtern und Mandaten kamen, durch die und mit denen sie Teil der frühen Geschichte des Landes geworden sind, wurden sie fast alle zu den später oft zitierten „Männern der ersten Stunde", die bereit waren, sich einzusetzen, aufzubauen, neu zu gestalten, um die nicht nur materiellen, nicht nur gegenständlichen Trümmer zu beseitigen.

Versteht man ihn so, dann hat der Begriff der „Männer der ersten Stunde", der in dieser Sammlung auch auf eine Frau – Christine Teusch – anzuwenden wäre, auch heute noch seinen Sinn. Sonst ist er inzwischen eher etwas abgegriffen. Denn erste Stunde oder „Stunde Null", Wiederanfang, Neubeginn nach Zweitem Weltkrieg und der totalitären Gespensterwelt des Faschismus, das war zwar in der Nacherinnerung die große Zäsur mit manchen Hoffnungen, aber auch mit dem harten Schnitt gegenüber der jüngsten Vergangenheit, einem Schnitt, der das Verdrängen und Vergessen begünstigte. Neuerdings wächst wieder das Gefühl für Kontinuität, die Kontinuität auch im Umbruch, im Wandel, die für das Geschichtsbewußtsein unerläßlich ist, weil es historisch nur Entwicklung gibt, gleich wie sie geartet ist, nicht aber die Pause, den weißen Fleck, das Vakuum.

Die verbreitete Neigung, Lücken in der Erinnerung zu lassen, problematische, fatale, beschämende Abschnitte der Vergangenheit auszusparen, bezieht sich zum Teil auch auf die frühe Nachkriegszeit. Nicht wenige Zeitgenossen haben damals nur zögernd, sicherlich belastet von den alltäglichen wirtschaftlichen Schwierigkeiten, Gemeinschaft und Gesellschaft, Staat und Gemeinde, Politik also zur Kenntnis und dann ernst genommen, selbst wenn sie sich an Wahlen beteiligten. Die Länder, schon bald nach Kriegsende in allen Besatzungszonen von den Siegermächten ins Leben gerufen, waren wenig populär. Den Anfang einer neuen deutschen Staatlichkeit machte erst die Bundesrepublik bewußt, die drei Jahre später kam. Eingeleitet wurde ihre Bildung kurz nach der Währungsreform, mit der eine der wesentlichen Voraussetzungen für den wirtschaftlichen Aufschwung geschaffen war. Schwierigkeiten mit dem neuen Land hatte man vor allem in Nordrhein-Westfalen; das galt auch für nicht wenige Politiker. Für eine Zusammenfassung wenigstens des nördlichen Rheinlands mit Ruhrgebiet und Westfalen gab es kaum Tradition. Lange blieb bei Regierungsbildungen der Rheinland-Westfalen-Proporz mindestens so wichtig wie der konfessionelle oder der gesellschaftspolitische. Daß am Südrand des neuen Landes kaum drei Jahre nach seiner Gründung eine zweite, wenn auch provisorische Hauptstadt, die des westdeutschen Teilstaates, ausgerufen wurde, machte es der Landeshauptstadt nicht leicht, ihr Selbstverständnis in dieser Rolle zu finden. Und die internationale Sonderverwaltung für das Ruhrrevier mitsamt diesem dafür großzügig angegliederter Randgebiete durch die Ruhrbehörde, die ebenfalls in Düsseldorf residierte, aber auch die Fortsetzung der Demontagen zu einer Zeit, da in Bonn bereits der Parlamentarische Rat tagte, ließen es nur schwer zu, sich an die Existenz des neuen Landes zu gewöhnen.

Zu Versuchen, die Geschichte zu aktivieren, um vielleicht mit ihrer Hilfe allmählich etwas zu bilden, was Ministerpräsident Meyers Landesbewußtsein nannte, kam es zuerst Ende der fünfziger Jahre. Der Ausdruck war gewiß unglücklich, wenn es dergleichen nicht ohnehin gab, wenigstens in Ansätzen; entstand es aber, dann konnten wohlgemeinte äußere Einflüsse allenfalls Hilfestellung leisten. Geschichte in Nordrhein-Westfalen, das mußte Geschichte des Raumes im ganzen sein. Aber seine Teile und deren eigene Geschichte erwiesen sich noch lange als stärker denn das bißchen Geschichte des jungen Landes selbst. Sie brauchte Zeit, sie brauchte Anstöße, doch erschwerte die Tradition der anderthalb ehemaligen Provinzen und auch des ehemaligen Freistaates Lippe jeden Versuch, die zeitgeschichtliche Wirklichkeit dieses Landes, in der auch seine früher selbständigen Teile stecken, in den Griff zu bekommen.

Einstweilen kann noch keine Rede davon sein, daß dies inzwischen gelungen wäre. Aber es gibt Ansätze; die Errichtung eines Lehrstuhles eben für die Geschichte Nordrhein-Westfalens an der Universität Düsseldorf vor einigen Jahren ist nicht der geringste unter ihnen. Auch die geschichtliche Landeskunde, ein wissenschaftliches Fach, das gerade im Rheinland und in Westfalen, wo sie ihre Keimzelle hatte, aktiv ist, zeigt sich heute daran interessiert, zusammen mit Wirtschafts- und Sozial-, aber auch mit Kommunalgeschichte über die Grenzen der Geschichtslandschaften hinaus zu wirken. Über diese Grenzen hinaus heißt in Nordrhein-Westfalen allemal: mindestens über die ehemaligen Provinzgrenzen hinaus, wenn denn Landesgeschichte neuer Art, die so etwas wie regionale Zeitgeschichte wäre, nicht mehr nur Geschichte der Territorien und Herrschaften im Mittelalter, sondern auch und gleichzeitig Geschichte der heutigen Länder, der Bundesländer ist, die allesamt bereits ein paar Jahre mehr auf dem Buckel haben als die eben dreißigjährige Bundesrepublik.

Rückstände in der Geschichte dieser Länder gibt es freilich auch anderswo, obwohl Nordrhein-Westfalen darin durchaus keinen Spitzenplatz einnimmt. Aber andere Bundesländer sind schon weiter; das „Handbuch der bayerischen Geschichte" etwa reicht bis in die sechziger Jahre. Für Rheinland-Pfalz liegt bereits eine umfangreiche Dokumentation über die Entstehung seiner Verfassung vor, veröffentlicht von der ,,Kommission des Landtags für die Geschichte des Landes Rheinland-Pfalz", also vom Staat veranlaßt und getragen, ohne daß deshalb die Freiheit der Forschung eingeschränkt wäre. Hindernisse für die Forschung, die auftreten können, sind zu überwinden, wenn die nötigen Voraussetzungen bestehen. Daß der Nachlaß eines wichtigen Ministers der ersten Regierung Arnold, der Großen Koalition bis 1950, wenige Jahre nach seinem frühen Tod von den Angehörigen vernichtet worden ist, bleibt ein Verlust. Fragt man alte Herren, die im Land einmal eine führende Rolle gespielt haben, heute nach Aufzeichnungen, etwa nach Memoiren und bekommt eine negative Antwort, dann heißt es, geduldig weiter zu warten. Ob die politischen Parteien oder doch ein Teil von ihnen jemals daran gehen werden, ihre Archivalien zu sammeln und zu ordnen, sofern Akten überhaupt aufgehoben worden sind, bleibt ungewiß. Dafür stehen die staatlichen und kommunalen Archive offen, und ernsthafte Benutzungsanträge werden auch dann akzeptiert, wenn die übliche Dreißig-Jahre-Frist noch nicht verstrichen ist. Im Hauptstaatsarchiv in Düsseldorf ruhen in dem zuerst von Helmut Dahm aufgebauten Ministerialarchiv reiche Aktenbestände, und im Archiv des Landtages hat Gerhard Eyckers den unter den Bundesländern wohl vollständigsten Nachweis von Personalien und von Themen aus Plenarsitzungen und Ausschüssen eingerichtet.

Wer an der Landesgeschichte interessiert ist, muß freilich nicht ihre Schwierigkeiten und Methoden im einzelnen kennen. Die einschlägige Literatur umfaßt bisher erst eine Handvoll Titel; die Bücher sind zum Teil aber bereits schon wieder vergriffen. Zu nennen wären hier Wolfram Köhler: Das Land aus dem Schmelztiegel – Die Entstehungsgeschichte Nordrhein-Westfalens (Düsseldorf 1961),Walter Först: Geschichte Nordrhein-Westfalens Band I 1945-1949 (Köln und Berlin 1970), Peter Hüttenberger: Nordrhein-Westfalen und die Entstehung seiner parlamentarischen Demokratie (Siegburg 1973), Friedrich Keinemann: Von Arnold zu Steinhoff und Meyers – Politische Bewegungen und Koalitionsbildungen in Nordrhein-Westfalen 1950-1962 (Münster 1973), Geschichte des Landes Nordrhein-Westfalen von Wisplinghoff/Dahm/Höroldt/Richtering/Kittel/Leesch/Hüttenberger als Sonderausgabe aus dem Territorien-Ploetz (Würzburg 1973) sowie die beiden Bücher zum ersten Vierteljahrhundert: ,,Mensch und Staat in NRW – 25 Jahre Landtag von Nordrhein-Westfalen", herausgegeben von Wilhelm Lenz (Köln und Berlin 1971), und ,,Roß, Rhein und Rose – 25 Jahre Nordrhein-Westfalen" von Karl Fischer (1971).

,,Aus dreißig Jahren" geht den Weg der biographischen Porträts, der gewiß nur einer von mehreren möglichen und empfehlenswerten Wegen ist. Die Auswahl ist nicht in jeder Hinsicht repräsentativ, wie auch der Kardinal von Galen im strengen Sinn kein Politiker war. Absicht der Sammlung ist es, Porträts, die bisher an verschiedenen Stellen nachzulesen waren, in einem Band zusammenzufassen. Dabei hat es sich ergeben, daß einige Beiträge für diese Sammlung neu geschrieben wurden, und zwar über Männer, über die jenseits der Tagespublizistik ihrer Zeit noch niemand gründlicher gearbeitet hat. Das gilt für die Porträts Johannes Brockmann, Franz Meyers und Willi Weyer, zum Teil auch für Rudolf Amelunxen, Fritz Steinhoff, Erik Nölting und Josef Gockeln. Brockmann und Meyers ausgenommen, sind die meisten Porträts ursprünglich für den Westdeutschen Rundfunk geschrieben und im Programm der Landesredaktion gesendet worden.Eine Anzahl von ihnen erschien später, meistens überarbeitet und erweitert, auch im Druck, weshalb die einzelnen Beiträge dieses Sammelbandes sich in ihren Längen manchmal voneinander abheben. Wenn der Text schon einmal veröffentlicht wurde, ist das im Anhang an das Porträt vermerkt. Dabei wird nur summarisch auch auf Quellen und Literatur hingewiesen. Detaillierte Angaben dazu findet der interessierte Leser in den Büchern und Sammelbänden, in denen die Porträts, sofern sie schon einmal anderswo erschienen sind, bereits gedruckt vorliegen. Auf die oben angegebene ,,Handvoll Titel" von Köhler bis Fischer ist in den kurzen Anhängen zu den einzelnen Porträts nicht noch einmal gesondert verwiesen.

Die Anregung zu dem vorliegenden Sammelband kam zuerst von Dr.Eugen Stamm und damit der Landeszentrale für politische Bildung in Düsseldorf. Ihm und dem Leiter des Landeszentrale, Willi Kreiterling, danke ich bei dieser Gelegenheit für viel Unterstützung in langjähriger Zusammenarbeit. Vielleicht läßt sich ,,Aus dreißig Jahren" in absehbarer Zeit mit einem ,,Neue Folge" genannten Ergänzungsband abrunden, in den, um nur einige Namen zu nennen, Porträts von Heinrich Lübke und Walter Scheel, Friedrich Middelhauve und Paul Luchtenberg, Josef Neuberger und Carl Spiecker gehörten.

Köln, im Juni 1979 Walter Först

Wenn die Zeitgeschichte für die ersten Nachkriegsjahre gelegentlich mit dem Begriff der „Männer der ersten Stunde" operiert, dann trifft das in der Sache insoweit zu, als diese Männer bereit waren, in einer in vieler Hinsicht schwierigen, unübersichtlichen Situation mit ungewisser Zukunft zuzupacken. Mit fortschreitender Zeit und je deutlicher Fehler und Versäumnisse sichtbar wurden, hat die Neigung, das in einer überhöhten Perspektive zu beurteilen, abgenommen. Aber das ändert wenig an der Zäsur von 1945, die für die meisten Politiker der Nachkriegszeit, als sie unter gründlich veränderten Bedingungen in die Politik zurückkehrten, trotzdem in der Kontinuität ihres Lebens stand. Diese Kontinuität auch im Umbruch, genauer: in den Umbrüchen der ersten Jahrhunderthälfte verkörperten gerade die Männer, die politisch schon im Kaiserreich begonnen, sich in der Weimarer Republik entwickelt und dann, wenn sie das „Dritte Reich" überstanden hatten, wieder zur Verfügung standen. Auch Carl Severing (1875-1952) hat die drei Zäsuren mitgemacht: die Revolution von 1918 mit der persönlichen Folge, daß Otto Braun den Bielefelder SPD-Reichstagsabgeordneten seit 1907 Ende März 1920 als Innenminister in die preußische Staatsregierung berief; das Ende der ersten deutschen Republik 1933, für Braun und Severing schon im Juli 1932 mit dem Staatsstreich des Reichskanzlers von Papen gegen Preußen eingeläutet, und dann 1945 als einer der „großen alten Männer" der Sozialdemokratie, der freilich selbst im Hintergrund blieb. Als Mitglied des Landtags von Nordrhein-Westfalen konnte er noch fünf Jahre hindurch Einfluß auf die parlamentarische Entwicklung des neuen Landes nehmen, die wesentlich von Abgeordneten aus der Zeit vor 1933 bestimmt worden ist. Auch wenn das zunächst „nur ein Parlament m. b. R. (mit beschränkten Rechten), aber mit unbeschränkter Haftung" war, wie Severing am 15. März 1949 bei der Eröffnung des wiederaufgebauten Düsseldorfer Ständehauses als „Haus des Landtags" sagte.

Horst Lademacher

CARL SEVERING

„Es wäre unaufrichtig, wenn ich nicht gestehen wollte, daß ich vor einigen Jahrzehnten vom Leben mehr an bleibenden Ergebnissen erwartet habe." So stellte sich Carl Severing im letzten Abschnitt seiner ebenso inhalts- wie aufschlußreichen Lebenserinnerungen, die 1950 erschienen sind, selbst die Frage nach der Schlußbilanz seines Lebens, nach den Aktivposten, die die Mühen und Sorgen der voraufgegangenen Jahrzehnte gelohnt haben. „Heute bescheide ich mich mit dem Bewußtsein, in den Kämpfen der Arbeiterklasse um politische, soziale und kulturelle Gleichberechtigung mit dabei gewesen zu sein, mitgeholfen zu haben an der Lösung der Riesenaufgabe, aus dem Heloten und Maschinensklaven den selbstbewußten Arbeiter zu machen... Den ganzen Menschen im Arbeitsjoch herauszuführen aus den Schattenseiten des Lebens, ihn wie alle anderen mit dem Sonnenlicht des Wissens und der Bildung vertraut zu machen, ihn gleichberechtigt und darum auch gleichverpflichtet einzureihen in die Produktion und die Gesellschaft – das war die große Aufgabe der Arbeitervereinigungen, denen ich von frühester Jugend angehört habe und für die ich heute noch im Rahmen der mir verbliebenen Kräfte tätig bin." Die zurückhaltende Bescheidenheit dieser Aussage vermag in keiner Weise die Härte des Kampfes widerzuspiegeln, den Severing zeit seines politischen Lebens zu bestehen hatte. Er konnte, als er seine Memoiren schrieb, auf ein in dieser Intensität sicherlich ungewöhnliches Leben zurückschauen – durch und durch sozialdemokratisch, in erster Linie der Partei und ihren Aufgaben gewidmet und schließlich der Republik von Weimar zugewandt, die er mitbegründet hatte. In seinem Lebensweg spiegelt sich ganz besonders die politische Entwicklung der Sozialdemokratie, eine Entwicklung, die von der politischen Verteufelung durch bürgerlich-konservative Parteien bis hin zur anerkannten Regierungsfähigkeit reichte und die zugleich etwas vom Bewußtwerdungsprozeß innerhalb der Arbeiterschaft auszusagen vermag. Wenn Severing dem ersten Band seiner Erinnerungen den Untertitel „Vom Schlosser zum Minister" gegeben hat, dann steckt in einer solchen Formulierung die ganze Geschichte vom Eintritt der Arbeiter in die politische Öffentlichkeit, die Geschichte politischer Emanzipation in einer Zeit, in der der Wechsel vom Schraubstock zum Ministersessel nicht zu den vorgezeichneten politischen Karrieren zählte.

1.

Carl Severing wurde am 1. Juni 1875 in Herford als Sohn eines Zigarrenarbeiters und einer Weißnäherin geboren und lernte bald die Nöte und Entbehrungen seiner Klasse kennen. Von der Armenschule in die Bürgerschule übernommen, ersetzte der Junge durch großen Fleiß und Interesse, was ihm an sozialen Voraussetzungen fehlte. Es war sicher nicht alltäglich, wenn der reformierte Herforder Pfarrer Kluckhohn den jungen Severing wegen seiner Beschlagenheit in religiösen Dingen zum Studium der Theologie vorschlug. Dieser Pfarrer Kluckhohn, der sich gerade um die Armen seiner Pfarre kümmerte, ist für Severing auch später noch die Idealgestalt eines Gottesdieners geblieben; sie hob sich günstig gegenüber anderen Geistlichen ab, denen Severing noch als junger Mann im ersten politischen Kampf begegnete.

Aber er folgte dem Vorschlag des Pfarrers nicht. Seine theologischen Kenntnisse führt er übrigens in den Lebenserinnerungen nicht nur auf das eigene Interesse für religionsgeschichtliche Fragen, sondern auch auf den Stundenplan der Herforder Bürgerschule zurück, der sechs Wochenstunden Religion vorsah. Severing zeigte sich skeptisch gegenüber einem solch hohen Anteil des Religionsunterrichts, und aus solcher Skepsis spricht die frühe Erfahrung eines Mannes, der aufgrund der Lebensvoraussetzungen seiner Klasse die Erfordernisse einer schulischen Vorbereitung an ganz konkreten Existenzfragen orientieren mußte.

Severing, obwohl von schmächtigem Körperbau, ging schließlich zu einem Schlosser in die Lehre und legte in diesem Handwerk die Gesellenprüfung ab. Fragen des Arbeiterschutzes, die Verkürzung der Arbeitszeit, Bergarbeiterstreiks im Ruhrgebiet und nicht zuletzt die Forderungen der Pariser Sozialistenkonferenz von 1889 haben den in Familie und Schule im Sinne der Monarchie erzogenen Severing schon 1892 dem Ortsverein Herford des Deutschen Metallarbeiter-Verbandes zugeführt. Ein Jahr später folgte der Beitritt zur Sozialdemokratie, deren Ortsverein er mit aus der Taufe hob. ,,Daß ich nicht durch die Marxschen Lehren zur Sozialdemokratie gekommen bin, sage ich..., um der falschen Behauptung entgegenzutreten, daß die sozialdemokratische Arbeiterbewegung Deutschlands nicht aus den wirtschaftlichen, sozialen und politischen Bedürfnissen der Arbeiter selbst und nicht aus ihren Willensregungen entstanden, sondern das Werk einiger weltfremder Theoretiker und Agitatoren sei. Die Beweggründe, die mich zum Anschluß an die Gewerkschaft, zum Eintritt in die Sozialdemokratische Partei bestimmt haben, nämlich eine unmittelbare Besserung der Lebenshaltung der Arbeiter durch ihren Zusammenschluß und ihren Kampf gegen jegliche Bedrückung herbeizuführen, waren auch für Millionen anderer deutscher Arbeiter maßgebend. Aber sie waren mehr vom Gefühl, vom Willen zur Freiheit und zum wirtschaftlichen Aufstieg als von wissenschaftlicher Erkenntnis eingegeben."

Severing stand schon bald allzu intensiv in der tagespolitischen Auseinandersetzung, als daß er sich mit theoretischer Problematik hätte befassen können. Sein auf den konkret faßbaren Nutzen ausgerichtetes gewerkschaftliches Denken fand eben nur zögernd Zugang zu theoretischen Schriften, etwa des Karl Marx. So war für ihn das ganze Dilemma der Partei, die Spannung zwischen täglicher parlamentarischer Tätigkeit und theoretischer Konzeption, niemals eine echte Konfrontation. Auf den Parteitagen der Sozialdemokratie vor allem im ersten Jahrzehnt nach der Jahrhundertwende wie auch auf den internationalen Kongressen der II. Internationale erlebte er die ganze Diskussion um Theorie und Praxis der Partei, ohne jemals in jene Zwiespältigkeit zu geraten, die in diesen Jahren doch einen Parteiführer wie August Bebel charakterisierte. Zu jung, um noch aus dem Erlebnis der frühen Arbeiterbewegung oder auch der Zeit des Sozialistengesetzes schöpfen zu können, verfolgte Severing die vornehmlich doch gewerkschaftlichen Ziele der Arbeitszeitverkürzung, der Lohnerhöhungen und des Arbeiterschutzes im Rahmen der institutionellen Möglichkeiten.

Seinen ersten Erfahrungsschatz sammelte er auf kommunaler Ebene, nachdem er im November 1905 ein Mandat in der Bielefelder Stadtverordnetenversammlung errungen hatte. Zu dieser Zeit war er in der Stadt schon kein Unbekannter mehr. Ein bürgerliches Blatt schrieb zur Zusammensetzung der sozialdemokratischen Fraktion in Bielefeld: ,,Das markanteste Gesicht weist Severing auf... Er ist vielleicht die interessanteste Erscheinung der Bielefelder Sozialdemokratie überhaupt. Ungemein fleißig, ungemein belesen, hat er dem Metallarbeiter-Verband den Stempel des Individuellen aufgedrückt. Als Redner verbindet er Schärfe mit Begeisterung. Dem Manne folgen die Massen." Und eben diese gemeindliche Kleinarbeit, die für Severing vornehmlich in sozialpolitischer Tätigkeit bestand, bot gewiß nicht den Rahmen, um bei jeder Gelegenheit plakativ den revolutionären Charakter der internationalen Sozialdemokratie hervorheben zu können. Seiner Entscheidung für die parlamentarische Mitarbeit als einzige Möglichkeit zur Verbesserung der sozialen Lage der Arbeiterschaft lag die Anschauung zugrunde, daß die materialistische Geschichtsauffassung als Erkenntnis-Dogma der Partei mit dem Leben und den Erfordernissen in Partei und Gewerkschaften nicht in Einklang zu bringen war.

Diese Ansicht, in der Begegnung mit dem Gewerkschaftsführer Carl Legien noch gefördert, erfuhr für Severing ihre endgültige Bestätigung, als er selbst im Jahre 1907 als sozialdemokratischer Abgeordneter des Wahlkreises Bielefeld-Wiedenbrück in den Reichstag eingezogen war. Neben Gustav Stresemann, Matthias Erzberger und dem Sozialdemokraten Ludwig Frank zählte er zu den jüngsten Volksvertretern des Plenums. In seiner parlamentarischen Arbeit wurde er in dieser Phase geprägt von dem Rheinpfälzer Sozialdemokraten Eduard David und dem Bergarbeiterführer Otto Huë, dessen Hauptarbeitsfeld das rheinisch-westfälische Industriegebiet war. Mit beiden verband ihn bald eine enge Freundschaft. Zur ersten Rede Severings im Reichstag in Berlin schrieb die christlich-soziale Zeitung „Das Reich": „Einer der ersten Redner war heute der neugewählte Abgeordnete für Bielefeld, der sozialdemokratische Gewerkschaftssekretär Carl Severing. Er hätte sich doch wenigstens heute einmal die Haare kämmen können. So stand der 31 Jahre alte Struwwelpeter als echter Proletarier da und brachte verschiedene Klagen vor." Wiewohl er in den Wahlen von 1912 sein Mandat wieder verlor, hatte die kurze Zeit als Reichtstagsabgeordneter doch genügt, um Severing vollends von der Bedeutung der parlamentarischen Mitarbeit zu überzeugen. Sie sollte vor allem diejenigen zur verantwortungsbewußten Tätigkeit verpflichten, die nicht mehr an den Zusammenbruch des Kapitalismus glaubten.

2.

Seit Januar 1912 war die sozialdemokratische Fraktion mit 110 Mandaten die stärkste parlamentarische Gruppe im Reichstag. Sicherlich täuschte sich Severing aber über den internationalen Wert und das Ansehen der Reichstagsfraktion im Ausland, wenn er sich von der Zustimmung der Sozialdemokraten zu den Kriegskrediten im August 1914 einen moralischen Nutzen für die deutsche Sache versprach. Genau das Umgekehrte war der Fall. Vor dieser erheblichen Fehleinschätzung hätte ihn eigentlich schon die Rede des französischen Sozialistenführers Jean Jaurès warnen müssen, der bereits 1904 auf dem Amsterdamer Kongreß der II. Internationale der sozialdemokratischen Fraktion im deutschen Reichstag politische Ohnmacht vorgeworfen hatte. Andererseits bleibt seine Spekulation verständlich bei einem Mann wie Severing, der vornehmlich in innenpolitischen Kategorien dachte und vermutlich glaubte, aus der zahlenmäßigen Stärke der Fraktion deren internationale Wertschätzung ablesen zu können.

Im Ersten Weltkrieg entwickelte Carl Severing in Bielefeld höchste publizistische und lokalpolitische Aktivität. Auf einer Massenversammlung der Partei am 28. Juli 1914 warnte er zunächst einmal vor den kaum absehbaren Folgen eines Krieges. Ein solcher Krieg konnte, war das Spiel der Bündnisse zwischen den Staaten erst einmal in Bewegung geraten, nur ein Weltkrieg sein, in dem „Millionen von Volksgenossen zur Schlachtbank geführt" würden. Deutlich unterstrich Severing die Notwendigkeit einer nach Westen orientierten Außenpolitik des Reiches. Ein Bündnis zwischen Deutschland, Frankreich und England, so meinte er, könnte den Weltfrieden sichern. Seiner Westorientierung entsprachen eine scharf akzentuierte Ablehnung deutscher Nibelungentreue gegenüber Österreich sowie die Warnung vor dem autokratischen System des russischen Zarismus. Mit dieser Abwehr des Zarismus lag Severing genau auf der Parteilinie, von der aus sich die für viele Fraktionsmitglieder des Berliner Reichstages ohne Zweifel schwierige Frage der Kreditbewilligung leichter entscheiden ließ. Auch Severing hat in dem Bielefelder Parteiorgan „Volkswacht" versucht, die Zustimmung der Sozialdemokratie zu den Kriegskrediten aus dieser antizaristischen Motivation heraus zu rechtfertigen: „Unser Herz weiß nichts von

Kriegsbegeisterung, es ist erfüllt mit tiefem Abscheu vor dem Kriege; aber wenn kein Opfer mehr hilft, um das Verhängnis aufzuhalten, wenn wir uns dann der namenlosen Schändlichkeiten erinnern, die der Zarismus an seinen eigenen Volksgenossen verübt hat, wenn wir uns weiter vorstellen, die Schergen dieser barbarischen Gewalt könnten als trunkene Sieger unser Land betreten, dann dringt ein Schrei über unsere Lippen: Nur das nicht!" Und nach der Bewilligung teilte er mit, die Zustimmung sei als Losungswort zu begreifen, das die bloße Pflichterfüllung des an der Front stehenden Soldaten zum „Siegeswillen des sozialistischen Verteidigers", zum Verfechter der nationalen Unabhängigkeit und der westeuropäischen Kultur steigern solle: „Wir, die wir niemandes Knechte sein wollen, wollen nicht Knechte des Zaren werden."

Schon Ende 1914 war die Spaltung der Sozialdemokratischen Partei abzusehen, die 1917 eintrat. Wiewohl Severing ein unbeugsamer Verfechter der Parteieinheit war, hat er doch die „Sonderbündler" ziehen lassen, weil er angesichts der parteiinternen Opposition eine zunehmende Zerrüttung der Partei befürchtete. Die Spaltung erschien ihm als das kleinere Übel, zumal er in der Sozialdemokratie eine wesentliche Kraft der Landesverteidigung sah, bei einer totalen Aufsplitterung und Zerrüttung aber Schlimmes für Land und Volk befürchtete. Sicherlich nicht ohne Genugtuung weist er darauf hin, daß in seinem Bezirk, dem Bezirk östliches Westfalen mit den beiden Lippe, die Opposition erst gegen Ende des Krieges aufgetreten und relativ schwach geblieben sei. Er führt das auf die unermüdliche Fürsorge der Parteileute für die Soldaten und die Daheimgebliebenen zurück.

Wie überall drängte sich auch in Ostwestfalen tatsächlich eine Reihe von kriegsbedingten Sorgen und Nöten auf, die es zumindest zu lindern galt, wenn sie schon nicht ganz behoben werden konnten; Severing, Stadtverordneter und Sprecher der Fraktion in Kriegswirtschaftsfragen, stand im Zentrum der lokalpolitischen Arbeit und nahm zugleich noch die Bürde der persönlichen Fürsorge und Bemühung um Familien von Frontsoldaten auf sich. Gleichzeitig entwickelte er eine hohe Versammlungsaktivität, die notwendig war, da sich Zweifel am Sinn des Krieges, Skepsis gegenüber den deutschen Absichten ausbreiteten. Er selbst übernahm die Aufgabe, allerorten auftauchendes Unbehagen zu beschwichtigen, was ihm schließlich sogar den Beinamen „Bremser" eintrug – und das war nicht freundlich gemeint. Es ist für den Sozialdemokraten Severing kennzeichnend, daß er auf jeden Fall Sozialdemokratie und Arbeiterschaft vom Odium der Vaterlandslosigkeit befreien wollte und das Wohl von Land und Volk jenen nachgerade als Warntafel entgegenhielt, die aus dem Kriege sozusagen aussteigen wollten. „Wehe dem Volk", so schloß er sich dem Ausspruch seines Parteigenossen Friedrich Stampfer an, „das seine Waffen fünf Minuten zu früh an die Wand stellt." Das hieß für ihn allerdings auch, solche Politiker und Militärs zurückzuweisen, die den Annexionismus als Parole auf ihre Fahnen schrieben. Er selbst meinte, sich mit dieser Haltung durchgesetzt zu haben, wenn er schrieb: „Die Abwehr der sinnlosen Agitation für Weiterführung des Krieges um jeden Preis hatte den Erfolg, daß in den kritischen Tagen, die bald einsetzten, die Arbeiterschaft meines Wirkungskreises die musterhafteste Disziplin hielt. Auch als die ersten Nachrichten von der Auflehnung der Marine in Kiel eintrafen, blieb alles ruhig und besonnen."

3.

Die Revolution erlebte Severing in Bielefeld. Sie verlief hier in der Tat ruhig, und Severing hat dazu ein gut Teil beigetragen. Es ging ihm nicht zuletzt darum zu demonstrieren, daß die Sozialdemokratie fähig war, Regierungsverantwortung zu übernehmen. Deutsche Arbeiter seien keine Plünderer und Mörder, ließ er wissen, und scharf lehnte er alle Gelüste nach einer Diktatur des Proletariats ab. Die Verwirklichung sozialer Ziele durch das Parlament war in dieser Übergangsphase und dann in der ersten deutschen Republik, deren Geschichte eng mit dem Namen Severing verbunden ist, die eigentliche Mitte seines politischen Wollens. Diese Zeit mit ihren Revolutionswirren, Streiks und Putschen, ihrer Radikalisierung links und rechts konfrontierte ihn besonders mit den Fragen der parlamentarischen Möglichkeiten und in enger Verbindung dazu mit dem Problem des Republik-Schutzes. Severing, den die „Vossische Zeitung" als einen Vertreter von vier Jahrzehnten gewerkschaftlicher Disziplin, Verantwortungsfreudigkeit, Nüchternheit und Gemeingeist apostrophierte, führte nicht nur die Bielefelder Revolution in ruhige Bahnen, er sorgte auch für die Beilegung des großen Eisenbahnerstreiks in Hamborn Anfang 1920 und war schließlich von Münster aus als Reichskommissar tätig, um nach dem Kapp-Putsch Ruhe und Ordnung im aufständischen Ruhrgebiet wiederherzustellen.

Mit der Übernahme des preußischen Innenministeriums in der Regierung Otto Braun im Frühjahr 1920 begann für Severing die Zeit fast ununterbrochener ministerieller Tätigkeit, die erst mit dem Papen-Putsch vom Sommer 1932 endete. Es waren anfänglich die Jahre der Inflation, der Ruhrbesetzung, des Separatistenaufstandes im Rheinland, der mitteldeutschen Unruhen und der oberschlesischen Grenzkämpfe, aber es war auch die Zeit der Festigung der Republik und des republikanischen Staatsgedankens. Daß die Funktionsfähigkeit der Weimarer Republik weitgehend von der Staatstreue ihres Beamtenkörpers abhing, ließ sich für Severing an den Ereignissen des Kapp-Putsches vom 13. März 1920 ablesen. Er bewies durchaus Sinn für politische Realitäten, als er die Beamtenschaft von jenen Elementen säuberte, die Kapp unterstützt hatten – eine Maßnahme, die auch vor Parteifreunden wie dem ostpreußischen Oberpräsidenten August Winnig nicht haltmachte, ihm aber dennoch die verleumderische Kritik der Rechtspresse eintrug. Zu dem politischen Erfordernis des Tages trat sein ausgeprägter Sinn für Rechtlichkeit, der es ihm untersagte, eine Personalpolitik nach dem Parteibuch zu führen, und somit auch kategorisch gebot, die ehemals konservative Ausschließlichkeit der preußischen Beamtenschaft zu überwinden. So ist die Öffnung des preußischen Verwaltungskörpers gewiß sein Verdienst und neben der Reorganisation der Polizei wohl als eine der wichtigsten Maßnahmen zur Festigung der Republik anzusehen.

In der politischen Öffentlichkeit sprach man damals von „System Braun-Severing". Dazu schreibt jedoch Hagen Schulze, der in seiner Braun-Biographie Carl Severing sehr plastisch gegen Braun absetzt: „Vorerst in den Monaten nach dem Kapp-Putsch und noch ein paar Jahre länger, blieb es allerdings bei dem ‚System Severing'. Das lag daran, daß nach außen hin das gesamte Regierungsprogramm Otto Brauns, die Schaffung und Erhaltung des demokratischen Preußens, in der Person Severings inkarniert erschien; Severing führte es nicht nur, im Rahmen seiner Möglichkeiten, aus, sondern er vertrat es auch glänzend und mit dem vollen Einsatz seiner rhetorischen, schriftstellerischen und darstellerischen Fähigkeiten. Er war ein Mann, der die Phantasie der Republikaner befeuern konnte und der das auch gerne tat, denn Eitelkeit war ihm nicht fremd." In der deutsch-nationalen „Täglichen Rundschau" hieß es bei Friedrich Hussong: „Alle Wege in Preußen führen zu Severing."

Allerdings erhob sich die Frage, ob die demokratisch orientierte Rechtlichkeit des preußischen Innenministers Severing, die streng auf dem Boden der Verfassung blieb und sich im Rahmen der institutionellen Gegebenheiten bewegte, für den Schutz der Republik ausreichte. Für Severing entschied sich die Frage insofern gleich, als sein institutionelles Denken und (damit verbunden) sein fester Glaube an staatliche Autorität keinen Raum ließen für außerstaatliche Schutzformationen. Von daher war auch sein Verhältnis zum Reichsbanner Schwarz-Rot-Gold, der Kampforganisation der SPD, festgelegt. Zwar saß Severing im Reichsausschuß des Verbandes, doch kann diese Tatsache nicht über seine grundsätzliche Ablehnung der Organisation als paramilitärischer Vereinigung hinwegtäuschen. Dem Vorsitzenden Otto Hörsing, Oberpräsident in Magdeburg, schrieb er einmal: „Die öffentliche Ruhe und Ordnung wird am sichersten dadurch gewährleistet, daß die Machtmittel des Staates gestärkt werden, daß er dagegen jede ungebetene Hilfeleistung ablehnt."

Die mit Ordnungsdenken verbundene Skrupelhaftigkeit des Innenministers hat sich allerdings dort als unzulänglich erwiesen, wo von radikalen Kräften Recht und Billigkeit außer Kurs gesetzt wurden. 1926 schied Severing aus der preußischen Regierung aus, aber 1928 berief ihn Reichskanzler Hermann Müller als Innenminister, und Severing kündigte optimistisch vier Jahre praktische Arbeit zum Aufbau der Republik an. Doch der Angriff der Rechtskreise gegen die Republik, in seiner ersten Phase gegen die preußische Regierung Braun gerichtet, der Severing seit 1930 wieder angehörte, war schon lange vorbereitet. Beim Papen-Putsch, dem Handstreich, mit dem der neue Reichskanzler Franz von Papen am 20. Juli 1932 die preußische Regierung übernahm, zeigte sich das ganze Dilemma des Innenministers und seiner Partei. Offensichtlich war deren Haltung nur noch vom Gedanken an die Legalität bestimmt und zugleich von einem Gefühl der Machtlosigkeit dirigiert, wobei kritisch zu fragen wäre, ob diese Machtlosigkeit tatsächlich bestanden hat. Als eines der ersten Opfer des Staatsstreiches vom 20. Juli 1932 sah Severing, wie die von ihm und seiner Partei für unantastbar gehaltene Rechtsgrundlage der Verfassung von den Kreisen um Franz von Papen und Kurt von Schleicher kaum als Hinderungsgrund für illegale Aktionen empfunden wurde. So fruchtete es auch wenig, daß Severing es Papen nicht ersparen wollte, den Weg des Verfassungsbruchs zu Ende zu gehen. Er werde nur der Gewalt weichen, ließ er den Reichskanzler wissen, und tat damit den ersten Schritt zu einer Demonstration des allgemeinen Machtverlustes bei den Trägern der parlamentarischen Demokratie.

4.

Die unter den neuartigen Umständen sicherlich deutliche Unvollständigkeit der eigenen Konzeption, nach der die politische Abwehr in erster Linie auf die staatlichen Institutionen beschränkt blieb, setzte der politischen Laufbahn Severings ein kaum angemessenes vorläufiges Ende. Sie war insgesamt wohl doch erfolgreich gewesen. Es folgten die Jahre des Dritten Reiches, in denen Severing im wesentlichen unbehelligt blieb. Er sei lediglich im Wartestand gewesen, schrieb er in seinen Erinnerungen. Nach dem Zusammenbruch von 1945 war es vor allem der sozialdemokratische Verlagsleiter Emil Groß in Bielefeld, damals noch ein junger Parteimann, der den alten Sozialdemokraten Carl Severing dafür gewann, sich am politischen Wiederaufbau zu beteiligen – am Neuaufbau des Staates, aber auch an dem der Partei. Diese letzte Phase seines Lebens geriet zumindest im ersten Abschnitt zu einer Zeit herber Enttäuschungen. Severing war den Militärbehörden im positiven Sinne kein Unbekannter. Sowohl die ersten amerikanischen Kampftruppen als auch die Vertreter der britischen Militär- und Besatzungsbehörden wandten sich an ihn um Rat in Fragen der gerade für die ersten Monate so überaus wichtigen Personalpolitik. Oberpräsidenten und Ministerpräsidenten in der britischen Zone erwogen, ihn zum Generalsekretär der ständigen Konferenz der Länderchefs zu wählen. Auch der britische Intelligence-Service befaßte sich in seinen allgemeinen politischen Übersichten mit Severing und dessen Stellung innerhalb der neugegründeten Sozialdemokratie. In einem Bericht vom Dezember 1945 galt er als Vertreter der alten Weimarer Schule der SPD, als Mann der Traditionalisten. Ihm wurde Kurt Schumacher gegenübergestellt, dessen größerer Dynamik Carl Severing wohl auf die Dauer unterliegen müsse. Aber es war wohl kaum so, daß sich Severing in Konkurrenz zu Schumacher sah, was für den entgegengesetzten Fall nicht mit der gleichen Sicherheit gesagt werden kann.

Indes: der britische Nachrichtendienst verfaßte seine Analyse zu einer Zeit, da die anfänglich starke Stellung Severings in der politischen Öffentlichkeit einen heftigen Stoß erhielt. Kommunistisch gelenkte Zeitungen sprachen von einer kompromißfreudigen Haltung Severings gegenüber der NSDAP, wollten sogar wissen, er sei dieser Partei beigetreten, und verurteilten ihn, weil er in den zwölf Jahren des „Dritten Reiches" eine Pension bezogen habe. Tatsächlich war der in Bielefeld äußerst populäre Severing von den Nazis in Ruhe gelassen worden, aber er hatte nur eine kleine Beihilfe erhalten, und diese erst nach harten Kämpfen vor Gericht. Als Mitglied des Metallarbeiter-Verbandes war er 1933 korporativ in die Deutsche Arbeitsfront, die Zwangs- und Einheitsorganisation der Arbeitnehmer, aufgenommen und in deren Kartei geführt worden. Von Parteibeitritt oder kompromißfreudiger Haltung konnte also keine Rede sein.

Gleichwohl schlugen solche Berichte sowohl bei der eigenen Partei als auch bei den Militärbehörden durch, die daraufhin seine Ernennung zum Mitglied des westfälischen Provinzialrats nicht genehmigten. Und es ist sicher nicht ohne Interesse, daß ihm damals britischerseits der Vorwurf gemacht wurde, er habe in den Jahren der nationalsozialistischen Herrschaft zu wenig Risiko auf sich genommen. Ähnlich dachten auch einige Kreise in der Sozialdemokratischen Partei, für die Severing als ein Vertreter jener Generation galt, die die Machtübernahme Hitlers kampflos geduldet hatte. Der Anfeindungen jedenfalls gab es genug, um Severing gegenüber Erich Ollenhauer, dem späteren Parteivorsitzenden, im Dezember 1945 den Ausspruch des Berliner Malers Max Liebermann zitieren zu lassen, man könne zuweilen nicht soviel essen, wie man erbrechen möchte.

Die Enttäuschungen, die nicht zu übersehen sind, hielten Severing aber nicht davon ab, weiter in der Partei zu arbeiten. Am 28. April 1946 wurde er immerhin einstimmig zum Vorsitzenden des Bezirks östliches Westfalen gewählt, und nach den ersten Landtagswahlen im neuen Land Nordrhein-Westfalen vom 20. April 1947 zog Severing, nun fast schon ein halbes Jahrhundert lang Parlamentarier, in den Landtag ein. In dieser Zeit warb er für den Gedanken einer sozialdemokratischen Volkspartei, zu der auch die christlich orientierten und gebundenen Arbeiter finden konnten. Das war ein Plan, den er schon in der nationalsozialistischen Periode mit dem ehemaligen Krefelder Polizeipräsidenten und Zentrums-Mann Wilhelm Elfes besprochen hatte.

Nach fünfjähriger Tätigkeit im neuen Landtag starb Carl Severing am 23. Juli 1952 im Alter von 77 Jahren in Bielefeld. In der Landespolitik hatte er sich vor allem mit dem politischen, wirtschaftlichen und sozialen Wiederaufbau der Region beschäftigt, und er stand mit seinem reichen Erfahrungsschatz manch jungem Abgeordneten im Landtag zur Seite. In einem Aufruf zu den ursprünglich schon für Ende 1945 vorgesehenen ersten Kommunalwahlen nach dem Kriege hatte Severing noch einmal sein ganzes politisches Credo zum Ausdruck bringen können: „Wir wollen eine neue Welt schaffen, die Welt der Demokratie; Demokratie aber nicht nur in Staatsform und Staatsverwaltung, sondern Demokratie auch in unserer Geisteshaltung. Wenn der Wahlkampf beginnt, dann wollen wir ehrlich um die Wege streiten, die uns zu dem gemeinsamen Ziel: Frieden, Gerechtigkeit, Freiheit, Wohlstand für alle!

führen sollen... Wer von der Werbekraft der eigenen Ideen überzeugt ist, der hat es nicht nötig, die Sache seines Gegners herabzusetzen."

In dem schon einmal erwähnten Schlußabschnitt seiner Lebenserinnerungen schrieb Severing, Freunde hätten ihn häufiger mitten im Kampfgewühl darauf hingewiesen, er möge doch einmal nicht nur an die politische Sache, sondern auch an sich selbst denken. Einige Male sei auch das Wort vom Undank der Welt gefallen. Severing hat darauf eine für ihn überaus typische Antwort gefunden. Er zitierte Bismarck, bei dem es heißt: „Ich habe nie in meinem Leben auf Dank Anspruch gemacht – ich habe ihn nie erwartet, ich habe ihn auch nicht verdient, denn ich habe niemals um Dank gehandelt, sondern einfach meine Schuldigkeit getan. Ich habe gelernt, ohne den Dank der Welt zu leben, ich habe ihn erworben und wieder verloren, ich habe ihn wiedergewonnen und wieder verloren – ich mache mir gar nichts daraus, ich tue einfach meine Pflicht!" Carl Severing hat nach eben diesem Prinzip gelebt. Sein ganzes arbeitsreiches Leben stand im Dienst einer Klasse und ihrer Organisation, aber auch im Dienst eines Staates, den zu schützen ihm, dem Mitbegründer, aufgetragen war. Sein intensiv gefühltes politisches Engagement schloß ein, daß er nach den Jahren des Nationalsozialismus und der Katastrophe des Zweiten Weltkrieges den Faden wieder aufgriff und zusammen mit anderen „Männern der ersten Stunde" den Wiederaufbau in Angriff nahm.

Das Porträt Carl Severing erschien zuerst in leicht verkürzter Form als WDR-Sendung (16. 7. 1977), dann gedruckt in „Raum und Politik", Beiträge zur neueren Landesgeschichte des Rheinlandes und Westfalens, Bd. 6, hrsgb. v. W. Först, Köln u. Berlin 1977. Der Autor weist darauf hin, daß in den Beständen des Public Record Office in Kew bei London noch zahlreiche Daten zur Stellung Severings in der Nachkriegspolitik Nordrhein-Westfalens zu finden sind. An Literatur hat er benutzt: Erich Matthias, Die Sozialdemokratische Partei Deutschlands, in: E. Matthias/R. Morsey, Das Ende der Parteien 1933 (Düsseldorf 1960); Hagen Schulze, Otto Braun oder Preußens demokratische Sendung (Frankfurt 1977); H. Schulze, Anpassung oder Widerstand? Aus den Akten des Parteivorstandes der deutschen Sozialdemokratie 1932/33 (Bonn-Bad Godesberg 1975); C. Severing, 1918/19, Im Wetter- und Watterwinkel, Aufzeichnungen und Erinnerung (Bielefeld 1927); C. Severing, Mein Lebensweg, 2 Bde. (Köln 1950).

Parlamentarische Erfahrungen wie Carl Severing brachte auch Johannes Gronowski (1874-1958) aus dem preußischen Abgeordnetenhaus seit 1908 und aus der verfassunggebenden Landesversammlung von 1919/20 mit, als er 1946 für vier Jahre Landtagsabgeordneter in Düsseldorf wurde. Mindestens ebensoviel zählen seine elf Jahre Amtszeit als Oberpräsident von Westfalen bis 1933. In der katholischen Arbeiterbewegung groß geworden, die auch Karl Arnold und Josef Gockeln geprägt hat, unterschied sich Gronowski von diesen durch seine Erfahrungen als ein politischer Beamter, der nicht in der Juristenlaufbahn stand und auch gesellschaftlich in Westfalen ein Oberpräsident gegen die Tradition war. Seine Amtsführung, die Wirkungen, die von ihr ausgingen, aber auch die Art, wie er auf Widerstände, auf die er stieß, reagierte, erwiesen sich im Nachhinein als ein nicht nur regionalgeschichtlich wichtiger Beitrag zur Demokratisierung in der von vielen ungeliebten Weimarer Republik. Gronowski hat das Vordringen der Nationalsozialisten so wenig aufhalten können wie Severing, und die Wählerschaft des Zentrums, das sich in Westfalen bis zu den letzten Wahlen im Frühjahr 1933 ähnlich gut behauptete wie in der Rheinprovinz, bestand zu einem beträchtlichen Teil nicht aus katholischen Arbeitern. Nach 1945 zahlte sich aus, was Gronowski vor 1933 als Oberpräsident wie als Politiker bewirkt hatte.

Karl Teppe

JOHANNES GRONOWSKI

„Wir müssen hindurch durch die Wüste und darum herzhaft in die Speichen gepackt, Zähne zusammenbeißen und etwas Vertrauen auf Gott und die eigene Lebenskraft. Das ist wertvoller und erfolgreicher als Wehklagen und Parteigezänk." So rief es Johannes Gronowski den Abgeordneten zu, als er angesichts der kritischen wirtschaftlichen und finanziellen Lage der Provinz am 19. April 1931 in seiner Eigenschaft als Staatskommissar traditionsgemäß den 77. Westfälischen Provinziallandtag eröffnete. Es sind dies zu Tatkraft und Entschlossenheit in schwerer Zeit aufrufende Worte eines Mannes, der mit großer Willensstärke und Unbeugsamkeit in grundsätzlichen Dingen, mit Selbstachtung und in tiefer Religiosität gegründeter Selbstlosigkeit seinen eigenen Lebensweg gemeistert hatte. In einer Zeit krisenhafter Übergänge hat Gronowski in vielfältigen Ämtern des Staates, der katholischen Arbeiterbewegung, der Zentrumspartei und der CDU gedient. Er stieg vom Arbeiter bis zum Oberpräsidenten auf, ohne daß ihn diese Berufung besonders beglückt hätte. Vielmehr übernahm er diese Aufgabe mehr aus staatspolitischem Pflichtbewußtsein und aus Gründen der Parteiräson denn aus Neigung und Ehrgeiz. Seine Vorliebe gehörte zeitlebens der katholischen Arbeiterbewegung, deren Probleme er „vor Ort" kennengelernt und zu deren Lösung er ein gutes Stück beigetragen hat.

1.

Johannes Franz Gronowski wurde als erstes Kind des Arbeiters August Franz Gronowski und dessen Frau Maria, geb. Peplinska am 4. Februar 1874 in der westpreußischen Kreisstadt Graudenz geboren. Der Vater erlebte die Geburt seines Sohnes nicht mehr; er starb am 9. September 1873 an einer schweren Infektionskrankheit im Alter von 35 Jahren. Das verschärfte die ohnehin bescheidene wirtschaftliche Situation des Elternhauses noch mehr. Die Mutter war auf sich allein angewiesen, da weder ihre noch die Familie ihres Mannes sie finanziell unterstützen konnte. So mußte der Junge, kaum schulpflichtig, fast täglich Brennholz aus dem Wald holen und während der Schulferien täglich zwölf Stunden für 50 Pfennig, mit zunehmendem Alter etwas mehr, beim Bauern arbeiten. Ein ganzes Schuljahr wurde ihm geschenkt, damit er sich die notwendige Kleidung zur Erstkommunion verdienen konnte.

Nach Abschluß der Volksschulzeit verließ Gronowski mit fünfzehn Jahren das Elternhaus und ging in die „Fremde" nach Berlin, wo er Maschinen- und Bauschlosser lernte. Damals hatte die Woche noch sieben Arbeitstage, und Gronowski war froh, wenn ihn sein Lehrherr jeden zweiten Sonntag zwei Stunden vom Schraubstock entließ, um die Messe besuchen zu können. In dieser Zeit hatte er auch die ersten Kontakte mit dem Kolpingverein.

Nach der Gesellenprüfung 1892 begannen die üblichen Wanderjahre, die ihn quer durch Deutschland und schließlich nach Dortmund führten, wo er als Maschinenschlosser in der Eisenbahnhauptwerkstatt arbeitete. Hier wurde erstmals Gronowskis Strebsamkeit, aber auch seine politische Aufgeschlossenheit und Tatkraft deutlich. Er qualifizierte sich durch Abendkurse zum Werkführer einer Abteilung von 52 Handwerkern und Arbeitern. Gleichzeitig schloß er sich der noch in den Anfängen stehenden katholischen Arbeiterbewegung an. Fest gegründet in seiner Religiosität, hatte Gronowski sein künftiges Wirkungsfeld gefunden: die katholische Arbeiterbewegung. 1904 heiratete er Sophie Pott-Eckardt; aus der Ehe gingen fünf Kinder hervor.

Gronowski hat sich immer stolz dazu bekannt, den schwierigen und oft entbehrungsreichen Weg des Autodidakten gegangen zu sein. Er eignete sich wie so viele der damaligen Führer der sozialistischen und der christlichen Arbeiterbewegung in

Abendkursen das geistige Rüstzeug an. Vor allem besuchte er die Unterrichtskurse des 1890 gegründeten, als religiöse und sozialpolitische Massenschulungsstätte für die deutschen Katholiken konzipierten ,,Volksverein für das katholische Deutschland" in Mönchengladbach, der schon bald den Ruf besaß, ,,im besten Sinne eine Volksuniversität" zu sein. 1895 war Gronowski so weit, daß er an dem fünftägigen ,,praktisch-sozialen Kursus" des Volksvereins teilnehmen konnte, der sich speziell mit der Arbeiterfrage befaßte. Später absolvierte er auch den ,,Großen Kursus" in Mönchengladbach, der sich über zehn Wochen erstreckte und von dem späteren Reichsarbeitsminister Heinrich Brauns geleitet wurde.

Gronowski hat eine besondere Befriedigung darin empfunden, seine Erfahrungen an Jüngere weitergeben zu können. Unter dem unmittelbaren Eindruck des ,,praktisch-sozialen Kursus" richtete er mit Gesinnungsfreunden 1895 in Dortmund das erste ,,Volksbüro" ein, das die Arbeiter in Angelegenheiten der Sozialversicherung und des Arbeitsschutzes sowie in Schul-, Steuer- und Militärsachen beriet. Darüber hinaus sollte das Büro das katholische Vereins- und Verbandsleben insgesamt beleben und vor allem dem Volksverein den Weg ebnen.

Dieses Vereinsleben befand sich in Dortmund in jener Zeit in einem desolaten Zustand. Nach dem Abklingen des Kulturkampfes stagnierte der organisatorische Ausbau. Bei politischen Wahlen konnten kaum genügend Mitglieder als ,,Hilfstruppen" des katholischen Kandidaten mobilisiert werden. Bedeutsamer waren die Folgen in sozialer Hinsicht. Da die katholischen Vereine traditionellen Stils keine ernsthaften Anstrengungen unternahmen, um den religiösen und sozialen Herausforderungen begegnen und ,,an der eigenen Schulung und Durchbildung" arbeiten zu können, vermochten sie die katholische Arbeiterschaft kaum anzusprechen. Hier nun setzten einige Geistliche und Laien an. Sie steckten sich für die katholische Sozialarbeit die Ziele, dem Arbeiter durch die Vermittlung eines soliden religiösen und geistigen Fundaments, durch Information und Hilfestellungen für den beruflichen Alltag und durch Vertretung der Interessen der katholischen Arbeiterschaft im wirtschaftlichen, gesellschaftlichen und politischen Raum zu helfen.

Dazu bedurfte es allerdings einer strafferen Organisierung als bisher. Deshalb sollten Arbeitervereine, christliche Gewerkschaften und die Zentrumspartei verstärkt die Belange der katholischen Arbeiter vertreten. Gegner waren die Sozialisten und Liberalen als Gewerkschaften und Parteien. Ein erster Schritt in diese Richtung war die Schaffung eines Arbeitersekretariats in Dortmund, dessen Leitung Gronowski am 1. April 1902 übernahm. An beiden Entscheidungen hatten vor allem der Generalsekretär des Volksvereins, Brauns, und der 1898 als Kaplan nach Dortmund versetzte spätere Generalvikar der Diözese Paderborn, Professor Joseph Rosenberg, mitgewirkt.

Zunächst war das Arbeitersekretariat nur ein Einmann-Betrieb, ohne gesicherte und ausreichende Geldmittel und ohne die notwendige Büroausstattung. Gronowski mußte also Pionierarbeit leisten, deren Erfolgsaussichten alles andere als günstig waren. Galt doch Dortmund in katholischen Kreisen aufgrund des vergleichsweise hohen Organisationsgrades der sozialistischen Arbeiterschaft als ,,verlorener Posten". An erster Stelle standen Fragen des Rechts- und Arbeitsschutzes für die Mitglieder. Hinzu kam der Aufbau der Organisation, die helfen sollte, sobald wie möglich in Dortmund einen katholischen Arbeiterverein zu gründen.

Parallel zu seinen Verpflichtungen als Arbeitersekretär arbeitete Gronowski in der Zentrumspartei auch kommunalpolitisch mit. Diese unmittelbare und offene Verbindung von katholischer Verbandstätigkeit und parteipolitischem Engagement war damals für die katholischen Arbeitersekretäre eine Selbstverständlichkeit. Gronowski hat dies später in der ihm eigenen unprätentiösen und unverfänglichen Weise so formuliert: „Niemand darf glauben, daß der erste christliche Arbeitersekretär in Dortmund nur Rechtsschutz erteilte und den Aufbau der ... Organisationen vervollständigte. O nein, er mußte auch Hilfe leisten bei allen politischen Wahlen." 1905 wurde er in die Dortmunder Stadtverordnetenversammlung gewählt, wo er mit 31 Jahren zu den jüngsten Abgeordneten zählte und sich als Delegierter der III. Abteilung gegenüber den Vorurteilen der im Stadtrat dominierenden Gruppe „von Bildung und Besitz", wie Gronowski die Vertreter der Nationalliberalen Partei bezeichnete, behaupten mußte.

Am 6. Mai 1906 wurde der erste katholische Arbeiterverein in Dortmund mit 58 Mitgliedern gegründet. Damit war das erste Teilziel erreicht, doch beteiligte sich Gronowski an dem weiteren Ausbau des Vereins nur noch kurze Zeit hauptamtlich. Denn gut zwei Jahre später, am 1. Oktober 1908, berief ihn die Dortmunder Zentrumspartei zu ihrem Parteisekretär.

2.

Seine Tätigkeit als Parteisekretär des Bezirks Dortmund-Hörde war vor allem mühevolle Kleinarbeit: Eintreiben der Mitgliedsbeiträge, Kontakte mit Ortsgruppenverbänden, Anstöße und Hilfen zum Aufbau neuer Bezirke, Organisation der Wahlkämpfe. Dennoch war Gronowski alles andere als ein subalterner Funktionärstyp, der erst auftragsgemäß aktiv wurde. Er hat seine Rolle als Parteifunktionär immer auch politisch verstanden. So bereitete er Schulungstage und Wahlkämpfe nicht nur organisatorisch vor, sondern trat in ihnen auch als Redner auf. Dabei kam ihm gerade im rheinisch-westfälischen Industriegebiet zustatten, mit Land und Leuten sehr vertraut zu sein. Allerdings, ein theoretischer Kopf, der Resolutionen entwirft und programmatische Erklärungen verfaßt, ist Gronowski nicht gewesen. Seine Stärke war die Empfindsamkeit für die konkreten wirtschaftlichen und sozialen Probleme der Arbeiterschaft und der christlich-nationalen Arbeiterbewegung.

Noch im Jahr seiner Berufung zum Parteisekretär wurde Gronowski in der Stichwahl mit den Stimmen der SPD gegen den Kandidaten der Nationalliberalen Partei für den Landkreis Dortmund in das Preußische Abgeordnetenhaus gewählt. Er hatte den Sprung ins Abgeordnetenhaus nicht planmäßig angesteuert, sondern war ebenso wie die Partei überrascht, nachdem das Zentrum in den vorausgegangenen Reichstagswahlen von 1907 in Dortmund nicht die erhofften Mandate hatte erringen können. Der Erfolg Gronowskis erklärt sich in erster Linie aus seiner Tätigkeit als Arbeitersekretär, die ihm unter den Arbeitern zu seiner relativ großen Popularität verhalf und ihn auch für die SPD nach dem Scheitern ihres eigenen Kandidaten wählbar gemacht hatte.

Im Abgeordnetenhaus in Berlin hat er sich durch seine Sachkompetenz für sozialpolitische und arbeitsrechtliche Fragen Anerkennung über den Kreis seiner Parteifreunde hinaus erworben. Als 1913 Neuwahlen anstanden, sicherte ihm die Fraktionsspitze seine Wiederwahl durch eine Kandidatur in der Zentrumshochburg Mönchengladbach, da die Partei, wie die „Kölnische Zeitung" schrieb, „diesen Arbeiterabgeordneten ... der Zentrumsfraktion erhalten will" und andererseits ein erneuter Erfolg in Dortmund fraglich schien. Gronowski gehörte zu den regelmäßigen Sprechern seiner Fraktion. Außer zu sozialpolitischen und arbeitsrechtlichen Problemen äußerte er sich gelegentlich auch zu so traditionellen Themen der Zentrumspartei wie der Kultur-, Schul- und Kirchenpolitik. Dabei war er kein guter Redner. Was er sagte, war zwar inhaltsreich und durchdacht, besaß aber wenig Pathos, wenig Brillanz, in der Wortwahl eher schmucklos und einfach in den Denkfiguren. Gronowskis Stärke lag in der Debatte, im Hin und Her der Argumente, und er beherrschte auch die Technik des parlamentarischen Zwischenrufes. Leidenschaftlich und polemisch scharf wurde er, wenn es um Fragen der Lohn- und der Rentenpolitik ging.

Gronowski war ein entschiedener Gegner der sozialistischen Klassenkampfideologie. Infolgedessen beurteilte er das Verhältnis von Arbeitgeber und Arbeitnehmer auch nicht in Freund-Feind-Kategorien. Er war davon überzeugt, daß bei gutem Willen von beiden Seiten und durch bestimmte, institutionell verankerte Mitspracherechte der Arbeiter die „Klassengegensätze" überbrückbar und sogar lösbar seien. Durch die gemeinsame Arbeit in allerdings nicht paritätisch besetzten Ausschüssen hoffte er auf die gegenseitige Erkenntnis, „daß nicht alle Werksbesitzer, nicht alle Grubenherren Ausbeuter und Feinde der Arbeiter sind" und daß „nicht alle Arbeiter, auch nicht alle organisierten Arbeiter, der Sozialdemokratie angehören". Gronowski war zuversichtlich, daß die fundamentalen Gegensätze zwischen Unternehmer und Arbeiter, die er sah und im Unterschied zu der Mehrzahl seiner Parteifreunde als Klassengegensätze bezeichnete, in erster Linie durch eine fortschrittliche Sozial- und Arbeitspolitik überwunden und gelöst werden könnten. Dazu gehörten für ihn eine gerechtere, leistungsbezogene Lohnpolitik, Arbeitszeitverkürzungen, eine bessere Versorgung im Rentenalter, aber auch die Koalitionsfreiheit und das Streikrecht, das er allerdings nur als ultima ratio in Tarifauseinandersetzungen angewandt wissen wollte.

Von einer Sozialpolitik, die sich an den Interessen und Bedürfnissen der Arbeiterschaft orientierte, erhoffte sich Gronowski eine zweifache Wirkung: die Aussöhnung der Masse der Arbeiterschaft mit der geltenden Staatsordnung und deren Sicherung durch eben diese Reformpolitik. Gronowski verstand Sozialpolitik also nicht, wie Teile der sozialistischen Gewerkschaften und der SPD, als Brücke zu einer grundlegend anderen Staats- und Gesellschaftsordnung, sondern als eine zentrale Möglichkeit der Systemerhaltung. Darüber hinaus hegte er die Hoffnung, auf diese Weise den Zulauf zu den sozialistischen Gewerkschaften aufzufangen und mehr und mehr Arbeiter für die christlichen Gewerkschaften zu gewinnen. Seine Vorstellungen von der politischen und geistigen Emanzipation des Arbeiterstandes berührten sich mit denen der sozialistischen Gewerkschaften. Aber die Kluft zwischen beiden war doch erheblich; sie hatte staatspolitische, ideologische und vor allem religiöse Gründe. Auch Gronowski diskriminierte die SPD als „Umsturzpartei" und die sozialistisch organisierten Arbeiter als staatsgefährdend, lehnte aber andererseits das Mittel der Ausnahmegesetze ab. Statt dessen plädierte er für eine politische Bekämpfung der SPD, bei der er in dem Ruf stand, immer dann von seiner Fraktion ans Rednerpult geschickt zu werden, „wenn irgendein Trumpf gegen die Sozialdemokratie ausgespielt werden soll...".

Wenn Gronowski in der Sozial- und Arbeitspolitik auch fortschrittliche, für seine Fraktion durchaus nicht immer repräsentative Positionen vertrat, so war er doch in seinen Grundanschauungen ein gemäßigter, auf Ausgleich bedachter Politiker. Er wich keiner Kontroverse aus, aber er suchte die Konfrontation nicht. Kein vorsichtig taktierender, nach allen Seiten sich absichernder Parlamentarier, neigte er dazu, Gutwilligkeit und Kompromißbereitschaft des Gegners zu überschätzen, was ihn teilweise daran hinderte, Entscheidungen als Machtfragen zu erkennen. Dies zeigt sich beispielhaft an seiner Einstellung zum preußischen Dreiklassenwahlrecht. Obwohl grundsätzlich ein Gegner dieses Wahlverfahrens, kämpfte er nicht mit jener Entschlossenheit und Kompromißlosigkeit für dessen Beseitigung, mit der er und seine politischen Freunde etwa in Fragen der Kultur- und Kirchenpolitik auftraten.

Er kritisierte sogar das Verhalten der SPD als zu aggressiv und warf ihr vor, das Wahlrecht benutzen zu wollen, „um ihre politische Kraft und Macht ausüben zu können... Sie brauchen bloß an den 10. Februar 1910 zu denken, als Sie den Herrn Reichskanzler von Bethmann Hollweg in einer Weise empfingen, die ein Bergmann mit der allerniedrigsten Schulbildung in einer öffentlichen Versammlung sich schämen würde anzuwenden. Dieses Verhalten und ihre sonstige Agitationsart hat der Idee des gleichen Wahlrechts den allergrößten Schaden zugefügt, und dann wundern Sie sich, wenn die Stimmung für das Reichstagswahlrecht allmählich abgeflaut ist." Politischer Radikalismus gleich welcher Spielart war Gronowski zuwider, und er verurteilte nationalistische Übersteigerungen, wie sie in der Anfangsphase des Ersten Weltkrieges auch in seiner Partei zu beobachten waren. Vielmehr trat er für eine schrittweise und behutsame Demokratisierung des öffentlichen Lebens ein, ohne die monarchische Spitze als Verfassungsinstitution grundsätzlich in Frage zu stellen. Es sieht so aus, als ob auch Gronowski wie zahlreichen anderen katholischen Arbeiterführern die parlamentarische Monarchie als vorläufiges Ziel einer Verfassungsreform vorschwebte. Insofern fiel es ihm nicht sonderlich schwer, sich nach der Novemberrevolution auf dem Boden der neuen politischen Realitäten zurechtzufinden.

3.

Gronowski hat die revolutionären Vorgänge, die zur Republik von Weimar führten, nicht bejaht, doch wies er alle Versuche nachdrücklich zurück, ihren Repräsentanten den Zusammenbruch des alten Systems anzulasten. Die Ursache dafür sah er, wie er am 20. Februar 1920 vor der Verfassunggebenden Preußischen Landesversammlung sagte, in dem „Geist, der in Preußen geherrscht hat. Wenn Kreuz und Leid ... gleichmäßig von Hoch und Niedrig im Kriege und in der Heimat getragen worden wäre, ... die moralische Kraft des deutschen Volkes hätte ausgereicht, um uns wenigstens vor diesem größten Unglück (der Revolution, d. Vf.) zu bewahren; ... und wenn etwas mehr bescheidener Geist auf der rechten Seite geherrscht hätte, etwas mehr staatsbürgerliche Gesinnung, etwas mehr Anpassungsvermögen, weniger Hochmut und weniger Überhebung, ... der Mann im Schützengraben und der Mann in der Grube und am Martinsofen hätte manches mit in Kauf genommen und in eine neue bessere Zeit mit hinübergerettet." Sich an dem Aufbau der neuen Staatsordnung zu beteiligen, hatte Gronowski keinen Moment gezögert. Allerdings war seine Mitarbeit, wie dies für den größten Teil seiner Partei zutraf, überwiegend von der Sorge bestimmt, „Schlimmeres verhüten zu wollen". Darunter verstand er vor allem die Aufgabe, eine „sozialistische Diktatur" abzuwenden und „durch eine Volksregierung zu ersetzen". Deshalb verlangte er, rücksichtslos gegen die Anhänger der Spartakusgruppe und der USPD vorzugehen, und verteidigte das Zusammengehen mit der SPD als notwendiges Übel. Das Bild vom „führerlosen Reichswagen", von Gronowski in einer parlamentarischen Rede gebraucht, wurde insofern der politischen Wirklichkeit nicht voll gerecht, aber es entsprach einer im Zentrum weit verbreiteten Vorstellung und diente nicht zuletzt dazu, die Koalition mit der bisher heftig bekämpften SPD vor sich und den Parteianhängern zu rechtfertigen.

Zugleich verstand Gronowski die durch die revolutionären Ereignisse geschaffene Situation aber auch als Chance für die Realisierung längt überfälliger politischer und gesellschaftlicher Reformen. So plädierte er in der brisanten Frage der inneren Struktur des Reiches für eine umfassende Revision der Aufteilung der Zuständigkeiten zwischen Reich und Ländern mit dem Ziel eines starken deutschen Einheitsstaates. Die Einzelstaaten sollten auf zentrale Souveränitätsrechte zugunsten des Reiches verzichten. Die preußische Staatsregierung forderte er dazu auf, freiwillig den ersten

Schritt in diese Richtung zu tun. Darüber hinaus trat er für eine Demokratisierung der öffentlichen Verwaltung ein und unterstützte die darauf abzielenden Bemühungen des preußischen Innenministers Severing. Die von deutschnationalen Abgeordneten vorgebrachten Bedenken, Parteizugehörigkeit dürfe bei der Besetzung von Beamtenstellen keine Rolle spielen, wies er 1920 in der Landesversammlung erregt mit der Bemerkung zurück: den „Herrschaften paßt die ganze Richtung nicht, Ihnen paßt die Sozialpolitik des Zentrums nicht, Ihnen paßt die Steuer-, Wirtschafts- und Finanzpolitik nicht, Ihnen paßt die Demokratie nicht und Ihnen paßt die Republik nicht ... Sie piepmeiern und jammern vergangenen Zeiten nach, statt aufzubauen. Darauf kommt es an. Sie sehnen sich nach den Zeiten, wo der Mensch noch nach Stand, Rang, Vermögen, nach Kleidung, Titel und Ordenszeichen unterschieden wurde. Das machen wir einfach nicht mit. Jede Partei hat nach der Revolution Opfer der Überzeugung bringen müssen, aber Sie scheinen Leute in Ihren Kreisen zu haben und aufzunehmen, die während des Krieges, nach dem Kriege und während der Revolution auch nicht einen Funken hinzugelernt haben." Gronowski warnte schon frühzeitig vor den Gefahren, die der jungen Republik durch den politischen Radikalismus drohten. Er machte hier keinen Unterschied zwischen extremen linken oder rechten Gruppen, die er in der KPD und in der DNVP repräsentiert sah und denen er im Landtag am 18. November 1921 entgegenrief: „Wenn man Sie von rechts und die von links in einen Sack tut und durcheinander schüttelt und den Sack öffnet, kommt Deutschlands Unglück immer zuerst heraus."

Während seine Mitarbeit an der Neuordnung der staatlichen Verhältnisse ursprünglich primär aus der Furcht vor einer Linksentwicklung motiviert war, wurde Gronowski nicht zuletzt unter dem Eindruck der subversiven Aktionen der erklärten Gegner der Weimarer Republik und der organisierten Hetze gegen einzelne ihrer Exponenten wie Matthias Erzberger zu einem überzeugten und kämpferischen Verteidiger des republikanischen Staatswesens. Es sprach für sein politisches Einfühlungsvermögen, daß er schon sehr früh in der Verfassunggebenden Preußischen Landesversammlung die Parteien auf ihre Schlüsselrolle bei der Aufgabe hinwies, zwischen der neuen politischen Ordnung und der Bevölkerung ein Vertrauensverhältnis zu schaffen. Als eine wesentliche Voraussetzung dazu bezeichnete er die Tätigkeit und Selbstdarstellung der Abgeordneten. Deshalb appellierte er anläßlich der Haushaltsberatungen am 15. Dezember 1919 an das Parlament, nicht einen „Wettlauf um die Gunst der Wähler zu veranstalten", um so den Verdacht zu erwecken, „eine Einrichtung der Gefälligkeitsschwätzerei und Umschmeichelung zu sein".

Diese und andere Äußerungen machen deutlich, daß Gronowski seit Beginn seiner parlamentarischen Tätigkeit im Jahre 1908 erheblich an politischem Profil, an Urteilskraft auch für grundlegende Zusammenhänge und an Sachkenntnis gewonnen hatte. Aus dem ursprünglich vor allem sozialpolitisch engagierten Arbeiter- und Parteisekretär war ein über die Tagesaktualitäten und politischen Rivalitäten hinaus denkender Politiker geworden. In der preußischen Zentrumspartei hatte er sich bis in die erste Reihe vorgearbeitet. Die Wertschätzung, die er dort besaß, zeigte sich auch in seiner Wahl zum stellvertretenden Parteivorsitzenden. 1921 spielte er eine Rolle in den interfraktionellen Gesprächen und führte die Verhandlungen mit der SPD, die zur Bildung des Kabinetts Stegerwald führten. Wiederholt sah ihn die Partei für leitende staatliche Aufgaben vor, die Gronowski aber ausschlug. Er lehnte sogar das ihm von der Fraktion angetragene Amt des Ministers für Volkswohlfahrt im zweiten Kabinett des sozialdemokratischen Ministerpräsidenten Otto Braun ab, für das er zweifellos qualifiziert gewesen wäre; es übernahm dann sein Parteifreund, der Gewerkschaftssekretär Heinrich Hirtsiefer.

4.

Von 1919 bis 1921 gehörte Gronowski dem Westfälischen Provinziallandtag an. Als der Oberpräsident der Provinz seit Juli 1919, Dr. Bernhard Würmeling (Zentrum), aus Altersgründen ausscheiden mußte, nominierte die Fraktion einstimmig Gronowski als Nachfolger. Auch dieses Mal zögerte er lange, gab aber schließlich dem Drängen der Parteifreunde nach. Mit Beschluß vom 28. April 1922 ernannte das Staatsministerium Gronowski zum neuen Oberpräsidenten. Er blieb zwar weiterhin (bis zu dessen Auflösung im Jahre 1933) Mitglied des Preußischen Landtags, ohne dort aber noch einmal aus Rücksicht auf sein Amt das Wort zu ergreifen.

Seiner Ernennung waren in der Öffentlichkeit und in den beteiligten regionalen Organen der Selbstverwaltung und der Zentrumspartei ungewöhnlich heftige Auseinandersetzungen vorausgegangen, die in der Geschichte des Westfälischen Oberpräsidiums ohne Beispiel sind. Die Kontroverse entzündete sich sowohl an der Frage nach der fachlichen Qualifikation des Kandidaten als auch an dem politischen Entscheidungsprozeß, der seiner Berufung vorausgegangen war. Darüber hinaus sahen westfälische Organisationen und Gruppen der politischen Rechten in dem ,,Fall Gronowski" eine willkommene Gelegenheit, um die republikanische Beamtenpolitik grundsätzlich zu attackieren.

Auf Grund der politischen Mehrheitsverhältnisse in der Provinz hatte die Zentrumsfraktion des Landtags den Posten für ihre Partei beansprucht, ohne auf ernste Widerstände anderer Parteien zu stoßen. Sie einigte sich am 18. Januar 1922 auf Gronowski, ohne vorher Kontakt mit den westfälischen Parteiorganisationen aufzunehmen. Wenig später wurde bekannt, daß mehrere maßgebliche westfälische Zentrumspolitiker und Ortsverbände gegen eine Berufung Gronowskis waren, so der Vorstand der Zentrumspartei in Münster und die sechs Zentrumsmitglieder des Provinzialausschusses. Gerade ihr negatives Votum aber hatte besonderes Gewicht und komplizierte die Situation erheblich. Denn nach Artikel 86 der preußischen Verfassung sollte die Besetzung der Stellen des Oberpräsidenten und der Regierungspräsidenten in einer Provinz im Einvernehmen mit dem Provinzialausschuß erfolgen. In ihm aber verfügte das Zentrum über die Mehrheit. Angesichts dieser Sachlage war das isolierte Vorgehen der Landtagsfraktion tatsächlich voreilig und taktisch ungeschickt.

An der breiten, publizistisch wie versteckt geführten Kampagne gegen die Ernennung Gronowskis beteiligten sich sogar Blätter der Zentrumspartei wie etwa der in Münster erscheinende ,,Westfälische Merkur": ,,Es sind neben politischen Gesichtspunkten doch auch noch ethische (!) vorhanden, die stark ins Gewicht fallen. Abgeordneter Gronowski z. B. als Kurator der Universität – bislang ist der Oberpräsident Kurator der Universität – wäre einfach unmöglich." Selbst die Dortmunder ,,Tremonia" tat sich anfänglich schwer, schlug sich aber schließlich eindeutig auf die Seite Gronowskis. Lediglich die Presse der christlichen Gewerkschaften und der katholischen Arbeitervereine sprach sich vorbehaltlos für seine Nominierung aus. Im Organ des Deutschen Gewerkschaftsbundes ,,Der Deutsche" tat dies beispielsweise Heinrich Brüning, damals Geschäftsführer der christlichen Gewerkschaften. Der entschiedenste Widerstand ging von einzelnen alteingesessenen westfälischen Adelsfamilien und agrarischen Standesorganisationen aus. So drohte der teils zentrumsorientierte, teils stark unter deutschnationalen Einflüssen stehende Westfälische Bauernverein in einer Resolution: ,,Die westfälischen Bauern sind nicht gewillt, sich einen Arbeitersekretär als Oberpräsidenten gefallen zu lassen."

Für das konservative Münster und die festgefügte münsterländische Gesellschaft war der Gedanke unvorstellbar, die Provinz von einem Angehörigen des Arbeiterstandes und nicht des westfälischen Altadels oder des gehobenen Bürgertums repräsentiert zu wissen, wie dies seit 1815, seit dem ersten Oberpräsidenten Ludwig von Vincke, traditionell der Fall war. Hinzu kam, daß Gronowski kein gebürtiger Westfale war. Den eigentlichen Stein des Anstoßes bildete der Klassenunterschied, die soziale Herkunft Gronowskis, obwohl angeblich sachliche Argumente wie die fehlenden Laufbahnvoraussetzungen und die komplizierte politische, wirtschaftliche, soziale und vor allem konfessionelle Struktur der Provinz als Hindernisse in den Vordergrund geschoben wurden. Letztlich richteten sich die Widerstände gegen eine Öffnung der staatlichen Verwaltung und die Besetzung leitender Ämter durch sogenannte „Außenseiter" oder Parteibuchbeamte.

Gronowski hat zu all den gegen ihn erhobenen Bedenken geschwiegen. Es ist anzunehmen, daß er das Ausmaß und das Niveau der Kampagne nicht vorhergesehen hatte, die ihn und seine Familie zutiefst verletzten. Andernfalls hätte er wohl kaum der Nominierung durch seine Partei zugestimmt. Selbst die liberale „Kölnische Zeitung", die ihn ablehnte, kritisierte die Schärfe der Auseinandersetzungen und schrieb: „Damit geschieht Herrn Gronowski Unrecht. Diesen ehrt seine Zurückhaltung und seine Bescheidenheit."

Mit Schreiben vom 15. März 1922 forderte der preußische Innenminister Severing den Landeshauptmann der Provinz Westfalen, Dieckmann, auf, im Provinzialausschuß umgehend das Einvernehmen mit der Ernennung Gronowskis herzustellen. Jetzt mußte sich zeigen, ob Gronowskis Kandidatur von seinen eigenen Parteifreunden zu Fall gebracht werden würde. Seit dem Beschluß der Landtagsfraktion vom 18. Januar hatten aber zwischen ihr und den westfälischen Parteistellen offensichtlich Gespräche stattgefunden. Denn der Provinzialausschuß sprach sich am 8. April 1922 in geheimer Abstimmung mit sieben Stimmen für die Ernennung Gronowskis aus. Zwei Abgeordnete stimmten mit „Nein", sechs mit „Enthaltung". Nun stand der Berufung Gronowskis nichts mehr im Wege. Als ihn das Preußische Staatsministerium am 28. April 1922 zum Oberpräsidenten ernannt hatte, schrieb die „Westdeutsche Arbeiter-Zeitung": „Ein ekelhafter Streit fand damit ein gutes Ende."

5.

Das Amt des Oberpräsidenten, im Zuge der preußischen Provinzialreform zu Beginn des 19. Jahrhunderts aus dem Institut des Provinzialministers hervorgegangen, war von Anfang an nicht so sehr als eine Behörde mit administrativen Kompetenzen gedacht (diese lagen überwiegend bei den Regierungspräsidenten), sondern als die politische Vertretung sowohl der Ministerien in der Provinz als auch der Provinz gegenüber den Ministerien. Der Oberpräsident bildete keine eigene Instanz zwischen Ministerium und Provinzialbehörden, sondern stellte eine Art „eingeschobene(r) Zwischeninstanz" dar und war, so Fritz Hartung, ein verwaltungsorganisatorischer „Luxus", den sich außer Preußen kein anderer deutscher oder europäischer Staat leistete. Als ständiger Kommissar des Ministeriums in der Provinz hatte der Oberpräsident vornehmlich ausführende, kontrollierende und konsultierende Aufgaben. Ihm unterstanden das höhere Schulwesen, das Medizinalwesen und das Konsistorium. Gegenüber dem Regierungspräsidenten besaß er zwar ein gewisses Instruktionsrecht, war aber nicht dessen vorgesetzte Behörde. Der Oberpräsident war ermächtigt (was in der streckenweise labilen politischen Lage der Weimarer Republik von Bedeutung sein konnte), allgemeine Sicherheits- und in gesetzlich geregeltem Umfang auch Militärmaßnahmen zu treffen, sofern sie über die Grenze des einzelnen Regierungsbezirks hinausgingen. Bei der Anordnung militärischer Maßnahmen handelte der Oberpräsident gemeinsam mit dem Kommandierenden General des Armeekorps der Provinz. In diesem Zusammenhang sind auch die Befugnisse hervorzuheben, die der Oberpräsident im Rahmen der republikanischen Schutzgesetze besaß. So konnte er antirepublikanische Versammlungen, Kundgebungen und Aufzüge verhindern, links- oder rechtsextreme Verbände auflösen sowie Zeitungen verbieten, die Hetzartikel gegen den Staat oder seine Repräsentanten veröffentlichten.

Aufgrund der besonders zugeschnittenen politischen und rechtlichen Stellung, die Reinhard Koselleck auf die zugespitzte Formel gebracht hat: „Der Oberpräsident herrschte, aber administrierte nicht", lebte das Amt entscheidend von der persönlichen Autorität und der politischen Integrationsfähigkeit seines Trägers. Als Gronowski angetreten war, veröffentlichte die Essener Zeitung „Das freie Wort" einen Artikel, in dem es unter anderem hieß: „Nun residiert Herr Johannes Gronowski im Schloß zu Münster. Ob ihm so wohl dabei ist? Wenn der Herr Oberpräsident durch die herrlichen Säle des prächtigsten deutschen Oberpäsidiums schreitet und von Säulen und Bildern in träumender Dämmerung sich erzählen läßt von vergangenen Zeiten, dann werden die Zeugen des Einst ihm berichten von den vielen, vielen Jahrzehnten, da das Schloß zu Münster der Sammelpunkt Westfalens großer Bürger war... Zum Oberpräsidenten von Westfalen kam der Adel, der nicht zu Hofe ging... Es kamen die westfälischen Großindustriellen, die zum Hofe in Berlin nicht geladen waren... Es kamen Westfalens große Kaufleute... Johannes Gronowski, werden diese Leute zu Dir kommen? Bisher ist es noch gelungen, den größten Teil des westfälischen Adels bei der Stange (d. h. bei der Zentrumspartei) zu halten. Wie wird es werden, nachdem durch diese Partei dem westfälischen Adel seine Repräsentationsstätte genommen?"

Für die Anhänger dieser Vergangenheit mußte Gronowskis Amtsverständnis allerdings eine einzige Enttäuschung sein. Denn ein so gelagertes Traditionsgefühl konnte sich bei ihm sowohl aus persönlichen Gründen als auch infolge seiner politischen Erfahrungen nicht herausbilden. Gronowski wandte keinen Gedanken daran, das Oberpräsidium zur „Repräsentationsstätte" eines einzelnen Standes auszugestalten, weder für den des Adels noch des Bürgertums noch der Arbeiterschaft. Allenfalls könnte man sagen (um im Bilde des Artikels zu bleiben), daß Gronowski hoffte, das Oberpräsidium zur Drehscheibe einer auf Ausgleich und Zusammenarbeit auch über Parteigrenzen hinweg ausgerichteten Tätigkeit zu machen.

Obwohl er das soziale Umfeld nie vergaß, aus dem er gekommen war, hat Gronowski während seiner Amtszeit peinlich darauf geachtet, nicht in den Verdacht eines Standes- und Interessenvertreters zu kommen. Dies schloß nicht aus, daß er sich nach wie vor in besonderem Maße den Problemen der wirtschaftlich und sozial Benachteiligten zuwandte. Während der Besetzung des Ruhrgebietes durch die Franzosen, als das Schloß in Münster mehr den Charakter eines „Hauses der offenen Tür" denn des Amtssitzes des höchsten Beamten der Provinz hatte, antwortete er auf die ministerielle Anfrage, ob und wieviele ausgewiesene Beamte er aufnehmen könnte: „War der Fremdenverkehr vor der Besatzung in meiner Privatwohnung groß, so gleicht jetzt zuweilen mein Haus einem Gasthof! Nur der große Salon ist frei; es fehlen aber geeignete Möbel. Alle übrigen Räume sind belegt."

Es wäre allerdings zu kurz gefaßt, Gronowskis Wirken ausschließlich oder überwiegend unter sozialer bzw. humanitärer Perspektive zu bewerten. „Wichtig ist nicht, was er getan hat, sondern wie er getan hat, was er getan hat", schreibt Klaus Gruna. Denn das politische Amt des Oberpräsidenten hat Gronowski ganz als die politische Aufgabe des Wirkens für den republikanisch-demokratischen Staat aufgefaßt. Er tat dies freilich nicht auf spektakuläre Weise. Daran hinderte ihn schon seine persönliche Bescheidenheit und die Aufrichtigkeit seines Wesens, die respektiert und anerkannt wurden. Als 1923 weite Teile der Provinz durch französische und belgische Truppen besetzt wurden und sich in der Bevölkerung spontan eine Stimmung zeigte, „die zunächst in manchem an den August 1914 erinnerte" (Hagen Schulze), wahrte Gronowski den Blick für das, was politisch machbar und zu verantworten war. Er warnte vor „chauvinistischen Ausschreitungen" und „phrasenhaftem Patriotismus", mit dem niemand gedient sei, und rief dazu auf, in dieser Situation die Parteipolitik aus dem Spiel zu lassen. „Die Leiden und Lasten standhaft und trotzig ertragen, wenn notwendig, darben und entbehren, das ist sichtbare Vaterlandsliebe."

Der Ruhrkampf konfrontierte die westfälischen Behörden mit einer Fülle von politisch brisanten und diffizilen Problemen, zu deren Lösung im Einzelfall nicht immer auf die zentralen Anweisungen der Regierung des Reiches oder Preußens zurückgegriffen werden konnte. Auf die Initiative Gronowskis hin konstituierte sich daher am 8. Februar 1923 in Hamm ein „Westfälischer Besatzungsausschuß" aus Beamten des Oberpräsidiums, der Regierung in Münster, verschiedener Landratsämter sowie von Kommunalbehörden. Dieser sollte die Behörden und Beamten in Besatzungsangelegenheiten beraten. Man erhoffte, dadurch Rechtsfragen zu klären und ein koordiniertes Reagieren auf französische Maßnahmen zu sichern. Die Tätigkeit des Ausschusses erwies sich als durchaus sinnvoll und hilfreich. Er wurde zu einer Clearing-Stelle für die „vor Ort" auftauchenden Probleme. Wie die Sitzungsprotokolle zeigen, bot der Ausschuß Gronowski die günstige Gelegenheit, in direktem Kontakt mit maßgebenden Politikern und Beamten der Provinz Vorbehalte gegen seine Person abzubauen und sogar Vertrauenspunkte zu sammeln. Er leitete die Zusammenkünfte ohne hochtönende Formulierungen. Seine Gradlinigkeit und Offenheit, ohne taktisches Lavieren und hintergründige Glätte, ließen auch seine Gegner nicht unbeeindruckt.

Gronowski hat die Widerstände aus Westfalen und aus Münster gegen seine Ernennung zu Recht nicht nur als Widerstand gegen seine Person gewertet, sondern auch als Ausdruck der Distanz und der Ablehnung der neuen Staatsordnung, die er repräsentierte. Insofern mußte es großes Aufsehen erregen, als bekannt wurde, daß er Reichspräsident Friedrich Ebert aufgefordert hätte, zum Verfassungstage am 10. August 1924 nach Münster zu kommen. Gronowski, der Ebert bei einem Zusammentreffen in Berlin spontan eingeladen hatte, verstand den Besuch des Reichspräsidenten als Demonstration für die Republik und hoffte, daß er das Defizit an republikanischem Bewußtsein in Münster und im Münsterland positiv beeinflussen würde. Doch bewirkte er genau das Gegenteil, da die tonangebenden politischen und gesellschaftlichen Gruppen Münsters die Einladung als eine politische Provokation auffaßten. Schon im Vorfeld des Besuches kam es zu skandalösen Vorfällen und peinlichen Stellungnahmen. So gab Oberbürgermeister Georg Sperlich in einer Sitzung des Rates am 24. Juli 1924 bekannt, daß er vergeblich versucht habe, den Oberpräsidenten von seiner Einladung abzubringen. Immerhin versicherte er, die Stadt werde „den Herrn Reichspräsidenten und den Herrn Reichskanzler feierlich ... empfangen". Dagegen reagierten die Sprecher von DVP und DNVP mit kategorischer Ablehnung. Die Verfassung sei für sie weder ein Grund zu einem politischen Festakt, noch seien sie bereit, Finanzmittel der Stadt dafür zu bewilligen. Das Zentrum gab sich indifferent. Ausdrückliche Zustimmung fand die Einladung lediglich bei der SPD-Fraktion, die erklärte, die Arbeiterschaft „werde ihre Ehre darin legen, den Reichspräsidenten zu empfangen".

Der Besuch Eberts verlief dann ohne Zwischenfälle. Ob er allerdings die von Gronowski erhoffte Wirkung gehabt hat, erscheint zweifelhaft. Für die politisch dezidiert rechts stehenden Gruppen blieb die Oberpräsidentschaft Gronowskis jedenfalls ein fortwährendes Ärgernis und er selbst eine persona non grata. Sie warfen ihm mehr oder weniger verschleiert Amtsmißbrauch vor und unterstellten ihm, auf eine Aufsplitterung des Zentrums in Münster in „eine rote und eine bürgerliche" Partei hinzuarbeiten mit dem Ziel, die Stadt „auf dem Umwege über eine radikalisierte Kommunalpolitik" politisch erobern zu wollen, Vorwürfe, die ebenso unbegründet wie politisch durchsichtig waren.

Auch konnten solche Attacken nicht verwischen, daß Gronowskis Wirken in der Provinz weitreichend Anerkennung fand. Sein Arbeitspensum war enorm. Ein Privatleben hat es für ihn während seiner Amtszeit so gut wie nicht gegeben. Da er sein Abgeordnetenmandat im Landtag beibehalten hatte, pendelte er während der Sitzungsperioden ständig zwischen Münster und Berlin. In Münster lief daher der Satz um, daß der Oberpräsident sich tagsüber der Provinz widme und nachts seinen Berliner Verpflichtungen nachkomme. Gronowski konnte diese Doppelbelastung allerdings nur tragen, weil er in seiner Familie einen unbedingten Rückhalt hatte und sich im Amt auf einen ihm loyal ergebenen Beamtenstab verlassen konnte. Dies gilt namentlich für den zweiten Mann im Oberpräsidium, Oberpräsidialrat Bruno Weber, der bereits seit 1904 dort tätig und mit den Problemen der Provinz eng vertraut war. Sein Wissen und seine verwaltungspraktische Routine sind Gronowski eine entscheidende Hilfe gewesen. Weber wurde zu seinem wichtigsten Berater, ohne aber der naheliegenden Versuchung zu verfallen, in die Rolle einer „grauen Eminenz" zu schlüpfen.

In seinen zahlreichen öffentlichen Reden hat Gronowski immer wieder um Vertrauen für den Staat geworben, dem er diente. Das zeigen seine Ansprachen, die er auf den gleichermaßen traditionsbewußt organisierten wie orientierten Festakten in Münster 1926 anläßlich des 100. Zusammentritts des Westfälischen Provinziallandtages und 1931 zur Erinnerung an den 100. Todestag des Reichsfreiherrn vom und zum Stein hielt. In diesem Zusammenhang sind auch die Grußworte zu erwähnen, die er 1927 an die Teilnehmer des 66. Katholikentages in Dortmund und drei Jahre später an die des Katholikentages in Münster richtete. Er hob dabei insbesondere die Freiheiten hervor, die die katholische Kirche und ihre Gläubigen „im neuen Volksstaate" besäßen, und appellierte ausdrücklich an die katholische Arbeiterschaft, nach Kräften mitzuarbeiten. Dabei warnte er die Katholiken vor einer selbstgerechten Haltung und scheute sich nicht, die selbstkritische Frage zu stellen: „Ja, wir sind gewachsen an Bedeutung und Zahl! Ob wir auch an Liebe zueinander gewachsen sind? Diese Frage zu beantworten, erkläre ich mich nach den Erlebnissen der letzten zehn Jahre für befangen."

Ein wichtiges Forum, von dem aus Gronowski zu Problemen der Provinz Stellung nahm, war der Westfälische Provinziallandtag. Dieser trat in der Regel einmal im Jahr für etwa eine Woche zusammen und wurde vom Oberpräsidenten als Staatskommissar eröffnet und geschlossen. Da Gronowski von 1919 bis 1921 selbst dem Landtag angehört hatte, dort also kein Unbekannter war, hofften die provinziellen Selbstverwaltungsorgane nicht ohne Grund, gerade bei ihm Verständnis für ihre Aufgaben und Interessen zu finden. Diese Erwartungen sind nicht enttäuscht worden. Gronowski hat, von der Praxis seiner Vorgänger zum Teil abweichend, sich nicht darauf beschränkt, den Landtag, wie das seine Aufgabe war, mit allgemein gehaltenen Erklärungen zu eröffnen. Vielmehr lassen seine Ansprachen erkennen, daß er sich zwar mit den anstehenden Vorlagen eingehend vertraut machte und gelegentlich dezidiert Stellung bezog. Er hat es aber immer vermieden, vor dem Landtag einen etatistischen Ton anzuschlagen.

In seine Amtszeit fielen zwei Problemkomplexe, mit denen sich der gemeinhin mit haushaltsrechtlichen und verwaltungstechnischen Routineangelegenheiten befaßte Provinziallandtag auseinanderzusetzen hatte. Es handelte sich einmal um die in der Anfangsphase der Weimarer Republik mit dem Namen von Bill Drews verbundenen und später im Zusammenhang mit der umfassenden Reichsreformdiskussion entwikkelten Reformvorschläge für die regionale Selbstverwaltung; zum anderen ging es um die kommunale Gebietsreform im westfälischen Industriegebiet, die in der zweiten Hälfte der zwanziger Jahre erfolgte – Probleme also von erheblicher Brisanz, die den Zusammenhalt der Provinz belasten konnten.

Gronowski hat frühzeitig versucht, auf die zwangsläufig heterogenen Standpunkte der Beteiligten ausgleichend einzuwirken. Er tat dies sowohl an die Adresse des in der Sache federführenden Preußischen Innenministeriums als auch an die der betroffenen Gemeinden. Als es dennoch zu erheblichen Auseinandersetzungen zwischen einzelnen Gemeinden kam, warnte er im Provinziallandtag vor den unberechenbaren Folgen für die Provinz, wenn aus den „Reibungsflächen Brandstellen" entstehen sollten: „Weder die Staatsregierung noch der Gesetzgeber haben gewollt, daß Land gegen Stadt, Stadt gegen Stadt, Oberbürgermeister gegen Oberbürgermeister aufstehen und mit Wort und Schrift in den Kampf ziehen. Genug des grausamen Spiels, das geeignet ist, ein gut nachbarliches Verhältnis zu trüben oder gar zu zerstören. Alle, insbesondere jene Männer, die an verantwortlicher Stelle stehen, haben das Recht, ihre Meinung zu äußern, aber sie haben mehr als andere Sterbliche die Pflicht, jede Meinungsverschiedenheit ritterlich auszutragen... Wir alle sind doch aufeinander angewiesen: Gemeinden, Kreise, Städte, Provinz, Staat und Reich!" Immerhin konnte Gronowski die Regierung in Berlin von ihrem ursprünglichen Plan abbringen, die im Rahmen der Eingemeindungen freiwerdenden Beamten und Angestellten über die ganze Provinz zu verteilen. Er erreichte, daß diese statt dessen von den vergrößerten Gemeinden aufgenommen wurden. Diese Lösung bedeutete zwar, wie er selbst zugestand, für die betroffenen Städte eine erhebliche finanzielle Belastung, aber sie bewahrte zahlreiche Familien vor erheblichen Härten, die mit einer Versetzung zwangsläufig verbunden gewesen wären.

Im Gegensatz zu seinem Engagement in regionalen Reformfragen ist Gronowski, soweit erkennbar, in der allgemeinen Diskussion über die Reorganisation der preußischen inneren Verwaltung nicht nennenswert hervorgetreten. Bemerkenswert erscheint lediglich, daß er für eine Beibehaltung und sogar Stärkung des Amtes des Regierungspräsidenten plädierte. Im übrigen vertrat er die Auffassung, daß Konfliktfälle zwischen dem Oberpräsidenten und dem Regierungspräsidenten „mit entsprechender Vernunft und dem erforderlichen Takt ... spielend leicht ohne ministerielle Erlasse geregelt werden" könnten. Als die Mehrzahl der preußischen Oberpräsidenten in diesem Zusammenhang auf eine bessere Besoldung drängte und auf die höheren Gehälter der Regierungspräsidenten hinwies, schrieb Gronowski an den Rand der Vorlage die für ihn bezeichnende Marginalie: „Diese Stelle soll geändert werden. Es darf nicht der Gedanke aufkommen, als wenn die OP (Oberpräsidenten, d.Vf.) den RP (Regierungspräsidenten, d.Vf.) den geringen Vorsprung nicht gönnen."

Den Anstieg der nationalsozialistischen Wählerstimmen und den Einzug von Nationalsozialisten in die Parlamente hat Gronowski mit Sorge registriert. Dabei beunruhigte ihn weniger die Anfälligkeit der Arbeiterschaft als die der bürgerlichen Kreise. Der organisierten Arbeiterschaft attestierte er sogar ausdrücklich besonnene Haltung und politische Reife trotz der wirtschaftlichen Not und des Wirkens politischer Demagogen. Gronowski schöpfte den Spielraum seiner Kompetenzen als Oberpräsident voll aus und verbot antirepublikanische Kundgebungen sowie Zeitungen, die

Hetzartikel gegen den Staat veröffentlichten. Gleichzeitig exponierte er sich in den Wahlkämpfen für das Zentrum und unterstützte nachdrücklich die Politik Brünings, mit dem ihn ein vertrauensvolles Verhältnis verband. Wie dieser, so war auch Gronowski davon überzeugt, daß die Reichsregierung Brüning 1932 ,,hundert Meter vor dem Ziel" vornehmlich an den Intrigen der ostelbischen Agrarfronde gescheitert sei.

Mit der Demissionierung Brünings und der Kanzlerschaft Franz von Papens schienen auch die Tage Gronowskis als Oberpräsident gezählt. Zwar verwaltete er seit dem 22. Juli 1932 das Regierungspräsidium in Münster mit, nachdem der bisherige Regierungspräsident Amelunxen einen Tag zuvor im Zuge des mit dem Staatsstreich in Preußen veranlaßten Revirements in den einstweiligen Ruhestand versetzt worden war. Aber in den Kreisen der Präsidialregierung galt Gronowski nun als ,,ein verbrauchter Mann". Er sollte in nächster Zeit durch den ehemaligen Staatssekretär der Reichskanzlei, Hermann Pünder, abgelöst werden. Da dieser es aber ablehnte, seine ,,Hand dazu (zu)bieten, dem verdienten alten christlichen Gewerkschaftler, der ein Jahrzehnt lang vorbildlich diesen Posten in Münster innehatte, wehe zu tun", wie er später in seinen Memoiren schrieb, wurde der Wechsel zurückgestellt. Statt dessen wollte man warten, bis Gronowski, der zu diesem Zeitpunkt 58 Jahre alt war, die Pensionsgrenze erreichte.

Aber mit der Machtübernahme durch Hitler und der Betrauung Görings mit dem Preußischen Innenministerium war die Ablösung Gronowskis nur noch eine Frage der Zeit. Da er sich gerade jetzt in den Wahlkämpfen als Redner für das Zentrum engagierte, waren Konflikte mit seinem Dienstherrn absehbar. Göring mied indes die offene politische Konfrontation und versetzte Gronowski am 22. Februar 1933 in den einstweiligen Ruhestand, nachdem dieser es abgelehnt hatte, ein von Göring angeordnetes Zeitungsverbot zu vollstrecken. Das Verbot galt einem Teil der Zentrumspresse, in dem am 16. Februar ein Aufruf der Zentrumspartei zum Schutz der Verfassung erschienen war. Gronowski, der versucht haben soll, Göring von seiner Anweisung wieder abzubringen, begründete seine Weigerung mit dem Satz: ,,Ich müßte meine Vergangenheit verleugnen, wenn ich meinen Namen unter ein Verbot der Wahrheit setzen würde", und überließ die Durchführung seinem Vizepräsidenten Weber. In nationalsozialistischen Organen wie der Essener ,,National-Zeitung" wurde dagegen der ganze Vorgang so dargestellt, als hätte Gronowski von sich aus das Entlassungsgesuch eingereicht, um gegen das Verbot der Zentrumspresse zu protestieren.

Zum Nachfolger ernannte die preußische Kommissariatsregierung den Präsidenten der Landwirtschaftskammer von Westfalen und Landrat a. D. Ferdinand Freiherr von Lüninck, der der DNVP angehörte. Neben parteiinternen Rivalitäten und Gründen der politischen Opportunität verhinderten (so die Aussage des älteren Bruders Lünincks, Hermann Freiherr von Lüninck) die entschiedenen Interventionen des in Münster stationierten Armeekorps die in Aussicht genommene Berufung eines Parteifunktionärs zum Oberpräsidenten und gaben den Ausschlag für die Wahl Ferdinand Lünincks. Vergeblich hatte Gronowski diesen vor einer Zusammenarbeit mit den Nationalsozialisten gewarnt, die verhängnisvolle politische und persönliche Konsequenzen haben müsse.

Lüninck gab wenige Tage später, am 27. Februar 1933, eine Pressekonferenz, auf der er seinen Vorgänger folgendermaßen würdigte: ,,Weit über zehn Jahre hat Gronowski den Posten des obersten politischen Staatsbeamten der Provinz Westfalen innegehabt. Es wäre sinnlos, hier zu verhehlen, daß zwischen seiner und meiner Anschauung in politischen Dingen tiefgehende Verschiedenheiten und Gegensätze bestehen. Dies ist für mich aber kein Hindernis, gern und mit Anerkennung auszusprechen, daß Oberpräsident Gronowski sich stets hat leiten lassen von dem ernsten Bestreben, alles ihm Mögliche zu tun, um der Bevölkerung der ihm anvertrauten Provinz in der Schwere dieser Zeit nach Kräften zu helfen. Die Schlichtheit seines Wesens, die offene Ehrlichkeit seines Charakters, das Einstehen für seine Überzeugung hat ihm bei aller Gegensätzlichkeit der Anschauungen mit Recht die menschlichen Sympathien erworben, denen eine gerade und aufrichtige Natur stets gewiß sein kann. Wenn die gesamtpolitische Entwicklung nunmehr sein Scheiden aus dem bisherigen Amt auch unvermeidlich gemacht hat, so empfinde ich es doch als eine Pflicht der Ritterlichkeit, auch dem politischen Gegner den Dank und die Anerkennung nicht zu versagen, auf die seine pflichttreue, lange Amtsführung und seine menschlichen Eigenschaften ihm einen Anspruch geben."

Form und Inhalt dieser Würdigung waren 1933 bei ,,Machtwechsel" auch auf der mittleren und lokalen Ebene nicht die Regel. Aber trotz der Genugtuung, die Gronowski darüber empfunden haben mag, dürfte er die Worte Lünincks zwiespältig und mit Bitterkeit aufgenommen haben. Schließlich repräsentierte Lüninck jene politische und gesellschaftliche Schicht Westfalens, die Gronowski in den zurückliegenden Jahren politisch und persönlich zugesetzt hatte wie sonst niemand. Für ihn begannen damit die bitteren Jahre der inneren Emigration. Verleumdungen in der NS-Presse und Drohungen durch Rollkommandos der SA veranlaßten ihn, wenige Monate später Münster zu verlassen und nach Köln zu ziehen. Das Innenministerium hatte ihn am 6. Oktober 1933 wie viele andere aufgrund des Paragraphen 4 des ,,Gesetzes zur Wiederherstellung des Berufsbeamtentums" vom 7. April 1933 mit sofortiger Wirkung entlassen. Dieser Paragraph konnte auf Beamte angewendet werden, ,,die nach ihrer bisherigen politischen Betätigung nicht die Gewähr dafür bieten, daß sie jederzeit rückhaltlos für den nationalen Staat eintreten..." Darüber hinaus war mit dem Paragraphen 4 eine Kürzung des Ruhegehaltes um 25 Prozent verbunden. Der Vorwurf der nationalen Unzuverlässigkeit hat Gronowski zutiefst getroffen. Die Bemühungen von Freunden und Geistlichen, unter ihnen der Osnabrücker Bischof Wilhelm Berning, im Ministerium die volle Pension für Gronowski durchzusetzen, scheiterten an Göring. An diesen, wie Berning angeregt hatte, ein Gnadengesuch zu richten, lehnte Gronowski ab. Er wollte nicht um einen Anspruch bitten, den er sich durch seinen Staatsdienst erworben hatte. Mithin sah er sich gezwungen, für die Regierungsbezirke Arnsberg und Minden eine Vertretung für Wein, Kaffee und Tee zu übernehmen, um seine siebenköpfige Familie durchbringen zu können.

Gronowski hat sich während der nationalsozialistischen Diktatur jeder politischen Tätigkeit enthalten, um seine Familie nicht zu gefährden. Er pflegte Verbindungen zu einigen wenigen politischen Freunden, insbesondere zu Kollegen aus der katholischen Arbeiterbewegung. Nicht wenige, denen er in den vergangenen Jahren beigesprungen war, versagten sich ihm jetzt oder wandten sich von ihm ab. Als er in Köln ausgebombt war, zog er nach Paderborn. Hier verlor er durch einen Luftangriff ein zweites Mal seinen Besitz und wurde selbst verschüttet. Er erlitt eine Trommelfellverletzung und den Teilverlust des Gehörs. Anfang 1943 starb seine Frau. Das Kriegsende erlebte Gronowski in einem Lazarett.

6.

Bereits im Sommer 1945 begann für Gronowski eine neue Phase politischer Aktivität. Das Amt des Oberpräsidenten, für das er neben Carl Severing und Rudolf Amelunxen im Gespräch war, lehnte er aus Alters- und Krankheitsgründen ab. Dagegen schloß er sich in Paderborn einer örtlichen christlich-demokratischen Partei an und wurde auf dem Gründungsparteitag der CDU in Bochum am 2. September 1945 in den Vorstand der neuen Partei gewählt. Eine Wiederbegründung des Zentrums hielt er aus mehreren Gründen nicht für sinnvoll und politisch erfolgreich. Er lehnte deshalb eine Mitarbeit in der Westfälischen Zentrumspartei ab, die sich neu konstituierte. In einem persönlich abgefaßten Aufruf zu den Kommunalwahlen in Nordrhein-Westfalen vom 15. September und 13. Oktober 1946, ,,Warum ich dabei bin", rechtfertigte er seine Entscheidung. Man könne nicht dort wieder anfangen, wo man 1933 aufgehört habe. Es müsse eine neue Partei geschaffen werden, ,,die unabhängig ist von der Vergangenheit. Eine Partei, die nicht belastet ist durch politische Vorgänge, die wir täglich verteidigen müßten. Die Jugend und die heimkehrenden Soldaten wollen eine neue politische Heimat haben, die *christlich* ist und *deutsch* und *demokratisch!* ... Die in Ehren abgekämpfte Zentrumstruppe bedarf auf dem politischen Kampfplatz dringend der Ablösung... Wir wollen in die Tat umsetzen, was viele Millionen Deutscher herbeisehnen: die Vereinigung der evangelischen und katholischen Christen auf politischem, sozialem, wirtschaftlichem und kulturellem Gebiet." Ähnlich argumentierte Gronowski am 2. März 1948 in einem Brief an den in den USA lebenden Brüning und verteidigte die Gründung der CDU als ,,eine politische Notwendigkeit ersten Ranges. Der Streit Rom-Wittenberg ist Gott sei Dank erstickt...".

Gerade das interkonfessionelle Argument spielte für Gronowski eine entscheidende Rolle. Er sah daher in der Konstituierung von Sondergruppen in der CDU zugleich die Gefahr, daß eines Tages auch die Katholiken und die evangelischen Christen in der CDU ihre eigenen Tagungen veranstalten würden. Deshalb hat Gronowski auch die Bildung von Einheitsgewerkschaften begrüßt, ohne freilich die Existenz einer christlichen Gewerkschaft oder der katholischen Arbeiterbewegung für überflüssig zu halten.

Als der Vorsitzende des Landesverbandes Westfalen der CDU, der Dortmunder Zeitungsverleger Lambert Lensing, im März 1946 auf Druck der britischen Militärregierung sein Amt niederlegte, übernahm Gronowski, bedrängt von seiner Partei, den Vorsitz. Inzwischen 73 Jahre alt, hat er das Amt von Anfang an als eine schwere Bürde empfunden, die noch durch die besonderen Verhältnisse der Nachkriegssituation verstärkt wurde. Gronowski besaß keine persönlichen politischen Ambitionen mehr. Seine Hauptaufgabe als Vorsitzender sah er darin, die verschiedenen Gruppen mit unterschiedlichen Interessenlagen in die Partei zu integrieren, Flügelbildungen zu vermeiden und immer wieder die historische Tragweite des politischen Zusammengehens von Katholiken und Protestanten zu betonen. Die Organisationsarbeit überließ er so gut wie ganz seinem Geschäftsführer Paul Steup. Obwohl der Parteivorsitz für Gronowski ,,längst... zu ein(em) Kreuz geworden war", wie er dem Vorstandsmitglied und ehemaligen preußischen Kultusminister Otto Boelitz gegenüber gestand, ließ er sich 1948 zu einer zweiten Amtsperiode überreden. Erst im April 1951 zog er sich von allen Parteiämtern zurück.

Darüber hinaus war Gronowski Mitglied des Landtags von Nordrhein-Westfalen. Er gehörte sowohl dem 1946 von der Militärregierung ernannten als auch dem am 20. April 1947 ersten gewählten Parlament an, ohne aber dort (soweit sich feststellen ließ) ein einziges Mal das Wort zu ergreifen. 1948 konnte er wie kurz zuvor sein sozialdemokratischer Kollege Severing auf eine über vierzigjährige Tätigkeit als Abgeordneter zurückblicken. Mit Severing hatte Gronowski neben der Herkunft aus dem gleichen sozialen Milieu und dem Wirken in der Arbeiterbewegung die Art gemeinsam, politisch-soziale Probleme praktisch und nicht theoretisch anzugehen. Seit dem gemeinsam durchgestandenen Ruhrkampf (Severing als preußischer Innenminister,

Gronowski als westfälischer Oberpräsident) verband beide Männer ein fast vertrauensvolles Verhältnis. Obwohl Gronowski 1950 für die zweite Wahlperiode nicht mehr kandidierte, kehrte er über die Reserveliste der Partei am 28. Dezember 1953 für den verstorbenen Josef Schrage noch einmal für ein halbes Jahr in den Landtag zurück. Gronowski starb am 27. August 1958 im Alter von 84 Jahren an einem schweren Herzleiden in Paderborn.

Johannes Gronowski gehört zu den Männern der katholischen Arbeiterbewegung, die als Arbeitersekretäre Bewußtseinsbildung für die sozialen Probleme der Zeit betrieben, sich nach der Novemberrevolution von 1918 im überwiegenden Maße zum demokratisch-parlamentarischen System bekannten und nach 1945 nachdrücklich für das damals ungewisse Wagnis einer interkonfessionellen Partei eingetreten sind. Insofern besitzt sein Wirken im deutschen Verbandskatholizismus und in hohen staatlichen Ämtern exemplarischen Charakter für den Beitrag, die die katholische Arbeiterbewegung zur Bewältigung der politischen und sozialen Probleme Deutschlands seit dem Ausgang des 19. Jahrhunderts beigetragen hat und der bis heute weder historisch genügend aufgearbeitet noch angemessen gewürdigt worden ist. Die Tendenz, Gronowski als einen Politiker zu beschreiben, „der doch zuerst Mensch war" (Gruna), trifft zweifellos einen wesentlichen Charakterzug, aber erfaßt nicht dessen spezifisch politischen und sozialen Beitrag als Arbeiter- und Parteisekretär, als Oberpräsident und als Parteiführer. Gronowski mußte zu all den Ämtern, die er ausgeübt hat, nicht aber zur Übernahme politischer und sozialer Verantwortung gedrängt werden, der er sich immer gestellt hat. Aber er legte keinen Wert darauf, daß dies im Rampenlicht der Öffentlichkeit geschah. Als Praktiker orientierte er sich stets an den konkreten menschlichen Bedürfnissen, weniger an ideologischen Disputen und Lehrsätzen. Er plädierte für ein extensiv verstandenes Subsidiaritätsprinzip, das aber die führende Rolle des Staates in der Sozialpolitik nicht in Frage stellte. Hier liegt ein Ansatzpunkt für die Auffassung, die 1927 in das vom Zentrum verabschiedete „sozialpolitische Manifest" mit der Forderung nach Ausweitung der „staatlichen Sozialpolitik... zur sozialen Staatspolitik" Eingang fand. Daß Gronowski in seiner Amtszeit als Oberpräsident nicht durch spektakuläre Maßnahmen glänzte, lag weniger an ihm selbst als an der Konstruktion des Amtes; zudem hatte er wie alle seine Vorgänger in der westfälischen Öffentlichkeit mit dem Nimbus zu kämpfen, der bis heute Westfalens ersten Oberpräsidenten Ludwig von Vincke umgibt. Schwächen Gronowskis in der technisch-taktischen Handhabung des Amtes werden mühelos aufgewogen durch die in der historischen Rückschau besonders ins Gewicht fallende Weise der politischen Führung des Amtes. Sie orientierte sich vorbehaltlos an der Verfassung und an den Ansprüchen der parlamentarischen Demokratie und darf nicht als eine Politisierung der Behörde mißverstanden werden.

Das Porträt Johannes Gronowski erschien in verkürzter Form zuerst als WDR-Sendung (26. 8. 1978), dann gedruckt in „Entscheidungen im Westen", Beiträge zur neueren Landesgeschichte, Bd. 7, hrsgb. v. W. Först, Köln u. Berlin 1979. Es basiert auf ungedruckten Quellen in: Hauptstaatsarchiv Düsseldorf, Staatsarchiv Münster, Verwaltungsarchiv des Landschaftsverbandes Westfalen-Lippe in Münster, Geheimes Staatsarchiv Berlin-Dahlem, Stadtarchiv Dortmund sowie auf Materialien der Familie Gronowski (Paderborn). Benutzt wurden außerdem Bestände aus dem Institut für Zeitungsforschung Dortmund. Darüber hinaus wurden die Reden berücksichtigt, die Gronowski als Abgeordneter im Preußischen Abgeordnetenhaus, im Preußischen Landtag und als Oberpräsident im Provinziallandtag von Westfalen gehalten hat.

Er war selbst kein Politiker, aber er übte direkt und indirekt, nach innen wie nach außen politische Wirkung aus, vor dem Krieg, während der Kriegsjahre und unmittelbar danach. Von Herkunft und Gesinnung entschieden konservativ, hat der Bischof von Münster in den ersten Jahren nach 1933 den Nationalsozialismus als nationalen Aufbruch verstanden, bis ihn die Ideologie, die dahinter stand, und die Verbrechen der herrschenden Staatspartei hellhörig machten. Gegen sie ist Clemens August Graf von Galen (1878-1946) mit dem Mittel, das ihm zur Verfügung stand, der Predigt, die weite Verbreitung fand, aufgetreten. Als er 1946, wenige Wochen vor seinem plötzlichen Tod, mit der Kardinalswürde aus Rom nach Münster zurückkehrte, war alles darauf angelegt, ihn zum Mythos werden zu lassen – auch was die Neigung weiter Kreise betraf, in dem Bischof ein Alibi für den Widerstand zu haben, den sie selbst nicht hatten leisten können oder wollen.

Rudolf Morsey

CLEMENS AUGUST
GRAF VON GALEN

Rudolf Morsey

Als Anfang September 1933 bekannt wurde, daß Papst Pius XI. den damals fünfundfünfzigjährigen Pfarrer Clemens Graf von Galen zum neuen Bischof von Münster ernannt hatte, löste diese Nachricht weithin Verblüffung aus. ,,Da muß der Heilige Geist aber viel helfen", so oder ähnlich lauteten erste Reaktionen von Geistlichen und Laien, die den Pfarrer an St. Lamberti in Münster als ebenso eifrigen wie beliebten Seelsorger kannten. Außer durch adlige Herkunft und hünenhafte Gestalt mit 1,99 Meter Größe ragte Graf Galen nämlich keineswegs aus dem Kreise seiner Mitbrüder hervor. Er gehörte weder Domkapitel noch Fakultät an und war nicht als eigenständiger theologischer Denker oder glänzender Prediger hervorgetreten. Auch galt er keineswegs als geistlicher Schriftsteller, trotz eines kleinen Buches, mit dem er sich 1932 seinen Groll über zunehmende Verweltlichung des öffentlichen Lebens durch Vordringen liberaler und sozialistischer Ideen von der Seele geschrieben hatte. Schon der Titel dieser literarischen Attacke, ,,Die 'Pest des Laizismus' und ihre Erscheinungsformen" (im Verlag Aschendorff in Münster erschienen), kennzeichnete ihren Verfasser als Gegner jeder Art von kirchlicher ,,Anpassung". Mit dieser Haltung korrespondierte Galens Standort innerhalb des politischen Katholizismus: rechts von der Mitte. Dennoch gelang es dem Bischof von Münster, in seiner nur zwölf Jahre währenden Amtszeit bei seinen Diözesanen nicht bloß respektvolle Zuneigung und schließlich uneingeschränkte Verehrung zu finden (was in Westfalen selten genug ist), sondern darüber hinaus weltweite Popularität. Sie war Echo und Dank für den unerschrockenen Mut, mit dem Galen in der Zeit der Hitler-Herrschaft Unrechtsmaßnahmen und Verbrechen der staatlichen Obrigkeit öffentlich verurteilt hat, und zwar in einer Art und Weise, mit der er aus dem Kreis des Episkopats herausragte. Der ,,Löwe von Münster", wie er deswegen in aller Welt genannt wurde, hat sein Bischofsamt jedoch keineswegs etwa im Zeichen von Widerspruch oder gar Auflehnung gegen die von Nationalsozialisten ausgeübte Obrigkeit begonnen, im Gegenteil: deren Rechtmäßigkeit stand für ihn 1933 wie 1945 außer Zweifel. Das ist die erste Feststellung, die für eine historische Würdigung Galens zu beachten ist. Eine zweite muß in Erinnerung rufen, daß die bischöfliche Wirksamkeit dieses münsterischen Oberhirten neun Monate nach Beginn der Hitler-Herrschaft einsetzte und knapp zehn Monate nach deren Untergang endete. Sie blieb damit äußerlich nahezu deckungsgleich den zwölf Jahren der Diktatur zugeordnet. Dieses Phänomen hat die Zeitgenossen, die darin vielfach eine providentielle Bestimmung erblickten, um so mehr betroffen, als Galen am 22. März 1946 im Zenit seines bischöflichen Wirkens starb, nur sieben Wochen, nachdem der münsterische Oberhirte von Papst Pius XII. mit dem Kardinalspurpur ausgezeichnet worden war. Auch wenn sich inzwischen Nachruhm und Wertschätzung dieses 71. Nachfolgers auf dem Stuhle des hl. Liudger verfestigt haben, so steht eine abschließende Würdigung aus. Sie setzt eine Auswertung neuer Quellen und Darstellungen über das Verhältnis von Kirche und ,,Drittem Reich" voraus. Auch fehlt bisher eine Monographie über die jüngste Geschichte des Bistums Münster, also eine Art Gegenstück zu der 1974 erschienenen Untersuchung von Bernd Hey über die evangelische Kirchenprovinz Westfalen in der Zeit von 1933 bis 1945.

1.

Jede Beurteilung der Tätigkeit des späteren Bischofs von Münster muß seine Herkunft, seine geistig-kirchliche Prägung und seine pastorale Tätigkeit bis hin zur Lebenswende von 1933 mit einbeziehen. Der am 16. März 1878 auf Burg Dinklage im oldenburgischen Teil der Diözese Münster geborene Clemens Graf von Galen (Clemens August nannte er sich erst als Bischof) entstammte einem urkatholischen

Adelsgeschlecht. Er war das elfte von dreizehn Kindern des Erbkämmerers Ferdinand Heribert Graf von Galen und dessen Ehefrau Elisabeth, geborener Reichsgräfin von Spee. Clemens absolvierte seine Gymnasialzeit im Jesuitenkolleg Feldkirch in Vorarlberg und am Gymnasium Antonianum in Vechta, seine Studienzeit in Freiburg in der Schweiz, Innsbruck und Münster. 1904 empfing er im Peter und Pauls-Dom der heimischen Bischofsstadt Münster, der seine Kathedralkirche und Grabstätte werden sollte, die Priesterweihe.

Die Entscheidung für den geistlichen Beruf, getroffen 1898 nach einer Audienz bei Papst Leo XIII., war durch Familientradition und Erziehung bestärkt worden und stand später nie in Frage. Zum Familienerbe des adligen Theologen gehörte eine lebendige Erinnerung an den preußischen Kulturkampf, an seinen Großonkel, den Mainzer Oberhirten und bedeutendsten Bischof des 19. Jahrhunderts, Wilhelm Emmanuel von Ketteler, und an den 1837 von der preußischen Regierung verhafteten Kölner Erzbischof Clemens August von Droste zu Vischering.

Seine geistliche Prägung erfuhr Clemens Graf Galen als Domvikar und Sekretär seines Onkels, des münsterischen Weihbischofs Maximilian Gereon Graf von Galen. 1906 wurde er als Kaplan nach Berlin versetzt, wo er dreiundzwanzig Jahre lang als Großstadtseelsorger wirkte, ebenso pflichtbewußt wie selbstlos, für jedermann ansprechbar und hilfsbereit. Dagegen gewann Pfarrer Graf Galen, über den der Berliner Caritas-Apostel der zwanziger Jahre, Carl Sonnenschein, urteilte: ,,Ganz 13. Jahrhundert", keinen Geschmack an neuen Formen kirchlicher Jugendarbeit oder liturgischer Reformen. Innerkirchlichen Veränderungen gegenüber verblieb er in konservativer Beharrlichkeit skeptisch distanziert, wenn nicht gar strikt ablehnend. Der ,,Herzensmonarchist", als der er sich selbst verstand, konnte sich mit der Weimarer Republik und ihrer vermeintlichen ,,Verfassung ohne Gott" (ein Schlagwort, das ebenso falsch wie gefährlich war) nicht aussöhnen. Der Berliner Großstadtpfarrer fand seine politische Heimat bei den sogenannten Rechtskatholiken, zählte zu den Verfechtern der ,,Dolchstoßlegende" vom 1918 unbesiegten deutschen Heer und kommentierte aus einer betont nationalen Sicht strittige Zeitfragen. Zusammen mit Franz von Papen, dem Reichskanzler nach Brüning, suchte Pfarrer Galen im Aufsichtsrat der Berliner Zentrumszeitung ,,Germania" deren Kurs vergeblich nach rechts zu drehen. Angesichts der Gefahr des Nationalsozialismus lieferte er 1932 seinem jüngeren, als Zentrumsabgeordneter tätigen Bruder Franz literarische Hilfestellung in Form zeitgemäßer Konkretisierung der katholischen Staatsanschauung, die er patriarchalisch interpretierte.

Um diese Zeit amtierte Galen bereits seit drei Jahren als Pfarrer der Stadt- und Marktkirche St. Lamberti in Münster. Seine Stärke lag weiterhin in einem ungebrochenen Verständnis von der Aufgabe der Kirche, deren Lehren und Gebote er selbst in unkompliziert-demütiger Frömmigkeit praktizierte. Das Gefühl persönlicher Bindung an kirchliche und weltliche Obrigkeit war in diesem westfälischen Edelmann ebenso stark ausgeprägt wie das der Treue gegenüber Klerus und Diözesanen. ,,Äußere Stürme und Verfolgungen" der Kirche in Deutschland und ,,direkte Angriffe der Staatsgewalt" seien ,,abgeschlagen und zurückgedrängt" worden, glaubte Galen in seinem schon genannten Buch von 1932 feststellen zu können. Wenige Monate später übernahmen Hitler und der Nationalsozialismus Regierung und Herrschaft in Deutschland.

2.

Das Bistum Münster war in den entscheidenden Monaten der nationalsozialistischen Machtbefestigung ohne Oberhirt. Bischof Johannes Poggenburg starb am 5.

Januar 1933, wenige Wochen bevor Hindenburg Hitler zum Reichskanzler berief. Am 17. Mai drängte Pfarrer Galen seinen Bruder Franz, den Zentrumsabgeordneten des Preußischen Landtags, in Berlin darauf hinzuwirken, daß etwaige Hindernisse für die Wahl des neuen Bischofs möglichst rasch ausgeräumt würden. Es drohe ein Verhängnis zu werden, so schrieb er ihm, ,,daß in der jetzigen Zeit der Unklarheit und Gewissensverwirrung bei Klerus und Volk" eine Diözese monatelang ohne bischöfliche Führung dastehe. Am Tage darauf berichtete die Presse, das münsterische Domkapitel habe aus der konkordatsrechtlich vorgeschriebenen, bereits vom Papst und der preußischen Regierung genehmigten Kandidatenliste den dreiundfünfzigjährigen Berliner Domkapitular Heinrich Heufers zum neuen Bischof von Münster gewählt. Der aus Lippborg stammende Heufers lehnte es jedoch ab, die Wahl anzunehmen, und zwar unter Hinweis auf seinen Gesundheitszustand. Eine solche Ablehnung war sehr ungewöhnlich. Nach Ansicht von Josef Pieper, dem münsterischen Philosophen, hatte Heufers es angesichts der ihm ,,allzu schweren Würde" dieses Amtes ,,mit der Angst bekommen".

An Stelle von Heufers wählte das Domkapitel nach einiger Verzögerung den Pfarrer Graf Galen, und es dauerte bis zum 5. September 1933, bevor Papst Pius XI. diesen zum Bischof ernannte. Noch wissen wir nicht, wer auf seine Nominierung Einfluß genommen hat; Hitlers Vizekanzler von Papen war es jedenfalls (wie vielfach angenommen wurde) offensichtlich nicht. Entsprechende Vermutungen sind jedoch verständlich; denn ein Zusammenhang zwischen der Wahl des Pfarrers von St. Lamberti und den seit dem 30. Januar veränderten politischen Verhältnissen in Deutschland erschien naheliegend. Gab es doch von Regierungsseite keine Einwände gegen den konservativ-nationalen Galen, dessen Name mit dem inzwischen erzwungenen Untergang des politischen Katholizismus nicht in Verbindung gebracht werden konnte. Vielmehr erschien der neue Bischof, gewählt während der kurzfristigen Hochstimmung nach Abschluß des Reichskonkordats vom 20. Juli 1933, als Garant für ein harmonisches Zusammenwirken zwischen Kirche und ,,neuem Staat". An seiner Weihe im Dom zu Münster am 28. Oktober nahmen SA-Formationen mit Hakenkreuzfahnen teil. Bei der anschließenden Gratulation unterstrichen die örtlichen Spitzen von Regierung und NSDAP das vermeintliche Bündnis mit der Kirche. Die Katholisch-Theologische Fakultät der Universität verlieh dem neuen Bischof wegen seiner kirchlichen Verdienste die Ehrendoktorwürde.

Für den neuen münsterischen Oberhirten, der sich von nun an (wie erwähnt) Clemens August nannte, stand die von Hitler geführte Reichsregierung als rechtmäßige Obrigkeit ebensowenig in Frage wie für die Mehrzahl der deutschen Katholiken (und nicht nur für sie), die vom Einbruch der Diktatur überrascht wurden. Allerdings bildete die unreflektierte Hinnahme der neuen rechtmäßigen Obrigkeit für den Bischof den Ausgangspunkt zunehmenden Widerspruchs, gemäß seinem Wahlspruch ,,Nec laudibus nec timore": sich weder durch Lob beeindrucken noch durch Drohung einschüchtern zu lassen. Aus der Besorgnis vor wachsender Unchristlichkeit und Unrechtmäßigkeit staatlich befohlener oder geduldeter Maßnahmen und Übergriffe erwuchs der Gewissensprotest des in seiner Ehre getroffenen adligen ,,Untertanen". Er richtete sich gleichermaßen gegen innerweltlichen Totalitätsanspruch und Staatsvergötzung, gegen den amtlich propagierten Rassenkult eines ,,Neuheidentums" und gegen daraus resultierende Verbrechen der Staats- und Parteiführung. Soweit möglich, argumentierte der Bischof unter Berufung auf das Reichskonkordat, ansonsten vom Boden einer christlich-konservativen Staatsanschauung aus, die ganz preiszugeben das nationalsozialistische Regime vorerst nicht wagte.

Innerhalb des deutschen Episkopats nahm der münsterische Oberhirte schon bald eine Sonderstellung ein, ohne daß diese Haltung nach außen hin immer deutlich wurde. So schlug Galen in internen Eingaben und Protesten an staatliche Stellen wesentlich kräftigere Töne, aber auch einen stärker nationalen Grundakkord an als seine bischöflichen Amtsbrüder. Galens erste Osterbotschaft von 1934, in der er das Neuheidentum verurteilte, und zwar scharf und deutlich, wurde in der Diözese (wie sich Friedrich Muckermann erinnerte) mit „ungeheurem Jubel" aufgenommen: „Von diesem Tage an war Clemens August der Liebling seiner Diözese". In der Osterbotschaft stand der Satz: „Mit heiliger Freude wollen wir, wenn Gott sie zuläßt, den Märtyrern gleich Nachstellungen und Verfolgungen ertragen."

Im gleichen Jahr 1934 ließ der Bischof von Münster eine Gegenschrift des Bonner Kirchenhistorikers Wilhelm Neuß zu Alfred Rosenbergs antiklerikalem Machwerk „Mythus des 20. Jahrhunderts" veröffentlichen, nachdem der eigentlich zuständige Kölner Kardinal Schulte „gekniffen" hatte, wie Rudolf Amelunxen nachträglich urteilte. Drei Jahre später, 1937, protestierte Galen massiv gegen die Enteignung jener Druckereibesitzer, die in seinem Auftrag die Enzyklika Papst Pius XI., „Mit brennender Sorge", gedruckt hatten – eine Enzyklika, die sich gegen den Nationalsozialismus richtete und zu deren Erlaß auch Galen dem Papst geraten hatte.

Wiederholt argumentierte der münsterische Oberhirte mit seiner durch das gesetzlose Vorgehen von NSDAP und Gestapo verletzten Ehre als deutscher Mann und deutscher Bischof. Daß er bereits früh mit seiner Verhaftung rechnete, geht aus einem Dokument vom 22. Februar 1936 hervor. Darin legte der Bischof genau fest, was im Falle der (wie er es umschrieb) „Gewaltanwendung" gegen ihn geschehen solle, nämlich: allgemeines Trauergeläut und anschließend Verbot jeden Glockengeläuts für die Dauer seiner „Behinderung".

Galen hat immer wieder dem Gefühl der Rechtlosigkeit in „weitesten Volkskreisen" Ausdruck verliehen. Obwohl er auf seine Proteste und Eingaben aus Berlin zunehmend seltener Antwort erhielt, was ihn empörte, nannte er weiterhin Übergriffe von Regierung und Einheitspartei gegen Recht und Freiheit beim Namen. 1937 erklärte er in einem Hirtenbrief resigniert: „Wir werden uns der Gewalt fügen müssen." Besonders empörte es ihn, daß die in Gefängnissen und Konzentrationslagern inhaftierten Priester seiner Diözese ohne Gerichtsurteil verhaftet worden waren. Mehrfach war er bereit, zugunsten der bedrängten Juden auf die Kanzel zu gehen, sah davon jedoch auf Bitten von Vertretern der münsterischen Judenschaft wieder ab, um deren Lage (nach ihrer eigenen Einschätzung) nicht zu verschlechtern.

Zahllose Dokumente aus Kreisen der Reichsregierung wie der Gauleitung und der Gestapo, die bereits kurz nach Kriegsende aufgefunden wurden, belegen, daß die Machthaber den Bischof von Münster zu ihren gefährlichsten Gegnern zählten. Man warf ihm „staatsabträgliche Gesinnung" vor, und das kam für einen normalen Sterblichen einem Todesurteil gleich. Galen galt zusammen mit dem Berliner Bischof Konrad Graf Preysing, einem Vetter von ihm, und dem Freiburger Erzbischof Conrad Gröber, der sich anfänglich im Charakter der Hitler-Regierung gründlich getäuscht hatte, als Vertreter des harten Kurses im deutschen Episkopat.

3.

Überregionale und übernationale Bedeutung erlangte Bischof Graf Galen aber erst und endgültig während der Kriegszeit, und zwar durch drei berühmt gewordene Predigten aus dem Juli und August 1941, zu einer Zeit, da die deutschen Truppen tief nach Rußland eindrangen. Galen hatte sich die Konsequenzen dieser spektakulären „Flucht in die Öffentlichkeit", wie er selbst seine Proteste in einem erst 1976 bekannt gewordenen Schreiben an den Nachbarbischof Berning von Osnabrück nannte, gründlich überlegt. Daraus resultierte sein Entschluß, von der Linie der „papierenen" und wirkungslosen Proteste des Episkopats abzuweichen, von der sich der Vorsitzende der Fuldaer Bischofskonferenz, der greise Breslauer Kardinal Bertram, nicht abbringen ließ. Berning gegenüber bezeichnete es Galen als seine Gewissenspflicht, öffentlich für Kirchenfreiheit und Menschenwürde einzutreten und „gegebenenfalls die eigene Freiheit und das Leben zum Opfer zu bringen". Und da er die anderen Bischöfe nicht zu einem gemeinsamen Schritt bewegen konnte, ging Galen allein auf die Kanzel. In drei Sonntagspredigten protestierte er gegen die Ermordung von Geisteskranken, gegen die Beschlagnahme von Klöstern und die Vertreibung von Ordensleuten.

In allen Fällen handelte es sich um Verbrechen und Übergriffe staatlicher Instanzen, über die der Bischof zuverlässig informiert war. Über den Abtransport von Geisteskranken aus der Heilanstalt Marienthal in Kinderhaus bei Münster und deren Ermordung und Einäscherung an abgelegenen Orten des Reiches hatte ihm der Anstaltspfarrer Lackmann berichtet. Galens Predigten, die er durch Anzeigen bei der Staatsanwaltschaft über die ihm zur Kenntnis gelangten Verbrechen begleitete, waren als öffentlicher Aufschrei des Gewissens die im Hitler-Staat schärfstmögliche Form von Protest und Anklage. Ihr Wortlaut ging in Windeseile um die Welt und wurde auf Flugblättern der deutschen Kriegsgegner in halb Europa verbreitet, ein Himmelsgeschenk für die alliierte Propaganda, wie ein britischer Autor Jahre später bekannte. Den deutschen Katholiken vermittelten die schonungslosen Anklagen des Bischofs von Münster das stärkende Bewußtsein, daß hier ein Kirchenfürst bereit war, die unverkürzte Verkündigung der überlieferten Lehre der Kirche mit dem Leben zu bezahlen.

Es erscheint schwer verständlich, daß es Hitler zweimal ablehnte, dem ihm verhaßten Bischof, wie Reichskirchenminister Kerrl vorgeschlagen hatte, die staatliche Dotation von jährlich 123 613,50 Reichsmark für Bischhof und Domkapitel zu sperren und Galen, wie ebenfalls wiederholt in Regierungskreisen erwogen, verhaften und ermorden zu lassen. Diese angesichts anderer Verbrechen auffällige Zurückhaltung erklärt sich wohl aus der Einsicht, daß man dann (nach einer Formulierung von Goebbels) ganz Westfalen für die Kriegszeit würde abschreiben können. Infolgedessen verschob Hitler die von ihm wiederholt so bezeichnete „Abrechnung" mit Galen auf die Zeit nach dem vermeintlichen „Endsieg". An Stelle des Bischofs verhaftete die Gestapo zweiundzwanzig Weltpriester und sieben Ordensgeistliche aus der Diözese Münster, von denen elf in Konzentrationslagern ums Leben gekommen sind.

Papst Pius XII. hat das (wie er es formulierte) „offene und mannhafte Auftreten" des münsterischen Oberhirten ausdrücklich begrüßt und ihm dafür direkt und über Dritte wiederholt Dank und Anerkennung übermittelt. Am 24. Februar 1943 schrieb er dem Bischof: „Uns ist es jedesmal ein Trost, wenn wir Kenntnis erhalten von einem offenen und mutigen Wort eines deutschen Bischofs... Du, ehrwürdiger Bruder, bist übrigens der letzte, dem gegenüber wir dies eigens zu erwähnen brauchen." Pius XII. ehrte Galen durch Ernennung zum Päpstlichen Thronassistenten.

Mit seinem Eintreten zugunsten der Wiederherstellung des verletzten Rechts hat der Bischof von Münster für alle Unterdrückten und Verfolgten gesprochen, ohne Unterschied des Glaubens und der Rasse. In einem Hirtenbrief des Episkopats vom September 1943, den Galen mitunterzeichnete, standen die Sätze: „Tötung ist in sich schlecht, auch wenn sie angeblich im Interesse des Gemeinwohls verübt wurde an schuld- und wehrlosen Geistesschwachen und Geisteskranken, an unheilbar Siechen und tödlich Verletzten, an erblich Belasteten und lebensuntüchtigen Neugeborenen, an unschuldigen Geiseln und entwaffneten Kriegs- und Strafgefangenen, an Menschen fremder Rasse und Abstammung."

Die Zeitgenossen wußten, daß damit neben dem Mord an Geisteskranken und an russischen Kriegsgefangenen auch die Ermordung von Juden gemeint war. Wieweit allerdings der Bischof von Münster über die in den besetzten Ostgebieten unter strengster Geheimhaltung fabrikmäßig betriebenen Massengreuel informiert gewesen ist, entzieht sich unserer Kenntnis. Vermutlich hat er manche unkontrollierbaren Nachrichten über das Ausmaß der Verbrechen nicht glauben können. Andererseits verurteilte er die inhumane Luftkriegsführung der Alliierten. Graf Galen erhoffte aber keineswegs eine militärische Niederlage des Reiches, auch wenn er 1939 den Kriegsausbruch mit den Worten „Finis Germaniae – das Ende Deutschlands" kommentiert haben soll. Wiederholt gab er seiner Erwartung auf einen „ehrenvollen Frieden" Ausdruck, 1941 aber auch der Hoffnung auf ein für Deutschland „siegreiches Kriegsende". Den Krieg gegen die Sowjetunion verstand er als Kreuzzug gegen den antichristlichen und totalitären Bolschewismus.

Zu Angehörigen deutscher Widerstandskreise besaß Galen offensichtlich über den führenden westfälischen Juristen Paulus van Husen lockeren Kontakt. Dem Bischof lag jeder Gedanke eines Staatsstreiches fern. Sein Bestreben blieb es, an überkommenen Prinzipien und damit an der Lehre der Kirche festzuhalten. Dadurch glaubte er dem nationalsozialistischen Totalitarismus einen wirkungsvollen Damm entgegensetzen zu können, ohne jedoch, und darin liegt eine den Nachgeborenen oft schwer verständliche Grenze seines Wirkens, Staatsautorität und Kriegsdienst unter NS-Flagge in Zweifel zu stellen.

4.

Nach der Zerstörung großer Teile der Stadt Münster durch Bomben leitete Galen sein Bistum seit dem Oktober 1944 von Sendenhorst aus. Für ihn bedeutete die deutsche Kapitulation keine Befreiung, sondern „Feindbesetzung". Äußerungen des Bischofs über Gründe oder Auswirkungen der staatlichen Umwälzung sind bisher nicht bekannt. In einem Grußwort vom 8. Mai 1945 an seinen Klerus sprach er vom Dank an Gott „für die uns wiedergeschenkte Freiheit des religiösen Lebens, des Gottesdienstes, der religiösen Unterweisung". Diese spezifizierte Aufzählung verband Galen allerdings mit dem Hinweis auf die „schmerzlichen Ereignisse", durch die diese Freiheit geschenkt worden sei. Der Bischof hat die alliierte Behauptung von der Kollektivschuld des deutschen Volkes stets zurückgewiesen. Er war auch nicht bereit, übergangsweise regionale Verwaltungsaufgaben zu übernehmen. Für Galen gab es nur die Seelsorge. Dazu gehörte sein Eintreten für unbelastete Mitglieder der NSDAP, für Kriegsgefangene und für internierte Deutsche, aber ebenso gegen Übergriffe der Besatzungstruppen und der befreiten Kriegsgefangenen russischer und polnischer Herkunft. Wenig später protestierte er gegen die Vertreibung der Bevölkerung aus den deutschen Ostgebieten.

Der Wortlaut einer entsprechend deutlich gehaltenen Predigt in Telgte am 1. Juli 1945 wurde (ähnlich wie die Kriegspredigten des Bischofs) sofort verbreitet und fand ein ähnlich starkes Echo. Wegen seiner Kritik mußte sich der Bischof am 24. Juli in Warendorf gegenüber Vertretern der Militärregierung verantworten. Ihnen erklärte er unumwunden, er werde wie bisher seine Hirtenaufgabe wahrnehmen und auch künftig keiner Weisung folgen; man könne mit ihm tun, was man wolle, auch ihn verhaften. Die Folge dieses Verhaltens gegenüber der Besatzungsmacht – Thomas Mann sprach im Juli 1945 aus dem fernen Kalifornien überheblich von „patriotischen Torheiten" Galens – war es, daß das Wort des Mannes, der der „Löwe von Münster" genannt worden war, bei der Militärregierung nichts galt. Ein Reporter des „Glasgow Observer" schrieb am 4. Januar 1946, die Militärregierung habe sich gegenüber diesem „großen Bischof und Volksführer ungewöhnlich phantasiearm und blöd" verhalten. Wie sehr Galen darunter litt, daß er nur wenig für seine notleidenden Landsleute erreichen konnte, bekannte er in seinem Fastenhirtenbrief 1946: „Es macht mich oft tieftraurig, daß ich so wenig, fast gar nicht helfen kann."

Gleichsam in Anknüpfung an seinen früheren Konservatismus formulierte der Bischof im Juli 1945 ein von ihm so genanntes „Idealprogramm" für einen politischen und gesellschaftlichen Aufbau des „deutschen Vaterlandes" – ein Terminus, dessen Verwendung damals ungewöhnlich war. Er begrüßte die politische Zusammenarbeit katholischer und evangelischer Christen in der neugegründeten CDU. Die Bezeichnung „christlich-demokratisch" wollte er allerdings durch „christlich-sozial" ersetzt wissen, da für ihn der Terminus „demokratisch" antikirchlich belastet war.

Am Vorabend des Weihnachtsfestes 1945 wurde bekannt, daß Galen zusammen mit dem Kölner Erzbischof Joseph Frings und dem Berliner Bischof Konrad Graf von Preysing zum Kardinal ernannt worden war. Galen empfand die ihn überraschende, von seinen Diözesanen enthusiastisch begrüßte Auszeichnung als unverdientes Geschenk. Seit 1976 wissen wir allerdings, daß Papst Pius XII. zuerst geschwankt hatte, ob er Galen oder statt dessen den Freiburger Oberhirten Gröber auszeichnen sollte.

Sieben Tage dauerte Anfang 1946 die geradezu abenteuerliche gemeinsame Reise der neuen Kardinäle Frings und Galen nach Rom zur Entgegennahme des Purpurs. Galen setzte bei den Alliierten durch, daß er, ungeachtet der damit verbundenen neuen Strapazen, in deutschen Kriegsgefangenenlagern in Süditalien zu seinen Landsleuten sprechen durfte. Dabei ließ er in Tarent anklingen, daß er nicht mehr lange leben werde.

Bei der Rückkehr des Kardinals in sein Bistum am 16. März 1946 kannte die Verehrung, die ihm in einer immer noch gespenstischen Trümmerlandschaft entgegenschlug, keine Grenzen. Der Bischof wollte die Kardinalswürde stellvertretend als Auszeichnung für die Haltung seiner Diözesanen verstanden wissen. Er machte kein Hehl aus seiner Trauer darüber, daß ihm die Ehre des Martyriums versagt geblieben sei. Nur sechs Tage nach seinem triumphalen Empfang in Münster starb der Kardinal Clemens August Graf von Galen am 22. März 1946 an den Folgen einer akuten Bauchfellentzündung.

Die Todesnachricht löste allgemeine Betroffenheit aus. Erst mit fortschreitendem zeitlichen Abstand ist deutlicher geworden, daß angesichts der traditionellen Gebundenheit dieses Bischofs an überkommene Prinzipien und Formen kirchlicher Lehre und Verkündigung seine Größe wie seine Grenze auf der gleichen Linie lagen. Ebenso deutlich ist aber auch zutage getreten, daß der Kardinal zu den wenigen herausragenden Bischofspersönlichkeiten seiner Epoche gehörte. Er hat, wie es im Ehrenbürgerbrief der Stadt Münster vom 15. März 1946 heißt, unter Einsatz seines Lebens die Vergewaltigung des Rechts und des Gewissens bekämpft „und dadurch die Ehre des deutschen Volkes gerettet"; er hat „Millionen Deutsche getröstet und aufgerichtet". Was das bedeutet, wird erst dann klar, wenn man sich überlegt, für wieviele – oder richtiger: wiewenige andere Zeitgenossen dieses Urteil ebenfalls gilt.

Das Porträt Clemens August Graf von Galen erschien zuerst in leicht verkürzter Form als WDR-Sendung (11. 3. 1978), dann gedruckt in „Entscheidungen im Westen", Beiträge zur neueren Landesgeschichte, Bd. 7, hrsgb. v. W. Först, Köln und Berlin 1979. Es beruht auf ungedruckten Quellen im Bischöflichen Diözesanarchiv in Münster, Teilen der privaten Korrespondenz sowie zahlreichen Eingaben an staatliche Stellen im Bundesarchiv Koblenz und im Staatsarchiv Münster. Gedruckte Quellen sind u. a. das Kirchliche Amtsblatt der Diözese aus der Amtszeit Galens, die von Heinrich Portmann herausgegebene Dokumentensammlung (Münster 1948) und die „Akten deutscher Bischöfe über die Lage der Kirche 1933-1945", bearbeitet von Bernhard Stasiewski (bisher 2 Bde., Mainz 1968/1976). Eine historisch-kritische Biographie Galens ist ein Desiderat. Die Galen-Forschung blieb stark durch die Publikation einzelner Aktenfunde („Schlüsseldokumente") bestimmt, ohne sich bisher auf eine umfassende Quellengrundlage stützen zu können. Immer noch unentbehrlich sind die kurz nach Galens Tod erschienenen Biographien seines langjährigen Sekretärs Heinrich Portmann (Münster 1948, 15. Aufl. 1978) und des münsterischen Domkapitulars Max Bierbaum (Münster 1955, 7. Aufl. 1974).Bierbaum hat in den späteren Auflagen zahlreiche Ergänzungen und Veränderungen vorgenommen, ohne sie jedoch kenntlich zu machen.

Der erste Ministerpräsident des Landes hat – wie Karl Arnold und Fritz Steinhoff, seine Nachfolger – noch keinen Biographen gefunden. Daß Rudolf Amelunxen (1888-1969) knapp ein Jahr lang erster Regierungschef war, blieb freilich nicht viel mehr als Episode. Die Befugnisse des ernannten Ministerpräsidenten waren stark eingeschränkt, weshalb er sich nur bedingt mit Arnold und Steinhoff vergleichen läßt, obwohl auch die erste Regierung Arnold lange nicht ohne Auflagen und Kontrollen der Besatzungsmacht arbeiten konnte. Ein wesentlicher Unterschied besteht darin, daß Arnold sich der Mehrheit des ersten gewählten Landtags sicher sein konnte. Amelunxen dagegen amtierte nicht eigentlich im Übergang zum demokratisch-parlamentarischen System, denn es sollte erst wieder errichtet werden, sondern sozusagen im Vorhof dazu. In der anderen, zeitlich vorgeschalteten Rolle als erster Nachkriegs-Oberpräsident von Westfalen glaubte Amelunxen an die historisch einmalige Chance, für die ehemalige Provinz die Selbständigkeit zu erreichen. Eben das aber brachte ihn in Gegensatz zu Bernhard Salzmann und der Provinzial-Selbstverwaltung, die noch vor der Ernennung des Oberpräsidenten von den Engländern bestätigt worden war. Parteipolitisch blieb Amelunxen zunächst ohne Bindung; dann entschied sich das ehemalige Zentrumsmitglied, wieder dieser Partei und nicht der neuen Christlich-Demokratischen Union beizutreten, deren Gründung von der Mehrheit der früheren Zentrumsanhänger mitgetragen wurde. In den Koalitionen, die die CDU für fast neun Jahre immer wieder mit dem Zentrum (obwohl bis auf eine Legislaturperiode auch mit anderen Parteien) einging, war Amelunxen ununterbrochen Minister. In dieser Zeit konnte er eine Politik treiben, die seinen früheren Intentionen und Erfahrungen als Berliner Ministerialbeamter eher gemäß war. Das rundet seine Biographie mehr ab als die kurzen Zwischenspiele als Oberpräsident und Regierungschef. Rudolf Amelunxen war der einzige Landespolitiker, der Memoiren geschrieben hat, doch bedarf es zusätzlicher Aufschlüsse aus den Akten und aus dem Nachlaß, wenn dieser einmal zur Verfügung stehen sollte, weil die Memoiren in vielen Passagen Lücken aufweisen.

Karl Teppe

RUDOLF AMELUNXEN

In seinen ,,Erlebnissen und Betrachtungen", die der Zweiundsiebzigjährige 1960 unter dem nicht alltäglichen, aber bei seiner Vorliebe für provokante Formulierungen für ihn charakteristischen Titel ,,Ehrenmänner und Hexenmeister" veröffentlichte, finden sich folgende Sätze: ,,Wer zwölf Jahre Minister war – gleich an welchem Punkt unseres Erdballs – und keine Feinde hat, der muß sein Amt schlapp geführt und nicht immer so ministriert haben, wie die Interessen des Volkes es verlangen. Allen gefallen zu wollen, das ist nach dem ewigen Weisen von Weimar eine lächerliche Prätention. Wer in seinem langen Leben gar, wie ich es für meine Pflicht hielt, jedem, ohne Rücksicht auf die Konsequenzen, klar seine Meinung vor die Stirne sagte und alle Konventionen der Heuchelei ablehnte, der darf sich nicht wundern, wenn viele Menschen ihm gram sind." Diese Sätze lesen sich auf den ersten Blick wie eine nachträgliche Rechtfertigung, sie offenbaren aber auch ein gehöriges Maß an Selbstgewißheit und Selbstzufriedenheit mit dem eigenen Tun und Lassen im Amte. Man muß Amelunxen bescheinigen, daß er, solange er an exponierter Stelle im öffentlichen Leben stand, Entscheidungen weniger unter taktischen und opportunistischen Gesichtspunkten getroffen hat als vielmehr auf der Basis grundsätzlicher politischer, rechtlicher und sozialer Überzeugungen. Sein Eintreten für als wichtig erkannte politische Aufgaben maß er nicht daran, ob sie politisch angebracht waren oder in der Öffentlichkeit ,,ankamen". Amelunxen hatte die strenge Disziplin der preußischen Ministerialverwaltung kennengelernt und schätzte ihr Arbeits- und Leistungsethos, aber er lehnte gleichzeitig das in der höheren preußischen Beamtenschaft stark ausgeprägte Elite- und Kastenbewußtsein ab. Er besaß wenig Respekt vor überkommenen sozialen Hierarchien und Privilegien, die er oft in sarkastischen Formulierungen attackierte. Gleichwohl ließ Amelunxen, der schon durch sein äußeres Erscheinungsbild Autorität und Distanz ausstrahlte, in allen ihm übertragenen Ämtern nie einen Zweifel an seiner Chef-Stellung aufkommen. Ungemein selbstbewußt und von einer unverhohlenen inneren Arroganz, was seine eigenen Auffassungen betraf, hat er in seinen Ämtern nie Unsicherheit zu erkennen gegeben. Mit sichtbarem Stolz verwies er später darauf, mit 38 Jahren zum jüngsten Regierungspräsidenten Preußens in der Weimarer Republik ernannt worden zu sein. Es deutete also alles auf eine beachtliche Karriere in der preußischen Staatsverwaltung hin. Doch die politische Entwicklung und damit auch die berufliche Laufbahn von Amelunxen verlief anders. So war es alles andere als voraussehbar, daß ihm nach 1945 das Amt des westfälischen Oberpräsidenten übertragen werden und er wenig später in das Amt des ersten, von der britischen Besatzungsmacht ernannten Ministerpräsidenten von Nordrhein-Westfalen aufrücken sollte.

1.

Wilhelm Rudolf Amelunxen wurde am 30. Juni 1888 in Köln geboren, doch wollte er seine Herkunft nicht auf diese Landschaft allein beschränkt wissen. So hat er wegen der westfälischen Abstammung seiner Eltern immer halb spöttisch, halb ernsthaft auf seine zweifache landsmannschaftliche Verwurzelung verwiesen und damit ihm nachgesagte oder tatsächlich eigene Charakterzüge erklärt. Rudolf, der noch zwei Geschwister hatte, wuchs in gutbürgerlichen, wirtschaftlich soliden Verhältnissen auf. Versetzungen des Vaters, der Rechnungsrat bei der königlich-preußischen Eisenbahndirektion in Köln war, brachten für den Jungen jedes Mal Schulwechsel mit sich. Seine Volksschulzeit begann er zunächst in Köln und setzte sie in Münster fort. Die höhere Schule besuchte er wieder in Köln und bestand (wie fünfzehn Jahre vor ihm auch Konrad Adenauer) das Abitur auf dem Apostel-Gymnasium, das er mit dem gleichen Abschluß absolviert hatte.

Amelunxen hat nie ein Hehl daraus gemacht, ein mittelmäßiger Schüler gewesen zu sein. An seine Schulzeit erinnerte er sich nur ungern. Der weitverbreitete Kasernenhofton und die quasi-militärische Disziplin in der Klasse stießen ihn ab. Noch in seinen Reden als Oberpräsident und als Minister charakterisierte er das preußische Gymnasium als seelenlose Drillanstalt, die den jungen Menschen bloß Wissensstoff eingepaukt habe, anstatt ihnen „den Glauben an die Menschenwürde", an „moralische und soziale Ideen" zu vermitteln. 1909 an der Albert-Ludwigs-Universität in Freiburg in der juristischen Fakultät mit Geschichte und Psychiatrie als Zusatzfächern immatrikuliert, besuchte er bevorzugt die Vorlesungen des Staatsrechtlers Richard Schmidt, des Nationalökonomen Gerhart von Schulze-Gaevernitz und des Historikers Friedrich Meinecke, ohne daß er sich mit besonderem Eifer seinem Studium gewidmet hätte. Amelunxen fühlte sich zu der noch in den Anfängen stehenden sozialstudentischen Bewegung Carl Sonnenscheins hingezogen und trat einer sozialakademischen Vereinigung bei, „die zusammen mit den jugendlichen Mitgliedern des Freiburger Kolpingvereins Vortragsabende veranstaltete und soziale Besichtigungen unternahm". Auf diese Weise kam er zum ersten Mal in unmittelbaren Kontakt mit Angehörigen der Arbeiterschicht und erhielt einen Einblick in Probleme, die ihm, der ohne materielle Sorgen aufgewachsen war, neu waren. Diese Erfahrungen beeindruckten ihn nachhaltig. Fortan engagierte er sich mehr und mehr in der sozialstudentischen Arbeit, und er behielt zeitlebens den Blick für soziale Probleme und Nöte.

Nach drei Semestern wechselte Amelunxen an die Berliner Universität und ein Jahr später nach Bonn über, wo er seine Studien abschloß. 1912 legte er vor der Justizkommission in Köln das Referendarexamen ab. Bei einer durchschnittlichen wissenschaftlichen Qualifizierung bestand er beide Staatsexamina mit „ausreichend". 1914 erwarb er mit einer Arbeit über „Die Verletzung der Unterhaltspflicht des unehelichen Vaters vom strafrechtlichen und armenpolizeilichen Standpunkt" mit dem untersten Prädikat den Doktortitel an der Universität Erlangen, „wo man damals", wie Amelunxen später freimütig bekannte, „ebenfalls so bequem promovieren konnte wie später in Mainz und Innsbruck". Die üblichen Ausbildungsstationen des preußischen Justizdienstes führten den Referendar sowohl an ein abgelegenes ländliches Amtsgericht als auch an das Landgericht seiner Vaterstadt Köln. Seine Vorgesetzten bewerteten seine Leistungen durchweg als zufriedenstellend und hoben allgemein seine schriftliche und mündliche Gewandtheit hervor. In Köln übernahm er den Vorsitz einer sozialakademischen Vereinigung, in der junge Juristen, Mediziner, Theologen und Pädagogen Kurse und Vorträge für Nichtakademiker organisierten. Gleichzeitig veröffentlichte Amelunxen sozialpolitische und sozialrechtliche Artikel in der angesehenen „Kölnischen Volkszeitung", dem Sprachrohr der rheinischen Zentrumspartei, und entfaltete eine vielseitige Vortragstätigkeit, die ihn unter anderem nach Holland und Belgien führte.

Diese Artikel und vor allem ein Aufsatz, den er 1913 in den von Carl Sonnenschein herausgegebenen Flugschriften des 1908 gegründeten Berliner Sekretariats sozialer Studentenarbeit unter dem Titel „Großstadtelend" veröffentlichte, vermitteln einen Einblick in seine damaligen politischen und sozialpolitischen Vorstellungen. Amelunxen beschreibt am Beispiel des Wohnungselends in der Reichshauptstadt die sozialen, kulturellen, religiösen und sittlichen Konsequenzen einer Industrialisierung und Urbanisierung, die hastig, ohne Grundlagenplanung und nach krassen kapitalistischen Prinzipien erfolgte. Dabei wählte er die Form der Reportage. Dadurch wird seine Darstellung des Themas, das damals auf vielen Ausstellungen und Tagungen in akademischer Weise behandelt wurde, wirklichkeitsnah und einprägsam. Die drastische Sprache des Artikels spiegelt das Elend und die Verzweiflung der Menschen wider, die in Mietskasernen und Hinterhöfen oder anderswo unter katastrophalen hygienischen Bedingungen leben mußten. Er attackiert das Mißverhältnis der Entwicklung in den Wohnbezirken der Wohlhabenden und Reichen im Berliner Westen einerseits, den Elendsquartieren der Unter- und unteren Mittelschichten im Osten der Stadt andererseits. Die realistische Schilderung des Berliner Milieus verraten den Einfluß Carl Sonnenscheins, in dessen Umgebung Amelunxen als Berliner Student und auch später noch als Ministerialbeamter ehrenamtlich gearbeitet hat. Amelunxen beschreibt die sozialen Mißstände nicht ohne Anteilnahme, und er sucht zu ergründen, wie es dazu kommen kann. Er greift die damals gängigen Argumente sozialidealistischer Reformer, wie sie Adolf Damaschke vertreten hat, auf und kritisiert distanziert, manchmal überheblich die städtische Zivilisation: „Drängen wir uns durch die hochgestapelten Verkaufstische eines Warenhauses! Greifbar liegt alles zur Schau. Man kauft über die verfügbaren Mittel. Die Frauen erliegen dem lockenden Anreiz des Flitters. Vieles gleitet stillschweigend mit. Die Gelegenheitsdiebinnen werden gezüchtet... Die Geschäftswelt versteht es, durch die ausgeklügelten Lockmittel, durch Aufstellen von Automaten und verheißungsvolle Ankündigungen von Vergnügungsgelegenheiten die Jugend zum Geldausgeben zu verleiten... Phantasieeregender Kinobesuch und nervenaufreizender Leseschund üben vereint ihre vergiftende Wirkung auf die kindliche Psyche."

Es fällt auf, daß Amelunxen über die Beschreibung der proletarischen Wohn- und Lebensverhältnisse hinaus nicht zu Analyse und Kritik der Ursachen ansetzt und mögliche Wege zu ihrer radikalen Veränderung aufzeigt. Aber gerade diese Form der Behandlung sozialer Fragen war charakteristisch für den Kreis um den Berliner „Großstadtapostel" Carl Sonnenschein. Innerhalb des deutschen Katholizismus des auslaufenden 19. und beginnenden 20. Jahrhunderts galt dieser als der populärste und zugleich umstrittenste Repräsentant einer relativ kleinen Gruppe von katholischen Geistlichen, die sich mit beispielhaftem persönlichen Einsatz um die Verbesserung der sozialen Lage der benachteiligten Bevölkerungsschichten bemühten. Sonnenschein arbeitete für eine Erneuerung des sozialen Bewußtseins, das von den Katholiken ausgehen sollte. Das primäre Ziel der von ihm ins Leben gerufenen und inspirierten sozialstudentischen Bewegung hat er selbst so definiert: „Erzeugung sozialen Wissens, sozialer Gesinnung und sozialer Praxis." Folglich blieb die grundlegende Frage nach dem Bedingungszuammenhang von politischer und wirtschaftlicher Macht und wirtschaftlichen und sozialen Verhältnissen ausgeklammert. Jedenfalls wurde sie weder von Amelunxen noch von seinen Gesinnungsgenossen als Problem formuliert und vertreten. Vielmehr verstand man die soziale Frage in erster Linie als eine sittlich-moralische Aufgabe, die, so Amelunxen, die „gebildeten Massen" beschämen und durch „praktische Liebe" gelöst werden müsse. Er schloß mit dem Appell: „Die nackten Tatsachen des Großstadtelends... zwingen uns zur Revision unserer Stellungnahme in den brennenden Tagesfragen, zwischen denen wir pendeln." Aus der heutigen Kenntnis der Probleme mag diese Sichtweise als zu kurz und politisch nicht konsequent genug erscheinen. Gemessen an dem wirtschaftlichen und sozialen Zeitgeist von 1913 indessen war dies durchaus eine gesellschaftspolitisch fortschrittliche Position, die konservativen gesellschaftlichen Gruppen zum Teil als revolutionär und ketzerhaft erschien.

2.

Ein kurzer Militärdienst im Jahre 1913 und der Erste Weltkrieg unterbrachen die Referendarausbildung Amelunxens, der wegen der Folgen eines Unfalls nicht Soldat wurde. Nach vorübergehender Tätigkeit als Pflichtverteidiger an einem außerordentlichen Kriegsgericht wurde er 1915 zur Zivilverwaltung nach Belgien abkommandiert und mit dem Amt des stellvertretenden Zivilkommissars von Namur beauftragt. Dort erlebte er auch das Kriegsende. In Köln schloß er seinen Referendardienst ab und bestand vor der zentralen Prüfungskommission in Berlin am 9. August 1919 sein Assessorexamen. In den Kriegsjahren hatte Amelunxen mit dem Gedanken gespielt, ein Theologiestudium anzuschließen. Er entschied sich aber nun für den Dienst im preußischen Staat.

Es ist nicht bekannt, wie Amelunxen über die revolutionären Vorgänge im November 1918 gedacht hat, die zur Republik von Weimar führten, und wie er die überaus schwierige Aufgabe beurteilte, eine neue politische Ordnung zu errichten. Doch steht außer Frage, daß er der Monarchie nicht nachtrauerte und große Hoffnungen in die neue demokratische Staatsordnung setzte. Diese Haltung drückte sich nicht zuletzt in seinem Eintritt in den preußischen Ministerialdienst sowie in die Zentrumspartei aus. Nach kurzer Tätigkeit im Innenministerium wechselte er 1919 in das neugeschaffene Wohlfahrtsministerium über, an dessen Spitze der christliche Gewerkschaftsführer Adam Stegerwald stand. Es spricht einiges dafür, daß bei Amelunxens Anstellung sein sozialpolitischer Mentor Carl Sonnenschein die Hand im Spiel gehabt hat. Denn dieser verfolgte den ehrgeizigen Plan, nach dem Sturz der Monarchie fachlich qualifizierte Katholiken aus seinem Umkreis in hohe Staatsämter zu bringen mit dem Ziel, eine ,,katholische Elite im öffentlichen Leben" zu etablieren. Eine günstigere Gelegenheit konnte sich Sonnenschein gar nicht erhoffen als jetzt, da das Wohlfahrtsministerium vor seiner ,,personellen Erstausrüstung" stand. Heute ist bekannt, daß namentlich in diesem Ministerium der Anteil von katholischen Zentrumsbeamten besonders hoch war. Für ihre Einstellung hat sich in vielen Fällen Sonnenschein verwandt. Das bedeutendste Beispiel ist der spätere Reichskanzler Heinrich Brüning. Amelunxen besaß für den Ministerialdienst im neuen Staat und speziell für das Wohlfahrtsministerium zweifellos günstige Voraussetzungen. Nach Bildungsgang, fachlicher Qualifikation und politischer und sozialpolitischer Grundeinstellung erfüllte er in geradezu idealtypischer Weise die Kriterien einer republikanischen Beamtenpolitik, die Preußen insgesamt wichtiger nahm als andere Länder.

Gerade im Amt, erhielt Amelunxen die ebenso schwierige wie undankbare Aufgabe, die aus verschiedenen Ministerien herausgelösten Arbeitsgebiete in das Wohlfahrtsministerium überzuleiten und einen Organisations- und Geschäftsverteilungsplan zu entwerfen. Mit seinem organisatorischen Talent, seiner taktischen Wendigkeit und seiner Fachkenntnis machte er sich schnell über das eigene Ministerium hinaus einen Namen. Ende 1922 veranlaßte Ministerpräsident Otto Braun seine Versetzung in das preußische Staatsministerium und befürwortete, obwohl Amelunxen die vorgeschriebene Altersgrenze von 35 Jahren noch nicht erreicht hatte, die Ernennung zum Ministerialrat. Anschließend berief ihn Braun zu seinem persönlichen Referenten. Nicht zuletzt diese Entscheidung des Sozialdemokraten Braun, einen Zentrumsangehörigen zu seinem persönlichen Referenten zu machen, unterstreicht das fachliche und politische Ansehen, das sich dieser in den drei Jahren seines Ministerialdienstes erworben hatte.

In seiner neuen Stellung saß Amelunxen ,,im Vorzimmer der Macht" des preußischen Staates. Von hier aus gewann er Einblicke in die politischen Abläufe und Entscheidungsprozesse, in die taktischen Finessen der Parteien- und Verbandsvertreter, in die Intrigen und die Unsicherheiten des in der Weimarer Republik immer nur mit Schwierigkeiten funktionierenden parlamentarischen Systems. Er lernte eine Vielzahl von Personen kennen und knüpfte Verbindungen, die sich nicht zuletzt für seine politischen Tätigkeiten nach 1945 als vorteilhaft erwiesen. Der nahezu tägliche Umgang mit Braun bestärkte ihn in seiner Auffassung, daß die Weimarer Verfassung eine historische Chance darstellte, und er trat im deutschen Katholizismus dafür ein, sich zu der umstrittenen Verfassung überzeugend zu bekennen.

Nach seiner Übersiedlung in das Ministerpräsidentenbüro war es die Aufgabe von Amelunxen, die Zusammenarbeit mit den preußischen Ministerien und der Reichskanzlei zu koordinieren und die Kontakte zu den politischen Parteien zu pflegen; daneben hatte er die Angelegenheiten der besetzten Westgebiete zu bearbeiten. Später übernahm er noch das landwirtschaftliche und das handelspolitische Referat. Vor allem mit dem Referat für die besetzten westlichen Gebiete war Amelunxen für ein hochpolitisches Aufgabengebiet zuständig. Kurz nach seinem Amtsantritt rückten am 11. Januar 1923 französische und belgische Truppen in das Ruhrgebiet ein, ein Ergebnis, das die Regierungen im Reich wie in Preußen in erhebliche außen- und innenpolitische Bedrängnis brachte. In dieser Zeit war Amelunxen viel unterwegs, um ein genaueres Bild von den okkupierten Gebieten und ihren Problemen zu gewinnen. 1924 verhandelte er mit der interalliierten Rheinlandkommission, der nach dem frühzeitigen Ausscheiden Amerikas noch Franzosen, Briten und Belgier angehörten. Bei dieser Gelegenheit lernte er auch Sir Henry Vaughan Berry kennen, der 1945 Militärgouverneur von Westfalen wurde. Außerdem begleitete Amelunxen wiederholt Reichspräsident Ebert, später auch Hindenburg auf Staatsreisen durch Preußen, die diese unter anderem nach Westfalen und ins Rheinland unternahmen. Auf diese Weise konnte er sich einen guten Einblick in die politischen, wirtschaftlichen und sozialen Verhältnisse gerade der preußischen Westgebiete verschaffen.

Als Anfang 1926 der Regierungspräsident von Münster, Dr. Heinrich Haslinde, im zweiten Kabinett von Reichskanzler Luther das Ernährungsministerium übernahm, war es keine Überraschung, daß sich Braun und der preußische Innenminister Severing schnell auf Amelunxen als Nachfolger von Haslinde einigten. Die Entscheidung konnte aber noch nicht veröffentlicht werden, da Haslinde offenbar ein baldiges Scheitern der Regierung Luther nicht ausschloß und sich für diesen Fall die Rückkehr nach Münster offen gelassen hatte; auch war bei der Ernennung des Regierungspräsidenten der Provinzialausschuß der Provinz Westfalen zu beteiligen. Ungeachtet dessen wurde vor allem in der westfälischen Öffentlichkeit über die Neubesetzung spekuliert. Am 15. Mai 1926 meldeten die dem Zentrum nahestehende Dortmunder „Tremonia", einen Tag später münsterische Zeitungen die Berufung Amelunxens als vollendete Tatsache und lösten damit bei den staatlichen und provinziellen Instanzen in Berlin und Münster eine erhebliche Verstimmung aus. Um die Personaldiskussion in der Öffentlichkeit zu beenden, aber auch, weil das Regierungspräsidium nunmehr seit einem halben Jahr vakant war, drängte Oberpräsident Gronowski bei Braun und Severing wiederholt energisch auf die Besetzung der Stelle, die am 6. Juli vollzogen wurde. Noch am selben Tage informierte Gronowski den Landeshauptmann Franz Dieckmann mit der Bitte, dem am nächsten Tag zusammentretenden Provinzialausschuß den Beschluß des Staatsministeriums mitzuteilen und sein Einverständnis herbeizuführen.

Jetzt aber legte sich dieser quer. Das Gremium, verärgert darüber, daß es seine Zustimmung zu einer wichtigen ministeriellen Personalentscheidung geben sollte, die in der Öffentlichkeit schon als feststehende Tatsache diskutiert wurde, vertagte sich einstimmig um zwei Wochen. Die Reaktion des Provinzialausschusses war nicht ganz grundlos. Und es war auch nicht das erste Mal, daß er (wie dieses auch Provinzialausschüsse anderer Provinzen getan haben) kritisch oder sogar negativ auf Personalvorschläge der preußischen Regierung reagierte, bei denen er ein Mitwirkungsrecht besaß. So hatte der westfälische Provinzialausschuß 1922 den von der Regierung als Regierungspräsident für Münster vorgesehenen Landrat in Düren und späteren Oberbürgermeister von Aachen, Wilhelm Rombach, abgelehnt und seinen Kandidaten Haslinde bei Severing durchgesetzt. Artikel 86 der preußischen Verfassung besagte unter anderem, daß die Oberpräsidenten und die Regierungspräsidenten „im Einvernehmen" mit dem Provinzialausschuß zu berufen seien. Das Hinauszögern der Entscheidung durch den Provinzialausschuß richtete sich also nicht gegen die Person Amelunxens. Es hatte mehr den Charakter einer Demonstration, die ausdrücken sollte, daß der Ausschuß seine Mitwirkungsrechte nach Artikel 86 voll auszuschöpfen gedachte und sich nicht als Akklamationsorgan verstand. Nach zwei Wochen stimmte der Ausschuß der Berufung Amelunxens mit großer Mehrheit zu.

3.

Mit Amelunxen übernahm ein republikanisch gesinnter Beamter die Leitung des Regierungsbezirkes Münster. Seine Ernennung begründete das Innenministerium gegenüber der Öffentlichkeit so: „Insbesondere dürfte er (Amelunxen) in der Stelle des Regierungspräsidenten in Münster am Platze sein, da er seiner Abstammung nach Westfale ist und durch seine langjährige Beschäftigung in den verschiedensten Angelegenheiten der westlichen Provinzen insbesondere während des Rhein- und Ruhrkampfes mit den westlichen Verhältnissen durchaus vertraut ist." Dies war offenbar auch die Auffassung in Westfalen, denn Proteste wie 1922 anläßlich der Berufung von Gronowski zum Oberpräsidenten blieben aus. Freilich konnte Amelunxen nicht auf vorbehaltlose Zustimmung rechnen. Reserviert und skeptisch begegneten ihm weite Teile des münsterländischen Adels, die in dieser Region in vieler Hinsicht tonangebend und einflußreich waren und natürlich lieber, wie dies vor 1918 überwiegend der Fall gewesen war, einen Angehörigen ihres Standes auf dem Präsidentenstuhl gesehen hätten als jemand, der sich ausdrücklich zu den politischen und sozialen Vorstellungen des linken Zentrumsflügels bekannte. Dieses Mißbehagen kam in einem Artikel der deutschnationalen „Westfälischen Landeszeitung" zum Ausdruck, die schrieb: „Auch die Parteizugehörigkeit... ist ein ausschlaggebender Faktor für die Frage der Eignung oder Nichteignung. Je weniger der Chef der Regierung sich von parteilichen Gesichtspunkten leiten läßt, desto freudiger werden auch wir ihm in seinem neuen Amt unsere Unterstützung geben können."

Dazu ist es allem Anschein nach jedoch nicht gekommen. Zumindest das Verhältnis zu dem Teil des westfälischen Adels, der deutschnational orientiert war, blieb kühl und distanziert. Wie frostig die Beziehung gewesen sein muß, lassen Bemerkungen Amelunxens in seinen „Erlebnissen und Betrachtungen" ahnen: „Dem Adel des Münsterlandes war der Zugang zur modernen Zeit schwergefallen. Die Barone saßen verärgert auf ihren protzigen Schlössern und verschlammten Wasserburgen. Schon der alte Reichsfreiherr vom Stein war auf diesen Adel schlecht zu sprechen gewesen. In einem Brief an den Freiherrn von Vincke aus dem Jahre 1814 hatte er das summarische Urteil gefällt, der Adel des Münsterlandes habe sich in der Vergangenheit elend betragen, er könne sich mit Neuerungen nicht abfinden und trauere immer noch der damaligen adeliggeistlichen Verfassung nach. Auch nach dem Jahre 1918 huldigten die westfälischen Adeligen noch ihrer religiös unterbauten Überzeugung, sie seien die geborenen Führer des Volkes. Das sprachen sie in ihrem intransigenten Illusionismus auch offen aus, sobald sie gemerkt hatten, daß die Novemberereignisse keine Revolution gewesen waren und sie im Besitz ihrer Latifundien belassen hatten."

Seit dem 21. Juli 1926 stand Amelunxen an der Spitze eines traditionsreichen Verwaltungsraumes, der für die sozialökonomische Strukturkrise der zwanziger Jahre besonders anfällig war. Diese war zwar international, doch machte sie sich wegen der Belastungen durch den verlorenen Ersten Weltkrieg mit seinen finanziellen und außenpolitischen Rückwirkungen, aber auch durch die relative Rückständigkeit des gesellschaftlichen Bewußtseins und der politischen Verfassung in Deutschland verschärft bemerkbar. Betroffen von den damit verbundenen Krisenerscheinungen waren in besonderer Weise die stark industriell geprägten, bis in das Ruhrgebiet hineinragenden südlichen Kreise des Regierungsbezirks. Amelunxen waren diese spezifischen Schwierigkeiten durchaus bekannt, und er wußte, daß sie nicht in kurzer Zeit zu beheben sein würden. So formulierte er bei seiner Amtseinführung als Nahziel, der Wirtschaftskrise wenigstens ,,in ihren schlimmsten Formen Herr zu werden". Zugleich warnte er vor radikalen Demagogen, die eine rasche Lösung aller Probleme versprächen, und bekannte sich nachdrücklich zum parlamentarisch-demokratischen System: ,,Nicht nur, weil ich den Eid auf die Verfassung geleistet habe, sondern auch aus Erlebnis und innerster Überzeugung und in wohlüberlegter Einschätzung der nationalen Interessen unseres Volkes bejahe ich den republikanischen Staat, in dem der Träger der Staatsgewalt die Gesamtheit des Volkes ist und wie er durch das Staatsgrundgesetz vom 30. November 1920 seine verfassungsmäßige Grundlage und Verankerung gefunden hat".

In dieser Überzeugung hat Amelunxen sein Amt als Regierungspräsident ausgeübt, und es lag ihm viel daran, auch die ihm unterstellten Beamten für die neue Staatsordnung zu gewinnen. Dabei gab er sich keinen Illusionen hin, daß ein hoher Prozentsatz der älteren, aus der Monarchie übernommenen Beamten der neuen staatlichen Ordnung reserviert bis ablehnend gegenüberstand. Bei der Amtseinführung eines Landrates erklärte er, der Eid auf die Verfassung bedeute ,,nicht nur Duldung der Republik und Heraushängen der Nationalfahne, wenn es von Berlin aus befohlen wird, er bedeutet den kraftvollen Willen zur Durchtränkung der Verwaltung und des öffentlichen Lebens mit dem Geist der Verfassung".

Aufschlußreich ist in diesem Zusammenhang eine Kontroverse zwischen ihm und dem Befehlshaber der in Münster stationierten 6. Division, General von Ledebur. Der General hatte Anfang 1928 Repräsentanten ziviler und militärischer Behörden zu einem Empfang in das Offizierskasino eingeladen. Amelunxen war mit dem ihm durch die Tischordnung zugewiesenen Platz nicht einverstanden und beanstandete dies am nächsten Tag bei Ledebur. Als Privatmann halte er zwar die noch ,,vielfach herrschenden gesellschaftlichen Sitten und Gepflogenheiten in Deutschland für völlig veraltet", als Regierungspräsident aber müsse er ,,entscheidendes Gewicht darauf legen, so behandelt zu werden", wie es seiner staatlichen Stellung entspreche. ,,In der Vorkriegszeit hätte jeder Regierungspräsident in gleicher Situation sofort den Saal verlassen... Ich beehre mich daher, Ihnen, Herr General, mitzuteilen, daß ich künftig, um mich nicht nochmals einer solchen, im höchsten Maße peinlichen Lage auszusetzen, an ähnlichen Veranstaltungen nicht mehr teilnehmen werde." Diese Reaktion mag auf den ersten Blick als überzogen erscheinen, hatte aber durchaus einen ernsten politischen Hintergrund. Amelunxen war natürlich bekannt, daß gerade in den Reihen des Offizierskorps sorgfältig auf äußere Formen und Rangordnungen geachtet wurde. Insofern wertete er die ihm zugewiesene Plazierung zu Recht als nicht zufällig und bedeutungslos, sondern als Indiz für die Geringschätzung, die man bis in die höchsten militärischen Ränge der Reichswehrführung hinein für den Staat empfand, den Amelunxen an diesem Abend als Regierungspräsident repräsentierte. Dieser Vorgang und andere zeigen, daß Amelunxen in der Sache wie in der

Form selbstbewußt und offensiv auftrat. Und es läßt sich leicht ausmalen, daß er sich dadurch den Zorn vor allem der dezidiert rechten politischen Gruppen zuzog, die ,,jedes Eintreten für Verfassung und Regierung als Parteipolitik und damit als Verletzung der Pflicht zur parteipolitischen Neutralität bewerteten" und nur darauf warteten, der in ihren Augen mutwilligen Unterhöhlung des Berufsbeamtentums in Preußen ein Ende zu setzen.

Am 20. Juli 1932 war es soweit. Der gerade seit sechs Wochen amtierende Reichskanzler Franz von Papen enthob unter Berufung auf den Notstandsartikel 48 der Weimarer Reichsverfassung und mit Hilfe der Reichswehr die preußische Regierung ihres Amtes und unterstellte die Verwaltung des größten deutschen Landes dem Reich. Schon damals war klar, daß die zur Rechtfertigung herangezogenen bürgerkriegsähnlichen Straßenkämpfe zwischen SA und Kommunisten nur fadenscheinige Vorwände waren. In erster Linie zielte die Aktion, wie der eigentliche Initiator des ,,Staatsstreich gegen Preußen", General von Schleicher, intern zugab, darauf ab, ,,dem unerträglichen Dualismus zwischen Reich und Preußen ein Ende zu machen". Noch am selben 20. Juli veranlaßten Papen als Reichskommissar für Preußen und sein Innenminister, der frühere Oberbürgermeister von Essen, Franz Bracht, eine erste Säuberungswelle unter den politischen Beamten Preußens. Ihr fielen zunächst 33 hohe Beamte zum Opfer. Einer von ihnen, übrigens der einzige Angehörige der Zentrumspartei, war Rudolf Amelunxen.

Die Reaktionen auf den ,,Massenhinauswurf republikanischer Beamter" (so der sozialdemokratische ,,Vorwärts") waren in Westfalen unterschiedlich. Während die deutschnationale ,,Westfälische Landeszeitung" ihre Genugtuung in der Schlagzeile ausdrückte: ,,Mit eisernem Besen! Die Säuberung der Verwaltung von Parteibuchbeamten beginnt", verurteilten die dem Zentrum nahestehenden Zeitungen in Münster die Dienstenthebung von Amelunxen einmütig. In Solidaritätsbekundungen von katholischen Verbänden, Geistlichen und christlichen Gewerkschaften wurde seine Wiedereinsetzung gefordert. Es zeigte sich aber auch, daß man nicht zuletzt deshalb empört war, weil es einen Katholiken getroffen hatte. So hieß es in der münsterischen ,,Morgenpost": ,,Herr Reichskanzler... wir verlangen Aufklärung, was die Reichsregierung dazu bewogen hat, den hervorragenden Katholiken und Verwaltungsbeamten (Amelunxen) in eine Linie zu stellen mit den 24 Sozialdemokraten und Dissidenten... Das westfälische und besonders das katholische Volk des Münsterlandes verlangt Klarheit." All diese Proteste vermochten freilich ebensowenig auszurichten wie die von Amelunxen eingelegte Rechtsverwahrung. Das Regierungspräsidium wurde zunächst von Oberpräsident Gronowski mitverwaltet, bis es am 17. Oktober 1932 der langjährige Staatssekretär in der Reichskanzlei Dr. Hermann Pünder übernahm.

Die Hintergründe der Abberufung von Amelunxen konnten bis heute nicht restlos aufgeklärt werden. Aber es besteht kein Zweifel, daß die Amtsenthebung in erster Linie gegen den exponierten Republikaner gerichtet war und auf Betreiben von Papen, nicht von Bracht erfolgte, wie Papen in seinen 1952 veröffentlichten Memoiren glauben machen wollte. Dabei dürften auch persönliche Spannungen mit im Spiel gewesen sein, die noch aus der Zeit Papens als Ehrenbürgermeister der Gemeinde Merfeld bei Dülmen herrührten. 1929 hatte sich Papen die für einen Bürgermeister ungewöhnlich hohe Summe von 400 RM Aufwandsentschädigung bewilligen lassen, die Amelunxen als Regierungspräsident beanstandete und auf 150 RM herabdrückte. Spätestens seit diesem Zeitpunkt war Papen nur noch schlecht auf Amelunxen zu sprechen. Münsterische Zeitungen ließen in ihrer Berichterstattung über die Amtsenthebung Amelunxens durchblicken, daß Papen offenbar nur auf den Moment gewartet habe, um mit Amelunxen eine Privatrechnung zu begleichen: „Herr von Papen – Dr. Amelunxen: das muß schon peinlich in persönlicher Hinsicht wirken...".

4.

Während der Zeit des nationalsozialistischen Regimes blieb Amelunxen von politischen Pressionen so gut wie unbehelligt. Gleichwohl wechselte er mehrmals seinen Wohnort. Das Kriegsende erlebte er im sauerländischen Fredeburg, wo ihn britische Soldaten im April 1945 ausfindig machten. Am 5. Juli ernannte ihn die britische Militärbehörde kommissarisch, im November endgültig zum Oberpräsidenten von Westfalen.

Amelunxen war keineswegs der erste Anwärter für das Amt des Oberpräsidenten, obwohl er von Anfang an mit in der engeren Wahl stand. Neben ihm waren noch Gronowski und Pünder im Gespräch, Männer also, die wie Amelunxen in der Weimarer Republik hohe Verwaltungsämter bekleidet hatten und nicht durch ihre Haltung zum Nationalsozialismus diskreditiert waren. Die Entscheidung fiel erst zugunsten von Amelunxen, als Pünder nicht aufzutreiben war (er hielt sich zu dieser Zeit noch in Italien auf) und Gronowski, der den sondierenden Engländern von mehreren Seiten empfohlen war, aus gesundheitlichen Gründen abgelehnt hatte.

Seit dem 5. Juli 1945 stand Amelunxen an der Spitze einer Verwaltung, die nach dem Willen der Militärregierung zur höchsten deutschen Verwaltungsinstanz in der Provinz Westfalen sowie in den Ländern Lippe und Schaumburg-Lippe erklärt worden war. Berichte von Dienststellen, die früher an die Ministerialbehörden in Berlin gingen, mußten jetzt dem Oberpräsidenten vorgelegt werden. Allerdings machte die britische Militärregierung von Anfang unmißverständlich klar, daß sie sich in allen Fragen die letzte Entscheidungsbefugnis vorbehielt. Dementsprechend war der Spielraum des Oberpräsidenten denkbar eng begrenzt. So hieß es in der Anweisung des Militärgouverneurs Ledingham vom 6. Juli 1945 in militärisch knapper Form, daß sowohl Amelunxen als auch die von ihm berufenen Beamten ihr Amt „lediglich nach dem Belieben der Militärregierung innehaben", daß „Ungehorsam gegen die Anordnungen der Militärregierung ... nicht geduldet" werde und alle Beamte „allein auf Anweisung der Militärregierung handeln". Der schon in dieser ersten Direktive angeschlagene schroffe Befehlston war charakteristisch für die Erlasse der Militärbehörden und erzeugte auf deutscher Seite nicht selten Unmut und Widerspruch.

Angesichts dieser Bedingungen war Amelunxen um seine Aufgabe nicht zu beneiden. Sie verlangte ein erhebliches Maß an politischem Geschick und Anpassungsfähigkeit sowie einen Blick für das, was in der katastrophalen, von der existentiellen Not der Menschen bestimmten Situation nach Kriegsende besonders vordringlich und realisierbar war. Amelunxen konzentrierte sich zunächst darauf, die für die Umgestaltung des Oberpräsidiums in eine Provinzialregierung notwendigen organisatorischen und personellen Veraussetzungen zu schaffen. Jetzt kamen ihm die Verbindungen und Personalkenntnisse aus den Zeiten seines Berliner Ministerialdienstes und als Regierungspräsident zugute. Amelunxen unterteilte seine Behörde in neun Generalreferate. An ihre Spitze berief er Männer, die er bis auf eine Ausnahme aus der Weimarer Zeit kannte und für die er die Amtsbezeichnung „Generalreferent" wählte. Die von der Militärregierung offerierte und von Amelunxen allem Anschein nach zunächst selbst ins Auge gefaßte Möglichkeit, die Abteilungen als Ministerien zu bezeichnen und selbst als Ministerpräsident zu firmieren, lehnte er schließlich ab. Solche Amtstitel wären angesichts der tatsächlichen Kompetenzen in der Tat irreführend gewesen und einer politischen Hochstapelei gleichgekommen, zumal der Militärgouverneur den von Amelunxen vorgelegten Organisationsplan unter anderen mit der Bemerkung kommentierte: „Sie als Oberpräsident und ihre Beamten sind lediglich ausführende Behörde..., die zur Ausführung der Anweisungen der Mil.(itär) Regierung eingesetzt ist." Ende des Jahres 1945 war – nach wiederholten Änderungswünschen der Militärregierung — die Umbildung des Oberpräsidiums in eine Provinzialregierung Westfalen abgeschlossen.

Amelunxen war gut beraten, daß er seine Amtsführung peinlich genau an den englischen Direktiven ausrichtete, wollte er nicht Gefahr laufen, von der Militärregierung wieder entlassen zu werden. Im Umgang mit ihr hatte er durchaus eine glückliche Hand, und er zeigte gegenüber den oft schulmeisterlich und unduldsam auftretenden Besatzungsoffizieren ein bemerkswertes Einfühlungsvermögen. Dies schloß freilich nicht aus, daß es zu gelegentlichen Zusammenstößen kam und Amelunxen wiederholt sogar Rücktrittsabsichten hegte.

An oberster Stelle rangierte in Westfalen wie überall in Deutschland die Sorge für das Existenzminimum der Bürger. Ihre Situation war gekennzeichnet von Wohnungsnot, Lebensmittel-Rationierung und Zwangsbewirtschaftung aller Versorgungsgüter. Was zu verwalten war, das waren Not, Mangel und Trümmer. Diese Form der Erbschaft des nationalsozialistischen Regimes überlagerte zunächst die Debatte um den politischen Wiederaufbau. Gleichwohl hat man sich gerade in Westfalen frühzeitiger und intensiver als etwa im Rheinland Gedanken über die zukünftige politische Gestalt der Provinz gemacht.

In diesem Zusammenhang kommt dem Versuch Amelunxens eine besondere Bedeutung zu, den westfälischen Provinzialverband aufzulösen und dessen Aufgaben und Beamtenapparat seiner Behörde zu übertragen. Amelunxen begründete seinen Schritt erstens mit dem durchsichtigen Argument der Verwaltungsvereinfachung, zweitens mit dem sogenannten Oberpräsidentengesetz vom 15. Dezember 1933. Gerade dieses Gesetz hatte nicht zuletzt deshalb die parlamentarischen Organe des Provinzialverbandes aufgelöst und dessen Zuständigkeiten auf die Person des Oberpräsidenten, nicht aber auf seine Behörde übertragen, um das nationalsozialistische Führerprinzip auch in die provinzielle Selbstverwaltung hineinzubringen. Amelunxen stieß jedoch auf den energischen Widerstand des am 2. Juni 1945 von den Briten zum Landeshauptmann, also zum Chef der Provinzialverwaltung ernannten Bernhard Salzmann. Wie sehr sich der Konflikt zwischen den beiden Männern zuspitzte, ist daran ablesbar, daß Amelunxen Salzmann kurzfristig von seinem Amt suspendierte, ohne sich aber durchsetzen zu können. Salzmann nahm den Erlaß von Amelunxen zur Kenntnis und ging zur Tagesordnung über, indem er die Amtsgeschäfte unverändert weiterführte.

Amelunxens Initiative hatte auch zur Folge, daß fortan die Provinzialverwaltung unter Salzmann und dem Landesrat Dr. Helmut Naunin, unterstützt durch den Oberstadtdirektor von Münster, Dr. Karl Zuhorn, in ungleich stärkerem Maße die Debatten der Alliierten über die politische und territoriale Neugestaltung Deutschlands unter dem Blickwinkel möglicher Rückwirkungen auf Westfalen und speziell auf den Provinzialverband verfolgten. Dies wurde spätestens augenfällig, als die britische Zeitung „The Observer" am 14. April 1946 auf französische und englische Überlegungen hinwies, nach denen Westfalen auf einen neu zu bildenden Ruhrstaat im Westen und ein Land Hannover im Osten aufgeteilt werden sollte. Amelunxen, den Naunin auf den Artikel erst aufmerksam machte und auf die Konsequenzen hinwies, gab sich gelassen und tat den Bericht als bedeutungslos ab. Er hielt es für überflüssig, die Militärregierung um genauere Informationen zu bitten, und wollte erst nach Aufforderung durch die Briten aktiv werden.

Wenn er sich in den folgenden Wochen mehr abwartend verhielt, so hing das vor allem damit zusammen, daß ihm und seinen Generalreferenten ein selbständiges Land Westfalen vorschwebte und daß sie glaubten, nur so Westfalen als Einheit retten zu können. Dafür hat er sich öffentlich eingesetzt, und er konnte in der Zurückweisung von Neugliederungsplänen auf Kosten Westfalens auf die unbedingte Unterstützung aller politischen Gruppen der Provinz rechnen. Dagegen gingen die Auffassungen über die einzuschlagende Taktik und Strategie erheblich auseinander. Während Salzmann, Naunin und Zuhorn zusammen mit der nordrheinischen Provinzialregierung in Düsseldorf und unterstützt vom Deutschen Städtetag unter dem Eindruck der sich verdichtenden Teilungsgerüchte fieberhaft nach Alternativlösungen suchten, blieb Amelunxen unbeweglich und setzte auf seine Westfalen-Lösung. Es mag sein, daß er sich in dieser Haltung durch die britische Militärregierung in Münster bestätigt fühlte, die im Gegensatz zu den zonalen Instanzen allem Anschein nach ebenfalls zur Bildung eines Landes Westfalens tendierte. Gleichwohl fällt auf, wie unflexibel Amelunxen in dieser zentralen politischen Frage operierte; er war nicht bereit oder nicht fähig, hypothetisch in alternativen Modellen zu denken und sich vorsorgend auf eventuelle andere politische Entwicklungen einzustellen.

Um so mehr mußte es überraschen, daß die Briten, als ihre Entscheidung für ein Land Nordrhein-Westfalen gefallen war, mit Amelunxen ausgerechnet den Mann zum ersten Ministerpräsidenten ernannten, der sich der Gründung des Landes nachdrücklich widersetzt hatte. Die Berufung Amelunxens war eine personalpolitische Sensation, und es hat damals wie später zahlreiche Spekulationen und Versuche gegeben, die Beweggründe der Engländer zu erklären. Heute wissen wir, soweit die englischen Quellen bekannt sind, daß Amelunxen mehr oder weniger ein Verlegenheitskandidat gewesen ist, für den aber gerade aus englischer Sicht gute Gründe sprachen. Auf britischer Seite hätte man einen ,,völlig neuen Mann" vorgezogen, wie es in einem Schreiben der Kontrollkommission an das Kontrollamt in Berlin vom 1. Juli 1946 hieß, ,,aber es sei schwer, jemanden zu finden". Wenn man zu wählen hätte zwischen den beiden Oberpräsidenten Amelunxen und Robert Lehr in Düsseldorf, dann spräche für Amelunxen, daß er und seine Westfalen dem Projekt Nordrhein-Westfalen weniger aufgeschlossen gegenüberstünden. Aus dem Schreiben geht klar hervor, daß die Ernennung in erster Linie als Entschädigung für die westfälischen Gruppen gedacht war, die auf ein eigenständiges Land gehofft hatten. Hinzu kam sicherlich auch die für die Engländer positive Erfahrung, daß sich Amelunxen in seinem Oberpräsidentenamt nicht politisch exponiert hatte, sondern loyal gegenüber der Militärregierung und zugleich unabhängig in seinem Urteil und Entschluß aufgetreten war, sein Amt also mehr im Stile eines bestimmten Typus des preußischen höheren Beamtentums alter Schule ausgefüllt hatte.

Amelunxen selbst betonte später in ,,Ehrenmänner und Hexenmeister", er habe das Angebot erst angenommen, als ihm von den Provinzgouverneuren William Asbury (Düsseldorf) und Sir Henry Vaughan Berry (Münster) versichert worden war, ,,die maßgeblichen, von der Militärregierung befragten Männer des öffentlichen Lebens im rheinisch-westfälischen Raum" seien einmütig für seine Berufung. Die Skepsis, die schon Walter Först 1970 in seiner ,,Geschichte Nordrhein-Westfalens" gegenüber dieser Version äußerte, wird zusätzlich gestützt durch eine Stellungnahme von Johannes Gronowski, der seit dem 30. März 1946 Parteivorsitzender der CDU von Westfalen war. Von seinen Parteifreunden auf die Berufung Amelunxens angesprochen, urteilte er: ,,Amelunxen ist ernannt, nicht gewählt worden. Wenn über ihn in Westfalen abgestimmt werden sollte, bekäme er heute kaum 10 % aller Stimmen."

5.

Zum Zeitpunkt seiner Ernennung zum Ministerpräsidenten am 24. Juli 1946 gehörte Amelunxen noch nicht wieder einer politischen Partei an. Da er selbst nie eindeutig Stellung bezogen hatte, wußte keine Seite so richtig, woran sie mit ihm war. Seine anfängliche Zurückhaltung fand zwar die volle Sympathie der Militärregierung, war aber für das Zentrum und die CDU, die beide hätten in Frage kommen können, ärgerlich und irritierend zugleich. Beide Parteien hätten gern den ersten Ministerpräsidenten des Landes in ihren Reihen gehabt. Amelunxen entschied sich Anfang 1947 für das Zentrum. Seine persönlichen Motive dafür sind bis heute umstritten. Sie hängen sicherlich damit zusammen, daß die Zentrumsprogrammatik seinen politischen und sozialen Grundvorstellungen mehr entsprach als die der CDU. Andererseits war die Entfremdung Amelunxens von den politischen Weggefährten des alten Zentrums, die 1945 zur CDU stießen, auf beiden Seiten von tiefgreifenden, oft beschämenden persönlichen Zerwürfnissen begleitet, an denen er selbst einen nicht unerheblichen Anteil hatte. Die britische Militärregierung soll ihm diskret zu verstehen gegeben haben, ,,daß er seine Regierungstätigkeit nur fortsetzen könne, wenn er einer politischen Partei beitreten" würde. In den folgenden Jahren wurde Amelunxen zu einem Aushängeschild des Zentrums, ohne sich selbst aber in der Parteiarbeit sonderlich zu engagieren. Sieht man einmal von dem kurzen Zwischenspiel des Ministers für Angelegenheiten der Landschaftsverbände im zweiten Kabinett Arnold, Dr. Josef Weber (1953/54), ab, so blieb er der einzige Minister, den das Zentrum in den Landeskabinetten stellte, bis die Partei in den Landtagswahlen 1958 an der Fünf-Prozent-Klausel scheiterte und von der parlamentarischen Bühne verschwand.

Die Ernennung von Amelunxen zum Ministerpräsidenten und der Auftrag, eine Kabinettsliste für die erste Landesregierung zusammenzustellen, markierten einen wichtigen Schritt in der Entwicklung des neuen Landes zur politischen Autonomie. Noch handelte es sich freilich um eine kontrollierte und genau definierte Selbständigkeit. In dem Memorandum des britischen Landesbeauftragten für Nordrhein-Westfalen (Regional Commissioner of Land North-Rhine-Westphalia), Asbury, vom 1. August 1946 hieß es, ,,daß die deutsche Landesregierung nur diejenigen Vollmachten hat, die ihr durch mich übertragen werden". Auch hatte sich Asbury das letzte Wort über die personelle und politische Zusammensetzung des Kabinetts vorbehalten, das ein Allparteienkabinett sein und die politischen Kräfteverhältnisse widerspiegeln sollte, wie sie die Briten einschätzten. Dazu ist es nicht gekommen, da sich die CDU unter dem Einfluß Konrad Adenauers nicht beteiligte.

Von vornherein war klar, daß das erste Kabinett Amelunxen, das sich am 30. August 1946 im Mannesmannhaus in Düsseldorf konstituierte, nur eine Regierung auf Zeit war. Sie sollte bis zu den Wahlen amtieren, deren Zeitpunkt aber noch unbestimmt war. Ein erster Landtag, zusammengesetzt aus je 100 ernannten Vertretern aus dem rheinischen und dem westfälischen Landesteil, sollte die Regierung beraten; über legislative Vollmachten verfügte er dagegen nicht. Wie erwartet, bestätigten die Gemeinde- und Kreiswahlen am 15. September und 13. Oktober die von den Briten angenommenen politischen Mehrheitsverhältnisse nicht. Die CDU wurde die mit Abstand stärkste Partei, was eine Umbildung des Kabinetts wie des Landtags unausweichlich machte. Sie erhielt in der neuen, neunköpfigen Allparteienregierung, die im Dezember 1946 von Amelunxen gebildet wurde, vier Ministerposten zugebilligt. Aber auch das zweite Kabinett Amelunxen war nur für kurze Zeit, genau bis zum 16. Juni 1947, im Amt. Bei den ersten Landtagswahlen am 20. April 1947 wurde die CDU mit 92 (42,6 %) von insgesamt 216 Mandaten die stärkste Fraktion, während das Zentrum mit seinem Spitzenkandidaten Amelunxen 20 (9,3 %) Sitze errang. Der

Wahlausgang machte somit die Möglichkeit eines dritten Kabinetts Amelunxen zunichte, zumal ihn die CDU als Ministerpräsidenten ohnehin nur widerwillig und ungeduldig ertragen hatte.

Fragt man nach der politischen Bedeutung des Ministerpräsidenten Amelunxen, so sind zum einen die allgemeinen Zustände sowie der Zeitfaktor in Rechnung zu stellen. Er regierte insgesamt nur neuneinhalb Monate, also eine doch zu kurze Spanne, um markante und bleibende Spuren hinterlassen zu können. Zum anderen verdankte er seine zweimalige Berufung zum Ministerialpräsidenten besonderen politischen, vor allem besatzungspolitischen Umständen, die ihm enge Grenzen zogen und ihn von vornherein zu einem Regierungschef auf Abruf machten.

Wenn heute auf Grund neuerer Forschungen zur Nachkriegsgeschichte die Gültigkeit der oft und gern zitierten Formel von der „Stunde Null" unter dem Blickwinkel der historischen Kontinuität mehr und mehr angezweifelt wird, so ändert dies nichts an der Tatsache, daß viele der Männer und Frauen, die nach Kriegsende politische Verantwortung übernahmen, das Gefühl hatten, an einem Nullpunkt deutscher Geschichte zu stehen. Dies gilt insbesondere für Rudolf Amelunxen. Die Überzeugung, mit der inneren Ausgestaltung des Landes an einem historischen Wendepunkt zu stehen und die Chance eines grundlegenden politischen, wirtschaftlichen und sozialen Neuaufbaus zu haben, zieht sich wie ein roter Faden durch seine zahlreichen Reden als Ministerpräsident. Sein geistiger und politischer Standort wird bereits in einzelnen Sätzen der Rede ersichtlich, die er auf der Eröffnungssitzung des Landtags am 2. Oktober 1946 im Düsseldorfer Opernhaus hielt: „Nach den mißlungenen Versuchen von Frankfurt und Weimar steht heute das deutsche Volk bei seinem dritten Versuch, einen gesunden, auf Gerechtigkeit und Wahrheit beruhenden Volksstaat aufzurichten. Dieser Versuch ist eine letzte Möglichkeit. Sein Erfolg oder Mißerfolg entscheidet über die deutsche Zukunft. Wir wissen, daß eine Demokratie, die den europäischen Nachbarvölkern seit langem zur politischen Selbstverständlichkeit geworden ist, in einem verstörten, verbitterten und hungernden Volk nicht über Nacht errichtet werden kann." In seiner Regierungserklärung vom selben Tag erklärte er: „Demokratie... bietet, weil sie mit den natürlichen Rechten der Menschen nicht in Widerspruch steht, die optimale Gewähr, daß das, was war, sich nie wiederholt. Aufklärung tut not über das, was war, was ist und was sein muß. Wir wollen das verfälschte Geschichtsbild eines Treitschke, das im letzten Jahrhundert in allen Schulen und auf allen Hochschulen uns aufgezeigt wurde, der geschichtlichen Wahrheit entsprechend zurechtrücken. Es ist notwendig, die nazistische und militaristische Ideologie, die das Unterbewußtsein vieler Zeitgenossen noch belastet, auszumerzen."

Die Neigung Amelunxens, historische Vergleiche als Argumente in politische Auseinandersetzungen einzubringen, entsprang seiner Vorliebe für historische Themen; aber der geschichtlich gebildete Verwaltungsjurist und Politiker sah auch die Gefahren, die in einem voraussetzungslosen Wiederaufbau und im Verdrängen der historischen Wurzeln des „Dritten Reiches" lagen. Es war für sein Geschichtsbild bezeichnend, daß er den preußischen Historiker Heinrich von Treitschke mit der nazistischen und militaristischen Ideologie in Verbindung brachte. In ihm sah er einen ideologischen Wegbereiter der Politik, die seiner Auffassung nach mehr oder weniger zwangsläufig über die Reichsgründung von 1870/71 zum 30. Januar 1933 und zum 8. Mai 1945 geführt hatte. Amelunxen war beherrscht von einem Preußen-Syndrom. Die preußische Geschichte reduzierte er auf „den unbedingten Autoritätsglauben, den Militärkoller und die starre Disziplin, die Fülle der Ehrenzeichen und Märsche, die Militärkapellen und den in einem der Testamente Friedrichs des

Zweiten verankerten Grundsatz, daß der Soldat den Vorgesetzten mehr fürchten muß als den Feind". Für ihn waren die Repräsentanten des Preußentums und des Nazismus austauschbar, und er pflichtete nachdrücklich der These bei: „Wer sich zu Bismarck bekennt, der bekennt bewußt oder unbewußt sich zu Hitler!"

Wichtiger als diese historischen Deutungsversuche Amelunxens, die in ihrer Monokausalität ohnehin nicht haltbar sind, ist sein politisch-pädagogisches Ziel, daß sich die Deutschen ihrer Geschichte und ihren nationalen Traditionen stellen sollten. Den Vorwurf der „Nestbeschmutzung" hat er entschieden zurückgewiesen. Auf der anderen Seite war Amelunxen ein dezidierter Gegner der Kollektivschuldthese und kritisierte das Entnazifizierungsverfahren der Alliierten als naiv, undurchdacht und daher ineffektiv. Er verlangte dessen Einstellung und plädierte für ein zweijähriges Moratorium in der Hoffnung, so „eine einmütige und leidenschaftlose Beurteilung" der Schuldfrage zu erreichen. Den Schulen und insbesondere den Universitäten wies er eine zentrale Rolle für den Aufbau und die Stabilisierung eines demokratischen Gemeinwesens zu. Sie waren für ihn bis 1933 „die Brutstätten der Reaktion" gewesen, die „den Dünger für das Nazitum geliefert" hatten. Er forderte eine rigorose Durchforstung der Lehrpläne und von den Lehrern und Professoren so wie von jedem Beamten ein eindeutiges Bekenntnis zur Demokratie. Schon sehr früh sprach Amelunxen sich für den europäischen Gedanken aus. Er war skeptisch gegenüber aggressiven nationalen Parolen, wie sie vor dem Hintergrund des sich herausbildenden Gegensatzes zwischen Ost und West und der deutschen Teilung formuliert wurden. Er befürwortete die Westorientierung der deutschen Politik, lehnte aber die mit ihr verbundene Wiederbewaffnung der Bundesrepublik ab. In den fünfziger Jahren gehörte er zu den Unterzeichnern eines Memorandums gegen eine Atomrüstung der Bundeswehr.

Es waren also alles andere als populäre Positionen, denen Amelunxen anhing und die er in der ihm eigenen apodiktischen Weise vertrat. Aber es waren zweifellos fruchtbare Anstöße, die, weil sie unbequem waren, zum Widerspruch herausforderten. Wenn Amelunxen auch nie ganz den peniblen, oft autoritär auftretenden preußischen Verwaltungsbeamten verleugnen konnte, so war er doch kein trockener, farbloser Bürokrat. Die Rolle eines „Landesvaters" hätte er wohl kaum ausfüllen können, auch wenn seine Amtszeit als Ministerpräsident von längerer Dauer gewesen wäre.

Geprägt war seine Amtszeit von der Bewältigung der Alltagsprobleme. Darunter fielen der Wiederaufbau der zertrümmerten Städte und Fabriken, die Integration der Flüchtlingsströme sowie der Kampf gegen Hunger und Obdachlosigkeit. Es liegt auf der Hand, daß diese Aufgaben Jahre beanspruchten und Amelunxen oft nicht mehr als Hoffnungen und Absichten formulieren konnte. Hinzu kam die nicht weniger schwierige Aufgabe, einen arbeitsfähigen Regierungsapparat aufzubauen und die Reorganisation der Verwaltung, sofern dies noch nicht geschehen war, anzupacken. Auch hier lag es in der Natur der Sache, daß vieles zunächst nur auf den Weg gebracht werden konnte. Deswegen und auf Grund der Richtlinien und der Entscheidungskompetenz der Besatzungsmacht konnte von Regieren im strengen Sinne keine Rede sein. Die Regierung Amelunxen nahm, wie alle anderen von den Alliierten eingesetzten Regierungen, eine Auftragsverwaltung wahr. Damit hatte es erst ein Ende, als aus dem ersten, am 20. April 1947 frei gewählten Landesparlament das erste Kabinett Arnold gebildet worden war. Jetzt nahm der Integrationsprozeß des Landes seinen eigentlichen Anfang. Die Phase des Übergangs war abgeschlossen. Von einer „Ära Amelunxen" in der Frühgeschichte des neuen Landes konnte deshalb nicht gesprochen werden.

6.

Mit dem Ende der Amtszeit als Ministerpräsident begann der dritte und letzte Abschnitt der Nachkriegskarriere des Rudolf Amelunxen. Bis zu seinem Ausscheiden aus dem politischen und öffentlichen Leben im Jahre 1958 war er Minister in den Kabinetten von Karl Arnold und in der Regierung von Fritz Steinhoff. Von 1947 bis 1950 leitete er das Sozialministerium, dann bis zum Juli 1958 das Justizministerium. Bei der Wahl des ersten Bundespräsidenten im September 1949 trat er als Bewerber des Zentrums gegen Theodor Heuss und Kurt Schumacher an, ohne indes mehr als ein „Zählkandidat" zu sein. Kurz vorher hatte er sich erfolgreich um ein Mandat für den Bundestag beworben, das er aber aus Rücksicht auf sein Ministeramt schon bald wieder niederlegte.

Bei der Übernahme des Sozialministeriums sah es so aus, als sollte Amelunxen seine Laufbahn dort beenden, wo sie 1919 begonnen hatte: im Bereich des Sozial- und Wohlfahrtswesens. Hier gab es in der Wiederaufbauphase eine Fülle von Aufgaben und Problemen, denen er sich mit großer Energie und innerem Engagement widmete. Stellvertretend sei auf das Flüchtlingsgesetz verwiesen, das der Landtag am 2. Juni 1948 verabschiedete und das ganz wesentlich zur gesellschaftlichen Festigung des Landes beigetragen hat. Das Gesetz bildete die Grundlage für die Integration der Flüchtlinge – im August 1949 waren es über eine Million –, für die Kapitalhilfen und Fürsorgeleistungen bereitgestellt wurden.

Nach den Landtagswahlen vom 18. Juni 1950 bildete die CDU mit dem Zentrum eine Minderheitsregierung; Amelunxen übernahm das Justizministerium, das er über acht Jahre leitete. In dieser Zeit vermochte er eine bemerkenswerte Anzahl von Reformen durchzubringen, mit denen er neue Maßstäbe setzte. Dazu gehörten die Reform des Gnadenrechts, Maßnahmen zur Resozialisierung von Strafgefangenen, die Anstellung von hauptamtlichen Bewährungshelfern sowie eine Neuregelung der juristischen Ausbildung. Über die Landesgrenzen hinaus Anerkennung fanden die 1951 eingeführten jährlichen Juristenwochen für Richter, Staatsanwälte und Referendare. Die Veranstaltungen waren interdisziplinär organisiert und sollten die Teilnehmer auf die enge Verzahnung von juristischen Problemen mit Wirtschaft, Theologie, Philosophie, Naturwissenschaft und Kunst aufmerksam machen.

Als Amelunxen am 30. Juni 1958 seinen 70. Geburtstag feiern konnte, war er der dienstälteste Minister der Bundesrepublik, weil er seit zwölf Jahren ununterbrochen ein Ministeramt bekleidete. Das Scheitern des Zentrums in den Landtagswahlen vom 6. Juli bedeutete auch das Ende der politischen Karriere von Amelunxen. Er trennte sich nur schweren Herzens von seinem Amt und lebte fortan zurückgezogen in Düsseldorf. Von seinen vielfältigen schriftstellerischen Plänen konnte er nur noch seine schon wiederholt zitierten „Erinnerungen und Betrachtungen" publizieren, die im strengen Sinne nicht zur politischen Memoirenliteratur gezählt werden können.

Mit Rudolf Amelunxen schied 1958 ein Mann aus der Politik und der öffentlichen Verantwortung, der mit sich und seiner Leistung zufrieden war und dies aufs Ganze gesehen auch durchaus sein konnte. Selbstzweifel und Skrupel über die Richtigkeit seines politischen Weges und seines Wirkens scheint er nicht gekannt zu haben. Er erweckte gern den Eindruck, als sei ihm der öffentliche Beifall gleichgültig, und er bespöttelte jene, die staatliche Ordensauszeichnungen annahmen. Doch kann dies nicht darüber hinwegtäuschen, daß sich bei Amelunxen preußische Tugenden mit persönlichen Eitelkeiten verbanden, die er in der Regel mit Humor, Ironie oder auch mit Zynismus zu überspielen suchte. Er war eine politisch integre, nicht aber eine politisch integrierende Persönlichkeit. Amelunxen gehört mit zu den Männern und

Frauen, die das politische, soziale und rechtliche Gefüge des Landes Nordrhein-Westfalen in den ersten zehn Jahren entscheidend geformt haben. Ob er indessen staatsmännisches Format besessen hat, wie es in öffentlichen Würdigungen zu lesen ist, kann angesichts seines politischen und geistigen Profils in Zweifel gezogen werden.

Amelunxen starb am 21. April 1969 im Alter von fast 81 Jahren. Das Land ehrte ihn mit einem Staatsbegräbnis. Sein Grab fand er auf dem Düsseldorfer Nordfriedhof.

Das Porträt Rudolf Amelunxen erschien zuerst in verkürzter Fassung als WDR-Sendung (21. 4. 1979). Es basiert auf ungedruckten Quellen in: Hauptstaatsarchiv Düsseldorf, Staatsarchiv Münster, Geheimes Staatsarchiv Berlin-Dahlem, Verwaltungsarchiv des Landschaftsverbands Westfalen-Lippe, Münster, Archiv des Landtags von Nordrhein-Westfalen, Düsseldorf. Darüber hinaus wurden Gespräche mit Zeitgenossen von Amelunxen geführt. Berücksichtigt wurden außerdem die Publikationen von Rudolf Amelunxen sowie seine Reden als Ministerpräsident und als Minister. Von Amelunxen erschienen u. a.: Ehrenmänner und Hexenmeister – Erlebnisse und Betrachtungen (München 1960); Das Kölner Ereignis (Essen 1952); Kleines Panoptikum – Acht Männer und eine Frau (Essen 1957).

In die kurze Vorgeschichte des Landes, die fünfviertel Jahre bis zur britischen Verordnung Nr. 46 vom 23. August 1946, die Regierungsbildung und die Konstituierung des ersten ernannten Landtags am 2. Oktober, gehört neben dem westfälischen der nordrheinische Oberpräsident. Wie Rudolf Amelunxen war auch Robert Lehr (1883-1956) kein Neuling in Politik und Verwaltung, politisch eher konservativ und weniger profiliert als Amelunxen, aber in der Kommunalverwaltung dem Neuen, dem Wagnis, der Entwicklung zugetan. Als Düsseldorfer Stadtoberhaupt bis 1933 konkurrierte er mit dem Kölner Kollegen Adenauer, der mindestens unter den rheinischen Oberbürgermeistern der Weimarer Republik die dominierende Rolle spielte. Auch Lehr und Amelunxen konkurrierten am Vorabend der Bildung des neuen Landes miteinander. Obwohl Lehr der Besatzungsmacht gegenüber die Zusammenfassung von Nordrhein und Westfalen ausdrücklich empfohlen hatte, wurde dann nicht er, sondern Amelunxen erster Regierungschef in Düsseldorf. Die CDU-Fraktion des Landtags entsandte Lehr zwei Jahre später in den Parlamentarischen Rat, und ein Jahr nach der Gründung der Bundesrepublik machte ihn Adenauer als Nachfolger von Gustav Heinemann zum Bundesinnenminister. Damit löste Lehr – wie vor ihm schon Adenauer selbst – das Versprechen ein, das fällig war, wenn die (freilich problematische) Theorie gültig sein soll, daß große Oberbürgermeister irgendwann auch einmal Minister werden. Für Hans Luther (Essen) und, wenn auch für kürzere Zeit als dieser, Karl Jarres (Duisburg) hatte das in der Weimarer Republik zugetroffen. Aber bei Adenauer lagen zwischen dem Ende der Amtszeit 1933 und dem Aufstieg ins staatliche Spitzenamt sechzehn, bei Lehr siebzehn Jahre, und schon drei Jahre später, 1953, als sich Adenauer auf dem Höhepunkt seiner Macht fand, endete Robert Lehrs politische Karriere.

Walter Först

ROBERT LEHR

„Es war eben nicht so einfach, aus dem in Celle geborenen Sohn eines preußischen Generals einen rheinischen Demokraten zu machen", hat der langjährige Düsseldorfer Oberstadtdirektor Walther Hensel einmal über Lehr gesagt. Hensel, der noch selbst unter ihm tätig gewesen ist, denn er war bei der Eingemeindung von Benrath 1929 als junger Beamter der Kreisverwaltung ins Düsseldorfer Rathaus übernommen worden, kannte seinen früheren Oberbürgermeister gut genug, um beurteilen zu können, ob sich dieser wirklich zu einem rheinischen Demokraten entwickelt hat. Zumindest war das Adjektiv „rheinisch" nicht etwas, was sich Lehr erst erwerben mußte. Er hatte rheinische Vorfahren, stammte selbst nicht aus den preußischen Stammlanden, und sein Vater Oskar, Hofmarschall der letzten Herzogin von Nassau und späteren Großherzogin von Luxemburg, war, als Nassau 1866 an Preußen fiel, vom nassauischen in den preußischen Dienst übernommen worden, in dem er es bis zum Generalmajor brachte. Der Vater und der Großvater wurden in Wiesbaden geboren; die Familie ist bis zurück ins 16. Jahrhundert in Nidda nachweisbar, wo die Lehr, Leer, Loer Küfer waren. Robert Lehrs Urgroßvater Johannes Friedrich studierte Medizin und wurde nassauischer Oberstabsarzt, der Großvater Georg Heinrich Friedrich war Hofrat und Archivar beim letzten Herzog von Nassau. Der Stammvater der Niddaer Lehr, Matthias Loer, legte sich als Linkshänder den lateinischen Namen Scaevola zu. Er war Schulmeister in Nidda und Pfarrer in Leidhecken, verheiratet mit Dorothea Ubel. Von beider Sohn Georgius stammten die Lehr, von beider Tochter Barbara die mütterlichen Vorfahren Goethes ab. Auf mütterlicher Seite waren die Vorfahren Robert Lehrs ebenfalls im Hessischen zu Hause. Seine Mutter, Clara Stück, stammte aus Kassel, die Großmutter Amalie war das neunte Kind von Heinrich Richard Benjamin Hölke, Oberstleutnant im Regiment Kurfürst von Hessen, der nach der Schlacht von Leipzig unter dem Namen Hölke von Sturmfeder geadelt wurde und der letzte Kommandant von Ziegenhain war. Die weiteren Vorfahren sind in Witzenhausen nachzuweisen.

Mit den rheinisch-nassauisch-hessischen Vorfahren Robert Lehrs, der mit Aenne Steinbach aus Oberbrügge im Sauerland selbst eine Fabrikantentochter heiratete – die Ehe blieb kinderlos –, ist also der „Sohn eines preußischen Generals" nur sehr bedingt zu belegen. Und was den Demokraten betrifft, so wäre auch darin das gelegentliche Wort von Walther Hensel differenzierter zu verstehen, als es klingt. Lehr war in der monarchischen Tradition aufgewachsen, in der Offiziere, Beamte und Pfarrer seine gesellschaftspolitischen Vorstellungen bestimmten. Später kam, schon angedeutet durch seine Ehe, der industrielle Unternehmer hinzu. Hohe Offiziere und Wirtschaftsführer zählten vornehmlich zu seinem Bekanntenkreis. Aber es wäre ein Irrtum anzunehmen, daß deshalb für ihn die Basis des demokratischen Rechtsstaates nicht selbstverständlich gewesen wäre. Das Schwergewicht des Begriffs lag für sein Verständnis sicherlich beim Rechtsstaat, nicht so sehr beim Demokratischen, wiewohl er in seiner Oberbürgermeisterzeit in der Handhabung des Amtes, das ja auch den Vorsitz in der Stadtverordnetenversammlung einschloß, die Spielregeln des demokratischen Parlamentarismus stets achtete. Nach dem Sturz der Monarchie war nun die Republik die Staatsform, für die der Beamte lebte. Daß diese Republik die nationale Kontinuität garantierte, hat viele Beamte mit dem neuen Staat versöhnt, und als 1933 allzu rasch das Ende dieses Staates sichtbar wurde, wies sich die erste Republik durch den deutlich sich abzeichnenden Gegensatz zu den rüden Methoden der Usurpatoren erst recht als demokratischer Rechtsstaat aus. Es hat in der Zeit der Pressionen 1933/34 Lehr nichts so sehr verletzt wie die illegale Entfernung aus dem Amt und die Zwangspensionierung ohne ein Wort der Rehabilitierung nach den maßlosen und unhaltbaren Vorwürfen, die man ihm gemacht hatte.

Im politischen Alltag allerdings, der für Lehr schon im Ersten Weltkrieg begann, als sich der junge Beigeordnete in Düsseldorf mit Aufgaben befassen mußte, für die ein Verwaltungsjurist eigentlich nicht ausgebildet war, hat Robert Lehr einen persönlichen Stil entwickelt, der den Irrtum aufkommen lassen konnte, er sei ein Autokrat. Das ging bis in Äußerlichkeiten, die es seinen politischen Gegnern in Düsseldorf und anderswo noch leichter machten, den nach Gesinnung und Habitus unverkennbar rechtsstehenden Oberbürgermeister zu kritisieren und ihm die Arbeit zu erschweren. Das öffentliche Bild, das man von daher in gewissen Kreisen von Lehr gewann und das zu einem Teil ein Klischee war, ist auch nach dem Zweiten Weltkrieg noch wirksam geblieben. Wenn dies mit dazu beigetragen haben sollte, ihn nach neun Düsseldorfer Jahren als Oberpräsident und Landtagspräsident und drei Jahren an der Spitze des Bundesinnenministeriums aufs Altenteil zu setzen, so wäre das um so bedauerlicher, als nur wenige mit Lehr in der Verwaltungserfahrung konkurrieren konnten. Man hat ihn zu den Bundestagswahlen 1953 nicht mehr kandidieren lassen; das war ein deutliches Zeichen dafür, daß ihm auch kein wichtiges Amt mehr eingeräumt werden würde. Deshalb überwarf er sich, ohnehin längst Einzelgänger geworden, mit der Düsseldorfer Parteiorganisation der Christlich-Demokratischen Union, in der er heimisch war.

Verwaltungserfahrung aber charakterisierte Lehr nicht allein. Er verkörperte in hohem Maße den Typ des Verwaltungsmannes, der sich nicht darauf beschränkt, die Gesetze einzuhalten und auszuführen, sondern für den die Verwaltung auch die schöpferische Möglichkeit selbständigen Handelns in zeitlich größeren Dimensionen enthält. Gewiß hat das seinen Rang als Oberbürgermeister ausgemacht, aber es unterscheidet ihn noch nicht von den anderen namhaften Oberbürgermeistern der zwanziger Jahre. Vergleicht man Lehr mit den Kollegen Konrad Adenauer, Karl Jarres und Hans Luther in den Nachbarstädten Köln, Duisburg und Essen, dann hebt sich Lehr von ihnen am meisten dadurch ab, daß er die Leidenschaft für die große Politik nicht kannte, die Adenauer, Jarres und Luther auf verschiedene Weise trieb. Aber Lehr begnügte sich nicht etwa bloß mit seinem Düsseldorfer Amt, es füllte ihn vielmehr ganz aus; er durchlebte und durchlitt in ihm all die Probleme und Möglichkeiten, die der öffentlichen Verwaltung in der ersten deutschen Republik gestellt und gegeben waren. Dabei leitete ihn die Überzeugung, kraft Herkunft, Ausbildung und Stellung eine Führungsrolle zu haben, die um so nötiger erschien, als die herrschenden Autoritäten mit dem Ende der Monarchie zunächst in Frage gestellt waren. Beigeordneter in Kriegszeiten, Polizeidezernent in halbrevolutionären Situationen und schließlich Oberbürgermeister auch in einer Zeit zu sein, in der Wirtschaftskrise und Arbeitslosigkeit die Radikalisierung breiter Schichten unaufhaltsam machten, das hat ihn angetrieben, Autorität wiederherzustellen, wie er sie verstand und wie sie erfolgreich war, ohne daß ihn politische Grundfragen des Staates im ganzen, Theorien und Ideologien dabei allzusehr aufgehalten hätten. Die parteipolitische Bindung, die er erst Ende der zwanziger Jahre einging, war nicht so sehr eine Sache der Überzeugung als vielmehr ein Schritt, den er tun zu müssen glaubte, um seiner Stadt die erstrebten Gewinne bei den Eingemeindungen von 1929 zu sichern; damals hatten die Großstädte noch das Ziel, immer größer zu werden. Die zweite Bindung nach 1945, bei der Lehr zu der kleinen Gruppe der ehemaligen Deutschnationalen gehörte, basierte deutlich auch bei ihm auf der in den Gründerkreisen der CDU verbreiteten Überzeugung, daß der alte konfessionelle Hader unter den nichtsozialistischen Kräften endlich überwunden werden müßte und daß es nach dem bitteren Intermezzo des Dritten Reiches vor allem darum gehe, den demokratischen Rechtsstaat nunmehr endgültig dauerhaft zu machen.

1.

Der Lebensweg des jungen Lehr weist die erste bedeutende Entscheidung für seine spätere Laufbahn bei dem Dreißigjährigen am Vorabend des Ersten Weltkriegs auf. Robert Lehr, geboren am 20. August 1883 in Celle, hatte in Marburg, Berlin und Bonn die Rechte studiert, in Köln die Referendarprüfung gemacht, in Heidelberg promoviert und in Kassel vier Jahre als Referendar gearbeitet, bis er nach der großen juristischen Staatsprüfung 1912 Assessor am Amtsgericht Kassel wurde. Offenbar schienen ihm aber die Aussichten, die eine Laufbahn beim Gericht bot, wenig verlockend. Statt dort die Ochsentour einzuschlagen, entschloß er sich, in die Kommunalverwaltung zu gehen. Die erste Verwendung fand Lehr als unbesoldeter juristischer Hilfsarbeiter in Rheydt. Von dort fuhr er eines Tages nach Düsseldorf und ließ sich bei dem Oberbürgermeister der Stadt, Adalbert Oehler, melden. Der muß Gefallen an dem jungen Mann gefunden haben, denn schon nach kurzer Zeit, im Januar 1913, stellte er ihn als Stadtassessor ein. Für 1915 plante Düsseldorf aus Anlaß der hundertjährigen Zugehörigkeit des Rheinlandes zu Preußen eine große Ausstellung. Um den Ausstellungsdezernenten zu entlasten, verwaltete der junge Stadtassessor dessen Hauptdezernat, die industriellen Werke und die Straßenbahnen, bald nahezu selbständig. Das war noch kurz vor dem Ausbruch des Ersten Weltkriegs. Lehr hatte ursprünglich Offizier werden wollen, aber er bekam als Primaner ein langwieriges Nierenleiden und wurde auch im Krieg nicht eingezogen. Die Stadtverwaltung konnte also die gesamten Kriegsjahre hindurch auf ihn zählen. In den ersten Kriegswochen schon fiel der Beigeordnete Paehler, der das Polizeidezernat versehen hatte. Sein Nachfolger wurde im Dezember 1914, noch nicht 32 Jahre alt, Robert Lehr.

Wenn Lehr, dem bis dahin Düsseldorf, wenn auch nicht das Rheinland, fremd gewesen war, sehr bald in den Kreis der leitenden Männer der Stadtverwaltung einbezogen wurde und der Zwang der Verhältnisse ihn die Vertrautheit mit den örtlichen Problemen rasch gewinnen ließ, so war die Ursache für beides der Krieg. Düsseldorf, Garnisonstadt ohnehin, wurde nun auch Lazarettstadt; bis zu 90 000 Soldaten lagen zeitweilig in der Stadt, aber etwa ebenso viele Personen bezogen schon Ende 1915 Kriegsunterstützung. Lehr war der Gründer und Leiter der „Zentralstelle für freiwillige Liebestätigkeit" zur Betreuung von Soldaten, Verwundeten und Angehörigen, und als Polizeidezernent hatte er schließlich ein umfangreiches Aufgabengebiet, das auch schwierige Exekutivmaßnahmen einschloß: Beaufsichtigung der Presse, die zensuriert wurde, Überwachung der Lebensmittelversorgung, Deckung des Heeresbedarfs, Spionageabwehr vor allem zum Schutz der Rüstungsindustrie wegen der Nähe der Grenze und „Bekämpfung der radikalen Bewegungen, Anarchisten und Syndikalisten, USPD und später Spartakisten. In Düsseldorf herrschte stets", so schrieb Lehr dazu später in einer Aufzeichnung, „eine Neigung zum Radikalismus". Der Beginn der Revolution selbst war freilich in Düsseldorf relativ harmlos. Am Abend des 8. November 1918 trafen, von Köln kommend, Soldaten ein, die einen Arbeiter- und Soldatenrat bildeten. Sie verhandelten zuerst mit dem Polizeidezernenten, dann setzten sie ihn ab, bedrohten ihn auf dem Rathausbalkon, aber bereits am 10. November arbeiteten sie wieder mit ihm zusammen. Kritischer wurde es unter der Spartakistenherrschaft, die am 8. Januar 1919 begann und bis zum Einmarsch von Regierungstruppen am 28. Februar dauerte. In der Nacht zum 9. Januar konnte Lehr vor Bewaffneten, die ihn erschießen sollten, über das Dach des Nachbarhauses fliehen und sich ins belgisch besetzte Oberkassel retten. Nach den ersten Stadtverordnetenwahlen, die am 16. März eine bürgerliche Mehrheit brachten, wurde Lehr wieder im Rathaus tätig und übernahm das Finanzdezernat.

Hatte er in den Kriegsjahren als Polizeidezernent mit den zahlreichen Aufgaben, die ihm zusätzlich übertragen worden waren, eine Schlüsselstellung innegehabt, so entfielen nun auf den Finanzdezernenten die Hauptlasten der ersten Nachkriegsjahre und damit die mühsame Aufgabe, die Folgen des Krieges zu überwinden. Von daher gesehen war die Entwicklung, die 1924 zu seiner Wahl zum Oberbürgermeister führte, folgerichtig. Hinzu kam, daß die Stadt nach dem Krieg bis zur Wahl Lehrs nicht eben viel Glück mit ihren Oberbürgermeistern hatte. Oehler hatte sich Ende 1919 beurlauben lassen. Die Geschäfte führte an seiner Stelle der Beigeordnete Geusen. Am 30. September 1919 wählte das neue, nun nach dem allgemeinen, gleichen und geheimen Wahlrecht zusammengesetzte Stadtparlament den Oberbürgermeister von Kassel, Erich Koch, zum Nachfolger Oehlers, doch nahm Koch, der sich später als Koch-Weser in der Reichstagsfraktion der Deutschen Demokratischen Partei einen Namen gemacht hat, die Wahl nicht an, denn er ging am 1. Oktober als Innenminister in die Reichsregierung. Oberbürgermeister von Düsseldorf wurde durch Wahl vom 28. Oktober 1919 Emil Koettgen; ihn traf zu Beginn des Ruhrkampfjahres 1923 der Bannstrahl des französischen Besatzungskommandos – er wurde ausgewiesen. Fast ein Jahr später beschloß die Stadtverordnetenversammlung mit seinem Einverständnis, ihn in den Ruhestand zu versetzen. Die Kandidatur Lehrs ergab sich zumindest insofern von selbst, als Lehr unter der Geschäftsführung des Beigeordneten Geusen, der technische Referate verwaltete, de facto schon als Oberbürgermeister fungierte. Seine Wahl am 6. Juni 1924 erfolgte mit 39 von 65 gültigen Stimmen durch die bürgerlichen Parteien Zentrum, Deutschnationale, Deutsche Volkspartei und Demokraten gegen Sozialdemokraten, Kommunisten und „Wirtschaftsbund". 18 Stimmen erhielt ein kommunistischer Gegenkandidat, fünf der sozialdemokratische und drei der Kandidat der DVP. Am 12. Juli 1924 wurde der neue Oberbürgermeister in sein Amt eingeführt.

2.

Robert Lehr hatte als Oberbürgermeister mit mancher Überlieferung zu brechen; von der Frage, wie weit ihm das gelungen ist, hängt das Urteil über seine Amtszeit wesentlich ab. In diesen Jahren, nach Krieg und Zusammenbruch der Monarchie, nach Umsturz, Besatzung und Inflation, begann eine neue Zeit, die neue Aufgaben stellte. Man wird sich ein solches Urteil freilich auch nicht zu leicht machen dürfen; es gibt verschiedene Arten von Tradition. Ob und wieweit ein Politiker, ob und wieweit ein Oberbürgermeister es in der knappen Spanne Zeit, die der ersten deutschen Republik blieb, fertiggebracht hat, mit jenen Traditionen zu brechen, die ausschließlich der versunkenen Monarchie verbunden und daher in den Grundtendenzen antirepublikanisch und antidemokratisch waren, ist gewiß ein wichtiges Kriterium. Aber die Überlieferung der neueren kommunalen Selbstverwaltung, die damals mehr als hundert Jahre alt war, beruht in ihrem Kern eben nicht auf obrigkeitsstaatlichem Denken. So sehr auch die großen Städte im Kaiserreich bei festlichem Anlaß an der Verherrlichung von Thron und Herrscher Anteil gehabt hatten – schon die Beamtenschaft der Gemeinden unterschied sich von dem politisch-gesellschaftlichen Standard der Staatsbeamten. Die Städte bekamen die anbrechende neue Zeit, die Massengesellschaft, sozialistische Bewegung und soziale Frage sehr viel früher zu spüren als die auf Staat und Reich konzentrierten Gruppen, die so gesehen örtlich heimatlos waren. Die Städte besaßen keine eigene Souveränität mehr wie einige von ihnen in den Zeiten ihrer Reichsunmittelbarkeit, andere wenigstens in begrenztem Maße in der Selbständigkeit gegenüber dem Territorialherrn; sie hatten das ständische Gepräge längst verloren. Im Krieg, erst recht aber nach der Revolution mußten die Städte sich umstellen, auch in ihrem inneren Gefüge, und das machte weit rascher, weit selbstverständlicher als im Reich und in den Ländern die Demokratisierung möglich.

Gewiß, auch in den Stadtparlamenten gab es die parteipolitischen Fronten, die sich im Reichs- und im Landtag herausbildeten. Aber es wurde seltener gewählt, und wenn auch parteipolitisch manches stagnierte und eine fruchtbare Arbeit in der Gemeinde erschwerte, so erwies sich doch meist am konkreten Fall, an der praktischen Aufgabe, daß das Gemeininteresse stärker war. Auch änderten die härtesten Auseinandersetzungen nicht viel an der Besetzung des Beigeordnetengremiums und des Spitzenamtes. Die Verwaltung hatte den Stadtverordneten gegenüber einigen Spielraum, jedenfalls in den großen Linien der Stadtpolitik. Der Oberbürgermeister der rheinischen Kommunalverfassung besaß allein die Verantwortung, und er fuhr am besten, wenn er dem Stadtparlament gegenüber die Politik in den Hintergrund treten ließ, um die sachliche Arbeit soweit wie möglich von Behinderung und Verzögerungen freizuhalten. In einer solchen Atmosphäre wurde auch ein Mann wie Robert Lehr ein für seine Zeit moderner Oberbürgermeister. Wir müssen annehmen, daß ihm das nicht leichtgefallen ist. Lehr wuchs, als er gewählt war, rasch in seine Aufgabe hinein. Jetzt war er der erste Mann, der die Weisungen für alle Ämter gab. Er zeigte sehr bald, daß er in erster Linie Oberbürgermeister sein wollte, Politiker zwar bei der öffentlichen Bedeutung dieses Amtes und dem Zwang, stellvertretend für über 400 000 Menschen zu denken und zu handeln, aber nicht Politiker im Sinne irgendeines Parteiprogramms.

Der Beginn war alles andere als einfach. Seine Wahl rührte noch einmal alles auf, was seine Gegner gegen ihn vorzubringen hatten, bis zurück zu dem Polizeidezernenten der Kriegszeit und der Flucht vor den Revoluzzern des ersten Nachkriegswinters. In der Presse sprach man von einer Notwahl, einem Kompromiß mit den Zeitumständen. Lehr selbst schrieb später in der autobiographischen Aufzeichnung, die er nach seiner Amtsenthebung im Frühjahr 1933 machte: „Als ich gewählt wurde, stand ich vor einem großen Trümmerfeld. Seit einem Jahrzehnt war die Stadt durch Krieg, Revolution und Besatzung in ihrer Entwicklung unterbrochen und zurückgeworfen. Eine ungeheure Wohnungsnot, in völligem Mißstand befindliche Straßen, über die sich die Aus- und Rückmärsche eigener, fremder und revolutionärer Truppen vollzogen hatten, zeigten äußerlich das Bild. Die Wirtschaft war bis in die feinsten Verästelungen erschüttert. Eine furchtbare Erwerbslosigkeit und Mutlosigkeit lastete lähmend auf der Stadt. Düsseldorf, einst berühmt als Kongreß- und Ausstellungsstadt, hatte seine Anziehungskraft durch jahrelange Abschließung vom übrigen Deutschland verloren und wurde vom Fremdenverkehr gemieden. Köln war der glückliche Erbe, unter der englischen Besatzung ‚die Insel der Seligen' geworden und zog wie ein Magnet den Fremdenstrom und neue Niederlassungen an sich. In den städtischen Betrieben war der Kriegswirtschaft zufolge ein Raubbau betrieben worden, dessen Auswirkungen in der Besatzungszeit nicht hatten beseitigt werden können. Die Selbstverwaltung war ihrer durch Miquel geschaffenen finanziellen Selbständigkeit beraubt, ein Dotationssystem untergrub Selbstverantwortung und Finanzhoheit und förderte den parteimäßigen Wettlauf um die Ausschüttungen in den verschiedensten Ministerien. Die ganze Kommunalarbeit war einem übersteigerten Parteibetrieb nach dem Muster der Parlamentswirtschaft in Reich und Ländern überantwortet. Das war in Düsseldorf, in dem ohnehin schon die Gegensätze in wirtschaftlicher, konfessioneller und politischer Hinsicht stets stark waren, doppelt verderblich."

In diesen Sätzen (es gibt sonst nicht viel an eigenen Aufzeichnungen) sind bereits wesentliche Elemente für das Wirken Lehrs vereinigt: eine Eröffnungsbilanz, die nicht eben günstig aussah, die Wettbewerbslage gegenüber Köln, dem es unter seiner englischen Besatzung tatsächlich viel besser ging, die Problematik der Selbstverwaltung und das, was Lehr selbst übersteigerten Parteibetrieb nannte, eine Politisierung der kommunalen Arbeit, wie man sie in der Monarchie mit ihren Honoratiorenparlamenten gemäß dem Steuerzensus nicht gekannt hatte. Auch die Bevölkerungsstatistik bestätigte, daß die Lage der Stadt ungünstig war. Im Krieg und in den ersten Jahren danach war die Einwohnerzahl noch gestiegen, und zwar von 361 000 im Jahre 1915 auf 431 000 Anfang 1923. Aber dieses schwere Jahr endete mit einem Wanderungsverlust von 13 000 Personen. In ähnlicher Weise stagnierte die Wirtschaft. Das legte der Stadt bei dem Entschluß, werbende Investitionen zu tätigen, Fesseln an, denn der Haushalt ließ keine großzügigen Ausgaben zu. Um so mehr kam es jetzt darauf an, mit einigen auch nach außen sichtbaren großen Schritten den Weg in eine bessere Zukunft anzutreten.

3.

Lehr war noch nicht zwei Jahre im Amt, als er die große Ausstellung für Gesundheitspflege, soziale Fürsorge und Leibesübungen eröffnete, von der er später sagen konnte, sie habe die Stadt „mit einem Schlag wieder auf die Landkarte" gebracht: die „Gesolei". Der erste Gedanke zu dieser Ausstellung entstand noch vor der Wahl Lehrs zum Oberbürgermeister; sein Urheber war der Geheime Medizininalrat Arthur Schloßmann, der geschäftsführende Vorsitzende des Kuratoriums der Medizinischen Akademie. Schloßmann bemühte sich darum, die Gesellschaft deutscher Naturforscher und Ärzte für ihre Jahrestagung 1926 nach Düsseldorf zu ziehen, und dieser Kongreß sollte mit einer Ausstellung für öffentliche Gesundheitspflege verbunden werden. Lehr griff die Idee sofort begeistert auf. Schon um die Jahreswende 1924/25 konnte ein Trägerverein gebildet werden, dem die Stadt alle Unterstützung zusagte. Der Ausstellungsgedanke an sich war nicht besonders originell. Köln hatte unter Konrad Adenauer schon Jahre vorher den Aufbau der Messe betrieben, und Düsseldorf besaß eine Ausstellungstradition, die weit zurückreichte und sich zuletzt um die große Industrieausstellung von 1902 rankte. Damals war nachgeholt worden, was die rheinisch-westfälische Industrie auf der Pariser Weltausstellung der Jahrhundertwende nicht in vollem Umfang hatte zeigen können. Die für das Jahr 1915 geplante rheinische Jubiläumsausstellung „Aus 100 Jahren Kunst und Kultur" mußte wegen des Krieges ausfallen. Seitdem stand der Ruf Düsseldorfs als Kongreß- und Ausstellungsstadt auf dem Spiel. Deshalb lag der Versuch nahe, mit einer neuen großen Ausstellung, verbunden mit Tagungen und Kongressen, die Stadt wieder attraktiv zu machen. Der Weg bis zur Eröffnung der Gesolei am 28. Mai 1926 war allerdings weit, und es war nicht leicht, Idee und Planung in Wirklichkeit umzusetzen. Mochte das Motiv heißen, nach schweren Jahren wieder die Aufmerksamkeit einer breiten Öffentlichkeit auf die Stadt zu ziehen oder dem Rheinland unter den deutschen Provinzen den Rang wiederzuerobern, der ihm verlorenzugehen drohte – das blieb sich gleich. In einer Hinsicht war der Plan zur Gesolei mutig, ja kühn; denn er setzte ein Publikum voraus, das die seelischen Folgen von Niederlage und Zusammenbruch, Revolution und Inflation zu überwinden vermochte. Wenn die Gesolei ein Erfolg wurde, so ist man geneigt, sie gleichermaßen als ein Intermezzo und als einen Höhepunkt anzusehen, der den „mittleren Jahren des Aufstiegs" in der kurzen Geschichte der Weimarer Republik gemäß ist. Nach bewundernswerten Ansätzen ging es wieder bergab, und alles, was in der zweiten Hälfte der zwanziger Jahre geschaffen worden war, sollte ein Dutzend Jahre später im Inferno der Bombennächte in Schutt und Asche sinken.

Die ‚Gesolei' mit dem wirtschaftlichen Auftrieb, den sie brachte, mit dem Gewinn an Prestige, den sie der Stadt Düsseldorf in der Welt eintrug, und auch mit ihren baulichen Leistungen ist ein anschaulicher Beleg dafür, was die Verantwortlichen für diese Ausstellung, an ihrer Spitze Robert Lehr, damals gewagt haben. Wenn man heute die Dokumente durchblättert – Zeitungen, Bildbücher und vor allem die beiden großen Bände des Abschlußberichts, der ein Jahr später, 1927, erschien –, dann spürt man, wieviel Zeitfarbe der zwanziger Jahre mit dieser Ausstellung verbunden ist und auch, wieviel Kultur- und Sozialgeschichte die drei Begriffe, aus denen der Kunstnamen „Ge-so-lei" zusammengesetzt war (Gesundheitspflege, soziale Fürsorge und Leibesübungen), enthalten. Sie waren damals als Anspruch und Forderung modern und als Ziel weitgehend frei von politischer Beimischung. Vor dem Ersten Weltkrieg hatte man statt Gesundheitspflege Hygiene gesagt. Das klang noch nach dem Stolz des wissenschaftlichen Fortschritts im 19. Jahrhundert. Gesundheitspflege dagegen, das hatte einen Unterton von Sorge. Dazu gab es nach dem Aderlaß des Krieges und den Hungerjahren in der Heimat Anlaß genug. Die soziale Fürsorge mußte mit ganz anderen Größenordnungen rechnen als vor dem Kriege. Professor Schloßmann erklärte im Abschlußbericht, daß die Eigenart der Ausstellung im wesentlichen auf der Abteilung „soziale Fürsorge" beruht habe. Stadtrat Reuter hob später zusammenfassend hervor, daß es am meisten die Leistung der „Gesolei" gewesen sei, stärker als früher das Grundgefühl der eigenen Verantwortung wachzurufen und „jedes Sichverlassen auf die Hilfe des Wohlfahrtsamtes zu brandmarken, um jede demoralisierende Überfürsorge zu vermeiden".

Die sichtbare Hinterlassenschaft der „Gesolei" waren die Dauerbauten, wie man damals sagte, durch die das Rheinufer nördlich der Oberkasseler Brücke städtebaulich einen neuen Akzent erhielt. Robert Lehr, Wilhelm Kreis, der Architekt der Gesolei-Bauten, Stadtbaudirektor Meyer und Baron von Engelhardt, der Direktor des Gartenamtes, haben das städtebauliche Verdienst, den Rheinstrom auf einem beträchtlichen Stück des Ufers in das Stadtbild einbezogen zu haben. Als die Gesolei am 17. Oktober 1926 ihre Pforten schloß, wurde eine Gesamtbesucherzahl von 7,5 Millionen Menschen registriert; etwa 3,5 Millionen davon dürften von auswärts gekommen sein. „Was wir erreicht haben", sagte der Oberbürgermeister, „das hat der New Yorker Vertreter eines großen deutschen Verbandes mit einem amerikanischen Geschäftsausdruck bezeichnet, als er unseren propagandistischen Erfolg in die Worte zusammenfaßte: Sie haben Düsseldorf wieder auf die Landkarte gebracht."

4.

Wenn man die „Gesolei" als einen ersten Höhepunkt in der Amtszeit Robert Lehrs bezeichnen darf, dann ist der andere Höhepunkt die Eingemeindung von 1929, deren Folgen noch sehr viel weiter reichten. Lehr hatte nach der Ausstellung manche Ehrung erfahren; der Ehrendoktor der Medizinischen Fakultät der Universität Münster und der Ehrenbürger der Medizinischen Akademie Düsseldorf gehörten dazu ebenso wie das Ehrenbürgerrecht der Universität Bonn und die Würde eines Ehrensenators der Universität Marburg. Im Preußischen und im Deutschen Städtetag gehörte Lehr nun schon zu der führenden Gruppe, während die Oberbürgermeister in den Nachbarstädten Versuche des Düsseldorfer Städteoberhaupts, eine Führungsrolle auch im engeren Westen zu gewinnen, nicht gerade begünstigten. Immerhin konnte Düsseldorf seiner Konkurrentin Köln jetzt eher die Waage halten. In den folgenden Jahren, in der Zeit also bis zur Verabschiedung des preußischen Gesetzes über die kommunale Neuordnung im Sommer 1929, trieb dieser Wettbewerb neue Blüten. Mit den Eingemeindungen wurde endgültig über die Größenordnung der Städte im rheinisch-westfälischen Gebiet entschieden. Das war freilich kein isolierter Vorgang, der nur diese Städte selbst anging. Die Umwälzungen, die mit dem

Kriege und nach ihm gekommen waren, hatten eine Neuorientierung der inneren Ordnung dringend gemacht. Aber die eigentliche große Reform, die vor allem eine Neuordnung des Verhältnisses zwischen Reich und Ländern sowie eine Verfassungs- und Verwaltungsreform bringen sollte, ist nicht über das Diskussionsstadium hinausgelangt. Es gab nur Teilmaßnahmen. Die kommunale Neuordnung in den preußischen Regierungsbezirken Düsseldorf, Arnsberg und Münster war eine dieser Teilmaßnahmen.

Die Neuordnung im Verhältnis der Großstädte zu den umliegenden Landkreisen sollte der Tatsache Rechnung tragen, daß statt eines Drittels der Einwohner des Reichsgebiets, wie noch im Jahr 1871, jetzt zwei Drittel in den Städten wohnten. Die Städte aber brauchten Raum, um sich zu entwickeln. Sie sollten diesen Raum durch Eingemeindungen erhalten. Alle Städte haben sich dann auch, als das Gesetz endlich verabschiedet war, mehr oder weniger stark vergrößern könnnen. Aber der Weg bis dahin war weit. Es gab einen mehrjährigen Krieg beinahe aller gegen alle, und die Arrondierungen, die durch das Eingemeindungsgesetz geschaffen wurden, haben schließlich keinen der Beteiligten völlig befriedigt. Die Auseinandersetzungen traten in ihr entscheidendes Stadium, als die Regierungspräsidenten 1927 vom Innenministerium in Berlin die Anweisung erhalten hatten, Wünsche entgegenzunehmen und Vorschläge zu erarbeiten. Das Ergebnis der Eingaben sämtlicher Städte und Kreise war, daß sich, wie es in einem Bericht des Landeshauptmanns für den Provinzialausschuß hieß, „die Landräte durchweg auf den Standpunkt der Erhaltung des Bestehenden stellten und daß die Anträge der Oberbürgermeister erheblich über das vom Regierungspräsidenten vorgesehene Maß der Stadterweiterung hinausgingen".

Wie sich die kommunale Neuordnung dem Oberbürgermeister von Düsseldorf im Zusammenhang mit der Entwicklung seiner Stadt darstellt, hat Lehr zuerst Ende Januar 1928 in einer Denkschrift dargelegt. Er wehrte sich gegen die Erhaltung einer nur äußerlich betrachteten Parität zwischen der Stadt und den umliegenden Landkreisen, verlangte genügend neues Wohn- wie Industriegelände und entwickelte erste konkrete Vorschläge. Das eigentliche große Konzept für ein neues, größeres Düsseldorf ist in einer zweiten Denkschrift von Mitte Mai 1928 enthalten, welche die Unterschriften Lehrs und des Beigeordneten Schilling trug. Hier wurden im Norden Kaiserswerth und Ratingen, im Osten Erkrath, im Südosten Hilden und im Süden Monheim verlangt. Kurz vor Hitdorf sprang auf der Karte, die beigefügt war, die vorgeschlagene neue Stadtgrenze über den Rhein, lief an Worringen vorbei, das seit 1922 Kölner Stadtgebiet war, um dann Dormagen mit viel Hinterland und nördlich die Dörfer Nievenheim, Norf, Üdesheim und Grimlinghausen einzugemeinden. Neuß war auf der Karte selbständig geblieben, obwohl Lehr schon früher erklärt hatte, daß Neuß eines Tages in Düsseldorf aufgehen werde. Düsseldorf wollte also mehr als nur genügend Raum für moderne Wohnsiedlungen. Auch hier war wie bei allen der Wettbewerb unter den Nachbarstädten mit im Spiel. Er verführte zu einer Art von Großraumpolitik, die, wäre sie durchgesetzt worden, zur Folge gehabt hätte, daß Düsseldorf mit seinem Südzipfel auf dem linken Rheinufer unmittelbar an Köln, im Norden unmittelbar an Duisburg angrenzte, eine entsprechende Ausdehnung Duisburgs im Süden vorausgesetzt, die Karl Jarres angestrebt hat, und daß im Nordwesten Düsseldorf schließlich dem Gebiet von Krefeld sehr nahe kam.

Es war ein Plan, der weit über das Ziel einer vernünftigen Neuordnung hinausschoß. Tatsächlich hat der Preußische Landtag diesen Plan dann auch nicht akzeptiert. Eingemeindungen in angemessenem Umfang waren damals vernünftig und realistisch, sie waren schon nötig geworden, als die Städte im letzten Drittel des 19. Jahrhunderts in ungewöhnlichem Umfang zu wachsen begannen. Die Eingemeindungen, die bereits vor und nach der Jahrhundertwende vorgenommen worden waren, kann man als Meilensteine dieses Wachstums bezeichnen. Düsseldorf und Duisburg haben sich schon bald nach dem Kriege gemeinsam mit Eingemeindungsfragen beschäftigt und schon Ende 1921 intern eine Aufteilung des flachen Landes zwischen den beiden Städten vereinbart. Teile des großen Planes von 1928 stammten also im Ursprung nicht einmal aus der Amtszeit Robert Lehrs. Lehr hat sich die früheren Überlegungen jedoch zu eigen gemacht und alles eingesetzt, um dieses gedachte Groß-Düsseldorf Wirklichkeit werden zu lassen.

„Alles" heißt nicht zuletzt, daß er selbst den ungewöhnlichen Schritt tat, einer Partei, und zwar der Deutschnationalen Volkspartei, beizutreten. Seine Wahl fiel nicht nur deshalb auf die DNVP, weil er immer, nach Herkunft und Neigung, ein Mann der Rechten gewesen war, wenn auch parteipolitisch bis dahin nicht festgelegt, sondern vor allem auch, weil die Deutschnationalen bei den parlamentarischen Auseinandersetzungen über die Eingemeindung im Preußischen Landtag wichtig waren, denn ihr ostelbischer, einseitig agrarischer Flügel besaß von jeher eine starke Aversion gegen jede weitere Vergrößerung der von diesen Kreisen ohnehin schon als zu groß betrachteten Städte. Hinzu kam, daß parteipolitisch im Westen das Zentrum, wenn auch in eine Kölner und eine Essener Richtung geteilt, eine besonders starke Stellung besaß. Diese Stellung war stark durch Konrad Adenauer, durch einige Landräte, deren Amtsbezirke von den Ausdehnungswünschen der Städte Düsseldorf und Duisburg betroffen wurden, und sie war stark auch in Neuß, was mit dazu beitrug, daß Neuß sich des Düsseldorfer Appetits erwehren konnte. Als „der weiße Rabe des Westens unter einer ganzen Reihe bemerkenswerter schwarzer und roter Raben", wie sich Lehr selbst einmal bezeichnete, hat der Düsseldorfer Oberbürgermeister dann freilich doch nichts Entscheidendes am Ausgang des Eingemeindungskampfes für die Stadt Düsseldorf ändern können. Es entbehrt nicht einer gewissen Tragik, daß Lehr um der kommunalen Neuordnung willen zugunsten seiner Stadt ein Bündnis mit einer Partei einging, welche die grundsätzliche Ablehnung der Weimarer Republik auf ihre Fahnen geschrieben hatte. Lehr freilich verstand seine parteipolitische Orientierung im Sinne der national-konservativen und zugleich christlichen Grundauffassung, in der er lebte. Die Geister schieden sich da, wo das Nationalgefühl jeder Kontrolle entglitt, um in die politisch wohl berechnete Pflege des Ressentiments umzuschlagen, oder wo mit vernünftiger Überlegung und nüchternem Kalkül versucht wurde, die Lage zu meistern. Robert Lehr selbst besaß genügend Wirklichkeitssinn, um sich in seinem Amt von jeder einseitigen Belastung freizuhalten. In der Deutschnationalen Volkspartei, in der er übrigens nie besonders hervorgetreten ist, dürfte er auf dem gemäßigten Flügel des Grafen Westarp gestanden haben, der in der Führung der Partei 1929 durch Hugenberg abgelöst wurde.

Als der Preußische Landtag das Neuordnungsgesetz am 10. Juli 1929 mit 210 gegen 169 Stimmen verabschiedete, zeigte sich, daß Düsseldorf doch recht gut abgeschnitten hatte. Kaiserswerth und Benrath wurden eingemeindet, Büderich jedoch nicht. Der Gebietszuwachs betrug 4780 Hektar mit 35 000 Einwohnern, ein Zuwachs, der zu einer Gesamteinwohnerzahl der Stadt von 479 000 führte. Alle diejenigen, die damals glaubten, Düsseldorf sei in seinen wirklichen Interessen nicht genügend berücksichtigt worden, müssen dies in der Überzeugung getan haben, es gebe kaum eine Grenze für das Ausdehnungsbedürfnis wachsender Großstädte – eine Vorstellung, der heute niemand mehr huldigt. Insofern hat die kommunale Neuordnung von 1929 nur noch historische Bedeutung. Für Robert Lehr aber bedeutete sie eine weitere wichtige Etappe in seiner Amtszeit, doch hat Düsseldorf, ebenso wie die anderen Städte, die Früchte der Eingemeindungen nicht mehr ernten können.

Noch 1929 brach die große Krise herein. Schon Anfang 1930 hatte die Stadt 17 000 Erwerbslose und doppelt so viele Wohlfahrtsempfänger. Im Frühjahr 1931 zählte das Arbeitsamt 30 000 Hauptunterstützungsempfänger mit fast ebenso vielen Angehörigen. Die Umsätze der Wirtschaft gingen binnen Jahresfrist ihrem Wert nach um die Hälfte zurück, und im Herbst 1932 sagte Lehr vor den Stadtverordneten: „In den zwanzig Jahren meiner kommunalen Tätigkeit habe ich nur ein Friedensjahr erlebt. Aber unter all den schweren Jahren der Kriegs- und der Nachkriegszeit gehört das Jahr 1931 mit seinen sich ständig überstürzenden Ereignissen mit zu den allerschwersten."

5.

Die Stadtverwaltung sah sich durch die Entwicklung immer stärker gehemmt. Sie spürte als die Verwaltung einer Gebietskörperschaft, in deren Raum fast eine halbe Million Menschen ihr tägliches Leben lebten, die innere Unsicherheit der Weimarer Republik sozusagen am eigenen Leibe. Die Krise machte offenbar, daß das System der Steuerverteilung zwischen Staat und Gemeinden Notsituationen auf keinen Fall gewachsen war. Der Oberbürgermeister hatte jetzt in dem Kampf um die Notverordnungen, um neue Steuerquellen und trotzdem immer wieder neues Defizit mehr noch als früher mit einem auf seinen Flügeln radikalisierten Stadtparlament zu rechnen. Er konnte zwar die Bestellung eines Staatskommissars für die städtische Finanzwirtschaft vermeiden. Das Defizit zu decken, war aber bald nicht mehr möglich. Dabei spielten die Nationalsozialisten in der Stadtverordnetenversammlung keine große Rolle. Sie hatten 1929 bei den Wahlen zum erstenmal zwei Abgeordnete durchgebracht, und das blieb so, denn bis 1933 gab es keine kommunalen Neuwahlen. Um so mehr rührten sie sich außerhalb des Parlaments. Im Stadtparlament, wo es anfangs (1919) eine Mehrheit der Parteien der Weimarer Koalition – Zentrum, Sozialdemokraten und Demokraten – gegeben hatte, besaß das Zentrum von 1929 an nur noch knapp ein Drittel der 75 Sitze, die SPD 13, während die Radikalen, also die Kommunisten und auf der Rechten der angeblich so unpolitische Wirtschaftsbund, relativ stark, vor allem aber lautstark waren. Man kann nicht sagen, daß Düsseldorf vor 1933 zu den Hochburgen der Nationalsozialisten gehört hätte. Daß Hitler am 26. Januar 1932 im Industrieclub in Düsseldorf eine nicht ganz unwichtige Rede hielt, hat auf das Anwachsen der nationalsozialistischen Anhängerschaft in der Stadt keinen Einfluß gehabt. Lehr nahm als Mitglied des Clubs an der Veranstaltung teil und sprach auf Wunsch von Thyssen und Vögler den Begrüßungssatz, ohne Hitler in irgendeiner Weise Vorschub zu leisten. Er hat zweifellos nichts zum Anwachsen des Nationalsozialismus in seiner Stadt beigetragen. Aber er hat dieses andererseits auch wohl kaum ernsthaft aufzuhalten vermocht. War dem Oberbürgermeister Parteipolitik im Grund fremd, so muß man auch fragen, ob Lehr den Methoden der Nationalsozialisten überhaupt auf die Dauer gewachsen sein konnte. Der Betrieb der NSDAP und ihrer einzelnen Gruppen, diese Welt der maßlosen Versprechungen, der hohlen Phrasen und der skrupellosen propagandistischen Ausnutzung aller Mißstände, stieß ihn ab.

Aber es ging jetzt um mehr als nur um einen Mann und um das öffentliche Wohl einer einzelnen Stadt. Manche Attacke in der letzten Phase der Krise war sehr viel mehr als Opposition, sie meinte das System im ganzen, und der Oberbürgermeister war einer seiner Repräsentanten. Die nationalsozialistischen Zellen in der Stadtverwaltung, die bis dahin mehr oder weniger geheim bestanden hatten, begannen sich zu rühren, als Lehr zu der Industrieclub-Veranstaltung mit Hitler gegangen war. Daß der Oberbürgermeister eine solche Möglichkeit nicht eingerechnet hatte, war taktisch sicherlich ein Fehler. Ähnliches gilt für seine Gewohnheit, eine gewisse Exklusivität des Standes auch dann noch zu pflegen, als in der politischen Krise die wahren und die Pseudo-Leidenschaften vollends aufgewühlt waren. Neider und Gegner machten, wie sie das immer zu tun pflegten, keinen Unterschied zwischen gewissen Äußerlichkeiten des persönlichen Stils und politischen Hintergründen, die sie vermuteten. In Wirklichkeit gab es diese Hintergründe gar nicht. Lehr spielte in der DNVP keine Rolle, und er war politisch auch nie der Mann der Schwerindustrie, als der er später, zuweilen auch nach 1945 noch, hingestellt worden ist. Seine Kontakte zu Kreisen der Industrie blieben begrenzt, dem Industrieclub gehörte er als Stadtoberhaupt an, und die Vereinigten Stahlwerke, die er 1926 nach Düsseldorf hatte ziehen können, beschränkten sich darauf, ihm ein unbedeutendes Ehrenamt zu übertragen.

In den letzten Monaten vor und in den ersten Wochen nach dem 30. Januar 1933 ist Lehr verschiedentlich unterstellt worden, sich mit den Nationalsozialisten schon frühzeitig arrangiert zu haben. Im Februar und März 1933 soll er in Berlin versucht haben, bei seinen Parteifreunden in der Deutschnationalen Volkspartei, die im Reichskabinett unter Hitler zunächst Koalitionspartner der NSDAP war, einiges zur Klärung seiner Situation zu tun. Göring, anfangs Staatskommissar für Preußen, dann Preußischer Ministerpräsident, soll ihm erklärt haben, er werde bleiben, denn er sei der einzige deutschnationale Oberbürgermeister in Preußen. Was diese angebliche Zusage betrifft, so hat sich Gauleiter Florian in Düsseldorf jedenfalls nicht daran gehalten. Die Verhaftung des Oberbürgermeisters am 12. April 1933 beendete diesen Zwischenakt für alle Beteiligten. Einen Monat vorher, am 12. März, hatten Kommunalwahlen stattgefunden, bei denen nun auch in Düsseldorf die NSDAP, wie schon eine Woche vorher bei den Reichstagswahlen, die stärkste Partei wurde. Mit über 100 000 von 268 000 Stimmen erhielt sie im Stadtparlament 31 Sitze und damit einen Sitz mehr als Zentrum, Sozialdemokraten und Deutschnationale zusammen. Im Wahlkampf war Lehr noch nicht direkt beschuldigt worden, obwohl die braunen Agitatoren sich in der Schmähung der sogenannten Systemzeit und in Enthüllungen über angebliche Mißwirtschaft im Rathaus überschlugen. Den ganzen Monat März hindurch hat der Oberbürgermeister, obwohl das öffentlich natürlich nicht bekannt wurde, noch versucht, die Zügel in der Hand zu behalten. Er attakkierte die „Volksparole", das Gaublatt der NSDAP, wenn dieses über die Stadtverwaltung Lügen aller Art verbreitete, und verhalf dem Stadtrat Gustav Reuter zur Flucht.

Für das Verhalten Florians gegenüber dem Oberbürgermeister gab es wahrscheinlich nur einen Grund. Lehr war kein Nazi, also mußte er weg. Um die Monatswende März/April ging die „Volksparole" gegen ihn zum Angriff vor. Von „schweren Anschuldigungen in bezug auf seine Haltung der vergangenen Zeit" war die Rede. In allen größeren Projekten der voraufgegangenen zehn Jahre fanden die neuen Machthaber Mängel, Fehler und schließlich Korruption, und sie beschuldigten Lehr vor allem, daß er RWE-Aktien für die Stadt durch den gleichen Bankier hatte kaufen lassen, bei dem er auch ein privates Konto besaß. Florian ließ sich von Berlin aus zum Kommissar Görings „für die Untersuchung der Anschuldigungen gegen Dr. Lehr" ernennen. Am 12. April, vier Tage vor Ostern, wurde Lehr zusammen mit dem Stadtkämmerer Odenkirchen aus einer Sitzung des Hauptausschusses heraus verhaftet.

Über die ersten Wochen seiner Haft hat Lehr später nie gesprochen; sie müssen schlimm gewesen sein. Die Krankheit, die in den Sommermonaten entstand, bestätigte, wie schwer der abgesetzte Oberbürgermeister an den Umständen trug, in die er geraten war. Nach mehreren Haftbeschwerden seiner Anwälte, die mit Anfällen von Angina pectoris begründet waren, wurde Lehr am 26. September aus der Haft entlassen, um sich in Krankenhausbehandlung begeben zu können. Die Akten über die Vorbereitung für ein Strafverfahren zeigen, daß man dem Oberbürgermeister, den man aus dem Amt gejagt hatte, unter allen Umständen den Prozeß machen wollte. Aber die Voruntersuchung zog sich hin. Den ganzen Winter 1933/34 hindurch bemühte sich der Kasseler Rechtsanwalt Oswald Freisler um seinen Mandanten Robert Lehr, was ihm Schwierigkeiten bei der NSDAP bereitete; Oswald Freisler war ein Bruder von Roland Freisler, dem späteren berüchtigten Präsidenten des Volksgerichtshofs. Im September 1934 wurde schließlich eine Einstellung des Verfahrens erwirkt, obwohl Lehr selbst ein Verfahren gewünscht hat, um sich rehabilitieren zu können.

6.

Dieses Ende im Herbst 1934 wurde schließlich, obwohl Lehr das zunächst kaum geahnt haben dürfte, zu einem neuen Anfang. Das muß in einer Hinsicht wörtlich gelten: der Entschluß, mit Kreisen des Widerstands Kontakt zu suchen, geht unmittelbar darauf zurück, daß er „mit einer einfachen Postkarte" von der Einstellung des Verfahrens gegen ihn wegen Geringfügigkeit in Kenntnis gesetzt wurde. Es begann mit sonntäglichen Zusammenkünften in Lehrs Haus in der Lindemannstraße, zu der Geistliche beider Konfessionen und der Rabbiner der jüdischen Gemeinde kamen. Schon 1936 knüpfte Lehr in Berlin Verbindungen zu dem Generalobersten von Hammerstein-Equord, der mit General Beck Kontakt hatte. Mit Carl Goerdeler war Lehr schon in seiner Oberbürgermeisterzeit näher bekannt gewesen. Zu dem rheinischen Kreis zählten Männer wie Paul Franken, Edmund Forschbach, Franz Etzel, Karl Arnold, Jakob Kaiser und Walther Hensel. Die Zusammenkünfte im Hause Lehrs mußten schließlich eingestellt werden, als ins Nachbarhaus Militär einquartiert wurde und ein Offiziersbursche Informationen, die er von einer Hausangestellten Lehrs hatte, an die Gestapo weitergab.

Mag auch die persönliche Aktivität Robert Lehrs in den Kreisen des Widerstands begrenzt gewesen sein – die politische Orientierung, die ihn 1945 zum örtlichen Mitbegründer der Christlich-Demokratischen Union in Düsseldorf werden ließ, weist eindeutig auf diese Zeit zurück. Hatten ihn am Nationalsozialismus neben der Behandlung, die er selbst erfuhr, am meisten die Auflösung der rechtsstaatlichen Ordnung und die Bekämpfung des Christentums abgestoßen, so beeindruckte ihn, der das schroffe Gegeneinander der Parteien noch in frischer Erinnerung hatte, in der Gegnerschaft zum „Dritten Reich" die Gemeinsamkeit der verschiedenen politischen Richtungen. Gleichwohl ist er parteipolitisch in der jungen CDU nicht stärker hervorgetreten. Als „gemäßigt konservativer Mann", wie er sich noch als Siebzigjähriger bezeichnete, gehörte er keiner bestimmten Gruppe an. Während Arnold vor der Bildung seines zweiten Landeskabinetts – und das war kurz bevor Lehr Bundesinnenminister wurde – bei Adenauer mit seiner Absicht, wieder eine Große Koalition zu bilden, auf schroffe Ablehnung stieß, befürwortete Lehr die weitere Zusammenarbeit mit der SPD. Nur in einer Hinsicht dachte Lehr in der Gruppe: er war stets bemüht, für einen angemessenen Anteil der Evangelischen in der Partei, aber auch in Behörden und Ministerien zu sorgen. Häufig kritisierte er, daß vor allem in den Landesministerien die Katholiken das Übergewicht hätten, und Äußerungen des Unmuts darüber führten 1949 zum Bruch mit dem damaligen Landesfinanzminister Weitz, der es übelnahm, daß Lehr angeblich oder tatsächlich behauptet hatte, in der Landesregierung werde eine „schwarze" Personalpolitik betrieben.

Wichtiger als seine parteipolitische Tätigkeit nahm Lehr die Rolle, die ihm kraft Alter, Erfahrung und Einstellung beim staatlichen Wiederaufbau zufiel. Sie hat ihn allerdings mehrfach in den acht Jahren, die er von 1945 an noch in höheren öffentlichen Ämtern wirkte, nicht zu völlig befriedigenden Ergebnissen geführt, auch Kränkungen und Enttäuschungen mit sich gebracht, deren Ursachen durchaus nicht allein die Hemdsärmligkeit anderer und die Rigorosität waren, mit der im Machtkampf um Amt und Einfluß gestritten wird. Es lag wohl auch an ihm selbst, dem der parteipolitische Tagesbetrieb, die Kameraderie von Menschen unterschiedlicher sozialer Herkunft und gesellschaftlicher Aura stets fremd blieb. Es stellte sich relativ bald heraus, daß die große Gemeinsamkeit aus der Zeit des Widerstandes nicht von Dauer sein konnte. Die Stunde der Individualisten ging rasch vorüber, und gerade die CDU brauchte als Neugründung mit Kräften verschiedenster Richtungen jetzt eine kollektivistische Komponente, die allzuviel Individualismus ausschließt, weil eine Partei wenigstens nach außen hin geschlossen auftreten muß und schließlich Wahlen gewinnen will. Lehr wußte das selbstverständlich, und er hat sich Versammlungen und Wahlreden, wenn man sie von ihm verlangte, nicht entzogen. Aber in Vorständen und führenden Zirkeln war er nicht der beste Taktiker. Deshalb bildete sich um seine Person, je mehr sich die Atmosphäre des Neubeginns verflüchtigte, eine Zone geringer Kontakte, in der Legendenbildung leicht möglich war und die Konturen des Generalssohnes und deutschnationalen Oberbürgermeisters wiederbelebt werden konnten, obgleich sie seiner Vergangenheit nur in Grenzen entsprachen und seiner Haltung im Alter keinesfalls gerecht wurden.

Es besteht allerdings kein Grund, schon für die erste Nachkriegszeit von einem alternden Lehr zu sprechen. Der ehemalige Oberbürgermeister war noch nicht ganz 62 Jahre alt, als er in Oberbrügge, der Heimat seiner Frau, wo ihn die Amerikaner zum Bürgermeister gemacht hatten, von einem britischen Offizier im Jeep abgeholt und nach Düsseldorf gebracht wurde. Hier leitete er in dem neu eingerichteten Oberpräsidium der Nordrheinprovinz das Dezernat für die innere Verwaltung. Oberpräsident war Hans Fuchs, der schon in den Jahren 1922 bis 1933 in Koblenz dieses Amt innegehabt hatte und von den Amerikanern Ende April 1945 beauftragt worden war, für den Rheinprovinz-Militärdistrikt wieder eine deutsche Verwaltung aufzubauen. Als die Franzosen im südlichen und die Briten im nördlichen Rheinland die Besatzung übernommen hatten und eine Zonengrenze die Provinz teilte, wurde die Verwaltung für die Nordrheinprovinz nach Bonn, dann nach Düsseldorf verlegt. Fuchs wurde, etwa zur gleichen Zeit wie in Köln und Düsseldorf die Oberbürgermeister Adenauer und Füllenbach, Anfang Oktober 1945 abgesetzt. Zu seinem Nachfolger ernannte der Land-commissioner eine Woche später zunächst kommissarisch, einen Monat danach endgültig Robert Lehr. Mr. Asbury folgte damit einem gemeinsamen Vorschlag von Karl Arnold, dem späteren Ministerpräsidenten, dem Sozialdemokraten Glock und dem Kommunisten Waterkorte. Er zeigt mindestens, welches Vertrauen Lehr noch aus der Zeit des Widerstandes bei der Linken und in christlichen Gewerkschaftskreisen, aber auch bei der Besatzung genoß. Er hatte kurz vorher zusammen mit Arnold und dem Baron von Gumppenberg die Düsseldorfer CDU gegründet, in deren rheinischer Gruppe er kurze Zeit neben Adenauer einer der beiden Stellvertreter des Vorsitzenden Leo Schwering war. Lehr führte das Amt des Oberpräsidenten politisch, anders als Fuchs, der sich bewußt in der Tradition dieses Amtes in erster Linie um die Verwaltung gekümmert hatte. In dem Kreis der Männer, die sich im Nordrheinland schon während des ersten Nachkriegswinters Gedanken auch über den staatlichen Wiederaufbau machten, spielte Lehr eine führende Rolle. Er beriet sich mehrfach mit Karl Zuhorn in Münster und trat dafür ein, daß ein starkes neues Land gebildet werde, das durch die Verklammerung des Rheinlandes mit Westfalen soweit wie möglich in östlicher Ausdehnung in das Innere Deutschlands reichte, um, ähnlich wie nach 1918, der Abspaltung eines rheinischen Pufferstaates oder Annexionen durch die westlichen Nachbarn zu entgehen. Im Mai 1946 hatte er Gelegenheit, seine Vorstellungen Luftmarschall Sir Sholto Douglas, dem neuen Oberbefehlshaber der Zone, vorzutragen. Viele Jahre später, 1955, schrieb Lehr an Zuhorn, als dessen Aufsatz zur Vorgeschichte der Bildung des Landes Nordrhein-Westfalen erschienen war: „Es ist von Anfang an mein Standpunkt gewesen, daß die damals von den Engländern gebildete Nordrheinprovinz, bestehend aus den Regierungsbezirken Düsseldorf, Köln und Aachen, unter Abtrennung des südlichen Teiles mit den Regierungsbezirken Koblenz und Trier, nicht lebensfähig war. Sie bestand aus einer Anhäufung von Industriegroßstädten und mehr oder weniger industrialisierten Landkreisen, und es fehlte die landwirtschaftliche Ergänzung, die Preußen in kluger Weise vorgesehen hatte. Es war auch nicht richtig, den Bestrebungen Niedersachsens zu folgen, die sich wesentliche Teile Westfalens einverleiben und aus Hannover ein großes Niedersachsen machen wollten. Diesen Standpunkt habe ich ohne Abweichung in gerader Linie bei den Engländern vertreten und mich in allen Verhandlungen warm für den Zusammenschluß eingesetzt."

Mit der Bildung des neuen Landes wurden die Oberpräsidenten in Düsseldorf und Münster überflüssig. Zum ersten Ministerpräsidenten ernannten die Engländer den Oberpräsidenten von Westfalen, Rudolf Amelunxen. Der britische Landesbeauftragte William Asbury sprach Lehr am 6. August 1946 ausdrücklich seinen Dank aus und fügte hinzu: „Ich hoffe aufrichtig, daß die Partei Dr. Lehrs seine Talente dem neu zu bildenden Kabinett zur Verfügung stellen wird." In einem Memorandum Asburys an den ersten Ministerpräsidenten vom 1. August hieß es allerdings: „Herr Dr. Lehr, der frühere Oberpräsident der Nordrheinprovinz, soll aufgefordert werden, eine andere Stellung zu übernehmen, ausgenommen jedoch die Stellung des stellvertretenden Ministerpräsidenten und des Innenministers." Lehr selbst schrieb 1955 in dem schon erwähnten Brief an Zuhorn: „Ministerpräsident des neuen Landes Nordrhein-Westfalen wurde Herr Amelunxen. Ich erschien den Labour-Leuten zu rechtsstehend. Immerhin boten sie mir den Kultusminister im neuen Lande an mit dem Hinweis, daß Kultusminister in England etwas sehr Vornehmes sei. Nach dem Grundsatz aut caesar aut nihil habe ich höflich gedankt."

Man geht wohl kaum fehl in der Annahme, daß Lehr selbst damit gerechnet hatte, Regierungschef des neuen Landes zu werden, dessen Bildung von ihm nachdrücklich empfohlen worden war. Dann zeigte sich jedoch, daß die Ausgangspositionen längst nicht mehr die gleichen waren. Das gilt nicht nur für die deutschen politischen Kräfte, die sich inzwischen in den Parteien gesammelt hatten, sondern auch für die Besatzungsmacht. Hatten anfangs manche britische Besatzungsoffiziere noch mit Lehr seiner Art und Herkunft wegen sympathisiert, so war allmählich ein anderes Element in den Vordergrund getreten, in dem der politische Einfluß der regierenden Labour-Partei dominierte, die ihrerseits mit den deutschen Sozialdemokraten zunehmend schlecht auskam. Das leitete in Nordrhein-Westfalen zur Ära Karl Arnold über, der den linken Flügel der CDU repräsentierte und knapp ein Jahr nach der Gründung des Landes der erste gewählte Ministerpräsident wurde. Lehr verlor für die Partei, die er örtlich mitbegründet hatte, immer mehr an Bedeutung. Noch im Frühjahr 1946 hatte Konrad Adenauer, inzwischen Vorsitzender der Partei in der britischen Zone, mit Erfolg den Oberpräsidenten eingeschaltet, um zu erreichen, daß die CDU in dem beratenden Provinzialbeirat stärker vertreten war. Als im

Herbst die ersten Gemeindewahlen zeigten, daß die Union stärker war als ihr Anteil an den Sitzen im ersten ernannten Landtag, ließen sich die Engländer zu einer entsprechenden Neuverteilung der Landtagssitze bewegen, durch die die CDU die stärkste Fraktion wurde. Die Fraktion seiner Partei nominierte Lehr nun als Landtagspräsidenten, und er wurde, da auch die SPD für ihn stimmte, mit großer Mehrheit gewählt. Sechs Monate später war es mit dieser Mehrheit vorbei. Der erste gewählte Landtag wählte einstimmig Josef Gockeln zum Präsidenten. Die CDU hatte Lehr nicht einmal aufgestellt, weil sie wußte, daß SPD und KPD seine Kandidatur nicht mehr unterstützen würden. Lehr blieb Abgeordneter. Anderthalb Jahre später entsandte ihn der Landtag noch in den Parlamentarischen Rat. Aber auf der politischen Bühne des neuen Landes Nordrhein-Westfalen trat Lehr schon 1947 in den Hintergrund.

7.

Bei den Wahlen zum ersten deutschen Bundestag wurde Lehr im Wahlkreis Düsseldorf-West gewählt. Er erhielt eine große Mehrheit und führte das selbst darauf zurück, daß er als Alt-Oberbürgermeister noch immer sehr beliebt sei. Pressemeldungen im September 1949 wollten wissen, er sei als Bundesinnenminister vorgesehen. Am 16. September ließ Adenauer ihm ein entsprechendes Angebot machen. In der Bundestagsfraktion wurden er oder Heinemann als Innenminister empfohlen, weil der evangelische Volksteil sonst nicht genügend berücksichtigt sei. Später soll Adenauer Lehr angeboten haben, Wiederaufbauminister zu werden. Aber Lehr lehnte ab. „Ich hatte den Eindruck, daß Adenauer mich nicht im Kabinett wünsche und es deshalb nicht zweckmäßig sei, wenn ich auf Grund eines Druckes von evangelischer Seite in das Kabinett einträte. Ich schlug jetzt von mir aus Heinemann vor." Ein Jahr später trat Gustav Heinemann wegen der ins Gespräch gekommenen Wiederbewaffnung zurück. Lehr nahm das Angebot an, sein Nachfolger zu werden. Am 11. Oktober 1950 trat er das Amt an. Über die knapp drei Jahre seiner Amtszeit ist ein Urteil noch nicht möglich, weil die meisten Quellen vorläufig nicht zugänglich sind. Auch in der Literatur kommt die Innenpolitik aus den frühen Jahren der Bundesrepublik meist zu kurz, weil sich das Interesse stärker auf die Deutschland- und die Außenpolitik richtet. Der zweite Innenminister der Bundesrepublik hat sich vor allem mit den schwierigen Fragen der inneren Sicherheit und des Bundesgrenzschutzes, daneben mit dem Beamtenrecht und dem Bundesjugendplan beschäftigt. Zwei Monate bevor er sein Amt übernahm, hatte die Bundesregierung, besorgt wegen des Krieges in Korea und der sich verschärfenden Ost-West-Spannung, bei den Alliierten die Aufstellung kasernierter und modernisierter Polizeieinheiten beantragt, und die Alliierten genehmigten 30 000 Mann, allerdings zunächst in der Verfügung der Länder. Die Auseinandersetzungen teils mit den Alliierten, teils mit den Ländern dauerten die ganze Amtszeit Lehrs hindurch an. Als aber die zweite Bundesregierung im Amt war, verlor der Bundesgrenzschutz bald an politischem Zündstoff, weil die Aufstellung der Bundeswehr herannahte.

Die Bundestagswahlen vom 6. September 1953 brachten das Ende der politischen Tätigkeit des Dr. Dr. h. c. Robert Lehr, der kurz vorher, am 20. August, siebzig Jahre alt geworden war. Im August erfuhr Lehr auf einer Wahlkampfreise in Schleswig-Holstein, daß man ihn in Düsseldorf nicht wieder als Kandidaten aufgestellt hatte. Offenbar war sein Wahlkreis mit Erfolg von Josef Gockeln beansprucht worden, und Bundeskanzler Adenauer soll in der gleichen Richtung Einfluß genommen haben, zumal Lehr kurz vorher in eine Kontroverse mit dem Bundesfinanzminister Schäffer wegen der Mittel für eine Verstärkung des Bundesgrenzschutzes geraten war. Lehrs Verbitterung spricht aus manchem Briefwechsel, den er deshalb nachträglich, im Herbst und Winter 1953/54, führte, nicht zuletzt mit Konrad Adenauer. Zu seinem Ausscheiden aus der Bundesregierung hatte eine Illustrierte ein Bild von Lehr mit einem Text gebracht, der nicht eben schmeichelhaft, aber auch nicht gerade sachlich war. Lehr beschwerte sich darüber bei dem Verleger der Illustrierten, der als Politiker derselben Bundestagsfraktion angehörte wie – vorher – Lehr selbst, und schrieb: ,,Wenn ich Verleger in Ihrer Stellung wäre, setzte ich am nächsten Tag den Mann heraus, der sich anmaßt, ohne jede Sachkenntnis einen soeben mit der höchsten Auszeichnung der Bundesrepublik verabschiedeten Minister, der noch dazu Ihrer eigenen Partei angehört, vor der Öffentlichkeit herabzusetzen." Einen Erfolg hat dieser Appell ebensowenig gehabt wie ein Brief, den Bundespräsident Heuss an den gleichen Adressaten schrieb. In diesem Brief hieß es unter anderem, das Bild und der Text sähen ,,doch sehr nach einem Fußtritt aus, der hier einem Mann gegeben wird, der das wahrlich nicht verdient hat. Es ist auch kenntnislos, zu sagen", fügte Heuss hinzu, ,,daß die Bildung des Bundesgrenzschutzes ‚fast der einzige Erfolg' des Ministers gewesen sei, denn die Regelung der 131er-Sache, wie auch die Neufassung des Beamtenrechts, waren immerhin Leistungen, die sich nun freilich für bildmäßige Reportagen in Illustrierten nicht recht eignen". Lehr selbst erhielt Kenntnis von diesem Schreiben und bedankte sich dafür beim Chef des Bundespräsidialamtes mit dem Satz: ,,Es ist wohltuend, in dieser Zeit des mangelnden Herzenstaktes und guter Kinderstube an der Spitze des Staates eine so lautere und verehrungswürdige Persönlichkeit zu wissen." Er starb am 13. Oktober 1956 in Düsseldorf.

Das Porträt Lehr erschien zuerst in: Rheinische Lebensbilder, Bd. 3, hrsgb. v. B. Poll (Düsseldorf 1968). Ein schmaler Nachlaß befindet sich im Stadtarchiv Düsseldorf, dessen Aktenbestände zur Amtszeit Lehrs als Beigeordneter und Oberbürgermeister seit 1915 der Auswertung harren. Das gleiche gilt für die Oberpräsidenten-Zeit und die drei Jahre als Bundesinnenminister, deren Akten nach der Regel, also bei Einhaltung der 30-Jahre-Sperrfrist, erst von 1983 an zugänglich sein würden.

Daß Bernhard Salzmann (1886-1959) kurz nach Kriegsende bei den Engländern die Beibehaltung des Provinzialverbandes Westfalen durchsetzte, erwies sich mehr als ein halbes Jahrzehnt später als Grundlage und Anstoß für die Schaffung der beiden Landschaftsverbände. In den knapp acht Jahren bis zum Erlaß der Landschaftsverbandsordnung durch den Landtag spielte Westfalen insofern eine Sonderrolle. Während seine ehemalige Provinzial-Selbstverwaltung erhalten blieb, waren deren Aufgaben im Rheinland, das nur mit dem – freilich gewichtigeren – nördlichen Teil der ehemaligen preußischen Provinz in dem neuen Land aufging, von den zuständigen Ministerien der Landesregierung übernommen worden, mitsamt dem Personal der früheren rheinischen Provinzialverwaltung in Düsseldorf. Selbstverwaltung war das, im Gegensatz zu Münster, freilich nicht mehr. Bernhard Salzmann ging es bei der Aufrechterhaltung der Provinzialselbstverwaltung und der Schaffung einer neuen gesetzlichen Grundlage für sie allerdings nicht nur um die Institution, sondern ebenso sehr um ihre politisch-kulturelle Bedeutung für eine traditionelle historische Landschaft mit Eigenleben auch im Rahmen des neuen Landes. Dem nordrheinischen Landesteil gegenüber, der, so gesehen, eher ein Torso war, hatte Westfalen nicht nur in der Frühzeit des Landes voraus, ebenso wie das kleine Lippe ungeschmälert in das neue Land eingegangen zu sein. Das Porträt Bernhard Salzmann erinnert nicht nur an diese Zusammenhänge, sondern markiert auch den bemerkenswerten Umstand, daß die westfälische Landesgeschichte erst zwanzig Jahre nach dem Tode des letzten und bedeutendsten Landeshauptmanns daran geht, seine Biographie aufzuarbeiten.

Alfred Hartlieb
von Wallthor

BERNHARD SALZMANN

Der Landeshauptmann Bernhard Salzmann war in den Nachkriegsjahren seit 1945 der meistbekannte und volkstümlichste Politiker in Westfalen. Den Oberpräsidenten Vincke und den Freiherrn vom Stein möchte man sich in ihrer Verbindung mit Land und Volk ähnlich vorstellen. Salzmanns Basis aber war wohl breiter; der Boden, auf dem er stand, und die Zeit, in der er wirkte, ließen ihm mehr Bewegungsfreiheit als jenen beiden durch amtliche Funktion und gesellschaftlichen Rang stärker festgelegten Persönlichkeiten. Der untersetzte Mann mit dem runden Schädel und den lebhaften Augen bildete in seiner urwüchsig wirkenden Art überall, wo er auftrat, einen Mittelpunkt, sei es im geselligen Kreise und auf Festen, in Sitzungen und Konferenzen, bei öffentlichen Anlässen und offiziellen Auftritten. Seine Popularität war so groß, daß sie das Bewußtsein, welch bedeutende Lebensleistung dieser Mann vollbracht hat, mehr oder minder verdrängte. Salzmanns Leistung, die in der Bewahrung Westfalens als Einheit und in der Erhaltung der landschaftlichen Selbstverwaltung als eines für die deutsche Verfassungsgeschichte wesentlichen und für die künftige Entwicklung bedeutsamen Elementes bestand, beruhte zwar auch auf seiner Popularität, die er wahrscheinlich mit Absicht und bewußt einsetzte, aber sie war stärker auf systematische und harte Arbeit, auf das Erkennen und Nutzen von Möglichkeiten und den vollen Einsatz der Person gegründet.

Um diese Leistung zu ermöglichen, mußten allerdings Umstände hinzukommen, die nicht in seiner Person lagen. Der Zusammenbruch Deutschlands im Jahre 1945 war der Augenblick, in dem durch eine bestimmte Konstellation und durch Persönlichkeit und Lebensgang Salzmanns die Voraussetzungen für eine weit über das Bisherige hinausgehende Wirksamkeit gegeben waren. Jetzt konnte sein Wirken ins Allgemeine und Umfassende hinausstreben und seine Persönlichkeit sich in dem gesetzten Rahmen ins Große entfalten. Es liegt nahe, von einer Fügung zu sprechen, und auch Salzmann wird das so empfunden haben, obwohl er nicht der Mann war, über sich und Ereignisse zu reflektieren. Er war überhaupt ein Mann der Tat und nicht des Gedankens. Da Äußerungen Salzmanns über sich selbst nicht zur Verfügung stehen, sind die äußeren Daten und Tatsachen, der Niederschlag seines Wirkens in den Akten und die Berichte anderer über ihn heranzuziehen, um sein Bild zu zeichnen und seine Persönlichkeit zu deuten, die vielseitiger und differenzierter war, als gemeinhin angenommen wird.

1.

Bernhard Salzmann war in familiäre und konfessionelle Zusammenhänge und in einen landschaftlichen Bereich fest eingebettet. Die Familie und die Heimatlandschaft Westfalen bedeuteten ihm viel. Herkunft und Abstammung der Familie lassen sich bis zum Anfang des 19. Jahrhunderts in Nottuln zurückverfolgen. Der Urgroßvater des Landeshauptmanns, Adolf August Salzmann, entstammte einer jüdischen Familie und wurde wohl bald nach 1800 katholisch. Im Oktober 1809 heiratete er in Nottuln, der ansehnlichen Landgemeinde am Rande der Baumberge westlich von Münster, die Tochter eines eingesessenen Kötters aus dem Nachbardorf Darup. Er war von Beruf Glaser („Glasemacher") und gelangte zu Wohlstand. Der einzige Sohn, Heinrich (1810-1877), studierte Philologie an der damaligen Akademie in Münster und Jura in Bonn, machte seinen Doktor und heiratete 1847 Theresia Dahmen (1820-1908) aus Brauweiler, die Tochter eines Juristen und Rendanten der dortigen Provinzial-Arbeitsanstalt aus alter rheinischer Familie, welche in Kölner und Düsseldorfer Kirchenbüchern verzeichnet ist. Am Paulinum zu Münster, wo er 1831 sein Abitur gemacht hatte, wurde er 1847 Gymnasiallehrer und unterrichtete hier die klassischen Sprachen, Deutsch, Geschichte und Geographie, bis er im Herbst 1874 in den Ruhestand trat. Von seinen neun Kindern (zwei starben kurz nach der Geburt) erreichten die meisten angesehene Lebensstellungen. Unter den Söhnen gab es einen Arzt, zwei Apotheker, einen Rechtsanwalt und Justizrat und einen Kaufmann in Zürich; eine Tochter trat bei den Schwestern vom göttlichen Herzen ein und wirkte lange Zeit in Portugal. Die Familie vollzog also in drei Generationen einen beachtlichen sozialen Aufstieg.

Heinrich Salzmanns Sohn Adolf (1856-1938), der Vater unseres Landeshauptmanns, war nach seinen juristischen Studien als Rechtsanwalt zuerst in Siegen und seit 1900 in Münster tätig und wurde mit dem Titel eines Justizrates ausgezeichnet. Er heiratete 1883 Auguste Tyrell (1856-1923), die Tochter eines Arztes in Ahaus und einer aus Münster stammenden Mutter. Die Tyrells waren eine seit dem 17. Jahrhundert in Werl ansässige und später weit verbreitete Honoratiorenfamilie, in der akademische Bildung und gehobene Berufe fast die Regel waren. Ein gelehrter Familienangehöriger, der Liesborner Benediktinerpater Ferdinand Tyrell (1760-1830), hat der Familie ein Denkmal gesetzt: durch eine Familienchronik von 21 Bänden, in der er umfassendes genealogisches und auch zeitgeschichtlich interessantes Material zusammentrug.

Für Salzmann haben der feste Familienzusammenhang und die Familientradition, die gesicherten Lebensverhältnisse und die soziale Schicht, der er angehörte, viel bedeutet. Sie bilden auch eine wichtige Voraussetzung für die Sicherheit, mit der er durchs Leben ging und seine Aufgaben bewältigte. Ein weiteres wichtiges Element, das Herkunft und Abstammung enthielten, war die Bodenständigkeit, die allerdings nicht auf einen Ort oder einen engen Raum beschränkt war, sondern sich auf den weiteren Bereich des Münsterlandes und des kurkölnischen Sauerlandes erstreckte und durch die rheinische Großmutter auch in ein Westfalen benachbartes Gebiet ausgriff. Hinzu kam die konfessionelle Prägung; denn es waren katholische Räume und fest im Katholizismus verankerte Familien, in deren Zusammenhang Salzmann stand. Feste Verwurzelung und Bindung ohne Beengtheit, die hier zu erkennen sind, bilden auch ein dauerndes Kennzeichen seines Lebensganges.

Bernhard Salzmann wurde als erstes von vier Kindern am 14. März 1886 in Siegen geboren. Es ist nicht bekannt, weshalb und wann der Vater dorthin ging, um seinen Beruf als Rechtsanwalt auszuüben. Die Ortswahl war jedenfalls keine vorübergehende Lösung, sondern die Familie blieb etwa 15 Jahre dort, bis sie im Frühjahr 1900 nach Münster übersiedelte. So verbrachte Bernhard Salzmann seine Kinderjahre im Siegerland, das außerhalb des altwestfälischen Raumes lag und erst 1817 in die neugebildete preußische Provinz Westfalen eingegliedert worden war. Es ist vielleicht auf den Rat der rheinischen Verwandten zurückzuführen, daß der Sohn Bernhard, der in Siegen die Volksschule und das Realgymnasium bis Quarta besucht hatte, in das Kgl. Gymnasium Thomaeum zu Kempen im Rheinland geschickt wurde, als die Eltern nach Münster zogen. Im Februar 1906 machte er dort das Abitur, ging dann zum Studium der Rechte an die Universitäten Freiburg, Kiel und Münster und beendete es im März 1910 mit der 1. juristischen Staatsprüfung am Oberlandesgericht in Hamm. Daran schloß sich seit März 1910 der juristische Vorbereitungsdienst, zuerst am Amtsgericht in Rheine, dann am Landgericht und an der Staatsanwaltschaft in Münster und bei dem münsterischen Rechtsanwalt und Notar Justizrat Löbker. Herausragende Leistungen oder besondere Begabungen lassen sich in der Schul- und Ausbildungszeit nicht erkennen. Die juristische Staatsprüfung bestand Salzmann zwar erst im zweiten Anlauf, aber der Vorbereitungsdienst brachte mehrere mit „gut" zensierte Arbeiten, und die Beurteilungen waren durchweg positiv, wobei „fleißig" und „praktisch brauchbar" häufig zur Charakterisierung verwendet wurden.

Eine tief einschneidende und prägende Wirkung hatte auf Salzmann die Soldatenzeit, die sich in die Vorbereitung auf den Beruf hineinschob. Die sechs Jahre Militärdienst in Frieden und Krieg müssen in ihrer Bedeutung für seine Entwicklung und spätere Lebensleistung hoch veranschlagt werden. In damaliger Zeit war es auch für einen katholischen Westfalen seines Standes selbstverständlich, als Einjährigfreiwilliger zu dienen und Reserveoffizier zu werden. Der Kulturkampf, der die katholischen Landschaften in Preußen in schärfsten Gegensatz zum Staat und zur Staatsgewalt gebracht hatte, war fast vergessen, und der politische, wirtschaftliche und wissenschaftliche Aufstieg Deutschlands hatte auch konfessionell stark gebundene Kreise für den erfolgreichen und aufstrebenden Staat gewonnen. Bernhard Salzmann diente allerdings nicht in einem der Traditionsregimenter, die der westfälische Adel und das wohlhabende Bürgertum Westfalens bevorzugten, sondern meldete sich zu einem jungen, nach der letzten Heeresreform neu aufgestellten Regiment, dem 3. lothringischen Feldartillerieregiment Nr. 69 in St. Avold in Lothringen. Während des ganzen Krieges war er im Westen eingesetzt, zuerst als Zugführer in der 3. Batterie seines Regimentes, ab September 1914 als Beobachtungsoffizier und Ordonnanzoffizier beim Stab der 34. Feldartilleriebrigade und seit 1916 beim Stab des Artilleriekommandeurs 34. Zwei Verwundungen, eine leichte im September 1914 und eine schwerere im April 1918, und die Verleihung des Eisernen Kreuzes II. und I. Klasse (September 1914 und Dezember 1916) bezeugen seinen Fronteinsatz. Seine Kommandeure bezeichneten ihn als „tapferen und besonders tüchtigen Offizier", als einen „Mann von hervorragenden Eigenschaften des Charakters und des Herzens", erwähnten seine persönliche Anspruchslosigkeit, seine seltene Pflichttreue, absolute Zuverlässigkeit und unermüdlichen Eifer, sein „stark ausgeprägtes Gerechtigkeitsgefühl in Verbindung mit tiefer Religiosität" und sein organisatorisches Talent.

2.

Dem Frontoffizier Salzmann, der noch an den Folgen seiner zweiten Verwundung litt, fiel es nach der langen Unterbrechung nicht leicht, seine Berufsausbildung fortzusetzen und abzuschließen. Anfang 1919 meldete er sich beim Oberlandesgericht in Hamm, der letzten Station des juristischen Vorbereitungsdienstes. Lazarettaufenthalte brachten noch einmal Verzögerungen, und so fand die große Staatsprüfung in Berlin erst im März 1920 statt. Salzmann bestand sie in abgekürzter Form mit „ausreichend", wobei seine Leistungen sich dem „gut" näherten, wie es in dem Erlaß des Justizministers an das Oberlandesgericht in Hamm heißt. Im Juni 1920 wurde der Gerichtsassessor Salzmann der Staatsanwaltschaft in Münster als außerordentlicher Hilfsarbeiter zugewiesen. Doch scheint ihm die Justiz als Tätigkeitsbereich nicht zugesagt zu haben. Ihm lag wohl mehr ein verwaltender Beruf. Außerdem wollte er, der inzwischen fast fünfunddreißig Jahre alt war, endlich eine feste Lebensstellung haben. Als ihm daher eine Stelle als juristischer Hilfsarbeiter des Vorstandes der Landesversicherungsanstalt Westfalen in Münster angeboten wurde, beantragte er die Entlassung aus dem Staatsdienst und trat schon am 1. September 1920 bei der neuen Behörde ein.

Landesversicherungsanstalten waren in Deutschland durch die Sozialgesetzgebung Bismarcks in den achtziger und neunziger Jahren des 19. Jahrhunderts entstanden und in Preußen als regionale Anstalten des öffentlichen Rechts mit den Provinzialverbänden, die als Garantieträger fungierten und die beamteten Vorstandsmitglieder stellten, verbunden worden. Darüber hinaus ergab sich auf manchen Gebieten, so in der Gesundheitsfürsorge und im gemeinnützigen Wohnungswesen, eine enge Zusammenarbeit zwischen den Anstalten und den Provinzialverbänden. Der Provinzialverband Westfalen war seit der Einführung der Provinzialordnung von 1886 als Verband der Landkreise und kreisfreien Städte Kommunalverband höherer Ordnung und Gebietskörperschaft und nahm als Organ der Provinz neben der staatlichen Verwaltung wichtige Aufgaben vor allem im Straßenwesen, in der öffentlichen Fürsorge und Wohlfahrtspflege und im kulturellen Bereich wahr. Die Landesversicherungsanstalt Westfalen, deren erster Vorstandsvorsitzender der westfälische Landeshauptmann August Overweg war, bestand seit 1890. Ihre Aufgaben als Organ der gesetzlichen Sozialversicherung in der Provinz wurden in den folgenden Jahrzehnten durch neue Gesetze erheblich erweitert und wuchsen dann besonders durch den Ersten Weltkrieg und seine Folgen an.

1920, als Salzmann in die Landesversicherungsanstalt eintrat, stand sie unter der Leitung des Geheimrats Dr. Hermann Althoff (1860-1948). Dieser hat in seiner langen Amtszeit (1899-1925) besonders die Heilfürsorge als freiwillige Leistung der Anstalt gefördert und sich als bedeutender Sozialpolitiker auf dem Gebiet des gemeinnützigen Wohnungswesens auch über Westfalen hinaus einen Namen gemacht. Den jungen Mitarbeiter hat er speziell in die Wohnungsfürsorge eingeführt und damit dessen Berufsleben einen wichtigen Inhalt gegeben. Der Förderung durch den Vorstandsvorsitzenden ist es sicher mitzuverdanken, daß Salzmann bereits am 1. Juli 1921 vom Westfälischen Provinziallandtag zum Landesrat gewählt und in den Vorstand der Landesversicherungsanstalt überwiesen wurde. Als Kämmerer kam er mit dem gesamten Aufgabenbereich der Behörde in Berührung und lernte ihr vielseitiges Tätigkeitsfeld kennen. Dem gemeinnützigen Wohnungswesen in Westfalen hat Salzmann sein Leben lang die Treue gehalten und ihm einen großen Teil seiner Arbeitskraft gewidmet. Zum Teil in der Nachfolge des 1925 aus der Landesversicherungsanstalt ausgeschiedenen Althoff übernahm er darin zahlreiche Funktionen, im Verbandsausschuß (seit 1926) und im Vorstand (seit 1928) des Verbandes westfälischer Baugenossenschaften, im Aufsichtsrat der Westfälischen Bauvereinsbank (1928, seit 1932 als Vorsitzender) und in mehreren anderen zentralen Einrichtungen des Wohnungswesens.

Auch der Kreis der anderen Kollegen im Vorstand der Landesversicherungsanstalt hatte Einfluß auf Salzmanns Leben. Von den Landesräten ist Karl Fix (1887-1961) zu nennen, fachlich und als Kenner des Sozialversicherungsrechts hervorragend tüchtig, aber auch Genealoge und Geschichtsforscher von hohen Graden und als solcher Vorsitzender der Westfälischen Gesellschaft für Genealogie und Familienforschung, außerdem Maximilian Kraß (1873-1949), der vor allem literarisch interessiert war, was in seinen freundschaftlichen Beziehungen zu Künstlern, Schriftstellern und Gelehrten zum Ausdruck kam und ebenso in der Gründung der Droste-Gesellschaft 1928, deren Vorsitz er später übernahm. Die berufliche und menschliche Verbindung mit so qualifizierten und gebildeten Kollegen bildete eine große Bereicherung für Salzmann, der eher eine derbe Natur war und seine schöngeistigen Kollegen wohl auf den Boden der Tatsachen zurückzog, wenn sie kostspielige Projekte entwickelten.

Nach dem erfolgreichen Einstieg in das Berufsleben ergaben sich bald Veränderungen in Salzmanns persönlichen Verhältnissen. Er heiratete 1924 Maria Brill aus Kirchveischede, die einer alteingesessenen Familie des kurkölnischen Sauerlandes entstammte. Die engere und die weitere Familie haben für Salzmann immer eine große Rolle gespielt. Nun war in diesen Kreis noch die Familie seiner Frau einbezogen, in deren sauerländischer Heimat er sich gern aufhielt. Dazu kam die Geselligkeit, wie überhaupt menschliche Kontakte für ihn ein Bedürfnis waren und er Freundschaften mit beständiger Treue pflegte.

In diese Zeit beruflichen und familiären Glückes fielen indes bald die Schatten der Wirtschaftskrise und der politischen Entwicklung. Bald nach der Machtergreifung durch die Nationalsozialisten, im April 1933, mußte Landeshauptmann Dr. Franz Dieckmann, der seit 1925 zugleich Vorstandsvorsitzender der Landesversicherungsanstalt war, unter entwürdigenden Umständen seinen Abschied nehmen, und an seine Stelle trat der Bergingenieur Karl Friedrich Kolbow, der allerdings als Landeshauptmann in der nationalsozialistischen Zeit trotz seiner politischen Orientierung die Sache Westfalens und seiner Selbstverwaltung zur eigenen machte und darüber schließlich mit den Machthabern des „Dritten Reiches" in Konflikt geriet. Das „Gesetz über die Erweiterung der Befugnisse der Oberpräsidenten" vom 15. Dezember 1933 setzte in der Selbstverwaltung der Provinz, die mit dem parlamentarisch-demokratischen System verbunden war, das Führerprinzip durch, löste den Provinziallandtag auf, übertrug die Aufgaben und Befugnisse des Provinzialausschusses auf den Oberpräsidenten und unterstellte ihm die Provinzialverwaltung und den Landeshauptmann. Salzmann, den der Provinziallandtag 1932 für weitere zwölf Jahre zum Landesrat gewählt hatte, behielt seine Stellung, obwohl Herkunft und politisch-religiöse Einstellung den nationalsozialistischen Funktionären nicht behagten. Daß er in seinem Amt bleiben konnte, ist wohl auch auf das politische Klima in seiner Behörde zurückzuführen, denn alle vier Landesräte der Landesversicherungsanstalt waren auch nach 1933 nicht bereit, in die NSDAP einzutreten. In einem anders gesinnten Kreise wäre Salzmann, der allerdings keiner Partei und keinem politischen Verband angehörte, selbst in seinem politisch wenig exponierten Amt wohl nicht unbehelligt geblieben. Außerdem gewann er bald ein gutes Verhältnis zu dem ebenfalls zum Leiter der Landesversicherungsanstalt bestellten neuen Landeshauptmann, der den tüchtigen und erfahrenen Kämmmerer schätzte und ihn gegenüber den wiederholten Angriffen von Parteidienststellen abschirmte und politisch stützte. Deshalb sah der Mobilmachungsplan der Provinzialverwaltung sogar vor, daß Salzmann in diesem Falle zusätzlich das Finanzdezernat des Provinzialverbandes anstelle des einrückenden Provinzkämmerers übernehmen solle.

Der Ausbruch des Krieges 1939 brachte ihm in der Tat den erweiterten Aufgabenbereich. Der vom Wehrbezirkskommando unabkömmlich erklärte Landesrat erhielt auf diese Weise Gelegenheit, sich in die umfangreiche Provinzialverwaltung einzuarbeiten, wurde aber auch bald schon in die Provinzpolitik hineingezogen. Spannungen zwischen Parteistellen und der Provinzialverwaltung, in der die politische Säuberung verhältnismäßig mild ausgefallen war, waren alsbald entstanden. Bezeichnend ist der Verkauf des reizvollen Schmisinger Hofes durch den in finanzielle Schwierigkeiten geratenen Civil-Club an den Provinzialverband 1940/41, bei dem Salzmann auf Seiten der Provinz federführend beteiligt war. Bei den Verhandlungen ergaben sich heftige Auseinandersetzungen mit Parteistellen. In einem Brief an den Landeshauptmann warnte der Kreisleiter von Münster vor der ausschließlichen Benutzung des Adelshofes durch die Provinz, da zu befürchten sei, „daß die Beamten des Landeshauses sich hier einkapseln und entweder höhere Beamte Ihrer Dienststelle oder überhaupt nur Beamte Ihrer Dienststelle ein Eigenleben führen". Der schwerstwiegende Grund der Spannungen war jedoch die Frage der Einheit Westfalens. Diese wurde erneut akut, als von Parteiinstanzen mit zunehmender Intensität Pläne betrieben wurden, die Provinz Westfalen auf die Gaue Westfalen-Nord und Westfalen-Süd aufzuteilen. In ihrer entschlossenen Abwehr waren sich Kolbow und Salzmann völlig einig. In die politisch brisante Angelegenheit wurde Salzmann gerade in dem Augenblick hineingezogen, als eine dramatische Entwicklung in der Geschichte der landschaftlichen Selbstverwaltung Westfalens einsetzte.

Im Zusammenhang mit dem Attentat auf Hitler am 20. Juli 1944 wurde auch der frühere westfälische Oberpräsident Ferdinand v. Lüninck wegen seiner Verbindung zur Widerstandsbewegung verhaftet. In seinen Papieren fand sich ein Brief Kolbows, der so scharfe Kritik an dem nationalsozialistischen System und an den „Machthabern" enthielt, daß Kolbow seines Amtes enthoben und aus der Partei ausgeschlossen wurde. Salzmann, der bereits seit 1941 zusammen mit zwei anderen Landesräten die Vertretung des Landeshauptmanns bei dessen Verhinderung wahrzunehmen hatte, wurde am 7. August 1944 nachmittags aus dem Oberpräsidium über die Entlassung Kolbows benachrichtigt und mit der Führung der Geschäfte des Provinzialverbandes betraut. Die Vertretung des Landeshauptmanns nach außen, für die er als Nichtparteigenosse nicht in Betracht kam, übernahm Theodor Fründt, der das Regierungspräsidium Münster leitete und im Oberpräsidium eine ausschlaggebende Rolle spielte. Gleich an den beiden folgenden Tagen fanden im Oberpräsidium Besprechungen über die Teilungsfrage statt, in denen Salzmann sofort temperamentvoll für die Einheit Westfalens eintrat und mit der scharfen Äußerung, daß eine Teilung Westfalens unter den gegenwärtigen Umständen ein Verbrechen wäre, Mißfallen hervorrief. Trotzdem war das Ergebnis die erfolgreiche Abwehr der Teilungsbestrebungen, die dem Oberpräsidenten und Gauleiter von Westfalen-Nord Dr. Alfred Meyer wahrscheinlich ganz erwünscht war.

In den nächsten Monaten lastete eine Fülle von verantwortungsvoller Arbeit auf Salzmann. Es galt nicht nur die laufenden Geschäfte in den Wirren des letzten Kriegsjahres unter erschwerten Umständen weiterzuführen, sondern auch bei den ständigen Zerstörungen von Verkehrswegen und Gebäuden einzugreifen und im Sommer und Herbst 1944 die Hauptverwaltung des Provinzialverbandes und die Landesversicherungsanstalt aus Münster in Ausweichorte zu verlegen. Mit einigen Abteilungen der Provinzverwaltung ging Salzmann nach Büren im ländlichen Südosten Westfalens, während zentrale Stellen der Landesversicherungsanstalt im Nachbarort Brenken unterkamen. An seiner Arbeitslast änderte auch die Ernennung des bis dahin als Ministerialdirektor im preußischen Innenministerium tätigen Dr. Hans von Helms zum kommissarischen Landeshauptmann nichts. Denn dieser war überhaupt nur vom 1. November 1944 bis zum 30. März 1945 im Amt, und es gelang ihm in dieser kurzen Zeit nicht, sich mit den Aufgaben und Problemen des Provinzialverbandes vertraut zu machen und in ein näheres Verhältnis zu Westfalen zu treten. Hingegen war Salzmann, der im Herbst 1944 nach Ablauf seiner zweiten Amtszeit für eine weitere eingewiesen wurde, durch die geschilderte Entwicklung, durch seine Position und dank seiner Erfahrungen, seiner Tüchtigkeit und der zahllosen persönlichen und amtlichen Verbindungen bei Kriegsende zur Hauptperson des Provinzialverbandes Westfalen geworden.

3.

Der Zusammenbruch Deutschlands und die Besetzung durch die alliierten Truppen im Frühjahr 1945 wurden für Salzmann die Schicksalsstunde, und er selber wurde für Westfalen die entscheidende Persönlichkeit. Am Gründonnerstag, dem 29. März, fuhr er, so berichtet ein ihn begleitender medizinischer Kollege der Landesversicherungsanstalt, von Büren aus nach Brilon, um eine Heilstätte zu besuchen und den Schwestern dringend gebrauchte Dinge zu bringen. Kurz nach der Ankunft wurden die ersten amerikanischen Panzer gesichtet. Sogleich erkannte Salzmann klar, daß es entscheidend wichtig sei, den Einmarsch der Alliierten in seiner Dienststelle zu erwarten. Er machte sich zu Fuß auf den Weg nach dem 25 km entfernten Büren und erreichte seinen Dienstsitz noch früh genug, um nach dem stillschweigenden Verschwinden des Landeshauptmanns v. Helms die Leitung der Provinzialverwaltung zu übernehmen und darauf hinzuwirken, daß Büren den am Karsamstag (31. März) anrückenden Amerikanern kampflos übergeben wurde.

Es gelang Salzmann schon sehr bald, mit den alliierten Stellen in Verbindung zu treten. Offizielle Kontakte mit der Militärregierung für Westfalen werden schon für den 17. und 18. April 1945 angegeben. Aber auch in den beiden Wochen davor hat er starke Aktivität entfaltet und sich mit aller Kraft für die Fortführung der Tätigkeit des Provinzialverbandes eingesetzt. Sein Wille, die Provinzialverwaltung und Westfalen ungeschmälert zu erhalten, blieb stets ungebrochen. Hinzu kamen sein Geschick im Verhandeln und seine geistige und persönliche Präsenz im richtigen Moment. Für die Besatzungsmächte, die bei der Neuordnung der Verhältnisse ein Interesse daran hatten, geeignete Persönlichkeiten für die Zusammenarbeit zu finden, war er zweifellos ein wichtiger Mann. Er besaß nicht nur große Verwaltungserfahrung, Personalkenntnis und Landeskenntnis, sondern verfügte auch über einen Verwaltungsapparat, der in den dringenden Aufgaben des Straßenbaus, der öffentlichen Fürsorge, der Gesundheitspflege und auf anderen lebensnotwendigen Gebieten einsatzfähig war. Auch als Persönlichkeit wird Salzmann den Vertretern der alliierten Mächte durch sein Temperament, seine direkte Art und Offenheit, seine physische Leistungsfähigkeit und Robustheit imponiert haben. Die englischen Offiziere achteten sicher den Offizier des 1. Weltkrieges, der in der Tankschlacht von Cambrai englischen Truppen gegenübergestanden hatte. Eine ganz wesentliche Bedingung für seine Weiterverwendung war, daß er, obwohl er in den zwölf Jahren nationalsozialistischer Herrschaft sein Amt behalten und in der letzten Zeit sogar die Verwaltung des Provinzialverbandes geleitet hatte, politisch unbelastet war. Bei den Engländern, in deren Besatzungszone die Provinz Westfalen schon bald nach Kriegsende eingeordnet war, hat wahrscheinlich auch Wort und Begriff der Selbstverwaltung eine Rolle gespielt. Denn sie wollten den ,,Führerstaat" durch eine demokratische Ordnung ersetzen und auf lokalen und regionalen Stufen das Selbstverwaltungsprinzip verwirklichen. Salzmann konnte darauf hinweisen, daß der Provinzialverband eine Selbstverwaltungseinrichtung sei, und in Übersetzungen das Wort ,,selfgovernment" verwenden, das zwar dem deutschen Wort Selbstverwaltung nicht ganz entspricht, aber in englischen Ohren jedenfalls gut klang.

Alle diese Bemühungen zeitigten sehr bald Erfolge. Im einzelnen läßt sich der Gang der Verhandlungen und Maßnahmen nicht mehr rekonstruieren, weil sich in der ersten Zeit vieles im mündlichen Gespräch abspielte und in den Akten keinen Niederschlag fand. Salzmann selber soll in späteren Jahren gesagt haben, es wäre wichtig, die Erinnerungen an jene bewegte Zeit festzuhalten, aber dazu ist er nicht mehr gekommen. In seinen Personalakten ist belegt, daß er bereits in der zweiten Aprilhälfte und Anfang Mai 1945, also noch vor der Kapitulation Deutschlands, von der Militärregierung die Erlaubnis für Reisen innerhalb der Provinz Westfalen erhielt. Seine Amtsgeschäfte führte er ohne Unterbrechung weiter und traf bereits im Mai eine Reihe von Maßnahmen, die entscheidende Bedeutung für die Zukunft des Provinzialverbandes Westfalen hatten. Für das Funktionieren der Provinzialverwaltung und die Verbindung mit den Militärbehörden war es unerläßlich, die Abteilungen der Hauptverwaltung bald aus den Ausweichorten zurückzuführen und am Hauptort der Provinz und Sitz der Militärregierung zu vereinigen. Dank seiner Organisationsgabe und seiner Verbindungen erreichte Salzmann, daß bereits seit dem 24. Mai 1945 die nach Büren verlegte Hauptverwaltung in erhalten gebliebene Gebäude und zusätzlich aufgestellte Baracken der Provinzial-Heilanstalt Marienthal in Münster einzog und in anderen vorläufigen Quartieren der Stadt unterkam.

Zur gleichen Zeit erhielt Salzmann für sich selber das Mandat der Militärregierung; er wurde am 2. Juni 1945 zum Landeshauptmann der Provinzialverwaltung von Westfalen bestellt. Der englische Wortlaut der Anordnung „appointed as temporary Landeshauptmann" ist wohl so zu interpretieren, daß die Berufung bis zur endgültigen Regelung der öffentlichen Ordnung und der Verwaltungsorganisation gelten sollte. Nicht geklärt wurde das Verhältnis der Provinzialverwaltung zum Oberpräsidenten, den das Oberpräsidentengesetz von 1933 zum Chef der Verwaltung des Provinzialverbandes gemacht hatte, während es den Provinzialverband als solchen bestehen ließ. Salzmann hielt sich an diese Bestimmung, machte dem Oberpräsidenten Mitteilung über seine Bestellung durch die Militärregierung und wurde darauf von diesem, d. h. von dem mit der Wahrnehmung der Geschäfte Beauftragten, auch zum Leiter der Landesversicherungsanstalt bestellt. Mit einem Rundschreiben wandte er sich sogleich an die Oberbürgermeister und Landräte der Provinz Westfalen, also an die Repräsentanten der Mitgliedskörperschaften des Provinzialverbandes, um ihnen seine Berufung mitzuteilen und die Gemeinden, Stadtkreise und Landkreise Westfalens um vertrauensvolles Zusammenwirken mit dem Provinzialverband zu bitten. Aus diesem Schreiben geht auch hervor, daß er dem Chef der Militärregierung für Westfalen seine Sorgen um die Einheit Westfalens und den Fortbestand des Provinzialverbandes vorgetragen und die Versicherung erhalten hatte, daß die Provinz ungeteilt als Ganzes bestehen bleibe. Dadurch sei auch gesichert, daß der Provinzialverband die Zusammenfassung aller westfälischen Stadt- und Landkreise bleiben werde.

Dank dieser Entwicklung, die mit Salzmanns Initiative energisch vorangetrieben wurde, hatte die westfälische Provinzialverwaltung vor anderen Behörden und Einrichtungen sowohl in ihrer rechtlich-administrativen Grundlage wie auch in ihrer Funktionsfähigkeit einen zeitlichen Vorsprung. In Münster stand sie nicht nur in der Beauftragung durch die Militärregierung, sondern auch in der räumlichen Etablierung an erster Stelle, während etwa das Regierungspräsidium, das 1943 mit dem Oberpräsidium vereinigt und im Oktober 1944 nach Bad Driburg verlegt worden war, im Juni 1945 zunächst in Warendorf untergebracht wurde und erst Ende 1946 nach Münster zurückkehrte. Damit waren Tatsachen und Vorbedingungen geschaffen, die bei der weiteren Organisation der öffentlichen Verwaltung und der politischen Neuordnung von großer Bedeutung waren und auf die Rücksicht genommen werden mußte.

Diese Neuordnung setzte schon bald ein, und die Provinzialverwaltung mußte sich gegen Angriffe auf ihre Selbständigkeit, ihren Aufgabenbereich und ihre rechtlichen Grundlagen verteidigen. Am 5. Juli 1945 wurde Dr. Rudolf Amelunxen, der 1926-1932 Regierungspräsident in Münster gewesen war und später der erste Ministerpräsident des neugebildeten Landes Nordrhein-Westfalen wurde, zum Oberpräsidenten von Westfalen ernannt. In den ersten Julitagen traf er im zerstörten Münster ein und begann mit der Wiedereinrichtung des Oberpräsidiums, das dann im Zuge der Neuordnung der Britischen Besatzungszone, bei der die ehemaligen preußischen Provinzen in den Status von Ländern erhoben wurden, am 1. Januar 1946 in eine Provinzialregierung für die Provinz Westfalen und die Länder Lippe und Schaumburg-Lippe umgewandelt wurde. In einer Besprechung bei Amelunxen am 19. August 1945 erhielt Salzmann zunächst die Zusage, daß an dem Stand des Provinzialverbandes nichts geändert werde. Die durch die Auflösung der preußischen Zentralbehörden stark erweiterten Aufgaben des Oberpräsidenten, der ursprünglich als Beauftragter des Staatsministeriums und Repräsentant des Staates in den Provinzen eingesetzt worden war, waren jedoch mit dem bestehenden, recht kleinen administrativen Apparat dieser Behörde nicht zu bewältigen. Amelunxen mußte sich also einen geeigneten Verwaltungs- und Regierungsapparat aufbauen. Da war es verlokkend, sich der zahlreiche öffentliche Aufgaben wahrnehmenden Provinzialverwaltung zu bedienen und sie in die neuen zentralen Behörden einzubauen, wie es in der Tat in den Provinzen Schleswig-Holstein und Hannover und in dem zur Britischen Zone gehörenden nördlichen Teil der alten Rheinprovinz geschehen ist, wo die Abteilungen der Provinzialverwaltungen einfach in den neuen Generalreferaten und Ministerien verschwanden. Offenbar sind Salzmann in diese Richtung zielende Angebote gemacht worden, die ihm ein hohes öffentliches Amt eingebracht hätten. Als er solche Anträge ablehnte, wurde der Versuch gemacht, ihn auszuschalten und die Provinzialverwaltung zu einem Bestandteil des Oberpräsidiums zu machen. Amelunxen und sein Generalreferent für Inneres Dr. Walter Menzel, der spätere Innenminister, operierten dabei ausgerechnet mit dem Oberpräsidentengesetz von 1933, durch das das nationalsozialistische Führerprinzip auf die Provinzialverbände angewandt worden war. Salzmann gelang es, diese zweifelhaften Manöver geschickt zu parieren und bei der Abwehr des Versuchs, die Provinzialverwaltung einzugliedern, die kommunale Seite zu mobilisieren. Die Auseinandersetzungen mit seinen zentralistisch-bürokratischen Gegenspielern hatten starke Spannungen zur Folge, die auch nach der Bildung des Landes Nordrhein-Westfalen andauerten und eine tiefe persönliche Abneigung hinterließen. Bezeichnend dafür ist, daß Amelunxen in seinen dürftigen Memoiren weder den Namen Salzmann noch den Provinzialverband erwähnt.

Die zupackende Art und die glückliche Hand, die Salzmann in diesen Auseinandersetzungen um den Fortbestand der Provinzialverwaltung an den Tag legte, zeigte er auch in ihrer personellen Ergänzung. Besonders eindrucksvoll und bildhaft kommt dies in einer Begebenheit von Anfang Juni 1945 zum Ausdruck. Er traf damals am Neuplatz in Münster zufällig Dr. Leonhard Westermann, der von 1932 bis 1937 Landesrat und Kämmerer des Provinzialverbandes gewesen und dann in die Privatwirtschaft nach Schlesien gegangen war, und gewann den ohne Beschäftigung dastehenden alten Kollegen vom Fleck weg wieder als Kämmerer. Neben diesem, der allerdings bald aus der Verwaltung ins öffentliche Kreditwesen überwechselte, war der aus dem Kriegsdienst zurückkehrende spätere Erste Landesrat Dr. Helmut Naunin Salzmanns engster Mitarbeiter beim Kampf um die Erhaltung des Provinzialverbandes. Stete Verbindung wurde mit dem früheren Kulturdezernenten des Provinzialverbandes Dr. Karl Zuhorn gehalten, der 1933 als Oberbürgermeister von Münster entlassen worden war und nun in sein Amt als Oberbürgermeister und Oberstadtdirektor zurückkehrte.

Die Zusammenarbeit mit diesen Männern bewährte sich besonders in der Zeit, als im Laufe des Jahres 1946 die Einheit Westfalens in den Plänen der Alliierten für die politische Gliederung des besetzten Deutschland und die Bildung von Ländern wieder in Frage gestellt wurde. Sowohl der französische Bidault-Plan als auch der englische Bevin-Plan sahen in ihren Vorschlägen für die Einordnung des Ruhrgebiets die Aufteilung Westfalens vor. Salzmann betrat da sein altes Kampffeld, auf dem er schon in der letzten Zeit der nationalsozialistischen Herrschaft erfolgreich gefochten hatte. Die Erhaltung Westfalens als politische und administrative Einheit hatte er auch gleich nach Übernahme seines Amtes als Landeshauptmann als Aufgabe proklamiert. Jetzt übte er in öffentlichen Versammlungen scharfe Kritik an den Teilungsplänen und prägte dabei sein bekanntes, später oft wiederholtes Wort: „Wir lassen Westfalen nicht anknabbern." Darüber hinaus wurden kontruktive Vorschläge gemacht und ihre Verwirklichung betrieben. Karl Zuhorn legte im Mai 1946 seinen ,,Entwurf eines Rahmengesetzes über die Bildung des Landes Rheinland-Westfalen innerhalb Deutschlands" vor, der im Interesse der Erhaltung Westfalens, aber auch unter nationalen Gesichtspunkten die Vereinigung der beiden alten Geschichtslandschaften und Provinzen Rheinland und Westfalen zu einem neuen politischen Gebilde bei Beibehaltung ihrer Selbstverwaltung vorschlug. Auch hierbei nutzte Salzmann seine persönlichen Verbindungen, darunter diejenige zu dem Kölner Oberbürgermeister und früheren Regierungspräsidenten in Münster Dr. Hermann Pünder, der den Plan bei den britischen Stellen vertrat, während die westfälische Provinzialregierung Amelunxens ihm widersprach und bei ihrer Forderung nach einem Land Westfalen blieb. Auf englischer Seite wurden die Vorschläge als ,,erster und einzig wirklich konstruktiver Plan" bezeichnet, der von Deutschen vorgelegt worden sei. Weitgehend entsprach ihnen die Bildung des Landes Nordrhein-Westfalen im Herbst 1946, in das die ehemalige Provinz Westfalen territorial unversehrt hineingenommen wurde und in dem erst für die Möglichkeiten zu Weiterbestand und Fortentwicklung der westfälischen Selbstverwaltung konkrete Ansatzpunkte geboten waren.

Die Energien Salzmanns konzentrierten sich nun auf die Schaffung parlamentarisch-demokratischer Organe des Provinzialverbandes. Denn die westfälische Provinzialverwaltung hatte die Legitimation für die Fortführung ihrer Aufgaben nur von der britischen Militärregierung erhalten, und Salzmann als Landeshauptmann war ihr verantwortlich gewesen. Ein parlamentarisches Vertretungsorgan der Mitgliedskörperschaften, also der Stadt- und Landkreise im Gebiet der Provinz Westfalen, das den Haushalt beschließen und andere für die Verwaltung bindende Entscheidungen treffen konnte, gab es noch nicht wieder. Ebensowenig gab es den vom Provinziallandtag zu wählenden Provinzialausschuß, der zusammen mit dem Landeshauptmann die Verwaltung der Angelegenheiten des Provinzialverbandes führte. Sowohl Provinziallandtag als auch Provinzialausschuß waren 1933 aufgelöst und nicht wiedergewählt worden. Salzmann und die Provinzialverwaltung stellten sich mit guten Gründen auf den Standpunkt, daß der Provinzialverband noch bestehe, das Oberpräsidentengesetz von 1933 gegenstandslos geworden sei und der Landeshauptmann nach einer Bestimmung der Geschäftsinstruktion von 1889 auch für den fehlenden Provinzialausschuß handeln dürfe. Für die Wahrnehmung der Befugnisse des Provinziallandtags, also vor allem für die Feststellung des Haushaltsplanes und die Ernennung von Beamten, kam in der ersten Zeit nach 1945 die Besatzungsmacht als Inhaberin aller öffentlichen Gewalt in Betracht, seit Januar 1946 die westfälische Provinzialregierung und seit der Bildung des Landes Nordrhein-Westfalen die Landesregierung und der Landtag. Während der ganzen Übergangszeit, in der die Zukunft des Provinzialverbandes in der Schwebe blieb, ist sein Haushalt gesondert behandelt und im Landeshaushalt als eigener Teil geführt worden.

Eine Lösung, die das nationalsozialistische Führerprinzip beseitigte und demokratische Vertretungs- und Beschlußorgane schuf, mußte nun für die Wahrnehmung der laufenden Verwaltungsgeschäfte gefunden werden. Die Widerstände waren auch hier groß. Schon im Juni 1946 war ein Antrag des mit Salzmann in enger Verbindung stehenden Bielefelder Oberbürgermeisters Ladebeck vom Oberpräsidenten Amelunxen mit der Begründung abgelehnt worden, die Aufgaben des Provinzialverbandes seien auf die Provinzialregierung übergegangen. Salzmanns nächster Zug war, daß er, um die Mitgliedskörperschaften zur Mitwirkung in der Provinzialverwaltung kommen zu lassen, nach der Bildung des Landes Nordrhein-Westfalen einen Kreis von Kommunalpolitikern berief, der am 24. Oktober 1946 in Münster zum ersten Mal zusammentrat und den Landeshauptmann veranlaßte, bei Landesregierung und

Landtag die Bestellung eines Provinzialausschusses für den Provinzialverband zu beantragen. Die Antwort des Innenministers darauf brachte, wieder mit Berufung auf das Oberpräsidentengesetz von 1933, den ablehnenden Bescheid, daß eine gesetzliche Grundlage für Wahl und Bestellung eines Provinzialausschusses nicht gegeben sei. Da gab Salzmann im Juli 1947 die Erklärung ab, er werde die Beschlüsse des von ihm berufenen Gremiums als bindend ansehen, und dieses konstituierte sich nun als ,,Vorläufiger Provinzialausschuß", erhielt im März 1948 von einer Versammlung bevollmächtigter Vertreter der Stadt- und Landkreise Westfalen auf der Hohensyburg durch Wahl seine Legitimation und wurde schließlich als ,,Beratender Ausschuß" auch vom Innenminister als Aufsichtsbehörde geduldet. Unter diesem Namen hat der Ausschuß bis 1953 regelmäßig getagt, Fachausschüsse eingesetzt und alle Zuständigkeiten des Provinzialausschusses wahrgenommen. Salzmann erreichte damit, daß die westfälische Provinzialverwaltung ihre Arbeit kontinuierlich fortsetzte und daß sich nach dem Untergang des nationalsozialistischen Systems das Zusammenwirken administrativer Einrichtungen und demokratischer Organe wieder einspielen konnte. Dem Provinzialverband Westfalen blieben so die Wirkungsmöglichkeiten ungeschmälert erhalten, und er entfaltete sich in allen Verwaltungszweigen. Auch neue Initiativen wurden ergriffen, z. B. die Vereinigung der Tuberkulosehilfe des Provinzialverbandes mit derjenigen der Landesversicherungsanstalt in der Zentralstelle für Tuberkulosehilfe, eine Maßnahme, die dem Landeshauptmann als früherem Kämmerer und jetzigen Leiter der Landesversicherungsanstalt ein besonderes Anliegen war. Selbst auf wissenschaftlichem Gebiet engagierte sich die Provinzialverwaltung wieder und gab mit der Fortführung des Werkes ,,Der Raum Westfalen" seit 1950 der westfälischen Kulturraumforschung einen Anstoß.

4.

Die Lösung der wichtigsten Aufgabe aber stand noch aus, nämlich die Schaffung einer neuen gesetzlichen Grundlage für die westfälische Selbstverwaltung. Hier hat sich Salzmann mit der vollen Kraft seiner Persönlichkeit eingesetzt. Sein mit der Landschaftsverbandsordnung für das Land Nordrhein-Westfalen von 1953 erzielter Erfolg war eine glänzende politische Leistung, die im Nachkriegsdeutschland ihresgleichen sucht. Dreimal setzte er eine Verlängerung seiner Dienstzeit durch und verließ sein Amt als Landeshauptmann erst 1954 mit Vollendung des 68. Lebensjahres, nachdem das grundlegende Gesetz vom Landtag beschlossen war und die neue Landschaftsversammlung ihre Tätigkeit aufgenommen hatte. Schwierigkeiten und Widerstände waren bei diesem Unternehmen besonders groß, und der Fortbestand des Provinzialverbandes wurde mehrmals in Frage gestellt. Anfang 1947 beriet das Kabinett Amelunxen sogar einen Gesetzentwurf über die Auflösung der Provinzialverbände. Daß trotzdem das Ringen um die Erhaltung der landschaftlichen Selbstverwaltung drei Kabinette hindurch erfolgreich durchgestanden wurde, ist in erster Linie Salzmann zu verdanken, der eine stupende Aktivität und Mobilität entfaltete, seine dienstlichen und persönlichen Verbindungen geschickt einsetzte und stets zur Stelle war, wenn es darauf ankam, seinen Einfluß geltend zu machen. Wenn auch manches, was er unternahm, rechtlich umstritten war oder offiziell nicht anerkannt wurde, so war es doch politisch wirkungsvoll. Der ,,Beratende Ausschuß" des Provinzialverbandes wurde zwar in einer Mischung von Spott und Respekt als ,,Salzmanns Privatparlament" bezeichnet, war aber dennoch eine politische und administrative Realität, die anerkannt werden mußte. Auch das Lebenswerk Salzmanns fand schließlich offizielle Anerkennung durch die Landesregierung. Ministerpräsident Dr. Franz Meyers würdigte 1959 den verstorbenen Landeshauptmann in seiner

Traueransprache mit dem Worten, ,,daß er ... nicht nur den Westfälischen Provinzialverband verteidigt, sondern zugleich auch in der Gestalt der Landschaftsverbände einer guten Gliederung und damit in die Zukunft weisenden inneren Ordnung unseres Landes neue Wege geebnet hat".

In dem Kampf um die Erhaltung der westfälischen Selbstverwaltung hat es eine erhebliche und vielleicht ausschlaggebende Rolle gespielt, daß Salzmann durch die Vereinigung zahlreicher Funktionen in seiner Person gleichsam zu einer öffentlichen Einrichtung und einem Faktor des öffentlichen Lebens wurde, deren Bedeutung und Ansehen so groß waren, daß sie nicht übergangen werden konnten und in der Landespolitik damit gerechnet werden mußte. Diese Ämter neben dem eigentlichen Amt waren keineswegs reine Ehrenämter oder schmückende Attribute seiner Person, sondern bildeten für ihn eine Aufgabe, für die er sich einsetzte und durch die er seine Wirkung auf anderen Gebieten noch verstärkte. Einen Teil dieser Ämter behielt er auch nach seinem Ausscheiden aus dem öffentlichen Dienst mehr oder weniger lang bei. Aus seiner Zeit im Vorstand der Landesversicherungsanstalt brachte er den Vorsitz im Verband westfälischer Baugenossenschaften und im Aufsichtsrat der Bauvereinsbank mit. Beide Funktionen übte er auch als Landeshauptmann aus und erfüllte die damit verbundenen Aufgaben gewissenhaft. Im Juni 1945 kam die Leitung der Landesversicherungsanstalt hinzu, und im August ernannte ihn die Britische Militärregierung zum Präsidenten des Landesverbandes Westfalen des Deutschen Roten Kreuzes, ein Amt, das er bis zu seinem Lebensende mit stärkster Anteilnahme wahrnahm. Ebenfalls im Jahre 1945 wurde er Vorsitzender des Landesverbandes Westfalen des Deutschen Jugendherbergswerkes, das einst von Westfalen seinen Ausgang genommen hatte, und des Westfälischen Heimatbundes und behielt beide Ämter bis 1957. Darüber hinaus gehörte er, teils durch sein Amt bedingt, teils dank seiner Interessen und Fähigkeiten, vielen Aufsichtsräten und Verwaltungsräten öffentlicher Unternehmen der Kredit- und Versicherungswirtschaft, des Verkehrswesens und der Siedlungsförderung an, ferner den Aufsichtsräten einiger großer Aktiengesellschaften des Bergbaus, der Stahlwirtschaft und der Energiewirtschaft. Er widmete seine Zeit jedoch auch Dingen, die keine Folge seiner amtlichen Stellung waren und an denen nur sein Herz hing. Bis zu seinem Lebensende war er Präsident des Westfälischen Reitervereins und betätigte sich im Kirchenvorstand der Pfarre Liebfrauen-Überwasser, in der seine Familie seit drei Generationen beheimatet war.

Es war eine fast unübersehbare Fülle von Aufgaben und Verpflichtungen, denen er nur dank seiner unglaublichen physischen Leistungsfähigkeit und mittels seines Verwaltungsstiles und seiner speziellen Arbeitsweise gerecht werden konnte. Obwohl er ganz unbürokratisch wirkte, zu seinem Lebens- und politischen Arbeitsstil lange abendliche Zusammenkünfte mit einem kräftigen Trunk gehörten und seine Ausdauer geradezu sprichwörtlich wurde, war er doch ein Routinier bürokratischer Verwaltung. Sein Vorzimmer, in dem er stets mehrere Sekretärinnen beschäftigte, hatte einen gewaltigen Ausstoß von Schriftstücken, und seine vielfältigen Aufgaben und Tätigkeiten behielt er unter anderem mit einem System von Wiedervorlagen im Griff. Er schien keine Müdigkeit zu kennen und stellte auch an die Leistungswilligkeit anderer hohe Ansprüche. ,,Wer mit mir arbeitet, darf keine Uhr kennen", soll er einmal gesagt haben. Dabei war er im Umgang nicht selten etwas polterig und derb und hatte eine kräftige Stimme, die in der Landesversicherungsanstalt als ,,Artilleriestimme" bekannt war. Er war so viel unterwegs, daß oft ein zweiter Fahrer für ihn eingesetzt werden mußte. Um auch die Fahrzeiten zu nutzen, ließ er sich von einer oder auch zwei Sekretärinnen begleiten und hatte auf diese Weise ein mobiles Büro zur Verfügung. Selbst wenn er sich in die Ruhe seines Ferienhauses im Sauerland zurückzog, war meist eine Mitarbeiterin anwesend, der er diktieren konnte.

Die harten Auseinandersetzungen im Kampf um die Behauptung der westfälischen Selbstverwaltung trugen Salzmann manche Gegnerschaft ein. Aber auch Anerkennung und zahlreiche Ehrungen wurden ihm zuteil. Die Medizinische Fakultät in Münster verlieh ihm 1950 den Ehrendoktor für seine Verdienste um die Medizin auf dem Gebiet der öffentlichen Gesundheitspflege, und die Universität Münster machte ihn zwei Jahre später ,,in Würdigung seiner besonderen Verdienste um die Förderung und Entwicklung der Westfälischen Wilhelms-Universität und in Anerkennung der verständnisvollen Unterstützung der Forschungsarbeiten, die mit der Provinz Westfalen räumlich verknüpft sind", zu ihrem Ehrenbürger. Das Deutsche Rote Kreuz ehrte ihn durch das Ehrenzeichen I. und II. Klasse, und Bundespräsident Theodor Heuss überreichte ihm das große Verdienstkreuz mit Stern des Verdienstordens der Bundesrepublik.

Auch auf der Höhe seines Wirkens und der Anerkennung in der Öffentlichkeit blieb Salzmann ein einfacher und unprätentiöser Mensch. Persönliche Anspruchslosigkeit und einfacher Lebenszuschnitt waren Kennzeichen seiner Persönlichkeit. Das einfache ererbte Haus im Schatten des mächtigen Turmes der Überwasserkirche behielt er als Wohnsitz bei und trieb auch in Mobiliar und Ausstatttung keinen Aufwand. In dieses Persönlichkeitsbild paßt auch seine feste religiöse Haltung, in der er sich wohl ohne große Anfechtungen und Probleme treu blieb. Er hatte eine eiserne Natur, die stärksten Belastungen gewachsen war, und bewahrte auch in der schweren Krankheit, die ihn in seinen letzten Lebensjahren befiel und der er am 11. Februar 1959 erlag, eine bewundernswerte Haltung.

Seine Bedeutung ist nicht leicht abzugrenzen. Er war kein genialer Mensch, sondern handfest, derb und beständig, dabei aber ein Freund der Natur und in geradezu schwärmerischer Liebe seiner Heimat zugetan. Offenheit und Direktheit waren gepaart mit feinem Gespür, wann gehandelt werden mußte und wie vorzugehen sei. In seinem Amt als Landeshauptmann, das er erst im sechzigsten Lebensjahr antrat, ist er zweifellos gewachsen und hat seine Gegenspieler in den Schatten gestellt. Von der Überzeugung, daß Westfalen und die westfälische Selbstverwaltung erhalten werden müßten, war er tief durchdrungen, und daß er dieses Ziel erreichte, macht ihn zu einem regional bedeutenden, ja großen Mann. Er ist darin dem niedersächsischen Ministerpräsidenten Hinrich Wilhelm Kopf und dem lippischen Landespräsidenten Heinrich Drake zu vergleichen. Aber obwohl er nie über Westfalen hinausstrebte, war das Ergebnis seines Einsatzes doch auch von allgemeiner Bedeutung. Denn durch sein Wirken blieb nicht nur in Westfalen, sondern auch im Rheinland und damit im bevölkerungsreichsten Land der Bundesrepublik mit der großräumigen regionalen Selbstverwaltung ein deutsches Verfassungselement erhalten, das die föderalistische Struktur Deutschlands ergänzt und dem alten Postulat bürgerlicher Mitwirkung und Mitverantwortung im Staat entspricht.

Das Lebensbild Salzmanns erschien zuerst zum 20. Todestag bei Aschendorff in Münster (1979). Dort auch Einzelnachweise zu Quellen und Literatur. Der Text, hier leicht gekürzt, beruht auf persönlichen Papieren im Familienbesitz, auf der Personalakte und dem Nachlaß im Verwaltungsarchiv des Landschaftsverbandes Westfalen-Lippe, ferner auf Erinnerungen von Familienangehörigen, Freunden und Mitarbeitern. Herangezogen wurde die einschlägige Literatur über den Provinzialverband Westfalen und den Landschaftsverband Westfalen-Lippe, die Landesversicherungsanstalt Westfalen, die Gemeinnützige Wohnungswirtschaft und den Westfälischen Heimatbund.

Bernhard Salzmann und Heinrich Drake (1881-1970) lassen sich in mehr als einer Hinsicht gut miteinander vergleichen – nicht in Herkunft, Ausbildung und Werdegang, wohl aber als Landsleute, waren sie doch beide sozusagen Rand-Westfalen. Daß Salzmann in Siegen, wenn auch von westfälischen Eltern, geboren wurde und aufgewachsen ist, hat Wilhelm Schulte-Ahlen veranlaßt, ausgerechnet ihn nicht in die ,,Westfälischen Köpfe", seine Sammlung biographischer Kurzporträts, aufzunehmen; da muß man nämlich nicht nur westfälische Eltern gehabt haben, sondern auch aus den westfälischen Stammlanden kommen, und Siegen gehört nicht dazu, denn es wurde erst nach 1815 westfälisch. Drake, der andere Rand-Westfale, ähnelt Salzmann vor allem darin, daß auch er kraft Persönlichkeit und Beharrungsvermögen durchgesetzt hat, was er durchsetzen wollte. Bei Salzmann war das die Behauptung der Einheit Westfalens und seiner Selbstverwaltung zunächst gegenüber der Besatzungsmacht, dann gegenüber den Zentralisten unter den Landespolitikern, bei Drake die Erhaltung Lippes durch An- und Eingliederung. Daß er dabei, vor die Wahl gestellt, sich für Nordrhein-Westfalen oder für Niedersachsen zu entscheiden, Düsseldorf den Vorzug vor Hannover gab, war nicht Zuneigung, sondern Kalkül; Nordrhein-Westfalen bot mehr als Niedersachsen. Der Entscheidung, die Drake für Lippe traf, beugten sich auch die Engländer, und sie gliederten Lippe ein halbes Jahr nach der Gründung des neuen Landes Nordrhein-Westfalen ein. Sechs Jahre später tauchte der Name Lippe, nicht Lippe-Detmold, wie es früher zum Unterschied zu Schaumburg-Lippe hieß, im Namen des Landschaftsverbandes Westfalen-Lippe wieder auf. Und Detmold wurde, was eine Bedingung Drakes war, Sitz des gleichnamigen Regierungsbezirks, der als der beinahe schon altpreußische Regierungsbezirk Minden (ohne Lippe) die ältere Geschichte besaß.

Walter Först

HEINRICH DRAKE

Walter Först

Unter den Persönlichkeiten der Frühzeit nimmt Heinrich Drake nicht nur deshalb eine Sonderstellung ein, weil er in seinem eigentlichen Bereich, dem Land Lippe, tatsächlich der Mann der ersten Stunde war. Als er die Möglichkeit erhielt, sich bei der unvermeidlichen Angliederung des ehemaligen Frei- und Kleinstaates an ein größeres Gebiet für Nordrhein-Westfalen oder für Niedersachsen zu entscheiden, wandte er sich, der im Prinzip wie schon nach 1918 entschlossen war, nicht um die weitere Selbständigkeit Lippes zu kämpfen, dem zu, der am meisten bot. Für ihn galt nur eine Regelung als befriedigend, die zwar den größeren räumlichen Bedingungen Rechnung trug, der kleinen historischen Welt dieses fast achthundert Jahre alten ehemaligen Fürstentums aber soviel Eigenleben garantierte, wie noch möglich war. Wenn Drake sich für Nordrhein-Westfalen entschied, dann nicht um dieses neugeschaffenen Landes willen. Aber für dieses Land spielte die Angliederung Lippes die Rolle einer inneren und äußeren Komplettierung. Mit Lippe erreichte Nordrhein-Westfalen die Weserlinie, und das vervollständigte das Land im Osten nach dem Prinzip, diesem neuen Land mit seiner gefährdeten Westgrenze durch weite Ausdehnung nach Osten das nötige Gleichgewicht zu verschaffen. Im Innern brachte die Angliederung Lippes den anderen Ausgleich, daß nun der Nordteil der ehemaligen Rheinprovinz nicht mit dem ganzen, ungeteilten Westfalen allein war, sondern Westfalen im Osten noch Lippe als Anhängsel hatte, was Nordrhein wie Westfalen, wenn auch aus unterschiedlichen Gründen, willkommen sein mußte. Insofern ergänzt Drake die Reihe der Männer, die (wie Karl Zuhorn, Robert Lehr und Hermann Pünder) das Ihre dazu beigetragen haben, daß sich die britische Besatzungsmacht zur Gründung des neuen, nicht von historischen Vorbildern gestützten Landes entschloß. Denn durch ihn erhielt dieses Land endgültig eine Abgrenzung, die dauerhaft zu werden versprach.

1.

Heinrich Drake stammte aus Lemgo. Geboren am 20. Dezember 1881 als Sohn eines Handwerksmeisters, lernte er Kaufmann und Buchhändler, bildete sich im Selbststudium weiter und arbeitete als Journalist zunächst für die ,,Lippische Post" in Lemgo, dann, von 1910 an, in Detmold, wo er bald darauf zugleich Parlamentsstenograph wurde. 1906 oder 1907 trat er der Sozialdemokratischen Partei bei, und es gibt Zeugnisse dafür, daß Drake schon während des Ersten Weltkriegs in die Führungsgruppe des lippischen Sozialdemokratischen Vereins aufstieg, die 1917 von dem fürstlichen Staatsministerium eine Demokratisierung der politischen Verhältnisse und die Beseitigung des Dreiklassenwahlrechts verlangte. Im November 1918 gehörte er zu den Beauftragten seiner Partei für die Verhandlungen mit der fürstlichen Regierung und war Schriftführer im Volks- und Soldatenrat, wie das revolutionäre Gremium in Lippe hieß, so wenig revolutionär es dort auch zuging. Nach der Abdankung des letzten Fürsten und den ersten demokratischen Wahlen zum lippischen Landtag kam Drake als zweites Mitglied in das neue Landespräsidium, in dem er zuerst Geschäftsführer wurde. Aber kaum zwei Jahre später, Ende 1920, rückte er an die Spitze des Landespräsidiums, dessen Vorsitzender er nominell erst 1925 wurde. Den Titel eines Landespräsidenten erhielt Drake gar erst 1932, als man das Landespräsidium und die Regierung auf Vorschlag des Reichssparkommissars zur lippischen Landesregierung zusammenlegte.

Trotzdem wurde Heinrich Drake schon in den frühen zwanziger Jahren der erste Mann in dem zum Freistaat umgewandelten Fürstentum. Das erwies sich in den zwölf Jahren bis zu seiner Entlassung aus dem Amt Ende Januar 1933 vor allem in der Verwaltung des Kleinstaates und der Landespolitik, die der Vorsitzende des

Landespräsidiums betrieb. Im Innern regierte Drake mit einer Verfassung, an deren Formulierung er selbst maßgebend Anteil gehabt hatte. Kenner weisen die kritische Anmerkung, diese Verfassung sei speziell auf ihn zugeschnitten worden, mit dem Hinweis darauf zurück, daß das Präsidium ein Dreierkollegium war, allerdings mit Drake als Geschäftsführer. Die meisten Sorgen bereiteten die großen wirtschaftlichen Schwierigkeiten des Kleinstaates, dessen Arbeitskräfte als Wanderarbeiter vielfach nach auswärts gingen und der schon Mitte der zwanziger Jahre eine Arbeitslosenquote hatte, wie sie erst in der Weltwirtschaftskrise im Deutschen Reich zur Tagesordnung gehörte. Wegen seiner schwachen Finanzen verlangte Lippe seit dem Ende der Inflation immer wieder Ausgleichszahlungen des Reiches, doch vermochte Preußen, das den norddeutschen Kleinstaaten die Existenzberechtigung absprach, weil es diese vereinnahmen wollte, dem stets einen Riegel vorzuschieben.

Im Januar 1926 schlug Lippe im Reichsrat die Schaffung eines besonderen Ausgleichsfonds in Höhe von fünf Millionen Reichsmark zugunsten der von Saisonarbeit betroffenen kleinen Länder vor. Drake selbst fand schließlich eine legale, bis dahin nicht ausgenutzte Möglichkeit in einem Paragraphen des Finanzausgleichsgesetzes, der besagte, daß Ländern, deren Steueraufkommen um mehr als zwanzig Prozent unter dem Reichsdurchschnitt je Kopf der Bevölkerung blieb, der Fehlbetrag aus Reichsmitteln zu erstatten war. Man hat Drake damals vorgeworfen, er habe damit nur seinen und die anderen Kleinstaaten am Leben erhalten wollen. Tatsächlich ging es ihm für Lippe, denn die finanzielle Not war groß, wörtlich eben darum, aber nicht im Prinzip. Drake hatte schon 1919 die Selbständigkeit Lippes für politisch überholt gehalten und es als wünschenswert bezeichnet, den Freistaat baldigst in einem größeren Land aufgehen zu lassen. Alle Maßnahmen bei der Gestaltung der einzelnen Bundesstaaten müßten sich dem Gedanken der Einheit und Festigung des Deutschen Reiches unterordnen, sagte er zu Beginn der Verfassungsberatungen im Landtag in Detmold, und schon im März 1920 beschloß das Landespräsidium, Preußen Verhandlungen über eine Angliederung Lippes an preußische Gebietsteile vorzuschlagen. Wenn daraus und aus späteren Initiativen, zu denen 1923 ein Vorstoß des preußischen Innenministers Severing gehörte, nichts geworden ist, so lag das nicht an der lippischen Politik. Für Heinrich Drake ging es bei allen Vorgesprächen dieser Art darum, Lippe, wie das Martin Sagebiel formuliert hat, so teuer wie möglich zu verkaufen. Dessen staatsrechtliche Selbständigkeit, so sagte er einmal, „ist ja doch im wesentlichen nur noch ein Begriff, und es fragt sich, ob ein schöner. Nachdem die 36 deutschen Fürstenhüte... abgenommen worden sind, ist ein sehr wesentlicher Grund der patriarchalisch konservierten deutschen Henkeltöpfchenwirtschaft weggefallen."

2.

Am Ende der Weimarer Republik war der lippische Landespräsident einer der ersten leitenden Männer im Reich, die von den Nationalsozialisten aus dem Amt gejagt wurden, zumal er bei den Lippe-Wahlen vierzehn Tage vor dem 30. Januar 1933 alles getan hatte, um den von Hitler erstrebten Wahlerfolg in Grenzen zu halten. Als der Zweite Weltkrieg zu Ende war, galt es auch nach Ansicht der britischen Besatzungsmacht als selbstverständlich, daß Drake sein Amt wieder übernahm. Schon Mitte April 1945 ernannten ihn die Engländer zum Landespräsidenten. Mit der territorialen Neuordnung der britischen Zone, die kaum ein Jahr nach der Kapitulation akut wurde, stellte sich für Lippe erneut die Frage seiner weiteren Existenz. Heinrich Drake sah sich damit abermals und ernsthafter als je vorher vor die Gelegenheit gestellt, seine Grundprinzipien, denen er seit Jahrzehnten gefolgt war, ohne sie voll zur Geltung bringen zu können, durchzusetzen. Während der Weimarer Republik hatten im Mittelweserraum alle Reformdiskussionen kein Ergebnis gezeitigt. Dieses Mal war die Chance groß, auch wenn es hier um eine territoriale Neuordnung ging, die nicht von demokratischen Entscheidungen der Deutschen abhing, sondern von Dekreten der Besatzung.

Die britischen Verordnungen, mit denen im Sommer und Herbst 1946 die Länder Nordrhein-Westfalen und Niedersachsen geschaffen wurden, klammerten die Lippe-Frage zunächst aus. Außerhalb Lippes hatten auf deutscher Seite maßgebende Männer der Verwaltung schon vorher intern Arrondierungen konzipiert, die sich im Mittelweserraum kreuzten. Der nordrheinische Oberpräsident Lehr in Düsseldorf strebte als Ostgrenze für das künftige Nordrhein-Westfalen die Weserlinie an, der Hannoversche Oberpräsident Hinrich Wilhelm Kopf als Westgrenze für das künftige Niedersachsen die Teutoburger-Wald-Linie. Schon von daher ging es für Lippe um die Entscheidung zwischen diesen beiden Ländern. Drake hatte zunächst mit divergierenden Tendenzen in seinem eigenen Land fertig zu werden. So strebte die Landwirtschaft nach Niedersachsen, und auch Kreise der Wirtschaft sahen in einer Angliederung an Niedersachsen die bessere Lösung, wenn gleichzeitig Minden-Ravensberg dem östlichen Nachbarn zugeschlagen wurde. Auch Drake hielt eine Lösung zusammen mit Minden-Ravensberg für unerläßlich, weil die lippische Wirtschaft auf den Zusammenhang gerade mit diesem Gebiet angewiesen war.

Im Vorfeld der Entscheidung erzielte Nordrhein-Westfalen einen ersten Erfolg, als Rudolf Amelunxen, kaum daß er in Düsseldorf Ministerpräsident geworden war, mit Drake in Verhandlungen eintrat, die im Dezember 1946 zu den sogenannten Punktationen führten. Den Ausschlag gaben dabei die höheren Angebote Amelunxens. Während man in Hannover, ohne daß es je zu konkreten Verhandlungen gekommen wäre, lediglich in Aussicht stellte, das lippische Dominialvermögen zwar dem niedersächsischen Landesvermögen einzuverleiben, dann aber für Hochschuldotationen zur Verfügung zu stellen, sicherte Amelunxen Lippe zu, sein aus den Bädern Salzuflen und Meinberg sowie den ehemals fürstlichen Domänen und Forsten bestehendes Vermögen ungeschmälert und zum eigenen Nutzen behalten zu dürfen. Ja es sollte ein Zweckverband zur Erhaltung der lippischen Landeseinrichtungen gebildet, und schließlich sollte Detmold statt Minden Sitz des östlichen Regierungsbezirks werden, mit Heinrich Drake als Regierungspräsident, wenn das auch offenbar nicht von vornherein feststand. Nachdem die Landesregierung in Düsseldorf die zwischen Amelunxen und Drake ausgehandelten Bedingungen akzeptiert hatte, unterrichtete Drake am 9. Januar 1947 den britischen Befehlshaber für Lippe, Oberst McGregor, über seine Abmachungen. Daraufhin hob die britische Militärregierung mit ihrer Verordnung Nr. 77 am 21. Januar 1947 die Selbständigkeit Lippes auf und schloß es Nordrhein-Westfalen an.

3.

Damit war zunächst auf dem Papier eine Entscheidung getroffen, die in den folgenden Jahren erst noch voll zu realisieren war. Fünf Jahre später hätte nach den Bestimmungen der Verordnung Nr. 77 mit einer Volksabstimmung darüber entschieden werden müssen, ob die Bevölkerung Lippes bei Nordrhein-Westfalen bleiben wollte. Aber inzwischen waren das Grundgesetz der Bundesrepublik und das Besatzungsstatut in Kraft getreten und der die Ländergrenzen betreffende Artikel 29 des Grundgesetzes noch suspendiert. Im Landtag in Düsseldorf erklärten deshalb die vier Abgeordneten aus Lippe unwidersprochen, die Bevölkerung lege keinen Wert auf eine Abstimmung. Der Landesverband Lippe, wie der für die Verwaltung des ehemaligen Landesvermögens vorgesehene Zweckverband hieß, erhielt 1955 seine höchstrichterliche Bestätigung, als das Bundesverfassungsgericht feststellte, dieser repräsentiere die Bevölkerung des ehemaligen Landes und habe die Befugnis, für das untergegangene Land auch Rechte gegenüber Nordrhein-Westfalen geltend zu machen.

Der Landesverband war nach langwierigen Vorbereitungen 1949 zustandegekommen, und Heinrich Drake wurde bei der Konstituierung am 19. Dezember 1949 zum Verbandsvorsteher gewählt. Um diese Zeit war er bereits mehr als zwei Jahre lang Regierungspräsident des ehemaligen Regierungsbezirks Minden, der nach der Angliederung Lippes in Regierungsbezirk Detmold umbenannt wurde. Die Realisierung dieser Entscheidung, die das Landeskabinett in Düsseldorf am 1. April 1947 traf, bereitete die meisten Schwierigkeiten. Der Mindener Regierungspräsident Paul Zenz wehrte sich lange gegen die Verlegung der alten preußischen Bezirksregierung nach Detmold und die Übernahme seines Amtes durch Heinrich Drake, der seinerseits die Verlegung mit Nachdruck betrieb. Erst im Verlauf des Sommers 1948 und erst, nachdem auch die Militärregierung des Bezirks sich bereitfand, umzuziehen, konsolidierten sich die Verhältnisse, denen das Land 1956 durch den Beschluß zum Neubau der 1961 fertiggestellten Bezirksregierung in Detmold Rechnung trug.

Die Existenz des Landesverbandes Lippe ist seit langem unumstritten. Drake hatte es nach dem Kriege als die Vollendung seines Lebenswerkes bezeichnet, die Eingliederung Lippes zu bewerkstelligen, bei Erhaltung seiner eigenen Institutionen. Auch die Errichtung der beiden Landschaftsverbände Rheinland und Westfalen-Lippe im Jahre 1953 berührte nicht die Sondereinrichtung des lippischen Landesverbandes. Dagegen ist die Detmolder Bezirksregierung in den Diskussionen über eine Verminderung der Zahl der Regierungsbezirke im Gesamtland seit dem ersten Verwaltungsreformvorschlag Karl Arnolds aus den frühen fünfziger Jahren wiederholt als eine der Stellen der staatlichen Mittelinstanz bezeichnet worden, die eingespart werden könnten. Heinrich Drake hat nach seiner Pensionierung als Regierungspräsident am 30. Juni 1952 noch vierzehn Jahre lang, nämlich bis zum 1. Juni 1966, sein anderen Amt als Vorsteher des Landesverbandes ausgeübt. Hochbetagt, war er zuletzt ein lebendes Symbol für die Eigenständigkeit Lippes in Nordrhein-Westfalen geworden, die mit der Rose im Landeswappen dokumentiert ist. Drake starb am 12. Juni 1970 im Alter von fast 89 Jahren in Detmold.

Das Porträt Drake erschien zuerst in: Zwischen Ruhrkampf und Wiederaufbau, Beiträge zur neueren Landesgeschichte, Bd. 5, hrsgb. v. W. Först (Köln u. Berlin 1972). Auch eine Drake-Biographie fehlt bisher. Teilbeiträge dazu sind in den Lippischen Mitteilungen aus Geschichte und Landeskunde enthalten. Beim Staatsarchiv Detmold, das den Nachlaß aufbewahrt, sind größere Publikationen über Drake und seine Zeit geplant oder in Vorbereitung.

Nach sechs Westfalen, von denen einer in Köln geboren wurde, und einem Rheinländer, der aus Nassau stammte, aber in Düsseldorf heimisch wurde, ist Konrad Adenauer (1876-1967) in dieser Sammlung der erste wirkliche Rheinländer. Sechzehn Jahre, seit 1917, und dann noch einmal 1945, nach Kriegsende, für wenige Monate Kölner Oberbürgermeister, Fraktionsvorsitzender der CDU im Landtag, zwei Jahre später Mitglied des Parlamentarischen Rates, dessen Präsident er sogleich wurde, schließlich 1949 Bundeskanzler, und dies ununterbrochen vierzehn Jahre – das sind nur die äußeren Daten. Bei Adenauer wird besonders deutlich, wieweit biographische Porträts, in denen Gemeinsamkeiten wie Gegensätze von Politikern in den ersten drei Jahrzehnten dieses Landes dokumentiert sind, zeitlich und räumlich ausgreifen. Das beschränkt sich gerade bei ihm nicht auf seine rheinische Herkunft. Sie war zwar in vielerlei Hinsicht für ihn charakteristisch; aber abschätzig gemeinte Begriffe wie die ,,Bonner Republik" oder eine Politik ,,mit dem Kölner Dom als Mittelpunkt" treffen höchstens ungenau. Bemerkenswert bleibt, daß es in der vielschichtigen Biographie Adenauers die Kölner Aera (bis 1933) und die Bonner bundesdeutsche Aera, aber keinen vergleichbar deutlich umrissenen Zeitabschnitt für Nordrhein-Westfalen gibt. Zwar wurde er als CDU-Vorsitzender der britischen Zone am Tage vor der ersten öffentlichen Erklärung der Engländer, daß sie das neue Land bilden würden, ins Hauptquartier nach Berlin gebeten und (zusammen mit Jakob Kaiser und Kurt Schumacher) unterrichtet, worauf er, aber nicht Schumacher zustimmend reagierte. Über die Rolle des Fraktionsvorsitzenden der Union im Landtag hinaus ist er jedoch für Nordrhein-Westfalen nicht tätig geworden; ,,er hatte höhere Pläne", schrieb Amelunxen in seinen Memoiren für den Zeitpunkt Ende August 1946. Adenauer und Nordrhein-Westfalen, das ist noch immer ein gründlicher zu erforschendes Kapitel, zu dem es auch gehören würde, das 1946 gebildete Land mit den Vorstellungen von einem westlichen Land des Deutschen Reiches zu vergleichen, die Adenauer nach dem Ersten Weltkrieg im Zusammenhang mit der ,,Los-von-Preußen-Bewegung" des rheinischen Zentrums entwickelte.

Rudolf Morsey

KONRAD ADENAUER

Rudolf Morsey

Man mag die Bedeutung „großer Männer" in der Geschichte noch so sehr verkleinern und statt dessen strukturellen Bedingungen, ökonomischen Faktoren oder Umwelteinflüssen bedeutenderes Gewicht zumessen. Das ändert nichts an der Tatsache, daß es geschichtliche Größe gibt, daß der Verlauf der Geschichte entscheidend von jenen Persönlichkeiten mitbestimmt wurde (und wird), die früher das Prädikat „der Große" zuerkannt erhielten, heute eher das des Staatsmanns. Zu ihnen gehört Konrad Adenauer, eine der säkularen Gestalten der christlichen Demokratie in Deutschland. Er gewann weltweites Ansehen, das keineswegs in seiner Kölner Herkunft und beruflichen Laufbahn angelegt war, so sehr er durch beide geprägt blieb. Erst 1949, im Alter von 73 Jahren, erhielt der frühere Kölner Oberbürgermeister, der dieses Amt zweimal aus politischen Gründen verloren hatte, mit seiner Wahl zum Bundeskanzler der neugeschaffenen Bundesrepublik Deutschland die Möglichkeit zu schöpferischer Gestaltung und staatsmännischer Wirksamkeit. Adenauer gewann einen derart prägenden Einfluß auf seine Zeit, daß eine Ära nach ihm benannt, sein Name in der freien Welt zum Symbol geworden ist. Die vierzehn Jahre seiner Kanzlerschaft umschließen den Weg eines geschlagenen und gedemütigten Volkes aus der Trümmerwüste der Nachkriegszeit und seiner Bevormundung durch Besatzungsherrschaft zu einer der stabilsten und wirtschaftlich stärksten Demokratien innerhalb des westlichen Verteidigungsbündnisses. In dieser Zeit verfestigte sich aber auch der von zwei Dritteln aller Deutschen gebildete freiheitliche Teilstaat, dem es angesichts des nicht aufgegebenen gesamtdeutschen Anspruchs schwer fiel, seine politische und nationale Identität zu finden. Die Ziele seiner Kanzlerschaft ergaben sich für Adenauer als Konsequenz ebenso aus der Lehre der nationalsozialistischen Epoche und der zu ihr hinführenden Entwicklung wie aus der Situation der geteilten Welt im Zeichen des Kalten Krieges: Wiederherstellung der Einheit und Freiheit Deutschlands in freier Selbstbestimmung; Hochachtung vor Wert und Würde des Menschen als Voraussetzung für den geistigen, wirtschaftlichen und sozialen Neuaufbau; Sicherung von Frieden, Freiheit und Recht; Sicherheit vor dem bis nach Deutschland vorgedrungenen Bolschewismus durch engen Zusammenschluß jener Teile des freien Europa, die 1945 diesseits des Eisernen Vorhangs verblieben waren.

1.

Wie bei kaum einem anderen deutschen Staatsmann verbindet sich Adenauers Name mit dem regionalen Hintergrund seiner Herkunft. Er gilt gemeinhin als typischer Rheinländer und Kölner, eine Eigenschaft, die Kritiker des späteren Bundeskanzlers dazu reizte, dessen Denkweise und Regierungsstil mit dem „Schatten des Kölner Domes" in Verbindung zu bringen oder gar darin zu begrenzen.

Adenauers bäuerliche Vorfahren stammten aus der Gegend um Rheinbach und Meckenheim. Erst sein Vater, Johann Konrad (1833-1906), Sohn eines Bäckermeisters aus Bonn, legte den Grundstein zu einem für damalige Verhältnisse steilen Aufstieg der Familie. Zunächst in der Unteroffizierslaufbahn der preußischen Armee, wurde er 1866 in der Schlacht von Königgrätz verwundet, dekoriert und wegen Tapferkeit zum Leutnant befördert. Trotz dieser ungewöhnlichen Auszeichnung gab er dann den Militärdienst auf, da die Eltern seiner Braut nicht in der Lage waren, die für eine „standesgemäße" Offiziersheirat erforderliche finanzielle Bürgschaft zu stellen. Der Leutnant a. D. wurde in das zivile Beamtenverhältnis übernommen, zunächst als Gerichtssekretär in Kleve. Wenig später kam er an das Appellationsgericht in Köln, wo er bis zum obersten Verwaltungsbeamten (Kanzleirat) aufstieg. Adenauers Vorfahren mütterlicherseits stammten zur Hälfte aus Nordthüringen, zur anderen Hälfte waren sie ebenfalls über Bonn nach Köln gezogen, wo auch seine Mutter Helena, geb. Scharfenberg (1849-1919), geboren wurde. Ihr Vater, übrigens evangelischer Herkunft, war als Militärmusiker nach Köln gekommen und dort später als Bankbeamter tätig.

Konrad Adenauer, geboren am 5. Januar 1876 als drittes Kind von fünf Geschwistern (von denen eines früh gestorben ist), wuchs in beengten Verhältnissen eines kleinbürgerlichen Beamtenhaushalts auf. Seine Mutter, eine energische, fromme und fröhliche Rheinländerin, trug durch Heimarbeit dazu bei, das Haushaltsgeld aufzubessern. Konrad lernte im Elternhaus Pflichtbewußtsein, Korrektheit und Fleiß, aber er lernte es auch, jenen sachlichen Ehrgeiz zu entwickeln, der darauf gerichtet war, jede Aufgabe so gut wie möglich zu lösen. Schon auf dem Apostel-Gymnasium zeigte er beharrliche Zähigkeit und geduldige Ausdauer: zwei Eigenschaften, die ihm zeitlebens eigen geblieben sind.

Nach dem Abitur (1894) konnte er nicht sofort sein Studium beginnen, sondern mußte für einige Wochen eine Lehrstelle als Bankkaufmann übernehmen. Mit Hilfe eines Kölner Bürgerstipendiums gelang es dann seinen Eltern, auch dem dritten Sohn eine Universitätsausbildung zu ermöglichen. Adenauer absolvierte ein Studium der Rechtswissenschaft und der Volkswirtschaft in Freiburg, München und Bonn in der kürzestmöglichen Frist von drei Jahren. 1897 bestand er sein erstes juristisches Staatsexamen mit „gut" und wurde daraufhin zum Referendar ernannt. Aus Gesundheitsgründen blieb er vom Militärdienst befreit.

In festen Wertvorstellungen christlich-humanistischer Prägung erzogen, war Adenauer von Jugend auf dem freiheitlichen Geist des nach Westeuropa geöffneten Rheinlands zugewandt, ein konsequenter Gegner jedes materialistischen Sozialismus. Der Katholik wuchs in die Tradition der 1870 gegründeten rheinischen und speziell der Kölner Zentrumspartei hinein. Deren Kennzeichen waren ein demokratisch-föderalistischer Grundzug, verbunden mit Distanz zur Hohenzollern-Dynastie, zu Borrussianismus, Militarismus und Junkertum. In einer religiösen Krise nach dem Ende seines Studiums hatte Adenauer Halt in den Schriften des schweizerischen Staatsrechtlers Karl Hilty gefunden, eines bekannten freikalvinistischen populärphilosophischen Schriftstellers, der ein „praktisches Christentum" vertrat.

Nach vierjähriger, unbesoldeter Referendarzeit und dem zweiten Staatsexamen (1901 in Berlin) arbeitete Adenauer als Gerichtsassessor zunächst bei der Staatsanwaltschaft in Köln. 1903 wechselte er in das Büro eines angesehenen Kölner Rechtsanwalts, Justizrat Hermann Kausen, über, den er fast zwei Jahre lang beim Oberlandesgericht vertrat. Von ihm lernte er, auch komplizierte juristische Sachverhalte in freier Rede knapp und klar dazustellen. Kausen besaß als Vorsitzender der Zentrumsfraktion in der Kölner Stadtverordnetenversammlung, der nur Abgeordnete der Liberalen und des Zentrums angehörten, erheblichen Einfluß. Das sollte Adenauer zugute kommen, als der Ende 1905 eine Stelle als Hilfsrichter beim Landgericht in Köln antrat. Vermutlich hoffte er, dadurch leichter ein freiwerdendes Notariat auf dem Lande „mit nicht zuviel Arbeit" (so jedenfalls äußerte er sich Jahrzehnte später) übernehmen zu können. Als rheinischer Katholik nichtadliger Herkunft, der keinem feudalen Studentenkorps angehörte (wohl aber einer katholischen Studentenverbindung) und nicht einmal das Reserveoffiziers-Patent besaß, bestand für Adenauer so gut wie keine Chance für den Eintritt in den preußischen Verwaltungsdienst, geschweige denn für eine entsprechende Karriere.

2.

Andererseits trat der 28jährige Jurist 1904 durch seine Heirat mit Emma Weyer (1880-1916), Tochter einer angesehenen und begüterten Kölner Familie, mit dem städtischen Patriziat in Verbindung. Der Ehe entstammten drei Kinder. Auf seine Bewerbung hin wurde Adenauer im März 1906 von der Kölner Stadtverordnetenversammlung einstimmig zum Beigeordneten gewählt. Damit hatte seine berufliche Laufbahn Richtung und Ziel gefunden. Bereits drei Jahre später stieg er zum ersten Beigeordneten (Leiter des Finanz- und Personaldezernats) auf, wiederum einstimmig gewählt, noch dazu als jüngstes Mitglied des Beigeordneten-Kollegiums. Damit wurde er zum Vertreter des Oberbürgermeisters. Dieses Amt bekleidete seit 1907 Max Wallraf, ein Onkel von Frau Adenauer.

Nach Ausbruch des Ersten Weltkriegs übernahm Adenauer mit dem Ernährungsdezernat auch noch die Verantwortung für die Versorgung der nächst Berlin größten Stadt in Preußen. Diese Jahre waren für ihn doppelt schwer: 1916 starb seine Frau nach langer Krankheit, 1917 erlitt er durch die Schuld seines Fahrers in Köln einen schweren Autounfall. Vier Monate mußte er im Krankenhaus verbringen; seitdem blieb er von Kopfschmerzen geplagt. Während seines anschließenden Erholungsaufenthalts in St. Blasien wurde Adenauer am 18. September 1917 als Nachfolger von Wallraf, der an die Spitze des Reichsamts des Innern nach Berlin berufen worden war, einstimmig zum Bürgermeister von Köln gewählt. Damit war er mit 41 Jahren das jüngste Stadtoberhaupt in Preußen. Wilhelm II. verlieh ihm den Titel „Oberbürgermeister" und ernannte ihn zum Mitglied des Preußischen Herrenhauses.

Bei seiner Einführung als Oberbürgermeister stellte Adenauer zwei Aufgaben besonders heraus, das Bemühen um eine gesunde wirtschaftliche Entwicklung der Stadt und die Erfüllung sozialer Verpflichtungen. Abschließend erklärte er: „Sich ganz auswirken mit den Kräften des Verstandes und der Seele, mit seiner ganzen Persönlichkeit schöpferisch tätig sein zu können, ist der schönste Inhalt menschlichen Lebens."

Im August 1919 ging Adenauer mit Gussi Zinsser (1895-1948), der achtzehn Jahre jüngeren Tochter eines ihm benachbarten Dermatologen und Professors der Medizin in Köln, die zum Katholizismus übergetreten war, seine zweite Ehe ein, der vier Kinder entstammten. Zur Vervollständigung des Bildes des ebenso erfolgreichen wie vorausdenkenden Kommunalpolitikers und patriarchalisch „regierenden" Familienoberhaupts gehört der Hinweis auf sein damals wie später gepflegtes Hobby, die Beschäftigung mit immer neuen technischen Einfällen, das „Erfinden". Eine Reihe von Patenten bezeugt das stolze Ergebnis dieser ernstgenommenen Freizeittätigkeit, das sich jedoch zum Kummer des Erfinders in keinem Falle als praktisch und finanziell verwertbar erwies.

3.

Von 1917 bis 1933 hat Adenauer die Geschicke der rheinischen Großstadt bestimmt und Kölns Stellung als Metropole des deutschen Westens zielbewußt ausgebaut. Da er zu keiner Zeit als Nationalist oder Annexionist aufgetreten war, brauchte er nach dem Sturz der Monarchie keine politische Kehrtwendung vorzunehmen. Mit Mut und Klugheit verstand er es, in Zusammenarbeit mit der örtlichen SPD-Spitze, während des Winters 1918/19 im Zeichen der Diktatur der Volksbeauftragten („Räte") die Ordnung aufrechtzuerhalten und den ungestörten Durchzug der rückströmenden Armee zu sichern. Mit dem Einmarsch britischer Truppen Anfang Dezember 1918 begann eine mehrjährige Besatzungszeit (bis Anfang 1926), die zahllose Härten für die Bevölkerung zur Folge hatte und die Stadtverwaltung vor schwierige neue Aufgaben stellte.

Durch ebenso selbstbewußtes wie korrektes Auftreten und würdiges Verhalten gewann Adenauer rasch ein gutes Verhältnis zu den Spitzen der Besatzungsmacht.

Mit deren Hilfe konnte er separatistische Bestrebungen im Raum Köln abwehren. Sein Verhalten und Taktieren in der ,,Rheinlandbewegung" wurde von politischen Gegnern zu Unrecht als Separatismus angeprangert. Adenauer ist 1918/19 wie 1923 zwar für Schaffung eines rheinischen Bundesstaats, nicht aber für eine Trennung des Rheinlands vom Reich eingetreten. Er war der prominenteste Verfechter des Gedankens einer Brücken- und Mittlerfunktion des Rheinlands zwischen dem Reich und Westeuropa, ein deutscher Patriot föderalistischer und antipreußischer Grundhaltung, kein Nationalist, kein Separatist.

In der Staatskrise vom November 1923 hat er sich mit seinen Argumenten in Berlin gegen Vorstellungen innerhalb der Reichsregierung Stresemann durchgesetzt, das Rheinland ,,versacken", d.h. durch Einstellung der Zahlungen zeitweise vom Reich trennen zu lassen. Im Zusammenhang der Rheinlandbewegung entwickelte Adenauer politische Konzeptionen, die seiner Zeit vorauseilten: Ernstnehmen des französischen Sicherheitsbedürfnisses, ,,organische Verflechtung" der deutschen mit der französischen und der belgischen Schwerindustrie, Ausbau der Stellung des Rheinlands zum Verbindungsglied zwischen Deutschland und Westeuropa.

Seit 1921 gehörte der Kölner Oberbürgermeister dem neugeschaffenen Preußischen Staatsrat an, zu dessen Vorsitzenden er gewählt und bis 1933 (übrigens stets auch mit den Stimmen der SPD) wiedergewählt worden ist. In dieser Eigenschaft weilte Adenauer regelmäßig in Berlin, wo er Einfluß gewann und Mitglieder der Reichs- und Preußischen Regierung und Verwaltung für die Belange der Gemeinden im allgemeinen und der Stadt Köln im besonderen zu interessieren vermochte. Noch nach Einbruch der Wirtschaftskrise gelang Adenauer eine Verlängerung von Krediten für die (wie die meisten Städte) durch den Abzug von Auslandsanleihen in finanzielle Schwierigkeiten geratene Stadt Köln. Durch seine Tätigkeit in der Rheinlandbewegung wie durch seine kommunalpolitische Aktivität wurde Adenauer überregional bekannt. Als Präsident des Münchner Katholikentags von 1922 repräsentierte er gegen den Münchner Erzbischof Michael Kardinal Faulhaber die republikanische Mehrheit innerhalb des deutschen Katholizismus. Bei der gleichen Gelegenheit befürwortete er einen politischen Zusammenschluß auf interkonfessioneller Grundlage im Sinne der Kölner Zentrumstradition (Julius Bachem) und des von Adam Stegerwald 1920 vertretenen Programms.

Als einer der ,,großen Oberbürgermeister" wurde Adenauer wiederholt als Kandidat für das Amt das Reichskanzlers genannt. In Regierungskrisen 1921 und 1926 rief ihn die Zentrumsfraktion des Reichstags nach Berlin. Adenauer stellte jedoch, was damals ungewöhnlich war, Bedingungen für die Bildung einer tragfähigen Regierungsmehrheit. Deren Nichterfüllung führte zum Scheitern seiner Kandidatur, worüber Adenauer erleichtert war.

Mit dem Namen des Kölner Oberbürgermeisters verbindet sich die Realisierung zahlreicher, teilweise aufwendiger und kostspieliger städtischer Projekte, die überregionale Aufmerksamkeit und Anerkennung fanden. Adenauer schuf, gegen den erbitterten Widerstand betroffener Grundbesitzer, den weiträumigen Grüngürtel aus ehemaligem Festungsgelände, bemühte sich erfolgreich um die Errichtung der Universität, erreichte weitere Eingemeindungen und fand übernationale Aufmerksamkeit mit einer internationalen Presseausstellung. Andere Projekte, die sich mit seinem Namen verbinden, seien nur noch stichwortartig genannt: Ausbau das Messegeländes und des Hafens, Anlage von Sportstadien, Errichtung von Wohnungen und Krankenhäusern, Modernisierung der Energieversorgung, Bau der Mühlheimer Brücke, Ansiedlung von Industriebetrieben. Das breitgefächerte Kunst- und Museumswesen erfreute sich ebenso seiner Förderung wie das städtische Schulwesen und die sich rasch vergrößernde Universität. Deren Ausbau und Personalpolitik hat Adenauer als Vorsitzender des Kuratoriums mitbestimmt, und er empfand dankbar (und als verdient) die Verleihung der Ehrendoktorate der einzelnen Fakultäten.

4.

Bei der administrativen Vorbereitung, parlamentarischen Durchsetzung und Finanzierung der kommunalen Kölner Großprojekte war der Oberbürgermeister die treibende Kraft. Initiative, Aktivität und Zähigkeit überraschten an ihm ebenso wie überzeugende Beredsamkeit und listige Schlauheit. Mit einer berechnenden und nicht selten vordergründig-verkürzenden Argumentation erreichte Adenauer sachliche Zustimmung, nicht immer aber auch eine vergleichbare Anerkennung, zumal der Betroffenen. Nach dem Ende der zwölfjährigen Amtszeit im Dezember 1929 wurde er mit nur einer Stimme Mehrheit (gegen die Stimmen von KPD, SPD und NSDAP) wiedergewählt. Sein Führungs- und Repräsentationsstil fand vielfach ebenso Kritik wie die Höhe seines Gehalts. Unbestritten blieben jedoch Fähigkeiten und Erfolge dieses bekanntesten westdeutschen Kommunalpolitikers („Kanzler des Westens"), der den Vorstandsgremien der Städtetage ebenso angehörte wie allen Führungsgremien der Rheinischen Provinzialverwaltung und zahlreichen Aufsichtsräten.

In der Leitung der Kölner Stadtverordnetenversammlung wie im Vorsitz des Preußischen Staatsrates bewies Adenauer Eigenschaften, die für seinen politischen Aufstieg nach 1945 kennzeichnend werden sollten: sichere Führung eines parlamentarischen Gremiums, Ausschöpfung der Geschäftsordnung, aber auch die Fähigkeit, in turbulenten Versammlungen und bei schwierigen Materien und Abstimmungen Ruhe und Übersicht zu behalten. Stets beherrschte er souverän die anstehenden Sachfragen. Der Oberbürgermeister erwartete prompte Ausführung von Beschlüssen und verstand es, komplizierte Sachverhalte auf ihren jeweiligen Kern zu reduzieren und von daher zu entscheiden. Der gewiefte und listenreiche Kommunalpolitiker galt schon bei seinen Zeitgenossen als das „wahre Denkmal Kölns", als eine „Kombination von Phantasie und Zähigkeit, Prinzipientreue und taktischer Flexibilität, menschlicher Offenheit und mißtrauischer Schweigsamkeit" (K. Pabst). Adenauer besaß ein sicheres Gespür für das, was machbar und (mit wechselnden parteipolitischen Gruppierungen) durchsetzbar war. Im Unterschied zu seiner politischen Tätigkeit nach 1949 fehlte ihm allerdings die Massenwirksamkeit und ein Gespür für den Umgang mit der Presse. Adenauer trat als Parteipolitiker wenig hervor. Aus eigenem Antrieb hielt er sich von einer politischen Rolle im Zentrum der Republik zurück.

5.

Das Aufkommen des Nationalsozialismus hat Adenauer mit Besorgnis verfolgt und Reichskanzler Heinrich Brüning mehrfach, aber vergeblich, geraten, durch antizyklische Wirtschaftspolitik (Arbeitsbeschaffung) die steigende Zahl der Arbeitslosen zu vermindern und dadurch politische Gefahren zu bannen. Mit seinem Urteil: „Brüning rettet (mit seiner deflationistischen Finanzpolitik) die Währung, ruiniert aber die Wirtschaft", bewies er politische Prophetie. Für die Nationalsozialisten in Köln, die bis zum März 1933 nur vier von 95 Stadtverordneten stellten, verkörperte Adenauer das Weimarer „System" und die ihnen verhaßte republikanische Bastion in Preußen. Im Sommer und Herbst 1932 gehörte der Oberbürgermeister zu denjenigen Zentrumspolitikern, die für eine Einbeziehung der NSDAP (als der stärksten Partei) in die Regierungsverantwortung eintraten, um sie dadurch zu „zähmen".

Die ,,Gleichschaltung" Preußens nach Hitlers ,,Machtergreifung" Ende Januar 1933 zu verhindern, ist dem Präsidenten des Preußischen Staatsrats nicht gelungen. Gegen sein Votum wurde am 6. Februar 1933 der Preußische Landtag aufgelöst. Der Wahlkampf zu dessen Neuwahl sowie zu der der kommunalen Parlamente stand in Köln unter der NS-Parole ,,Fort mit Adenauer!" und ,,Adenauer – an die Mauer!" Seit der Wahl vom 12. März 1933 stellte die NSDAP in Köln die stärkste Fraktion. Am folgenden Tage wurde der Oberbürgermeister zwangsweise seines Postens enthoben und verbrecherischer sowie ehrenrühriger Delikte (Korruption, ,,Landesverrat", gesetzwidrige Amtsführung usw.) angeklagt. Vom preußischen Ministerpräsidenten Göring am 17. Juli 1933 förmlich aus seinem Amt entlassen, endete ein gegen Adenauer eingeleitetes Dienststrafverfahren im Juni 1934 ohne Ergebnis. Er wurde aber weder rehabilitiert noch auch in den Ruhestand (mit entsprechender Pensionsregelung) versetzt.

Adenauer blieb geächtet und bedroht. Am 13. März 1933 hatte er Köln verlassen und sich zunächst in Berlin aufgehalten, wo er bei Göring vergeblich gegen Übergriffe staatlicher Stellen protestierte. Von Ende April an fand er für ein Jahr Unterkunft in der Abtei Maria Laach in der Eifel. Anschließend übersiedelte Adenauer mit seiner Familie nach Berlin-Neubabelsberg und im Mai 1935 nach Rhöndorf. Im August desselben Jahres wurde er aus dem Regierungsbezirk Köln ausgewiesen und lebte nun ein Jahr lang allein in Unkel. Im Zusammenhang des Röhm-,,Putsches" Ende Juni 1934 drei Tage lang in Berlin verhaftet, blieb Adenauer auch künftig überwacht und bespitzelt. Im Spätsommer 1937 erreichte er nach mehrjährigen Verhandlungen mit der neuen Kölner Stadtverwaltung einen Vergleich, der ihm einen Teil seiner bisher rechtswidrig einbehaltenen finanziellen Ansprüche sicherte. Dafür mußte der frühere Oberbürgermeister sich bereitfinden, sein Haus in Köln unter Wert an die Stadt zu verkaufen. Mit dem Erlös dieses Vergleichs baute er auf einem neugekauften Grundstück in Rhöndorf ein Haus, in dem er seitdem wohnte.

Adenauer hat jeden Kontakt zu Gruppen der Widerstandsbewegung vermieden. In der ihm eigenen nüchternen Einschätzung von Kräfteverhältnissen nahm er an, daß das Hitler-Regime von innen nicht aufgebrochen werden könne und bis zum bitteren Ende durchgestanden werden müsse. Wenige Wochen nach dem gescheiterten Stauffenberg-Attentat vom 20. Juli 1944 wurde Adenauer verhaftet. Er war drei Monate lang in Köln-Deutz und, nach seiner Flucht aus dem Krankenhaus Köln-Hohenlind in eine Mühle bei Hachenburg im Westerwald erneut verhaftet, im Gefängnis zu Brauweiler eingekerkert, zeitweise zusammen mit seiner Frau, die sich dabei eine Erkrankung zuzog, an deren Folgen sie im März 1948 gestorben ist.

6.

Das Kriegsende erlebte Adenauer in Rhöndorf. Als ,,Nummer eins" auf einer ,,weißen Liste" von unbelasteten Politikern wurde er von der amerikanischen Militärregierung zum Oberbürgermeister von Köln ernannt; Angebot wie Übernahme dieser Aufgabe (4. Mai 1945) betrachtete er als selbstverständlich. Mit ungebrochener Energie und Zähigkeit ging er an den Wiederaufbau der Trümmerwüste. Sein Verhältnis zur amerikanischen Besatzungsmacht war gut, das zur britischen Militärregierung, die Ende Juni Köln übernahm, von Anfang an gespannt. Dabei spielten unterschiedliche Auffassungen über die Behandlung von ehemaligen NSDAP-Mitgliedern, deren genereller Entlassung und Bestrafung sich Adenauer widersetzte, ebenso eine Rolle wie über Prioritäten und Modalitäten des Wiederaufbaus, etwa die Wiedereröffnung von Konfessionsschulen. Adenauer lehnte die allierte Kollektivschuldthese ab und kritisierte die britische Besatzungs- und Deutschlandpolitik.

Am 6. Oktober 1945 wurde der Oberbürgermeister durch den regionalen britischen Militärbefehlshaber, Brigadier John Barraclough, entlassen. Dieser Schritt, in dessen Vorgeschichte eine Denunziation durch den Kölner SPD-Vorsitzenden Robert Görlinger gehört, wurde u. a. mit der ,,Unfähigkeit" des Oberbürgermeisters begründet, erfolgte aber vornehmlich aus politischen Gründen. Genau wie zehn Jahre zuvor durfte Adenauer Köln nicht betreten und seine dort im Krankenhaus liegende Frau nur mit besonderer Erlaubnis besuchen. Da es ihm verboten war, sich politisch zu betätigen, legte er sein Amt als Vorstandsmitglied der neu gegründeten Kölner CDU (die damals noch CDP hieß) nieder. Dazu war er am 2. September 1945 gewählt worden, nachdem er sich zunächst gegenüber der Gründung einer christlichen Volkspartei reserviert verhalten hatte.

Anfang Dezember 1945 hoben die Machthaber das Verbot politischer Betätigung wieder auf. Daraufhin entwickelte der siebzigjährige Adenauer eine bei ihm bisher ungewohnte parteipolitische Aktivität und machte eine Blitzkarriere in der CDU. Innerhalb weniger Monate war er im Besitz sämtlicher Führungsämter: Vorsitzender der (nord-)rheinischen CDU, Vorsitzender der CDU der britischen Zone, Mitglied des Zonenbeirats und des ersten ernannten sowie des ersten gewählten Landtags von Nordrhein-Westfalen, in dem er den Vorsitz seiner Fraktion erhielt. Daneben leitete er die Arbeitsgemeinschaft CDU/CSU. Hingegen hielt er sich von einem Amt in der Landesregierung in Düsseldorf wie in der Verwaltung der Bizone in Frankfurt frei.

Als Mitverfasser des ersten Programms für die britische Zone (März 1946, Neheim-Hüsten), als unermüdlicher Organisator und Redner gewann Adenauer entscheidenden Anteil am Aufstieg der CDU. Er blieb darauf bedacht, sie für alle Volksschichten wählbar zu halten und gegenüber jenem ,,christlichen Sozialismus" abzugrenzen, wie er besonders von der Berliner CDU vertreten wurde. Gegen deren Exponenten Andreas Hermes und Jakob Kaiser und ihre Konzeption einer ,,Brückenfunktion" Deutschlands zwischen Ost und West vermochte sich Adenauer 1946/47 ebenso durchzusetzen wie gegen Konkurrenten innerhalb des eigenen Zonenverbands.

In Anknüpfung an seine Konzeption aus der Zeit der Weimarer Republik vertrat Adenauer die Notwendigkeit einer westeuropäischen Union, in deren Rahmen er Westdeutschland eine entscheidende Rolle zuwies. Seine Vorstellungen und Zielsetzungen brauchten durch die Entwicklung der nächsten vier Jahre nicht verändert, sondern nur ergänzt und konkretisiert zu werden, insbesondere was die zentrale Rolle der USA beim Wiederaufbau Westeuropas und Westdeutschlands betraf, die erst seit 1947 deutlich wurde.

Bei den Regierungen in Washington, Paris und London gewann Adenauer als prominentester Verfechter der Idee einer europäischen Föderation allmählich ein Kapital von Vertrauen, das der von ihm vertretenen Politik zugute kam. Dabei spielte es eine Rolle, daß er der Vorsitzende der stärksten Partei in der britischen Zone war. Auch wirkte sein bekannter ,,antipreußischer Duktus" in dem von Aversionen gegen den preußischen Geist besessenen westlichen Ausland ebenso beruhigend wie sein klarer Antikommunismus in den Jahren des Kalten Krieges (H.-P. Schwarz).

Mit der Wahl zum Präsidenten des Parlamentarischen Rats am 1. September 1948 rückte der rheinische CDU-Politiker in eine überregionale Schlüsselrolle. Sein Ziel war es, die drei westlichen Besatzungszonen mit Hilfe einer neuen Verfassungsordnung so rasch wie möglich aus dem Zustand politischer Ohnmacht herauszuführen. In seinem neuen Amt wurde er ,,Sprecher der werdenden Bundesrepublik gegenüber den westlichen Mächten" (Theodor Heuss) und konnte seinen Vorstellungen von der Rolle Westdeutschlands im Rahmen der freien Welt stärkere Resonanz verschaffen. Adenauer hat an der Gestaltung wie am Zustandekommen des Grundgesetzes im Winter 1948/49 erheblichen Anteil. Gleichzeitig gewann er eine Plattform, von der aus er ein Jahr später seinen politischen Führungsanspruch in der neugegründeten Bundesrepublik Deutschland anmelden und durchsetzen konnte.

7.

Den Ausgang der ersten Bundestagswahl vom 14. August 1949 verstand und nutzte Adenauer als Entscheidung zugunsten einer Regierungsbildung ohne die Sozialdemokratie. Seine Wahl zum ersten Bundeskanzler einen Monat später, am 15. September, leitete die Ära einer von der CDU/CSU geführten Abfolge von Regierungskoalitionen ein. Der CDU-Vorsitzende der britischen Zone (von 1950 an der CDU Deutschlands) besaß fest umrissene politische Vorstellungen. In ihrem Kern bereits nach 1918/19 entwickelt, hatte Adenauer deren Gültigkeit und Aktualität durch die Erfahrungen des Hitler-Regimes und den Ausgang des Krieges nur bestätigt gefunden. Aus der deutschen Niederlage, der neuen weltpolitischen Konstellation und damit der faktischen Zweiteilung Europas und Deutschlands zog er die radikalsten Konsequenzen. Sein Ziel war es, den Bolschewismus durch einen Zusammenschluß des freien Europa an weiterem Vordringen zu hindern. Als Lehre der Geschichte hielt er es für notwendig, den vor 1933 zwischen Ost und West hin- und hergerissenen Deutschen die außenpolitische Entscheidungsfreiheit abzunehmen, um sowohl einen Rückfall in die frühere „Schaukelpolitik" als auch in nationalstaatliche Restauration zu verhindern. Der rheinische CDU-Politiker wollte die 46 Millionen Deutschen westlich des Eisernen Vorhangs so rasch wie möglich aus Ohnmacht und Isolierung herausgeführt und so eng wie möglich mit Westeuropa verbunden wissen, insbesondere durch enge Verflechtung der Schwerindustrie. Damit sollten gleichzeitig das Sicherheitsverlangen der Nachbarvölker, das Adenauer seit 1919 ernstgenommen hatte, befriedigt, eine Aussöhnung vor allem mit Frankreich in die Wege geleitet und schließlich ein Verzicht der Anliegerstaaten auf Annexionen erreicht werden. Angesichts der Machtverhältnisse hielt Adenauer eine Wiederherstellung der deutschen Einheit ohne sowjetische Kontrolle über Gesamtdeutschland für irreal.

Die westlichen Siegermächte hatten durch die Zerschlagung Preußens und die Neubildung von Ländern die innerdeutschen Voraussetzungen geschaffen, die notwendig waren, um derartige Konzeptionen verwirklichen zu können. Denn erst jetzt gewann das von der Schwerkraft preußischer Tradition gelöste Rheinland eine Brücken- und Mittlerfunktion, die die Voraussetzung für eine stärkere Westorientierung des größten Teiles von Deutschland war. Adenauer sah als Bundeskanzler (und von 1951 bis 1954 auch als Außenminister) die einzigartige Möglichkeit, die älteren Konzeptionen einer Westbindung des größten Teiles von Deutschland realisieren und damit für dreiviertel der deutschen Bevölkerung eine politisch attraktive Entwicklung einleiten zu können. Deren europäische und antibolschewistische Grundhaltung wurde von der überwiegenden Mehrheit getragen. Dabei war der Gedanke einer europäischen Integration zugleich das Symbol historischen Fortschritts gegenüber den älteren Nationalstaaten. Die mit diesem außenpolitischen Aspekt verknüpfte Neuorientierung des politischen Weltbilds erwies sich als ein nicht zu unterschätzendes innenpolitisches Bindeglied.

8.

Um die mit seiner Westintegration erstrebten Ziele – vor allem Handlungsspielraum, Sicherheit und Gleichberechtigung für die Bundesrepublik – zu erreichen, war der Bundeskanzler zu Vorleistungen gegenüber den Westmächten bereit (Beitritt zur

Internationalen Ruhrbehörde und zum Europarat, obwohl auch das von Deutschland getrennte Saargebiet assoziiertes Mitglied wurde). Diese gegen den erbitterten Widerstand der von Kurt Schumacher geführten SPD-Opposition durchgesetzte Politik erwies sich rasch als richtig und führte zu Kettenerfolgen der Regierung: 1949 das „Petersberg-Abkommen" (Reduzierung des Demontageprogramms, Errichtung deutscher Konsulate), 1950 Beitritt zur Montanunion, 1951 Erlöschen des Ruhrstatuts, 1952 Wiedergutmachungsvertrag mit Israel, 1954 Deutschlandvertrag (Aufhebung des Besatzungsstatuts) sowie Wiederherstellung eines völkerrechtlichen Vertragssystems und Beitritt zum internationalen Währungsfonds wie zu anderen internationalen Gremien. Da sich die Bundesrepublik angesichts einer neuen weltpolitischen Krisensituation (Korea-Krieg 1950) nicht länger einem von den USA geforderten Verteidigungsbeitrag entziehen konnte, verknüpfte Adenauer die erstrebte (und erreichte) Sicherheitsgarantie und volle Gleichberechtigung mit einem deutschen Verteidigungsbeitrag innerhalb eines europäischen Kontingents.

Seit 1952/53 entwickelte sich zwischen der Bundesrepublik und den USA ein besonders enges Verhältnis, das in der Folge in dem Maße vertieft wurde, in dem Frankreich wegen seiner inneren Schwäche als Bündnispartner zurücktrat und Großbritannien seine Interessen außerhalb einer westeuropäischen Gemeinsamkeit verfolgte (eigene Entspannungspolitik). Den schwersten Rückschlag seiner auf die Westintegration konzentrierten Außen- und Sicherheitspolitik erlebte Adenauer 1954 durch das von der französischen Nationalversammlung herbeigeführte Scheitern der Europäischen Verteidigungsgemeinschaft (EVG). Ein Jahr später verschaffte die Aufnahme der Bundesrepublik in die NATO und in den zur Westeuropäischen Union (WEU) erweiterten Brüsseler Pakt der Bundesrepublik militärische Sicherheit und politische Gleichberechtigung sowie die volle Souveränität (5. Mai 1955).

Trotz der Belastungen des deutsch-französischen Verhältnisses gelang es, das Saarproblem schrittweise zu entkrampfen (1956 Vertrag zwischen der Bundesrepublik und Frankreich) und durch eine Volksabstimmung zu lösen. 1957 wurde das Saarland in den politischen Verband der Bundesrepublik Deutschland eingegliedert. Das Vorgehen, das hier gelungen war – Bereitschaft beider Seiten, das Ergebnis einer freien Abstimmung anzuerkennen –, schwebte Adenauer als Vorbild für eine Wiedervereinigung vor. Daß 1957 die Europäische Wirtschaftsgemeinschaft (EWG) zustandekam, bot einen neuen europäischen Anstoß von den Wirtschaftsinteressen her, litt aber unter dem Zerfall der vierten französischen Republik.

Nach dem Rückschlag von 1954 erstarkte das Nationalgefühl. Verbale Bekenntnisse zur Wiedervereinigung belasteten zunehmend die innenpolitische Szenerie, unbeschadet der Erfolge dieser Jahre, die ihren Niederschlag in einer Fülle bedeutender Gesetzgebungswerke und sozialpolitischer Leistungen fanden: Soforthilfe, Arbeitsbeschaffung (mehr als 9 Millionen Arbeitsplätze bis 1963), Wohnungsbau (6 Millionen Wohnungen, davon mehr als die Hälfte im Sozialen Wohnungsbau), Eingliederung der 7,9 Millionen Heimatvertriebenen und der 3,6 Millionen DDR-Flüchtlinge, Lastenausgleich, Mitbestimmung in der Montan-Industrie, Regelung der Betriebsverfassung, Rentenreform („dynamische Rente"), Kriegsopferversorgung (mehr als 5 Millionen Kriegsversehrte und Hinterbliebene), Aufhebung der Wohnungszwangswirtschaft, Privatisierung von Bundesvermögen, Bundessozialhilfegesetz, Handwerkerversicherung. Die Voraussetzungen zur Finanzierung der sprunghaft steigenden staatlichen Leistungen, sozialen Verpflichtungen und Wiedergutmachungsforderungen wurden durch den Massenwohlstand im Zusammenhang mit der sozialen Marktwirtschaft geschaffen, die mit dem Namen von Bundeswirtschaftsminister Ludwig Erhard verbunden ist.

Dennoch bildete die Magnetwirkung, die von der Westintegration der Bundesrepublik, den Auswirkungen ihrer freiheitlichen Staats- und Wirtschaftsordnung und dem Wirtschaftsaufschwung („Wirtschaftswunder") der fünfziger Jahre erhofft wurde, keinen Hebel für eine Wiedervereinigung. Auch nach Stalins Tod (1953) sah sich die Sowjetunion nicht dazu veranlaßt, freien Wahlen in Deutschland zuzustimmen. In dem Maße, in dem die Wiederherstellung der Einheit in immer weitere Ferne rückte, änderten sich die politischen Prioritäten. Die Rangfolge lautete nunmehr: Frieden, Freiheit, Einheit, ohne daß der damit nur umformulierte Widerspruch zwischen dem verbalen Bekenntnis und der Unerfüllbarkeit seiner Zielsetzung deutlich (genug) wurde.

Diese Entwicklung stand im Zusammenhang mit der inzwischen veränderten Weltlage. Nach dem Ende des Kalten Krieges und dem Verlust des amerikanischen Atomwaffen-Monopols kam es seit 1956 zu Verhandlungen zwischen den Supermächten über Rüstungskontrolle. Bei den Westmächten gewann die sowjetische Ansicht an Boden, gleichzeitig und nebeneinander die Sicherheits- und Deutschlandfrage zu behandeln, d. h. nicht mehr im Sinne der „Bindungsklausel" des Deutschlandvertrags erste Fortschritte in der Frage der Wiedervereinigung zu erzielen, bevor über die Lösung anderer Probleme verhandelt werden könne. Adenauer widersetzte sich allen Plänen auf Errichtung atomwaffenfreier Zonen in Mitteleuropa, die das Gleichgewicht der Kräfte zugunsten der Mächte des Warschauer Paktes verschieben mußten.

Der Bundeskanzler, der ein Wiederaufleben der Anti-Hitler-Kriegskoalition fürchtete („Alpdruck von Potsdam"), mußte angesichts des atomaren Patts der Supermächte den Kurs seiner Außenpolitik ändern. Er drängte nicht mehr darauf, bei jeder Ost-West-Verhandlung auch die Deutschlandfrage einzubeziehen. Übergeordnetes Ziel blieb es – vor allem wegen der bedrohten Situation von Berlin –, die Verantwortung der vier Mächte für ganz Deutschland aufrechtzuerhalten und zu verhindern, daß der Status quo des geteilten Landes, etwa in einem Friedensvertrag, völkerrechtlich sanktioniert werden würde.

9.

Diesem Ziel diente seit 1958 auch der Versuch, neue Wege in der Ostpolitik einzuschlagen. Trotz der seit 1955 bestehenden diplomatischen Beziehungen mit der Sowjetunion (Adenauers Reise nach Moskau, Rückkehr von 30000 Kriegsgefangenen) hatten diese keine Bedeutung gewonnen. Zur Lösung der deutschen Frage suchte Adenauer nunmehr direkten Kontakt mit Moskau, ohne deswegen jedoch die Freiheitsbedrohung durch die Sowjetunion geringer zu veranschlagen. Er war auch künftig nicht bereit, eine Wiedervereinigung, die er weiterhin als das zentrale Problem der deutschen Politik ansah, um den Preis der Freiheit für Gesamtdeutschland anzustreben, wie sie Stalin 1952 mit seinem Angebot zu Verhandlungen über ein „neutralisiertes" Deutschland offeriert hatte, um den Abschluß des EVG- und Deutschland-Vertrags zu verhindern. Adenauer, der heftige innenpolitische Kritik an seiner Haltung („Kalter Krieger") in Kauf nahm, dachte in langen Fristen. Er hoffte auf ein Entgegenkommen Moskaus als Folge innerer Schwierigkeiten in der Sowjetunion und als Ergebnis von Selbständigkeitsbestrebungen in den Satellitenstaaten (Aufstände in der DDR 1953, in Polen und Ungarn 1956), aber auch als Konsequenz eines Konflikts mit Rotchina.

Seinen Kurswechsel in der Deutschland- und Ostpolitik durch zeitweiliges Zurückstellen der Wiedervereinigung hat der Bundeskanzler im Frühjahr 1958 mit dem Angebot eines „österreichischen Status" für Mitteldeutschland (mit mehr Freiheit für die Bevölkerung in der DDR) eingeleitet. Diese Politik wurde jedoch durch das Berlin-Ultimatum Chruschtschows vom November 1958 und 1961 durch den Bau der Berliner Mauer und den Schießbefehl Ulbrichts blockiert.

Damit war jede Aussicht auf eine Wiedervereinigung verbaut, allerdings auch die Unmenschlichkeit des totalitären Regimes demonstriert worden. Auch blieben voraufgegangene wie spätere Angebote erfolglos, erst nach zehnjährigem Stillhalten der Bundesrepublik und der Sowjetunion („Burgfrieden") durch Wahlen über die Existenz eines zweiten deutschen Staates sowie über eine Herauslösung derjenigen Teile Gesamtdeutschlands aus den übergreifenden Militärblöcken zu entscheiden, die sich mehrheitlich dafür aussprechen sollten. Solche Wahlen vermochten der Sowjetunion keinen entsprechenden Ersatz für die Preisgabe ihres DDR-Satelliten zu bieten.

Angesichts dieser Situation und des erheblich distanzierten Verhältnisses zur USA nach dem Amtsantritt Präsident Kennedys (1961) forcierte Adenauer einen engeren Zusammenschluß mit dem von Staatspräsident de Gaulle geführten Frankreich. Dafür steckte er in seiner EWG-Politik zurück. Das Ergebnis der bilateralen Zusammenarbeit bildete der deutsch-französische Vertrag vom Januar 1963. Er war die Krönung der Westpolitik des ersten Bundeskanzlers, bildete allerdings nicht mehr Ausgangspunkt und Anstoß zu weitergehender politischer Einigung Westeuropas, der de Gaulles Konzeption eines „Europa der Vaterländer" entgegenstand.

10.

In seiner Regierungsführung und Handhabung der Richtlinienkompetenz war Adenauer, im Gegensatz zu einer verbreiteten Legende, kein Mann einsamer Entschlüsse. Wohl vermochte er in den ersten Jahren seiner Amtszeit im Zeichen des Besatzungsstatuts alle außenpolitische Aktivität in dem von parteipolitischen Einflüssen weitgehend abgeschirmten Bundeskanzleramt zu konzentrieren und sich den entscheidenden Zugang zu den „Machthabern", den drei Hohen Kommissaren auf dem Petersberg, zu reservieren. Ihnen gegenüber gewann der Bundeskanzler rasch eine gleichberechtigte Verhandlungsposition. Adenauers politische Entscheidungen bildeten das Resultat gründlicher Vorarbeiten und eines komplizierten Integrationsprozesses. Der Bundeskanzler wußte, was er wollte, wenn er in eine Sitzung ging, und verstand es, Zustimmung zu finden und Widersacher zu isolieren. Er brauchte und schuf klar getrennte Fronten und politischen Widerspruch. (Wahl-)Kampf war ihm Lebenselixier. Adenauer vermochte die personale Relevanz sachlicher Gegebenheiten einzuschätzen und kannte keine Sentimentalität in der Beamten- und Personalpolitik. Ungeachtet der ihm zur Verfügung stehenden Überraschungseffekte und taktischen Finessen blieb er jedoch darum bemüht, bei politischen Weichenstellungen eine Mehrheit des jeweils zuständigen „Entscheidungszentrums" hinter sich zu bringen. War das, nicht selten nach heftigen Auseinandersetzungen, der Fall, dann zögerte Adenauer nicht, von seiner Richtlinienkompetenz Gebrauch zu machen. Zu seinem ausgeprägten, auch weltanschaulich begründeten Verantwortungsgefühl gehörte die Überzeugung, durch Unterlassen politischen Handelns genau so „schuldig" werden zu können wie durch Handeln. Eine entscheidende Rolle bei der Regierungsführung und Menschenbehandlung spielte die Autorität und Souveränität des Regierungschefs, aber auch seine Ämterhäufung.

Adenauer delegierte keinen Machtanteil und ließ keine Entscheidung aus der Hand gleiten, hielt sich jedoch von Detailarbeiten fern, weil er neben einem Gespür für politisch relevante Zusammenhänge die Kunst des Ausharrenkönnens besaß, andererseits aber nach kurzer Überlegung präzis entscheiden konnte. Er vermochte seine Gegenspieler „auszumüden" und seiner jeweiligen Gegenwart vorauszudenken. Auch war er von jeher ein rascher und gründlicher Aktenarbeiter. In seiner „reduzierenden Intelligenz" (H. Maier) verstand es Adenauer, noch so kompliziert erscheinende Sachverhalte auf ihren Kern zurückzuführen und sie von daher in ihren politischen Möglichkeiten und Auswirkungen zu beurteilen. Der Oberbürgermeister wie der Bundeskanzler, der aus innerer Selbstsicherheit äußere Gelassenheit gewann und sensibles Einfühlungsvermögen besaß, ließ sich weder durch Expertenvorträge noch durch Meinungsmacher beeinflussen. Hingegen hat er in seinem instrumentalen Verständnis von Institutionen nicht selten dem Druck von Interessenverbänden nachgegeben und Ressortenentscheidungen präjudiziert. Adenauer behielt ein latentes Mißtrauen gegen die Bürokratie wegen ihrer Schwerfälligkeit und ihres fehlenden politischen Fingerspitzengefühls, wußte aber deren Fähigkeiten zu nutzen und die Arbeitskraft vor allem seiner engsten Mitarbeiter – angefangen von Staatssekretär Hans Globke – zu strapazieren.

11.

Die Verschlechterung der außen- und sicherheitspolitischen Situation der Bundesrepublik Deutschland seit Ende der fünfziger Jahre blieb nicht ohne Rückwirkungen auf die innenpolitische Szenerie. Sie war gekennzeichnet durch eine Umarmungstaktik der SPD, die auf der Grundlage ihres neuen Parteiprogramms (Godesberg 1959) auf die deutschland- und außenpolitische Linie der CDU/CSU-Mehrheit einschwenkte (1960) und sich auch für bürgerliche Gruppen als wählbar präsentierte.

Adenauer geriet innenpolitisch in die Defensive, in einen „Fallwind" (P. Berglar). Sein Entschluß, seine Kandidatur für die Wahl zum Bundespräsidenten zurückzuziehen – mitbedingt durch den Tod des ihm eng verbundenen amerikanischen Außenministers John F. Dulles –, führte 1959 zu einem Vertrauensschwund, auch wenn sich die politische Einschätzung seines potentiellen Nachfolgers als richtig erweisen sollte. Adenauer gelang es nicht, seiner Politik eine auch personell abgesicherte Kontinuität zu verschaffen. Die durch ein Urteil des Bundesverfassungsgerichts erzwungene Auflösung des von ihm initiierten „Deutschland-Fernsehens" (1960) galt als Niederlage für den Kanzler. Daß der Bau der Berliner Mauer am 13. August 1961 Adenauer angesichts der von den USA sofort bekundeten Passivität nicht veranlaßte, gleich in die bedrohte Stadt zu reisen, sondern den Bundestagswahlkampf fortzusetzen (um zu verhindern, daß in der DDR ein Aufstand wie der von 1953 ausbrach), war ein Grund für den Stimmenrückgang vier Wochen später. Der inzwischen 83jährige, wegen seiner Vitalität und Elastizität aber weiterhin vielbeneidete Kanzler schien diesmal seine ungewöhnliche Flexibilität und Reaktionsfähigkeit eingebüßt zu haben.

Zufolge des Wahlausgangs erwies es sich als außergewöhnlich schwierig, ein neues, das vierte Kabinett Adenauer zu bilden. Der Bundeskanzler mußte auf Drängen des FDP-Koalitionspartners ein vorzeitiges Ausscheiden aus seinem Amt zugestehen. Am 15. Oktober 1963, in der Mitte der vierten Legislaturperiode, trat er zurück, nachdem er ein Jahr zuvor im Gefolge der „Spiegel-Krise", deren Tiefen- und Fernwirkungen er unterschätzte, noch eine Umbildung der Regierung hatte vornehmen müssen. Adenauer gehörte weiterhin dem Bundestag an. Er wechselte 1966 vom Amt des Vorsitzenden der CDU, das Ludwig Erhard zufiel, in das des Ehrenvorsitzenden seiner Partei über. Dabei blieb er weiterhin ein häufig unbequemer Mahner seiner Partei und seines Amtsnachfolgers Erhard, den er warnte, das deutsch-französische Verhältnis zugunsten einer atlantischen Partnerschaft zu vernachlässigen.

12.

Während der langen Amtszeit Adenauers, der mit in- und ausländischen Auszeichnungen geehrt worden ist wie vor ihm kein deutscher Staatsmann, gab es immer wieder Anlässe, seine politischen Leistungen zustimmend oder kritisch zu würdigen. Für die Ausstrahlung seiner Persönlichkeit spielte die zeremoniöse Abfolge seiner Geburtstagsfeiern eine Rolle, durch die der 5. Januar zunehmend auch politisches Gewicht erhalten hatte, zumal es nicht gelingen wollte, in der Bundesrepublik einen (anderen) Staatsfeiertag zu verankern.

Nach seinem Ausscheiden aus dem Amt begann Adenauer mit der Arbeit an seinen „Erinnerungen", von denen 1965/67 drei Bände über die Jahre 1945 bis 1959 erschienen („Meinem Vaterland" gewidmet), während ein vierter Band nach seinem Tode nur als Fragment publiziert werden konnte. Strapaziöse Auslandsreisen (in Fortsetzung seiner 78 ausländischen Staatsbesuche als Bundeskanzler), darunter eine nach Israel, verband Adenauer immer wieder mit der Mahnung, die westeuropäische Integration zu stärken und in der Wachsamkeit gegenüber der unverändert weltrevolutionären Zielsetzung der Sowjetunion nicht nachzulassen.

Im Rückblick erklärte Adenauer in seinen „Erinnerungen", die drei großen Ziele seiner Politik seien gewesen: Freiheit, Frieden, Einheit. Konkreter formulierte er bei anderer Gelegenheit, 1949 habe er drei große Aufgaben vor sich gesehen: die Wiedervereinigung Deutschlands sowie die Aussöhnung mit Frankreich und mit Israel, wobei ohne das Gelingen der beiden letztgenannten die Wiedervereinigung kaum möglich sein werde. Gemessen an dieser Aufgabenstellung konnte der Bundeskanzler nur einen Teil seiner Zielsetzung erreichen. Das gilt insbesondere dann, wenn man seine eigene Maxime – wiederum aus den „Erinnerungen", seinem politischen Testament – zugrunde legt: „Der letzte Maßstab jeder Politik ist der Erfolg". In diesem Sinne blieb auch das Werk Adenauers, wie das jeden Staatsmanns, unvollendet und bruchstückhaft. Auf der anderen Seite hat die von ihm eingeleitete Politik der Bundesrepublik bisher Freiheit, Wohlstand und soziale Sicherheit erhalten.

Adenauer starb nach dreiwöchiger Krankheit am 19. April 1967 im Alter von 91 Jahren in Rhöndorf. Zum Staatsbegräbnis des ersten Bundeskanzlers, der bei seinem Amtsantritt nur den wenigsten Deutschen bekannt gewesen war, kamen 28 Staats- und Regierungschefs und 91 Sonderdelegationen nach Bonn. Das Grab auf dem Friedhof in Rhöndorf ist seitdem das Ziel Hunderttausender von Besuchern aus aller Welt, ebenso sein Haus in Rhöndorf, das als Teil einer „Stiftung Bundeskanzler Adenauer-Haus" das Andenken an den großen christlichen Demokraten und Europäer wachhält.

Konrad Adenauer hat 1951, anläßlich der Verleihung des Ehrenbürgerrechts der Stadt Köln, erklärt: „Was ich bin, das ist gewachsen auf diesem Boden und geformt worden von seiner Umgebung und dieser Atmosphäre." Der spätere Bundeskanzler gehörte aber weder zu den „Abendländern" noch zu den „Rheinbündlern". Er gelangte erst nach einem ungewöhnlich langen Anlauf zur Parteipolitik und zu staatsmännischer Wirksamkeit. 1949 war er, wie bei allen beruflichen Wegbiegungen seines Lebens, aus eigenem Antrieb zur Stelle, als es galt, die Weichen für die politische Zukunft Deutschlands zu stellen. Adenauer verstand seine Arbeit als Dienst am Vaterland und staatsbürgerliche Pflicht. Die Wurzeln seiner Kraft lagen in seinem Glauben, den er ebenso selbstverständlich-unaufdringlich praktizierte wie er seinen rheinisch-katholischen Schwerpunkt nicht veränderte.

Die zeitgenössische Kritik aus dem nationalistischen wie aus dem linken Lager an den außenpolitischen Grundentscheidungen der fünfziger Jahre ist weithin verstummt, seitdem sich auch spätere Regierungen in die Kontinuität Adenauers stellten. Statt dessen bieten vermeintlich verpaßte Weichenstellungen, vor allem im wirtschaftspolitischen Bereich („verhinderte Neuordnung", gemeint: Sozialisierung) Anlaß, angebliche historische Versäumnisse der „restaurativen Ära" zu entdecken oder als Vorwand für gegenwartsbezogene Forderungen zu nutzen. Ein Teil der erbitterten Opposition gegen Adenauer dürfte sich eher aus seiner nüchternen Art sowie als zu schlicht empfundenen und wegen seines rheinischen Idioms gern bespöttelten Diktion erklären als aus deren Konzept oder Durchsetzung, zu der eine Alternative nur theoretisch existierte.

Der erste Bundeskanzler hat den von ihm erstrebten politischen Zusammenschluß Westeuropas, in dem er gleichzeitig den Hauptgaranten für eine dauernde Bindung der USA an Europa sah, nicht erlebt. Auch war es ihm nicht vergönnt, den Landsleuten jenseits des Eisernen Vorhangs mehr Freiheit zu verschaffen, eine Aufgabe, die er seit Ende der fünfziger Jahre angesichts der Machtverhältnisse für aussichtsreicher gehalten hatte als die äußere Wiederherstellung der Einheit. Dessen ungeachtet zählt Konrad Adenauer zu den großen Deutschen und zu den Friedensstiftern unserer Zeit.

An ungedruckten Quellen befindet sich der Nachlaß Adenauers in der Stiftung Bundeskanzler Adenauer-Haus in Rhöndorf, die Akten aus seiner Amtszeit als Oberbürgermeister im Historischen Archiv der Stadt Köln, die der CDU des Rheinlandes im Hauptstaatsarchiv in Düsseldorf. Die Akten Adenauers aus seiner Zeit als Bundeskanzler liegen teils im Bundesarchiv in Koblenz und im Archiv des Auswärtigen Amtes in Bonn, teils noch in den Bonner Registraturen, Materialien zur Geschichte der CDU außer in Rhöndorf auch im Archiv für Christliche Demokratie der Konrad-Adenauer-Stiftung in St. Augustin. Gedruckte Quellen gibt es in reichem Maße ebenso wie eine weiter anschwellende Adenauer-Literatur. Solange man von einer Adenauer-Forschung noch nicht sprechen konnte, füllte die „autorisierte Biographie" des Unionspolitikers von Paul Weymar (München 1955) manche Lücken. Nach dem Ende der „Ära Adenauer" (1949-1963) blieb die erste Phase ihrer Erforschung durch die „Erinnerungen" des Exkanzlers (erschienen in vier Bänden, Stuttgart 1965-68) bestimmt. Dadurch geriet vornehmlich die Außenpolitik, zunächst bis Mitte der fünfziger Jahre, in das Blickfeld. Die Wiederkehr des 100. Geburtstags von Adenauer 1976 bildete dann einen äußeren Anstoß zur Beschäftigung auch mit dem Kommunal- und Innenpolitiker. Die inzwischen außerordentlich intensivierte und differenzierte Adenauer-Forschung wird mit der Freigabe von amtlichen Akten der Bundesregierung von 1949 an, die mit dreißigjährigem Abstand nunmehr laufend erfolgt, neuen Auftrieb erhalten.

Wenn Severing und Gronowski für die Frühzeit des Landes den Part des altgedienten Politikers spielten, der reiche Weimarer und noch ältere Erfahrungen einbrachte, dann waren Amelunxen und Lehr, von ihren späteren Ämtern einmal abgesehen, im Vorfeld der Landesgründung wichtig, wenn auch auf unterschiedliche Weise. Salzmann und Drake stehen für Westfalen und Lippe, aber das Rheinland, genauer: Nordrhein hat erst in den sechziger Jahren mit Franz Meyers und nach ihm mit Heinz Kühn die personale Palette der Landespolitik bestimmt. Als das neue Land knapp ein Jahr nach seiner Gründung mit den ersten Parlamentswahlen im Frühjahr 1947 seine demokratische Legitimation erhalten hatte, wurde ein Mann Chef der Regierung, der um diese Zeit zwar schon ein Vierteljahrhundert in Düsseldorf lebte, aber aus Oberschwaben stammte. Karl Arnold (1901-1958) konnte sich, was seinen politischen Erlebnishorizont betraf, kaum mit Severing und Gronowski messen, und ihm fehlte die landsmannschaftliche Aura der Salzmann und Drake, auch der Amelunxen und Lehr. Aber gerade der Mangel an herkömmlichen Voraussetzungen kam den Ministerpräsidenten der Frühzeit zugute. Für ihn gab es keine rheinischen oder westfälischen Traditionen, und das schwerindustrielle Erbe, mit dem das neue Land antrat, war für Arnold der Anreiz zur Entwicklung einer sozialen Politik, die mit den Trümmern der Vergangenheit fertig werden wollte, um neue Grundlagen zu schaffen. Die Widerstände, auf die er stieß, lagen zugleich auf alliierter wie auf deutscher Seite. An den Besatzungsmächten scheiterte die von ihm mitgetragene Konzeption der Überführung der Grundstoffindustrien in Gemeinwirtschaft, an Adenauer, dem CDU-Vorsitzenden und Bundeskanzler seit 1949, die Fortführung der Großen Koalition mit den Sozialdemokraten, die Arnold in der ersten Legislaturperiode des Landtags berühmt gemacht hatte. Auf der anderen Seite fühlte er sich verpflichtet, mit dem größten Land der Föderation dem Bund zumal in der Außenpolitik Unterstützung zu geben, hatte doch Nordrhein-Westfalen seinerseits Bonn wegen der Demontagen nötiger als andere Länder. Und daß Bonn, eine Stadt in Nordrhein-Westfalen, zuerst Sitz des Parlamentarischen Rates, dann vorläufige Bundeshauptstadt wurde, war für die Düsseldorfer Landesregierung mehr als nur Prestige.

Walter Först

KARL ARNOLD

Walter Först

In die Vorgeschichte der Bundesrepublik Deutschland gehört nicht nur der Prozeß der bei Kriegsende militärisch besiegelten Teilung Deutschlands, die sich dann über Jahre hinweg auch politisch vollzog, sondern auch das, was die Länder geschaffen haben, die zuerst da waren und 1948/49 entscheidenden Einfluß auf die Entstehung des neuen deutschen Staates auf dem Gebiet der drei westlichen Besatzungszonen ausübten. Weil die Regierungschefs dieser Länder als erste nach dem Zusammenbruch wieder, wenn auch von den Besatzungsmächten beaufsichtigt, staatliche Autorität und politische Führung ausübten, sind sie von der Bühne der biographischen Zeitgeschichtsschreibung nicht wegzudenken. Die Bildung der Bundesrepublik und die zentrale Rolle, die diese mehr und mehr übernahm, hat die Frühgeschichte der Nachkriegsländer freilich bald in den Hintergrund treten lassen. An Lebensbildern von Männern wie Hans Ehard und Wilhelm Kaisen, Reinhold Maier und Hinrich Wilhelm Kopf fehlt es ebenso wie an einer gründlichen Darstellung Karl Arnolds, der vor allem im ersten Teil seiner achteinhalbjährigen Regierungszeit in Düsseldorf Kopf und Symbolgestalt des linken Flügels der Christlich-Demokratischen Union gewesen ist. Aus einfachen ländlichen Verhältnissen in Württemberg stammend, war er in der zweiten Hälfte der Weimarer Republik als Bezirkssekretär der christlichen Gewerkschaften und örtlicher Zentrumspolitiker in Düsseldorf heimisch geworden und gehörte bald nach Kriegsende zu den führenden CDU-Politikern, denen an der neuen Partei die konfessionelle und gesellschaftliche Gemeinsamkeit in dieser Union das wichtigste war. Seine auf Ausgleich und Zusammenarbeit auch über Parteigrenzen hinweg eingestellte Politik, seine Integrationsfähigkeit in dem aus ungleichen Teilen zusammengesetzten neuen Land Nordrhein-Westfalen und sein soziales Gewissen ließen ihn für die späten vierziger und die frühen fünfziger Jahre zu einem der deutschen Nachkriegspolitiker werden, die auch international durch die Wirkung ihrer Persönlichkeit wesentlich zum Abbau der Spannungen mit den ehemaligen Siegermächten beigetragen haben. Hans Kroll nannte ihn einmal einen Politiker mit gesundem Menschenverstand, der ,,stets nach praktischen Lösungen suchte, alles Phrasenhafte und Unpräzise ablehnte und einen ausgeprägten Sinn für Realitäten hatte". Und Rudolf Amelunxen bezeichnete Arnold nach dessen frühem Tod als einen Mann, ,,dessen vornehme Gesinnung und Kompromißbereitschaft oft mißbraucht wurden" und der sich ,,in unermüdlicher Arbeit für das öffentliche Wohl verzehrt" hat.

1.

Karl Arnold wurde als zweites von vier Kindern des Kleinbauern Johann Baptist Arnold am 29. März 1901 im württembergischen Herrlishöfen geboren. Das Dorf gehörte zur Pfarrgemeinde Warthausen nördlich der oberschwäbischen Kreisstadt Biberach a. d. Riß. Auf einen Kleinbauernsohn aus der Umgebung, dessen Bedürfnis nach Bildung schon früh sichtbar wurde, muß die Kreisstadt mit Fachwerkhäusern, Klosterhöfen, Tortürmen und der spätgotischen Basilika St. Martin einige Anziehungskraft ausgeübt haben. Der Heranwachsende besuchte die einklassige Volksschule, während der er in der Landwirtschaft half und Vieh hütete, und kam dann zu einem Schuhmachermeister aus der Verwandtschaft in Ochsenhausen in die Lehre. Den Jungen studieren zu lassen, wie er wohl gewünscht hat, um Pfarrer zu werden, fehlte das Geld; der Vater war nebenbei auch als Land- und Bauarbeiter tätig, weil die eigene Wirtschaft nicht genug abwarf. In Ochsenhausen trat Arnold mit fünfzehn Jahren dem Katholischen Gesellenverein bei, und als er mit achtzehn Jahren Matthias Erzberger begegnete, erwies er sich diesem gegenüber als für sein Alter ungewöhnlich belesen und politisch interessiert.

Trotzdem wird man diese Begegnung nicht als ein Schlüsselerlebnis bezeichnen können. Irgendwann im Winter 1918/19 war Erzberger, seit 1903 Zentrumsabgeordneter des Reichstags für den Wahlkreis Biberach-Waldsee-Leutkirch-Wangen, in seinem Wahlkreis unterwegs und blieb, so will es die Legende wissen, in Herrlishöfen mit dem Wagen stecken. Die Dorfbewohner liefen zusammen, und der Schustergeselle Arnold half, das Auto wieder flott zu machen, worauf Erzberger ihn mitnahm, mit ihm ins Gespräch kam und dem Achtzehnjährigen Hilfe anbot, um sich weiter ausbilden zu lassen. Arnold nahm an und ging durch die Vermittlung Erzbergers, der inzwischen Reichsfinanzminister geworden war, 1920 ins Leohaus in München, die Zentrale des süddeutschen Verbandes der Katholischen Arbeitervereine, die für die Heranbildung katholischer Arbeitersekretäre in Kochel am See eine Volkshochschule unterhielt. Bald wurde er über den Lederarbeiterverband auch Mitglied der Christlichen Gewerkschaften, die Erzberger 1899 in Mainz mitbegründet hatte und deren Generalsekretär seit 1902 Adam Stegerwald war. Wenn es damals ein Vorbild für Arnold gab, dann war das eher Stegerwald, der, fünfundzwanzig Jahre älter als er, aus ähnlich kleinen ländlichen Verhältnissen in der Gegend von Würzburg stammte und das Schreinerhandwerk gelernt hatte.

Sein erstes Funktionärsamt übernahm Arnold 1921 beim christlichen Lederarbeiterverband in Frankfurt am Main. Ein Jahr später ging er als Bezirksleiter nach Düsseldorf, wo man ihn 1924 zum Kartellsekretär der christlichen Berufsverbände für Rheinland und Westfalen machte. Die Stadt, in der er nun ansässig wurde und bis zu seinem Tode lebte, war alles andere als eine reine Industriegroßstadt. Sie gehörte auch nicht zu den traditionellen Plätzen der christlichen Arbeiterbewegung, die ihre westdeutsche Zentrale in Mönchen-Gladbach hatte. Nach der Mitgliederzahl waren die sozialistischen Freien Gewerkschaften in Düsseldorf mehr als doppelt so stark wie die im Deutschen Gewerkschaftsbund zusammengefaßten christlichen, neben denen es als Standesorganisation noch die katholischen Arbeitervereine gab. Ihr Bezirkssekretär wurde 1928 Josef Gockeln, mit dem Arnold schon früh und vor allem in den ersten Jahren nach 1945, wenn auch wohl ohne eigenes Zutun, rivalisieren sollte.

Die Zusammenarbeit der verschiedenen Organisationen mit der Zentrumspartei war in Düsseldorf so eng, daß christliche Gewerkschaften, katholische Arbeitervereine und Zentrum ihre Sekretariate nebeneinander im Paulushaus unterhielten. Arnold, der 1928 Liesel Joeres, die Tochter eines christlichen Gewerkschaftssekretärs, heiratete, wurde 1929 Zentrumsabgeordneter der Stadtverordnetenversammlung und 1931 stellvertretender Fraktionsvorsitzender. Aber das Schwergewicht der örtlichen Parteiorganisation lag bei der bürgerlichen Gruppe, und bei dieser fanden nicht einmal die Reden, die Arnold alljährlich zum Gedächtnis des 1921 ermordeten Erzberger hielt, immer Beifall. Im ganzen wird man sich ihn, zumal es an Zeugnissen über seine Entwicklung aus dieser Zeit fehlt, für seine frühen Düsseldorfer Jahre politisch als eine Randfigur vorzustellen haben.

Das gilt ähnlich auch für die Zeit des Nationalsozialismus. Mit der Auflösung der Gewerkschaften im Frühjahr 1933 zunächst brotlos, arbeitete Arnold anfangs bei der katholischen Kirchensteuerkasse, dann für ein Installationsgeschäft, dessen Mitinhaber er schließlich wurde. Schon früh bildete sich ein Kreis von ehemaligen Zentrumsmitgliedern und christlichen Gewerkschaftlern, der Kontakt mit dem Kettelerhaus in Köln hielt und durch Vermittlung Arnolds und Robert Lehrs, des früheren Oberbürgermeisters, Jakob Kaiser mit führenden Militärs in Berlin zusammenbrachte. In den Kriegsjahren gehörte Arnold zu einer Gruppe von Christen beider Konfessionen, die sich zeitweilig im Hause Lehrs trafen und 1945 zu den örtlichen Gründern der CDU zählten. Als nach dem Attentatsversuch des 20. Juli 1944 in der Zentrale der Katholischen Arbeiterbewegung in Köln auch Nikolaus Groß und Bernhard Letterhaus verhaftet wurden, kam man der Verbindung, die Arnold dorthin gehabt hatte, auf die Spur und brachte ihn für einige Zeit ins Gefängnis.

2.

Düsseldorf wurde am 17. April 1945 von amerikanischen Truppen besetzt. An ihre Stelle traten zwei Moante später im Zuge der endgültigen Übernahme der Besatzungszonen die Briten. Sie machten die Stadt im Sommer 1946, kaum mehr als ein Jahr nach ihrem Einzug, zur Hauptstadt des neuen Landes Nordrhein-Westfalen. Ministerpräsident dieses Landes wurde dreiviertel Jahr nach seiner Gründung Karl Arnold. Er sollte es fast neun Jahre lang bleiben.

Die zwei Monate amerikanischer Besetzung blieben politisch noch ohne größere Aktivitäten. An die Stelle eines Zehnerausschusses hauptsächlich aus Vertretern der Linksparteien, der gleich zu Beginn gebildet worden war, trat wenige Wochen nach der Übernahme der Besatzung durch die Engländer ein Vertrauensausschuß, in den auch Arnold berufen wurde. Im Herbst ernannte die Militärregierung Walter Kolb zum Oberbürgermeister, im November wurde der Vertrauensausschuß zur ernannten Stadtvertretung erweitert, und diese wählte im Januar 1946 nach der Einführung einer Ortssatzung mit der geteilten Spitze nach britischem Vorbild, Kolb zum Oberstadtdirektor und Arnold zum Oberbürgermeister. Der erste örtliche Aufstieg Arnolds hatte noch wenig mit Politik zu tun. Mit der Wiederzulassung politischer Parteien hielten die Engländer lange zurück. Arnold erwarb sich rasch Ansehen auch bei den örtlichen Militärbehörden, für die galt, was später auch für die Provinz-, dann die Landes-Militärregierung gelten sollte: er erweckte Vertrauen, weil er kein Prestige kannte, keinen Ruf eines bedeutenden öffentlichen Amtes aus der Zeit der Weimarer Republik zu behaupten hatte und jederzeit bereit war, zuzupacken.

Unabhängig davon verfolgte Arnold eigene politische Pläne. Schon früh bemühte er sich um die Bildung einer neuen Gewerkschaftsbewegung, die nicht nach Ideologien und Konfessionen gespalten war, und er beteiligte sich an der örtlichen Gründung der Christlich-Demokratischen Union. Sie erfolgte im Vergleich zu Köln und anderen Plätzen im Rheinland und in Westfalen verhältnismäßig spät, am 24. November 1945, aber sie war ebenso deutlich wie anderenorts gegen eine Wiederbegründung des Zentrums gerichtet. In seiner Gründungsrede betonte Arnold die Aufgabe einer „Sammlung der katholischen und evangelischen Christen"; die Zukunft verlange „größere Voraussetzungen..., als nur den Parteienzustand von 1933 zu restaurieren". In der rheinischen CDU spielte allerdings die Düsseldorfer Gruppe keine führende Rolle. Sie war eher dem interkonfessionellen als dem betont sozialen Flügel zuzurechnen, obwohl Arnold schon um diese Zeit als führender Vertreter der Arbeitnehmergruppe galt. Er konnte zusammen mit Walther Hensel für sich in Anspruch nehmen, im Spätsommer 1945 Konrad Adenauer für die CDU gewonnen zu haben. Von beiden Männern ist bezeugt, daß sie Adenauer drängten, weil sie davon überzeugt waren, die junge Partei brauche als Vorsitzenden eine bekannte und geachtete Persönlichkeit.

Ebenso sicher ist freilich, daß sich Arnold damit keinen Gefallen tat, obwohl er damals nicht so gedacht hat. Fünf Monate nach dem ersten Gespräch mit Adenauer wurde dieser Anfang Februar 1946 in Krefeld-Uerdingen zum Vorsitzenden der Landespartei des Nordrheinlands gewählt. Als die britische Regierung im Sommer beschlossen hatte, das Land Nordrhein-Westfalen zu bilden, bat die Militärregierung einen Tag vor der Bekanntgabe des Beschlusses Adenauer und nicht Arnold zusammen mit Jakob Kaiser und dem SPD-Vorsitzenden der britischen Zone, Kurt Schumacher, nach Berlin, um sie zu unterrichten und ihre Meinung zu hören. Von Arnold ist für diese Zeit keine pointierte Äußerung über die Bildung Nordrhein-Westfalens bekannt, so sehr er später innen- wie außenpolitisch das Land verteidigte, dessen Konsolidierung die ersten Jahre seiner Amtszeit ausfüllte.

Wenige Wochen später sollte die erste Landesregierung gebildet werden, mit deren Vorsitz Rudolf Amelunxen, Oberpräsident in Münster, betraut wurde. Der britische Gouverneur gedachte alle Parteien daran zu beteiligen, darunter auch Arnold. Aber der 25 Jahre ältere Adenauer, dem der Fraktionsvorsitz der Union im ersten, ernannten Landtag ganz selbstverständlich zufiel, verweigerte im August 1946 seine Zustimmung, weil er die CDU in dem von den Engländern festgesetzten Schlüssel für die Fraktionsstärken im ersten Landtag unter-, die Linksparteien dagegen überrepräsentiert fand. Arnold hielt dagegen eine Beteiligung für ratsam, weil er die gemeinsame Verantwortung aller Parteien für wichtiger hielt. Er drängte auf Zusammenarbeit mit den Sozialdemokraten, um seine stärker wirtschaftlichen und sozialen als politischen Zielvorstellungen realisieren zu können. Persönlich fühlte er sich ohnehin manchem Sozialdemokraten, wenn dieser nicht betont Marxist und Atheist war, enger verbunden als ehemals Deutschnationalen und Volksparteilern unter seinen Parteifreunden.

Die Regierung ohne die CDU wurde bereits Anfang Dezember 1946 in ein Allparteienkabinett mit Arnold als stellvertretendem Ministerpräisdenten umgebildet. Die ersten Wahlen (Kommunalwahlen) in der britischen Zone zeigten, kaum daß der ernannte Landtag am 2. Oktober in Düsseldorf konstituiert war, wie stark sich die Engländer in der Frage des Parteienspektrums verschätzt hatten. Weitaus stärkste Partei wurde mit fast 50 Prozent die CDU. Der Gouverneur brauchte sechs Wochen, bis er die Zusammensetzung des ernannten Landtags änderte und danach auch der Regierungsumbildung zustimmte.

Die ernannte Regierung, in ihrem Entscheidungsspielraum durch Besatzungsverordnungen stark eingeschränkt, hätte auch bei mehr Freiheit nichts anderes tun können, als unermüdlich zu versuchen, die steigenden Notzustände unter Kontrolle zu bekommen. Lebensmittel waren vor allem in den stark verstädterten Kerngebieten des neuen Landes äußerst knapp. Der Besatzungsmacht fehlte es an Devisen für ausländische Einfuhren. Von den klassischen agrarischen Liefergebieten Westdeutschlands fielen die Magdeburger Zuckerlieferanten ganz aus, und die Lieferländer im westlichen Besatzungsgebiet ließen dem Industrieland Nordrhein-Westfalen nur sehr zögernd Hilfe angedeihen. Andererseits litt die Industrieproduktion unter Kriegsschäden, Rohstoffmangel und der anhaltenden Ungewißheit, wie die Siegermächte endgültig über die deutsche Industrie entscheiden würden, und keine deutsche Stelle konnte über Kohle und Stahl, die traditionellen Erzeugnisse des neuen Landes, verfügen.

Mit all diesen Hypotheken ging Nordrhein-Westfalen im April 1947 in die ersten allgemeinen Wahlen, die in Düsseldorf nach schwierigen Verhandlungen im Juni zu der ersten parlamentarisch gestützten Landesregierung unter Karl Arnold führten. Charakteristisch war für das Land, daß es im Vergleich zum Gesamtergebnis in der britischen Zone eine etwa schwächere SPD (32 v. H.), eine leicht stärkere CDU (37,5 v. H.), aber mit KPD (14 v. H.) und Zentrum (10 v. H.) zwei Landesparteien hatte, die hier erheblich stärker waren als anderswo.

Die Regierungsbildung erschien angesichts der komplizierten Mehrheitsverhältnisse schwierig. Eine Koalition gegen die Sozialdemokraten, wie sie Adenauer von Anfang an vorschwebte, wäre nur mit den Freien Demokraten (6 v. H.) möglich gewesen. Dagegen stand jedoch der starke linke Flügel der Union. Er vertrat das im Februar beschlossene Ahlener Programm der CDU in der britischen Zone, das zwar nicht wie SPD und KPD die Sozialisierung der Grundstoffindustrien, aber deren Überführung in Gemeineigentum forderte. Andererseits gab es in der Schulpolitik Gegensätze zwischen CDU und Zentrum auf der einen, Sozialdemokraten und Liberalen auf der anderen Seite. Unerläßlich blieb daneben die Berücksichtigung der konfessionellen wie der landsmannschaftlichen Unterschiede zwischen Rheinländern und Westfalen.

Auch als Arnold am 17. Mai 1947 auf Beschluß der Fraktionen mit der Regierungsbildung beauftragt worden war, dauerte es noch mehr als vier Wochen, bis die Große Koalition von CDU und SPD mit Zentrum und Kommunisten zustandekam. Arnold hatte sowohl die Widerstände Adenauers zu überwinden, der für eine Koalition der Union mit Zentrum und Freien Demokraten war und zeitweilig Josef Gokkeln als Regierungschef einer Rechtskoalition favorisierte, als auch die Mehrheit seiner Fraktion davon zu überzeugen, daß er den Sozialisierungstendenzen der Linksparteien widerstehen, zugleich aber auch Konfessionsschule und Elternrecht verteidigen werde. Gewählt wurde er zum Ministerpräsidenten einstimmig am 17. Juni, und noch am gleichen Tag konnte er sein elfköpfiges Kabinett vorstellen, dem fünf CDU-, drei SPD-, zwei KPD- und ein Zentrums-Minister angehörten. Die meisten von ihnen waren aus der zweiten Amelunxen-Regierung übernommen worden.

3.

Die Große Koalition hielt drei Jahre, und auf diese drei Jahre drängte sich alles zusammen, was in der Zeitgeschichte den Namen Arnold ausmacht. Der Regierungschef, 46 Jahre alt, als er gewählt wurde, wuchs, was sein Auftreten betraf, nicht ohne Mühe in sein Amt hinein. Arnold war keine kämpferische Natur, seine persönliche Bescheidenheit stand ihm in den ersten Jahren eher im Wege, und das Verhandlungsgeschick, das er entwickelte, beruhte auf der Aufrichtigkeit seines Wesens, das kaum jemand unbeeindruckt ließ. Er sah seine erste Aufgabe darin, den 12 Millionen Menschen, die 1947 in Nordrhein-Westfalen lebten, über die allgemeine Not hinwegzuhelfen. Er sah schon früh die politische Rolle, die dieses Land zwangsläufig spielen mußte, und suchte sie zu entwickeln. In ihren Grundzügen war seine Politik auf der einen Seite Gesellschaftspolitik, auf der anderen Seite deutsche Politik. Für die Neuordnung der Grundstoffindustrien lehnte er in seiner Regierungserklärung „sowohl das System der bisherigen großkapitalistischen Wirtschaftsweise wie auch eine einseitige bürokratische Staatswirtschaft" ab; „Ziel muß vielmehr eine echte Gemeinwirtschaft sein, in der sich Einzelverantwortung und Einzelinitiative voll auswirken können". Und er forderte für das Land eine Verfassung, durch die „der organische Aufbau des Reiches über die Länder sich vollziehen kann und ... die Wiederherstellung der politischen und wirtschaftlichen Reichseinheit sich ehestens verwirklicht".

Beides blieb freilich Theorie; die gesellschaftspolitische wie die gesamtdeutsche Entwicklung verlief in anderen Bahnen, als sie Arnold vorschwebten. Er selbst hielt an seinen Zielen fest, solange das möglich war; später, als die Gesellschaftspolitik mehr und mehr andere Züge erhielt, wuchs gerade deshalb sein Ruf, das soziale Gewissen der Union zu verkörpern, weiter, und aus diesem Ruf wurde nach und nach so etwas wie ein Mythos. In der gesamtdeutschen Frage mußte er sich durch die Entwicklung davon überzeugen, daß die „Reichseinheit" eines nicht mehr vorhandenen und nicht mehr wiederherstellbaren Reiches gegenstandslos wurde. In der Sozialisierungsfrage kam es im Sommer 1948 zu einer langwierigen parlamentarischen Debatte, die insofern mit einer Niederlage Arnolds endete, als sich die CDU in der Schlußabstimmung des Landtags auf Druck Adenauers der Stimme enthielt, während das Gesetz zur Überführung der Grundstoffindustrien in Gemeineigentum mit der Mehrheit von SPD, Zentrum und KPD gegen die oppositionelle FDP verabschiedet wurde. Die Militärregierung versagte dem Gesetz allerdings die nötige Zustimmung dann doch.

Seine gesamtdeutschen Vorstellungen, wie er sie zum ersten Mal in der Regierungserklärung formuliert hatte, entwickelte Arnold deutlicher, als sich Anfang 1948 der Kurs der Westmächte abzuzeichnen begann, der ein halbes Jahr später zu der Entscheidung für die Weststaatbildung führte. Als die Ministerpräsidenten der Bizonen-Länder von den beiden Militärgouverneuren in Frankfurt auf stärkere Zusammenarbeit der amerikanischen und der britischen Zone eingeschworen worden waren, erhoben die kommunistischen Minister des Kabinetts in Düsseldorf gegen Arnold den Vorwurf des Landesverrats. Der Ministerpräsident wäre bereit gewesen, das hinzunehmen, doch erreichte es der Fraktionsvorsitzende seiner eigenen Partei, daß die Kommunisten ihre Angriffe soweit steigerten, bis Arnold nichts anderes übrig blieb, als die beiden Minister zu entlassen. Wenige Wochen später bekräftigte er trotzdem mit der Veröffentlichung eines „Manifestes für deutsche Einheit" seine Forderung nach Abhaltung freier Wahlen in allen vier Besatzungszonen und nach Bildung einer gesamtdeutschen Nationalversammlung. Und noch während der Vorberatungen über die Einsetzung einer verfassunggebenden Versammlung für die künftige Bundesrepublik, die begannen, als die Militärgouverneure mit den drei Frankfurter Dokumenten vom 1. Juli 1948 den eindeutigen Auftrag zur Weststaatbildung erteilt hatten, gehörte Arnold zu denjenigen Länderchefs, die sich gegen endgültige Einrichtungen wandten und eine wie auch immer geartete gesamtdeutsche Konzeption gewahrt wissen wollten.

Arnolds Tragik lag jedoch darin, daß das Land, dessen Regierung er vorstand, am wenigsten in der Lage war, diese Politik durchzuhalten. Gerade Nordrhein-Westfalen brauchte wegen seiner Größe, seiner Abhängigkeit von der Industrie und wegen seiner geographischen Lage Hilfe und war auf Autoritäten oberhalb der Länderebene angewiesen. Die begrenzte Hilfsbereitschaft und Hilfsfähigkeit der britischen Besatzungsmacht, die Mängel im Güteraustausch zwischen den Ländern der Bizone und die ausschließliche Verfügungsgewalt der Alliierten über die Kohleproduktion des Ruhrgebiets ließen die Nahrungsmittelnot Nordrhein-Westfalens zunehmend schlimmer werden, ohne daß wiederholte Appelle Arnolds an die Besatzungsmächte wie an die Solidarität der anderen Länder Besserung brachten. Hinzu kam, daß im Oktober 1947 mit der Veröffentlichung der endgültigen Liste für die Bizone erst das volle Ausmaß der Demontagen sichtbar wurde, die weit über den Abbau von Kriegsindustrie hinausgingen. Und erst im Frühjahr 1949, als in Bonn der Parlamentarische Rat in seine letzte Runde ging, bekräftigten die Niederlande ausdrücklich ihre zum ersten Mal Ende 1946 angekündigten Gebietsansprüche auf deutsches Grenzland im benachbarten Nordrhein-Westfalen. Belgien, das ebenfalls Ansprüche erhoben hatte, zog diese nach einer Intervention bei Premierminister Spaak, die der Düsseldorfer Landesgouverneur General Bishop auf Bitten Arnolds unternahm, größtenteils zurück. In Holland aber blieb man trotz einer Blitzreise Arnolds nach Den Haag dabei, die Grenzgebiete niederländischer Auftragsverwaltung zu unterstellen.

Mindestens ebensogroß war die Belastung, die dem Land und seiner Regierung aus der ungeklärten Lage der Schwerindustrie erwuchs. Es sollte sich bald erweisen, daß die Briten mit der Bildung Nordrhein-Westfalens zwar für die Verwaltungsgliederung ihrer Besatzungszone klare Verhältnisse geschaffen, aber alliierten Forderungen nach Kontrolle des Bergbaus und der Stahlindustrie nicht genügend Rechnung getragen hatten. Ende 1948 beschlossen die drei Westmächte zusammen mit den Beneluxstaaten das Ruhrstatut und damit die internationale Ruhrbehörde, die 1949 in Düsseldorf ihre Arbeit aufnahm. Auf deutscher Seite wurde die Einseitigkeit des Statuts kritisiert, weil sie eine westeuropäische Zusammenarbeit ausschließe. An die Stelle dieser „notwendigerweise verärgernden Kontrolle" müsse daher, so erklärte Arnold zu Neujahr 1949, ein völkerrechtlicher Zweckverband auf genossenschaftlicher Grundlage treten, zu dem „Deutschland das Ruhrgebiet, Frankreich seine lothringischen Erzvorkommen und beide Länder die Saar beisteuern, während Belgien und Luxemburg ihre Schwerindustrie einbringen könnten". Ernst genommen hat diesen Vorschlag nur die junge Europäische Bewegung, der auch Arnold angehörte, aber zu konkreten Gesprächen kam es nicht, zumal im Herbst des gleichen Jahres Außenpolitik, soweit sie den Deutschen schon möglich war, Sache der Bundesregierung wurde. Die Ähnlichkeit des Arnold-Vorschlags mit dem Konzept der Montanunion, deren Schaffung Adenauer und Robert Schuman im Frühjahr 1950 einleiteten, ist später nur selten vermerkt worden.

4.

Die weltpolitische Bedeutung der Entscheidung, mit der die diesseits des Eisernen Vorhangs herrschenden drei Mächte die Weststaatbildung auf den Weg brachten, ist 1948 auf deutscher Seite von keinem der beteiligten Politiker ohne Skrupel aufgenommen worden. Karl Arnold gehörte zu denen, die noch eine Zeitlang geglaubt haben, ein möglichst provisorischer Charakter der neuen Institutionen könne eine Verfestigung der deutschen Teilung verhindern. Wenn er trotzdem mit dem Vorschlag, die verfassunggebebende Versammlung in Bonn tagen zu lassen, der späteren Entscheidung für Bonn als provisorischer Bundeshauptstadt vorarbeitete, so war das nur scheinbar ein Widerspruch. Arnold war ein pragmatischer, ein Vernunftföderalist. Er brachte persönlich und aus den Erfahrungen seines Amtes zu wenig an Traditionsgefühl in das Geschäft ein, das er übernahm, als er sich für die Domizilierung des Rates wie später der Bundesorgane in der rheinischen Universitätsstadt einsetzte, um damit etwa auch äußerlich föderalistische Grundsätze gewahrt wissen zu wollen. Dafür wußte er gut genug, wie wichtig politisch die Bildung der Bundesrepublik für Nordrhein-Westfalen war, weil sich die drängendsten der ungelösten Fragen, mit denen seine Regierung konfrontiert blieb, ohne Initiativen und Erfolge auf einer höheren Ebene als der des Landes nicht lösen ließen.

Noch bevor die Entwicklung zur Weststaatbildung einsetzte, hatte Arnold Versuche eingeleitet, durch internationale Kontakte die Barrieren zu überwinden, die ihm gesetzt waren. Er berief zu diesem Zweck schon im Herbst 1947 Hans Kroll, der zehn Jahre später deutscher Botschafter in Moskau wurde, als Berater mit dem Auftrag, durch Kontakte zu dem vom Länderrat der amerikanischen Zone in Stuttgart eingerichteten Büro für Friedensfragen das Gelände zu sondieren. Kroll analysierte vor allem die Möglichkeiten, wie durch geschickte Ausnutzung der unterschiedlichen Auffassungen der Westalliierten in der Industrie- und Sicherheitspolitik die Demontagen entschärft werden konnten. Auf dieser Linie lagen Arnolds Neujahrsvorschlag 1949 ebenso wie Versuche, den schlimmsten Demontagefall, nämlich den der August-Thyssen-Hütte in Duisburg-Hamborn, durch Europäisierung der Hütte zu lösen. Die Beratertätigkeit Krolls dauerte kaum länger als ein Jahr; Arnold ließ ihn schließlich wegen des Mißtrauens der Briten gegenüber dem Diplomaten fallen. Mehr Einfluß auf ihn gewann Carl Spiecker, der eine Zeitlang eine Fusion des linken Flügels der CDU mit dem Zentrum betrieb. Auf Spiecker ging auch die Berufung des Geheimrats Hermann Katzenberger zum Landespressechef zurück, der ebenso wie Spiecker Berliner Erfahrungen aus der Zeit vor 1933 in Düsseldorf nutzbar machte und durch Arnold 1949 erster Direktor der Bundesratsverwaltung in Bonn wurde.

Als die Militärgouverneure den Ministerpräsidenten am 1. Juli 1948 die drei „Frankfurter Dokumente" vorgelegt hatten, in denen diesen aufgegeben wurde, bis zum Herbst eine verfassunggebende Versammlung einzuberufen, versuchte Arnold seine Vorstellungen zunächst durch den Vorschlag zur Bildung eines deutschen Exekutivorgans aus den Ministerpräsidenten zur Geltung zu bringen. Aber er drang damit auf der Koblenzer Rittersturzkonferenz nicht durch. Auch sein Widerstand gegen eine „verfassunggebende Versammlung", die er lieber „Sechziger Ausschuß" genannt und darauf begrenzt wissen wollte, nur ein Statut, keine Verfassung auszuarbeiten, fand keine Mehrheit. Arnold ging es gleichermaßen darum, nicht die letzten Ansätze zu einer gesamtdeutschen Politik zu verbauen und eine Zentralinstanz oberhalb der Länderebene zu entwickeln, die die Selbständigkeit gegenüber den Militärgouverneuren wahrte.

Das zweite der „Frankfurter Dokumente" warf die Frage einer Änderung von Ländergrenzen noch vor der Schaffung der Bundesrepublik auf. Die Militärgouverneure wollten dabei allerdings nicht die Grenzen ihrer Besatzungszonen angetastet wissen, die im Westen ohnehin infolge der Aufteilung der preußischen Rheinprovinz auf zwei Besatzungsmächte wenig befriedigend waren. Arnold hielt jede Diskussion über die Grenze zwischen Nordrhein-Westfalen und Rheinland-Pfalz politisch für verfehlt und stimmte mit seinem Koblenzer Kollegen Peter Altmeier darin überein, daß beide Länder wegen der Ähnlichkeit der Probleme in der Frage ihrer Selbstbehauptung aufeinander angewiesen waren.

Die Bemühungen Nordrhein-Westfalens um Einberufung des Parlamentarischen Rates nach Bonn führten zum Erfolg. Als sich der Parlamentarische Rat am 1. September 1948 in der Halle des Museums Alexander König konstituierte, war Arnold der Hausherr oder mindestens der Sprecher des gastgebenden Landes. Von dem, was seine Regierung äußerlich aufgewandt hatte, um den Beginn der Arbeit zu ermöglichen, sprach er in seiner Eröffnungsrede aber ebensowenig wie von der Rolle der Länder bei der Einberufung des Parlamentarischen Rates. Statt dessen unterstrich er den vorläufigen Charakter des geplanten Grundgesetzes „für das westdeutsche Besatzungsgebiet" und beschwor den „festen Willen, einen Bau zu errichten, der am Ende ein gutes Haus für alle Deutschen werden soll".

Anders als im Sommer 1948 lagen die Verhältnisse bei der zweiten Bonn-Entscheidung, die zunächst, im Mai 1949, der Parlamentarische Rat selbst traf. Jetzt hatte Arnold allen Anlaß, die Vorleistungen, die Nordrhein-Westfalen seit der Konstituierung des Parlamentarischen Rates in Bonn erbracht hatte, gerechtfertigt sehen zu wollen. Als dann im Frühjahr 1949, nach der knappen Entscheidung des Parlamentarischen Rates für Bonn als Bundessitz, die Auseinandersetzungen erneut und verschärft ausbrachen, war die Bonn-Frage auch für Arnold eine Prestigefrage, weil Nordrhein-Westfalen auf diese Weise im Kreis der Länder eine besondere Aufwertung erfuhr.

Es wäre freilich kühn, daraus schließen zu wollen, daß Arnold persönlich seine Wahl zum ersten Bundeskanzler betrieben habe. Erst neuerdings bekannt gewordene Zeugnisse besagen, daß Adenauer sich erst auf Drängen Arnolds entschlossen hatte, in den Parlamentarischen Rat zu gehen, der dann die Plattform für seinen Weg zum Bundeskanzler wurde. Sollte es bei Arnold entsprechende Überlegungen gegeben haben, so waren sie spätestens beendet, als er sich entschied, nicht für den ersten

Deutschen Bundestag zu kandidieren. Vielmehr sei er fest entschlossen, so sagte er am 11. August 1949 auf einer Wahlkundgebung in Düsseldorf, ,,das ganze Gewicht unseres Landes... in der künftigen Bundesrepublik zur Geltung zu bringen, um so zu erreichen, daß wir weder einem mechanischen Zentralismus noch einem separierenden Partikularismus verfallen". Nordrhein-Westfalen, so fügte er mit Pathos hinzu, ,,soll neben seinem organischen Eigenleben eine Kraftquelle für Deutschland werden".

Solche Äußerungen waren schon ein Stück Programm des ersten Bundesratspräsidenten, der Arnold wurde. Adenauer hatte ihn zu der berühmten Sonntagnachmittagskonferenz in Rhöndorf am 21. August 1949, eine Woche nach den Wahlen, nicht eingeladen, weil er ihn fälschlicherweise für das Haupt einer Fronde gegen den Parteivorsitzenden hielt, die anders als Adenauer auch im Bund eine Große Koalition mit den Sozialdemokraten betrieb. In Wirklichkeit ist diese Fronde wohl eher nachträglich in den Meinungsbildungsprozeß hineininterpretiert worden, der freilich für Adenauer kein Prozeß war, denn seine Marschrichtung stand von Anfang an fest. Auch bei der Wahl Arnolds zum Bundesratspräsidenten kann man wohl kaum von einem Coup gegen Adenauer sprechen, der den Vorsitz im Bundesrat bereits dem bayerischen Ministerpräsidenten Hans Ehard zugesichert hatte. Der Vorschlag kam von Peter Altmeier, der die Entscheidungsfreiheit der Ministerpräsidenten betont wissen wollte. So verstand auch Arnold seine Wahl, die freilich Ehard verstimmte, und er sah nun auch politisch die führende Rolle bestätigt, die Nordrhein-Westfalen bei der Bildung der Bundesrepublik Deutschland gespielt hatte.

5.

Die Bundesregierung war erst wenige Wochen im Amt, da erwies sich, wieviel größer trotz des Besatzungsstatuts, an das sie sich halten mußte, ihr Spielraum war. Bundeskanzler Adenauer leitete schon bald die Verhandlungen mit den drei Hohen Kommissaren ein, die Ende November 1949 zum ,,Petersberger Abkommen" mit der Einigung über die Einstellung des größten Teils der Demontagen führten. Landtag und Landesregierung in Düsseldorf gingen um diese Zeit an die Ausarbeitung der Verfassung, die man im Gegensatz zu anderen Ländern mit dem Hinweis auf das entstehende Grundgesetz zurückgestellt hatte. Der Regierungsentwurf, der Anfang Dezember vorgelegt wurde, war mit Mehrheits- und Minderheitsfassungen in wichtigen Fragen wie der Gemeinwirtschaft und dem Elternrecht kein Zeichen für Einigkeit in der Koalition. Auch in den Ausschußberatungen kam es nicht in allen Punkten zur Übereinstimmung. Bei der Verabschiedung am 6. Juni 1950 lehnten die Sozialdemokraten die Schulartikel ab, über die sie die Wähler entscheiden lassen wollten. Aber sie waren wiederum gegen eine Koppelung dieser Abstimmung mit der bevorstehenden Landtagswahl. Der Volksentscheid am Tag der Landtagswahl ergab 3,62 Millionen Ja- gegen 2,23 Millionen Nein-Stimmen, so daß die Landesverfassung am 11. Juli 1950 in Kraft treten konnte.

Arnold hatte sich in den Verfassungsberatungen stark zurückgehalten. In der Elternrechtsfrage war er weit weniger dogmatisch als die Mehrheit seiner Parteifreunde, konnte aber eine stärkere Betonung der Gemeinschaftsschule, die seinem Verständnis von Zusammenarbeit der Konfessionen eher entsprach, nicht durchsetzen. Der Gemeinwirtschaftsartikel erhielt in der Verfassung die Soll-Form. Die nicht überbrückten Meinungsverschiedenheiten in der Verfassungsfrage überschatteten auch den Wahlkampf für die zweite Legislaturperiode, die nun nicht mehr drei, sondern vier Jahre dauern sollte. Der Wahlausgang war jedoch eine Bestätigung der Großen Koalition.

Der Bundeskanzler und CDU-Vorsitzende in Bonn hatte es als Ziel der Wahlen in Nordrhein-Westfalen anvisiert, nun auch dort eine CDU-FDP-Koalition zu erreichen. Als sein Ministerpräsidentenkandidat galt der Düsseldorfer Finanzminister Weitz, der jedoch am 18. Juni in seinem Wahlkreis in Duisburg seinem sozialdemokratischen Mitbewerber unterlag. Fünf Wochen später entschied sich die Düsseldorfer CDU-Fraktion mit großer Mehrheit für eine erneute Kandidatur Arnolds, den das Plenum acht Tage später mit den Stimmen der meisten FDP- und Zentrumsabgeordneten auch wählte. Mehrfach drohte während der mühsamen Verhandlungen dieses Hochsommers eine Spaltung der CDU, was Adenauer bewog, schließlich Arnold zu stützen. Arnold selbst entschied sich dabei nicht zum ersten Mal, um den Konflikt zu überbrücken, für den Zusammenhalt in der Union trotz Spannungen und Gegensätzen, obwohl ihm das seine Partei und ihr Vorsitzender oft nicht gedankt haben.

In der breiten Öffentlichkeit galt die Nichterneuerung der Großen Koalition allerdings als ein beträchtlicher Prestigeverlust für Arnold. Dabei wäre eine neue Regierung der Union mit den Sozialdemokraten wahrscheinlich nicht wirklich möglich gewesen. Andererseits vermied Arnold, was eine Erneuerung der Großen Koalition betraf, die Probe aufs Exempel, wenn er sich dem Druck Adenauers auch nicht soweit unterwarf, nun mit den Freien Demokraten über eine Regierungsbeteiligung zu verhandeln. Sicherlich war in diesem ersten Jahr nach der Bildung der Bundesrepublik seine Haltung nicht zuletzt davon bestimmt, daß Adenauer mit der weitgehenden Einstellung der Demontage Nordrhein-Westfalen entscheidende Hilfe geleistet hatte. Es dauerte zwei Monate, bis Arnold im September eine Kleinstkoalition der CDU mit dem Zentrum zustandebrachte, und er hoffte bis zu den Neuwahlen vier Jahre später vergeblich auf eine Erweiterung der schmalen Basis seines zweiten Kabinetts. Öffentlich begründete er seine Entscheidung im Sommer 1950 damit, daß alle CDU-regierten Bundesländer verpflichtet seien, der Bundesregierung in ihrer Außenpolitik und damit bei der Wiedererlangung der Souveränität jede Unterstützung angedeihen zu lassen. Parteipolitisch hielt er Kritik an inneren Widersprüchen der Union mit ihren verschiedenen Flügeln das Grundprinzip des Unionsgedanken entgegen, den er nicht verwässert sehen wollte. Die Gemeinsamkeit der Konfessionen wie der gesellschaftlichen Gruppen – er gehörte zu den Mitbegründern und zum Vorstand der Sozialausschüsse – war für ihn eine aus den Weimarer Erfahrungen gewonnene Maxime.

Dabei ließ sich Arnold nicht anmerken, welche Wirkung seine Niederlagen auf ihn selbst gehabt haben. Er war nun längst in sein Amt hineingewachsen, hatte es gelernt, zu repräsentieren und liebte mehr und mehr Grundsatzreferate auf öffentlichen Veranstaltungen aller Art. Seine Sozialpolitik, die schon beim Bochumer Katholikentag im Herbst 1949 auf eine über das Land hinausreichende Ebene getragen worden war, blieb auch künftig nicht ohne Erfolg. Während der Auseinandersetzungen zwischen der Bundesregierung und dem Deutschen Gewerkschaftsbund um die paritätische Mitbestimmung in der Montanindustrie stand Arnold im Winter 1950/51 auf der Seite des DGB-Vorsitzenden Hans Böckler trotz dessen Streikdrohung. Unermüdlich setzte er in vielen Diskussionen gegen extremen Kapitalismus wie gegen radikale Sozialisierung sein Konzept einer ständig weiter zu verbessernden Sozialpartnerschaft. Auf dem Karlsruher Bundesparteitag der CDU im Herbst 1951 trug er den Plan eines Lohn-Investitionssparens vor, durch das je zwei Pfennig vom geltenden Stundenlohn und weitere zwei Pfennig Lohnerhöhung zu Investitionen benutzt werden sollten, um die Ungleichheiten in der Vermögensbildung abzumildern, die seit der Währungsreform eingetreten waren.

In der zweiten Legislaturperiode mußten Landesregierung und Landtag zwangsläufig der inneren Ordnung des neuen Landes größere Aufmerksamkeit widmen. Zu Beginn des Jahres 1951 waren immer noch anderthalb Millionen Menschen unzureichend untergebracht. Zu den bis dahin aufgenommenen 1,3 Millionen Flüchtlingen kamen durch den Verteilungsschlüssel, den der Bund festlegte, weitere 300 000 hinzu, doch dauerte ihre Übernahme bis 1953. Trotz Wirtschaftswachstum reichte die Finanzkraft des größten Bundeslandes nicht aus, um alle Anforderungen zu erfüllen. Arnold, der seit seiner Wahl zum ersten Präsidenten des Bundesrats der Ländervertretung politisch unmißverständlich die Richtung gegeben hatte, bestand auf dem Grundsatz, daß die Länder nicht Verwaltungsuntergliederungen des Bundes, sondern seine Gliedstaaten seien. Was er schon damals als kooperativen Föderalismus bezeichnete, ließ sich bei den Größenunterschieden freilich nur schwer durchhalten. Wie sehr die Bundesregierung auf ihren machtpolitischen Ansprüchen beharrte, zeigte der Mißerfolg Arnolds bei dem Versuch, während der Sechs-Mächte-Verhandlungen über die Montanunion ein Mitspracherecht des Montanlandes Nordrhein-Westfalen durchzusetzen.

Den komplizierten Problemen des inneren Föderalismus in diesem großen Land stand Arnold kühl und abwartend gegenüber, und preußische Traditionen galten für ihn wenig. Typisch für Arnold war, daß er sich intensiv um die Elektrifizierung der Eisenbahn zunächst im Ruhrgebiet kümmerte, weil ihm das sozialpolitisch wegen der Verkürzung der Fahrzeiten für die Masse der arbeitenden Menschen wichtig erschien.

Von Arnold selbst ging auch die Initiative zur Gründung einer Rundfunkanstalt für Nordrhein-Westfalen aus, die im Land eine breite Forderung war. Anfang 1954 kündigte Arnold an, daß Nordrhein-Westfalen aus dem NWDR-Verband mit Hamburg ausscheren werde. Vorausgegangen war 1953 ein Versuch der Bundesregierung, durch ein Bundesrundfunkgesetz dem Bund eigene Kompetenzen zu verschaffen, was freilich im Bundestag scheiterte. Für Arnold war ein eigenes Rundfunkgesetz daher auch ein Mittel, um sich und die Länder gegenüber einem solchen Einbruchsversuch in die Kulturhoheit der Länder zu behaupten. Das Gesetz über den Westdeutschen Rundfunk, mit dem die Rundfunkanstalt wiedererrichtet werden sollte, die es mit einem der Ausdehnung des Landes Nordrhein-Westfalen entsprechenden Sendegebiet, wenn auch in anderen Rechts- und politischen Formen, in Köln seit 1926 gegeben hatte, wurde am 12. Mai 1954 verabschiedet und trat am 25. Mai in Kraft. Mit eigenem Programm erschien der neue WDR zum ersten Mal am Neujahrstag 1956. Acht Wochen später wurde der Ministerpräsident durch ein konstruktives Mißtrauensvotum von SPD und FDP gestürzt.

6.

Das Ergebnis der dritten Landtagswahl vom 27. Juni 1954 hatte vorübergehend noch einmal die Frage aufgeworfen, ob eine Regierung der CDU mit den Sozialdemokraten nicht am meisten dem Wählerwillen entsprechen würde. Das Zentrum verlor mehr als ein Drittel der Stimmen, während CDU und SPD weiter zunahmen, die CDU jedoch weniger stark als im Herbst vorher bei den Bundestagswahlen, die SPD dagegen sehr viel mehr. Die Sozialdemokraten wären dieses Mal zu einer Koalition bereit gewesen. Aber Arnold entschied sich für eine Regierung mit den Freien Demokraten und dem Zentrum, die über 124 von 200 Stimmen verfügte. Dabei differierte die FDP von der Kulturpolitik der CDU und des Zentrums. In seiner Regierungserklärung begründete Arnold seine Koalitionsentscheidung vor allem mit der nötigen Stützung der Außenpolitik der Bundesregierung. Dem Vorwurf, er habe mit der Hereinnahme der Freien Demokraten in die Regierung politisch sein Gesicht verloren, hielt er die Versicherung entgegen, eine Regierung, in der er die Richtlinien der Politik bestimme, werde bedingungslos an dem bisherigen sozialen Kurs festhalten.

Die Möglichkeiten, die es dafür gab, waren freilich inzwischen sehr viel geringer geworden. Der wachsende Wohlstand veränderte die Situation immer mehr. In der Länderreformdiskussion, die lebhaft wurde, seit die Bundesregierung 1953 den früheren Reichskanzler Hans Luther beauftragt hatte, die Neugliederungsfrage zu untersuchen, machte Arnold unmißverständlich klar, daß Nordrhein-Westfalen keinerlei Gebietsansprüche an seine Nachbarn stellte. Allerdings hatte er die rheinische Teilung von Anfang an für unglücklich gehalten. Als die Landesregierung in einem Memorandum vorsichtig die unterschiedlich engen Beziehungen des Landes und einzelner Landesteile zu den Nachbarn erläuterte, mußte die rheinische Frage breit erörtert werden, und das weckte nun Mißtrauen bei den Westfalen. Ende Januar 1955 bezeichnete Arnold das Memorandum als eine rein akademische Studie und erklärte, daß er dafür eintrete, die Neugliederung der Länder überhaupt weiter zu verschieben.

Arnolds Sturz kam für viele überraschend, zumal seine Ursachen bundespolitischer Art waren. Zu erklären sind sie freilich nicht allein mit Plänen der CDU/CSU für ein auf das Zweiparteiensystem zielendes Grabenwahlsystem, das die Freien Demokraten stark geschädigt haben würde. Seit Adenauers Moskau-Reise im Herbst 1955, an der Arnold als Vorsitzender des Außenpolitischen Ausschusses des Bundesrates teilgenommen hatte, waren in der Bundestagsfraktion der FDP die Widerstände gegen die Westorientierung weiter gewachsen. Auch gab es Differenzen in der Saarfrage, in der nicht nur die FDP Adenauers Politik, die auf eine Europäisierung zur Befriedung Frankreichs hinausliefen, kritisierte. Während Friedrich Middelhauve, der Landesvorsitzende in Düsseldorf, der im dritten Kabinett Arnold Wirtschafsminister war, nach einem Kompromiß suchte, konspirierte eine Gruppe jüngerer Liberaler – Willi Weyer, Wolfgang Döring und Walter Scheel – mit den Sozialdemokraten. Am 11. Februar 1956 brachten die Fraktionen beider Parteien, die zusammen über 101 von 200 Sitzen verfügten, im Landtag ein konstruktives Mißtrauensvotum ein, das vorsah, anstelle des bisherigen Regierungschefs den SPD-Fraktionsvorsitzenden Fritz Steinhoff zum neuen Ministerpräsidenten zu wählen. Angenommen wurde der Antrag am 20. Februar mit 102 gegen 96 Stimmen, wobei wahrscheinlich zwei CDU-Abgeordnete gegen Arnold, fast alle Zentrumsabgeordneten aber für ihn gestimmt haben.

In der Debatte, die der Abstimmung vorausging, versicherten die Frondeure, daß sich das Mißtrauensvotum nicht gegen Arnold persönlich richte. Die FDP betonte ihre Entschlossenheit, der Machtpolitik der Union im Bund entgegenzuwirken, und zwar durch einen Gegendruck, der derzeit nur von Nordrhein-Westfalen aus möglich sei. Arnolds Argument, daß es doch möglich wäre, durch Auflösung des Landtags und Neuwahlen die Wählermeinung festzustellen, setzten die Antragsteller ihre bundespolitische Spekulation auf eine entsprechende Hebelwirkung ihres Vorgehens entgegen, das auf einen Koalitionswechsel in Bonn nach den nächsten Bundestagswahlen 1957 zielte. Wenn Arnold vor seinem Sturz mit der Debatte im „falschen Saal" argumentierte, so hatte er landespolitisch damit sicherlich recht. Aber hatte er sich nicht selbst 1950 und in gewissem Umfang auch noch 1954 seinerseits ähnlich entschieden, als er bei der Regierungsbildung mehr oder weniger unter dem Druck Adenauers handelte und dann seinen Entschluß zur Koalition mit bundespolitischen Gründen erklärte?

Als die CDU 1956 in die Opposition gedrängt wurde, bildeten die beiden oft rivalisierenden Landesverbände Rheinland und Westfalen der Union Arnold zuliebe zum ersten Mal eine Art Landespräsidium, und sie verhalfen ihrem Landesvorsitzenden auf dem nächsten Bundesparteitag dazu, zu einem der vier Stellvertreter des Parteivorsitzenden Adenauer gewählt zu werden. Arnolds erstes politisches Ziel nach seinem Sturz war es, bei den nächsten Wahlen die Mehrheit zu erringen. Im Herbst 1956 bot ihm Adenauer an, als Arbeitsminister und Vizekanzler ins Bundeskabinett einzutreten, um die Wirtschafts- und Sozialpolitik zu koordinieren, doch lehnte Arnold ab, um den westfälischen Parteifreund Theo Blank, der das Verteidigungsministerium für Franz Josef Strauß räumen sollte, nicht um sein Ministeramt zu bringen. Im September 1957 kandidierte er zum Bundestag und erhielt in seinem Wahlkreis 72 Prozent der Stimmen. Seine einzige Rede im Bundestag hielt Arnold Anfang 1958 zur Eigentumsbildung. „Im Kampf um die Wiedervereinigung in Freiheit siegt letztlich immer der, der das innerlich unangreifbarste Fundament hat, das heißt, wer der Freiheit die stabilsten und großzügigsten, die sozialsten und gerechtesten Grundlagen gibt. Erst aus einer solchen Freiheit wächst die Sicherheit, auch die soziale".

Die Entscheidung vom 6. Juli 1958 brachte der CDU die absolute Mehrheit in Nordrhein-Westfalen und damit den Auftrag zu einer neuen Regierungsbildung. Karl Arnold starb eine Woche vor den vierten Landtagswahlen in der Nacht zum 28. Juni 1958 nach der Rückkehr von einer Wahlkundgebung in Minden in Düsseldorf.

Das Porträt Arnold ist zuerst erschienen in: Zeitgeschichte in Lebensbildern, Bd. 2, hrsgb. v. R. Morsey (Mainz 1975) und in: Rheinische Lebensbilder, Bd. 7, hrsgb. v. B. Poll (Düsseldorf 1976). Der Nachlaß Arnold befindet sich im Besitz der Familie. Die einschlägigen Akten im Hauptstaatsarchiv und im Stadtarchiv Düsseldorf, die Stenographischen Berichte der Sitzungen des Landtags und die Protokolle der Bundesparteitage der CDU konnten noch nicht in vollem Umfang ausgewertet werden. Neuerdings hat Detlev Hüwel an der Universität Düsseldorf seine Dissertation über Karl Arnold fertiggestellt, die voraussichtlich 1980 als Buch erscheint.

Landespolitische Kontinuität ist gewiß unabhängig davon, ob eine Partei in der Koalition oder in der Opposition war. In den fast neun Jahren bis zum Sturz Arnolds Anfang 1956 und dann, nach der ersten, kurzlebigen sozialliberalen Koalition, in den noch einmal acht Jahren der Regierungszeit von Franz Meyers lag diese Kontinuität dennoch eindeutig bei der CDU. Die parlamentarischen Gegner und Kritiker der Regierung und der sie tragenden Parteien hatten und haben in der breiten Öffentlichkeit einen geringeren Bekanntheitsgrad, und das wirkt auch in der Erinnerung zurück. Bis 1950 saß Fritz Henßler (1886-1953) der Fraktion einer der beiden großen Parteien vor, die die Koalition trugen, anschließend wurde er Oppositionsführer, was die Vorsitzenden der Fraktionen der FDP, von 1948 an auch der KPD in der Zeit der Großen Koalition wegen ihres geringeren Gewichts kaum hatten sein können. Henßler, Schwabe wie Arnold, aber kein christlicher Gewerkschaftspolitiker, sondern Sozialdemokrat, war dem Ministerpräsidenten darin voraus, daß seine Verwurzelung im Kerngebiet des Landes, dem Ruhrrevier, sehr viel weiter, bis vor den Ersten Weltkrieg, zurückreichte, obwohl er andererseits das neue Land unter dem Eindruck des zentralistischen Kurses der frühen Nachkriegs-SPD lange nicht akzeptieren wollte. Wenn er an Arnold von 1950 an kritisierte, daß dieser sich Adenauer gegenüber nicht mehr durchsetzte, dann konnte Henßler für sich einiges mehr an Eigenständigkeit vorweisen, die freilich nicht so sehr auf der bundespolitischen Linie seiner Partei als vielmehr auf dem Rückhalt basierte, den er in Dortmund und in seiner Bezirkspartei hatte. Waren Adenauer und Lehr vor 1933 Oberbürgermeister alter Art gewesen, so gehörte der Stadtverordnetenvorsteher der westfälischen Reviermetropole bis 1933 und Oberbürgermeister nach 1945 mit Steinhoff (Hagen), kürzere Zeit auch Heinemann (Essen) und – ganz kurz – Meyers (Mönchengladbach) zu den Stadtoberhäuptern neuer Art, die keine Beamten mehr, sondern Politiker waren, zu Hause und auf der „Landesebene".

Wolf Bierbach

FRITZ HENSSLER

Als braun sich färbte deutsches Land,
stand er im Sturmesbrausen,
auch als die Nazis ihn verbannt
nach Zwingburg Sachsenhausen.
Der wackre Schwabe forcht sich nicht,
so hart man ihn auch büttelt' –
er wußte: Jede Kette bricht,
wenn Freiheit an ihr rüttelt.

12. April 1951. Die SPD-Fraktion im Landtag von Nordrhein-Westfalen feiert den 65. Geburtstag ihres Vorsitzenden, des Oberbürgermeisters von Dortmund, Fritz Henßler. Der große alte Mann der Nachkriegs-Sozialdemokratie, der ehemalige Preußische und Reichsinnenminister Carl Severing, hat zur Melodie ,,Wohlauf, die Luft geht frisch und rein", ein langes Gedicht auf Henßler verfaßt, aus dem auch noch die folgenden Verse stammen:

Und als dann unsre Kette brach
nach langem Völkermorden
und als getilgt schien alle Schmach
der wilden braunen Horden,
ist unser Fritz zurückgekehrt,
nicht mutlos und nicht müde.

Obwohl er sein Gelegenheitsgedicht ein wenig nach dem Motto ,,Reim Dich, oder ich freß Dich" drechselte, hat Severing doch die prägende Lebenserfahrung von Fritz Henßler erfaßt: die Verfolgung unter dem Nazi-Regime und die langjährigen Quälereien im KZ Sachsenhausen. Sie brachten Henßler an den Rand der physischen Vernichtung. Seelisch und geistig überstand er diese Torturen wenn schon nicht unbeschadet, so doch aufrecht. Sein Widerstandswillen blieb ungebrochen. Buchdrukker, Journalist, Reichstagsabgeordneter, Gewerkschaftsführer, Landtags- und Bundestagsabgeordneter, Mitglied des SPD-Vorstandes von 1946 bis zu seinem Tode und einer der einflußreichsten Landespolitiker der späten vierziger und frühen fünfziger Jahre – dies alles ist Henßler gewesen und geworden, die Ämter des Stadtverordnetenvorstehers in Dortmund vor 1933 und des Oberbürgermeisters nach 1945 nicht zu vergessen. Dabei hat er sich, wie Kurt Schumacher, der erste Nachkriegsvorsitzende der Sozialdemokraten, 1951 feststellte, nie um ein Amt in der Partei oder im öffentlichen Leben beworben, hat sich nie ellbogenstark nach vorn gedrängt. Er wurde geschickt oder gewählt, weil seine politischen Freunde – und nicht nur sie – seiner absoluten persönlichen Integrität und seinem Engagement vertrauten.

1.

Henßlers Biographie ist in mancher Hinsicht exemplarisch für den Lebensweg anderer Sozialdemokraten, die in der ersten Hälfte dieses Jahrhunderts aus eigener Kraft in führende Positionen aufstiegen. Als dreizehntes von fünfzehn Kindern eines Färbermeisters wurde er am 12. April 1886 in Altensteig im Kreis Nagold geboren, stammte also aus dem nördlichen Schwarzwald oder aus dem schwäbischen Teil Württembergs. Seine Herkunft aus Schwaben hat er nie verleugnen können, sie jedoch, wie Theodor Heuß, der erste Bundespräsident, das einmal formulierte, ,,ins Breite geweitet und sich dabei gesichert". Alfred Dobbert, Sozialdemokrat wie Henßler und Vizepräsident des Landtags von 1948 bis 1966, nannte ihn einmal einen ,,Ruhrschwaben" und einen Kommunalpolitiker aus Leidenschaft.

Eine höhere Schulbildung wurde dem Sproß einer kinderreichen Arbeiterfamilie selbstverständlich nicht zuteil. Fritz Henßler und seine Familie konnten sich glücklich schätzen, daß es gelang, ihm eine Lehrstelle als Schriftsetzer zu besorgen. Das hinderte ihn jedoch nicht, seinem Lehrherrn wegen der unsozialen Arbeitsbedingungen Vorwürfe zu machen. Dennoch konnte er 1904 die Gesellenprüfung mit der Note „gut" abschließen. Vor sozialdemokratischen Funktionären berichtete Henßler 1950, ihn hätte schon damals, um die Jahrhundertwende, die Sozialdemokratie fasziniert, obwohl es in seinem Heimatort Altensteig kein einziges Mitglied gab. Er sei jedoch durch kein Parteiprogramm angelockt worden, sondern durch Persönlichkeiten, vor allem durch August Bebel, einen der beiden Vorsitzenden der damaligen SPD. Aus seinen jahrzehntelangen Erfahrungen in der Partei folgerte er dann allerdings: „Wir müssen uns... aber bewußt sein, daß die Festigkeit zur Partei in der Bejahung unseres politischen Wollens liegt und nicht in der Bejahung bestimmter politischer Persönlichkeiten."

Entgegen den Traditionen seines katholischen Elternhauses trat Henßler am 1. Mai 1905 in die SPD und die Gewerkschaft ein. Wie damals noch üblich, machte sich der noch nicht Zwanzigjährige anschließend auf die Wanderschaft. Sie verschlug ihn über mehrere Stationen auch nach Münster in Westfalen, wo er im erlernten Beruf, aber auch schon als ehrenamtlicher Parteifunktionär arbeitete. Daneben versuchte er durch ein intensives Selbststudium die herkunftsbedingten Benachteiligungen auszugleichen, auch dies typisch für den Weg zahlreicher führender Sozialdemokraten der Vergangenheit. Erich Ollenhauer, der nach Schumachers Tod 1952 SPD-Vorsitzender wurde, konnte deshalb bei Henßlers Tod sagen: „Das, was Henßler auf der Höhe seines Lebens als Persönlichkeit darstellte, das hat er mit Hingabe und Fleiß selbst erarbeitet. Er hat nichts leicht gewonnen und er hat nichts leicht genommen. Seine Größe im Menschlichen und Politischen hatte seine stärksten Wurzeln in dieser Selbstzucht und in dieser Selbsterziehung."

2.

Im stockkonservativen Münsterland, wo Henßler 1908 seine Zelte aufschlug, waren die Sozialdemokraten nicht gut gelitten. Obwohl bereits vor 1910 Vorsitzender der münsterischen Ortsgruppe, legte man ihm manche Steine in den Weg, auch beruflich. Das Angebot, als Lokalredakteur bei der „Arbeiter-Zeitung" in Dortmund anzufangen, kam ihm deshalb 1911 wohl nicht ungelegen. Das geistige Rüstzeug dafür hatte er sich inzwischen angeeignet. Schriftsetzer und Drucker waren schon immer das, was man als Arbeiteraristokratie bezeichnen kann, und mancher sozialdemokratische Jünger der Schwarzen Kunst hat in der ersten Hälfte dieses Jahrhunderts den Setzkasten mit dem Redaktionsschreibtisch getauscht. Die Dortmunder „Arbeiter-Zeitung" war ein sozialdemokratisches Blatt und erschien unter diesem Titel seit 1903, hatte aber Vorläufer gehabt. Als Henßler in die Redaktion eintrat, leitete schon Ernst Mehlich das Blatt, der später als Nachfolger von Severing Reichs- und Preußischer Staatskommissar für das besetzte rheinisch-westfälische Industriegebiet wurde und im August 1926 in der Nähe von Hannover bei einem Eisenbahnunglück ums Leben kam. In der kleinen Redaktion konnte sich Henßler rasch profilieren. Er wurde bald nicht nur für Lokalpolitik zuständig, sondern schrieb auch über Gewerkschaften und Wirtschaft sowie allgemeine politische Themen. Dies befähigte ihn, 1915/16, als Chefredakteur Mehlich eingezogen wurde, erstmals für ein Jahr die Leitung der Redaktion zu übernehmen. Von August 1916 bis zum Kriegsende mußte dann Henßler selbst in den Krieg, aus dem er mit einer Tapferkeitsmedaille dekoriert zurückkam.

Wie Henßler zum Ersten Weltkrieg stand, wissen wir bis heute nicht mit letzter Sicherheit. Es ist aber eher unwahrscheinlich, daß er zu jenem Teil der Sozialdemokratie gehört hat, der den Krieg von Anfang an verurteilte. Vielmehr spricht einiges dafür, daß er wie die Parteiführung und die Reichstagsfraktion in der Billigung der Kriegskredite eine Möglichkeit sah, die Sozialdemokraten vom Makel der „vaterlandslosen Gesellen" zu befreien. Darauf deutet auch die Haltung der Dortmunder „Arbeiter-Zeitung" im ganzen. Während die Redaktion des SPD-Zentralorgans „Vorwärts" (wenn auch nicht öffentlich) den Krieg verurteilte, biederte sich Henßlers Blatt bei den Militärs an. So hieß es am 2. Oktober 1914 in einem Artikel: „Indem die Arbeiterpresse bemüht ist, auf dem weiten Feld der Kriegsfürsorge und der geregelten Wirtschaftserhaltung anregend, fördernd, Hindernisse aus dem Wege räumend tätig zu sein, leistet sie für die erfolgreiche Durchführung des Krieges vielleicht mehr als manches Blatt, das solche Notwenigkeiten übersieht, sich aber bei Bekundungen seiner allgemeinen Gesinnung in Kraftworten überschlägt." Kurz darauf konnte man gar lesen, Deutschland möge den vom „Zarismus aufgezwungenen Kampf siegreich bestehen".

Mehr als dreißig Jahre später sprach sich Henßler in Gegensatz zur offiziellen Parteilinie im Dezember 1950 für einen deutschen Verteidigungsbeitrag aus. Damals, fünf Jahre nach dem zweiten verlorenen Krieg und zu Beginn der letztlich an Frankreich gescheiterten Verhandlungen über die „Europäische Verteidigungsgemeinschaft" (EVG), schrieb er an Kurt Schumacher: „Da der demokratische Aufbau auf die Dauer nur auf realpolitischer Grundlage erfolgreich sein kann, wird jede Partei, die einen diesbezüglichen Beitrag leisten will, auch die Grundfrage der staatlichen Machtbildung bejahen müssen. Schon in normalen Zeiten wird ein stimmungsmäßiger Pazifismus keine Dauergrundlage für den Staatsaufbau sein." Henßler spielte damit auf den Kalten Krieg und den Aufbau der Kasernierten Volkspolizei in der sowjetisch besetzten Zone an, aus der die Volksarmee der DDR hervorging. Gegenüber der Presse erklärte er, man könne nicht erwarten, „daß andere Völker Blut und Leben ihrer eigenen Söhne opferten, damit das deutsche Volk in Freiheit leben könne", wenn dieses deutsche Volk keinen eigenen Verteidigungsbeitrag leiste. Henßler war allerdings alles andere als ein Militarist, und man kann bei ihm auch nicht von einem geschlossenen wehrpolitischen Konzept sprechen. Er wollte nur eine verteidigungsbereite Demokratie und setzte sich deshalb auch schon frühzeitig für den Aufbau des Grenzschutzes ein, der innerhalb der Sozialdemokratie umstritten war. Parallel dazu diskutierte er mit Parteifreunden aber auch eine mögliche deutsche Neutralisierung.

3.

Als der junge Fritz Henßler aus dem Ersten Weltkrieg heimgekehrt war, trat er wieder in die Redaktion seiner Zeitung ein, die seit Oktober 1917 „Westfälische Allgemeine Volks-Zeitung" hieß. Außerdem engagierte er sich nun entschieden in der Partei- und der Kommunalpolitik. 1920 wurde er Vorsitzender des Unterbezirks Dortmund der SPD, wenig später Vorsitzender des Bezirks Westliches Westfalen, der schon damals zu den größten Parteibezirken gehörte. 1924 wählten ihn die Dortmunder in die Stadtverordnetenversammlung, ein Jahr später saß er bereits auf dem Stuhl des Stadtverordnetenvorstehers – heute würde man sagen: des Oberbürgermeisters, aber nach der damaligen Kommunalverfassung war der Oberbürgermeister der Chef der Verwaltung. In diesem Amt ist er bis 1933 Jahr für Jahr bestätigt worden, häufig einstimmig, zuweilen nur gegen die Stimmen der Kommunisten, die ihre Unterstützung gelegentlich davon abhängig machten, daß der stellvertretende Stadtverordnetenvorsteher kein Zentrumspolitiker sein dürfe, was er in der größten Stadt Westfalens immer war. Durch seine geschickte Verhandlungsführung und sein starkes Engagement erwarb sich Henßler bald großes Ansehen bei der Bevölkerung und den anderen Parteien, und nicht von ungefähr ist er auch nach 1945 immer wieder einstimmig in das Amt des Oberbürgermeisters von Dortmund gewählt worden.

Die intimen Einblicke, die er von nun an in die städtische Politik nehmen konnte, kamen natürlich der Berichterstattung der „Westfälischen Allgemeinen Volks-Zeitung" zugute; seit 1922 leitete er das Blatt als verantwortlicher Redakteur für Politik und Wirtschaft (so das Impressum). Aus nicht aufzuklärenden Gründen räumte Henßler aber am 6. Februar 1929 diese Stelle und trat als verantwortlicher Redakteur für Wirtschaft, Gewerkschaften und Lokales in das zweite Glied zurück. Möglicherweise wurde er von der Partei dazu gedrängt, um Zeit für eine andere Aufgabe zu gewinnen, die man ihm zugedacht hatte: die Reichspolitik.

In sie trat Henßler mit den Wahlen am 14. September 1930 ein, bei denen die Nationalsozialisten ihre Mandatszahl sprunghaft von zwölf auf 107 erhöhen konnten, während die SPD leichte Verluste hinnehmen mußte. Auf dem Wahlparteitag des Bezirks Westliches Westfalen war Henßler im August 1930 auf Platz vier der von Fritz Husemann, dem Vorsitzenden der Bergarbeitergewerkschaft, angeführten Liste gesetzt worden. Unangefochten erorberte er sein Mandat im Wahlkreis 25 (Westfalen-Süd) und behauptete es auch in den Wahlen zum 6. und 7. Reichstag, die 1932 stattfanden.

Henßler kam zu einem Zeitpunkt in die 143-köpfige Fraktion der SPD, als die Sozialdemokratie einen Kurswechsel vornehmen mußte, der insbesondere der Parteibasis nur schwer zu erläutern war. Es ging um die Tolerierung der Regierung Brüning und der Notverordnungen, die gerade die Städte und die sozial schwachen Bevölkerungsschichten trafen. Eben damit wurde Henßler ständig in seinem Wahlkreis konfrontiert. Mehrfach hat er in langen Schriftsätzen seine Fraktion aufgefordert, etwas gegen die Verelendung und die damit einhergehende finanzielle Ausblutung der Städte zu unternehmen, die einen großen Teil der Soziallasten für die Arbeitslosen tragen mußten, während gleichzeitig ihre Steuereinnahmen sanken. Als die Reichsregierung die Städte 1931 anwies, die Fürsorgesätze zu kürzen, schrieb er: „Ich war dieser Tage in der Bergarbeitergemeinde Rünthe bei Hamm. 6 500 Einwohner. Ungefähr 80 Prozent leben von Unterstützung. Von 170 Mitgliedern unserer Partei haben noch sieben Arbeit als Kurzarbeiter. Die Arbeiter wohnen durchweg in Zechenhäusern und in Häusern der Bergmannssiedlung. Mietpreise in den ersteren rund 25 Mark, in den letzteren 30 bis 35 Mark. Der Wohlfahrtssatz steht noch dank starkem sozialdemokratischem Einfluß auf 62 bzw. 75 Mark für ein kinderloses Ehepaar. Die eigene Finanzkraft des Kreises reicht aber nicht mehr aus. Reichshilfe wird aber abhängig gemacht von der Senkung des Richtsatzes auf 52 bzw. 66 Mark. Welche Stimmung ein solcher Abbau erwecken muß, brauche ich nicht auszumalen."

Henßler befürchtete, viele der Betroffenen würden nicht einmal mehr ihre Miete bezahlen können und so in die Kriminalität und den politischen Extremismus abgedrängt werden. Gleichzeitig beklagte er, die Überwälzung der Fürsorgekosten auf die Gemeinden bringe diese an den Rand der Handlungsfähigkeit: „Wenn auch unter den gegebenen Verhältnissen der finanzielle Rahmen für die kommunale Selbstverwaltung sehr eng gezogen sein mußte", sagte er bei Etatberatungen der Dortmunder Stadtverordnetenversammlung am 28. November 1932, „so ist dennoch die Bedeutung der kommunalen Selbstverwaltung nicht geringer geworden. Ich meine vielmehr, eine kluge Reichsregierung müßte gerade in diesen Notzeiten darauf bedacht sein, verantwortliche Mitarbeit aus dem Volke weitestgehend sicherzustellen. Das Gegenteil geschieht aber. Die Selbstverwaltung ist zu einem fast toten Begriff geworden. Ein Beispiel dafür ist der heute vorliegende Etat... Seine erschreckend hohe

Fehlbetragsziffer beweist die völlige Unmöglichkeit, durch eigene Kraft einen Ausgleich zu schaffen unter Gewähr der finanziellen Lösung der der Stadt obliegenden dringenden Aufgaben. Dieser Etat steht auf dem Papier... Wenn die gesamten Einnahmen noch nicht einmal ausreichend sind für die Unterstützung der Wohlfahrtserwerbslosen, deren Betreuung, sachlich betrachtet, direkte Reichsangelegenheit ist, dann besteht kein Raum mehr für eine auf der Verantwortlichkeit kommunaler Selbstverwaltung beruhende Etatfeststellung..." Gleichzeitig beklagte er, daß die Überwälzungsunfähigkeit der Wohlfahrtskosten auf die Gemeinden diese an den Rand der Handlungsunfähigkeit bringe.

So bitter diese Erkenntnis für den engagierten Kommunalpolitiker Henßler sein mußte und so deprimierend sie für den engagierten Sozialpolitiker war, Henßler kam nicht darum herum, zumindest nach außen in Wahlkreisversammlungen die offizielle Politik der Sozialdemokratie vertreten. Das trug ihm von kommunistischer Seite den Vorwurf des „Sozialfaschismus" ein, mit dem die KPD die SPD seit Mitte der zwanziger Jahre ständig bedachte. Wie recht er mit seiner Furcht vor der Radikalisierung hatte, war an den Wahlergebnissen in Dortmund abzulesen. 1928 spielte dort die NSDAP bei den Reichstagswahlen mit 0,6 Prozent der Stimmen noch keine Rolle. Im November 1932 erhielt sie aber sensationelle 17,7 Prozent, fast genausoviel wie die SPD im gleichen Zeitraum verloren hatte. Gleichzeitig konnte auch die KPD ihren Stimmenanteil drastisch erhöhen und wurde mit 33,1 Prozent stärkste Partei.

Große Hoffnungen zur Eindämmung insbesondere der Nationalsozialisten setzte Henßler auf die „Eiserne Front", die im Dezember 1931 von SPD, Freien Gewerkschaften, dem Reichsbanner Schwarz-Rot-Gold und Arbeitersportlern gegründet wurde, um einen Wall gegen Hitler aufzubauen, wie es hieß. In seiner Zeitung, die im Kopf nun das Emblem der Eisernen Front – drei nach unten gerichtete Pfeile – trug, schrieb Henßler: „Hinein in die Eiserne Front! muß die Losung sein. Wobei auch zu betonen ist: Eine Schwächung des Hitler-Faschismus zu Gunsten des kommunistischen 'Antifaschismus' ist nur ein ganz zweifelhafter Erfolg. Es handelt sich hier zwar um Gegenpole, die aber enge Berührung haben."

Henßler und seine Parteifreunde haben in Dortmund eindrucksvolle Versammlungen der Eisernen Front organisiert. An einer nahmen im Februar 1932 mehr als 25 000 Menschen teil, die letzte fand noch im Februar 1933 statt. Aufhalten konnten sie den Nationalsozialismus jedoch nicht. Eine der Ursachen für dieses Scheitern lag in der Zerrissenheit der politischen Linken. Aber auch der „Glaube der Massen an die soziale und demokratische Republik" war nicht so fest verwurzelt, wie Henßler dies auf einer der Versammlungen verbal beschwor.

Wie die sozialdemokratische Parteispitze hoffte auch Henßler, Hitlers Machtantritt am 30. Januar 1933 werde eine vorübergehende Erscheinung, der nationalsozialistische Staat nicht mehr als ein Spuk von kurzer Dauer sein. Aus diesem Grunde knüpfte er auch nur relativ lose Bande zu den verschiedenen Widerstandsgruppen, die in ihrer Wirkung ohnehin zuweilen überschätzt werden. Detlev Peukert schreibt, Henßler „habe sich in sehr vorsichtiger und abgewogener Weise zwischen den verschiedenen Widerstandsgruppen bewegt, (wurde) von allen ins Vertrauen gezogen, ohne daß er sich irgendwo festgebunden hätte". Ähnlich urteilt Kurt Klotzbach, der den Widerstand in Dortmund untersucht hat, über Henßler. Widerstand zu organisieren und zu betreiben, war für Henßler allerdings nicht ganz leicht. Als prominentester Dortmunder Sozialdemokrat stand er von Anfang an unter ständiger Beobachtung der Gestapo. Jeder seiner Schritte wurde überwacht, und bereits im April 1933 nahm man ihn vorübergehend erstmals in Schutzhaft, wie das damals bezeichnenderweise hieß.

Untätig blieb er gleichwohl nicht. Obwohl als Stadtverordnetenvorsteher schon amtsenthoben, versuchte Henßler den Dortmunder Polizeipräsidenten im April 1933 vergeblich zur Aufhebung des Versammlungsverbotes für seine Partei zu bewegen. Im Juni wurde er ein zweites Mal in Schutzhaft genommen, diesmal für zehn Wochen. Um die materielle Existenz der Familie zu sichern, gründete seine aus Essen-Katernberg stammende, siebzehn Jahre jüngere Frau Ella im Dortmunder Stadtteil Barop eine Leihbücherei, in der auch Untergrundliteratur und Botschaften ausgetauscht wurden und Kuriere der SPD-Exilgruppen verkehrten. Im März 1936 entdeckte die Gestapo diese Aktivitäten. Henßler und zahlreiche andere Sozialdemokraten wurden verhaftet. Den Vorwurf der Vorbereitung zum Hochverrat konnte das Gericht zwar nicht erhärten, aber es bestrafte Henßler wegen Verstoßes gegen das „Gesetz zur Neubildung von Parteien" vom Juli 1933 mit einem Jahr Gefängnis. Diese war an sich durch die Untersuchungshaft verbüßt. Dennoch verhaftete die Gestapo Henßler noch im Gerichtssaal und brachte ihn zunächst in das inzwischen berüchtigte Polizeigefängnis „Steinwache" in Dortmund, um den inzwischen zweiundfünfzigjährigen dann am 7. Juni 1937 in das Konzentrationslager Sachsenhausen zu verschleppen. Acht Jahre wurde er dort festgehalten. Die Torturen dieses Lagers und vor allem den Todesmarsch, auf den Häftlinge beim Herannahen der russischen Truppen im April 1945 geschickt wurden, hat Henßler nach Zeugenaussagen nur dank der Hilfe ebenfalls inhaftierter einfacher Dortmunder Genossen überlebt. Dem Genickschuß, mit dem die SS-Wachmannschaften auf dem Todesmarsch insgesamt 6 000 entkräftete Häftlinge, die liegengeblieben waren, exekutierten, entging er nur mit knapper Not. Als die Amerikaner Henßler Anfang Mai 1945 in Mecklenburg befreiten, war der ehemals stämmige, ja fast vierschrötig wirkende untersetzte Mann mit dem auffallend großen Kopf zum Skelett abgemagert. Geistig-seelisch hat er das KZ jedoch ungebeugt überstanden, nicht zuletzt, weil er auch in Sachsenhausen als einer der Köpfe der illegalen Lager-SPD mit Freunden, aber auch mit Kommunisten und Katholiken über die politische Neugestaltung Deutschlands beraten und gestritten hatte. In der ihm eigenen Bescheidenheit sprach Henßler übrigens nach 1945 nie über die erlittenen Qualen und beschränkte sich in Lebensläufen auf Formeln wie diese: „Neun Jahre Haft, davon acht Jahre KZ, übliche KZ-Behandlung".

4.

Anpacken, zupacken, das könnte man als Henßlers Leitmotiv nach 1945 bezeichnen. Ein Theoretiker ist er bei aller Belesenheit ohnehin nie gewesen. Kaum wieder in Dortmund, beteiligte er sich vom Sommer 1945 an am Wiederaufbau der fast völlig zerstörten Stadt. Das Angebot der britischen Besatzungsmacht vom September, kommissarischer Oberbürgermeister und damit Verwaltungschef zu werden, lehnte er allerdings ab. Er sei kein Verwaltungsfachmann und wolle auch nicht aus dem politischen Leben ausscheiden, das freilich noch gar nicht richtig begonnen hatte. Zwölf Jahre habe er schweigen müssen, nun wolle er reden. Erst als im April 1946 die Gemeindeordnung revidiert, der Oberbürgermeister Vorsitzender des Kommunalparlaments und die Verwaltung der Politik untergeordnet wurde, ließ sich Henßler, der seit Dezember 1945 dem ernannten Dortmunder Rat angehörte, zum Oberbürgermeister wählen. Unangefochten behauptete er dieses Mandat bis zu seinem Tode. Er war einer der wenigen Oberbürgermeister, die sich ständig auf ein einstimmiges Votum des gesamten Rates stützen konnten.

In seiner ersten „Regierungserklärung" als Oberbürgermeister ging Henßler auf die brennenden Probleme der Großstädte, zumal der des Ruhrgebietes ein, die unter der Demontage zu leiden hatten: „Es drückt uns die Sorge, daß wir noch nicht planvoll zur Arbeit kommen, wie es sein muß. Es handelt sich nicht nur darum, die Aufbauarbeit voranzutreiben, es geht auch darum, endlich ein weiteres Absacken unserer Volkskraft verhindern zu können... Die Wiederbelebung unserer industriellen Betriebe gehört zu den Voraussetzungen, daß das deutsche Wirtschaftsleben sich wieder entfalten kann. Wir brauchen dazu Hilfe. Aber nicht Geschenke erbitten wir; unser Begehr ist auf die Möglichkeiten voller Arbeitsentfaltung gerichtet. Die Stillegungs- und Demontage-Gefahr bedrückt uns... Die Stillegung der zwei größten Dortmunder Betriebe (Hüttenwerk Union und Eisen- und Stahlwerk Hoesch) war für die gesamte Stadt wenn nicht das Todesurteil, so doch eine Verdammnis zu dauerndem Siechtum. Eine gesunde Stadt müßte daran zugrundegehen, geschweige denn, daß eine so zertrümmerte Stadt wieder allmählich zur Gesundung kommen könnte... Das Funktionieren der Selbstverwaltung in den Gemeinden und Kreisen ist abhängig davon, daß auch in der oberen Instanz Ordnung ist. Die Zusammenfassung in Länder genügt noch nicht. Wir brauchen auch wirtschaftlich und politisch die Reichseinheit. Davon ist abhängig, daß ein gerechter Finanz- und Lastenausgleich erfolgt. Dortmund, das bei sparsamster Ausgaben-Berechnung und optimistischer Einnahmeschätzung ca. 65 Millionen Defizit hat, ist dafür eindrucksvolles Beispiel...".

In der Amtszeit Henßlers wurde in Dortmund bis 1953 dennoch der gröbste Teil der Aufräum- und Wiederaufbauarbeiten geschafft, wurden 80 000 Wohnungen gebaut, Straßen und Brücken rekonstruiert, Zechen und Hüttenwerke repariert. Sogar die Westfalenhalle erstand neu, ein Projekt, das damals der Stadt und Henßler den Vorwurf der Großmannssucht eintrug, weil andere Wiederaufbauarbeiten doch vordringlicher seien. Henßler verteidigte den Wiederaufbau der Halle bei der Eröffnung 1952 unter Hinweis auf den Symbolcharakter. Der Bau solle „eine Stätte zur Förderung der Gemeinschaft auf allen Lebensgebieten sein, eine Stätte, an der sich Menschen treffen und verstehen lernen, die in ihrem Aufgaben- und Interessenbereich sonst nicht zueinander finden. Ich möchte sagen, wir müssen die Zeit herbeiwünschen, in der solche Bauwerke nicht mehr fast einmalig sind, wie es jetzt der Fall ist, und in der man sich bei dem Entschluß zur Errichtung nicht mehr mit so viel inneren Zweifeln und Bedenken abmühen muß, ob angesichts der großen allgemeinen Notlage überhaupt ein solches Bauwerk verantwortet werden kann...".

Wie kein anderes Stadtoberhaupt vor oder nach ihm ist Henßler von der Dortmunder Bevölkerung anerkannt, ja man kann sagen, verehrt worden – ein Phänomen, wenn man weiß, wie schroff und ungehalten er sein konnte. Seine erhaltenen Handakten liefern allerdings den Schlüssel für seine Popularität, die sich bei seinem Tod darin ausdrückte, daß eine vieltausendköpfige Menge dem Katafalk von der Stadtgrenze bis zur Aufbahrungsstätte das Geleit wie einem Staatsoberhaupt gab. Auch mit kleinsten Anliegen, Sorgen und Bedrängnissen konnten sich die Dortmunder an ihr Stadtoberhaupt wenden und gewiß sein, daß er nicht nur unverzüglich antwortete, sondern auch versuchte zu helfen. Der erste Bürger hatte noch einen engen Kontakt zu seinen Mitbürgern. Es klingt heute zwar etwas pathetisch, traf damals aber wohl den Kern der Empfindungen der Einwohner und auch den Charakter des so Gekennzeichneten, als man 1953 dem toten Henßler diese Verse widmete:

Hart warst Du zu Dir selbst
und hart zu den anderen.
Denn in Deiner Seele
brannte ein Licht,
das Dich trieb, unaufhörlich
zu Entsagung, Opfer und Tat.

Bevor er der Oberbürgermeister der größten Stadt Westfalens wurde, übernahm Fritz Henßler im August 1945 eine andere Aufgabe, die ihm mindestens ebensosehr am Herzen lag. Auf Bitten der britischen Besatzungsmacht wurde er Beauftragter für die Neugründung der Gewerkschaften im Raum Dortmund-Lünen. Aus den Erfahrungen der Weimarer Republik heraus war er ein Verfechter der überparteilichen und konfessionell nicht gebundenen Einheitsgewerkschaft. Als die Kommunisten im Herbst 1945 begannen, in Dortmund eigene Betriebsgruppen innerhalb der Gewerkschaften aufzubauen, schrieb er der KPD-Ortsleitung: ,,Ihr wisst so gut wie ich, daß wir den Versuch, eine gewerkschaftliche Einheitsorganisation zu gründen, gefährden, wenn nicht ganz streng darauf geachtet wird, parteipolitische Einmischungen fernzuhalten...".

Diese Linie hielt Henßler konsequent durch, auch nach 1947, als er das hauptamtliche Mandat als Gewerkschaftsvorsitzender in Dortmund aufgab. Außerhalb der Gewerkschaften trat er für eine strikte Abgrenzung gegenüber den Kommunisten ein. Als er 1945 wieder Vorsitzender des Bezirks Westliches Westfalen der SPD geworden war, wandte er sich entschieden gegen den von einigen Sozialdemokraten und zahlreichen Kommunisten damals angestrebten Zusammenschluß von KPD und SPD nach dem Vorbild der Zwangsvereinigung beider Parteien zur Sozialistischen Einheitspartei (SED) in der sowjetisch besetzten Zone im Jahre 1946. Die Dortmunder KPD-Leitung ließ er wissen, er halte ein ,,anständiges und ehrliches Nebeneinander für besser als ein unehrliches Miteinander. Unser Begriff von Demokratie unterscheidet sich scharf von der 'demokratischen' Auffassung im Osten, deren Ideal die 'Ein-Partei-Demokratie' ist".

Anfang Januar 1951 zog er in einem Brief an den Landtagspräsidenten des damaligen Landes Schwerin-Mecklenburg in der sowjetisch besetzten Zone, Carl Moltmann, einen noch größeren Bogen. Er schrieb Moltmann, den er im KZ Sachsenhausen kennengelernt hatte: ,,1945 legten die Kommunisten in unserem Gebiet ein feierliches Bekenntnis zu einer bürgerlichen Demokratie unter voller Anerkennung des Privateigentums ab. Zwischendurch nannten sie das Kommunistische Manifest als ihr Aktionsprogramm. 1947 hatten sie beschlossen, den Namen 'Kommunistische Partei' abzulegen und 'Sozialistische Volkspartei Deutschlands' zu werden. Mit dem Ausdruck 'Volkspartei' wollten sie bekunden, daß sie frei und unabhängig dastehen, ungebunden der östlichen Ideologie gegenüber, die auf die besonderen Verhältnisse des deutschen Gebietes nicht anwendbar sind. (Max) Reimann war es, der diese Begründung gab, derselbe Reimann, der dann später bei neuerlichem taktischem und programmäßigem Umschwung die Feststellung traf, daß die Kommunisten nur eine untergeordnete bolschewistische Gruppe sein können und für sie restlos die Moskauer Politik bindend sei. Von meiner Schau aus gesehen, sind die Kommunisten im westdeutschen Gebiet wieder restlos bei ihrer übelsten Putsch-Politik vor 1933 angelangt. 1945 und in der folgenden Zeit gab es besonders auf kommunalpolitischem Gebiet, aber auch in der Landespolitik ein relativ gutes Zusammenarbeiten mit den Kommunisten. Durch die ihnen aufgezwungene taktische Linie wurde diese Zusammenarbeit unmöglich...".

In der Landespolitik haben Sozialdemokraten, aber auch CDU, Zentrum und Freie Demokraten in wechselnden Koalitionen längere Zeit mit Kommunisten zusammengearbeitet. In den beiden noch von der britischen Besatzungsmacht ernannten Regierungen unter Rudolf Amelunxen und in der Anfangsphase des ersten Kabinetts Arnold waren die KPD-Abgeordneten Heinz Renner und Hugo Paul geachtete Politiker. Arnold trennte sich von ihnen im Februar 1948, weil er und die KPD sich wechselseitig des Landesverrats bezichtigten. Auslösendes Moment für diesen Vorwurf war Arnolds Zustimmung zu den ,,Frankfurter Beschlüssen", durch die die Bizonenverwaltung für die britische und amerikanische Besatzungszone geschaffen wurde. Auch Henßler zog im Landtag einen deutlichen Trennungsstrich zur KPD, so am 12. Januar 1949, als er den Kommunismus stalinistischer Prägung unverblümt als Diktatur geißelte: ,,Wir wissen aus eigenen Erfahrungen, daß man unter Diktaturen lebende Völker nicht für die Handlungen ihrer Diktatoren verantwortlich machen kann. Wir unterscheiden zwischen den Herrschaftsmethoden und jenen, die unter diesen Herrschaftsmethoden zu leiden haben." Bei anderer Gelegenheit hielt er seinen kommunistischen Parlamentskollegen vor, ,,daß Sie dort, wo Sie die Macht haben, den Kampf gegen den politischen Gegner bis zur physischen Vernichtung führen."

5.

Dem Landtag in Düsseldorf gehörte Henßler von der ersten Stunde an, war also schon Mitglied des im Sommer 1946 von den Briten ernannten ersten Parlaments. Dabei war der Dortmunder Oberbürgermeister an sich ein Gegner des neuen Landes. So schrieb er im August 1946 seinem Parteifreund Heinrich Hemsath, Stadtrat in Münster und später Arbeits- und Sozialminister in Nordrhein-Westfalen und Hessen: ,,Unsere ursprüngliche Auffassung war, ... daß Länderbildungen in der ungefähren Größe der früheren preußischen Provinzen erfolgen sollten. Durch die von den Engländern diktierte Staatenbildung Rheinland-Westfalen ist unsere frühere Auffassung nicht mehr realisierbar. In Rheinland-Westfalen wohnt aber die Hälfte der Bevölkerung der englischen Zone, deshalb vertreten wir die Forderung, aus dem Rest der englischen Zone ebenfalls nur ein Land zu bilden. Diese Länder sind aber so groß, daß eine untere Mittelinstanz (wir sehen auch in den Ländern nur eine Mittelinstanz gegenüber dem kommenden Reich) geschaffen werden muß. Die in Rheinland-Westfalen vorhandene Meinung, auf diese untere Mittelinstanz verzichten zu können und dafür die ehemaligen Provinziallandtage als Selbstverwaltungskörperschaften wiederaufleben zu lassen, halte ich für sachlich falsch, aber auch im Widerspruch stehend zu den Absichten, die mit der Zusammenlegung Rheinland-Westfalen verbunden sind. Ich sehe für die einzurichtende Mittelinstanz eine doppelte Aufgabe:

1. soll sie eine Art Außenstelle der Regierung sein,
2. Der Träger gewisser Selbstverwaltungsaufgaben, also eine Art kommunaler Zweckverband.

Der Leiter dieser Behörde hätte also, ähnlich wie der frühere Landrat, eine doppelte Funktion als Staatsbeamter und als Kommunal-Beauftragter...".

Damit befand sich Henßler in Übereinstimmung mit der Politik des damals noch in Hannover residierenden Parteivorstandes der SPD, dem er seit 1946 selbst angehörte. Von ihrer Tradition her war die Sozialdemokratie eine zentralistisch eingestellte Partei, hatte sie doch schon in der Weimarer Republik eine starke Reichsgewalt befürwortet. Große und damit zwangsläufig auch besonders einflußreiche Länder paßten nicht in diese Konzeption; das hatte das unausgewogene Verhältnis zwischen dem Reich und dem großen Preußen in der Weimarer Republik deutlich gemacht. Bemerkenswert ist, daß der überzeugte und leidenschaftliche Kommunalpolitiker Henßler die alten Provinzialverbände ablehnte, die in modifizierter Form als Landschaftsverbände Rheinland und Westfalen-Lippe Mitte der fünfziger Jahre wiederauferstanden sind. Immerhin waren die Provinzialverbände vor 1933 wichtige Faktoren der regionalen und kommunalen Selbstverwaltung gewesen, und Henßler hatte zeitweilig selbst dem westfälischen Provinziallandtag angehört. Henßler befürchtete, solche Provinziallandtage könnten sich zu einer echten Konkurrenz des Landtags in Düsseldorf entwickeln. Weil die Landschaftsverbandsordnung von 1953 jedoch keine Direktwahl für die Landschaftsversammlungen vorsieht, sollte sich später diese Befürchtung als unbegründet erweisen. Die von Henßler vorgeschlagenen „unteren Mittelinstanzen", die man sich als eine Kombination aus Regierungspräsidien und kommunalen Zweckverbänden vorstellen muß, weisen auf die „Regionalverbände" hin, die im Vorfeld der Beratungen über die Landschaftsverbandsordnung in der Diskussion gewesen sind. Diese Verbände (jeder deckungsgleich mit einem Regierungsbezirk) sollten nach den Intentionen einiger Politiker überörtliche Aufgaben übernehmen, die von einer Stadt oder einem Kreis nicht allein gelöst werden konnten, also Landschaftsverbände „en miniature".

Pragmatiker, der Henßler zeitlebens gewesen ist, beugte er sich dennoch ohne aufzumucken der Entscheidung der Briten und wirkte am Aufbau des neuen Landes mit, das er zunächst als Retortengebilde verstand. Wie viele seiner Parteifreunde und Politiker anderer Parteien hegte er in den ersten Nachkriegsjahren ohnehin die Hoffnung auf eine Wiedervereinigung und eine damit einhergehende Überprüfung der von den Besatzungsmächten geschaffenen föderalistischen Nachkriegsstruktur. Dies geht auch aus einem Brief vom 30. Januar 1948 an Kurt Schumacher hervor, in dem sich Henßler gegen die Kritik seines Parteivorsitzenden an der Beteiligung der Sozialdemokraten an einigen Landesregierungen zur Wehr setzte. „Wenn wir bisher in den Ländern für Allparteienregierungen eintraten, so doch nicht, weil wir die Klassenlage nicht sahen, sondern doch nur, weil die Voraussetzungen zu einem echten parlamentarischen Leben noch gar nicht da sind, insbesondere, weil das Hoheitsrecht bei den Siegern liegt. Wir sahen in diesen Regierungen keine Koalitionsregierungen, sondern Notstandskabinette mit beschränkter Handlungsmacht."

Nach den ersten Landtagswahlen vom 20. April 1947 wurde Henßler Fraktionsvorsitzender der SPD und blieb dies bis zu seinem Tode. Parteifreunde konnten ihn sich damals in noch höheren Ämtern vorstellen. So berichtete Ernst Gnoß, Mitglied des Landtagspräsidiums und später Wiederaufbauminister, Parteifreund Menzel am 16. Mai 1947: „Zur Frage der eventuellen Stellung des Ministerpräsidenten war der Vorstand der Meinung, daß Fritz Henßler sich dieser Aufgabe unterziehen müsse. Diese Auffassung war einstimmig, bis auf Fritz Henßler, der sich nicht entschließen konnte, bei dieser Gelegenheit schon zuzusagen, sondern selbst große persönliche Bedenken hat...".

6.

Tatsächlich war Henßler ein Mann des Parlaments, nicht der Exekutive. Auch schätzte er seine Fähigkeiten realistischer ein als seine Parteifreunde, hielt sich wohl selbst nicht für „ministrabel". Der Wunsch der SPD, ihn in der Staatskanzlei als Chef zu sehen, blieb Episode, weil dieses Amt der CDU als der stärksten Fraktion zufiel. Ministerpräsident der ersten aus Wahlen hervorgegangenen Landesregierung wurde 1947 der Christdemokrat Karl Arnold, der ein Koalitionskabinett aus CDU, SPD, Zentrum und (bis 1948) KPD bildete. Mit Arnold, der zum „linken" Flügel der CDU gehörte, verband Henßler zwar ein freundschaftliches, aber kein ungetrübtes Verhältnis. Henßler warf diesem vor, er lasse sich zu sehr von Konrad Adenauer gängeln, der bis zu seiner Wahl zum Bundeskanzler im September 1949 in Düsseldorf Fraktionsvorsitzender der CDU war. Dieser Eindruck verstärkte sich noch, als Arnold nach den Landtagswahlen von 1950 auf Druck von Adenauer eine Regierung ohne die Sozialdemokraten bildete. Henßler zieh Arnold deshalb, eine „politisch entmannte Persönlichkeit" zu sein.

Allerdings muß hinzugefügt werden, daß damals auch die SPD-Spitze um Kurt Schumacher auf einem Konfrontationskurs zur CDU in den Ländern bestand. Da Henßler häufig genug im Parteivorstand eigenes Profil bewiesen hatte und selbst vor Kritik an Schumacher nicht zurückscheute, ist nicht sicher, ob er einem solchen Drängen nachgegeben hätte. Der Dortmunder Oberbürgermeister hat sich 1950 schließlich mehrfach für die erneute Bildung einer Großen Koalition aus CDU und SPD unter Führung Arnolds ausgesprochen und gegen die von Adenauer betriebene ,,Gleichschaltung" von Bund und Land gewandt. Sein Eintreten für ein Zusammengehen mit den Christdemokraten begründete er mit den Nöten der Zeit. Henßler war jedoch nicht zur Koalition um jeden Preis bereit. Als die christdemokratische Verhandlungskommission in den ersten Gesprächen unnachgiebig das bis dahin von dem Sozialdemokraten Menzel geleitete Innenressort für sich reklamierte, brach er die Gespräche ab. Menzel war wegen seiner kompromißlosen Personalpolitik bei der CDU in Ungnade gefallen. Versuche des mit Arnold befreundeten späteren Staatssekretärs Leo Brandt (SPD), Henßler umzustimmen, waren zwar nicht aussichtslos, blieben aber letztlich erfolglos, weil inzwischen Adenauer die Mehrheit der CDU-Fraktion auf seine Linie gebracht hatte. Arnold mußte zunächst ein Rumpfkabinett bilden, dem ausschließlich CDU-Politiker angehörten. Später nahm er dann Zentrumspolitiker hinzu. Anläufe, doch noch mit der SPD ins Geschäft zu kommen, scheiterten ebenfalls.

Auch bei diesen Verhandlungen hat Henßler bewiesen, daß er eine eigenständige politische Persönlichkeit war und nicht davor zurückschreckte, von der offiziellen Parteilinie abzuweichen. Mehrfach, wenngleich erfolglos wandte er sich auch gegen polemische Überspitzungen, zu denen besonders im Wahlkampf Schumacher neigte. So heißt es in einem Schreiben an seine Kollegen im Parteivorstand vom 2. August 1949, vierzehn Tage vor der ersten Bundestagswahl: ,,Wir dürfen uns nicht von Adenauer und seinesgleichen das Niveau des Wahlkampfes bestimmen lassen. Besonders Kurt (Schumacher) steht auch geachteter da, wenn er nicht auf diese Ankläffereien reagiert. Sein Ruf als starke politische Persönlichkeit leidet, wenn der Eindruck entsteht, daß er genau wie Adenauer Politik mit parteiagitatorischer Zänkerei verwechselt... Meine Überzeugung ist, durch überspitzten persönlichen Kampf verlieren wir mehr, als wir gewinnen können..."

Dabei nahm Henßler selbst häufig kein Blatt vor den Mund. Auf ihn paßte durchaus die Charakterisierung ,,Volkstribun". Sozialdemokrat alter Schule, der er war, liebte er das klare, zuweilen auch das derbe Wort. Seine Reden waren leidenschaftlich, aber sprachlich schmucklos. Intellektuelles Geklingel weckte bei ihm Aversionen. Als Fraktionsvorsitzender der SPD im Landtag hat er auch Charakterzüge an den Tag gelegt, die nicht so recht in das Bild eines demokratischen Sozialisten und eines Mannes passen wollten, der persönlich von einem totalitären Staat bis an den Rand der physischen Vernichtung gebracht worden war. Wenn heute in anderem Zusammenhang von Herbert Wehner als dem ,,Zuchtmeister" der SPD-Bundestagsfraktion gesprochen wird, so trifft diese Kennzeichnung auf Fritz Henßler allemal zu. Er führte die Riege der Sozialdemokraten im Landtag straff, ja autoritär und fühlte sich auch berufen, die Arbeit der SPD-Minister kritisch zu bewerten. So warf er im Mai 1949 Wirtschaftsminister Erik Nölting vor, er betreibe keine gute Personalpolitik und leite sein Ministerium nicht straff genug: ,,Richtig ist, daß ich Deine überragende Stärke in der propagandistischen Kraft sehe und Deine Schwäche in der Regierung eines Verwaltungsapparates, insbesondere der personellen Politik. In dieser Schwäche sehe ich auch eine der Ursachen, die uns trotz politisch guter Vertretung gewisse Pannen erleben ließ beim Sozialisierungsgesetz sowie jetzt beim Wirtschaftskammergesetz. Meine Überzeugung ist, daß dabei Dein Verwaltungsapparat aus sich heraus intensiver tätig sein mußte, insbesondere bei dem gesetzestechnischen Aufbau. Den Genossen, die bei der Regelung personeller Fragen mitwirken müssen, wird diese Aufgabe ... sehr erschwert. Ich gehöre leider zu diesen Leidensgenossen, die diese Aufgabe haben. Ich bin fast täglich Objekt von Zuträgereien und kritischen Bemerkungen gegen andere Genossen. Von mir wird gefordert, daß ich für Änderung sorgen soll. Weil ich dieser Verantwortung gegenüber nicht eine feige Ausweichpolitik betreibe, komme ich nur zu oft in den Verruf des Unfreundlichen, des Grobians, des Rücksichtslosen, ja des Brutalen. Dabei wünsche ich so sehr wie jeder andere, in Kameradschaft und Freundschaft leben zu können..."

Als Fraktionsvorsitzender in Düsseldorf hat sich Fritz Henßler leidenschaftlich für die Sozialisierung der Großindustrie eingesetzt, die vom Landtag auch beschlossen, von der Militärregierung jedoch nicht genehmigt wurde. Weitere Schwerpunkte seiner Arbeit waren der Kampf für die Bodenreform und die Entkonfessionalisierung der Schule. Während der Landtag 1948 ein Bodenreformgesetz verabschiedete, in das weitgehend sozialdemokratische Vorstellungen einflossen, konnten sich Henßler und seine Parteifreunde mit ihrer Forderung nach der überkonfessionellen Gemeinschaftsschule als Regelschule nicht durchsetzen. Das nach Konfessionen gegliederte Schulwesen wurde sogar Verfassungspostulat. Deshalb verweigerten die Sozialdemokraten 1950 der Landesverfassung auch ihre Zustimmung.

Immer wieder ergriff Henßler auch im Landtag und im ersten, 1949 gewählten Bundestag zum Schumann-Plan und zum Ruhrstatut das Wort. Weil er gegen jede internationale Regelung für das Ruhrgebiet war und darauf vertraute, daß die Deutschen in der Lage seien, ihre Wirtschaft demokratisch zu organisieren und zu kontrollieren, lehnte er beide ab. Ob er bei dieser Haltung geblieben wäre, ob er die sich Anfang der fünfziger Jahre abzeichnende Einbindung der Bundesrepublik in das Westbündnis abgelehnt hätte, ist nicht sicher; immerhin hat er sich ja beispielsweise in der Verteidigungspolitik durchaus als eigenständige Persönlichkeit erwiesen. Doch Henßler hat nur die Anfänge dieser Entwicklung erlebt. Er starb am 4. Dezember 1953 in Witten an einem Herzschlag, der auf ein schweres Nierenleiden zurückging, das wiederum eine Spätfolge der KZ-Haft war.

Die Darstellung stützt sich auf die Handakten Henßlers im Stadtarchiv Dortmund, Plenarprotokolle des Landtags und Zeitungsaufsätze sowie folgende Bücher und Broschüren: Kurt Klotzbach, Gegen den Nationalsozialismus. Widerstand und Verfolgung in Dortmund 1930-1945 (Hannover 1969); Marlies Pawlak, Fritz Henßler – Ein Leben für die Arbeiterbewegung (Dortmund 1978); Detlev Peukert, Ruhrarbeiter gegen den Faschismus. Dokumentation über den Widerstand im Ruhrgebiet 1933-1945 (Frankfurt/M 1976); Fritz Henßler 65 Jahre (o. O. 1951); Gemeinschaft politisch verfolgter Sozialdemokraten (Hg), Fritz Henßler starb vor zwanzig Jahren (Dortmund 1973); Horst Lademacher, Fritz Henßler, in: Zwischen Ruhrkampf und Wiederaufbau. Beiträge zur neueren Landesgeschichte, hrsgb. v. W. Först (Köln und Berlin 1972).

Neben der Sozialdemokratie und den Demokraten, die sich ,,Deutsche Demokratische Partei", zuletzt ,,Deutsche Staatspartei" nannten, war das Zentrum in der ersten deutschen Republik eine der drei Parteien, die als die später oft so genannte ,,Weimarer Koalition" zunächst die Mehrheit hatten, dann aber und allmählich immer stärker unter den Druck der Rechts- wie der Linksparteien gemäßigter oder extremer Provenienz gerieten. Regional war die Zentrumspartei besonders im Rheinland und in Westfalen stärker, und das machte nach 1945 die Diskussion um ihre Wiederkehr oder ihr Aufgehen in der neugegründeten CDU so quälend. Johannes Brockmann (1888-1975) erwies sich bald als die stärkste Kraft, die für die Wiedererrichtung des Zentrums wirkte und der relativ kleinen Fraktion im Landtag eine oft ausschlaggebende Stellung zu verschaffen wußte. Lehrer von Hause aus und Politiker aus Leidenschaft, der sich vor allem kulturpolitisch engagierte und das Naturrecht als eines der stärksten Grundrechte ansah, entwickelte er auf der Basis alter Erfahrungen rasch ein parlamentarisches Niveau, das ihn zu einem der führenden Mitglieder des jungen Landtags werden ließ – Henßler darin ähnlich, daß er Ministerämter demgegenüber für sehr viel weniger begehrenswert hielt. Wie flexibel Brockmann auch taktisch war, zeigte 1956, beim Wechsel von Arnold zu Steinhoff, der Übertritt seiner Fraktion von der Koalition mit der CDU zu der mit SPD und FDP, der öffentlich weitaus weniger spektakulär wirkte als der Frontwechsel der Liberalen. Zwei Jahre später blieb das Zentrum bei den Wahlen unter der Fünf-Prozent-Grenze und schied endgültig aus dem Landtag aus. Auch Brockmann erreichte es nicht mehr, der Zentrumspartei nach 1945 die Stellung wiederzuverschaffen, die sie in den ehemaligen Westprovinzen lange behauptet hatte.

Paul Ludwig

JOHANNES BROCKMANN

„Es sind gute Leute dort in Rinkerode", urteilte er einmal über seine Mitbewohner in der kleinen münsterländischen Gemeinde, die seit der kommunalen Neugliederung 1975 zur Stadt Drensteinfurt gehört. Jene Rinkeroder, die den ehemaligen Zentrumspolitiker noch gekannt haben, sprechen von ihm mit nicht geringerer Anerkennung. Schließlich haben sie ihm immer wieder ihr Vertrauen bekundet, wählten ihn schon 1924 zum Gemeinde- und Amtsverordneten und entsandten ihn in den Kreistag Münster-Land. Von der Zeit des „Dritten Reiches" abgesehen, gehörte Brockmann dem Gemeinderat und der Amtsvertretung bis 1973, dem Kreistag bis 1969 an. Von 1931 bis 1933 war er Gemeindevorsteher, von 1945 bis 1948 Bürgermeister von Rinkerode. 1957 wurde er Ehrenbürger. Ihre hohen Stimmenanteile in der Gemeinde bis in die sechziger Jahre hinein – 1961 im Gemeinderat sechs von zwölf, 1964 noch vier von dreizehn Sitzen – verdankte die Zentrumspartei letztlich Johannes Brockmann. Freilich, über seine politischen Ansichten, vor allem über den Starrsinn, mit dem er sogar dann noch am Zentrum festhielt, als die Partei schon von der politischen Bühne verschwunden war, haben manche gelächelt, gelacht oder sich gar geärgert. Aber selbst seine politischen Gegner haben ihm meist Hochachtung bezeugt und mehr als einmal anerkennende Worte für ihn gefunden. Das gilt auch für die große Politik. Der erste, ernannte Ministerpräsident Amelunxen nannte Brockmann einen „Meister der Politik". Der Sozialdemokrat Heinrich Hemsath aus Münster, Arbeits- und Sozialminister in Düsseldorf (1956-58) und später in Wiesbaden, äußerte in einem Interview „uneingeschränktes Lob für den so demokratisch gesinnten und leidenschaftlich für eine funktionelle Demokratie eingeschworenen Mann". Bernhard Bergmann, von 1956 bis 1958 Staatssekretär im Kultusministerium, sprach von einem „Pädagogen von Geblüt, aber auch Politiker aus Leidenschaft". Franz Meyers, Ministerpräsident von 1958 bis 1966, charakterisierte Brockmann als „einen sehr talentierten Politiker, einen Allroundpolitiker und vor allen Dingen einen ganz raffinierten Taktiker." Konrad Adenauer nannte ihn gelegentlich den „Fuchs von Rinkerode", was nicht abfällig gemeint war. Und Karl Arnold, Ministerpräsident von 1947 bis 1956, hatte zu Brockmann mehr Vertrauen als zu manchem seiner Parteifreunde in der CDU.

1.

Brockmann hat den Weg zur Politik erst relativ spät gefunden. Der am 17. Juli 1888 in Paderborn geborene Sohn eines Eisenbahnschlossers, viertes von zehn Kindern, besuchte Schule und Lehrerseminar in seiner Heimatstadt und bestand 1911 die erste Lehrerprüfung. Nach zweijähriger Tätigkeit an einer einklassigen Volksschule in Stenern bei Bocholt kam er 1913 als Schulamtsbewerber an die damals dreiklassige Volksschule in Rinkerode, dem fünfzehn Kilometer von Münster entfernten Dörfchen, das seine zweite Heimat werden sollte. 1919 wurde er endgültig als Lehrer angestellt. Davor lag der Erste Weltkrieg. Auch Brockmann wurde Soldat. Aber darüber ist wenig bekannt. Er selbst berichtete einmal, daß er „an vorderster Front" an den Kämpfen vor Verdun beteiligt gewesen sei.

Mit Politik beschäftigte sich Brockmann eingehender erst nach dem Ersten Weltkrieg. Während eines Urlaubs als Soldat hatte er bei seinen Eltern in Paderborn die Revolution erlebt, die ihn, wie er es selbst formulierte, „doch sehr tief ergriffen" hat. „Der Übergang von der konstitutionellen Monarchie zur republikanischen Staatsreform, der war nicht so einfach für uns, zumal für mich als Lehrer nicht." So kam es, daß der Dorfschullehrer Johannes Brockmann sich in der Zentrumspartei, der Partei seines Vaters, engagierte, während sein vier Jahre jüngerer Bruder Hermann (ebenfalls 1919) in die SPD ging; er wurde 1920 Gewerkschaftssekretär und zog 1946 zusammen mit seinem Bruder Johannes in den ersten ernannten Landtag ein, dem er bis zu seinem Tode am 30. August 1953 angehörte. Johannes Brockmann hat über seinen sozialdemokratischen Bruder selten gesprochen, und es war öffentlich nur wenigen bekannt, daß zwei Brüder Brockmann in verschiedenen Fraktionen des Landtags saßen. Das freilich ist darauf zurückzuführen, daß Hermann Brockmann im Gegensatz zu seinem Bruder Johannes sich kaum profiliert hat.

Johannes Brockmann betätigte sich von 1919 an zunächst in den verschiedensten berufständischen, parteipolitischen und kommunalpolitischen Organisationen. Schon bald war er Vorsitzender der Westfälischen Windthorstbünde und gründete einen katholischen Junglehrerverband, wurde dessen Präsident auf Reichsebene, außerdem Präsident des Deutschen Katholischen Lehrerverbandes in Westfalen und stellvertretender Reichsvorsitzender dieser Organisation. In der Zentrumspartei wählte man ihn nach kurzer Zeit zunächst in den Vorstand der westfälischen und später auch der Reichspartei. 1924, im selben Jahr, in dem er in den Gemeinderat von Rinkerode, in die Amtsvertretung Wolbeck und in den Kreistag Münster-Land einzog, kandidierte Brockmann auf der westfälischen Zentrumsliste für den Preußischen Landtag. Er war nicht so gut plaziert, daß er gleich einen Sitz bekommen hätte. Aber als im April 1926 der münsterische Domkapitular und Landtagsabgeordnete Prof. Rudolf Wildermann starb, rückte Brockmann nach. Er blieb im preußischen Landtag bis zum bitteren Ende, bis zur Auflösung durch die Nationalsozialisten im Frühjahr 1933. Es waren für Brockmann mehr Lehr- als Herrenjahre. In den Sitzungsberichten ist er in der zweiten, bis 1928 gehenden Wahlperiode zweimal als Redner erwähnt, in der dritten Wahlperiode viermal und in der vierten und fünften Wahlperiode gar nicht. Wenn Brockmann sich zu Wort meldete, ging es vor allem um Probleme der Junglehrer, die damals zuhauf arbeitslos waren und deren Interessen er auch als Vorsitzender des Katholischen Junglehrerverbandes zu vertreten hatte, oder um Fragen der Lehrerbildung, auch dabei also um eine reine Interessenvertretung. Stolz war er zeit seines Lebens darauf, daß auf seinem Platz im Landtag von 1861 bis 1893 der Dichter Friedrich Wilhelm Weber gesessen hatte, der in Alhausen bei Bad Driburg beheimatet war, woher auch Brockmanns Vater stammte. Über seine Aktivitäten außerhalb des Preußischen Landtages weiß man nur wenig. In seinem Entnazifizierungs-Fragebogen schrieb er 1945: „Meine politischen Schriften und Reden vor 33 sind zum größten Teil von meinen Angehörigen nach meiner Verhaftung vernichtet worden, um sie dem Zugriff der Gestapo zu entziehen."

Diese Verhaftung erfolgte im August 1944 im Zusammenhang mit den Ereignissen des 20. Juli, weil Brockmann Kontakte zu Oppositionspolitikern, u. a. zu dem später hingerichteten ehemaligen preußischen Landtagsabgeordneten Bernhard Letterhaus, pflegte. Opfer der Nationalsozialisten wurde Brockmann dagegen schon bald nach deren Machtergreifung. Zunächst versuchten diese, ihn aus seinem Amt als Gemeindevorsteher von Rinkerode zu verdrängen, indem sie ihn einer unkorrekten Amtsführung bezichtigten. Wie sein damaliger Anwalt und Zentrumsweggefährte Bernhard Reismann berichtet, erbrachten die Untersuchungen „nichts Stichhaltiges". Trotzdem wurde Brockmann am 1. April 1933 als Gemeindevorsteher abgelöst und einige Monate später, am 22. September 1933, aus der Stelle des Schulleiters in Rinkerode, die er seit 1930 bekleidet hatte, in eine einfache Lehrerstelle zurückversetzt. Ein Oberregierungsrat in Münster riet ihm, sofort seine Versetzung in den Ruhestand zu beantragen, weil er sonst wegen seiner Tätigkeit in den katholischen Lehrerorganisationen „Schlimmeres zu erwarten" habe.

Brockmann folgte diesem Rat und schied im Februar 1934 aus dem Schuldienst aus, mit einer Pension, die auch nicht im entferntesten zum Leben reichte. Natürlich mußte er auch seine Dienstwohnung räumen. Ein befreundeter Bauer nahm ihn auf. Seinen Lebensunterhalt verdiente er im wesentlichen mit Gelegenheitsarbeiten. Ein Jahr lang betätigte er sich in einem Papierwarengeschäft, das seinem Freund Reismann in Münster gehörte. Einige Wochen hindurch arbeitete er als Aushilfskraft bei der Sparkasse in Rinkerode. Auf Einspruch der Kreisleitung der NSDAP mußte er auch diese Tätigkeit aufgeben. Gelegentlich gab er Privatunterricht, für den er einen besonderen Erlaubnisschein benötigte. Er bekam ihn von einem befreundeten Kreisschulinspektor, aber der konnte ihm den Schein nur geben, weil (wie Brockmann später berichtete) das Zentrum im Reichstag dem ,,Ermächtigungsgesetz" zugestimmt hatte.

Auf dieses am 23. März 1933 verabschiedete Gesetz angesprochen, das Hitler volle Handlungsfreiheit ohne Zustimmung des Reichstages gab und zur Abschaffung aller anderen Parteien führte, sagte Brockmann später rückblickend, wenn die Zentrumsfraktion sich geweigert hätte, ,,das formaliter zu sanktionieren, woran sie sowieso nichts mehr ändern konnte", wären sofort alle Zentrumsbeamten von den Nationalsozialisten entlassen worden. Deswegen hätten die Zentrumsabgeordneten dem Gesetz zugestimmt. ,,Wir haben Hitler nicht den Weg zur Macht bereitet, sondern uns damit abgefunden, daß er da war." Zu ergänzen wäre freilich, daß für die Zustimmung des Zentrums zum ,,Ermächtigungsgesetz," der sich nur einige wenige Abgeordnete wie Heinrich Brüning, Reichskanzler a. D. Josef Wirth, der stellvertretende Zentrumsvorsitzende Joseph Joos und der preußische Landtagsabgeordnete Franz Graf von Galen widersetzten, auch Zusicherungen Hitlers eine Rolle gespielt haben, das Gesetz werde nicht auf die Schulpolitik, das Verhältnis von Staat und Kirche und die Konkordate angewandt. An den heißen Diskussionen, die seinerzeit im Zentrum um die Zustimmung zum ,,Ermächtigungsgesetz" und über die Leitlinien der Politik geführt wurden, war Brockmann offenbar nicht beteiligt – im Gegensatz etwa zu seinem schon genannten Landsmann Graf von Galen aus Merveldt, einem Bruder des späteren Bischofs von Münster.

Bis 1943 blieb Brockmann, vom Verlust seiner Stellung und seiner Ämter abgesehen, ziemlich unbehelligt. Trotzdem litt er unter seiner Situation. Bei Ausbruch des Krieges 1939, als es an Lehrern fehlte, wollte die Schulabteilung der Regierung in Münster ihn wieder im Schuldienst beschäftigen. Der Plan scheiterte am Einspruch der Partei. Ab und zu trafen sich bei Brockmann auf dem Rinkeroder Bauernhof Gesinnungsfreunde. An den Vorbereitungen des Attentats auf Hitler war Brockmann aber offenbar nicht beteiligt. Trotzdem wurde er am 23. August 1944 von der Gestapo verhaftet und zwei Monate lang im Zuchthaus und im Polizeigefängnis in Münster, später im Gerichtsgefängnis in Beckum, gefangengehalten. Das Konzentrationslager Sachsenhausen, in das er gebracht werden sollte, blieb ihm dadurch erspart, daß der Transport dorthin wegen feindlicher Fliegerangriffe in Beckum liegenblieb. Nach einigen Wochen wurde Brockmann freigelassen, sollte aber kurz vor Eintreffen der Amerikaner erneut verhaftet werden. Er konnte sich jedoch versteckt halten.

2.

Am selben Tage, an dem die Amerikaner Rinkerode besetzten, am 31. März 1945, übernahm Johannes Brockmann ohne besonderen Auftrag wieder die Leitung der Volksschule des Dorfes. Am 20. Mai teilte er dies dem zuständigen Landrat mit: ,,Mit dem Einrücken der Amerikaner betrachte ich den Zustand der Rechtlosigkeit als erloschen und habe mich selbst wieder in meine alten Rechte eingesetzt." Wenige Tage später, am 28. Mai 1945, wurde er zum Schulrat des Landeskreises Münster ernannt. Diesmal nahm er das Amt an. Siebzehn Jahre vorher, 1928, als sein Parteifreund Amelunxen, damals Regierungspräsident von Münster, ihn zum Schulrat machen wollte, hatte Brockmann abgelehnt. Er wolle nicht den gelegentlich erhobenen Vorwürfen aus Kreisen der katholischen Lehrerschaft, daß sich Abgeordnete bevorzugt mit Posten versorgten, neue Nahrung liefern, schrieb er an Amelunxen und fügte hinzu, er habe im übrigen gehört, daß ,,der jetzige Verwalter der Stelle, ein Familienvater, es als große Härte empfinden würde, wenn ihm die Position vorenthalten würde".

Auch die Politik rief Johannes Brockmann 1945 wieder, und nach der langen Abstinenz folgte er dem Ruf nur zu gerne. Zunächst setzen ihn die belgischen Besatzungstruppen, die in Rinkerode die Amerikaner abgelöst hatten, wieder als Ortsbürgermeister ein. Dann, am 2. Juni 1945, wurde er zum Oberkommandierenden der Britischen Streitkräfte in Westfalen nach Münster gerufen. Es war eine denkwürdige Begegnung, denn von diesem Tage an begann für den bisher zwar recht aktiven, aber doch wenig bedeutenden Zentrumspolitiker eine zunächst steile Karriere. Brockmann berichtete darüber später in einem Rundfunkinterview: ,,Der Oberkommandierende der Engländer wollte sich mit mir einmal unterhalten über die Fragen, die uns beiderseitig so bewegten, und er hat mir von vornherein klargemacht, daß nicht daran zu denken wäre, daß wir Deutschen einstweilen wieder politisch tätig werden könnten. Ich habe ihm das sofort zugegeben und habe gesagt, das Bedürfnis hätten wir gar nicht, sondern angesichts der Tatsache, daß die Engländer uns besetzt hätten, wären wir nur darauf angewiesen, doch so schnell sie möglich die Verwaltung in eigene Hände zu bekommen. Dafür zeigte er gewisses Interesse, und wir haben uns dann etwas über eine Stunde unterhalten und uns auch ein bißchen gezankt, wenn ich es so sagen soll. Schließlich war ich es leid und habe ihm gesagt: 'Exzellenz, ich bin ja nicht von mir aus nach hier gekommen, sondern Sie haben mich zu sich gebeten, und ich darf als Demokrat wohl eines sagen: Wir haben zwölf Jahre lang – wir Deutschen und verfolgten Demokraten – auf die Stunde der Freiheit gewartet, wir können unter Umständen auch noch weitere zwölf Jahre warten.' Die Reaktion darauf war, daß der Engländer aufsprang und auf mich zukam – ich denke, jetzt wird er handgreiflich, aber nein, er war die Liebenswürdigkeit selber, drückte mich in den Sessel zurück, ich war inzwischen aufgestanden, und sagte mir dann: 'Sitzenbleiben! Sitzenbleiben!' und dann sagte er: 'Jetzt schlagen Sie mir vor, wer Oberpräsident von Westfalen werden soll.' Da habe ich ihm gesagt: 'Politik dürfen wir nicht machen, und das wollen wir auch nicht, ich bin mir ganz klar darüber, und die Verwaltung muß so schnell wie möglich wieder in deutsche Hände gehen, und wenn ich mir einen Vorschlag erlauben darf: Nehmen Sie den Mann, der von dem Herrn von Papen als Regierungspräsident von Münster abgesetzt worden ist und den ich aus meiner Berliner Tätigkeit als einen der fähigsten und besten Verwaltungsbeamten kennengelernt habe: Dr. Amelunxen.' Einige Tage darauf war Dr. Amelunxen dann der neue Oberpräsident der Provinz Westfalen, und wir hatten wieder die Verwaltung in deutsche Hände bekommen."

So schilderte Brockmann das Gespräch in dem Interwiew zu seinem 80. Geburtstag 1968. Nach einer Tagebuchaufzeichnung, die er am 29. Juni 1945, also kurz nach dem Gespräch mit dem Engländer, niederschrieb, hat er allerdings nicht sofort Amelunxen vorgeschlagen, sondern zunächst den westfälischen Oberpräsidenten der Jahre 1922 bis 1933, Johannes Gronowski. Erst auf den Einwand des britischen Generals: ,,Was dann, wenn Gronowski wegen Alters ausscheidet?" sagte Brockmann: ,,Dann Amelunxen." Es mag sein, daß sich Brockmann mit achtzig Jahren nicht mehr genau erinnerte. Es kann freilich auch so sein, daß er den Vorschlag Gronowski später bewußt unerwähnt ließ, denn der deutsche Zentrumpolitiker Gronowski ging ja bald darauf zur CDU. Amelunxen soll Brockmann später gefragt haben: „Was habe ich Ihnen getan, daß ich durch Sie Oberpräsident von Westfalen geworden bin?" – und dann hinzugefügt, er übernehme diese Aufgabe nur, wenn Brockmann ihm dabei helfe. Also machte Amelunxen den Schulrat Brockmann zum Generalreferenten Kultus der im Aufbau befindlichen provisorischen Provinzialregierung Westfalen.

Das war am 28. September 1945. Die neue Position, die Brockmann bis zur Bildung des Landes Nordrhein-Westfalen im August 1946 innehatte, entsprach in etwa der eines Kultusministers. Brockmanns Parteifreund, der zeitweilige Staatssekretär im Düsseldorfer Kultusministerium, Bergmann, schilderte später die Schwierigkeiten jener Zeit so: „Ihm (Brockmann) waren zunächst unterstellt die kirchlichen Angelegenheiten, die Hochschulen, die Erwachsenenbildung, die Jugendpflege und Lichtbildstellen. Leider waren jene Aufgabengebiete, um die es Brockmann vor allem zu tun war, nicht der Provinzialregierung unterstellt, sondern noch abgezweigt bei den Regierungen (gemeint sind die Bezirksregierungen, d. Verf.). Alle Bemühungen Brockmanns und Amelunxens, auch die Angelegenheiten der Volks- und Mittelschulen sowie der Berufs-und Fachschulen in die Zuständigkeit der Provinz zu überführen, scheiterten am Widerstand der Militärregierung. Auf wiederholte dringliche Eingaben entschied die Spitze der Militärregierung, Brigadier Chadwick, immer wieder, daß die Abteilungen für Volks- und Mittelschulen sowie für Berufs-und Fachschulen in der Provinzialverwaltung nicht einzurichten seien. Diese Angelegenheiten sollten weiter von den Regierungspräsidenten bearbeitet werden, wohl unter der Zentralleitung des Leiters der Abteilung Erziehung und Religion beim Hauptquartier in Münster. Ein erneutes eindringliches Ersuchen des Oberpräsidenten Dr. Amelunxen vom 28.9.1945, beim Generalreferat Kultus die Abteilung Volksbildung wieder einzufügen, ferner die von den Nazis aufgelöste Zentrale Heimatdienst wieder zu errichten, vor allem aber die Abteilung Volksschule, wie früher dem Reicherziehungsministerium unterstellt, sie auch dem Generalreferat VIII Kultus einzuordnen, blieb unerledigt."

Für Brockmann aber gab es auch noch andere Schwierigkeiten. Bernhard Bergmann: „In den akademischen Kreisen der Stadt Münster war man nicht sehr erbaut davon, daß ein Nichtakademiker, noch dazu ein Volksschullehrer, die Stellung des Kultusministers für Westfalen inne hatte. Aus brieflichen Angaben Brockmanns geht hervor, daß vor allem der Rektor der Universität, Prof. Dr. Schreiber, und auch der Leiter der höheren Schulabteilung, RDir. Dr. Schulte, sich nur schwer mit der Berufung Brockmanns abfinden konnten." Der Rektor der Universität Münster, Prälat Prof. Dr. Georg Schreiber, war ein Parteifreund Brockmanns und von 1920 bis 1933 Zentrumsabgeordneter im Deutschen Reichstag gewesen. Schreiber und Brockmann fuhren in dieser Zeit oft gemeinsam mit der Bahn von Münster nach Berlin und zurück. Brockmann sprach zwar davon, daß er mit Schreiber „sehr gut zusammengearbeitet" habe, das Verhältnis der beiden zueinander ist aber nach übereinstimmenden Berichten von Zeitgenossen nie besonders gut gewesen. Dem als namhafter Historiker und Kulturpolitiker sehr selbstbewußten Prälaten Schreiber war vermutlich der Volksschullehrer aus Rinkerode eine Kragenweite zu klein. Nach 1945 schloß sich Schreiber der CDU an und kandidierte für diese bei den ersten Landtagswahlen im April 1947 im Wahlkreis Münster-Land, wurde aber ausgerechnet von Brockmann geschlagen. Nach dieser Niederlage trat Schreiber endgültig von der politischen Bühne ab und widmete sich nur noch seiner wissenschaftlichen Arbeit.

3.

Damit ist schon angesprochen, daß Brockmann im Gegensatz zu den meisten anderen früheren Zentrumspolitikern nicht Mitglied der 1945/46 neugegründeten CDU wurde, sondern dem alten Zentrum die Treue hielt. Ja, Brockmann war einer der Motoren für die Wiederbegründung des Zentrums, und nicht zuletzt an ihm scheiterten im wesentlichen alle Versuche in den ersten Nachkriegsjahren, die beiden christlichen Parteien zusammenzuführen.

Auslösendes Moment für die Wiedergründung des Zentrums war im Sommer 1945 eine Radionachricht, die besagte, daß die englische Besatzungsmacht drei Parteien aus der Weimarer Zeit wieder zulassen wolle: die Sozialdemokraten, die Kommunisten und das Zentrum. Brockmann nahm sofort Kontakt zu dem Oberstudiendirektor Wilhelm Hamacher (Troisdorf) auf, dem ehemaligen Generalsekretär der rheinischen Zentrumspartei. Das im Jahre 1870 gegründete Zentrum hatte ja im Rheinland und in Westfalen seit jeher eine dominierende Stellung. Nun war im Rheinland, in Köln, am 17. Juni 1945 in einer Zusammenkunft von fast ausnahmslos früher führenden Zentrumsangehörigen beschlossen worden, das Zentrum nicht wieder ins Leben zu rufen, sondern eine interkonfessionelle christlich-demokratische Partei zu gründen; unabhängig davon entstand zur gleichen Zeit in Berlin eine christlich-demokratische Union. Hamacher war bei dem Kölner Treffen nicht dabei gewesen – vielleicht ein Grund dafür, daß er die Anregung Brockmanns, gemeinsam mit ihm das Zentrum wiederzubegründen, dankbar aufnahm. Daß die Westfalen fester am alten Zentrum hingen als die Rheinländer, darf nicht unerwähnt bleiben; es liegt schon in der unterschiedlichen Mentalität begründet.

In Münster fanden die ersten Gespräche der Zentrumsanhänger in der Küche der Wohnung von Dr. Reismann statt. Teilnehmer waren neben Reismann und Brockmann Gronowski, Helene Wessel und Dr. Fritz Stricker, Direktor der Zenopresse; Oberpräsident Amelunxen stieß erst später zu diesem Kreis. Dann hörte man in Münster, daß sich am 26. Juli 1945 Gesinnungsfreunde aus dem Paderborner Land in der Wohnung des katholischen Dechanten Steinbrück in Lippstadt getroffen hätten. Amelunxen, Brockmann und Reismann fuhren hin. Sie beschlossen, Gronowski zum ersten Vorsitzenden und Dr. Kannengießer aus Osnabrück zum Generalsekretär der wiedererstehenden Zentrumspartei zu machen. Aber mitten in den Gesprächen tauchten Frau Wessel und der Dortmunder Verleger Lambert Lensing auf und berichteten von den Plänen und Vorbereitungen, eine neue Partei zu gründen. Daraufhin wurden die Gründungspläne für das Zentrum zurückgestellt.

Es folgten Konferenzen in Dortmund und in Wattenscheid, an denen rheinische und westfälische Politiker aus dem alten Zentrum sowie andere Persönlichkeiten teilnahmen, die sich für die Gründung einer christlich-demokratischen Partei interessierten. Es gab heiße Diskussionen über die Frage „Zentrum oder neue Partei?". Eine Entscheidung sollte am 6. August in Dortmund fallen. Nach Darstellungen von Brockmann und Reismann sollte jede Richtung mit gleich vielen Abgesandten vertreten sein. Die Anhänger der neuen christlich-demokratischen Partei hielten sich, so behauptete später das Zentrum, nicht an die zahlenmäßige Begrenzung, sie waren in der Überzahl. Daraufhin verließen die westfälischen Zentrumsverfechter den Saal mit der Bemerkung: „Wir gründen wieder das Zentrum, mag kommen, was will" (Reismann).

Trotzdem gab es noch manche Versuche zur einer Einigung; einige Vertreter des Zentrums legten Wert darauf, die Kontakte zu führenden Anhängern der neuen christlich-demokratischen Partei aufrechtzuerhalten. So schrieb Oberpräsident Amelunxen am 10. September 1945 an einen Rechtsanwalt Dr. Bernhard Pfad in

Hannover, der eine Zusammenkunft von maßgeblichen Politikern aus Rheinland und Westfalen angeregt hatte: „Die von Ihnen erbetene Besprechung soll am Sonntag, 16.9.1945, 11.00 Uhr, im Hause des langjährigen Zentrumsabgeordneten Brockmann... stattfinden. Es ist Vorsorge zu treffen, daß auch einige prominente Männer Westfalens teilnehmen, die den Gedanken der christlich-demokratischen Partei vertreten." Durchschriften dieses Schreibens gingen an Konrad Adenauer, der sich inzwischen stärker für die christlich-demokratische Partei engagierte, und an Hamacher.

Viele ehemalige Zentrumspolitiker, die zunächst an den Besprechungen des Kreises um Amelunxen, Brockmann und Reismann teilgenommen hatten, entschieden sich mehr oder weniger schnell für die christlich-demokratische Partei, darunter Gronowski, der frühere Reichstagsabgeordnete Bornefeld-Ettmann (Wadersloh), Lensing und Kannengießer. Dagegen hat Brockmann nie daran gedacht, das Zentrum aufzugeben und zu der neuen christlich-demokratischen Partei zu gehen. Am 17. September 1945 schrieb er an Hamacher: „Soeben höre ich, daß gestern im Rundfunk die christlich-demokratische Partei mit Adenauer, Lensing, Gronowski, Kannengießer usw. herausgestellt worden ist... Ich bitte Sie dringendst, eine Formulierung bezüglich des Zentrums abzufassen und dem Rundfunk ebenfalls... zu übermitteln... Sie müssen auch unter allen Umständen als ehemaliger Generalsekretär der rheinischen Zentrumspartei... als führende Persöhnlichkeit genannt werden... Die Proklamationsversammlung in Soest muß schnellstens erfolgen." Die Versammlung in Soest, die zur Gründungsversammlung des neuen Zentrums wurde, fand am 14. Oktober 1945 statt. Die Delegierten bekannten sich zum Soester Programm der alten Zentrumspartei vom 28. August 1870 und erklärten dieses einmütig zur Grundlage der weiteren Arbeit. Wilhelm Hamacher wurde mit der vorläufigen Leitung der Partei beauftragt.

Es gibt glaubhafte Berichte darüber, daß Amelunxen geschwankt hat, ob er sich nicht doch der neuen christlich-demokratischen Partei anschließen sollte. Brockmann hat einen solchen Gedanken offenbar nie ernsthaft erwogen. Am 6. November 1945 schrieb er Hamacher, daß er zu einem Gespräch über die Möglichkeiten einer Zusammenlegung von CDU und Zentrum nach Düsseldorf eingeladen worden sei. Von Seiten der CDU wollten u. a. Reichsminister a. D. Dr. Andreas Hermes und Dr. Robert Lehr daran teilnehmen. Brockmann an Hamacher: „Da aber das Zentrum wieder existent ist..., weiß ich nicht, wie ich mich dafür entscheiden kann, so schnell wieder in die berühmten Einigungsverhandlungen einzutreten... Lieber Herr Hamacher, Sie müssen jetzt sagen, was wir tun sollen, denn Sie sind unser Führer." Brockmann wollte also angeblich ein Entscheidung des vorläufigen Parteivorsitzenden. Als dieser antwortete, man müsse wohl nach Düsseldorf gehen, und Brockmann bat, mit Stricker und Reismann ebenfalls dort hinzukommen, blieb Brockmann trotzdem fern. Hamacher war darüber verärgert. Er schrieb am 11. November an Brockmann: „Nun sind Sie doch nicht gekommen, obwohl Sie mich als den verantwortlichen Führer bezeichnet haben... Sie haben mich allein gelassen." Brockmann beeilte sich, in einem Brief vom 14. November Hamacher zu versichern: „Wir stehen alle geschlossen hinter Ihnen, aber wir hielten und halten derartige Aussprachen ohne gründliche Vorbereitung für zwecklos... Es läßt Sie niemand im Stich. Wir haben Sie in Soest nicht gewählt, um Sie im Stich zu lassen. Wir halten durch."

Auf dem ersten ordentlichen Parteitag des neuen Zentrums am 9. und 10. März 1946 in Essen, für den Brockmann das Grundsatzprogramm ausgearbeitet hatte, das mit nur geringfügigen redaktionellen Änderungen angenommen wurde, wählten die Delegierten Hamacher einstimmig zum Parteivorsitzenden und Frau Wessel zu dessen Stellvertreterin. Johannes Brockmann wurde zunächst Mitglied des siebenköpfigen Direktoriums. Bevor Hamacher am 30. August Kultusminister im Kabinett Amelunxen wurde, übertrug das Direktorium am 27. August 1946 Brockmann die Leitung der Zentrumspartei. Auf dem Parteitag in Werl am 16. und 17. November 1946 wurde zwar Hamacher wiedergewählt, doch Brockmann jetzt erster Stellvertreter, und der Parteitag betraute ihn wegen der Regierungsverpflichtungen Hamachers ,,einmütig mit der verantwortlichen Leitung der Bundespartei unter gleichzeitiger Wahl zum Vorsitzenden der Landespartei Nordrhein-Westfalen".

Der Zentrumsvorsitz wechselte in der Folgezeit häufig. Im Dezember 1948 wurde für kurze Zeit Dr. Carl Spiecker Vorsitzender. Ihm folgte zwei Monate später Stricker, der am 9. Juli 1949 tödlich verunglückte. Dann wurde Helene Wessel Vorsitzende eines Dreierdirektoriums, dem auch Brockmann angehörte. Als Frau Wessel Ende Januar 1952 den Parteivorsitz niederlegte, wurde wieder Brockmann an die Spitze gewählt. Im März 1969 gab er das Amt an den Stadtdirektor von Haltern, Gerhard Ribbeheger, ab. Brockmann wurde gleichzeitig zum Ehrenvorsitzenden gewählt.

Zwischen 1946 und 1948 fanden noch manche Gespräche zwischen CDU und Zentrum über Möglichkeiten eines Zusammenschlusses statt, darunter auch eine Unterredung zwischen Adenauer und Brockmann. Aber sie führten zu nichts. In der kurzen Zeit, in der Spiecker Zentrumsvorsitzender war, gab es wieder ernsthafte Fusionsgespräche, die von CDU-Seite mit Wissen Adenauers hauptsächlich von Ministerpräsident Arnold betrieben wurden. Spiecker und Arnold hatten schon konkrete Vereinbarungen getroffen, über die auf einer Delegiertenversammlung des Zentrums am 30. Januar 1949 in Oberhausen endgültig entschieden werden sollte. Brockmann gehörte mit Helene Wessel und Fritz Stricker zu den stärksten Gegnern der Fusion. Er war sehr erbost darüber, daß er von den Verhandlungen nichts gewußt habe. War das ein nicht wieder gut zu machender Regiefehler? Arnold, der zu Brockmann ein gutes Verhältnis hatte, versuchte die Panne wieder auszubügeln. Er unterrichtete ihn ausführlich und bat ihn, ,,keine Schwierigkeiten zu machen". Aber Spiecker bekam in Oberhausen für seine Pläne keine Mehrheit und wurde kurze Zeit später aus der Partei ausgeschlossen. Die Fusion war geplatzt.

Warum wehrten sich Brockmann und seine Gesinnungsfreunde, hauptsächlich Stricker und Reismann, so gegen eine Vereinigung mit der CDU? Brockmann erklärte später, als er schon aus der Politik ausgeschieden war und in Rinkerode nur noch über Politik nachdachte, einmal sei er der Meinung gewesen, daß der bikonfessionelle Charakter der CDU nicht ins Konzept der Zentrumspartei gepaßt hätte, die den Konfessionsstandpunkt ,,endgültig überwinden" wollte. ,,Und zum zweiten – und das ist für mich wohl der entscheidende Grund gewesen und auch geblieben –, daß die Christlich-Demokratische Union einen etwas anderen Standpunkt in der Frage der parlamentarischen Demokratie einnimmt als ich ihn vertrete und mit mir die Deutsche Zentrumspartei. Die wesentlichen Unterschiede liegen darin, daß die CDU für eine ausgeprägt repräsentative Demokratie ist und wir mehr für die plebiszitäre Demokratie sind... Diese Unterschiede sind besonders im Parlamentarischen Rat sehr pointiert und klar hervorgetreten, als wir von der Zentrumspartei... den Antrag stellten, man möge den Plebiszit auch in das Bundesgrundgesetz aufnehmen. Ich sehe darin eine innere Unwahrhaftigkeit des Bundesgrundgesetzes, einen Widerspruch zwischen Verfassungsrecht und Verfassungswirklichkeit, daß im Bundesgrundgesetz im Artikel 20 steht: 'Alle Staatsgewalt geht vom Volke aus. Sie wird vom Volke durch Wahlen und Abstimmungen ausgeübt.' Wahlen haben wir alle vier bzw. fünf Jahre, Abstimmungen gibt es nicht in der Bundesrepublik. Wir waren der

Meinung, man sollte auch Volksbegehren und Volksentscheid zulassen." Dieser Antrag des Zentrums wäre nach Meinung von Brockmann im Parlamentarischen Rat „bestimmt angenommen worden, wenn die CDU geschlossen dafür gestimmt hätte".

Brockmann nannte noch einen anderen wesentlichen Grund, warum er sich nicht für einen Zusammenschluß mit der CDU entscheiden konnte. Dabei zitierte er das 1947 erschienene Buch „Die geistigen Grundlagen der politischen Parteien" von Dr. Rainer Barzel, in dem dieser geschrieben habe: „Am 14. Oktober 1945 erklärte der frühere linke Flügel der Zentrumspartei sich als Zentrumspartei." Brockmann wörtlich: „Darin – Herr Rainer Barzel ist mein Kronzeuge – darin liegt der tiefgreifende, allerdings in der Publizistik und gemeiniglich hin nicht von vornherein verständliche Wesensunterschied, politische Wesensunterschied zwischen der Zentrumspartei und der CDU." Er meinte damit, daß sich im neuen Zentrum die sozialer eingestellten früheren Zentrumspolitiker zusammengefunden hätten. „Wir hatten aber auch noch einen anderen Grund, der uns veranlaßte, eine saubere Trennung vorzunehmen. ...Wir waren nie der Meinung, daß man jemanden wegen seiner politischen Gesinnung verfolgen dürfe, denn wir haben wegen unserer politischen Haltung von den Nationalsozialisten Verfolgung genug erdulden müssen." Diese Einstellung gelte auch für die ehemaligen Nationalsozialisten. „Aber wir waren auch andererseits der Meinung, daß man ihnen (den ehemaligen Nationalsozialisten) nicht die Möglichkeiten geben sollte, das neue demokratische Leben in der Bundesrepublik nun aus den Restbeständen totalitären Denkens zu gestalten. Darin haben wir eine ungeheure Gefahr gesehen, und ich werde fast an einen Vers erinnert, den Friedrich Wilhelm Weber in seinen 'Dreizehnlinden' geschrieben hat, der lautet: 'Dienen muß der faltenreiche Christenmantel vielen Zwecken'. Wir sind wirklich der Meinung gewesen, und das hat sich ja auch im Verlauf der geschichtlichen Entwicklung sehr gezeigt, daß viele Aktivisten, die nicht nur Mitläufer bei Hitler waren, sondern die politische Aktivisten waren, die Möglichkeit gesucht und genutzt haben, durch die CDU Einfluß auf die Neugestaltung der politischen Verhältnisse zu gewinnen."

Ähnliche Äußerungen hörte man wiederholt auch von führenden Parteifreunden Brockmanns. Nach einem vertraulichen Protokoll über ein Gespräch zwischen Arnold und Stricker am 5. Februar 1947 erklärte Stricker, die Zeit für einen Zusammenschluß von CDU und Zentrum sei so lange nicht reif, wie die CDU sich nicht „von ihren Rechtsleuten" trenne. Namentlich nannte Stricker dabei Robert Lehr (früher Deutschnationale Volkspartei und bis 1933 Oberbürgermeister von Düsseldorf), der sich angeblich durch Franz von Papen eine Audienz bei Hitler habe verschaffen lassen, und Prof. Hans Erich Stier, der „den Nationalsozialismus verherrlicht" habe. Arnold soll erwidert haben, man habe Lehr inzwischen nach dem Ende des nordrheinischen Oberpräsidenten-Amtes auf den „bedeutungslosen Posten des Landtagspräsidenten abgeschoben". Im übrigen sei der rechte Flügel der CDU bedeutungslos. Die evangelischen Kreise würden „nach und nach" aus der CDU „verschwinden". Reismann äußerte sich so: „Unter den Gründern der CDU waren Leute, die wir nicht für demokratisch hielten und die auch nicht die soziale Linie des Zentrums weiterverfolgen wollten." Im Soester Programm der Zentrumspartei vom 14. Oktober 1945 heißt es im Abschnitt sieben, Satz zwei: „Das Zentrum verwehrt seine Reihen all denen, die aus Abneigung gegen die Demokratie und den sozialen Fortschritt den Untergang der Ersten Deutschen Republik bewirkt und dem Nationalsozialismus die Steigbügel gehalten haben." Damit war (nach Staatssekretär a. D. Bergmann) „deutlich eine Spitze gegen das Einströmen der früheren Deutschnationalen in die neu gegründete CDU angedeutet."

Vieles spricht allerdings auch dafür, daß Brockmann wie Hamacher und andere führende Wiederbegründer des Zentrums nicht rechtzeitig von den Gründern der CDU in ihre Kreise gezogen und später nicht genug umworben worden sind. Diese Ansicht vertrat offenbar auch der aus Münster stammende Heinrich Brüning. Der ehemalige Reichskanzler schrieb am 13. Februar 1949 an Helene Weber: ,,Ich bin überzeugt, daß bei richtiger Behandlung die Leute aus dem Münsterland die Zentrumspartei geschlossen herüber (zur CDU) bringen werden." Brüning hatte die Wiederbegründung des Zentrums bedauert. Schon am 29. November 1945 schrieb er an einen Bekannten (Fritz Kühr) in Gütersloh: ,,Was mich am meisten bekümmert, ist, daß ehrgeizige Intriganten nach Deutschland zurückgekehrt sind und versuchen, unser gutes Volk für ihre eigenen selbstsüchtigen alten Pläne einzuspannen. Sie erwähnen in Ihrem Brief den Mann, an den ich dabei besonders denke (Karl Spiecker). Er wird die Politik fortsetzen, die er 1924/25 verfolgte, und unsere alte Partei den Berliner Typen in der SPD völlig unterwerfen... Ich bedaure, Brockmann bei dieser Gruppe zu sehen. Ich nehme an, es handelt sich um das frühere Mitglied des preußischen Landtages, einen sehr ehrbaren Mann ...Ich bin jetzt sehr bestürzt darüber, daß der gute Anfang in Richtung auf eine interkonfessionelle Partei gemäß den frühen Traditionen der Zentrumspartei durch die Soester Zusammenkunft, an der Hamacher und Spieker teilnahmen, vereitelt wurde."

Enge Verbindungen zwischen Brüning und Brockmann hat es nie gegeben. Erst anläßlich des Brüning-Besuches nach dem Kriege in Deutschland gab es einige Gespräche zwischen beiden. Darüber schrieb Brüning am 1. Dezember 1948 an Adenauer: ,,Darf ich diese Gelegenheit benützen, um Ihnen zum Ausfall der Gemeindewahlen in Nordrhein-Westfalen meine Glückwünsche auszusprechen, da der Erfolg der CDU angesichts der Preissteigerung und der übrigen schwierigen Verhältnisse, von hier aus gesehen, ein guter ist. Das Ergebnis im Münsterlande ist allerdings unerfreulich. Zu meinem großen Bedauern war es mir vor meiner Abreise nicht möglich, Sie über meine Unterhaltung mit Dr. Hamacher und Herrn Brockmann zu orientieren, die in freundschaftlichem Tone geführt wurde. Ich selbst habe kaum Bemerkungen gemacht, außer daß ich den beiden Herren empfahl, die Gegensätze zwischen den beiden Parteien nicht durch eine gehässige Agitation unüberbrückbar zu machen. Mein Eindruck war damals schon, daß die bekannten Gegensätze zwischen diesen beiden Herren und den anderen führenden Persönlichkeiten in der Zentrumspartei sich stark verschärft hatten."

In einem Brief Brünings von Ende November 1948 an Helene Weber heißt es: ,,Sehr große Sorge habe ich wegen der wachsenden Kritik in Westfalen an dem 'Kölschen Klüngel'. Das ist ein Nährboden für das instinktive Festhalten weiter Kreise an der neuen Zentrumspartei. Dazu kommt eine gewisse, gleichfalls gefühlsmäßige Abneigung gegen Adenauer und ferner, daß eine große Anzahl von Leuten, namentlich in Münster, die Zusammenlegung der beiden Provinzen und die Entfernung so vieler Verwaltungsbehörden von Münster selbst bedauern. Ich habe mich genau nach dem Rektor Vorholt in Mecklenbeck erkundigt, der den größten Einfluß unter den Kleinbauern im Landkreis Münster und in den benachbarten Kreisen hat. Wenn Adenauer ihn besucht hätte, so würde er für die CDU gewonnen sein, aber er hat ein Mißtrauen gegen die Kölner. Dazu kam das geschäftige Hervortreten des Prälaten (Georg) Schreiber für die CDU, das nicht nur bei ihm, sondern auch bei vielen anderen Leuten abstoßend gewirkt hat..." Am 2. Februar 1949 schrieb Brüning an seine in Münster lebende Schwester Maria: ,,Ich hoffe, daß Brockmann und Dein Anwalt (Reismann, d. Verf.)..., nachdem (Spiecker, d. Verf.) erledigt ist, den Weg mindestens zu einer Arbeitsgemeinschaft (mit der CDU, d. Verf.) finden."

4.

Zu einer generellen Arbeitsgemeinschaft CDU/Zentrum ist es nie gekommen. Aber vor der zweiten Bundestagswahl 1953 gab es ein Wahlabkommen zwischen den beiden Parteien. Es kam im wesentlichen auf Druck katholisch-kirchlicher Kreise zustande. An den Vorgesprächen nahmen von kirchlicher Seite der Paderborner Prälat Dr. Franz Hengsbach, der Domvikar Heinrich Tenhumberg (Münster) und der Diözesanpräses der Kolpingfamilie im Bistum Münster, Hölscher, teil. Für die CDU führten der westfälische Landesvorsitzende Lensing und der Jülicher Landrat Wilhelm Johnen die Verhandlungen. Das Zentrum war durch Brockmann und den Landesvorsitzenden Pollmann vertreten. Hengsbach erklärte, angesichts der Bedeutung der Bundestageswahl „für das Leben der Kirche" wollte die Kirche Vermittler zwischen CDU und Zentrum sein.

Nach zähem Ringen wurde am 17. August 1953 „unter ausdrücklicher Billigung des ersten Vorsitzenden der CDU, Bundeskanzler Adenauer, und des Präsidiums der Deutschen Zentrumspartei" ein Abkommen unterzeichnet, nach dem Brockmann im Wahlkreis Oberhausen der gemeinsame Direktkandidat von CDU und Zentrum wurde, während der ursprünglich von der CDU als Direktkandidat vorgesehene Martin Heix an zweiter Stelle der Landesliste des Zentrums kandidierte. Durch die direkte Wahl Brockmanns in Oberhausen mit Hilfe der CDU war die Rückkehr des Zentrums in den Deutschen Bundestag gesichert und die Fünf-Prozent-Sperr-Klausel ausgeschaltet. Das Zentrum verpflichtete sich, nur in Nordrhein-Westfalen eine Landesliste aufzustellen, und versprach auf Drängen der kirchlichen Vertreter neben bindenden Abmachungen über die gemeinsame Führung des Wahlkampfes auch eine spätere gemeinsame Politik im Bundestag ähnlich der Fraktionsgemeinschaft CDU/CSU. Brockmann gelangte auf diese Weise in den Bundestag, außer ihm vom Zentrum aber nur sein Parteifreund Franz Böhner, der am 8. Januar 1954 starb. Für ihn rückte Josef Rösing nach, der später zur CDU übertrat.

Brockmann hatte gehofft, durch ein Abkommen mit der CDU, das er sich allerdings anders vorgestellt hatte, die Wahl zahlreicher katholischer Abgeordneter zu gewährleisten, damit (wie er dem Kölner Generalvikar Dr. David schrieb) „eine wirksame Vertretung des katholischen Volksteiles zu ermöglichen und dessen bestimmenden Einfluß auf die zukünftige Gesetzgebung zu sichern". Später bezeichnete er dieses Wahlabkommen als Fehler. Seine Äußerung in dem Brief an David steht übrigens im Widerspruch zu seiner Bemerkung, er lehne einen Zusammenschluß mit der CDU deswegen ab, weil das Zentrum „den Konfessionsstandpunkt überwinden" wolle. Dieser These widerspricht auch ein von Hans Georg Wieck in seinem Buch „Die Entstehung der CDU und die Wiederbegründung des Zentrums im Jahre 1945" veröffentlichter Brief Hamachers an einen Parteifreund, in dem es heißt: „Es kommt für mich ein entscheidender Gesichtspunkt hinzu, den ich in folgende Worte kleiden möchte: Seit Jahrhunderten haben wir deutschen Katholiken zum ersten Mal wieder die gnadenvolle Möglichkeit, aus der Fülle, der Weite, der Tiefe und Ganzheit unserer Glaubens- und Sittenlehre an die Neugestaltung des politischen Lebens in Deutschland heranzugehen, ohne daß ein protestantisch eingestelltes Staatskirchentum in Preußen uns in die Flanke fallen könnte..."

Brockmann kandidierte 1953 für den Bundestag, obwohl er Mitglied des Landtages war. Als er am 14. August 1949 in den ersten Deutschen Bundestag gewählt worden war, hatte er bereits wenige Tage später das Mandat mit Rücksicht auf seine Tätigkeit als Fraktionsvorsitzender im Düsseldorfer Landtag niedergelegt. Er gehörte schon dem ersten ernannten Landtag an, der am 2. Oktober 1946 von der britischen Militärregierung eingesetzt worden war. In das erste freigewählte Landesparlament, dessen Wahlperiode am 20. April 1947 begann, rückte er als im Wahlkreis Münster direkt gewählter Kandidat ein. Dieser Landtag entsandte ihn und Helene Wessel zwei Jahre später als Zentrumsvertreter in den Parlamentarischen Rat. Hier kämpften beide gemeinsam für eine Verankerung des Elternrechts im Grundgesetz, allerdings ohne Erfolg, und dafür machte das Zentrum die CDU verantwortlich. Als die Landesregierung am 20. Mai 1949 im Landtag die Annahme des Grundgesetzes beantragte, lehnte das Zentrum unter Führung Brockmanns ab, weil im Grundgesetz nicht das Elternrecht im Sinne des Zentrums verankert war. Wörtlich erklärte Brockmann im Plenum: „Das Grundgesetz ist von einem starken demokratischen Willen und echten Fortschrittsgedanken beseelt, an deren Verwirklichung tatkräftig gearbeitet werden muß.... Um so tiefer bedauert es die Fraktion des Zentrums, daß das Grundgesetz einen fundamentalen Mangel aufweist, der es ihr unmöglich macht, dem Grundgesetz ihre Zustimmung zu geben. Das naturhaft begründete Vorrecht der Eltern, die Art der Erziehung und damit die Schulart für ihre Kinder zu bestimmen, ist ausdrücklich abgelehnt und nicht in das Grundgesetz mit aufgenommen worden."

Mehr Erfolg hatten Johannes Brockmann und Helene Wessel im Parlamentarischen Rat in der Frage der Parteienfinanzierung. Darüber berichtete am 10. Juni 1959 der „Spiegel" in einem Beitrag, der sich mit dem 1959 von Bundesinnenminister Schröder vorgelegten Entwurf für ein Parteiengesetz beschäftigte und die Ansicht vertrat, daß „eine mindestens indirekte Ursache für Weimars Ende... die anonymen Geldspenden aus der Industrie" gewesen seien. „Über diese Aspekte der nationalsozialistischen Machtergreifung hatte sich besonders der Schullehrer Johannes Brockmann, Jahrgang 1888, Gedanken gemacht, der im Parlamentarischen Rat der Zentrumsfraktion vorsaß... Als der Parlamentarische Rat über die zukünftige Ordnung der Parteien diskutierte, die er im Grundgesetz wenigstens in großen Zügen festlegen wollte, brachte Johannes Brockmann... im Hauptausschuß einen Antrag ein, durch den er die Finanzierung von Parteien durch anonyme Kräfte fürderhin zu verhindern trachtete. Im Grundgesetz, so forderte Brockmann, solle stehen: 'Ihre (der Parteien) innere Ordnung muß... durch Offenlegung der Finanzquellen gegen undemokratische Einflüsse gesichert sein.'

Zunächst hatte Brockmann kein Glück. Sein Antrag wurde vom Hauptausschuß mit zehn gegen acht Stimmen knapp abgelehnt, aber hartnäckig wiederholte der Zentrumsmann seinen Antrag vor dem Plenum. Die 'Vergangenheit unseres deutschen Parteiwesens', beschwor Brockmann seine Kollegen, 'insbesondere mit Rücksicht auf die Partei, die uns zwanzig Jahre terrorisiert hat, spricht für unseren Antrag'. Das Plenum nahm den Antrag mit 34 gegen 25 Stimmen an. Der Sozialdemokrat Georg-August Zinn... schlug später eine redaktionelle Änderung vor: Brockmanns Fassung könnte dahin mißverstanden werden, daß eine polizeiliche Finanzkontrolle beabsichtigt sei. Man wolle aber lediglich Vorsorge treffen, daß die Öffentlichkeit Kenntnis über die Herkunft der Mittel der Parteien erhalte, 'damit ersichtlich ist, wer hinter einer politischen Gruppe steht.' Zinn schlug die Formulierung vor, die heute im Grundgesetz-Artikel 21 zu finden ist: 'Sie (die Parteien) müssen über die Herkunft ihrer Mittel öffentlich Rechenschaft geben.' Am Schluß des Artikels 21 heißt es: 'Das Nähere regeln Bundesgesetze.'..."

Im Parlamentarischen Rat hat sich Brockmann – zumindest nach außen hin – zum ersten Male stärker profiliert. Seine große politische Zeit aber hatte er im Landtag von Nordrhein-Westfalen, dem er von 1946 bis 1958 als Abgeordneter und Fraktionsvorsitzender des Zentrums angehörte. Brockmann selbst schrieb darüber in einem Aufruf zur Landtagswahl am 14. Juni 1970: „Kein anderer Landtag und kein

Bundestag ist in einem solchen Umfange und derartig ausgeprägt schicksalhaft für die parlamentarische Mitbestimmung der Deutschen Zentrumspartei geworden wie der Landtag von Nordrhein-Westfalen. Nur durch diesen Landtag ging ihr Weg in den Parlamentarischen Rat und in den Bundestag." Mit diesem Aufruf versuchte Brockmann zwölf Jahre nach dem Ausscheiden des Zentrums aus dem Landtag noch einmal genügend Zentrumskandidaten für die Landtagswahl zu gewinnen. ,,Es müßte mit dem Teufel zugehen," schrieb er, ,,wenn sich nicht ein Dutzend oder hundert oder noch mehr im Lande Nordrhein-Westfalen finden würden, die bereit sind, auch finanziell ein Opfer zu bringen für eine gute Sache." Der Zweiundachtzigjährige bot für den aussichtslosen Kampf sogar sich selbst an: ,,Ohne selbst kandidieren zu können oder zu wollen, stelle ich mich jeder Landesleitung als ehemaliger Vorsitzender der Fraktion des Zentrums im Landtag von Nordrhein-Westfalen gern und freudig mit den Erfahrungen in der Fraktions- und Parteiführung zur Verfügung."

5.

Erfahrungen hatte Brockmann in seiner langjährigen parlamentarischen Arbeit reichlich sammeln können. Im Landtag zählte er schon bald zu den brillantesten Rednern und fand auch außerhalb von Nordrhein-Westfalen Beachtung. ,,Unter den Abgeordneten in Deutschlands größtem Länderparlament hat der kleine, energische Schulrat a. D. neben dem Ministerpräsidenten Arnold das markanteste Profil", hieß es am 16. Juni 1952 aus Anlaß einer Romreise Brockmanns im ,,Hamburger Abendblatt". Ohne Brockmann war im Landtag keine Politik zu machen. Das lag im wesentlichen an der Funktion des Zentrums als Zünglein an der Waage, aber auch an der Persönlichkeit des Fraktionsvorsitzenden. Er unterstützte nicht nur die beiden Kabinette seines Parteifreundes Amelunxen, sondern auch das erste und zweite Kabinett unter Karl Arnold. Vor allem in sozialen Fragen fand Arnold, der manche Schwierigkeiten mit dem rechten Flügel seiner Partei hatte, bei Brockmann wirksame Unterstützung. Und Arnold pflegte diesen Partner. So schrieb er ihm nach einem Auftritt im Parlament am 13. Januar 1949: ,,Sehr verehrter Herr Kollege Brockmann! Sie haben mit Ihrer gestrigen Landtagsrede einen wirkungsvollen Beitrag geleistet zur Stärkung der Stellung der Landesregierung in der Schicksalsfrage des Ruhrstatuts. Besonders angesprochen hat die zu Herzen gehende Art, mit der Sie die Solidarität der Zentrumsfraktion mit der amtlichen Politik des Landes Nordrhein-Westfalen unterstrichen haben...".

Brockmann war – wie bis 1950 auch Arnold – ein Anhänger der politischen Zusammenarbeit von CDU, Zentrum und SPD, also einer Großen Koalition. Er fühlte sich als Anwalt der ,,kleinen Leute". Von daher rührte auch seine dauerhafte Abneigung gegen die damalige FDP. Da die Zentrumsfraktion relativ klein war, mußte ihr Vorsitzender im Landtag natürlich zu fast allen anstehenden Fragen sprechen. Und das tat Johannes Brockmann gern und mit Leidenschaft. Mit besonderem Eifer aber engagierte Brockmann sich in kultur- und schulpolitischen Fragen. Bernhard Bergmann: ,,Das parlamentarische Hauptverdienst Brockmanns dürfte in seiner aktiven Mitwirkung bei der Beratung der Landesverfassung und des ausführenden Schulordnungsgesetzes zu sehen sein. Angesichts gewisser labiler Haltungen in der CDU-Fraktion war die klare und unzweideutige Stellungnahme des Zentrums unter Führung von Brockmann von entscheidender Bedeutung für die Verabschiedung des Ersten Schulordnungsgesetzes, das am 2. 4. 1952, allerdings in einer Kampfabstimmung, mit 110 Stimmen der CDU und des Zentrums gegen 94 Stimmen der FDP, SPD und KPD verabschiedet wurde."

Der Informationsdienst der Zentrumsfraktion im Landtag schrieb damals über die Schulgesetzdebatte: „Die Opposition bezeichnete das Gesetz als 'Gestaltgebung des extremsten Anspruches der Kirche auf die Schule' (Holthoff, SPD) und als 'Teilaktion in dem viel umfassenderen Gesamtplan einer klerikalen Schuloffensive' (Kühn, SPD). Die CDU stellte hauptsächlich die protestantischen Abgeordneten Marx und Dr. Wolf heraus, die die Rednertribüne zum Teil zu reichlich ausgedehnten Bekenntnissen ihrer Religiosität benutzten und der Opposition Gelegenheit zu berechtigter Kritik boten. Die einheitliche Abstimmung am Schluß des Ringens um das Schulgesetz, das SPD-Abgeordneter Kühn 'das wichtigste Gesetz nach Einrichtung der Bundesrepublik' nannte, kann nicht darüber hinwegtäuschen, daß – wie Herr Abg. Brockmann formulierte – 'der Wille und die Auffassung bei den Parteien der Regierungskoalition im einzelnen durchaus unterschiedlich zu bewerten sind'... In einer Rede von hohem Niveau hat der Fraktionsvorsitzende des Zentrums Johannes Brockmann den Gedanken des Rechts entwickelt, der nach Auffassung des Zentrums die solide Grundlage des Gesetzes bildet: Das Elternrecht als 'das persönliche Freiheitsrecht der Eltern, denen keine Autokratie, aber auch keine Demokratie in ihre Gewissensentscheidung hereinzureden hat'; und die Forderung des gleichen Rechts für alle, das durch dieses Gesetz in nicht zu übertreffender Weise gesichert ist. Brockmann wies Vorwürfe entschieden zurück, nach denen die katholischen Abgeordneten auf Anweisung ihrer Oberhirten handelten...".

Auch der Koalitionspartner CDU bekam im Informationsdienst der Zentrumsfraktion Seitenhiebe: „Durch die Tatsache, daß die CDU außer einer kurzen Darlegung des Abg. Dr. Hofmann nur protestantische Redner herausstellte, fiel Brockmann allein die Aufgabe zu, die unqualifizierten Angriffe der Opposition von der katholischen Kirche fernzuhalten. Wenn das Bemühen der Kirche, die Gewissen der Eltern wachzurufen, als 'ferngesteuertes Elternrecht' bezeichnet werde, so sei dies absurd und 'ein Zeichen für das völlige Unvermögen, sich in die Heilsaufgabe der Kirche hineinzudenken'. Auch ein Angriff des Abg. Kühn gegen Kardinal Faulhaber von München wurde von Brockmann zurückgewiesen, der überzeugend auf die kirchliche Lehre von der Gewissensfreiheit hinwies, wie sie im vierten Laterankonzil bei Thomas von Aquin usw. festgelegt ist. Auch die Kirche erkennt das Elternrecht an und fordert es mit Nachdruck. Sie erkennt es an – und hierbei konnte sich Brockmann auf eine Äußerung Bischofs Keller von Münster beziehen – auch wenn die Entscheidungen der Eltern dem Willen der Kirche zuwiderlaufen."

Solche parteipolitisch gefärbten Berichte sollten insbesondere beim katholischen Wähler den Eindruck erwecken, als ob dessen Anliegen vom Zentrum besser vertreten würden als von der CDU. Brockmann versuchte auch, die Repräsentanten der katholischen Kirche davon zu überzeugen. In einem Brief an den damaligen Paderborner Prälaten Hengsbach zitiert er den SPD-Abgeordneten Kühn, der erklärt haben solle, Brockmann sei in der Auseinandersetzung um das Schulgesetz „der einzige ernsthafte Gegner der liberal-sozialistischen Opposition gewesen". Insgesamt war die Zusammenarbeit zwischen CDU und Zentrum im Landtag bis zum Jahre 1956 aber recht gut. Brockmanns Stellung war stark. Ohne das Zentrum konnte Arnold nicht regieren. „Er (Brockmann) kann ausspielen was er will, Arnold muß bedienen" („Die Welt" am 4. Juli 1953). Als SPD und FDP ankündigten, sie würden am 20. Februar 1956 Arnold das Mißtrauen aussprechen und Fritz Steinhoff (SPD) zum neuen Ministerpräsidenten wählen, baute Arnold weiter auf das Zentrum. Er bat Brockmann, auf die SPD einzuwirken, den Mißtrauensantrag fallen zu lassen. Dafür versprach Arnold, die SPD wieder in die 1950 von CDU und Zentrum gebildete Minderheitenregierung aufzunehmen.

Aber das Angebot kam zu spät. Zwar forderte der Landesparteiausschuß des Zentrums seine Landtagsabgeordneten auf, gegen den Mißtrauensantrag zu stimmen. Der Antrag wurde im Landtag jedoch mit 102 gegen 96 Stimmen angenommen. Dem Landtag gehörten damals 90 Abgeordnete der CDU, neun des Zentrums, 76 der SPD und 25 der FDP an. Bei der Abstimmung fehlte der FDP-Abgeordnete Middelhauve. Brockmann wehrte sich entschieden gegen den Vorwurf, das Zentrum habe mitgeholfen, Arnold zu stürzen. Er behauptete immer wieder, daß er und seine Fraktionskollegen (vielleicht mit Ausnahme von einem Abgeordneten, von dem er es nicht genau wisse) für Arnold gestimmt hätten, während zwei Abgeordnete der CDU gegen Arnold votierten und ein CDU-Abgeordneter sich der Stimme enthielt. Als Beweis dafür führt Brockmann Arnold selbst an, der ihm wenige Tage vor der Abstimmung vor einem Zeugen gesagt habe, er wisse, daß Landtagspräsidenten Josef Gockeln (CDU) und eine CDU-Abgeordnete aus Köln gegen ihn stimmen würden.

Auch in der Debatte über die Regierungserklärung des neuen Ministerpräsidenten Steinhoff unterstrich Brockmann in einer leidenschaftlichen Rede, daß das Zentrum treuer zu Arnold gestanden habe als mancher von dessen Parteifreunden. ,,Wenn Sie es wünschen, kann ich nachweisen, daß sich das Zentrum bei der vorletzten und letzten Regierungsbildung vor und hinter den Herrn Abg. Arnold gestellt hat, damit er den Auftrag, den ihm seine Fraktion gegeben hatte, durchführen konnte. Wir sind nicht der Versuchung anheim gefallen, den Kräften aus der eigenen Partei und Fraktion des Herrn Arnold zu helfen, die damals alles daran gesetzt haben, seine Ministerpräsidentenschaft zu verhindern... Es ist für uns einfach unerträglich, daß wir jahrelang mit der CDU in den schwersten Entscheidungen dieses Hohen Hauses Schulter an Schulter um das gemeinsame Wohl gerungen haben, um uns jetzt einfach mit einem Fußtritt abspeisen zu lassen."

Den Eintritt des Zentrums in die erste sozial-liberale Regierung begründete Brockmann damit, daß Steinhoff ihm in einem Gespräch am 28. Februar 1956 versichert habe, seine Regierung werde an der bisherigen Kultur-, Kirchen- und Schulpolitik im Lande ohne Zustimmung Brockmanns nichts ändern. Vor der Abstimmung über den Mißtrauensantrag von SPD und FDP gegen Arnold hatten Vertreter der katholischen Kirche (nach einer Niederschrift Brockmanns) ,,versucht, auf das Zentrum Einfluß zu nehmen, nicht gegen Arnold zu stimmen". Als Gegenleistung forderte Brockmann die Garantie, daß Hirtenbriefe künftig nichts mehr enthielten, was die Gläubigen davon abhalten könnte, Zentrumskandidaten die Stimme zu geben. Außerdem solle der Klerus ,,alles unterlassen, was auf eine unterschiedliche Behandlung zwischen CDU und Zentrum hindeuten" könnte.

Nach dem Eintritt des Zentrums in die Regierung Steinhoff gab es einen ausgedehnten Briefwechsel zwischen dem Domkapitular Tenhumberg und dem inzwischen zum Weihbischof ernannten Franz Hengsbach mit Brockmann. Hengsbach bat am 9. März 1956 ,,um Aufklärung" über das Gerücht, wonach Brockmann im Landtag erklärt habe, daß ,,sogar bis in hohe Kreise der Kirche oder des Klerus" Verständnis für die Beteiligung des Zentrums an der Regierung festzustellen sei. Ähnlich soll Tenhumberg Brockmann geschrieben haben. Brockmann antwortete, er habe nicht von ,,der Kirche" oder ,,dem Klerus", sondern von ,,höchsten kirchlichen Stellen" gesprochen. Dann erläuterte Brockmann die Gründe für den ,,schwerwiegenden Beschluß" seiner Fraktion, sich an der Regierung Steinhoff zu beteiligen. ,,Ob es der Kirche Gottes einerlei" sei, fragte Brockmann in dem Brief an Hengsbach, ,,daß Jahre hindurch Gesetzgebung und Verwaltung im gesamten Bereich von Kultur, Kirche und Schule innerhalb einer sozialistisch/liberalen Regierung ohne die

Kontrolle eines christlich orientierten Faktors ausgeübt werden solle oder nicht." Das sei für ihn die Frage gewesen, und die Frage bestehe für ihn fort.

In dem Brief an Hengsbach sprach Brockmann von dem „häßlichen Kampf gegen die Zentrumspolitiker im Landtag" – und die Kirche schweige. „Ich beschwöre Euer Excellenz, doch endlich einmal ein Hirtenwort zu veranlassen gegen Verdächtigungen und Verleumdungen, gegen die brutalsten Versündigungen gegen das achte Gebot Gottes im politischen bzw. parteipolitischen Bereich, besonders auch in der Presse." Er, Brockmann, habe bereits Anfang 1955 maßgebliche kirchliche Stellen auf die Annäherung der sozialistischen und liberalen Kräfte im Landtag aufmerksam gemacht. „Ich habe gewarnt... Ich habe in der Koalition CDU/Zentrum gefordert, unmittelbar im Anschluß an das Schulgesetz das Schulverwaltungs- und Schulfinanzierungsgesetz zu verabschieden, solange die christliche Mehrheit bestand. Dazu wollte ich ein Lehrerbildungsgesetz zur Sicherung der konfessionellen Lehrerbildung haben. Alles umsonst!" Brockmann sprach von „Bitternis" und einer „fast ausweglosen Lage" und bat den Weihbischof um „ein Wort oder einen Rat für meine Situation, die in meinem langen parlamentarischen Leben nie so schwer gewesen ist". Deutlicher als in diesem Brief konnte Brockmann nicht darlegen, wie sehr er unter dem Konflikt des Zentrums mit der katholischen Kirche litt – auch in Erinnerung daran, daß die offizielle Kirche schon 1933 vom Zentrum abgerückt war. In seinem Buch „Der Untergang des politischen Katholizismus" schreibt Rudolf Morsey: „Brüning hat später mit einem bitteren Unterton darüber geklagt, daß kein Bischof ein Wort des Dankes ausgesprochen habe für das, was die Zentrumspartei 'in ihrer mehr als 60jährigen Geschichte für den Katholizismus getan und gelitten' habe." Heinrich Hemsath, Arbeits- und Sozialminister im Kabinett Steinhoff, hat später erklärt, Brockmann sei in der Frage der Beteiligung des Zentrums an der Regierung Steinhoff „sicher ein Zauderer" gewesen. Dann habe er, Hemsath, zu Brockmann gesagt: „Denken Sie an die vielen Niederträchtigkeiten, die man Ihnen hat zukommen lassen, weil Sie nicht CDU-Mann werden wollten, gerade von den allerchristlichsten Ihrer Brüder, bis zum Bischof hin. Das wußte er", fügte Hemsath hinzu, „da sprang er drauf an."

6.

Bei den Landtagswahlen 1958 scheiterte das Zentrum an der Fünf-Prozent-Klausel und schied damit endgültig aus der großen Politik aus. Die Sperrklausel hat Brockmann immer für undemokratisch gehalten. Er war der Meinung, daß die Weimarer Republik nicht an der Vielzahl der Parteien gescheitert sei, sondern daran, daß es damals keine Bestimmung über ein konstruktives Mißtrauensvotum gegeben habe. Die Rechts- und Linsradikalen hätten sich immer die Bälle zugeworfen, wenn es darum gegangen sei, eine Regierung zu stürzen. Sie seien aber nicht in der Lage gewesen, gemeinsam zu regieren. In der Bundesrepublik werde dies durch die Bestimmung über das konstruktive Mißtrauensvotum unmöglich gemacht, und deswegen sei eine Sperrklausel unnötig. Wenn es diese Sperrklausel nicht gäbe, äußerte Brockmann wiederholt, brauchte die außerparlamentarische Opposition nicht auf die Straße zu gehen. Auf den Einwand, wie schwierig die Regierungsarbeit bei einer Vielzahl von Parteien im Parlament wäre, erinnerte er an einen Ausspruch Bismarcks: „Mit der Diktatur kann jeder Esel regieren", und fügte hinzu: „Mit der absoluten Majorität kann auch jeder Esel regieren... Die Größe eines Staatsmannes in der parlamentarischen Demokratie hat sich immer erst dann gezeigt und bewährt, wenn es ihm gelang, die gesunde Mannigfaltigkeit politischer Kräftegruppen zur konstruktiven Zusammenarbeit in den Lebens- und Schicksalsfragen eines Volkes zusammenzuführen, ohne von ihnen das Opfer des Verzichtes auf ihre politische Eigenständigkeit zu verlangen oder gar zu erpressen."

Als Brockmann 1958 nicht mehr in den Landtag zurückkehrte und selbst bekannte: „Wir sind total geschlagen worden!", haben das nicht nur die wenigen Zentrumsanhänger, die es damals noch gab, bedauert. Insbesondere für die Journalisten war er ein interessanter Redner, weil er immer wieder Farbe in die oft trockenen Debatten brachte. Viele waren der Ansicht, mit Brockmann habe der letzte Parlamentarier der alten Schule das Landesparlament verlassen. Willi Kreiterling, heute Leiter der Landeszentrale für politische Bildung in Düsseldorf, der in den fünfziger Jahren für die Zentrumsfraktion im Landtag wissenschaftlicher und publizistischer Ratgeber war, schildert Brockmann als einen Politiker mit der Fähigkeit, „obwohl er sachlich nie sehr breit infomiert war, sehr schnell den politisch springenden Punkt eines Problems zu erkennen, was z. B. gelegentlich dadurch zum Ausdruck kam, wenn er verspätet in eine Ausschußsitzung kam, und es wurde etwas beraten, dessen Vorgeschichte oder Einzelheiten in der Sache er gar nicht so sonderlich kannte, er sehr schnell den politisch springenden Punkt herausfand und sich mit beachteten Beiträgen auch an der Ausschußarbeit beteiligt hat. Ähnlich auch in parlamentarischen Debatten."

Die oft gestellte Frage, warum Brockmann nie ein Ministeramt übernommen hat - er soll gesagt haben: „Ich werde nicht Minister, ich mache Minister" - beantwortet Kreiterling so: „Parlamentarisch-politische Verantwortung hat Herrn Brockmann immer in hohem Maße gereizt, Regierungsverantwortung nicht, weil er wohl instinktsicher fühlte, daß die Verapparatisierung der politischen Machtausübung seinem Temperament, und das kann man vielleicht auch sagen, seinen fachlichen Fähigkeiten nicht entsprach. Er war der Anreger, er war der Mann, der auch politisch klug abzuwägen verstand, er war der Mann, der auch pfiffig zu kämpfen verstand, aber er war sicherlich nicht der Mann der Administration."

Kreiterling spricht auch von einem „Stück Eitelkeit, das bei Johannes Brockmann eine wesentliche Komponente war. Es war die Eitelkeit eines Menschen, der sehr viel Weibliches in seinem Temperament hat. Er ist übrigens ja auch Junggeselle geblieben. Vielleicht ist es nicht indiskret zu sagen, daß dieses Junggeselle-Bleiben etwas zu tun hat mit dem Jahre 1933 und der Notwendigkeit, mit leichtem Gepäck zu reisen, wie er mir diese Episode mal geschildert hat. Er hatte diese weibliche Komponente, wie jeder sensibel politische Mensch die Komponente der Eitelkeit hat, weil das der Maßstab ist, Wirkungen zu messen, und es kam sehr, sehr häufig vor, wenn er einen parlamentarischen Beitrag geleistet hatte, der auch angekommen war, und er kam dann aus dem Plenum heraus und sah mich, dann hielt er mir die Hände entgegen und war, wie soll ich sagen, noch ganz echauffiert. Indem er kokett wie eine Frau gen Himmel blickte, fragte er dann: 'Herr Kreiterling, war ich gut?' Diese Komponente hatte er und setzte sie übrigens auch als Stilmittel seiner politischen Äußerungen ein, im Anfang mit erheblichen Erfolg, nachher sozusagen korrelativ mit der Schwäche des Zentrums, nur noch von den anderen Kollegen etwas freundlich belächelt."

Der Politiker Johannes Brockmann, der am Silvestertag 1953 von Papst Pius XII. zum Komtur-Ritter des Ordens vom hl. Gregor dem Großen ernannt und 1958 mit dem Großen Bundesverdienstkreuz ausgezeichnet wurde, war in der Politik ein hartnäckiger, bisweilen starrsinniger Partner, als Mensch liebenswürdig, bescheiden, gütig und hilfsbereit. Unzähligen hat er im Stillen geholfen. Wenn er auch mit offiziellen Vertretern der Kirche viele Differenzen austrug, blieb er doch stets ein gläubiger, kirchentreuer Katholik, trotz mancher böser Anfeindungen aus dem Klerus.

Am 13. September 1961 schrieb ihm ein Pfarrer aus dem Münsterland: ,,Wir Katholiken sind zutiefst erschüttert über die Parole, die Sie nach Radio und Tagespresse Ihren Anhängern gegeben haben. Damit geben Sie als katholischer Lehrer die konfessionelle Schule auf und verbinden sich den Feinden unserer Weltanschauung. Wenn Sie zur Wahl gehen, so hängen Sie sich bitte Ihren päpstlichen Orden um!" Brockmann erwiderte darauf zwei Tage später: ,,Ew. Hochwürden können mich nicht beleidigen. Daß Sie als katholischer Priester mich verunglimpfen, ohne zunächst einmal festzustellen, was denn nun wirklich Wahres an der Pressemeldung ist, das ist erschütternd. Die ungezogene Schlußbemerkung Ihrer Schmähschrift offenbart, welcher Gehässigkeit auch jemand fähig sein kann, dessen Aufgabe es ist, die Liebe und nicht den Haß im Namen Christi zu lehren."

Brockmann litt unter der Kritik und dem Mangel an Unterstützung aus kirchlichen Kreisen stärker, als er es zeigte. Er hat aber auch in den Zeiten härtester Auseinandersetzungen immer die geistliche Führungsrolle der Bischöfe anerkannt. Gerade deswegen traf ihn wohl deren einseitiges Eintreten für die CDU so tief. Die Treue zur Kirche hat er immer betont. Noch als Zweiundachtzigjähriger schrieb er dem Essener Bischof Hengsbach zu dessen 60. Geburtstag: ,,In den Wirrnissen dieser Zeit bekenne ich mich nach wie vor als katholischer Christ zu den Geboten Gottes und meiner Kirche und stehe treu zum gottgewollten Elternrecht in allen Schul- und Erziehungsfragen. Das ist mein Geburtstagsgeschenk für den Oberhirten der Essener Diözese."

Aus seinem Glauben schöpfte Brockmann im wesentlichen die Kraft für seine politische Arbeit. Kraft holte sich der leidenschaftliche Jäger aber auch in der münsterländischen Landschaft. Hier fühlte er sich wohl. Trotz vieler Angebote hat keine Stadt ihn dazu bewegen können, Rinkerode zu verlassen. Seine letzten Lebensjahre verbrachte er hauptsächlich damit, den Kindern auf dem Bauernhof, auf dem er lebte, bei den Schularbeiten zu helfen. ,,Wir haben", erzählte der Junggeselle im Jahre 1968, ,,von den sechs Kindern fünf in der Volksschule. Was das bedeutet, weiß jeder, der kinderreich ist."

Johannes Brockmann starb am 14. Dezember 1975 in Rinkerode.

Das Porträt beruht auf dem Nachlaß Brockmann im Bundesarchiv Koblenz, dem Biographischen Kompendium im Landtagsarchiv in Düsseldorf sowie auf mündlichen Auskünften von Zeitgenossen Brockmanns.

Der Präsident in der Reihenfolge eines Sammelbandes nach führenden Parlamentariern wie Henßler und Brockmann, das ist nur insoweit Absicht, wie die beiden Fraktionsvorsitzenden natürlich wichtiger waren; Einfluß und Wirkung eines Parlamentspräsidenten sind zudem meist schwerer zu fassen. Dennoch war Josef Gockeln (1900-1958) eine Figur der regionalen Zeitgeschichte, als Handwerker, der sich zum Arbeitervertreter entwickelte, der Gruppe der Gronowski und Henßler, Steinhoff und Arnold zuzuzählen, mit dem er schon vor 1933 als Arbeitersekretär in Düsseldorf im Wettbewerb stand, zweimal vorübergehend Ministerpräsidentenkandidat des Parteivorsitzenden Adenauer anstelle Arnolds, als Präsident dreimal mit wachsender Mehrheit wiedergewählt, und nicht zuletzt als Oberbürgermeister der Landeshauptstadt. Die Ämterhäufung, die weit über den Landtagspräsidenten und Oberbürgermeister hinausging, hat ihm nicht selten Kritik eingetragen, für die er freilich wenig Verständnis aufbrachte; in Ämter gewählt, fühlte er deren Verpflichtung in einer Zeit, in der nicht nur der Wiederaufbau, sondern vor allem die erneute Demokratisierung zu leisten war, die er als eine Aufgabe aller Parteien gleich welcher idelogischen Grundlagen ansah. Hinzu kam, daß Gockeln in keinem seiner Ämter eine Versorgungsgarantie erwarb, die ihm den Abbau der Ämterhäufung erleichtert hätte. Der Düsseldorfer Oberbürgermeister bis 1956 hat moderne städtebauliche Innovationen stets unterstützt, die Sonderrolle als Landeshauptstadt jedoch nur zögernd akzeptiert. Als gebürtiger Westfale, der ähnlich wie der Schwabe Arnold schon seit den späten zwanziger Jahren in Düsseldorf ansässig und heimisch war, ist ihm die Verklammerung des Rheinischen und des Westfälischen im neuen Land selbstverständlicher gewesen als den meisten anderen Politiker-Kollegen.

Walter Först

JOSEF GOCKELN

Elf Jahre hindurch hat er als Landtagspräsident die Glocke geschwungen, sparsam, nur andeutend und kaum jemals so ausgiebig wie Erich Köhler, Präsident des Frankfurter Wirtschaftsrates und erster Bundestagspräsident bis 1950, der mit erhobenem Arm ordentlich bimmelte, wenn es im Hause unruhig wurde; „Bolle auf dem Milchwagen"' nannten das die Berliner Abgeordneten in Bonn. Gockeln hatte auch keinen Knopf auf dem Pult mit der Aufschrift „Revolution"; Franz Heubl, Landtagspräsident im Münchener Maximilianeum seit Herbst 1978, fand einen solchen Knopf vor, als er seinen Platz bezog, und erzählte einem Journalisten, wenn er draufdrücke, dann seien alle Mikrophone im Plenarsaal abgeschaltet, während seine Stimme dreimal so kräftig aus den Lautsprechern schallte. Gockeln hätte dieses technischen Eventualmittels kaum bedurft und die Aufschrift auf dem Pult ihn leicht befremdet. In den elf Jahren seiner Präsidentschaft ging es im Landtag von Nordrhein-Westfalen meist eher gesittet zu. Das galt auch für die neun Jahre, in denen Gockeln gleichzeitig Oberbürgermeister der Landeshauptstadt war und die Ratssitzungen leitete, die, weil das Rathaus keinen Sitzungssaal hatte, ebenfalls im Landtag stattfanden. Außerdem gehörte er seit den ersten Wahlen im August 1949 dem Bundestag an, war Präsident der Katholischen Arbeiterbewegung Westdeutschlands, zugleich ihrer internationalen Organisation, und Vizepräsident des Zentralkomitees der deutschen Katholiken, um nur die wichtigsten Positionen zu nennen, die alle zusammen ihm häufig den Vorwurf der Ämterhäufung eintrugen. Er selbst fühlte sich der Vielfachbelastung gewachsen, die ihm selten Muße ließ, und hielt es für die „Generation des Wiederaufbaus", zu der er sich gelegentlich im Stadtparlament bekannte, für selbstverständlich, sich überall da, wo man gebraucht wurde, einzusetzen. Er gehörte zu den Männern wenn auch nicht der ersten, so aber doch der frühen Stunde nach Kriegsende. Schon bald zur Spitzengarnitur des aus dem Zentrum und der christlichen Arbeiterbewegung kommenden linken Flügels der CDU zählend, auf dem auch Jakob Kaiser, der spätere Bundesminister für gesamtdeutsche Fragen, und Ministerpräsident Arnold standen, war Gockeln kein Ideologe, sondern sozialpolitischer Pragmatiker, in der allgemeinen Politik eher konservativ insoweit, als er gleichzeitig für Recht und Ordnung wie gegen allzuviel Staatsmacht eintrat. Er ist länger Landtagspräsident gewesen als jeder seiner Nachfolger Wilhelm Johnen, Josef Hermann Dufhues, John van Nes Ziegler und Wilhelm Lenz. Gockeln stand für Kontinuität in schwieriger Zeit, als zunächst Hunger, Not und Demontagen zu überwinden und zu verkraften waren und Politik elementarer betrieben wurde als später. Da mußten die Verfassung geschaffen, viele Gesetze beraten, das Nebeneinander von Rheinländern, Westfalen sowie zahlreichen Flüchtlingen und Vertriebenen geregelt werden, und das Parlament des neuen Landes hatte seinen Stil und seine Arbeitsweise zu finden. Josef Gockeln war ein Präsident der schlichten Form, der ruhigen, aber sicheren Verhandlungsführung, ohne Glanz, mit wenig Pathos, bedacht auf die Würde des Hauses, tolerant in den demokratischen Grenzen, die für ihn den Meinungsstreit einschlossen, nicht jedoch die Polarisierung. In den seltenen Fällen, in denen er sich zu allgemeinen persönlichen Bemerkungen aufschwang, sagte er (so auf der konstituierenden Sitzung der 4. Wahlperiode am 21. Juli 1958), die Amtsführung des Präsidenten sei „etwas bestimmt vom Wesen eines Richters, von den Funktionen eines Schlichters und auch den Erfahrungen eines Pädagogen". Dabei hat er weniger gerichtet als geschlichtet, und das Pädagogische war die Menschenbehandlung eines zu einfacher Psychologie begabten Mannes, dem intellektuelle Feinheiten fehlten. Als Landtagspräsident hat Gockeln es sich immer versagt, selbst in die Debatten einzugreifen, was er gekonnt hätte, wenn er zuweilen in seine Fraktion hinabgestiegen wäre. Sehr viel aktiver war er dagegen im Stadtparlament der Landeshauptstadt, deren Sonderfunktion ihm freilich erst im Laufe der Zeit bewußt geworden ist. Mit der Lösung der Probleme, die Düsseldorf aus dieser ihm über Nacht zugefallenen und bis heute eigentlich nicht verkrafteten Rolle erwuchsen, ist die Stadt im ersten, mit der Amtszeit des Oberbürgermeisters Gockeln deckungsgleichen Jahrzehnt seit der Bildung des Landes durchaus nicht besser zurechtgekommen, weil ihr Oberhaupt zugleich Landtagspräsident war.

1.

Josef Gockeln stammte aus Großeneder im ostwestfälischen Kreis Warburg, geboren am 18. März 1900. Schon der Vater, ein Schreinermeister, der eine Familie mit elf Kindern zu ernähren hatte, war politisch interessiert. Während des Kulturkampfes soll er zusammen mit anderen Handwerkern in Paderborn die Residenz des Bischofs besetzt haben, als dessen Verhaftung drohte, und dafür von der Polizei verprügelt worden sein. Josef, neuntes der elf Kinder, lernte das Müllerhandwerk, wurde 1917 noch für ein Jahr Soldat und betätigte sich nach der Rückkehr aus dem Ersten Weltkrieg daheim im katholischn Arbeiterverein und in der christlichen Gewerkschaftsbewegung. Aus dem Jahre 1923, Gockeln war inzwischen Gewerkschaftsfunktionär in Lippstadt, ist ein Artikel von ihm in der ,,Westdeutschen Arbeiterzeitung" bekannt, in dem er unter der Überschrift ,,Nationale Disziplin" heftig Schieber kritisierte, die sich während der Ruhrbesetzung durch die Franzosen bereicherten. 1925 brachten ihm seine Aktivitäten ein Stipendium zum Besuch der Staatlichen Fachschule für Wirtschaft und Verwaltung in Düsseldorf ein, und der spätere erste Wirtschaftsminister des neuen Landes, Prof. Nölting, war dort sein Lehrer. 1927 holte Jakob Kaiser, damals Landesgeschäftsführer der christlichen Gewerkschaften in Köln, Gockeln als Kartellsekretär nach Mönchengladbach, wo die Zentrale des Verbandes der katholischen Arbeiter- und Knappenvereine saß. Diese schickte ihn 1928 als Bezirkssekretär nach Düsseldorf; ein Jahr darauf wurde Gockeln Stadtverordneter der Zentrumspartei und gehörte deren örtlichem Vorstand an. Der KAB-Sekretär hatte in Düsseldorf sein Büro im gleichen Hause wie der Kartellsekretär der christlichen Gewerkschaften, Karl Arnold. Auch in der Zentrumspartei und in der Stadtratsfraktion begegneten sich beide. Wohl schon aus dieser Zeit stammt eine Art von Konkurrenz oder Wettbewerb zwischen den als Persönlichkeiten unterschiedlichen Männern. Jedenfalls war das Verhältnis zwischen dem Westfalen Gockeln und dem Schwaben Arnold nicht ohne Spannungen, vor dem Kriege wie in der Nachkriegszeit.

Während Arnold mit der Auflösung der christlichen Gewerkschaften 1933 zunächst brotlos wurde, blieb Gockeln im Amt, denn die katholischen Arbeitervereine konnten als Standesvereine unter dem Schutz des Reichskonkordats bestehen bleiben. 1939 eingezogen, avancierte er nach einiger Zeit als Oberfeldwebel zum ,,Spieß" einer Marine-Artilleriekompanie in Kiel, kam aber als Vater von fünf Kindern nicht zum Fronteinsatz. Schon bald nach Kriegsende aus der Gefangenschaft zurückgekehrt, sondierte er im Herbst 1945 zusammen mit einer Gruppe alter Düsseldorfer Zentrumsmitglieder die Aussichten für eine Wiederbegründung der Partei. Etwa zur gleichen Zeit wurde Arnold, der dieser Gruppe nicht angehörte, sondern sich an der örtlichen Gründung der CDU beteiligte, Oberbürgermeister. Auch Gockeln trat schließlich der CDU bei. Er hat sich dabei freilich schwerer getan als Arnold. Dieser war und blieb ein entschiedener Anhänger des Unionsgedankens in der Partei- wie in der Gewerkschaftspolitik, also der Überwindung der konfessionellen wie der gesellschaftspolitischen Spaltung, deren Gefahren am Ende der Weimarer Republik offenkundig geworden waren. Gockeln neigte dagegen zunächst der Wiederbegründung des Zentrums zu, obwohl dieses, anders als die neugebildete CDU, von der britischen Besatzungsmacht nicht eben favorisiert wurde. Bald nach seiner Heimkehr übernahm er in Düsseldorf das KAB-Sekretariat, später den Verbandsvorsitz der Katholischen Arbeiterbewegung Westdeutschlands. Die KAB wurde zeitweilig verdächtigt, eine getarnte christliche Gewerkschaft sein zu wollen; auch die Kirche plante anfangs, sie wieder aufzulösen. Für Gockeln spielte es eine wichtige Rolle, daß er nach dem Tod von Bernhard Letterhaus und Nikolaus Groß, die im letzten Kriegswinter vom berüchtigten „Volksgerichtshof" in Berlin verurteilt und hingerichtet wurden, der einzige Überlebende aus dem Vorstand der katholischen Arbeitervereine in den Diözesen Köln und Aachen war. Arnold dagegen gehörte zu den Mitbegründern der 1946 ins Leben gerufenen Sozialausschüsse der CDU und setzte sich aktiv für den Aufbau der Einheitsgewerkschaft ein. Noch Mitte der fünfziger Jahre, als deutlich geworden war, daß in der Einheitsgewerkschaft hauptsächlich Sozialdemokraten das Sagen hatten, unterstützte Gockeln Bestrebungen, wieder eine christliche Gewerkschaftsbewegung zu gründen. Das gelang auch, doch blieb die neue Organisation eine Randerscheinung. Selbst die KAB hatte mit rund 300 000 Mitgliedern im Vergleich zu den Millionen-Mitgliederheeren des DGB und seiner Einzelgewerkschaften politisch kaum mehr als periphere Bedeutung.

Solange es für die Politiker, die als Soldat wie Gockeln, im Widerstand oder im Konzentrationslager Krieg und Nationalsozialismus überlebt hatten, um die Wiederbegründung politischer Parteien und den Aufbau einer neuen Gewerkschaftsbewegung ging, konnte von Ämtern und Karrieren noch nicht eigentlich die Rede sein. Stimulierend wirkte erst die Bildung des neuen Landes, die Einberufung des ernannten Landtags und die Aufstellung der Ministerliste in enger Abhängigkeit von der Militärregierung. Dem ersten Kabinett, das Rudolf Amelunxen bildete, blieb die CDU fern, weil Adenauer, längst CDU-Vorsitzender für die britische Zone, erfolgreich darauf spekulierte, bei den ersten Wahlen, den Kommunalwahlen im September und Oktober 1946, mehr Stimmen auf die Union konzentrieren zu können als die Engländer der neuen Partei zutrauten. Nun wurde eine Kabinettsumbildung zwingend. Adenauer schlug dem Mitbegründer der CDU Wilhelm Warsch vor, in der neuen Regierung Amelunxen Sozialminister zu werden. Warsch jedoch entschied sich für den Posten des Kölner Regierungspräsidenten und nannte Adenauer an seiner Stelle Gockeln. Anfang Dezember war die neue Kabinettsliste fertig, mit Gockeln als Sozialminister und Arnold als stellvertretendem Ministerpräsidenten.

Ein halbes Jahr später endete die Amtszeit der ernannten Landesregierung. Die ersten Landtagswahlen am 20. April 1947 hatten der CDU die meisten Stimmen gebracht. Also sollte sie auch den Ministerpräsidenten stellen. Adenauers erstes Konzept sah Gockeln als Regierungschef und Arnold als Parlamentspräsident vor, aber die große Mehrheit der CDU-Fraktion tendierte zum genauen Gegenteil. Am 19. Mai wählte der Landtag Gockeln zu seinem Präsidenten, am 17. Juni Arnold zum Ministerpräsidenten. Mit der Wahl durch die Stadtverordnetenversammlung am 3. Juli wurde Gockeln Arnolds Nachfolger als Düsseldorfer Oberbürgermeister.

2.

Aktive Politik war in den beiden prominentesten Ämtern, die Gockeln inne hatte, nicht Sache des Landtagspräsidenten und Oberbürgermeisters. Beide verlangten von ihrem Träger, über den Parteien zu stehen. Das gebot schon die wiedererweckte demokratische Tradition des Parlamentarismus der westlichen Welt mitsamt den Erfahrungen zahlreicher Abgeordneter aus der Zeit der ersten deutschen Republik. Die kommunalpolitische Situation war schwieriger. Josef Gockeln hatte selbst noch als

Stadtverordneter in Düsseldorf vor 1933 die Machtfülle des Berufsoberbürgermeisters Lehr erlebt, der zugleich Chef der Verwaltung und Vorsitzender der Ratsversammlung war. Als Nachfolger Arnolds im Rathaus der Landeshauptstadt mußte er sich auf das auch in der Dauer sehr viel beschränktere Amt des Oberbürgermeisters einstellen, der nur Ratsvorsitzender und kein Berufsbeamter war, während der Oberstadtdirektor die Spitze der Verwaltung darstellte. Das dualistische System der geteilten Spitze war im Frühjahr 1946 in der Form einer revidierten Neufassung der Deutschen Gemeindeordnung von 1935 durch Verordnung der britischen Besatzungsmacht eingeführt worden, aber erst 1952 verabschiedete der Landtag eine eigene Gemeindeordnung, die sich an die gleichen Grundprinzipien hielt. Die Bestimmungen sahen zunächst die jährliche Neuwahl des Oberbürgermeisters vor, bei der Gockeln bis 1950 und dann auch 1952 und 1954 freilich jedesmal mit großer Mehrheit wieder bestätigt wurde. Auch legte er seine Verpflichtungen als oberster Repräsentant der Stadt schon früh extensiv aus.

Zum Landtagspräsidenten dagegen war Gockeln 1947 auf drei Jahre gewählt worden. Mit der Landesverfassung, die am 11. Juli 1950 in Kraft trat, wurde die Legislaturperiode auf vier Jahre verlängert. Kurz nach der Wiederwahl Gockelns durch den Landtag der zweiten Legislaturperiode gab es eine ähnliche Episode wie 1947. Wieder favorisierte Adenauer kurze Zeit Gockeln für das Amt des Ministerpräsidenten, um Arnold fernzuhalten, der eine dreijährige Große Koalition mit den Sozialdemokraten hinter sich hatte, während Adenauer seit September 1949 als Bundeskanzler mit einer knappen Mehrheit im Bundestag gegen die sozialdemokratische Opposition regierte. Aber auch diesmal unterstützte der überwiegende Teil der CDU-Fraktion Arnold; dieser wurde zudem außerparlamentarisch durch ein eindeutig positives Votum des DGB-Vorstandes unter Hans Böckler gestützt, das die Zustimmung der CDU-Sozialausschüsse fand. Die Fraktion nominierte Arnold Ende Juli; zuvor hatte Gockeln darum gebeten, von seiner Nominierung abzusehen, da er sich nicht gegen Arnold ausspielen lassen wollte. Gewählt wurde Arnold zum Ministerpräsidenten am 27. Juli mit 120 Stimmen bei 78 Enthaltungen. Vier Stimmen fielen auf Gockeln, aber dieser war ja bereits Anfang Juli auf Vorschlag von SPD und FDP mit großer Mehrheit in seinem Präsidentenamt bestätigt worden. Dabei bescheinigte ihm übrigens der sozialdemokratische Fraktionsvorsitzende Henßler im Namen des ganzen Hauses eine vorbildliche Amtsführung, die beweise, „daß politische Persönlichkeiten sehr wohl in der Lage sind, auch überparteiliche Funktionen einwandfrei und objektiv auszuüben."

Einstimmig wiedergewählt wurde Gockeln auch nach den nächsten beiden Landtagswahlen 1954 und 1958, sicherlich eine Anerkennung des ganzen Hauses, in dem es seit 1954 keine Kommunisten und seit 1958 auch keine Zentrumsfraktion mehr gab, sondern nur (wie seitdem unverändert) die drei Fraktionen von CDU, SPD und Freien Demokraten. Ob das jedesmal ein Vertrauensbeweis war oder schlicht Gewöhnung, ist kaum zu entscheiden. Die politische Figur des Parlamentspräsidenten bestimmt sich nach ihrem Einfluß und ihrer Wirksamkeit, die nur selten greifbar werden. Der Präsident oder, genauer gesagt, er und seine Stellvertreter (gewöhnlich je einer aus den Fraktionen, denen der Präsident nicht angehört) tragen zu Stil und Niveau des Hauses bei, und das nicht nur im Plenum, sondern auch im Hauptausschuß und im Ältestenrat. Wichtiger aber sind die großen Redner und die Fraktionsvorstände. Der Präsident vertritt das Parlament auch nach außen, wahrt seine Rechte und seine Würde, leitet die Sitzungen und sorgt für Ordnung. Doch seine Konturen werden meist erst im Nachhinein deutlich. Noch heute wird an den sozialdemokratischen Reichstagspräsidenten der Jahre 1920 bis 1932, Paul Löbe, erinnert. Im Bundestag der fünfziger und sechziger Jahre waren nacheinander Hermann Ehlers und Eugen Gerstenmaier Präsident, und sie entwickelten oder verstärkten in diesem Amt ihr Profil. Das gilt besonders auch für Carlo Schmid, der länger als alle Präsidenten, nämlich siebzehn Jahre, bis 1966, Bundestagsvizepräsident war. ,,Welche Rolle der Präsident spielt, hängt letzten Endes von ihm selbst ab", schreibt Gerhard Loewenberg in seiner Monographie über den Bundestag, ,,und das Ansehen dieses Amtes beruht auf dem Erfolg, den einige seiner Inhaber hatten. Dieser Erfolg tritt dann ein, wenn sich die Präsidenten mit den institutionellen Interessen des Bundestages identifizieren und diese Rolle scharf von ihrer Parteitätigkeit trennen."

Auch Landtagspräsidenten müssen sich mit den institutionellen Interessen ihres Parlamentes identifizieren. Josef Gockeln hat das getan, und er hat seine Rolle scharf von der Tätigkeit in seiner eigenen Partei getrennt. Bei der Gelegenheit seiner knappen Rechenschaftsberichte jeweils am Ende einer Legislaturperiode verwies er gern darauf, daß es in keinem anderen Parlament so wenige Ordnungsrufe gebe wie im Düsseldorfer Landtag, und daß der Wortschatz seiner Mitglieder gemäßigter sei als anderswo. Er setzte sich auch mit Kritik aus dem Publikum auseinander und konnte beipielsweise 1958 feststellen, daß, statistisch gesehen, die ganze Legislaturperiode hindurch ,,die Fraktionen eine Beteiligung an den Plenarverhandlungen von 92,3 Prozent der gesetzlichen Mitglieder" aufgewiesen hätten, also das Haus meist gut besetzt gewesen war.

Um diese Zeit, 1958, war längst so gut wie vergessen, daß der Landtag des neuen Landes nach seiner konstituierenden Sitzung im Düsseldorfer Opernhaus am 2. Oktober 1946 zweieinhalb Jahre hindurch im Theatersaal der Henkel-Werke im Düsseldorfer Stadtteil Holthausen getagt hatte. Auf den Henkel-Saal war Ernst Gnoß, der Präsident des ernannten Landtags, gekommen, da das Opernhaus verständlicherweise nicht regelmäßig zur Verfügung stand. Noch im Oktober 1946 sagte die Militärregierung Gnoß zu, die Frage eines Wiederaufbaus des Ständehauses zu prüfen und auch Baumaterial zur Verfügung zu stellen; kurz vorher hatte sie sich mit Erfolg gegen die Absicht des 1. britischen Korps gewehrt, das Gebäude als Urlauber-Durchgangsheim wiederaufzubauen. Knapp ein Jahr später, im Juni 1947, konnte Gockeln dem Hauptausschuß mitteilen, daß die Militärregierung den Wiederaufbau des Ständehauses angeordnet habe. Aber bis zur Währungsreform im Juni 1948 gingen die Arbeiten nur langsam vorwärts. Zuerst mußten die Trümmer geräumt werden, doch fehlte es, da sie nur mit schlechtem Geld entlohnt werden konnten, an Bauarbeitern, denen zudem niemand Sonderverpflegung zukommen lassen wollte.

Als Josef Gockeln, gerade zum Präsidenten gewählt, am 19. Mai 1947 die Eröffnungs-Sitzungsperiode des ersten gewählten Landtags einleitete, mußte er darauf hinweisen, daß man im Henkel-Gebäude ,,sozusagen Untermieter" war. Der Plenarsaal diente gleichzeitig den städtischen Bühnen für Schauspiel und Operette und den im Werksgelände stationierten Truppen der britischen Rheinarmee als Kino. Manchmal mußte die Sitzung deshalb abgebrochen werden. Tische und Stühle waren jedesmal eigens heranzuschaffen. Eine Wandelhalle gab es nicht und im weiten Umkreis auch kein Restaurant. Man aß im Henkel-Speisesaal, wo freilich auch 2000 Werksangehörige verpflegt wurden. Sein Büro hatte der Landtagspräsident im Mannesmannhaus am Rheinufer. Zu den Plenarsitzungen brachte jedesmal ein Omnibus alle Unterlagen nach Holthausen.

Dennoch kam es im Henkel-Provisorium, wo die Plenarsitzungen gewöhnlich zwei oder drei Tage dauerten, zu inhaltsreichen Debatten und wesentlichen parlamentarischen Entscheidungen. Als Mitte Oktober 1947 die endgültige Demontageliste der Alliierten vorlag, holte der Präsident unverzüglich die Zustimmung aller

Fraktionen zu einer Sondersitzung ein, die binnen zehn Tagen zustandekam und die Entrüstung aller Parteien dokumentierte. Der Landtag gab der Regierung die Vollmacht, alles zu versuchen, um die Ausführung der Demontagen hinauszuzögern und Abstriche von der Liste zu erreichen. In der Februarsitzung 1948 fiel der Landesverratsvorwurf des KPD-Abgeordneten Josef Ledwohn gegen den Ministerpräsidenten, weil dieser den im Vorfeld der Weststaatbildung liegenden ,,Frankfurter Beschlüssen" vom Januar zugestimmt hatte. In den langanhaltenden Auseinandersetzungen erteilte Gockeln Ledwohn zweimal einen Ordnungsruf. Am Ende entließ Arnold die beiden kommunistischen Minister Heinz Renner und Hugo Paul aus seinem Kabinett. Anfang April hielt der Militärgouverneur der britischen Zone, General Robertson, im Henkel-Saal im Beisein aller Regierungschefs und Landtagspräsidenten der Länder der Zone eine Grundsatzrede, die auf die kommende Währungsreform hinwies. Anfang August verhandelte das Haus den Gesetzentwurf zur Überführung der Grundstoffindustrien in Gemeineigentum, der aber nicht die Zustimmung der Engländer fand. Im Mai 1949 nahm der Landtag in einer Erklärung, die Präsident Gockeln verlas, zu den Gebietsabtrennungen entlang eines Teiles der Grenze zu Belgien, vor allem aber im Grenzland zu den Niederlanden Stellung, die seit Jahren gefordert und nun vollzogen worden waren.

Das aber war bereits sechs Wochen nach dem Einzug des Parlaments in das wiederaufgebaute Ständehaus, das Julius Raschdorff 1877 bis 1881 als Tagungsgebäude des rheinischen Provinziallandtages errichtet hatte. Es war im Juni 1943 bei einem Bombenangriff ausgebrannt. Josef Gockeln hatte beim Richtfest kurz vor Weihnachten 1948 den Wiederaufbau in Zusammenhang mit den Einrichtungen gebracht, ,,die eine Landeshauptstadt, eine politische Hauptstadt, unbedingt braucht". In dem Festakt ,,aus Anlaß der Einweihung des Hauses des Landtags", wie der Bau nun genannt wurde, am 15. März 1949 erinnerte er daran, daß der ernannte Landtag fünf und der gewählte 19 Sitzungsperioden ,,behelfsweise in den Räumen eines industriellen Werkes durchführen mußte", was den Anspruch nach sich ziehe, ,,dem Werk der Abgeordneten eine gerechtere Würdigung zuteil werden zu lassen, als es hier und da geschehen ist". Die Festrede hielt Carl Severing, und Konrad Adenauer, um diese Zeit immer noch Fraktionsvorsitzender der CDU in eben diesem Hause, aber auch Präsident des Parlamentarischen Rates in Bonn, machte in seiner Ansprache die Bemerkung über die ,,zum Teil etwas zufällig zugeschnittenen" neuen Länder: ,,Sehen Sie, daß man immer Nordrhein-Westfalen sagen muß, ist mir höchst unsympathisch. Ich finde, daß eine Silbe in diesem Namen zu viel ist, und ich würde wünschen, daß wir diese Silbe ablegen können."

3.

Gockelns Staats- und Politikerverständnis war gewiß von der katholischen Soziallehre bestimmt, aber deshalb weder einseitig festgelegt noch ohne Entwicklungsmöglichkeiten. Neben Kirche und Familie galt für ihn der Staat als die wichtigste Gemeinschaftsform, wichtiger als das Soziale, weshalb er auch jede Art von Klassenkampf ablehnte. ,,Wer als Christ weiß, daß er nicht nur als Einzelwesen, sondern als Glied einer Gemeinschaft geboren ist, wird diese Gemeinschaft nicht nur von ihrem Wesen her leicht begreifen, sondern diese Gemeinschaft auch im Plan der Heilslehre erkennen, stützen und erfüllen." Gockelns sozialpolitische Vorstellungen waren nicht auf Veränderungen im System, sondern auf konkrete soziale Verbesserungen gerichtet. Er wollte ,,in der Diktion der katholischen Soziallehre das Proletariat entproletarisieren und im übrigen dem Kapitalismus nicht wehe tun", wie Willi Kreiterling urteilt.

Politisch waren Gockelns ,,Sorge, um die sein politisches Denken und Handeln kreiste, ... die Wiederbegründung einer demokratischen, freiheitlichen und sozialen Rechtsstaatlichkeit und die Vertiefung des demokratischen und staatsbürgerlichen Bewußtseins in breiten Schichten des Volkes" (Heinz Budde). Am 9. November 1949 erinnerte er zu Beginn der Landtagssitzung an die Novemberrevolution von 1918, den Hitler-Putsch in München 1923 und die ,,Reichskristallnacht" 1938 und sagte: ,,Lassen Sie uns bereit sein, den materiellen Schaden zu ersetzen, die Opfer und die Leiden in unser Bewußtsein als stete Warnung aufzunehmen, und lassen Sie uns auch stark genug sein, einem solchen Ungeist für die Zukunft zu wehren." Am 28. Februar 1950 hielt er eine kurze Gedenkrede auf den ersten Reichspräsidenten, den Sozialdemokraten Friedrich Ebert, aus Anlaß des 25. Todestages. ,,Mit diesem Mann trat in der Stunde des Zusammenbruchs der beste Vertreter der Arbeiterschaft in die Führung der deutschen Politik. Mit ihm wurde aber auch für viele Millionen deutscher Volksgenossen das Tor zum Staat geöffnet, das bis dahin aus Unverstand und Rückständigkeit geschlossen war. Den Staat als Grundlage des Rechtes, die Nation als eine Gemeinschaft der Freiheit und das Volk immer im Ziel seiner Einheit erfassend, gab Friedrich Ebert uns Lebenden dieser Tage ein Beispiel, uns Suchenden einen Wegweiser und uns Hoffenden eine Quelle der Kraft und des Vertrauens." Die Feierstunde des Landtags zum zehnjährigen Bestehen des Landes setzte der Präsident bewußt auf den 2. Oktober 1956 an, nicht etwa auf den zehnten Jahrestag der Konstituierung des ersten gewählten Parlaments im Mai 1957. Die Einladung des Bonner Staatsrechtlers Ulrich Scheuner, über ,,Verfassungsrecht und Verfassungswirklichkeit" zu sprechen, begründete Gockeln damit, ,,daß in breiten Volksschichten das Bewußtsein um den Staat noch eine bedauerliche Unvollständigkeit aufweist", aber auch mit dem ,,offenbaren Mangel, daß wir in den politischen Entscheidungen zu wenig verfassungsrechtlich denken".

Mit dem Verhältnis zwischen Parlament und Regierung beschäftigte sich Gockeln wiederholt in seinen Rechenschaftsberichten am Ende jeder Legislaturperiode. 1958 konstatierte er: ,,Eine Regierungspartei sollte im Parlament viel stärker Gegenspieler und das Kontrollorgan der Exekutive sein und weniger Schutzgarde der Regierung." Schon 1954 kritisierte er, daß die Parlamente nicht mehr geschlossen als Institution der Regierung gegenüberträten, sondern in sich selbst als Regierungsparteien und Opposition gespalten sein. 1958 fügte er hinzu: ,,Wenn bei dieser Situation die Gesetzesinitiative fast ausschließlich bei der Regierung liegt, die Kontrollrechte aber an der Mehrheit scheitern, dann kann das Gefühl aufkommen, daß die Opposition eigentlich allen Wert verliert. Das darf aber für den, der das parlamentarischen System will, psychologisch nicht geschehen." Opposition war damals im Landtag die SPD, von der die überparteiliche Amtsführung des CDU-Präsidenten stets anerkannt wurde.

Neben der Gefahr einer Aushöhlung des Parlamentarismus sorgte sich Gockeln auch um die Eigenständigkeit der Länder gegenüber der Bonner Zentralgewalt. ,,Alle Parteien haben die Bundespolitik so ausschlaggebend zu ihrer Parole gemacht, daß der Förderalist nur noch als Marketender im Gefolge der großen Bundestruppen in Erscheinung treten kann." 1950, am Ende der ersten, dreijährigen Legislaturperiode und kaum dreiviertel Jahr nach der Konstituierung der Bundesrepublik, war die Situation der Länder innerhalb der Förderation noch nicht deutlich geworden. Der erste Rechenschaftsbericht des Präsidenten beschränkte sich daher auf Zahlen und Fakten, den schwierigen Start 1946/47. 1958 faßte Gockeln in seinem Rückblick auf die dritte Legislaturperiode die Kritik an der Verfassungswirklichkeit in der Bundesrepublik in dem Satz zusammen: ,,Der Staat wird durch die Politik, die von den Parteien getragen ist, niemals in Gefahr gebracht werden, wenn sichtbar und glaubhaft bleibt, daß sie den Staat wollen und nicht ein Parteiprogramm." Dabei differenzierte er ebenso wenig zwischen der Bundesrepublik und ihren Gliedstaaten, den Ländern, wie zwischen Grundgesetz und Länderverfassungen. Gockeln schloß sich der Feststellung von Staatsrechtlern wie Politikern an, daß die innere Balance der föderativen Gewaltenteilung gestört sei und das Verhältnis zwischen Bund und Ländern nicht mehr dem Vorbild von 1949 entspreche. Er forderte „alle auf den Staat tendierenden Machtgruppen ... möglichst nahe an die Verfassungsstruktur zu binden, und zwar unter der Autorität des Parlaments". Aber er räumte auch ein, daß sich nur wenige Wege zeigten, „die eine Änderung durch das Parlament möglich machen". Gemeint waren damit der Trend zur Stärkung der Exekutive und die Entwicklung des Parteiwesens. „Da die öffentlichen Mittel in einer großen Fülle wirtschaftliche und soziale Tatsachen oder auch Einrichtungen schaffen, ist mit der Durchführung des Etats eine Wirtschaftsmacht verbunden, die den Regierenden einen zusätzlichen Einfluß verschafft." Mit der Konzentration auf wenige große Parteien sei die „klassische Vorstellung aufgehoben, daß das Parlament als Gesamtheit der Gegenspieler der Regierung sein müßte... Da die Mehrheitspartei ihre eigene Regierung nicht stürzt, die Minderheit sie nicht stürzen kann, so ist die Stabilität für die Dauer einer Legislaturperiode garantiert. Damit wird eine koalitionsmäßige Willensbildung früherer Jahre und der ersten Jahre nach dem Zweiten Weltkrieg schließlich nicht mehr möglich."

Das war auf der letzten Landtagssitzung vor den Neuwahlen im Juni 1958. Es mußte merkwürdig klingen, daß der Präsident in seinem Rechenschaftsbericht mit keinem Wort auf den Regierungswechsel vom Februar 1956 einging, bei dem SPD und FDP Karl Arnold mittels des konstruktiven Mißtrauensvotums gestürzt und Fritz Steinhoff zum neuen Ministerpräsidenten gemacht hatten, der dann auch noch das Zentrum an seiner Regierung beteiligte. Aber Gockeln kam es mehr auf das Grundsätzliche an. Das Parlament selbst war ja von dem Wechsel der Koalitionen nicht berührt worden.

4.

„Die Jahre von 1947 bis 1956, in denen Gockeln das Oberbürgermeisteramt inne hatte, waren die schwierigsten in der Düsseldorfer Nachkriegsgeschichte, aber auch die entscheidenden" (Walter Hensel). Daß die Stadt mit der Bildung des neuen Landes durch die Engländer von diesen zur Hauptstadt bestimmt wurde, ist Rat und Verwaltung nie offiziell mitgeteilt worden. Auch fand diese „Rangerhöhung" in der Öffentlichkeit zunächst nur ein geringes Echo. Auf der ersten Beigeordnetenkonferenz nach der Ankündigung der Landesgründung meinte zwar Oberstadtdirektor Kolb am 20. Juli 1946, die „Ernennung zur Hauptstadt" sichere der Stadt eine große Entwicklung auf weite Sicht. Aber daraus erwüchsen ihr auch „entsprechend große Pflichten für die Zukunft" mit starken Belastungen. Die größten Schwierigkeiten werde die Beschaffung und Herrichtung der nötigen Räume für den Bedarf des Landes an Büros und Wohnungen bereiten. Unter der Vielzahl von Aufgaben und Problemen, vor die sich Vertretung und Verwaltung gestellt sahen, konnte die Sondereigenschaft Landeshauptstadt einstweilen nur am Rande von Bedeutung sein. Düsseldorf war im Kriege nicht weniger stark zerstört worden als die anderen rheinisch-westfälischen Großstädte. Am Ende fehlte ein Drittel des Gebäudevolumens. Von 176 000 Wohnungen waren 92 000 nicht mehr vorhanden. Die Einwohnerzahl, die zu Kriegsbeginn bei 540 000 Menschen lag, war im Mai 1945 auf 235 000 zurückgegangen. Sie stieg dann allerdings rasch wieder an und erreichte im Frühjahr 1947 428 000.

Als Josef Gockeln im Hochsommer 1947 das Amt des Oberbürgermeisters übernahm, standen Trümmerräumung, die Lebensmittelversorgung mit knappen Rationen, die Lage der Obdachlosen, die Wiederingangsetzung des Verkehrs, nicht aber schon der Wiederaufbau auf der Tagesordnung. Obwohl die Einwohnerzahl rasch wieder zunahm — die Stadt hatte schon im Herbst 1946 die Zuzugssperre aufgehoben —, konnte vor der Währungsreform des Sommers 1948 von Wohnungsbau noch keine Rede sein. Aber es gab schon Pläne für eine Neuordnung, die mehr sein würde als nur Wiederaufbau. Intensiviert und konkretisiert, vor allem aber auch auf ihre finanzielle Machbarkeit zugeschnitten wurden diese Pläne durch Professor Friedrich Tamms, den man 1948 als Stadtplaner verpflichtete. Im Oktober 1949 veranstaltete die Stadt die erste Planungsausstellung, die viel Zulauf fand, und Ende April 1950 verabschiedete der Rat das Konzept für die Neuordnung der Innenstadt. Es sah in den Hauptpunkten die „Berliner Allee" als Parallelstraße zur Königsallee und Nord-Süd-Achse, den Ausbau der provisorisch wiederhergestellten Oberkasseler Rheinbrücke, den Wiederaufbau der Südbrücke und eine neue Brücke im Zuge der Uerdinger Straße, die spätere Theodor-Heuß-Brücke, vor, die überörtlich dem Ost-West-Verkehr dienen sollte. Daneben gab es in der City, wo seit Jahren eine Bausperre bestand, Straßenverbreiterungen und eine umfangreiche Aktion zur Umlegung von Grundstücken, um einen städtebaulich sinnvollen Wiederaufbau zu ermöglichen. Zwischen der Planungsausstellung und der Ratsverhandlung stellten sich Tamms und seine Mitarbeiter auf zahlreichen Versammlungen Gruppen und Vereinen aller Art, von den Heimatfreunden bis zu Grundbesitzern und Architekten. Eine Bürgerversammlung mit dreitausend Teilnehmern, die der Oberbürgermeister selbst leitete, dehnte sich bis tief in die Nacht hinein aus, „aber zum Schluß konnte Gockeln feststellen, daß die überwiegende Mehrheit der Anwesenden mit den Planungen einverstanden sei".

In ihren Grundzügen war die Politik der Stadt Düsseldorf bis in die späten fünfziger Jahre hinein vor allem darauf gerichtet, die produzierende Wirtschaft wie ihre Leitung und Verwaltung anzulocken und zu stärken. Neu kamen zahlreiche Betriebe, darunter auch größere, aber auch Wirtschaftsverbände, Banken, Versicherungen und Verlage. Der Oberbürgermeister hatte „immer ein Gespür für großzügige Lösungen" (Hensel). Ende 1948 gewann die Stadt in Konkurrenz mit Köln und Wesseling das Rennen um den Sitz der Zentralverwaltung des Feldmühle-Konzern, die sich im linksrheinischen Oberkassel niederließ. Kurz vorher war Düsseldorf Sitz der Landeszentralbank geworden. Köln hatte in den anhaltenden Auseinandersetzungen eines Tages die Militärregierung gebeten, die Entscheidung an sich zu ziehen. Gerade das aber gab den Ausschlag. Obwohl Düsseldorf als Hauptstadt manchen Neider hatte, entschied im Landtag eine Mehrheit nun erst recht für Düsseldorf. 1955 unterstützte Gockeln Tamms gegen die heftigen Widerstände, die in der Stadt die Forderung des Phoenix-Rheinrohr-Chefs Fritz Aurel Goergen gefunden hatte, am Rande des Hofgartens seine Verwaltungszentrale, das Drei-Scheiben-Haus, zu errichten.

In der entscheidenden Hauptstadtfrage, der Errichtung einer Art von Regierungsviertel, hat Josef Gockeln — ebenso übrigens wie Karl Arnold — hinhaltend taktiert. Zwar sprach der Oberbürgermeister und Landtagspräsident auf dem Richtfest des wiederaufgebauten Ständehauses Ende 1948 vor den Bauarbeitern pauschal davon, „daß noch manches große Gebäude hier in Düsseldorf entstehend wird, das repräsentativen öffentlichen Charakter tragen wird". Aber es gibt aus den frühen fünfziger Jahren auch Äußerungen von Gockeln, die eher Zurückhaltung erkennen lassen. „Sollte der Bund einmal nach Berlin zurückkehren, gehen wir nach Bonn", hat er einmal erklärt; Bonn sei der geographische Mittelpunkt eines Landes, das an eine

Rückgewinnung der beiden südlichen Regierungsbezirke der ehemaligen preußischen Rheinprovinz, Koblenz und Trier, denke. Die Landeshauptstadt ähnlich für ein Provisorium zu halten wie die provisorische Bundeshauptstadt Bonn, war damals nicht so abwegig, wie es im Nachhinein scheinen mag. Zwar gab es keinen Zweifel an dem Bestand des Landes; aus den Untersuchungen des Luther-Ausschusses zur Neugliederung der Länder ging Nordrhein-Westfalen unbeschädigt hervor. Aber eine baldige Wiedervereinigung und Berlin als gesamtdeutsche Hauptstadt hätten die Bedeutung der Länder möglicherweise noch stärker zurücktreten lassen als das in der Folgezeit im Rahmen des Weststaates Bundesrepublik geschah.

Den ersten konkreten Kontakt zwischen Stadt und Land in der Frage eines Regierungsviertels gab es kurz vor Weihnachten 1949. Oberstadtdirektor Hensel, der Baudezernent Schreier und Tamms führten Wiederaufbauminister Steinhoff Pläne und Modelle „für die kommenden Ministerien" (und damit konnten nur die Gebäude gemeint sein) an dem „von der Stadtplanung vorgesehenen Standort" vor. Es war an der damals noch Parallelstraße genannten heutigen Berliner Allee. Steinhoff „sagte dieser Vorschlag sehr zu". In der großen Ratsdebatte am 29. April 1950, an deren Ende der Neuordnungsplan fast einstimmig angenommen wurde, machte Hensel darauf aufmerksam, daß die Landesregierung „nicht vor sechs Jahren" in der Lage sein werde, „das Gesamtprojekt ihrer Regierungsbauten an dieser Straße durchzuführen". Friedrich Tamms war fest davon überzeugt, daß sich, wie er später schrieb, die politische Führung des Landes „baulich in einem betont sichtbaren Komplex darstellen sollte; ... für die Entwicklung Düsseldorfs als Ort dieser politischen Selbstdartellung ist eine solche optisch-symbolische Projizierung der politischen Vertretung des Landes in der Öffentlichkeit von großer, stadtbildender Bedeutung". Aber als „wir Ministerpräsident Arnold und Finanzminister Heinrich Weitz vor das Modell der Straße führten", erinnert sich Walter Hensel, „konnten sich beide leider nicht entschließen, zuzugreifen. Eine entscheidende Rolle mag dabei die Sorge um die finanzielle Belastung gespielt haben. Doch hat der Aufwand, den das Land dann später beim Bau der wenig eindrucksvollen Hochhäuser in der Nähe der Haroldstraße und außerdem für die Neuordnung dieses Bereiches treiben mußte, die Beträge, die nach Annahme unseres Vorschlags fällig geworden wären, wesentlich überstiegen."

In den Verhandlungen des Rates ist die Hauptstadtproblematik während der neun Jahre, in denen Gockeln ihm als Oberbürgermeister vorsaß, stets nur am Rande erwähnt worden; auch die Neuordnungsplanung stellte darauf nicht in erster Linie ab. Erst von der ersten Plenarsitzung nach den Kommunalwahlen im Herbst 1952 an machte sich Gockeln zur Regel, einleitend zu sagen: „Ich eröffne die Sitzung des Rates der Landeshauptstadt Düsseldorf." In der politischen Zusammensetzung des Rates gab es eine immer stärkere Konzentration auf CDU und SPD. 1956 erhielt noch die FDP ein knappes Zehntel der Mandate, während alle anderen kleineren Parteien unter der Fünf-Prozent-Hürde blieben. Josef Gockeln wurde immer wieder von der großen Mehrheit des Hauses gewählt, und sein Stellvertreter, der sozialdemokratische Bürgermeister Georg Glock, erhielt meist sogar noch einige Stimmen mehr. Erst bei den Kommunalwahlen von 1956 errang die SPD einen eindeutigen Vorsprung vor der CDU und genau die Hälfte der Mandate. Daraufhin wählte der Rat am 10. November 1956 Glock zum Nachfolger Gockelns, der den Vorsitz der CDU-Fraktion übernahm. Seine neunjährige Amtszeit als Oberbürgermeister war damit zu Ende.

Das nur einmal 1949 für ein Jahr unterbrochene „Gespann" Gockeln-Glock hat auch öffentlich viel Zustimmung gefunden. Die Stetigkeit in der Leitung der Ratsgeschäfte, die dadurch erzielt und garantiert wurde, unterschied sich merklich von den teilweise wechselnden Mehrheitsverhältnissen anderer rheinischer Großstädte. Gokkeln hatte in seiner Stadt meistens eine gute Presse und war populär, soweit das seine eher spröde Natur zuließ. Kritisch über ihn äußerte sich später in seinen Memoiren Walther Hensel, der gleichzeitig hervorhob, daß er als Oberstadtdirektor mit Gokkelns Nachfolger bis 1959, Glock, ein enges Vertrauensverhältnis gehabt habe, aber auch einräumte, seine langjährige Freundschaft mit Karl Arnold habe Gockelns Verhältnis zu ihm stets belastet. Obwohl, so Hensel, „Gockelns sicheres Auftreten in der Öffentlichkeit und seine Schlagfertigkeit von vielen bewundert" wurden, hatte er nur wenige Freunde und war, anders als Arnold, „kein Mann des Gesprächs". Seinen politischen Reden, „die zunächst gut klangen", fehlte „vielfach die Substanz... Gegen Beamte und insbesondere gegen Akademiker war er voreingenommen — recht unverständlich bei einem so intelligenten und erfolgreichen Mann". Willi Kreiterling stellt im Vergleich mit Arnold fest, daß man, jedenfalls im kommunalen Bereich, sich „bei politischen Absprachen auf Gockeln absolut verlassen konnte, auch wenn sie ihm sehr gegen den Strich gingen", während man bei Arnold nicht immer die Sicherheit haben konnte, daß er „eine Position durch neue Einflüsse nicht wieder modifizierte".

5.

Wenige Wochen nach dem Ende seiner Amtszeit als Düsseldorfer Oberbürgermeister, am 6. Dezember 1956, hatte der Landtagspräsident auf der Straße zwischen Köln und Düsseldorf einen Autounfall. Wegen seiner schweren Verletzungen mit zahlreichen Knochenbrüchen mußte er lange im Krankenhaus bleiben. Später belustigte er sich gelegentlich darüber, wieviel Silber er nun im Körper habe. Fast genau zwei Jahre später, am 8. Dezember 1958, verunglückte Gockeln mit seinem Dienstwagen erneut, diesmal auf der Straße Köln-Neuss am nördlichen Stadtrand von Dormagen. Er saß rechts neben dem Fahrer. Der Wagen kam aus ungeklärt gebliebener Ursache von der Straße ab und fuhr gegen einen Baum. Josef Gockeln war sofort tot. Der Fahrer — es war nicht derselbe wie zwei Jahre vorher — erlitt schwere Verletzungen. An beiden Unfällen, so urteilte Walther Hensel später, dürfte Gockeln „nicht ohne Schuld gewesen sein, denn er hielt seinen Fahrer stets zu überschneller Fahrweise an". Auch eine Folge der Ämterhäufung?

Im Hause des Landtags gab es 1958 zweimal eine Trauerfeier. Am 3. Juli leitete Gockeln seine Ansprache für Karl Arnold, der am 28. Juni gestorben war, mit dem Satz ein: „Wie zerbrechlich unsere Gesundheit sein kann, ist jedem von uns bewußt." Am 11. Dezember waren es Vizepräsident Alfred Dobbert, Bundestagspräsident Gerstenmaier, Bundeswirtschaftsminister Erhard, der Verbandspräses der KAB, Hermann Joseph Schmidt, und der Vorsitzende der CDU-Fraktion, Johnen, die auf der Trauerversammlung für Josef Gockeln sprachen. Franz Meyers, seit einem halben Jahr Ministerpräsident, nannte Einfachheit und Gradlinigkeit die Gründzüge im Wesen Gockelns, „in Gestalt und Charakter geprägt von seiner westfälischen Heimat und dennoch, als Folge langer Jahre seines Wirkens im Rheinland, mit Zügen rheinischer Wesensart".

Benutzt wurden für das Porträt Gockeln Akten im Stadtarchiv Düsseldorf und im Archiv des Landtags, hier vor allem die gedruckten ,,Stenographischen Berichte" der Plenarsitzungen, Ausschußprotokolle und das ,,Biographische Kompendium". Außerdem die Memoiren von Walther Hensel: 3 x Kommunalpolitik 1926-1964 (Köln u. Berlin 1970), von Friedrich Tamms die Bücher: Düsseldorf – ja, das ist unsere Stadt (Düsseldorf 1966) und Von Menschen, Städten und Brücken (Düsseldorf 1974), der Beitrag von Heinz Budde in: Christliche Demokraten der ersten Stunde (Bonn 1966), die Kleine Geschichte der Stadt Düsseldorf von Hugo Weidenhaupt (7. Auflage, Düsseldorf 1979) und Heinrich Lützelers Beitrag ,,Das Haus des Landtags" in: Mensch und Staat in NRW, 25 Jahre Landtag von Nordrhein-Westfalen, hrsg. v. Wilhelm Lenz (Köln u. Berlin 1971).

Die deutschen Nachkriegsländer haben beim Aufbau ihrer Regierungen auf angestammtes Personal zurückgreifen können, wenn es, wie in Bayern, Hamburg oder Hessen, solches gab. Länder, die, wie Schleswig-Holstein, aus einer oder, wie Nordrhein-Westfalen, aus anderthalb ehemaligen preußischen Provinzen bestanden, hatten es da schwerer. In Düsseldorf gab es in den Ministerien schon bald eine Gruppe von Männern mit preußischen oder Reichs-Regierungserfahrungen, die dazu beitrugen, ministerielle Verwaltungskapazitäten heranzubilden. Aus Berlin kam auch Walter Menzel (1901-1963), der als Innenminister schon in der Amelunxen-Administration, dann in der Regierung der Großen Koalition die Hauptverantwortung für die innere Konstitution des neuen Landes zu tragen hatte. Menzel, vor 1933 zuerst Finanzrat, dann Landrat, später Rechtsanwalt war in den Führungsgremien der SPD schon in der Zeit der Besatzungsherrschaft, aber auch im Parlamentarischen Rat, dem er neben seiner Düsseldorfer Ministertätigkeit angehörte, einer der Verfassungsexperten, der sich als solcher auch schon früh um die Entwicklung der Landesverfassung kümmerte. Dabei stimmte er zwar mit seiner Partei, nicht immer aber auch mit den Besatzungsstellen, vor allem aber nicht mit den Mehrheitsmeinungen im Landeskabinett überein. Als Unitarier war er gegen zuviel Föderalismus, als Minister der Kommunalaufsicht gegen zuviel kommunale Selbstverwaltung. Als Polizeiminister zeigte er sich lange nicht bereit, die weitgehende Dezentralisierung der Polizei mitzumachen, wie sie von der Besatzung verlangt wurde, und als Verantwortlicher für die Entnazifizierung hielt er einen schärferen Kurs als die Engländer selbst. Und 1949 schließlich geriet er intern in Konflikt mit seinem Parteivorstand, der, schon um Adenauer Paroli zu bieten, in der Frage der Bundeshauptstadt Frankfurt favorisierte, während Menzel schon im Jahr davor zu den Urhebern der Entscheidung gehört hatte, den Parlamentarischen Rat nach Bonn zu holen.

Wolf Bierbach

WALTER MENZEL

Kummer macht dem Konrad das rötliche Fähnlein, / denn Walter Menzel führet das Wort. / Mild, doch bezwingend an Kraft. / Oben im rußigen Land ist er einer der Höchsten. / Und dort hat er im Rate schon oft Konrads Weisheit getrübt. / Ist er doch einer der Rufer im Streite, / die alles, was heilig ihm und den Seinen, / in den Staub ziehen. Und dürftens doch nicht. / Denn wozu ist denn die Welt geschaffen / nach göttlichem Ratschluß. Ist's denn nicht das: / Wer besitzt, bleibe in seinem Besitz? / Ja, auch in Bonn treibt lose sein Spiel der schreckliche Walter. / Weigert den Ländern das Recht, niederzuzwingen den Bund. / Also vermessen kann nur sein, wer selbst das Elternrecht höhnt. / Und er fordert sogar eigene Wächter dem Bunde . . . /

23. Februar 1949. In einer Sendung des Nordwestdeutschen Rundfunks Köln charakterisiert Professor Carlo Schmid im antiken Versmaß Politiker des Parlamentarischen Rates. Mit ,,Konrad" ist natürlich Konrad Adenauer gemeint, der Präsident dieser verfassunggebenden Versammlung. Bei Walter Menzel, den Innenminister des ,,rußigen Landes" Nordrhein-Westfalen, hatte Carlo Schmid wesentliche politische Überzeugungen seines Parteifreundes getroffen, der neben Schmid der wichtigste Sozialdemokrat im Parlamentarischen Rat war. Menzel wird zwar in der Literatur nicht zu den ,,Vätern des Grundgesetzes" gerechnet, gehört aber zu ihnen, wenn die Geschichtsschreibung denn solche Etiketten benötigt. ,,Mild, doch bezwingend an Kraft" — Schmid hätte hinzufügen können: Menzel ist geradlinig, kein Volkstribun, aber ein Politiker, der auf den Traditionen der streng legalistischen und antiföderalistischen Weimarer SPD (und speziell jener preußischer Observanz) fußt, also ein Sozialdemokrat, der bis zur Selbstaufgabe für den Schutz der Republik und die Demokratie kämpft. Aber Carlo Schmid hätte damals, 1949, auch schlicht sagen können: Menzel ist der ,,Schwiegersohn vom Reichsminister" und damit auf ein in der frühen Nachkriegs-SPD gebräuchliches Synonym angespielt. Der ,,Reichsminister" war der langjährige preußische und Reichsinnenminister Carl Severing, der als einer der wenigen sozialdemokratischen Parlamentarier der Weimarer Republik auch noch im Nachkriegsdeutschland eine Rolle spielte. Menzel, in mancher Beziehung sein Erbe, hatte aus dessen Weimarer Erfahrungen der Zerstörung und Selbstzerstörung einer Demokratie gelernt. Bei ihm verdichtete sich das Scheitern einer schwachen Demokratie zu einem Trauma. Es läßt sich auf folgenden Satz reduzieren, den er im April 1947 in einem Aufsatz für die ,,Deutsche Volks-Zeitung" schrieb: ,,Die politische Ohnmacht Berlins (also der Reichsregierung) und nicht ein ungesunder Zentralismus haben das Vordringen des Nationalsozialismus begünstigt."

1.

Walter Menzel wurde am 13. September 1901 in Berlin als Sohn eines Volksschullehrers geboren, der es im preußischen Kultusministerium bis zum Ministerialrat brachte. Gerade neunzehnjährig trat er in die SPD ein und studierte in Freiburg, Breslau und in der Reichshauptstadt Jura und Nationalökonomie. Mit einer Arbeit über die Zulässigkeit von Sondergerichten nach Artikel 105 der Weimarer Reichsverfassung promovierte er 1925. Bereits als Dreißigjähriger war er Finanzrat und damit ein gutes Stück in der Hierarchie des preußischen Finanzministeriums emporgestiegen. 1931 wurde er jüngster preußischer Landrat in Weilburg an der Lahn. Aber schon im Frühjahr 1933 schickten ihn die Nationalsozialisten in die politische Wüste, verwehrten ihm jedoch 1934 nicht die Zulassung als Rechtsanwalt in Berlin. Als Verteidiger konnte Menzel einer Reihe von Verfolgten helfen, auch vor dem berüchtigten Volksgerichtshof.

Hinter seiner relativ raschen Karriere in Preußen vor 1933 haben Kritiker später zu Unrecht die lenkende Hand des einflußreichen Schwiegervaters vermutet. Den Beginn seiner zweiten Karriere verdankt Menzel allerdings in der Tat Severing. Am 5. Juli 1945 hatte die britische Militärregierung Rudolf Amelunxen in Münster als Chef der Provinzialregierung Westfalen eingesetzt. Amelunxen nahm unverzüglich Verbindung zu antifaschistischen Politikern auf, die er noch aus seiner Weimarer Tätigkeit kannte. Zu seinen Kontaktleuten gehörte auch Severing, der das „Dritte Reich" in seiner ostwestfälischen Heimat überstanden hatte. Und Severing empfahl dem Oberpräsidenten seinen Schwiegersohn, der inzwischen Berater der Amerikaner in Berlin geworden war. Am 27. November 1945 meldete die „Neue Westfälische Zeitung", ein Blatt, das die britische Militärregierung in Oelde im Kreis Beckum herausgab, Menzel übernehme das Generalreferat Inneres in der Provinzialregierung und werde Amelunxens Stellvertreter.

Mit Menzel gewann Amelunxen einen ausgezeichneten Verfassungs- und Staatsrechtler, der sich schon bald Gedanken über den Neuaufbau des Deutschen Reiches machte. Daß an eine Restauration Preußens nicht gedacht werden konnte, war Menzel von vorneherein klar, auch wenn Preußen erst durch das Kontrollratsgesetz Nr. 46 vom 25. Februar 1947 formell aufgelöst wurde. Wie Amelunxen trat auch er für die Gründung kleinerer Länder mit jeweils fünf bis sechs Millionen Einwohnern ein; vier bis fünf sollten es in der britischen Zone sein, darunter auch ein selbständiges, um den Osnabrücker Raum arrondiertes Westfalen. Anders aber als sein Oberpräsident, der sich von dem alten westfälischen Traum nach Selbständigkeit leiten ließ, ging es Menzel vor allem um ein Gleichgewicht der Kräfte. Eine künftige deutsche Zentralregierung sollte auf keinen Fall zum Kostgänger mächtiger Länder degradiert werden. Ende Juni 1947 legte er auf dem SPD-Parteitag in Nürnberg in einem Grundsatzreferat über den „Aufbau der Deutschen Republik" ein Bekenntnis zum Unitarismus ab: „Zentrale Lenkung — einschließlich Gesetzgebung — aber dezentralisierte Verwaltung durch die Länder und Selbstverwaltungskörperschaften...".

Während Menzel und Amelunxen aus unterschiedlichen Motiven heraus 1945/46 noch über ein selbständiges Westfalen nachdachten, entschlossen sich die Briten im Sommer 1946 zur Gründung Nordrhein-Westfalens aus dem nördlichen Teil der alten preußischen Rheinprovinz und aus Westfalen. Es war schon eine List der Vernunft, daß sie dann Amelunxen und nicht dessen rheinischen Amtskollegen Robert Lehr zum ersten Ministerpräsidenten des neuen Landes ernannten. Westfälische Partikularbestrebungen wurden dadurch neutralisiert. Gegen die Entscheidung der Briten, die am 17. Juli 1946 auf einer Pressekonferenz in Berlin bekanntgegeben wurde, wandte Menzel nichts ein, obwohl er noch am gleichen Tage auf einer SPD-Konferenz für ein selbständiges Land Westfalen und ein Rheinland in der Ausdehnung der alten Rheinprovinz, also bis zum Saarland im Süden, plädiert hatte.

Als Amelunxen am 30. August 1946 der Öffentlichkeit die erste Landesregierung präsentierte, war Menzel sein Stellvertreter und Innenminister. Hartnäckig bestand Menzel auch in späteren Kabinetten auf der Funktion eines stellvertretenden Ministerpräsidenten, nicht, weil er an den damit verbundenen Repräsentationspflichten hing, sondern weil er so einen Überblick über die Tätigkeit der anderen Ministerien erhielt. Wenn, was häufiger geschah, die CDU-Fraktion im Landtag und vor allem deren Vorsitzender Konrad Adenauer ihm Ämterpatronage vorwarf, konnte er schnell mit Gegenbeispielen aus Ministerien kontern, die von der CDU geführt wurden.

In den Tagen der Regierungsbildung von 1946 lebten bereits 700 000 Flüchtlinge und Vertriebene in Nordrhein-Westfalen, betrug die Tagesration weniger als 1000

Kalorien. Es zeichnete sich ein schwerer Hungerwinter ab. Unter diesen Vorzeichen mußte der Innenminister im Schatten seiner Kabinettskollegen stehen, die sich um die brennenden täglichen Bedürfnisse der Bevölkerung zu kümmern hatten. Menzel hatte dagegen für den ,,Neubau der Verwaltung" und die Schaffung einer verfassungsrechtlichen Basis für das Land zu sorgen, und dies bis 1950, bis zum Ende der Großen Koalition. Er entwickelte in diesen Jahren zahlreiche Gesetzesinitiativen, von denen er allerdings nur einen kleineren Teil durchsetzen konnte.

Neubau der Verwaltung, das hieß zunächst die Säuberung des Verwaltungsapparates von alten Nazis. Hier verfocht Menzel einen harten Kurs, härter als die Briten, denen es vor allem um die Arbeitsfähigkeit und Kontinuität der Verwaltung ging. Menzel mißtraute der Qualität des Entnazifizierungsverfahrens. Neubau der Verwaltung meinte vor allem aber auch die Reorganisation der Verwaltung von Städten und Gemeinden. Die Britische Militärregierung hatte am 1. April 1946 die ,,Revidierte Deutsche Gemeindeordnung" eingeführt und die Verwaltung der Politik untergeordnet. Politischer Repräsentant wurde der gewählte Bürgermeister oder Landrat, während an der Spitze der Verwaltung ein besoldeter Direktor stand. Menzel strebte dagegen die sogenannte unechte Magistratsverfassung an, bei der ein aus haupt- und ehrenamtlichen Ratsherren gebildeter Magistrat die Verwaltung leitet. Mit diesen Vorschlägen scheiterte der Innenminister nicht nur im Kabinett, sondern auch im Landtag, denn zuviele Abgeordnetenkollegen aller Parteien mochten auf das Parallelmandat als Bürgermeister, Oberbürgermeister oder Landrat nicht mehr verzichten. 1950, nach dem Ende der Großen Koalition, setzte die CDU dann eine Gemeindeordnung durch, die in den wesentlichen Punkten der von den Briten eingeführten Regelung entsprach, indem sie vor allem die geteilte Spitze mit dem ehrenamtlichen politischen Repräsentanten und dem hauptberuflichen Verwaltungschef übernahm.

Eine nachträgliche Niederlage mußte Menzel auch auf einem anderen Gebiet der kommunalen Selbstverwaltung einstecken. Obwohl ,,preußischer Sozialdemokrat", war er als Innenminister für die Abschaffung der ehemaligen Provinzialverbände, von denen es in Nordrhein-Westfalen während seiner Amtszeit allerdings nur einen, und zwar den in Münster, gab. Menzel begriff sie als sinnvolle Selbstverwaltungseinrichtungen im großen Preußen, aber als zu teuer, veraltet und überflüssig im (so gesehen) relativ kleinen Nordrhein-Westfalen. Er befürchtete zudem, daß sie Zentrifugalkräfte entwickeln würden, die den Zusammenhalt des Landes gefährden konnten. Als Alternative entwickelte er den Plan, einen einzigen und außerdem faktisch staatlichen Landschaftsverband zu gründen, in dem der Landtag das parlamentarische Gremium und der Ministerpräsident den Präsidenten abgeben sollte. Dieses Denkmodell kann nur als absurd bezeichnet werden, wenn man es nicht als taktisches Manöver begreift, um die Restauration der Provinzialverbände so lange hinauszuzögern, bis eine starke und fachlich kompetente Landesverwaltung deren Überflüssigkeit bewiesen hatte. Drei Jahre nach dem Ende von Menzels Ministerzeit in Düsseldorf beschloß der Landtag 1953 die Landschaftsverbandsordnung und damit die Gründung eines rheinischen neben dem westfälischen Verband, der ohne gesetzliche Grundlage nach 1945, von den Engländern ausdrücklich bestätigt, faktisch weiterbestanden hatte.

Mehr Erfolg hatte Menzel dagegen mit der Reorganisation des Polizeiwesens, das die Briten dezentralisiert und kommunalen Ausschüssen unterstellt hatten. Menzel meinte hingegen, die Polizei müsse Ländersache sein. Damit knüpfte er wieder an Berliner Traditionen und Severings Erfahrungen an — in dem Bewußtsein, daß sich die preußische Polizei bei aller Härte, die sie oftmals im Einsatz gezeigt, stets republiktreu verhalten hatte. Schritt für Schritt straffte er also die Polizeiorganisation zugunsten des Landes und legte sich dabei manches Mal mit den Briten an. Die Früchte heimste dann allerdings der CDU-Innenminister im zweiten Kabinett Arnold, Franz Meyers, ein, als der Landtag 1953 ein Gesetz verabschiedete, durch das die Polizei in die Zuständigkeit des Landes überführt wurde.

Menzel wollte aber nicht nur eine Landespolizei, er strebte auch Polizeikompetenzen für den Bund an. Hierbei leitete ihn ebenfalls Weimarer Erfahrung, daß es außer der weitgehend antirepublikanisch eingestellten Reichswehr vor 1933 keine dem Reich unterstehende Exekutivgewalt zum Schutz gegen innere Feinde gegeben hatte. Menzel wollte für eine künftige Bundesregierung die Kompetenz, sich in Ausnahmefällen die Länderpolizeien zu unterstellen. Auch hiermit konnte er sich nicht durchsetzen, denn im Grundgesetz wird der Bundesregierung nur das Recht zugesprochen, in Sondersituationen den Ländern die Weisung zu erteilen, sich gegenseitig mit Polizeikräften auszuhelfen. Aus diesen Überlegungen heraus stimmten Menzel und die SPD 1950/51 auch für die Aufstellung des Bundesgrenzschutzes (BGS) zum Schutze der Grenzen gegen nichtmilitärische Übergriffe. Gerade Menzel war es jedoch, der sich immer wieder erbittert, aber erfolglos gegen die Militarisierung des BGS wandte.

2.

Neben dem Neubau der Verwaltung war die verfassungsrechtliche Absicherung des Landes, das seit dem 20. April 1947 ein aus demokratischen Wahlen hervorgegangenes, also nicht mehr von der Besatzungsmacht ernanntes Parlament besaß, die zweite wichtige Aufgabe des Innenministers. Die Vorarbeiten hatten schon in der Ernennungsperiode begonnen. In ein konkretes Stadium traten sie aber erst in der Zeit der Großen Koalition, die nach den Wahlen vom Frühjahr 1947 gebildet wurde. Bei den Verfassungsberatungen hatte man sich allerdings an einen von den Briten vorgegebenen Rahmen zu halten. Ihr Negativkatalog für die Bereiche, die nicht unter die Kompetenz der Länder fallen sollten, umfaßte vor allem Auswärtiges, Landesverteidigung, Zoll, Post und Eisenbahn sowie Straf- und bürgerliches Recht.

Diese Beschränkungen kamen den zentralistischen Vorstellungen Menzels entgegen. Sie halfen ihm aus dem Dilemma, in dem sich ein überzeugter Unitarist befinden mußte, wenn er die Verfassung eines Gliedstaates einer künftigen Republik zu formulieren hatte. In dem ersten Entwurf, den Menzel am 27. November 1947 im Alleingang in den Landtag einbrachte, definierte er Nordrhein-Westfalen bewußt nicht als „Staat", wie dies in den Verfassungen der Länder Hessen und Bayern geschehen war, sondern als „Land" einer künftigen „deutschen demokratischen Republik", womit natürlich nicht die heutige DDR gemeint war. Schon in der ersten Debatte kam es zu einer heftigen Kontroverse mit dem Fraktionsvorsitzenden der CDU, Adenauer, vor allem über die Schulartikel. Menzel hatte als Regelschule die christliche Gemeinschaftsschule vorgeschlagen, während Adenauer und seine Fraktion für die konfessionelle Bekenntnisschule eintraten.

Im Landtag ist der Verfassungsentwurf jedoch nicht weiter diskutiert worden. Für die Abgeordneten waren die Demontage- und Ernährungsprobleme sowie die Sozialisierung der Grundstoffindustrien wichtiger. Außerdem zeichnete sich 1948 die Gründung der Bundesrepublik ab. Die SPD hatte, Menzel folgend, schon auf ihrem Nürnberger Parteitag 1947 erklärt, eine künftige deutsche Republik dürfe kein lokkerer Staatenbund sein. Sie müsse vielmehr ein Bundesstaat mit starker Zentralgewalt werden, in dem die Länder nur durch einen schwachen Reichsrat nach Weimarer Muster vertreten sein sollten.

Dem Verfassungskonvent von Herrenchiemsee, den die Ministerpräsidenten im August 1948 einberiefen, gehörte Menzel zwar nicht an. Aber er legte ihm einen Entwurf für eine „Westdeutsche Satzung" vor, den er wenig später als ersten Entwurf für ein Grundgesetz klassifizierte. Hierbei handelte es sich nur um eine Rumpfverfassung, die den Katalog der allgemeinen Grundrechte nicht einschloß. Die gesetzgebende „Versammlung", wie er das Parlament nannte, stattete Menzel mit umfassenden Kompetenzen, zum Beispiel der uneingeschränkten Finanz- und Steuerhoheit, aus, aber auch mit Teilkompetenzen, die vor 1933 durch die Kulturhoheit der Länder abgedeckt gewesen waren. Die Länder sollten in einem nur mit geringen Rechten ausgestatteten Länderrat vertreten sein. Damit stellte der Innenminister des größten Landes der drei westlichen Besatzungszonen wesentliche Prinzipien des traditionellen Föderalismus zur Disposition.

Die „Westdeutsche Satzung" wurde auch im Parlamentarischen Rat eingebracht, der sich am 1. September 1948 in Bonn konstituierte. Menzel, seit 1946 im SPD-Parteivorstand, gehörte neben dem sozialdemokratischen Justizminister von Württemberg-Hohenzollern, Professor Carlo Schmid, dieser Versammlung als Verfassungsexperte der Sozialdemokratie an.

Wenige Wochen nach Aufnahme der Beratungen legte er einen zweiten Entwurf vor, den er mit der Partei abgestimmt hatte und nun schon „Grundgesetz" nannte. Er unterschied sich von dem ersten vor allem durch die Aufnahme des klassischen Grundrechtskatalogs, hatte also nicht mehr provisorischen Charakter, sondern trug bereits wesentliche Merkmale einer Vollverfassung. Bedenken äußerte der Düsseldorfer Innenminister zuvor gegen die Forderung der Gewerkschaften, diesen Katalog um die „unechten Grundrechte" zu erweitern, weil dies zu endlosen Verhandlungen mit der CDU/CSU führen müsse. Für Menzel spielte in diesem Zusammenhang auch das Elternrecht eine Rolle, das vom Zentrum und der CDU/CSU gefordert wurde, sowie der Schutz der Familie und Ehe. Die Christdemokraten machten sich die Forderung der katholischen Kirche, Ehe und Familie „unter den besonderen Schutz des Staates zu stellen", zu eigen. Menzel wandte dagegen ein, man könne nicht einerseits einen Eheschutzartikel in das Grundgesetz aufnehmen, andererseits jedoch die Grundrechte der sozialen Lebensordnung, wie sie die Gewerkschaften forderten, ablehnen.

Mit seinem Einwand unterlag er schließlich. Dagegen war Menzel mit seinem Widerstand gegen das Elternrecht, für das vor allem das Zentrum eintrat, teilweise erfolgreich. Obwohl er eine Neuauflage des „Kulturkampfes" durch die Kirchen fürchtete, wenn den Eltern nicht das Recht zur Bestimmung des religiös-weltanschaulichen Charakters der Schulen eingeräumt werde, wandte er sich wiederum mit der Begründung, dann müsse man auch die Prinzipien der sozialen Ordnung in der Verfassung verankern, gegen das Elternrecht. In Verhandlungen mit Adenauer erzielten Menzel und Schmid einen Kompromiß. Der Vorsitzende der CDU in der Britischen Zone verzichtete für seine Partei auf das Elternrecht nicht zuletzt deshalb, weil er daraus einen Wahlkampfschlager machen wollte, wie er bereits Ende Februar 1949 vor dem Zonenausschuß der CDU zu erkennen gegeben hatte. Dafür setzten Adenauer und die CDU aber die Familienschutzbestimmungen und die weitere Gültigkeit des Reichskonkordats vom Sommer 1933 zwischen dem Heiligen Stuhl und dem Deutschen Reich durch, das in den Bonner Verhandlungen gleichfalls umstritten war.

In seinem zweiten Grundgesetzentwurf hatte Menzel die Gesetzgebung in die ausschließliche Kompetenz des Bundes und die konkurrierende des Bundes oder der Länder aufgeteilt. Während starke Kräfte in der CDU/CSU-Fraktion des Parlamentarischen Rates eine Schwächung des Bundes zu Lasten der Länder befürworteten, beharrten Menzel und seine Parteifreunde hartnäckig auf ihren zentralistischen Vorstellungen. Der Streit entzündete sich vor allem an der Steuerverteilung zwischen Bund und Ländern und an der Bundesfinanzverwaltung, die insbesondere die Sozialdemokraten verlangten. Um ihn beizulegen, setzten die großen Parteien den interfraktionellen „Fünfer-Ausschuß" ein, der schließlich auch einen Kompromiß fand und sich für ein Nebeneinander von Länder- und Bundesfinanzverwaltung und einen Finanzausgleich entschied. Menzel hatte in der Finanzhoheit ein wirkungsvolles Mittel des Bundeszwanges gesehen, also die Möglichkeit, Bundesländer, die sich gegen die Ausführung von Gesetzen sträubten, willfährig zu machen. Als der Kompromiß erzielt worden war, erklärte er im Nordwestdeutschen Rundfunk: „Von Anbeginn der Verhandlungen an enthielt das Kapitel über die Finanzen die am meisten und am zähesten umkämpften Probleme. Gewiß spielen dabei die Fragen eines möglichst billigen und in seiner Arbeit am besten wirksam werdenden Verwaltungsapparates eine Rolle, aber entscheidend war die Erkenntnis, daß die wirkliche Machtverteilung zwischen Bund und Ländern sich danach richten wird, wer die Steuern festsetzt, wer sie einzieht und wer sie verteilt... Da durch die innerdeutschen Verhältnisse und durch äußere Einwirkung die Wiederherstellung der alten, durch Erzberger aufgebauten Reichsfinanzverwaltung nicht durchzusetzen war, versuchte die Sozialdemokratie die insoweit auf dem Gebiet der Finanzverwaltung verloren gegangene Macht wieder auszugleichen, daß der Bund — mehr als bisher vorgesehen war — mit größeren Steuermitteln ausgestattet wurde... Die hierdurch dem Bund zufließenden größeren Mittel werden nicht nur eigentlichen Bundeszwecken, sondern auch dazu dienen, leistungsschwache und durch die Kriegsfolgen, vor allem die Flüchtlingslasten notleidend gewordenen Länder zu unterstützen...".

3.

Die Mitglieder des Parlamentarischen Rates hatten die Rechnung jedoch zunächst ohne die Alliierten gemacht. Im Schlußdokument der Londoner Sechs-Mächte-Konferenz vom Sommer 1948 war noch auf genaue Richtlinien für die Ausgestaltung einer westdeutschen Verfassung verzichtet woren, um die Verfassungsväter nicht in die Ecke von Erfüllungspolitikern zu drängen. Die Alliierten hatten lediglich bestimmt, eine westdeutsche Satzung müsse in höchstem Maße föderalistisch sein. Doch schon im November übermittelten sie dem Parlamentarischen Rat ein ganzes Bündel neuer Direktiven. Auch der im Fünfer-Ausschuß ausgehandelte Kompromiß, der für Menzel und seine Fraktionskollegen sowie den SPD-Vorstand unter Kurt Schumacher das Äußerste an Entgegenkommen gegenüber föderalistischen Vorstellungen war, genügte ihnen nicht. Sie intervenierten daher Anfang März 1949 erneut und beschworen damit eine Krise im Parlamentarischen Rat herauf, denn die SPD war zu keinen weiteren Kompromissen mehr bereit. Sie war im Gegenteil sogar geneigt, die Verhandlungen scheitern zu lassen. Nur dank dieser unnachgiebigen Haltung der SPD, an der Menzel wesentlich beteiligt war, lenkten die Militärgouverneure dann doch noch ein.

Schon zuvor hatte Menzel in unmittelbarem Kontakt zu dem bayerischen Ministerpräsidenten Hans Ehard (CSU) erreicht, daß eine wichtige föderalistische Komponente im Grundgesetz nicht zu stark wurde: die Ländervertretung, der Bundesrat. Die CDU/CSU wollte ursprünglich eine dem Bundestag gleichberechtigte Länderkammer mit eigenem, dem Bundestag gleichwertigen Gesetzgebungsrecht. Die SPD dagegen strebte einen Senat an, dem lediglich Vetorechte übertragen werden sollten, und die Freien Demokraten waren für eine Mischform aus beiden. Im November

1948 trafen sich Ehard und Menzel, der für seine Partei die Organisationsfragen des Bundes bearbeitete, in München und handelten einen Kompromiß aus, der im wesentlichen den heute noch geltenden Verfassungsartikeln über den Bundesrat entsprach: die SPD ließ den Senat fallen und akzeptierte den von Ehard vorgeschlagenen Bundesrat. Dafür war Bayern damit einverstanden, die Mitwirkung des Bundesrates auf ein Vetorecht zu beschränken; beim Finanzausgleich und der Kompetenzverteilung zwischen Bund und Ländern sollten beide Kammern gleichberechtigt sein. Durch diesen Kompromiß wurden die weitergehenden Vorstellungen der CDU für den Bundesrat hinfällig. Menzel, der immer befürchtet hatte, eine von den Länderparlamenten direkt gewählte Zweite Kammer, wie sie die CDU gewollt hatte, könne schnell ein Übergewicht gewinnen, erzielte damit einen wichtigen Erfolg.

Am 8. Mai 1949 konnte dann ein Grundgesetz verabschiedet werden, daß zwischen Föderalismus und Unitarismus einigermaßen die Balance hält. Die Sozialdemokraten um Menzel und Schmid stimmten ihm zwar einmütig, aber nicht vorbehaltlos zu, wie Menzel bereits eineinhalb Wochen zuvor im NWDR zu erkennen gegeben hatte: ,,Manche Hörer werden sich vielleicht noch daran erinnern, daß eine der ersten Drucksachen des Parlamentarischen Rates in einer von der sozialdemokratischen Fraktion vorgelegten ,Westdeutschen Satzung' bestand, die sich absichtlich nur auf den verwaltungsmäßigen Aufbau Westdeutschlands beschränkte und mit Rücksicht auf eine möglichst schnelle Konsolidierung unserer politischen und wirtschaftlichen Entwicklung auf die Lösung aller sonstigen, außerhalb des rein Administrativen liegenden Probleme verzichtete — verzichtete nicht etwa deshalb, weil die SPD diese Fragen nicht für wichtig hielte, sondern weil sie glaubte, daß die Abgeordneten des Parlamentarischen Rates — weil sie nicht unmittelbar vom Volke gewählt waren — nicht die genügende Legitimation zur Entscheidung solcher Fragen hatten und weil sie es ferner für unmöglich hielt, unter Zeitnot Probleme zu lösen, über die sich das deutsche Volk in Jahrzehnten nicht hatte einigen können. Bonn hat diese weise Selbstbeschränkung leider nicht gezeigt. Die Entwicklung lief auf die Verabschiedung einer Vollverfassung hinaus".

Auch an der Entscheidung über den Sitz der Bundesorgane war Menzel nicht unbeteiligt. Nach den jüngst veröffentlichten Recherchen des Bonner Korrespondenten der ,,Süddeutschen Zeitung", Klaus Dreher, hat der sonst so überaus korrekte Politiker dabei sogar wohl eine etwas zwielichtige Rolle gespielt. Schon für den Tagungsort des Parlamentarischen Rates waren von den Ministerpräsidenten der Länder mehrere Städte in die engere Wahl gezogen worden, so Karlsruhe, Celle und Frankfurt am Main. Menzel machte sich dafür stark, die Landeshauptstadt Düsseldorf vorzuschlagen. Der Chef der Landeskanzlei, Hermann Wandersleb, brachte dagegen aus praktischen Gründen Bonn ins Gespräch. Nach längerem Tauziehen zwischen Bonn und Franfurt wurde dann die rheinische Universitätsstadt Tagungsort des Parlamentarischen Rates. Frankfurt machte sich aber begründete Hoffnungen, nach diesem Durchgangsstadium Hauptstadt des künftigen westdeutschen Bundesstaates zu werden. Vor allem die sozialdemokratische Parteispitze um Kurt Schumacher, der selbst der Verfassungsgebenden Versammlung nicht angehörte, setzte sich für die ehemalige Freie Reichsstadt ein.

Menzel befand sich damit in einer schwierigen Lage. Inzwischen hatte Nordrhein-Westfalen auch mit seiner Zustimmung nicht unbeträchtliche Mittel in den Ausbau Bonns als Tagungsort des Parlamentarischen Rates gesteckt in der Hoffnung, die Stadt werde dann auch Metropole des Bundes. Den Innenminister leitete die Überlegung, eine Entscheidung für Frankfurt würde etwas Endgültiges haben, während der Zuschlag für Bonn den provisorischen Charakter der Bundesrepublik unterstreiche.

Dennoch konnte er aus Gründen der Loyalität nicht offen gegen das Votum der Parteispitze antreten. Wenige Tage vor der Entscheidung im Parlamentarischen Rat, die am 10. Mai 1949 erfolgte, neigte sich die Waage zugunsten Frankfurts, denn eine Reihe von CSU-Abgeordneten waren gegen Bonn. Auf einer Vorstandssitzung seiner Partei in Köln nahm Kurt Schumacher Stellung. Einer der Teilnehmer dieser Sitzung informierte eine Korrespondentin der DENA, der Nachrichtenagentur für die amerikanische Besatzungszone. Sie war Mitglied der SPD, jedoch mit einem Journalisten verheiratet, der der CDU angehörte und als Intimus von Adenauer galt. Die Agenturkorrespondentin formulierte aufgrund der ihr zugegangenen Informationen eine Meldung, die von ihrem Mann und einem anderen der CDU nahestehenden Journalisten erheblich verschärft und auf dem Fernschreiber geschrieben, aber nicht abgesetzt wurde. In dem Text hieß es, Schumacher habe erklärt, die Wahl Frankfurts bedeute eine Niederlage der CDU/CSU. Diese Blindmeldung wurde Adenauer zugespielt, der sie in einer Fraktionssitzung verlas und damit auch diejenigen Ratsmitglieder der CDU/CSU auf seine Linie zwang, die ursprünglich für Frankfurt hatten votieren wollen. So unterlag die SPD am 10. Mai in geheimer Abstimmung. Bonn wurde Bundessitz. Menzel hat es zwar bestritten, doch spricht einiges dafür, daß er es war, der die Informationen aus der SPD-Vorstandssitzung weitergegeben hat. Dreher folgert, nur Menzel könne ein Interesse an der Indiskretion aus dem SPD-Vorstand gehabt haben, weil er sich im Gegensatz zu diesem für Bonn einsetzte, wie übrigens auch der DGB-Vorsitzende Hans Böckler und Teile der nordrhein-westfälischen SPD. Die Sozialdemokraten machten die Frage des Bundessitzes zwar zu einem ihrer Themen im Wahlkampf für den ersten Bundestag, konnten sich jedoch gegen die CDU/CSU nicht durchsetzen. Die Unionsparteien behaupteten sich am 14. August mit 31 Prozent der Stimmen und 139 Sitzen knapp gegenüber der SPD, die es auf 29,2 Prozent der Stimmen und 131 Sitze brachte. Am 3. November 1949 entschied der erste Bundestag dann endgültig gegen die Stimmen der SPD, daß Frankfurt nicht Bundessitz wurde. Damit blieb es bei Bonn.

4.

Konstituiert wurde die Bundesrepublik wenige Wochen nach der Wahl des ersten Bundestages vom 14. August 1949 mit dem ersten Zusammentreten von Bundestag und Bundesrat am 7. September 1949. Menzel war über die Landesliste Nordrhein-Westfalen Abgeordneter des Bundestages geworden. Noch im September nahm man in Düsseldorf die Beratungen über eine Landesverfassung wieder auf, ohne daß sich das Kabinett indessen auf einen einheitlichen Entwurf hätte einigen können. Zwischen Arnold und seinem Innenminister waren vor allem die Schulprobleme umstritten, aber auch die Frage, ob Nordrhein-Westfalen ähnlich wie Bayern einen Staatsrat und damit eine zweite Kammer bekommen sollte. Dies widersprach allen Prinzipien sozialdemokratischer Politik; Menzel hatte zweite Länderkammern bereits 1947 auf dem Nürnberger SPD-Parteitag abgelehnt. Arnolds Konzept mußte auch deshalb bei ihm auf Ablehnung stoßen, weil der Ministerpräsident den Staatsrat nicht wie den bayerischen ständisch konzipiert, sondern die Wahl durch die Landschaftsverbände vorgesehen hatte, die Menzel wiederum kategorisch ablehnte.

Wegen dieser Meinungsverschiedenheiten präsentierte das Kabinett dem Landtag am 14. Dezember 1949 einen Verfassungsentwurf, der zu wichtigen Punkten Minderheits- und Mehrheitsvoten enthielt. In den insgesamt 22 Sitzungen des Verfassungsausschusses konnten die Sozialdemokraten zwar den Staatsrat zu Fall bringen, doch lehnten sie am Ende den Entwurf wegen der von der CDU-Zentrums-Mehrheit kompromißlos durchgesetzten Schulartikel im ganzen ab. In ihnen wurde die konfessionelle Schule und Lehrerausbildung und damit letztlich auch die Beibehaltung von Zwergschulen zum Verfassungsprinzip erhoben. Erst unter der sozialliberalen Regierung Kühn/Weyer konnte der Artikel 112 der Landesverfassung anderthalb Jahrzehnte später mit Zustimmung eines großen Teils der CDU so geändert werden, daß die christliche Gemeinschaftsschule eine Vorrangstellung erhielt, die konfessionelle Bekenntnisschule aber und damit auch die Zwergschule in den Hintergrund rückte.

In einem anderen Punkte hatten Menzel und die Sozialdemokraten im Landtag dagegen 1950 Erfolg. Schon bei den Beratungen des Grundgesetzes war er für plebiszitäre Komponenten in der Verfassung eingetreten, hatte sich aber nicht durchgesetzt. Seine beiden Entwürfe für ein Grundgesetz sahen Volksentscheid und Volksbegehren für alle Bereiche vor, in denen eine Gesetzgebungsgewalt des Bundes bestand, mit Ausnahme der Finanzgesetzgebung und des Besoldungswesens. Ein Zehntel der Wahlberechtigten sollte ein Volksbegehren einleiten können. Menzel und seine Parteifreunde stießen dabei auf den Widerstand von CDU/CSU und FDP, die daran erinnerten, daß es in der Weimarer Republik fast kein Jahr gegeben hatte, in dem nicht im Reich oder einem der Länder ein Plebiszit stattfand. Die Mehrheit des Parlamentarischen Rates mißtraute der politischen Vernunft der Bevölkerung. Volksbegehren und -entscheide wurden im Grundgesetz nur für die Neuordnung der Länder zugelassen. Da der Verfassungsauftrag der Neuabgrenzung der Länder durch Gesetzänderung inzwischen allerdings zu einer Kann-Vorschrift reduziert worden ist, wird es auf Bundesebene kaum noch zu Plebisziten kommen.

Anders dagegen in Nordrhein-Westfalen, das mit dem Volksbegehren gegen die Einführung der Kooperativen Schule 1978 ein erfolgreiches Plebiszit erlebte. Die CDU hatte überhaupt keine plebiszitäre Kompenente in die Landesverfassung aufnehmen wollen. Im Arnold-Entwurf hieß es lediglich, die Staatsgewalt gehe vom Volke aus. Menzels Entwurf enthielt dagegen die weitergehende Formulierung: das Volk „bekundet seinen Willen durch Wahl, Volksbegehren und Volksentscheid". Nach Arnold sollte nur die Landesregierung einen Volksentscheid einleiten können, und zwar dann, wenn der Landtag ein von ihr eingebrachtes Gesetz ablehnte. Dabei sollte die einfache Mehrheit der abgegebenen Stimmen genügen, um dem Regierungsentwurf doch noch über die Hürden zu helfen. In einem solchen Fall sollte der Regierung dann auch noch das Recht eingeräumt werden, das Parlament aufzulösen; ein nicht unbeträchtlicher und äußerst bedenklicher Machtzuwachs für eine parlamentarisch unterlegene Exekutive. In den Beratungen des Verfassungsausschusses setzten sich Menzel und seine Parteifreunde jedoch durch. Volksbegehren und -entscheid wurden für alle Bereiche zugelassen, die der Regelungskompetenz des Landes unterliegen. Ausgenommen sind nur Steuer- und Besoldungsfragen, um dem agitatorischen Mißbrauch dieser Verfassungsinstitute keinen Raum zu geben. Menzel kam allerdings nicht mit seiner Forderung durch, die Mindestbeteiligung für ein erfolgreiches Plebiszit auf ein Zehntel der Wahlberechtigten festzusetzen. Der Verfassungsausschuß akzeptierte nur ein Quorum von zwanzig Prozent oder einem Fünftel der Wahlberechtigten.

Weil sie, wie gesagt, bei den Schulartikeln in der Minderheit geblieben waren, lehnten Menzel und die Sozialdemokraten bei der Schlußabstimmung im Landtag am 6. Juni 1950 die Landesverfassung ab. Vierzehn Tage später folgten die Landtagswahlen, die mit einer Volksabstimmung über die Verfassung gekoppelt waren. Aus den Wahlen ging die CDU zwar als Sieger hervor (und auch die Verfassung wurde angenommen), doch fehlte Arnold die Mehrheit, um ohne Partner eine neue Regierung bilden zu können. Bundeskanzler Adenauer setzte durch, daß seine Regierung im größten Bundesland Flankenschutz erhielt und die SPD – wie im Bund – auch in Nordrhein-Westfalen in die Opposition gedrängt wurde. Im Herbst 1950 bildete Arnold eine Minikoalition mit dem Zentrum. Die Zeit des Innenministers Walter Menzel in Düsseldorf war damit vorbei. Allerdings blieb er noch bis 1954 Mitglied des Landtages, trat jedoch nicht mehr besonders hervor.

5.

Im Bundestag wurde Menzel 1951 Vorsitzender des Verfassungsausschusses und leistete von 1952 an als parlamentarischer Geschäftsführer der SPD Kärrnerarbeit. Er stritt für die SPD in den Wiederbewaffnungsdebatten, gegen die personelle Verstärkung des Bundesgrenzschutzes, gegen die von Adenauer angestrebte Einführung des Mehrheitswahlrechtes und die von der Bundesregierung 1959 geplante Notstandsgesetzgebung. Nur selten gelang ihm dabei allerdings eine mitreißende Rede. Die großen politischen Perspektiven waren nicht die Sache des fleißigen, nüchternen Mannes, eher schon Paragraphen, juristische Ableitungen oder historische Bezüge. So blieb er im Schattten seiner Fraktionskollegen Erich Ollenhauer, Fritz Erler, Herbert Wehner, Carlo Schmid oder auch Wilhelm Mellies und Karl Mommer, und es ist nicht ohne Belang, daß ihm im SPD-Pressedienst nach seinem Tode 1963 ein Nachruf von ganzen 38 Schreibmaschinenzeilen gewidmet wurde, der über die Charakterisierung ,,aufrecht, still, bescheiden, überzeugter Demokrat" nicht hinauskam. Dies mag auch daran gelegen haben, daß der etwas introvertierte Intellektuelle Menzel bei aller Achtung, die man ihm in der Fraktion entgegenbrachte, jeder Kumpanei abhold war und nur wenige Freundschaften eingegangen ist. In seinem Nachlaß fehlen Schreiben persönlichen Inhalts fast völlig.

1957 stellte sich Menzel an die Spitze der Anti-Atom-Bewegung, die von der SPD und den Gewerkschaften ins Leben gerufen worden war. Er wurde Vorsitzender des Ausschusses ,,Kampf dem Atomtod", der sich bundesweit gegen die atomare Aufrüstung wandte und starken Widerhall sowohl bei Studenten und Intellektuellen als auch in der Gewerkschaftsbewegung fand. Seine Stellvertreter in diesem Ausschuß waren der Freidemokrat Ewald Bucher, später Bundesjustizminister, und Georg Reuter vom DGB-Bundesvorstand. Aus dem Jahre 1958 stammen dann Überlegungen zu einer ,,Charta der Hoffnung", in der Menzel — ähnlich wie der polnische Außenminister Adam Rapacki und in Übereinstimmung mit seiner Partei — atomwaffenfreie Zonen und die Vernichtung atomarer Kampfmittel forderte. Auf dem Höhepunkt der Antiatomkampagne kam es zu spontanen Arbeitsniederlegungen und Massenkundgebungen mit bis zu 100 000 Teilnehmern.

Die Sozialdemokratie hatte den Kampf gegen die Atomwaffen zu einem zentralen Punkt ihrer Argumentation im Bundestagswahlkampf 1957 gemacht, den Adenauer mit der perfiden Parole führte, ein Sieg der SPD bedeute den Untergang Deutschlands. Die Wahlen endeten für die SPD aber mit einem Desaster: zum erstenmal errang die CDU/CSU die absolute Mehrheit. Auch bei den Landtagswahlen in Nordrhein-Westfalen am 6. Juli 1958 schnitten die Sozialdemokraten relativ schlecht ab. Die SPD konnte zwar fast eine dreiviertel Million Stimmen hinzugewinnen, mußte aber hinnehmen, daß auch hier die CDU die absolute Mehrheit errang.

Diese Schocks führten bei der SPD zu grundlegenden Wandlungen. 1959 wurde das Godesberger Programm verabschiedet; die Partei definierte sich nun als Volkspartei und rückte bald auch vom glücklosen Parteivorsitzenden Erich Ollenhauer ab. Willy Brandt wurde als Kanzlerkandidat auf den Schild gehoben und sprach im November 1960 auf dem Parteitag in Hannover ein bedingtes Ja zur atomaren Bewaffnung. Für eine ,,Anti-Atom-Bewegung" war da nicht mehr viel Platz. 1961 distanzierte sich auch der Parteivorsitzende Ollenhauer von den Ostermärschen, weil von den Initiatoren eine einseitige Atomabrüstung des Westens propagiert werde. Hinzu kam, daß die ,,Anti-Atom-Kampagne" inzwischen als zunehmend kommunistisch unterwandert galt und auch bei den Gewerkschaften an Sympathien verloren hatte. Menzel, der den Wandel nicht so rasch nachvollziehen konnte, geriet langsam ins Abseits. Im Zusammenhang mit der Atom-Kampagne schrieb bereits im August 1960 das ,,Spandauer Volksblatt", eine kleine sozialdemokratische Zeitung in Berlin: ,,Dr. Menzel sitzt auf einem Hochseeschlepper, der nur noch für parteieigene Hafenrundfahrten geeignet ist. Er fährt im Kreise, weil die Parteilinie sich inzwischen änderte und er die Abfahrt verpaßte. Dabei ist er ein leidenschaftlicher Politiker . . ."

Menzel selbst, der nie über eine Hausmacht in der SPD verfügt hatte, schrieb im September 1962 an einen Freund: ,,Die Politik ist in vielen Dingen andere Wege gegangen, als wir uns es seinerzeit bei der Gründung des Ausschusses ,Kampf dem Atomtod' vorgestellt hatten. Das gilt von den USA, Rußland und auch der eigenen Partei. Ich habe mich daher entschlossen, die Politik im allgemeinen Sinne nur noch vom Rande her zu beobachten. Es ist eine neue Generation, die sie verantworten muß und auch sicherlich verantworten kann. Damit müssen wir uns abfinden, und nicht nur die Jahresdifferenz entscheidet hier. Uns bleibt nichts anderes übrig als zu versuchen, sie wenigstens zu verstehen. Ob der Verstand dann immer mit kann, muß sich herausstellen . . ."

Vor den Bundestagswahlen 1961 verzichtete Menzel auf seinen Wahlkreis in Dortmund, rückte aber über die Landesliste noch einmal in das Bonner Parlament ein. Er starb am 24. September 1963 in Alter von 62 Jahren in Bad Harzburg.

Benutzt wurden vor allem der Nachlaß Menzel im Archiv der sozialen Demokratie Bonn-Bad Godesberg sowie die Protokolle der Verhandlungen des Parlamentarischen Rates, des Bundestages und des Landtages; außerdem die Protokolle der SPD-Parteitage. Literatur: Klaus Günther, Walter Menzel, in: Zwischen Ruhrkampf und Wiederaufbau, Beiträge zur neueren Landesgeschichte, Bd. 5, hrsgb. v. W. Först (Köln u. Berlin 1972); Klaus Dreher, Ein Kampf um Bonn (München 1979); Volker Otto, Das Staatsverständnis des Parlamentarischen Rates (Düsseldorf 1971).

„Acht Männer und eine Frau" hieß im Untertitel das „Kleine Panoptikum", das Rudolf Amelunxen 1957 veröffentlichte. Die Frau war Christine Teusch (1888-1968). Von Arnold 1947 gegen den hinhaltenden Widerstand Adenauers als Kultusminister ins Kabinett geholt, blieb sie lange die einzige Frau auf der Liste der Düsseldorfer Landesminister. Echte Kölnerin wie Adenauer, ist sie nicht nur wegen der gleichen Herkunft, sondern auch wegen der gleichen Konfession und der gleichen Partei wie dieser in der breiten Öffentlichkeit meist rheinisch-katholisch-konservativer gesehen worden, als sie war. Ihre sozialpädagogischen Prinzipien stammten noch aus der Zeit des Ersten Weltkriegs, in der sie in der Rüstungsindustrie des Ruhrgebiets Frauen und Mädchen betreute. Daraus ergab sich die Übernahme des Frauensekretariats der christlichen Gewerkschaften und indirekt auch das Zentrumsmandat in der Weimarer Nationalversammlung und dem Reichstag, dem sie bis 1933 angehörte. Als Kultusminister war sie für ihre Zeit fortschrittlicher, als die Zeitgenossen zumeist wußten.

Rudolf Morsey

CHRISTINE TEUSCH

Rudolf Morsey

Die junge Geschichte der Demokratie in Deutschland kennt nur wenige Frauen, die führende Stellungen in Staat und Gesellschaft erreicht und auf Grund ihrer Persönlichkeit und Leistung überregionale Bedeutung erlangt haben. Erst seit 1919 konnten Frauen wählen und als Abgeordnete in die Parlamente gewählt werden, erst nach 1945 gelangten sie auch an die Spitze von Ministerien. Aber noch 1947 bedeutete die Ernennung des ersten weiblichen Staatsministers in Deutschland, noch dazu als Ressortchef des Kultusministeriums im neuen Lande Nordrhein-Westfalen, eine Sensation. Als Christine Teusch 1954 aus ihrem Amt ausschied, war ihr Name weithin bekannt. Seitdem ist er untrennbar mit dem Wiederaufbau von Schule, Wissenschaft und kulturellem Leben in Nordrhein-Westfalen nach den geistigen und materiellen Zerstörungen des Zweiten Weltkriegs verbunden. Die siebenjährige Tätigkeit in zwei Kabinetten des Ministerpräsidenten Karl Arnold bildete den Höhepunkt ihres politischen Wirkens.

Sie brachte dafür reiche parlamentarische Erfahrungen aus der Zeit der Weimarer Republik mit, die sie allerdings vornehmlich auf sozialpolitischem Gebiet gewonnen hatte. Dabei war und blieb die Stadt Köln Ausgangspunkt ihrer früheren wie der späteren politischen Arbeit und Karriere.

1.

Christine Teusch entstammte einer angesehenen katholischen Kaufmannsfamilie. Geboren wurde sie am 11. Oktober 1888 in Köln-Ehrenfeld zusammen mit ihrer Zwillingsschwester Käthe. Die beiden Schwestern blieben unverheiratet und hingen sehr aneinander. Sie wurden beide Lehrerinnen und führten einen gemeinsamen Haushalt. Ein fünf Jahre jüngerer Bruder studierte Medizin und wurde Arzt in Freiburg. Der Vater kam 1902 bei einem Brandunglück in Paris ums Leben, so daß die weitere Erziehung der Kinder in der Hand der Mutter lag. Vom religiösen Leben und dem politischen Klima im Elternhaus, aber auch von der geistigen Atmosphäre und dem schulischen Werdegang der Kinder ist wenig bekannt, da Christine Teusch keine Memoiren hinterlassen hat. Immerhin steht soviel fest, daß sie als politisches Erbteil der Familie die antipreußische Stimmung der katholischen Rheinländer übernahm, die noch aus der Zeit des Kulturkampfes stammte.

Das ergibt sich schon aus ihrem späteren Werdegang. Bekenntnistreue Katholiken in den preußischen Westprovinzen wurden damals in die 1870 gegründete Zentrumspartei hineingeboren, wie man später scherzhaft sagte. Christine Teusch erhielt eine sorgfältige Schulbildung, zunächst im Lyzeum der Schwestern vom armen Kinde Jesu im Kölner Stadtteil Ehrenfeld, anschließend in der Königin Luise-Schule. 1910 legte sie das höhere Lehrerinnen-Examen ab.Ihre schriftliche Arbeit galt dem fremdsprachlichen Anfangsunterricht. Im Schuldienst war sie jedoch nur sieben Jahre lang, von 1910 bis 1917, davon die ersten drei Jahre als Oberlehrerin am Lyzeum Marienberg in Neuß, dann in Köln. 1913 absolvierte sie in Koblenz die Rektorprüfung. Die Tatsache, daß die junge Lehrerin von 1915 bis 1917 den mitgliederstarken Katholischen Lehrerinnenverein in Köln leitete, spricht für frühe Einsicht in die Notwendigkeit organisierter Verbandsarbeit, aber auch für ein früh ausgeprägtes Bestreben, ,,nach draußen" zu wirken.

Der Verlauf des Ersten Weltkriegs gab der beruflichen Entwicklung der Kölner Lehrerin eine andere Richtung. Später, in einem Rundfunkgespräch aus Anlaß ihres 75. Geburtstags, erklärte sie rückblickend, der ,,soziale Impetus auch im Pädagogischen" sei bei ihr früh in Erscheinung getreten: ,,Und dadurch kam ich ganz von selbst im Ersten Weltkrieg – 1917 im August – in eine Dienstverpflichtung hinein, wie man es damals schon nannte."

Es war die Leitung einer Frauenarbeitsnebenstelle in Essen, die Frau Teusch nach Beurlaubung aus dem Schuldienst in der Kriegsverwaltung des 7. Armeekommandos übernahm. Militärischem Reglement entsprechend erhielt sie einen Offiziersrang, jedoch (wie sie später nicht vergaß hinzuzufügen) ,,Gott sei Dank keine Uniform". Ihre Aufgabe bestand darin, 50 000 Arbeiterinnen in der Rüstungsindustrie zu betreuen. Bei dieser sozialpädagogischen Tätigkeit wurde sie von der materiellen und sittlichen Notlage der arbeitenden Frauen und Mädchen tief beeindruckt. Daraus leitete sie die Notwendigkeit einer intensiven Frauenfürsorge ab, und zwar sowohl zur Verbesserung der wirtschaftlichen Situation als auch im Sinne einer besseren geistigen Ausbildung und Betreuung.

Schon wenige Monate später bot ihr der Vorsitzende der interkonfessionellen Christlichen Gewerkschaften, Adam Stegerwald, an, für den Gesamtverband dieser Gewerkschaften ein Frauendezernat einzurichten und es zu leiten. Am 1. April 1918 trat Christine Teusch in Köln ihr Amt als Verbandssekretärin an. Ihre Aufgabe bestand darin, Arbeiterinnen zu betreuen, Tagungen zu organisieren, einschlägige Zeitschriften und Publikationen zu redigieren und herauszugeben, außerdem Beziehungen zu anderen Frauenverbänden zu knüpfen. Auf diese Weise kam sie rasch in Kontakt mit Gewerkschafts- und Zentrumspolitikern und erlebte mit wachem politischen Bewußtsein das Ende des Kaiserreichs und die ,,Rätediktatur" im Winter 1918/19.

Christine Teusch zählte zu den wenigen Frauen des politischen Katholizismus, die geeignet und auch bereit waren, im neuen demokratischen Volksstaat ein parlamentarisches Mandat zu übernehmen. Die Zentrumspartei nominierte sie für die Wahl zur Deutschen Nationalversammlung am 19. Januar 1919 im Wahlkreis Köln-Aachen gleich hinter dem Parteivorsitzenden, ihrem Kölner Landsmann Carl Trimborn. Die Wahlpropaganda der politischen Gegner warnte vergeblich vor beiden mit dem Satz: ,,Wählt nur nicht Trimborn und Teusch, fromm und keusch". Mit ihren 31 Jahren war die Kölner Gewerkschaftssekretärin das jüngste Mitglied der Nationalversammlung, die in Weimar die Verfassung der ersten deutschen Republik ausarbeitete. Nicht nur ihrer Jugendlichkeit wegen wurde Frau Teusch auch von manchen Angehörigen ihrer eigenen Fraktion mit Zurückhaltung aufgenommen, doch vermochte sie sich bald durchzusetzen, weil sie Sachverstand bewies und unerschrocken der männlichen Übermacht entgegentrat. In ihrer ersten Rede im Plenum der Weimarer Nationalversammlung am 15. Juli 1919 – es ging um den Abschnitt der staatsbürgerlichen Rechte und Pflichten – betonte Christine Teusch die Gleichwertigkeit, aber nicht Gleichartigkeit der Geschlechter und die staatsbürgerliche Verantwortung der Frau. Als deren Aufgabe formulierte sie: ,,Mütter des Volksnachwuchses zu sein, Hüterinnen der Volkssitte, Erzieherinnen der Volksjugend, Arbeiterinnen in der Volkswirtschaft, Helferinnen in der Volkswohlfahrt, Mitträgerinnen der Volksbildung und Mitschöpferinnen der Grundlagen einer völkischen Ordnung in Gesetz und Verfassung."

Der Begriff ,,völkisch", den später die Nationalsozialisten für sich reklamierten, muß in diesem Zusammenhang im Sinne von ,,Volksgemeinschaft" verstanden werden. Die auch rhetorisch eindrucksvolle Aufzählung enthielt bereits ein Programm, das Christine Teusch am ehesten durch aktive Mitarbeit im Parlament zu verwirklichen hoffte. Sie kandidierte 1920 bei der ersten Reichstagswahl der Weimarer Republik wiederum im Wahlkreis Köln-Aachen und wurde infolge der Unterstützung durch die Christlichen Gewerkschaften mit einer besonders hohen Stimmenzahl gewählt. Seit 1925 war sie Schriftführerin und damit Mitglied des Reichstagspräsidiums.

2.

Mit der Übernahme des ersten Berliner Mandats im Sommer 1920 gab sie ihre Kölner Arbeit als Verbandssekretärin auf. Auch Konrad Adenauer vermochte sie nicht dazu zu bewegen, wieder in den Schuldienst zurückzukehren. 1922 bot ihr der Kölner Oberbürgermeister an, die Leitung einer Schule in ihrer Heimatstadt zu übernehmen, sechs Jahre später lockte er mit der größeren Aufgabe, in Köln Schulrätin zu werden. Aber sie lehnte beide Male ab. 1922 lautete ihre Antwort an Adenauer: „Sie wissen, daß ich durch mein Reichstagsmandat mit der politischen Arbeit, insbesondere mit dem für unsere Volksentwicklung so bedeutsamen Sachgebiet eng verwachsen bin und darin meine volle Kraft eingesetzt habe."

Dieses Sachgebiet war die Sozialpolitik. In sie hatte sich Christine Teusch so rasch eingearbeitet, daß sie bald zu den sozialpolitisch profilierten Mitgliedern des Reichstags zählte. Sie stand damit an der Seite so bedeutender Fraktionskollegen wie Adam Stegerwald, ihrem früheren Chef bei den Christlichen Gewerkschaften, und Heinrich Brauns, dem Reichsarbeitsminister von 1920 bis 1928. Aus der gemeinsamen politischen Arbeit entstand eine lebenslange und (wie Frau Teusch rückblickend formulierte) „ganz innige und tiefe Freundschaft" mit der sozialdemokratischen Abgeordneten Louise Schröder, die später, nach dem Zweiten Weltkrieg und teilweise während der Berliner Blockade, Oberbürgermeisterin von Berlin war.

Die Parlamentsarbeit der Kölner Zentrumsabgeordneten galt der Verbesserung des Mutterschutzes, dem Familienleben und der Berufsausbildung, der Sorge für kinderreiche Familien, sozial Schwache und Arme, gesellschaftlich zurückgebliebene oder zurückgesetzte Menschen und vor allem den Frauen. Ihr Name gehört in den Zusammenhang der sozialpolitischen Erfolge dieser Jahre, zu denen vor allem das Knappschaftsgesetz, die Weiterentwicklung der Reichsversicherungsordnung sowie das Gesetz über Arbeitsvermittlung und Arbeitslosenversicherung zählten. Daneben kümmerte sie sich auch um die Neugestaltung des pädagogischen Lebens. Sie war aktives Mitglied der Reichsschulkonferenz. Mit ihrer Fraktion zusammen drängte sie (allerdings vergeblich) auf das Zustandekommen eines Reichsschulgesetzes, um das Elternrecht zur Bestimmung des religiösen Charakters der Volksschule zu sichern.

1923 führte sie die Sorge um Schwache und Benachteiligte an die Spitze des Katholischen Mädchenschutzvereins, dessen Leitung sie in einer sonst seltenen Kontinuität über vierzig Jahre, bis 1965, behielt. Christine Teusch zählte zum sogenannten linken Flügel der Zentrumspartei, der besonders darum bemüht war, die Weimarer Republik im katholischen Volksteil zu verankern. Damit stand sie an der Seite des prominenten Fraktionskollegen und zeitweiligen Reichskanzlers Josef Wirth, den sie besonders schätzte. Da die Zentrumspartei überwiegend von Frauen gewählt wurde, kam dem Einsatz der wenigen weiblichen Abgeordneten (darunter Agnes Neuhaus und Helene Weber) besonderes Gewicht zu. 1927 hat Frau Teusch ihre Zielsetzung einmal folgendermaßen umschrieben: christliche sozialpolitische Maßnahmen bezweckten, den an „materiellen Gütern Armen Hilfe und Unterstützung zu gewähren und den im wirtschaftlichen Kampfe Schwachen Menschenwürde und Recht zu geben". Aus betont christlichem Menschen- und Staatsverständnis heraus lehnte sie soziale Revolution ab, „gleichviel für welchen Stand": „Nicht Umsturz der bestehenden Ordnung kann Heilung des kranken Erwerbs- und Wirtschafts-, Staats- und Gesellschaftslebens bringen, sondern allein die Wiederherstellung des Christentums."

Nach ihrem Verständnis entsprach „soziale Staatspolitik" zutiefst dem Wesen der Demokratie. Aber sie war sich bewußt, daß nur zähes und schrittweises Vorgehen erfolgreich sein würde. Politische Tätigkeit bedeutete für Christine Teusch angewandte Weltanschauung und damit Kampf gegen fortschreitende Säkularisierung. Durch ihre parlamentarische Arbeit suchte sie zur Sicherung der inneren und äußeren Freiheit des Menschen beizutragen. In einem Porträt aus dem Jahre 1924 wurde sie als ,,fleischgewordene Sanftmut aus dem heiligen Köln" apostrophiert, als ,,sympathische Erscheinung mit seelenvollen Augen und zarten weißen Wangen". Sie sei eine Art ,,weiblicher guter Eckart" für ihre Fraktion, in der sie auch ,,Christinchen" gerufen werde: ,,Als Rednerin ist Christinchen sehr geschätzt, in ihrer klaren und eindringlichen Art, mit ihrer hellen Stimme und ihrer dem Nichtrheinländer singend erscheinenden Sprache".

3.

Mit Beginn der Hitler-Herrschaft änderte sich der Lebensweg der damals fünfundvierzigjährigen Abgeordneten abrupt. Sie gehörte mit etwa zwölf Kollegen zu denjenigen Zentrumsparlamentariern, die sich am 23. März 1933 innerhalb der Fraktion zunächst gegen das von der Regierung Hitler verlangte ,,Ermächtigungsgesetz" aussprachen. Dann jedoch stimmte auch sie, der Mehrheit folgend, mit ihrer Fraktion für dieses Gesetz, in der Hoffnung, dadurch die Einheit der Partei erhalten und noch gewisse politische Einflußmöglichkeiten auch zum Bremsen der Entwicklung wahrnehmen zu können. Das sollte sich als Illusion erweisen.

Die zwölf Jahre nationalsozialistischer Herrschaft wurden für Christine Teusch eine Leidenszeit. Sie nahm neben ihrer Tätigkeit im Mädchenschutzverein wieder eine Stelle als Lehrerin in Köln an und schrieb auch kleinere Artikel in Kirchenzeitungen. Da sie aus ihrer Gesinnung kein Hehl machte, erlebte sie wiederholt Haussuchungen der Gestapo und blieb unter deren Beobachtung. 1934 wurde sie nach Worringen strafversetzt, aber bald wieder nach Köln zurückbeordert, wo sie erkrankte. Nach einer Kur 1936 vorzeitig in den Ruhestand versetzt, lebte Frau Teusch völlig zurückgezogen. Nach dem Attentat auf Hitler am 20. Juli 1944 übersiedelte sie mit ihrer Zwillingsschwester in das Franziskanerinnen-Krankenhaus in Neheim-Hüsten. Aber auch dort blieb sie nicht vom Zugriff der Gestapo verschont und wurde im August, wie alle früheren Zentrumspolitiker, verhaftet und bis April 1945 in ,,Schutzhaft" gehalten. Wie sie nur knapp der Ermordung entging, hat sie im Sommer 1945 ihrem späteren Fraktionskollegen im Landtag, Josef Hofmann, erzählt. Hofmann berichtet in seinen 1977 veröffentlichten Lebenserinnerungen: ,,Unter Tränen erzählte sie mir, wie sie noch in den letzten drei Tagen vor der Ankunft der Amerikaner von der Gestapo umgelegt werden sollte, wie aber der SS-Mann, der sie im Krankenhaus von Neheim-Hüsten erschießen sollte, an der Pforte des Hauses mit der Nachricht überrascht wurde, daß soeben seine Tochter schwerverletzt durch einen Granatsplitter eingeliefert worden sei. Ohne sich noch um seinen Auftrag zu kümmern, sei der SS-Mann dann in das Krankenzimmer seiner Tochter gestürzt, die noch am gleichen Tage in den Armen ihres Vaters gestorben sei."

Nach Kriegsende knüpfte Christine Teusch wie selbstverständlich an ihre frühere politische Tätigkeit an, allerdings wie die meisten ihrer ehemaligen Parteifreunde und ganz im Sinne der Kölner Zentrumstradition innerhalb der neugegründeten CDU. Sie wurde 1945 von der britischen Militärregierung in den ersten ernannten Stadtrat von Köln und in den beratenden Provinzialrat für Nordrhein berufen. 1946 gelangte sie in den Vorstand der CDU der britischen Zone und erhielt den Vorsitz in den Ausschüssen für Kultur und für Frauenfragen. Kennzeichnend für sie blieb ihr Eintreten zugunsten des 1946 durch eine Volksabstimmung erreichten Elternrechts auch dort, wo in dessen Konsequenz die Errichtung von Gemeinschaftsschulen gefordert wurde. Die Kölner CDU-Politikerin war nach wie vor von der Bedeutung religiöser Erziehung überzeugt. Sie kümmerte sich um Möglichkeiten zur Erwachsenenbildung wie um die Wiederankurbelung des künstlerischen und wissenschaftlichen Lebens in ihrer so schwer zerstörten Heimatstadt.

Ihre zweite parlamentarische Laufbahn begann im Herbst 1946 in dem von der Militärregierung ernannten provisorischen Landtag des neugeschaffenen Landes Nordrhein-Westfalen. Seit April 1947 gehörte Frau Teusch für den Wahlkreis Köln-Stadt III als CDU-Abgeordnete dem gewählten Landtag an, in dem sie den Vorsitz des kulturpolitischen Ausschusses erhielt. Damit geriet sie in einen politischen Bereich, der nicht nur zwischen CDU und SPD strittig war, obwohl beide Parteien zusammen mit Zentrum und KPD die erste Koalitionsregierung unter Karl Arnold bildeten. Auch innerhalb der Union selbst gab es verschiedene Meinungen, und zwar weniger in der Frage der Wiederherstellung von bekenntnisgebundenen Volksschulen als vor allem über die Zielsetzung und künftige Ausrichtung der höheren Schulen. Sollten diese stärker humanistisch – so die von Josef Schnippenkötter, dem Leiter der Abteilung für Höhere Schulen in Düsseldorf, vertretene Ansicht – oder neusprachlich und naturwissenschaftlich geprägt sein?

Frau Teusch geriet wegen ihrer damals sehr „fortschrittlichen" Haltung in Gegensatz nicht nur zum Philologenverband, sondern auch zu Teilen ihrer eigenen Fraktion, eingeschlossen deren Vorsitzenden Konrad Adenauer. Nicht nur deswegen war es ein mutiger Schritt von Ministerpräsident Arnold, die ihm aus gemeinsamer Arbeit in den Christlichen Gewerkschaften nahestehende Kölner Abgeordnete im Dezember 1947 zum Kultusminister zu ernennen. Adenauer hatte davor gewarnt, weil er befürchtete, daß Frau Teusch, die vorher schwer erkrankt gewesen war, den (wie er an den Kölner Beigeordneten Franz Vonessen schrieb) „mit dem Amt eines Kultusministers verbundenen starken seelischen Beanspruchungen" körperlich nicht gewachsen sein würde, so daß man „eventuell sogar mit dem Schlimmsten bei ihr rechnen müsse". Der Fraktionsvorsitzende gab sich auch dann noch nicht zufrieden, als er mit Ermächtigung von Frau Teusch Einsicht in ihr amtsärztliches Zeugnis erhalten hatte. Darin hieß es (wie sich zeigen sollte, völlig zutreffend), daß Frau Teusch „bei geregelter beruflicher Tätigkeit mit der Möglichkeit einer Mittagspause und einer konstanten Diätkost" in der Lage sei, ihre kommenden beruflichen Funktionen „vollauf auszuüben".

Erst nachdem sich die Mehrheit der Düsseldorfer CDU-Fraktion zugunsten von Christine Teusch ausgesprochen und Arnold sie daraufhin zum Kultusminister ernannt hatte, gab Adenauer nach. In einem Schreiben an sie vom 10. Dezember 1947 erläuterte er seine Haltung folgendermaßen: „Sie wissen, daß ich mich nicht dazu entschließen konnte, für Ihre Ernennung zum Kultusminister zu sein. Ich hatte zwei Gründe für diese meine Stellungnahme: Einmal die ernstliche Besorgnis um Ihren Gesundheitszustand, ferner war ich der Ansicht, daß bei der gegenwärtigen Lage der Dinge sowohl im Kultusministerium Nordrhein-Westfalen wie in den beiden Zonen es nicht wünschenswert sei, daß eine Frau das Kultusministerium Nordrhein-Westfalen führe. Die Fraktion hat in ihrer Mehrheit anders entschieden. Ich erkenne diese Entscheidung der Fraktion selbstverständlich auch innerlich an und versichere Ihnen, daß ich nach besten Kräften bemüht sein werde, Ihnen die schwere Bürde Ihres Amtes nach Möglichkeit zu erleichtern".

Das hinderte den Partei- und Fraktionsvorsitzenden jedoch nicht, die Amtsführung der Kultusministerin mit aufmerksamer und kritischer Distanz zu verfolgen. Adenauer drängte in der Folge darauf, insbesondere sozialdemokratischen Vorstellungen „auf dem Gebiet der höheren Schule" nicht nachzugeben, nachdem sich die

SPD-Abgeordneten bei den Beratungen des Grundgesetzes „kulturkämpferisch" gezeigt hätten (21. Februar 1949). Zur Wahl Adenauers als Bundeskanzler schrieb sie diesem: „Möge Ihre opferreiche Amtstätigkeit der baldigen staatlichen Zusammenführung unseres Vaterlandes, vor allem dem sozialen Ausgleich und dem Frieden in unserem Volk und mit den anderen Völkern dienen!".

Kultusminister blieb Christine Teusch durch zwei Legislaturperioden hindurch, also auch, als Karl Arnold nach den zweiten Landtagswahlen im Sommer 1950 die Große Koalition mit den Sozialdemokraten nicht erneuerte, sondern eine neue Regierung bildete, die nur von CDU und Zentrum getragen wurde. Am Beginn der siebenjährigen Amtszeit der Ministerin stand folgende respektvolle Äußerung eines SPD-Abgeordneten, und zwar nach dem ersten Auftritt des neuen weiblichen Ressortchefs im Kulturausschuß des Landtags am 7. Februar 1948: „Endlich ein Mann im Kultusministerium". Der Frau Minister kam ihre langjährige parlamentarische Erfahrung aus der Zeit vor 1933 ebenso zugute wie bald sichtbar werdende Erfolge zunächst beim äußeren Wiederaufbau der zu achtzig Prozent zerstörten Schulen und Hochschulen. Während ihrer Amtszeit vergrößerte sich der Etat des Ressorts von 240 auf über 600 Millionen DM. Christine Teusch praktizierte ein freiheitliches Verständnis des Schul- und Kulturwesens, das es gesetzlich und durch Verwaltungsvorschriften auszuformen und zu sichern galt. Ihre innerschulischen Leitbegriffe blieben, wie es in der bisher besten Würdigung ihrer Leistungen Dominica Ballof formuliert hat, das Elternrecht und der Religionsunterricht.

Ihre Arbeit bewältigte sie mit Gottvertrauen und zupackender Entscheidungsfreude, als ob sie nie etwas anderes getan hätte. Sie blieb in ihren Grundsätzen fest, innerlich und äußerlich unabhängig, unerschrocken und unermüdlich, aber auch von spontaner zupackender Hilfsbereitschaft. Der Aachener CDU-Abgeordnete Hofmann, der ihr Nachfolger als Vorsitzender des kulturpolitischen Ausschusses im Landtag wurde, urteilte 1955: „Sie ließ in ihrer vergeistigten Mütterlichkeit aus tiefer Überzeugung und aus geistiger Grundhaltung kulturpolitische Fragen nie frei im Raum schweben, sondern sah sie immer in ihrer wurzelhaften Verbindung mit allen volklichen Kräften, mit Glauben, Kirche und geschichtlichem Erbe." Dabei verband sich mit ihrer unaufdringlichen gelebten Katholizität eine Weite der Aufgeschlossenheit gegenüber Andersdenkenden und eine geistige Beweglichkeit, die es ihr gestattete, „verständigungsbereit zu sein, wo es möglich war, und kampfentschlossen zu handeln, wo es notwendig war" (J. Hofmann). Mit Kraft und Klugheit überraschte sie politische Freunde und Gegner. Im Kreis der anderen Kultusminister der Länder vermochte sich Frau Teusch rasch eine anerkannte Stellung zu verschaffen.

Sie gewann Einfluß auf die Formulierung der kultur- und kirchenpolitischen Artikel der Landesverfassung von 1950. Ein Schulordnungsgesetz von 1952, das auf der Grundlage der Gewissensfreiheit und des Elternrechts stand und Modellcharakter beanspruchen konnte, wies dem Religionsunterricht einen festen Platz zu und verschaffte den Privatschulen Gleichberechtigung und Unterstützung. Ein zwei Jahre später erlassenes Gesetz regelte die Sicherung und Förderung aller Einrichtungen der Erwachsenenbildung in öffentlicher und privater Trägerschaft. In Fortführung früherer Bemühungen forderte die Ministerin den Ausbau des Berufsschulwesens und der Frauenschulen. Ein auch innerhalb der eigenen Reihen vielfach kritisierter Erlaß aus dem Jahre 1950 lockerte den Sprachenbeginn in der Sexta, indem er die Wahl zwischen Latein und Englisch freistellt. Damit durchbrach Frau Teusch die noch weit verbreitete humanistische Konzeption des Gymnasiums und förderte das Prinzip der „Durchlässigkeit" der verschiedenen Schularten. Das ihr vorschwebende Ziel einer sechsjährigen Volksschule blieb jedoch unerreichbar.

Ohne Schwierigkeit gelang es ihr auch, Brücken zum wissenschaftlichen Leben zu schlagen. Die Nichtakademikerin fand rasch Anerkennung in Hochschulen und Forschungseinrichtungen. Die Einführung des ,,zweiten Bildungswegs" verbreiterte den Zugang zur Universität. Christine Teusch wirkte tatkräftig mit am Aufbau der ,,Studienstiftung des deutschen Volkes" sowie an der Wiederbegründung der ,,Forschungsgemeinschaft der deutschen Wissenschaft" und des ,,Deutschen Akademischen Austauschdienstes". Sie förderte Kunst und Künstler, Kulturfilm und Denkmalspflege. Engagiert setzte sie sich für die Kulturhoheit der Länder ein und war zugleich bestrebt, kulturelle Brücken ins Ausland zu schlagen, so als Mitglied des Europäischen Exekutivrats und Mitbegründerin des Europa-Kollegs in Brügge. Sie half den in Not befindlichen deutschen Instituten und Schulen im Ausland und ließ ihre Erfahrungen zahlreichen Institutionen, Verbänden und Gesellschaften zugute kommen, so dem Präsidium des Vereins Katholischer Deutscher Lehrerinnen, dem Kuratorium der Heinrich Hertz-Stiftung und dem Rundfunkrat des Westdeutschen Rundfunks. Sie wurde Ehrendoktor der Medizinischen Fakultäten Köln und Düsseldorf. Zu Ihrem 60. Geburtstag erhielt sie das Große Bundesverdienstkreuz mit Stern und Schulterband, und Bundespräsident Theodor Heuss gedachte bei der Verleihung der früheren gemeinsamen Arbeit im Deutschen Reichstag.

Einem anderen prominenten früheren Reichstagskollegen konnte Frau Teusch zu einer Art moralischer Wiedergutmachung verhelfen. 1951 berief sie Heinrich Brüning, Reichskanzler der Jahre 1930 bis 1932 und inzwischen Professor der amerikanischen Harvard-Universität, auf einen neugegründeten Lehrstuhl für politische Wissenschaften an der Universität Köln. Allerdings trifft nicht zu, wie der Düsseldorfer Historiker Peter Hüttenberger vermutet, daß Frau Teusch versucht hätte, innerhalb der CDU den nach Deutschland zurückgekehrten Brüning zu unterstützen, um dadurch die Position von Bundeskanzler Adenauer zu unterminieren. Auch waren es nicht in erster Linie die sichtbaren Erfolge Adenauers, die die ,,machtpolitischen Möglichkeiten" der Kultusministerin schwinden ließen. Vielmehr spielte dabei das Klima zunehmender Liberalisierung und Säkularisierung eine Rolle, in dessen Folge eine so dezidiert christlich geprägte Kulturpolitikerin, die nichts von einer später modisch werdenden Flexibilität hielt, eher als ,,rückständig" und ,,altmodisch" galt.

5.

Wie sehr Christine Teusch an ihrem Amt oder richtiger: an ihrer Aufgabe hing, zeigte sich, als Ministerpräsident Arnold sie im Sommer 1954 nicht in sein drittes Kabinett übernahm. Davon war sie, bisher noch ungedruckten Aufzeichnungen von Josef Hofmann zufolge, ,,bis ins Innerste getroffen". Hofmann ergänzte: ,,Ich stand ihr in diesen Tagen bei, indem ich ihr klar machte, daß ein parlamentarischer Minister beim Ausscheiden aus dem Amt ja nicht in ein Nichts falle, sondern sofort als Abgeordneter vollauf weiterarbeiten könne." Umso mehr zählte die Anerkennung, die kurze Zeit später ihr Amtsnachfolger als Kultusminister, der Düsseldorfer Rechtsanwalt Werner Schütz (CDU), intern äußerte: ,,Je mehr ich mich in mein Amt hineinarbeite, desto staunender stehe ich vor dem Werk, das Frau Teusch geschaffen hat, desto unverständlicher ist mir aber auch, daß sie es nicht besser verstanden hat, ihre Leistungen herauszustellen, so daß draußen falsche Meinungen aufkommen konnten." Zu diesen ,,falschen Meinungen" gehörte auch der Vorwurf, die Kultusministerin habe das ganze Schulleben feminisieren wollen.

Auch nach dem Ausscheiden aus der Regierung blieb die Kölner CDU-Abgeordnete in zahlreichen politischen, parlamentarischen, kulturellen, karitativen und kirchlichen Gremien aktiv und initiativ tätig. Bis 1966 gehörte sie noch dem Landtag an, seit 1965 auch einem neugegründeten Kulturbeirat beim Zentralkomitee der deutschen Katholiken. 1963 erklärte sie in einem Rundfunk-Gespräch aus Anlaß ihres 75. Geburtstages: „Da wo man mich hingewählt und hinberufen hat, wirke ich, solange meine Kräfte mir dazu die Möglichkeit geben, und alles andere erwarte und erhoffe ich von den Ergebnissen, die dieses Wirken für Gegenwart und Zukunft bringen wird."

Diese Zukunft endete für Christine Teusch fünf Jahre später. Sie starb kurz nach Vollendung ihres 80. Lebensjahres am 24. Oktober 1968 in Köln, ein Jahr nach Konrad Adenauer und zehn Jahre nach Karl Arnold. Ein neuer Typ christlich-demokratischer Politiker nahm die Stelle jener Gründergeneration ein, die aus dem politischen Katholizismus hervorgegangen war und die Christine Teusch wesentlich repräsentiert hatte. Sie verstand Politik stets auch als pädagogische Aufgabe und wußte, daß sich Demokratie „im Geistigen" festigen mußte. Durch ihr „Wirken und Besorgtsein für andere", wie sie selbst das Motiv ihrer Arbeit rückblickend einmal genannt hat, gelang es ihr, glaubwürdig zu sein und zu bleiben.

Der Nachlaß Teusch befindet sich teils im Historischen Archiv der Stadt Köln, teils im Hauptstaatsarchiv in Düsseldorf. Das erwähnte Porträt von Dominica Ballof steht in: Zeitgeschichte in Lebensbildern, Bd. 2, hrsgb. v. R. Morsey (Mainz 1975). Bisher fehlt jeder Ansatz einer Biographie, die aufgrund des Nachlasses sowie der inzwischen zugänglichen Sachakten in Angriff genommen werden könnte. Auch ist der Anteil von Christine Teusch an der Formulierung und Durchsetzung kulturpolitischer Forderungen – zunächst innerhalb der eigenen Fraktion – noch nicht genügend erkennbar. Für Adenauer zählte Frau Teusch zu den Anhängern von Karl Arnold, denen gegenüber der CDU-Vorsitzende auf Distanz blieb.

Von den drei Ministern Menzel, Teusch und Nölting, die alle drei im ersten Arnold-Kabinett, dem der Großen Koalition, saßen, während Frau Teusch auch im nächsten Kabinett, der Kleinstkoalition der CDU mit dem Zentrum, Kultusminster blieb, nimmt Erik Nölting (1892-1953) eine Sonderstellung ein. Sozialdemokrat mit bürgerlicher Herkunft wie Menzel und ausgesprochen intellektuell, war er ideologisch ungleich stärker fixiert als der Kollege Innenminister. Nölting, schon mit jungen Jahren als Volkswirt Professor an Hochschulen, die von den Gewerkschaften mitgetragen wurden, ging als Wirtschaftsminister mit der Absicht an die Arbeit, nach dem Zusammenbruch der nationalsozialistischen Herrschaft am Neubau eines Staates und einer Gesellschaft mitzuwirken, in der soziale Gerechtigkeit auch in der Wirtschaft möglich wurde. Aber die Verhältnisse erwiesen sich für seine Zielvorstellungen als zunehmend ungünstig. Die Gemeinwirtschaftlichkeit der Grundstoffindustrien war nicht herstellbar, und selbst Mängel und Schattenseiten der sozialen Marktwirtschaft kamen bei den Wahlen nicht der SPD zugute. Am meisten machten dem Minister die Demontagen zu schaffen, die Nordrhein-Westfalen am stärksten trafen.

Wolf Bierbach

ERIK NÖLTING

„Am 20. November 1892 wurde der Westfale Erik Nölting in Plettenberg im Sauerland geboren. Schon als Gymnasiast in Bielefeld entschied sich seine Sympathie für die deutsche Sozialdemokratie, die ihm als Kampfbund gegen Unfreiheit und Not erschien und der er gedient hat bis in die letzte Minute seines Lebens...". 16. Juli 1953: der Nordwestdeutsche Runkfunk sendet einen Nachruf auf den ersten Wirtschaftsminister des Landes Nordrhein-Westfalen. Autor und Sprecher dieser Gedenksendung ist Heinz Kühn, der sich damals gerade anschickte, aus dem Landtag in Düsseldorf in den Bundestag überzuwechseln. Ein Jahr früher waren Kurt Schumacher, der erste Nachkriegsvorsitzende der Sozialdemokraten, und Carl Severing, der „grand old man" der Partei, zu Grabe getragen worden. Erik Nölting, einen der Wirtschaftsexperten der SPD, ereilte der Tod im Wahlkampf für den zweiten Deutschen Bundestag in Haan bei Hilden. Heinz Kühn beschrieb die tragischen Umstände so: „Kaum 24 Stunden ist es her, als er mir den letzten freien Abend zusicherte, den sein Kalender noch bis zum 6. September aufwies. Und nun stehen wir voll Trauer im Gedenken an den Mann, der gestern, am 15. dieses Monats, abends am Ende einer Versammlung nach erregter Diskussion und einem von Sachlichkeit und Leidenschaft zugleich erfüllten Schlußwort seinen Kopf auf die Tischplatte legte..." Die Ratschläge seiner Ärzte, sich mit Rücksicht auf seine Herzschwäche, die er vor der Familie zu verheimlichen suchte, zurückzuhalten, hatte Nölting ignoriert. Er entzog sich keinem Ruf der Partei für den Wahlkampf, den die SPD mit dem wenig zugkräftigen Slogan führt: „Statt Adenauer — Ollenhauer!" Der biedere Erich Ollenhauer war für die Masse der Wähler aber keine überzeugende Alternative zu Konrad Adenauer, der seinerseits die Sozialdemokraten in der ihm eigenen simplifizierenden Art in die Ecke der roten Klassenkämpfer und ewigen Nein-Sager drängte und dem politischen Gegner sogar unterstellte, er lasse sich von der DDR finanzieren. Als am 6. September 1953 die Stimmen gezählt waren, konnten Adenauer und der wirtschaftspolitische Kontrahent Nöltings, Bundeswirtschaftsminister Ludwig Erhard, die Wahlstätte als Sieger verlassen. Die CDU hatte ihren Stimmanteil um vierzehn Prozentpunkte auf 45,2 Prozent hieven, die SPD aber nicht aus dem Dreißig-Prozent-Ghetto ausbrechen können. Sie hatte sogar leichte Verluste erlitten.

1.

In seinem Nachruf hatte Heinz Kühn die frühe Sympathie Nöltings für die SPD hervorgehoben. Nölting selbst schrieb am 27. Oktober 1950 im „Neuen Vorwärts", dem im September 1948 wiedergegründeten Zentralorgan der Partei: „Man stellt es in der bürgerlichen Welt bis auf den heutigen Tag gern so hin, als ob den Anschluß an (die Reihen der Sozialdemokratie) nur Menschen fänden, die entweder materiell der Schuh drückt, weil sie zu den enterbten Stiefkindern des Glücks gehören, oder die durch eigenes Verschulden in ihrer bürgerlichen Laufbahn gescheitert sind. Ich kann demgegenüber feststellen, daß mich weder ein tyrannisches Elternhaus noch materielle Not der sozialistischen Bewegung zugeführt haben. Es war mein freier Wille, ungeachtet der persönlichen Konsequenzen, die sich für mich ergaben, in den großen Kampfbund gegen soziale Not und Unterdrückung einzutreten. Und ich habe diesen Entschluß, ohne den ich mir heute mein Leben gar nicht mehr denken könnte, zu keiner Stunde bereut."

Hier hat Nölting wohl etwas verniedlicht. Auch das familiäre Umfeld trug vermutlich mit dazu bei, daß er aus den einem Beamtensohn damals vorgezeichneten Bahnen ausbrach. In dem schon zitierten Artikel beschrieb er, der sonst seine private Sphäre sorgfältig vor der Öffentlichkeit abschirmte, Schlüsselerlebnisse, die ihn schließlich zur Sozialdemokratie führten. Er war das zweite von vier Kindern eines

Finanzrechnungsrates, der als Inkarnation des preußisch-konservativen Beamtentums gelten konnte, und brachte als sechzehnjähriger Gymnasiast eines Tages ein Flugblatt der streikenden Arbeiter der Dürkopp-Werke in Bielefeld nach Hause. Als es entdeckt wurde, war das väterliche Gewitter unausweichlich. Der zweite Fall blieb schon nicht mehr familienintern. Trotz Verbotes der Schulleitung besuchte Nölting 1909 eine Veranstaltung der SPD gegen das preußische Dreiklassenwahlrecht, in der Rudolf Breitscheid das preußische Herrenhaus als „Dunkelkammer krummbeiniger Reitergeneräle" attackierte. Tief beeindruckt notierte er diese Sentenz in einem Schulheft, und prompt entdeckte sie bei der nächsten Klassenarbeit ein Lehrer. Nölting bekam einen strengen Verweis und der Vater einen Brief, sein Sprößling müsse strenger beaufsichtigt werden.

Der nächste Zwischenfall hätte dann fast die Schülerlaufbahn beendet. Am 1. September 1910, dem Sedanstag, hatte Nölting während einer Schulfeier die Schülerrede zu halten. Er rankte sie um die Dichtungen Ferdinand Freiligraths, beließ es aber nicht bei dem patriotischen Barden des deutsch-französischen Krieges von 1870/71, sondern stieß, gestützt auf einen Artikel des „Vorwärts", den er zu allem Überfluß auch noch entfaltete, zum idealistisch revolutionären Dichter vor, der Freiligrath während der Gründerzeit wieder wurde. Unter ostentativem Protest verließen die eingeladenen Offiziere und Reserveoffiziere den Saal. Selbst das schnell vom Schuldirektor intonierte „Heil dir im Siegerkranz" hielt sie nicht zurück. Nölting wurde einem hochnotpeinlichen Verhör unterzogen und entging nur knapp dem Schulverweis. Fortan galt er als schwarzes Schaf der Familie. Die direkte Begegnung mit dem bürgerlichen Mief des kaiserlichen Deutschland veranlaßten ihn vermutlich auch, sich alsbald von seiner gutdeutschen Vornamen-Trias Wilhelm Karl August zu verabschieden und sich schlicht Erik zu nennen, Erik zuweilen mit „c", meist aber mit „k".

Der Weg des jungen Nölting zur SPD verlief nicht völlig gradlinig. Während seines Studiums — er hörte Nationalökonomie, Jura und Soziologie in Halle an der Saale, München, Berlin und Frankfurt am Main — beschäftigte er sich zunächst mit liberalen Ideen. Er schloß sich der von Theodor Barth gegründeten „Demokratischen Vereinigung" an, der auch Rudolf Breitscheid vor seinem Übertritt zur SPD angehört hatte. Dieser Zirkel vertrat Positionen des sozialen Liberalismus. Konsequenterweise beendete Nölting seine Studien nach dem Ersten Weltkrieg, an dem er als Freiwilliger teilgenommen hatte, 1920 in Frankfurt bei dem liberalen Ökonomen Franz Oppenheimer mit einer Promotion über städtische Ernährungswirtschaft im Krieg. Es ist in diesem Zusammenhang nicht ohne Reiz, darauf hinzuweisen, daß Nöltings späterer Widerpart Ludwig Erhard gleichfalls bei Oppenheimer studiert und auch promoviert hat. Während ihrer Studentenzeit sind sich die späteren Kontrahenten anscheinend aber nicht begegnet.

2.

Nach Abschluß seiner Studien wurde Nölting 1920 Dozent an den Verwaltungshochschulen in Detmold und Hannover und schon 1923 im Alter von 32 Jahren vom preußischen Kultusminister als ordentlicher Professor an die Akademie der Arbeit an der Universität Frankfurt am Main berufen. In der Akademie der Arbeit, die mit Unterstützung der sozialdemokratisch orientierten Gewerkschaften 1921 gegründet worden war, wurden Arbeitnehmer und Gewerkschaftsfunktionäre in einjährigen Kursen weitergebildet. Bildung und Ausbildung waren nach Nöltings Meinung notwendige Voraussetzungen für den Aufstieg der unterprivilegierten Schichten, weil sie diese erst in die Lage versetzten, die Gesellschaft nicht nur zu kommentieren, sondern zu verändern, wie er 1951 geschrieben hat. Der Idee der Arbeiterbildung und dem in der Weimarer Sozialdemokratie stark ausgeprägten Volksbildungsgedanken blieb der „aufgeklärte Sozialdemokrat" Nölting zeit seines Lebens verbunden, auch während seiner Tätigkeit als Politiker auf Landes- und Bundesebene nach dem Zweiten Weltkrieg.

Mit den Lehren von Karl Marx beschäftigte sich Nölting gegen Ende seiner Studienjahre näher. Er bewunderte die Marx'sche Analyse des Kapitalismus, warnte aber immer wieder vor einer einfachen Übernahme der von diesem vorgeschlagenen Rezepte zur Überwindung des kapitalistischen Systems. 1921 in die SPD eingetreten, erklärte Nölting bereits 1925 auf dem Heidelberger Parteitag der Sozialdemokratie, mit der alten marxistischen Wunderformel von der „Expropriation der Expropriateure", mit der Enteignung der Enteigner, könne nicht mehr operiert werden. Die Sozialdemokratie solle ihre ausgetretenen marxistischen Kinderschuhe den Kommunisten überlassen; man lebe schließlich im Jahrhundert nach Marx. Die auch von ihm als notwendig angesehene Sozialisierung wichtiger Wirtschaftszweige sei nicht durch radikalen Umbruch, sondern nur über die Wirtschaftsdemokratie zu erreichen, durch ein System, in dem die Arbeitnehmer und ihre Organisationen Mitbestimmungs- und der Staat Kontrollrechte über die vertrustete und kartellierte Wirtschaft erhalten sollten. Diese Auffassung hat Nölting nicht nur vor 1933 und nach 1945 in mehreren Büchern vertreten, sondern auch in zwei erregenden Streitgesprächen mit dem Wirtschaftstheoretiker der NSDAP, Gottfried Feder, die Ende 1930 und Anfang 1931 von der „Deutschen Welle" ausgestrahlt wurden. Die „Deutsche Welle" war die 1924 vom Reich und Preußen gegründete Rundfunkgesellschaft, die auf Langwelle ein Programm mit belehrend-pädagogischem Schwerpunkt für das Reich und Übersee ausstrahlte. In der Diskussion hatte Feder natürlich seine oft wiederholten Thesen von der „Zinsknechtschaft" ausgebreitet und war für die Verstaatlichung der Banken und die Beseitigung der Zinsen eingetreten. Im zweiten Gespräch entgegnete Nölting nach der erhalten gebliebenen Schallaufzeichnung: „Ich will gern auf das eingehen, was Sie bezüglich der Sozialisierung der Banken sagten. Herzlich gern, Herr Feder, wir sind einverstanden — aber nur nicht als eine isolierte Aktion, sondern parallelgehend mit weitergehenden Sozialisierungsmaßnahmen in der Produktionssphäre, wie ich Ihnen schon neulich sagte, und zwar als Ausfluß nationalökonomischer Erkenntnis und nicht einfach als Rachefeldzug gegen das jüdische Bankkapital... Herr Feder, Sie sagen, der Staat hat das Recht, soviel Geld zu schaffen, wie er will... Ich fürchte, das Dritte Reich von Hitler wird ein toller Inflationsladen werden... Ich habe das Gefühl, daß durch das Dritte Reich nicht nur das Rauschen von Wotans Eichen gehen wird, sondern auch das Rauschen der Rotationsprägemaschinen, die wieder Tourenzahlen zulegen müssen, um Inflationsgeld drucken zu können. Aber, Herr Feder, aus diesem Zustand möchten wir gern herauskommen".

Nölting, ein schlagfertiger Diskussionsredner mit bilderreicher Sprache, ging nach übereinstimmendem Urteil der bürgerlich-liberalen Presse aus beiden Gesprächen als klarer Sieger hervor und erwies sich auch noch als Prophet. So hatte Feder effekthaschend das Gespräch mit der Parole schließen wollen: „Die nationalsozialistische Lawine rollt unaufhaltsam!". Nölting konterte mit dem rhetorischen Hieb: „Ja, aber wie jede Lawine wird sie im Abgrund enden!". Nach der Machtübernahme der Nationalsozialisten am 30. Januar 1933 war es nur noch eine Frage der Zeit, bis Nölting aus allen öffentlichen Ämtern verbannt wurde, denn er hatte sich auch als preußischer Landtagsabgeordneter, der er seit 1928 war, immer wieder mit der NSDAP angelegt und in Schriften den Antisemitismus gegeißelt, so in der bereits 1924 erschienenen Broschüre: „Das ‚zersetzende' Judentum. Eine Auseinandersetzung mit dem kulturellen Antisemitismus".

3.

Am 6. Dezember 1933 aufgrund des berüchtigten Gesetzes zur „Wiederherstellung des Berufsbeamtentums" entlassen, mußte Nölting sich und seine Familie mit schriftstellerischen Gelegenheitsarbeiten durchschlagen. So verfaßte er für die UFA die Drehbücher für die Unterhaltungsfilme „Frau am Steuer" und „Fortsetzung folgt!". Hinzu kamen feuilletonistische Arbeiten für Zeitschriften. 1940 entzogen die Nationalsozialisten Nölting aber auch diese kärgliche Existenzbasis. Wegen „politischer Unzuverlässigkeit" wurde er aus der Reichsschrifttumskammer ausgestoßen und durfte fortan nicht mehr publizieren. Als Begründung dienten ein Interview mit dem holländischen Rundfunk vom Februar 1933, in dem er sich kritisch mit dem Faschismus auseinandergesetzt hatte, und seine Mitgliedschaft im Komitee „Das freie Wort", gegründet 1932 zur Verteidigung der Meinungsfreiheit von Heinrich Mann, Rudolf Olden und Albert Einstein.

Nölting und seine Familie (er hatte 1924 zum ersten und 1941 zum zweiten Mal geheiratet) waren nun auf Unterstützung von Freunden angewiesen und siedelten 1943 nach Medebach im Sauerland über. Dort erlebte Nölting das Kriegsende und wurde sofort als Wirtschaftsexperte für die Bezirksregierung in Arnsberg verpflichtet, die Fritz Fries leitete. Fries und er waren im preußischen Landtag Fraktionskollegen gewesen, und es war wohl Fries, der im Sommer 1945, als die britische Besatzungsmacht Rudolf Amelunxen mit dem Aufbau der Provinzialregierung Westfalen in Münster beauftragte, Nölting bei Amelunxen ins Gespräch brachte. Amelunxen und Nölting, die sich ebenfalls schon vor 1933 kennengelernt hatten, wurden handelseinig und Nölting Anfang August 1945 Generalreferent für Wirtschaft in der westfälischen Provinzialregierung.

Als die Briten Amelunxen ein Jahr später zum ersten Ministerpräsidenten des neuen Landes Nordrhein-Westfalen ernannten, nahm dieser Nölting mit nach Düsseldorf und machte ihn zum Wirtschaftsminister. In dem ersten provisorischen Kabinett, in dem nur die CDU nicht vertreten war, übernahm Nölting damit eines der schwierigsten Ressorts — langfristig auch problemreicher als das Ernährungs- und das Wohnungsbauministerium. Wichtige Industrieanlagen waren ganz oder teilweise zerstört, andere mußten aus Energie- oder Rohstoffmangel stillgelegt werden, das Verkehrsnetz war zusammengebrochen und die Leistungsfähigkeit der Arbeiter durch schlechte Ernährung drastisch reduziert. Im Hochsommer 1946, als Nölting sein Amt antrat, erreichten Industrie und Bergbau nicht einmal ein Drittel ihres Produktionsniveaus von 1936. Ein Hungerwinter stand vor der Tür, der schlimmste der Nachkriegsgeschichte.

Wie ein jede Initiative lähmender Schatten lastete außerdem die alliierte Drohung über dem Land, Teile der deutschen Industrie zu demontieren und sie zu verkleinern oder die Anlagen als Reparationen ins Ausland zu transportieren. Als am 16. Oktober 1947 die endgültige Demontageliste bekanntgegeben wurde, erklärte Nölting, der auch unter Arnold Wirtschaftsminister geblieben war, im Nordwestdeutschen Rundfunk: „Es wurde mir eine Liste gegeben mit 682 deutschen Industriewerken, die für die Demontage in Anspruch genommen werden. Selbstverständlich ist unser Land am stärksten betroffen mit 294 Betrieben, und leider ist es nicht gelungen, die Demontage auf Rüstungsbetriebe zu beschränken, mit deren Beseitigung bis zum letzten Nagel ich einverstanden gewesen wäre. Über dem Lande liegt ein allgemeiner Lähmungsschock, um nicht zu sagen, eine Beerdigungsstimmung."

Am 29. Oktober 1947 ließ Nölting in der ersten großen Demontagedebatte des Landtags keinen Zweifel daran, daß die Demontagen ein Teil der unvermeidbaren Wiedergutmachung für die Verbrechen des Hitler-Regimes waren und dieses seine Existenz auch und gerade großen Teilen der deutschen Wirtschaft verdankt hatte: ,,Vielfach sind es dieselben Kreise, über denen jetzt das Reparationsfallbeil hängt, die sich damals heiser geschrien haben: Führer befiel, wir folgen. Nun haben sie die Folgen zu tragen. Schlimm ist nur, daß neben ihnen wiederum auch die Demokratie die Zeche zu zahlen hat, die jene anrichteten...". Diese eindeutige Anspielung auf die Weimarer Republik, in der Demokraten aus allen politischen Lagern für die Sünden eines monarchistisch-imperialistischen Staates hatten büßen müssen, weist auf das Dilemma hin, in dem sich Nölting wie auch andere sozialdemokratische Politiker nach 1945 befanden. Um die Demokratie aufzubauen und dem deutschen Volk überhaupt wieder eine Existenzgrundlage zu verschaffen, mußten sie im Gegensatz zu den Zielen ihrer Partei oftmals die Geschäfte einer damals uneingeschränkt kapitalistisch strukturierten Wirtschaft betreiben und sich nationaler gebärden, als dies ihren ureigensten Überzeugungen entsprach. Hier liegt übrigens einer der Schlüssel für die Entfremdung zwischen der SPD und ihrem Wählerreservoir in der frühen Nachkriegszeit und eine Ursache für ihr relativ schlechtes Abschneiden bei Wahlen.

In zahlreichen leidenschaftlichen Reden und Aufsätzen hat sich Nölting immer wieder an die Spitze der deutschen Demontagegegner gestellt. Er spielte dabei auf Zeit, verlängerte den Instanzenweg und erreichte so, daß mancher Betrieb von der Liste gestrichen wurde. Weil er nicht voraussehen konnte, daß die Demontage letztlich zur Modernisierung und stärkeren Konkurrenzfähigkeit der deutschen Industrie beitragen würde (was heute gern verschwiegen wird), kämpfte er hartnäckig um jeden Betrieb, der nicht zur Rüstungsindustrie gehört hatte. Als ein Vertreter der Militärregierung die Demontage einmal mit der Bemerkung verharmloste, die Siegermächte schnitten sich doch nur ein Kotelett aus einem Elefanten, entgegnete er, ein Kotelett aus der Herzgegend könne auch den stärksten Elefanten töten.

Wie auch Adenauer befürchtete Nölting, die Abwicklung des Demontageprogramms werden einen neuen deutschen Nationalismus schüren. Im Gespräch mit Sir Brian Robertson, dem stellvertretenden britischen Militärgouverneur, zog er einmal sogar einen Vergleich zur Zeit nach 1918. Um die verantwortlichen deutschen Politiker sei es schon wieder so einsam geworden wie um Gustav Stresemann und Matthias Erzberger, die als Erfüllungspolitiker diffamiert und (so Erzberger 1921) ermordet worden seien, weil sie damals Reparationen akzeptiert und den Ausgleich nach Westen gesucht hätten. Vor dem Landtag beklagte er am 1. Juli 1948: ,,Will man wirklich das Trümmerfeld in Deutschland noch weiter vergrößern, die deutsche Demokratie noch weiter auspowern? Ist das — einmal unter europäischen Aspekt gestellt — nicht vollkommen sinnlos? Demokratie in Deutschland darf nicht zum Armenspital werden. Dann ist sie kein standhaftes Bollwerk gegen die Infiltration östlicher Ideen und Methoden, und man möchte uns doch gerne in dieser Rolle sehen, sowohl auf englischer wie auf amerikanischer Seite. Demokratie läßt sich auf keinem Scherbenhaufen errichten. Die deutsche Demokratie hat es ohnehin schwer genug, sie ist bittere Frucht am Baume der Niederlage, und sie ist ein sehr einsamer Schwimmer gegen den Strom. Wir fühlen uns gewiß nicht mehr als Nabel der Welt, aber wir möchten auch keine schwärende Wunde am Körper Europas bleiben. Aus der großen Katastrophe des Hitlerkrieges muß sich die konstruktive Idee eines vereinten Europas entbinden. Dann aber kann man uns nicht ausgeplündert und zerschlagen am Wege liegen lassen. Der ganze Demontageplan beruht auf Rache-, Vergeltungs- und Konkurrenzgelüst, auf nationalstaatlichem Denken und damit auf überholten Grundlagen... Wir wollen nicht Kriegsbetriebe, aber wir wollen Arbeitsstätten erhalten...".

Selbst noch 1950 — die Bunderepublik war schon konstituiert, und Adenauer hatte im „Petersberger Abkommen" den Verzicht der Westmächte auf den größten Teil der Demontagen gegen den Beitritt der zweiten deutschen Republik zum 1948 beschlossenen Ruhrstatut eingehandelt — geißelte Nölting die letzten Relikte dieser alliierten Demontagepolitik. Seine Plattform war nun der aus den Wahlen vom 14. August 1949 hervorgegangene erste deutsche Bundestag, dem Nölting von Anfang an angehörte. Vor diesem Forum erklärte er am 16. Juli 1953: „Man redet soviel in Schwüren, pathetischen Deklamationen und Beteuerungen vom einigen Europa. Mir will scheinen, das Rattern der Demontagehämmer und das Knarren von LKW's, mit denen man das Reparationsgut abfährt, ist eine schlechte europäische Auferstehungsmelodie...".

4.

Auch vor der Beratenden Versammlung des 1949 von siebzehn Staaten gegründeten Europarates zog Nölting gegen die Demontagepoltik zu Felde und verlangte Remontagekredite für die deutsche Wirtschaft, also Wiederaufbaukredite. Der Abwehrkampf gegen die Demontagen war jedoch nur der eine Teil seiner Wirtschaftspolitik. Bereits auf dem zweiten Parteitag der SPD, der im Juni/Juli 1947 in Nürnberg stattfand, forderte er in seinem wirtschaftspolitischen Grundsatzreferat die Sozialisierung der Groß- und Schlüsselindustrien, die 1918 versäumt worden sei. Nölting, der auf diesem Parteitag nicht wieder in den SPD-Vorstand gewählt wurde, war in jener Zeit neben dem neomarxistisch orientierten Viktor Agartz und neben Heinrich Deist und Hermann Veit der wichtigste Wirtschaftspolitiker seiner Partei und von 1949 an auch Sprecher der Bundestagsfraktion in diesen Fragen.

In Übereinstimmung zu seinen bereits vor 1933 entwickelten Theorien verstand Nölting unter Sozialisierung jedoch nicht lediglich Überführung der Wirtschaft in Staatsbesitz, sondern die Beteiligung der Arbeitnehmer und Gewerkschaften am Produktivkapital. Der Staat sollte investitionslenkend eingreifen und die Produktion kontrollieren. In einem als Tondokument überlieferten Streitgespräch mit Ludwig Erhard, der damals noch Direktor für Wirtschaft in der Bizonenverwaltung für die britische und amerikanische Zone war, hat er am 14. November 1948 vor mehr als 4000 Zuhörern in Frankfurt seine Ziele volkstümlich umschrieben und sich sowohl von der Zwangsbewirtschaftung in den ersten Kriegsjahren als auch der kommunistischen Planwirtschaft abgesetzt: „Wir Sozialdemokraten und insbesondere die sozialistischen Wirtschaftsminister sind keine Fanatiker der Zwangswirtschaft. Wir sind lediglich Fanatiker der sozialen Gerechtigkeit. Wir haben es auf unserem Parteitag in Düsseldorf deutlich ausgesprochen: Zwangswirtschaft ist eine verkrüppelte Wirtschaftsform, die mit unseren sozialistischen Zielsetzungen nichts zu tun hat. Sie ist Niederschlag der Kriegsarmut, und es ist Demagogie, gegen die wir uns ernstlich verwahren, wenn man uns diese Zwangswirtschaft aufhalsen will. Sie diente in einer ersten Phase der Ausweitung der Hitlerschen Rüstungspotenz, und sie war in ihrer zweiten Phase Liquidation einer Konkursmasse. Das ist ja die Tragik unseres nun bald ergrauten Lebens, daß wir immer Testamentsvollstrecker von Konkursmassen sein mußten. Wir haben weiß Gott in keiner Liebesheirat mit dieser Zwangswirtschaft gelebt, es war vielmehr eine verhaßte Zwangsehe... Es gilt, die im 20. Jahrhundert notwendige Synthese zu finden zwischen Freiheitselementen auf der einen und Ordnungsbedürfnissen auf der anderen Seite. Mit dieser Freiheit, meine Damen und Herren, die wir heute ansteuern, wird das Vordringen der östlichen Barbareien bestimmt nicht behindert, sondern eher begünstigt. Wir wollen gewiß nicht, daß der Staat die Wirtschaft einfach schluckt, aber ich möchte die Wirtschaft in den staatlichen Ordnungsrahmen hineinspannen. Ich glaube, niemals war es notwendiger, daß der Staat ausgleicht und zurechtrückt, fördert und abwehrt."

Bis zuletzt war Nölting, dessen politische Grundüberzeugung als „freiheitlicher Sozialismus" umschrieben werden kann, ein entschiedener Gegner der von Ludwig Erhard proklamierten „sozialen Marktwirtschaft". Er unterlag dem ersten Bundeswirtschaftsminister jedoch letztlich in der Sache. Erhards Konzept wurde auf der Woge der Wirtschaftshilfe, die die USA mit dem Marshallplan nicht nur ihren westeuropäischen Verbündeten, sondern bis Ende 1951 auch der Bundesrepublik gewährten, ein Erfolg. Der Marshallplan gab die Initialzündung für das „Wirtschaftswunder", das noch heute mit dem Namen Ludwig Erhard verbunden ist, in Wirklichkeit aber eine von außen begünstigte enorme Wiederaufbauleistung der Bevölkerung in den Westzonen und dann in der Bundesrepublik war. Der erste tiefgreifende Konjunktur- und Wirtschaftsabschwung führte 1966 zum Rücktritt des 1963 als Nachfolger von Adenauer zum Bundeskanzler gewählten Ludwig Erhard. Die anschließende Regierung der Großen Koalition unter Bundeskanzler Kurt Georg Kiesinger, der Karl Schiller (SPD) als Wirtschaftsminister und Franz-Josef Strauß (CSU) als Finanzminister angehörten, führte nicht nur eine mittelfristige staatliche Finanzplanung ein, sondern griff auch durch Konjunkturprogramme lenkend in die Wirtschaft ein. Erik Nölting hat Erhards „sozialer Marktwirtschaft" immer die Fähigkeit abgesprochen, die sozialen Spannungen auszugleichen und auf Dauer Arbeitslosigkeit zu vermeiden. Er konnte allerdings nicht voraussehen, daß auch unter sozialdemokratisch geführten Regierungen die Arbeitslosigkeit als Folge geänderter technischer und wirtschaftlicher Rahmenbedingungen zunehmen würde und nicht wirksam bekämpft werden konnte. In einem weiteren Streitgespräch mit Erhard, diesmal in Düsseldorf vor mehr als 3000 Zuhörern, erklärte er 1951 sogar den Bankrott der Erhard'schen Wirtschaftspolitik, weil es noch immer eineinhalb Millionen Arbeitslose gab.

Der von der CDU und den Liberalen als Planungsfetischist und sozialistischer Dogmatiker verketzerte Nölting setzte demgegenüber auf eine begrenzte Wirtschaftslenkung. Der Staat solle für die Industrie einen Planungsrahmen setzen, Investitionen auf ihren volkswirtschaftlichen Nutzen hin überprüfen, stabilisierend in das Konjunkturgeschehen eingreifen und damit auch für einen ausgeglichenen Arbeitsmarkt sorgen. Einige dieser Rezepte werden seit 1966 in der Bundesrepublik mit wechselndem Erfolg angewendet, und nicht von ungefähr denkt man auch heute noch in SPD und FDP darüber nach, ob die soziale Markwirtschaft genügend Selbstregulierungsmechanismen entwickelt hat, um Krisen zu bekämpfen.

5.

1948 konnte Nölting, der vor dem Landtag in Düsseldorf einmal erklärt hat, er hoffe, nicht als Demontage-, sondern als Sozialisierungsminister in die Geschichte des Landes einzugehen, sich zeitweise in dem Glauben wiegen, einen Teil seiner wirtschaftspolitischen Ziele erreicht zu haben. Da auch einflußreiche Kreise in der CDU und vor allem Ministerpräsident Arnold der Meinung waren, die wirtschaftlichen Probleme des jungen Landes ließen sich nur dann lösen, wenn die Schlüsselindustrien in Gemeineigentum überführt würden, verabschiedete der Landtag am 6. August ein Gesetz zur Überleitung des Bergbaus in Landeseigentum und zur Errichtung einer „Selbstverwaltung Kohle". Eine Entschädigung der bisherigen Eigentümer wurde ausdrücklich vorgesehen. Für Nölting war dies nur ein erster Schritt, aber immerhin ein Anfang. Im Sozialisierungsausschuß beim SPD-Parteivorstand hatte er sich schon im Juni 1947 dafür ausgesprochen, neben der Kohlewirtschaft — und darunter verstand er auch die Kohleveredlung — die Eisen- und Stahlindustrie, die Großchemie und Teile des Schwermaschinenbaus in Gemeineigentum zu überführen.

Mit dem Bergbau-Sozialisierungsgesetz entsprach der Landtag zwar einer Ankündigung aus der ersten Regierungserklärung des Ministerpräsidenten Arnold vom 17. Juni 1947, das Gesetz fand aber nicht die Zustimmung der Militärregierung und konnte deshalb nicht in Kraft treten. Unter dem Einfluß der Amerikaner, die marktwirtschaftliche Positionen vertraten, erklärten die Briten, die Organisation der Kohleindustrie müsse Angelegenheit einer künftigen Bundesregierung sein. Für Adenauer und seinen Wirtschaftsminister Erhard waren Sozialisierungen aber ein falscher politischer Weg. Als Adenauer dann nach den Landtagswahlen vom 18. Juni 1950 den widerstrebenden Arnold in eine Minikoalition mit dem Zentrum und die SPD in die Opposition drängte, war die Sozialisierungsfrage auch in Nordrhein-Westfalen kein Thema mehr. Vom Parteivorstand der SPD wurde zwar die Sozialisierung der Grundstoffindustrien weiter diskutiert, ein von Heinrich Deist konzipierter Gesetzentwurf jedoch nicht veröffentlicht. Und nach den Bundestagswahlen vom 6. September 1953, bei denen die SPD weiter hinter der CDU zurückfiel, nahm auch der Parteivorstand die Diskussion nicht mehr neu auf. Wie eine Ironie der Geschichte mutet es allerdings an, daß fünfzehn Jahre später, auf dem Höhepunkt der Kohlekrise, am 27. November 1968, 51 Zechen zur Ruhrkohle A.G. zusammengeschlossen wurden, die gewinnbringenden Nebenbetriebe aber im Besitz der alten Eigentümer blieben. Kritiker haben damals von der „Sozialisierung der Verluste" gesprochen.

Nach den Landtagswahlen von 1950 verlor Nölting zwar sein Ministeramt, blieb jedoch Abgeordneter in Düsseldorf für einen der Iserlohner Wahlkreise. Sein Interesse verlagerte sich jetzt aber zunehmend auf die Bundespolitik und den Europarat. Wann immer der untersetzte Politiker, der schon in Düsseldorf seine Kabinettskollegen intellektuell dominiert hatte, an das Rednerpult trat, konnte man eine durch Fakten untermauerte, engagierte Rede erwarten. Neben Erhards Marktwirtschaft kritisierte Nölting in Bonn vor allem den nach dem französischen Außenminister Robert Schuman benannten Plan, durch den 1951 die Europäische Gemeinschaft für Kohle und Stahl, besser bekannt als Montan-Union, geschaffen wurde. Nölting, der zeit seines Lebens in Kartellen ein Grundübel jedes Wirtschaftssystems gesehen hat, war der Überzeugung, die Montan-Union sei nichts weiter als ein internationales, durch Beamte gemanagtes Kartell. So erklärte er am 10. Mai 1951 im NWDR, als die Verträge schon unterzeichnet waren: „Die Kritik... gilt nicht der Idee und dem Prinzip des Schumanplans, sondern dem Resultat der in Paris geführten Verhandlungen. Man ist eben doch praktisch, trotz aller guten Vorsätze, bei einem Kartell angelangt, geleitet zwar nicht von Kapitalmagnaten, aber von Managern, Repräsentanten und Funktionären der einzelnen nationalen Regierungen, von denen einige wiederum den vorerwähnten Kapitalmagnaten nahestehen... Wir fordern ein internationales demokratisches Parlament als Gestalterin einer wahrhaft europäischen Wirtschaftspolitik und eine von ihm abhängige und kontrollierte Exekutivbehörde... Die deutsche Sozialdemokratie will ein starkes, lebenskräftiges Europa, das Großbritannien und die skandinavischen Staaten einbezieht".

Nölting war ein überzeugter Europäer, verlangte aber mehr als politisch damals realisierbar war. In modifizierter Form wird seine Wunschvorstellung erst jetzt, Ende der siebziger Jahre, im Ansatz durch die erste Direktwahl zu einem Europäischen Parlament verwirklicht, in dem auch Großbritannien und Dänemark vertreten sind.

Die voraufgegangene Zersplitterung Europas in zwei Wirtschaftsgemeinschaften, die 1957 als Nachfolgerin der Montan-Union durch die ,,Römischen Verträge" gegründete ,,Europäische Wirtschaftsgemeinschaft" EWG (jetzt EG) und die EFTA, die ,,European Free Trade Association", zu der sich 1960 Großbritannien, Dänemark, Norwegen, Schweden, Österreich, Portugal und die Schweiz zusammenschlossen, konnte er nicht voraussehen.

In der frühen Nachkriegs-SPD, die sich noch nicht als Volks-, sondern als Arbeiterpartei begriff, hat der früh ergraute Intellektuelle Nölting immer eine Außenseiterrolle eingenommen. Er war zwar hoch geachtet, aber praktisch von der Basis abgeschnitten, auch wenn sie ihm auf Kundgebungen heftigen Beifall zollte. Nölting hat es nie verstanden, sich eine innerparteiliche Hausmacht zu verschaffen, und man muß bezweifeln, ob er dies je angestrebt hat. Er war weder Orts- noch Kreisvorsitzender, geschweige denn Bezirks- oder gar Landesvorsitzender. Im Gesamtvorstand der Partei hat er nur ein relativ kurzes Gastspiel gegeben. Funktionärsarbeit lag ihm nie. Dafür widmete er sich auch als Minister in Düsseldorf jener Aufgabe, der er sich schon vor 1933 angenommen hatte: der Aus- und Weiterbildung unterprivilegierter Schichten. Zeugen berichten, eine Professur an der Sozialakademie in Dortmund, die er bis zu seinem Tode wahrnahm, habe ihm besondere Freude bereitet. Erik Nölting konnte auch als Politiker nie den Professor verleugnen, ohne jedoch professoral zu wirken.

Die Darstellung basiert im wesentlichen auf dem schmalen Nachlaß, der sich im Besitz der Witwe in Düsseldorf befindet, auf Plenarprotokollen des Landtags und des Bundestags und dem ,,Biographischen Kompendium" im Landtagsarchiv. Literatur: Hans Peter Ehni, Erik Nölting, in: Zwischen Ruhrkampf und Wiederaufbau, Beiträge zur neueren Landesgeschichte, Bd. 5, hrsgb. v. W. Först (Köln u. Berlin 1972).

Beamte als Gehilfen der Politiker, indem sie ihnen die bürokratische und die Detailarbeit abnehmen, zugleich aber auch den Teppich soliden Sachverstands unterlegen, bleiben wenn nicht namenlos, so doch meist im Hintergrund. Hermann Wandersleb (1895-1977) machte da keine Ausnahme, solange er als Chef der Landeskanzlei in Düsseldorf die erste Bonn-Entscheidung, die auf ihn zurückging, durchsetzen half. Es war das Mehrheitsvotum der Ministerpräsidenten der Länder, den Parlamentarischen Rat zum 1. September 1948 nach Bonn einzuberufen. Kurze Zeit später erkannte Konrad Adenauer, der Präsident des Rates, die Chance, diese Stadt anschließend auch zur vorläufigen Bundeshauptstadt zu machen. Sein erster Gehilfe wurde dabei Wandersleb, der nun in einer Doppelfunktion amtierte; er behielt das Amt in Düsseldorf bei, wurde aber zugleich in Bonn für Bonn in seiner heftig umstrittenen Hauptstadt-Rolle tätig. Daß er in dieser doppelten Eigenschaft zwei so unterschiedlichen Herren wie Arnold und Adenauer diente, belastete seine Arbeit nur wenig, zogen doch beide wenigstens in dieser Frage am gleichen Strang. Als alles gelaufen war, machte Adenauer Wandersleb als Dank für seine Hilfe zum Staatssekretär im Bundeswohnungsbauministerium – einer der ersten Fälle des Übertritts eines hohen Landesbeamten in den Bundesdienst oder, anders gesagt, in die zweite, der Wichtigkeit nach größere Hauptstadt auf dem Gebiet des Landes Nordrhein-Westfalen.

Dietrich Höroldt

HERMANN WANDERSLEB

Dietrich Höroldt

Der Primat der Politik vor den Aufgaben und Bedürfnissen der Verwaltung: diese Lehre aus der jüngeren deutschen Vergangenheit hat beim Wiederaufbau nach 1945 eine entscheidende Rolle gespielt. Aber die Politik bedarf zur Verwirklichung ihrer Ideen und Pläne einer leistungsfähigen Verwaltung, und diese unter den erschwerten Bedingungen der Nachkriegszeit für das neue Land Nordrhein-Westfalen zu errichten, war eine an Schwierigkeiten kaum zu überbietende und keineswegs unpolitische Aufgabe. Es ist deshalb gerechtfertigt, an dieser Stelle das Leben des Mannes zu beschreiben, der die Landesregierung organisatorisch aufgebaut hat, zumal der Name Hermann Wandersleb mit einem politischen Ereignis ersten Ranges, der Bestimmung Bonns zur Bundeshauptstadt, unlösbar verbunden ist.

1.

Hermann Wandersleb wurde am 2. August 1895 als Sohn eines Vermessungsbeamten in Meiningen geboren. Seine Familie stammte väterlicherseits aber nicht aus dieser kleinen thüringischen Residenz, in der der junge Wandersleb manche geistig-künstlerische Anregung empfing, sondern aus dem Unstruttal, also ebenfalls aus Mitteldeutschland. Hermann besuchte zunächst in Merseburg, wohin sein Vater versetzt worden war, später in der Universitätsstadt Halle die Schule und legte dort 1913 die Reifeprüfung ab. Anschließend begann er das Studium der Jurisprudenz, doch brach bereits in seinem dritten Semester der Erste Weltkrieg aus.

Wandersleb meldete sich sofort beim Feldartillerie-Regiment 75 als Kriegsfreiwilliger und kam im November 1914 an die Front. Er wurde bald Reserveoffizier, nahm an der Somme-Schlacht teil und kämpfte an der Ostfront. Von den Untergebenen verehrt, bei den Kameraden beliebt, stand er mit seinen Vorgesetzten laufend in Auseinandersetzungen, doch fielen sein Können und sein Organisationsgeschick schon damals auf, denn er bekleidete zuletzt die für einen Reserveleutnant ungewöhnliche Stellung eines Generalstabsoffiziers.

Nach dem Zusammenbruch setzte Wandersleb seine Studien fort. Er war kein bloßer Brotstudent, sondern begründete 1919 in der Berliner Studentenschaft einen Fachwissenschaftlichen Ring; da seine Gruppe bei den ersten Studentenwahlen die absolute Mehrheit errang, wurde er zum Vorsitzenden der Berliner Studentenschaft gewählt. In dieser Eigenschaft nahm er maßgeblich Anteil an dem Ersten Deutschen Studententag in Würzburg und setzte seinen Verfassungsentwurf in einer 21stündigen Sitzung durch; ,,Hermann der Einstimmige" war der keineswegs schmeichelhaft gemeinte Spitzname, den ihm die arg mitgenommenen Teilnehmer dieser Marathon-Sitzung verliehen.

Bezeichnend für seine Arbeitskraft war es, daß Wandersleb trotz solcher Belastungen bereits 1920 sein Studium mit dem Ersten Staatsexamen abschloß und während der folgenden Referendarzeit an der Regierung in Merseburg neben seinen anderen Ehrenämtern in der Studentenschaft die akademische Zeitschrift ,,Die deutsche Hochschule" herausgab; darüber hinaus erarbeitete er bei dem Heidelberger Staatsrechtler Gerhard Anschütz eine Dissertation über das Thema ,,Der Präsident der Vereinigten Staaten von Nordamerika, in Frankreich und im Deutschen Reich", die 1922 erschien. Wenig später, im Januar 1923, legte er das Assessorexamen mit dem sogenannten ,,großen Prädikat" als Jahrgangsbester ab.

Wanderslebs erklärtes Ziel war es immer gewesen, Landrat zu werden. Diese Stellung bot im preußischen Staat für Eigeninitiativen viel Raum; der Landrat war zugleich unterste staatliche Instanz und Spitze der kommunalen Selbstverwaltung im Kreis. Schon während der Referendarzeit und später (1924—1926) als stellvertretender Landrat im größten preußischen Landkreis Recklinghausen hatte Wandersleb

Erfahrungen sammeln, aber auch beweisen können, was in ihm steckte. Daß der Kreis Recklinghausen in dem Umgemeindungsprozeß der späten zwanziger Jahre weitgehend verschont blieb, ist nicht zuletzt sein Verdienst. In den Zwischenzeiten fand er in den Berliner Ministerien des Innern und des Handels Verwendung und arbeitete unter anderem an der Neuordnung der Ausbildungsvorschriften für den Höheren Dienst und am Abschluß des deutsch-französischen Handelsvertrages mit.

Schon 1927, im Alter von 32 Jahren, erreichte Hermann Wandersleb sein Ziel, als er zum Landrat des mitteldeutschen Kreises Querfurt ernannt wurde. Er hatte sich einen besonders „interessanten" Kreis erwählt: der Gegensatz zwischen dem verbreiteten Großgrundbesitz und der zahlreichen Arbeiterschaft in der Braunkohlen- und Hüttenindustrie sorgte für starke soziale und politische Spannungen. Der neue Landrat (er war der jüngste unter seinen Kollegen) verstand es schnell, sich nach allen Seiten Respekt zu verschaffen, die widerstrebenden Parteien mit Zähigkeit, Verhandlungsgeschick und Überzeugungskraft zu gemeinsamem Handeln zu bewegen und auf diese Weise in kurzer Zeit mehrere Projekte zu verwirklichen, an denen seine Vorgänger gescheitert waren. Zu diesen Projekten gehörten die Gründung einer Meliorationsgenossenschaft zur Hebung der Erträge aus den bis dahin durchweg sauren Unstrutwiesen oder die Beseitigung der 52 Gutsbezirke im Kreis, der Bau von Straßen, die Wiederbelebung des Weinbaus im Unstruttal, übrigens mit Hilfe eines rheinischen Experten, die Einrichtung eines vorbildlichen Kreissäuglingsheimes, der Bau einer Landwirtschaftsschule und die Sicherung der Wasserversorgung auf der sogenannten Querfurter Platte durch Gruppenwasserwerke, an die jeweils mehrere Gemeinden angeschlossen waren. Als die Mansfelder Kupfer AG wegen fehlender Rentabilität und die Braunkohlen-Industrie mit Rationalisierungsmaßnahmen die Zahl der Arbeitsplätze drastisch verringerten, hat der Landrat durch Straßenbauarbeiten aus Mitteln der Erwerbslosenfürsorge und durch Ansiedlung von neuen Industrien versucht, die Arbeitslosigkeit in seinem Kreis möglichst gering zu halten. Dem sozialen Frieden dienten ebenfalls die Hunderte von billigen, aber brauchbaren Wohnungen mit Landzulage aus der vorstädtischen Kleinsiedlung.

2.

Gegen die sonst übliche Praxis war es Wandersleb gelungen, Landrat zu werden, ohne einer politischen Partei anzugehören. 1929 entschloß er sich unter dem Eindruck der Wahlerfolge der NSDAP zum Eintritt in die Deutsche Demokratische Partei (DDP). Seine nationalsozialistischen Gegner bescheinigten ihm besondere Tüchtigkeit, erklärten aber zugleich, daß sie ihn gerade deshalb als Vertreter des zu stürzenden Systems um so rücksichtsloser bekämpften. Wandersleb machte sich deshalb nach Hitlers Machtergreifung wenig Illusionen. Im April 1933 wurde er von der NSDAP gezwungen, einen ärztlich dringend angeratenen Erholungsurlaub vorzeitig anzutreten. Während seiner Abwesenheit erfolgte die Entfernung aus dem Amt. Obwohl ursprünglich nicht zur Wiederverwendung vorgesehen, erhielt er nach Rückkehr aus dem Urlaub als Landrat zur Disposition mit täglichem Widerruf durch das Preußische Ministerium des Innern, das wohl auf einen so qualifizierten Beamten nicht verzichten wollte, Dezernentenstellen bei den Regierungen in Münster, Osnabrück oder Aachen angeboten. Wandersleb entschied sich für Aachen, weil er annahm, daß dort Staats- und Grenzpolitik mehr im Vordergrund stehen würden als Parteipolitik.

Im Juli 1933 trat er an der Regierung in Aachen die Stelle des Arbeitsbeschaffungsdezernenten an. In dieser Funktion war er für die Vergabe von Grenzlandfürsorgemitteln zuständig, mit deren Hilfe in der Eifel Wegebauten und Versorgungsanlagen sowie die großen Talsperrenobjekte gefördert wurden, die zur Beschaffung von Arbeitsplätzen beitrugen. Während des Krieges erhielt er vom amtierenden Oberpräsidenten und Präsidenten der Kölner Regierung den Auftrag, die Zusammenführung der Regierungsbezirke Köln und Aachen zu einem Großbezirk vorzubereiten. Wandersleb gab nach anfänglichem Widerspruch scheinbar nach, verstand es aber, die Angelegenheit durch den Hinweis auf mögliche Grenzänderungen nach dem ,,Endsieg" zu verschleppen. In seinen Mußestunden beschäftigte er sich mit der Geschichte des Aachener Raumes und veröffentlichte in der ,,Zeitschrift des Aachener Geschichtsvereins" Beiträge über Bismarcks Referendarzeit in Aachen 1836/37 und den Besuch Friedrich-Wilhelms IV. als Kronprinz in der Kaiserstadt im Jahre 1837.

Während des Krieges nahm Wandersleb Verbindung mit der Opposition gegen das Naziregime auf; er war von rheinischen katholischen Widerstandskreisen trotz seines evangelischen Bekenntnisses für die Stelle des Regierungspräsidenten in Aachen vorgesehen. Im Herbst 1944 verließ er beim Anrücken der Amerikaner die Stadt mit wichtigen Unterlagen und fuhr nach Waldbröl, der Evakuierungsunterkunft der Bezirksregierung. Ohne amtliche Autorisierung übernahm er dort die Leitung oder besser die Fürsorge für die Restregierung. Es gelang ihm, Mitarbeiter wie sichergestellte Unterlagen heil durch alle Fährnisse des Zusammenbruchs zu bringen.

3.

Der von den Amerikanern mit dem Neuaufbau der deutschen Verwaltung im Rheinprovinz-Militärdistrikt beauftragte frühere rheinische Oberpräsident Hans Fuchs setzte Wandersleb am 15. Mai 1945 als Regierungsvizepräsident in Koblenz ein. Zusammen mit seinem Präsidenten Dr. Alois Castenholz begann dieser am Mittelrhein mit dem Wiederaufbau der Verwaltung, doch wurde er bereits Ende Mai als angeblich belastet von der amerikanischen Besatzungsmacht wieder aus dem Amt entfernt. Bis zur Klärung der Vorwürfe, die sich als völlig haltlos herausstellten, offiziell dispensiert, benutzte Wandersleb die erzwungene Ruhepause, um sich in seinem früheren Wirkungsbereich, der Provinz Sachsen, umzusehen, wo er ebenfalls für eine führende Position vorgesehen war, doch kehrte er angesichts der sowjetischen Besatzungspolitik nach kurzem Besuch zurück. Im Juni stellte er sich Oberpräsident Fuchs zur Verfügung und übernahm mit stillschweigender Zustimmung der Engländer, die inzwischen die Besatzung übernommen hatten, die Abteilung Innere Verwaltung des Oberpräsidiums; zugleich fungierte er als Vertreter des Oberpräsidenten.

Bei ihren Planungen für die Aufteilung des besetzten Deutschlands in Besatzungszonen hatten sich die Alliierten im Herbst 1944 zunächst an die Staats- und Provinzgrenzen im Deutschen Reich gehalten. Als im Februar 1945 Frankreich eine eigene Zone zugesichert erhielt, die aus Teilen der amerikanischen und britischen Zone gebildet wurde, kam es im Südwesten und Westen zur Zerschneidung traditioneller Verwaltungsräume und dabei zur Abtrennung der beiden südlichen Regierungsbezirke Koblenz und Trier von der Rheinprovinz. Am 20. Juni 1945 wurde die Aufteilung vollzogen.

Diese Maßnahme traf auf den entschiedenen Widerstand des gerade gebildeten Oberpräsidiums unter Hans Fuchs. Gegen den von einigen Mitarbeitern geforderten demonstrativen Rücktritt setzte Wandersleb durch, daß statt dieser wenig sinnvollen Protestaktion gegen die ,,widernatürliche Zerreißung" eine Denkschrift erarbeitet wurde, in der die enge wirtschaftliche Verbindung der Provinz aufgezeigt werden sollte. Wandersleb verfaßte das Memorandum vom 28. Juni 1945, in dem mit eindringlichen Karten die enge innere Verflechtung der gesamten Rheinprovinz sichtbar gemacht war, buchstäblich über Nacht. Soviel Beifall diese Studie selbst bei den britischen Besatzungsbehörden fand, die auf höherer Ebene festgelegte Teilung der Rheinprovinz konnte sie zwar nicht verhindern, doch trug sie dazu bei, daß bei der Behandlung der Fragen des Verkehrs und des Warenaustauschs den Erfordernissen der Bevölkerung beider Teile besser Rechnung getragen werden konnte.

Von Bad Tönisstein, wo es zu arbeiten begonnen hatte, war das Oberpräsidium zunächst nach Bonn, dann im Zusammenhang mit der Bildung der Nord-Rheinprovinz Anfang Juli 1945 nach Düsseldorf verlegt worden. Wanderslebs Aufgabe als Leiter der Abteilung Allgemeine Verwaltung bestand vor allem darin, die neue Zentralverwaltung für die Nord-Rheinprovinz zu schaffen. Große Hindernisse türmten sich dabei für ihn auf. Die Stadt Düsseldorf war zu mehr als 50 Prozent zerstört, nur vier Prozent der öffentlichen Gebäude und sieben Prozent der Geschäftsgebäude unbeschädigt geblieben. Die Besatzung, die ihrerseits umfangreiche Bürogebäude und Wohnungen beschlagnahmt hatte, räumte dem Oberpräsidium den Stahlhof ein. Die 1946 gebildete Landesregierung fand im Mannesmann-Haus eine erste vorläufige Unterkunft. Bis zum Herbst 1948 hat Wandersleb für die 2800 Mitarbeiter der Landesregierung 26 000 qm Büroraum und — was nicht weniger schwierig war — die dafür nötige Einrichtung beschafft.

Mindestens ebenso schwierig wie die Beschaffung und Ausstattung von Büroraum war die personelle Situation. Die vor 1945 tätigen Verwaltungsbeamten waren zum größten Teil wegen ihrer Mitgliedschaft in der NSDAP nicht tragbar, fielen also weitgehend aus. Die Besatzungsmacht erschwerte die Arbeit durch Einsprüche und das Aufdrängen ungeeigneter Persönlichkeiten; ihr Verbindungsmann war ein ehemaliger SS-Offizier unter falschem Namen. Vor allem erwies es sich als besonders nachteilig, daß Düsseldorf anders als Münster nicht Sitz eines Oberpräsidiums gewesen war, das den personellen Stamm der neuen Provinzialregierung hätte abgeben können. Nur die Verwaltung des ehemaligen Provinzialverbandes Rheinland stand zur Verfügung, und seine einzelnen Zweige sind, wie Wandersleb 1949 in einem Bericht schrieb, ,,tunlichst mit Abteilungen des Oberpräsidiums vereinigt worden, ohne einer endgültigen Entscheidung... vorzugreifen". Wandersleb hat in schwierigen Personalentscheidungen den Grundsatz vertreten, bei aller gebotenen Vorsicht lieber einmal einem Hochstapler aufzusitzen als einen vom Schicksal der Vertreibung betroffenen Flüchtling deshalb abzuweisen, weil er seinen Lebensweg nicht voll belegen konnte. Er hat sich auch nicht gescheut, gegen alle Behördentradition Beamte oder Techniker für Aufgaben einzusetzen, für die sie nicht ausgebildet waren, und damit gute Erfolge erzielt. Überhaupt verstand er es, bei seinen Mitarbeitern das Gefühl der Zusammengehörigkeit zu wecken; ,,Wallensteins Lager" wurde deshalb der engste Kreis um ihn scherzhaft genannt.

Nach der deutschen Kapitulation vom 8. Mai 1945 gab es die deutsche Verwaltung zunächst nur auf der Orts- und Kreisebene. Dann folgten die Bezirksregierungen und Oberpräsidien. Erst im Sommer 1946 kam es in der Britischen Zone zur Bildung von Ländern. Oberpräsident Robert Lehr, seit dem 2. Oktober 1945 Nachfolger von Hans Fuchs, und Hermann Wandersleb haben sich von Anfang an (wie später in Westfalen Karl Zuhorn) für eine Vereinigung der Nord-Rheinprovinz mit Westfalen eingesetzt, damit das Ruhrgebiet mit den umliegenden, mehr landwirtschaftlich strukturierten Landschaften zu einem harmonischen Ganzen verbunden würde. Diese Lösung schien am besten sowohl möglichen separatistischen Tendenzen an der Westgrenze wie drohenden internationalen Spekulationen über das Ruhrgebiet vorzubeugen. Als mit der Verordnung Nr. 46 der britischen Besatzungsmacht vom 23.

August 1946 das Land Nordrhein-Westfalen gebildet worden war, behielt Wandersleb als einziger der Dezernenten des Düsseldorfer Oberpräsidenten seinen Wirkungskreis. Er wurde am 2. Oktober 1946 Ministerialdirektor und Chef der Landeskanzlei und damit der ranghöchste Beamte der neuen Landesverwaltung.

4.

Im Frühjahr 1948 ließ sich absehen, daß eine Einigung der vier Alliierten über Deutschland nicht zustande kommen würde. Am 1. Juli gaben die drei Militärgouverneure „ihren" Ministerpräsidenten in Frankfurt den Auftrag, die Länder der drei Westzonen zu einem vorläufigen deutschen Teilstaat zusammenzuschließen. Als erster Schritt war die Einberufung eines „Vorbereitenden Verfassungskonvents", des späteren Parlamentarischen Rates, zum 1. September vorgesehen, der als verfassungsmäßige Grundlage des neuen Staates das zunächst noch nicht so genannte „Grundgesetz" verabschieden sollte. In Düsseldorf schlug Innenminister Walter Menzel in der Kabinettssitzung am 5. Juli 1948 vor, den Konvent nach Nordrhein-Westfalen einzuladen, damit er etwas von den sozialen und wirtschaftlichen Spannungen des Reviers spüren könne. Auf die Frage von Wandersleb, an welchen Tagungsort er denke, meinte der Minister: Düsseldorf. Wandersleb erwiderte, die Stadt sei doch wohl zu unruhig, und nannte als Gegenvorschlag Bonn; dort gebe es geeignete Tagungsräume, und auch die Stadt werde wohl gut mitziehen. Im Auftrag des Kabinetts rief Wandersleb noch am gleichen Abend in Düsseldorf, Köln und Bonn an. Die Verwaltungsleiter der beiden Großstädte lehnten zwar nicht geradezu ab, reagierten aber zurückhaltend und keineswegs so spontan bereitwillig wie Oberbürgermeister Eduard Spoelgen und Oberstadtdirektor Johannes Langendörfer in Bonn. Nach Prüfung der gegebenen Möglichkeiten schlug Ministerpräsident Arnold seinen neun Länderchef-Kollegen vor, den Parlamentarischen Rat nach Bonn einzuberufen.

Außer Bonn waren inzwischen auch Celle, Lübeck, Frankfurt am Main und vor allem Karlsruhe zur Diskussion gestellt worden. Der Vorsitzende der Ministerpräsidentenkonferenz, der hessische Regierungschef Christian Stock, war für Karlsruhe und hatte bereits seinen Beauftragten nach dort geschickt, als Wandersleb ihn in letzter Minute bewegen konnte, vor der Entscheidung auch die Bonner Verhältnisse zu prüfen. In Tages- und Nachtarbeit — unmittelbar nach der Währungsreform waren Handwerker leicht zu bekommen — wurden die gerade von der Besatzung geräumten Quartiere in Ordnung gebracht, so daß der Beauftragte Stocks sich auf der Rückreise von Celle davon überzeugen konnte, daß Bonn gut gerüstet sei. Die Abstimmung unter den Ministerpräsidenten ergab acht Stimmen für Bonn, zwei für Karlsruhe und eine für Celle.

Ist die Einberufung des Parlamentarischen Rates nach Bonn weitgehend der Initiative Hermann Wanderslebs zu verdanken, so hat Konrad Adenauer, damals CDU-Vorsitzender der britischen Zone, noch vor der Konstituierung des Parlamentarischen Rates am 1. September 1948 Wandersleb gegenüber Bonn bereits auch als Sitz der künftigen Bundesorgane in Erwägung gezogen. Schon wenige Wochen nach dem 1. September, als festzustellen war, daß sich die Ratsmitglieder in Bonn wohlfühlten, ließ Adenauer, inzwischen Präsident des Parlamentarischen Rates, prüfen, ob die Beethovenstadt auch in der Lage sein würde, die künftigen Bundesorgane aufzunehmen. Wandersleb konnte ihm aufgrund seiner Erfahrungen beim Aufbau der Landesregierung in Düsseldorf vorrechnen, daß das mit Hilfe des Landes und der Stadt möglich sein würde. „Sehr schön", erwiderte Adenauer, „dann setzen Sie das mal in Düsseldorf durch."

Eben dies aber war, wie sich herausstellte, gar nicht so einfach. Einige der Minister des Kabinetts Arnold zeigten sich aus politischen oder persönlichen Gründen wenig geneigt, geeignete Räumlichkeiten in Bonn, die ihren Ressorts unterstanden, zur Verfügung zu stellen, doch gelang es Wandersleb schließlich, alle gewünschten Zusicherungen zu erhalten. Mit Zustimmung und Unterstützung des Landes bewarb sich die Stadt Bonn am 11. Oktober 1948 offiziell um den vorläufigen Sitz der Bundesorgane. Damit begann das einjährige erbitterte Ringen vor allem der Städte Frankfurt am Main und Bonn, in dem sich Länderinteressen — Hessen für die Mainmetropole, Nordrhein-Westfalen für die Beethovenstadt — und Parteigegensätze — SPD für Frankfurt, CDU für Bonn — eigentümlich vermischten. Hermann Wandersleb war daran von Anfang an, zunächst als Leiter der Verbindungsstelle des Landes Nordrhein-Westfalen und dann des Büros Bundeshauptstadt Bonn, außerdem als Chef der Landeskanzlei in Düsseldorf, der er weiter blieb, maßgebend beteiligt. Zusammen mit den städtischen Stellen tat er alles, was möglich war, um den Mitgliedern des Parlamentarischen Rates den Aufenthalt in Bonn angenehm zu machen, und schuf damit eine wesentliche Voraussetzung für den späteren Erfolg.

Das war um so notwendiger, als die Stadt Bonn eine ausgesprochen „schlechte Presse" hatte. Nur zehn von 150 deutschen und keine ausländische Zeitung sprachen sich für Bonn aus. Sie hielten den Gedanken, die stille Universitätsstadt der Handelsmetropole Frankfurt vorzuziehen, gelinde gesagt für einen Schildbürgerstreich und wetterten, von Frankfurter Stellen mit Material versorgt, gegen die Bonner Kandidatur. Wandersleb hatte sozusagen an zwei Fronten zu kämpfen. Er hatte die verwaltungstechnischen Voraussetzungen für das Wirken erst des Parlamentarischen Rates, dann des Bundestages, des Bundesrates und der Bundesregierung zu schaffen. Er mußte Büroraum bereitstellen und mit Einrichtungen versehen, Wohnungen beschaffen oder bauen, Absprachen mit den Alliierten über die besatzungsfreie Zone treffen sowie die Verkehrs- und Fernmeldeeinrichtungen so verbessern, daß sie den gestellten Anforderungen entsprachen. Über diese Arbeit hinaus, die der Öffentlichkeit weitgehend verborgen blieb, stürzte sich Hermann Wandersleb in die publizistische Auseinandersetzung. Er widerlegte unrichtige Angaben über angebliche Kosten, ergänzte unvollständige Frankfurter Zusammenstellungen und verwies auf die für Bonn sprechenden Argumente: die Tätigkeit der neuen Bundesorgane in einem besatzungsfreien Raum, die größere politische Glaubwürdigkeit des Provisoriums und die relativ geringen Aufwendungen für den Anfang. Seine vielfach bewunderte Fähigkeit, komplizierte Sachverhalte in leicht faßbare Graphiken umzusetzen, die geschickt ausgewählten Illustrationen und der elegant formulierte, jede persönliche Polemik vermeidende Stil seiner Denkschriften und Flugblätter haben ihre Wirkung nicht verfehlt.

Nachdem sich der Parlamentarische Rat am 10. Mai 1949 mit 33 gegen 29 Stimmen für Bonn als Sitz der Bundesorgane ausgesprochen hatte, fiel die endgültige Entscheidung am 3. November 1949. Die SPD hatte schon auf der konstituierenden Sitzung des ersten Bundestages einen Antrag eingebracht: „Der vorläufige Sitz der leitenden Bundesorgane ist Frankfurt am Main." Darüber wurde auf der 14. Plenarsitzung gegen Abend des 3. Novembers abgestimmt. Wandersleb: „Draußen in Dekken gehüllt, saßen die frierenden Zuschauer, da wurde mir eine Frankfurter Rundschau, die mich also besonders scharf bekämpfte, in der man in den Tagen noch einen Artikel schrieb: ‚Wandersleb contra Wandersleb', aus der Kabine, wo die Rundfunkleute saßen, an das Fenster gedrückt; und ich schaute, es wurde geklopft, um meine Aufmerksamkeit zu erregen, und sehe diesen Artikel, also Wandersleb contra Wandersleb, also müssen die dir das jetzt noch unter die Nase reiben, nein, ich sollte sehen, was da mit Bleistift geschrieben war: Sieg!!, denn da drin hatte man das Auszählen der Stimmen mitbekommen, und bevor der Präsident es verkündete, wußten die also schon: 200 gegen 176 Stimmen."

5.

Mit der Bildung der ersten Bundesregierung stellte sich für Wandersleb die Frage, ob er in Bonn bleiben oder als Leiter der Landeskanzlei nach Düsseldorf zurückkehren sollte. Zwischen Konrad Adenauer, dem ersten Bundeskanzler, und Karl Arnold, Wandersiebs Chef in Düsseldorf, bestanden Meinungsverschiedenheiten in der Koalitionsfrage; sie wirkten auf Wandersleb, der seit dem Herbst 1948 eng mit beiden Politikern zusammenarbeitete, zurück. Adenauer bot ihm das Amt des Staatssekretärs im Wohnungsbauministerium an. Aber Wandersleb lehnte ab, weil es ihn nicht befriedigen würde, gelegentlich an einem Gesetz oder einer Verordnung mitzuarbeiten; er müsse gestalten können. „Ich sorge persönlich dafür, daß Sie genug zu gestalten kriegen", erwiderte Adenauer, und stimmte ihn damit um. Wandersleb ließ sich am 17. Januar 1950 von Düsseldorf nach Bonn abordnen und wurde knapp zwei Monate später, am 9. März, Staatssekretär des Bundeswohnungsbauministeriums. In dieser Stellung hat er maßgeblichen Anteil an der Schaffung der im Ausland als „Wunderdroge" des deutschen Wohnungsbaues bezeichneten Steuervergünstigungen des § 7c des Einkommensteuergesetzes gehabt; auf seine persönliche Initiative gehen die Versuchs- und Vergleichsbauten der „Demonstrativbauprogramme" zurück. Neben seinen dienstlichen Pflichten widmete er sich der Herausgabe des dreibändigen Standardwerkes „Handwörterbuch des Städtebaus, Wohnungs- und Siedlungswesens", das er 1959, im Jahre seines Ausscheidens aus dem aktiven Dienst, vorlegen konnte.

Nach seiner Pensionierung übernahm er die Leitung der Gesellschaft für Kernforschung in Karlsruhe. Bis in die siebziger Jahre hatte er zahlreiche Ehrenämter in wichtigen Verbänden inne, so im Internationalen Verband für Wohnungswesen, Städtebau und Raumordnung, bei der Deutschen Kapital- und Treuhand AG und bei der GAGFAH. 1957 wurde der „populärste und beliebteste hohe Regierungsbeamte" (Heli Ihlefeld) mit dem Großen Bundesverdienstkreuz mit Stern und Schulterband ausgezeichnet. Elf Jahre später verlieh ihm die Stadt Bonn die Ehrenbürgerwürde, ein „Schadensersatz und Schmerzensgeld" für die vielen Schmähungen, die Wandersleb jahrelang für Bonn hat hinnehmen müssen, wie es Oberbürgermeister Wilhelm Daniels ausdrückte. Zu seinem 75. Geburtstag 1970 widmeten ihm Freunde, Kollegen und Schüler eine umfangreiche Festschrift mit 36 Beiträgen; sie geben Auskunft über die ganze Breite des Wirkens wie der Interessen Wandersiebs von der Verwaltung über Sozialpolitik, Städte- und Wohnungsbau, Kernenergie und Finanzpolitik bis hin zu kulturellen Fragen.

Allein fünf Beiträge dieses Buches handeln von Bonn. Wandersleb hat sich der Stadt, die ihm so viel verdankt, weit über sein amtliches Wirken hinaus eng verbunden gefühlt. Er gehörte zu den frühen Befürwortern einer großzügigen Lösung der Raumordnung in der jungen Bundeshauptstadt. Seine Mitwirkung an der Planung des Rheinauenparkes hat wesentlich dazu beigetragen, daß Bonn die Bundesgartenschau 1979 erhalten hat. Sein offenes, humorvolles Wesen machte ihn den Einwohnern aller Schichten, einheimischen wie zugereisten, sympathisch. Er war Vorsitzender der großbürgerlich geprägten, ältesten gesellschaftlichen Vereinigung der Stadt, der Lese- und Erholungsgesellschaft, wie auch der altbönnischen karnevalistischen Vereinigung, des Vaterstädtischen Vereins. Sein umfangreiches Privatarchiv mit wichtigen Unterlagen aus den Anfängen des Landes Nordrhein-Westfalen, den Auseinandersetzungen um den Bundessitz und den Aufbaujahren der Bundesrepublik hat er als Stiftung dem Archiv der Stadt Bonn vermacht.

Hermann Wandersleb starb am 19. Mai 1977 und wurde in einem Ehrengrab auf dem Alten Friedhof in Bonn beigesetzt.

Das Lebensbild beruht auf Befragungen von Staatssekretär a. d. Dr. Wandersleb durch den Verfasser, (Manuskript im Stadtarchiv Bonn), dem Nachlaß Hermann Wandersleb im Stadtarchiv Bonn und der Festschrift für Hermann Wandersleb zum 75. Geburtstag (1970).

Solange Adenauer Bundeskanzler war, blieb das Interesse nicht nur der Öffentlichkeit, sondern auch der zeitgeschichtlichen Forschung an älteren Phasen seines langen Lebens begrenzt; allenfalls verglich man gelegentlich Führungsstil und Machtposition des Kölner Oberbürgermeisters und des Bundeskanzlers miteinander. Erst nach seinem Tode richtete sich die Aufmerksamkeit allmählich mehr auf die Gesamtbiographie. Bei Gustav Heinemann (1899-1976) ist das ähnlich. Zwar sind die Größenordnungen anders; Heinemann war fünf Jahre Bundespräsident, Adenauer fast vierzehn Jahre Kanzler, und auch der sechszehnjährigen Amtszeit des Kölner Oberbürgermeisters kann Heinemann keine annähernd gleiche Kontinuität in einem politischen Spitzenamt entgegensetzen. Aber der Heinemann vor 1969 war in vielen Ämtern tätig – parteipolitisch auf dem Wege von der CDU über die von ihm mitbegründete Gesamtdeutsche Volkspartei zur SPD, als Präsident der Synode der Evangelischen Kirche in Deutschland (1949-1955), als Oberbürgermeister von Essen (1946-1949) und gleichzeitig (Juni 1947-Juni 1948) Justizminister von Nordrhein-Westfalen, als erster Bundesinnenminister bis Oktober 1950 und als Bundesjustizminister (1966-1969). Die folgende Darstellung ist von einer abgerundeten biographischen Skizze noch weit entfernt. Carola Stern schildert, angefangen bei den beiderseitigen Vorfahren, Herkunft und Jugend Heinemanns und zeichnet im letzten Kapitel ein Porträt des Bundespräsidenten, das gleichermaßen ein Porträt des Politikers wie des Menschen Gustav Heinemann ist.

Carola Stern

GUSTAV HEINEMANN

März 1944: Der alte Herr nimmt seinen Stock und macht sich auf die Reise. Zwar wird er demnächst achtzig, aber zum Stützen braucht er nicht den Stock. Er klopft damit auf's Pflaster, auf den Boden: „Hört Ihr mich? Ich will was!" Elise, der 77jährigen Schwester in Eschwege, geht's nicht gut, man muß sich kümmern, sagt er. Die Zugverbindungen hat er im Kopf: drei-, viermal im Jahr reist er von Winterberg, dem Ruhesitz im Sauerland, in seine hessische Geburtsstadt. Ahnt er, daß er diesmal nicht zurückkommen wird? Will er es auch gar nicht?

Ein letztes Mal geht er über den Eschweger Marktplatz mit den schönen alten Fachwerkhäusern, vorbei am Schloß, dem Hochzeitshaus, in dessen Schenke die Mutter Branntwein ausgeschenkt hat, zum Friedhof, wo ihr Grab liegt. Blickt vom Schulberg mit dem alten Klosterturm und den Kastanienbäumen auf die Werra, hin zum Leuchtberg, wo er als junger Mann so oft Johannisfest gefeiert hat. Fast könnte man, versunken in Erinnerung, den Krieg vergessen...

Hat er sich überanstrengt? Blasenschmerzen quälen. Der Arzt besteht auf Überweisung in das Krankenhaus. Dort fragt man nach dem Wohnort, der Familienanschrift, wer zu informieren sei - Krankenhausroutine. Er gibt vor, alles Notwendige sei von ihm selbst veranlaßt worden. Am 3. April 1944 wird der Kranke operiert - nichts Besonderes, das übliche Altmännerleiden. Die Familie weiß von nichts. Niemand ist bei ihm, als Otto Heinemann am nächsten Morgen stirbt.

Wenige Monate zuvor hat er die letzten Kapitel seiner dem Sohn zugedachten Erinnerungen geschrieben, noch einmal zurückgeblickt: auf vier Kriege, Revolutionen, Monarchie und Republik, ein Bismarck - und ein Hitlerreich. Hat es sich gelohnt zu leben? „Meine Berufung war es wohl, meine Familie aus der Enge und Dürftigkeit der seit Generationen übernommenen Lebensverhältnisse herauszuführen und die Grundlage für einen Aufstieg zu einem höheren Lebenszweck zu legen. Goethe hat dem Sinne nach gesagt, daß zu einem glücklichen Leben ein gewisser Wohlstand gehöre... Teilnahme an den großen menschlichen Kulturgütern. Wer nur mit Sorgen um den Lebensunterhalt zu kämpfen hat, kommt nicht über das rein Kreatürliche... hinaus... Vor allem ist mir mein Sohn Gustav ein Stolz und eine Freude... So hat sich mein Leben erfüllt, und ich glaube, nicht umsonst gelebt zu haben."

1.

Der "Aufstieg zu einem höheren Lebenszweck" beginnt in Eschwege, jener kleinen alten Stadt im Norden Hessens im heutigen Grenzgebiet zur DDR. Dort liegt Otto Heinemann begraben, und dort ist er am 26. September 1864 geboren worden. Es gibt da seit Jahrhunderten so viele Familien dieses Namens, daß es später dem Studenten Gustav Heinemann auf der Suche nach den Ahnen des Vaters schwerfällt, aus den Kirchenbüchern die "richtigen" Heinemanns herauszufinden. Allesamt sind sie kleine Handwerker mit einem Stückchen Ackerland gewesen und höchstens während der Wanderschaft oder als Soldaten aus ihrer Stadt herausgekommen. Wie schon seine Vorfahren war auch der Vater Otto Heinemanns gelernter Metzger. Trotz eines zwölf- bis vierzehnstündigen Arbeitstages reicht das Geld nicht für ein eigenes Geschäft. Das Vieh, das er im Hausflur schlachtet, versucht er auf der Fleischschau zu verkaufen. Der Verdienst reicht über zehn bis zwanzig Taler (30 bis 60 Mark) pro Woche nicht hinaus. Als Hausschlachter im Winter erhält der Vater am Tag eine, höchstens zwei Mark. Ein eigenes Schwein kann sich die Familie nicht leisten. Fleisch gibt es zwar reichlich, aber Butter, Wurst und Marmelade sind zu teuer für den Haushalt. Auf das Brot wird „Mengefett", ein Gemisch aus Rübenöl und Nierenfett, gestrichen. Morgens nach Sonnenaufgang und nach Feierabend zieht die

Familie mit dem Handwagen aufs Feld, um Kartoffeln und Brotkorn für den eigenen Gebrauch und Tabak zum Verkauf anzubauen.

Beengt sind auch die Wohnverhältnisse. 1870 ziehen die Heinemanns ins Elternhaus der Mutter, ein Fachwerkhaus mit klobigen Eichenbalken aus dem 17. Jahrhundert. Die Miete beträgt monatlich neun Mark. Die fünfköpfige Familie bewohnt einen Raum und eine Kammer, wo auch geschlafen, gegessen und gekocht wird. Der Herd ist ausgeliehen und kostet jährlich sechs Mark Leihgebühr.

Startchancen für einen Aufstieg in das wohlsituierte Bürgertum hat das proletarisch-kleinbürgerliche Elternhaus Otto Heinemann nicht anzubieten. In der sechsklassigen Volksschule wird, begleitet von Ohrfeigen und Stockschlägen auf Hosenboden oder Fingerspitzen, nur das Allernotwendigste gelehrt. Die außereuropäischen Erdteile kennen die Schüler kaum dem Namen nach. Daß es neben der christlichen und jüdischen Religion noch andere gibt - auch das erfahren sie nicht. ,,Anregungen und Belehrungen" erfährt der lernbegierige Junge im Bürgerhaus des Freundes Richard Höfling, in dem er sich wie zuhause fühlt. »Onkel Höfling« hat einen Lesezirkel und auch die Hessische Morgenzeitung, das national-liberale Parteiorgan für diese Gegend, abonniert, und die Jungen stürzen sich auf alle neuankommenden Journale. Justizrat Höfling will dem Freunde seines Sohnes auch eine Freistelle in der Realschule verschaffen, aber der findet, daß er da nicht hingehört, er möchte lieber unter seinesgleichen in der Schule bleiben. Damals, so meint der erwachsene Otto Heinemann, habe er wohl unbewußt einen ,,Klassenstandpunkt" eingenommen, denn der ,,Unterschied in den Schichten der Bevölkerung, zwischen reich und arm, war zu jener Zeit in meiner Vaterstadt besonders kraß, ich empfand ihn schon in diesem Alter".

Das hindert den Jungen nicht, energisch aus ,,der Enge und Ärmlichkeit des Elternhauses" herauszustreben, ,,etwas Besseres" werden zu wollen. Als ,,etwas Besseres" gilt eine kleine Schreiberstelle. Nach der Schulentlassung, mit dreizehn Jahren, tritt Otto Heinemann als Bürolehrling in die Steuerkasse für den Landkreis ein. Erst im dritten Lehrjahr erhält er monatlich zehn Mark, die er zuhause abgibt. Der einzige Sohn ist nun der Ernährer der Mutter sowie seiner beiden Schwestern, denn im Oktober 1881 stirbt der Vater mit 43 Jahren an Lungentuberkulose und hinterläßt der Familie nicht mehr als 16 Mark. Schreibstellen bei der Bahn, die der junge Mann nach Beendigung der Lehrzeit übernimmt, werden mit einem Tageslohn von 1,50 Mark entgolten. Auch an Samstagen arbeitet man bis abends durch, Urlaub ist noch unbekannt für Lehrlinge und kleine Angestellte. Wenn Otto Heinemann abends nach Hause kommt, bringt er sich mit geborgten Lehrheften die Grundkenntnisse der Buchführung bei und führt die Geschäftsbücher eines Fabrikanten. ,,Nütze Zeit und Stunde! Niemals müßig sein!" - das bleibt sein Wahlspruch bis ins hohe Alter. Und daran hält er sich.

Was heutzutage als kaum verständlicher Widerspruch empfunden wird - in den Erinnerungen des alten Heinemann steht es wie selbstverständlich nebeneinander: die Schilderung der Ärmlichkeit und die Behauptung: ,,Ich habe Armsein nie empfunden". Wie erklärt sich das? Die Familie lebt zwar dürftig, aber sie braucht nicht zu hungern. Auch fühlt man sich als seit Generationen eingesessene Handwerkerfamilie einem Teil der ,,besseren Stände" sogar überlegen, denn viele der wohlhabenden Viehhändler und Fabrikanten in Eschwege sind Juden und gelten in der Stadt als nicht dazugehörige Außenseiter. Von Proletariern in der Großstadt unterscheidet nicht so sehr der Lebensstandard, sondern die Verwurzelung in einer kleinstädtischen Gemeinde. Auch wird die eigene Situation nicht als verzweifelt-hoffnungslos empfunden. Eine weitverzweigte Sippe bewahrt aus einem von Generation zu Generation hochgezüchteten Familiensinn vor Obdachlosigkeit und Hunger, eröffnet Aussicht auf Erbschaft. Die Vorfahren haben in schlechten Zeiten darben müssen, in guten haben sie sich Häuser bauen können. Otto Heinemann hat offenbar nie gezweifelt, daß er es zu etwas bringen werde. Dennoch erstaunt, mit welcher Verzükkung der alte, sonst so nüchterne Mann seine Kindheits- und Jugendzeit beschreibt. Ein Jahr vor seinem Tod, im vierten Kriegsjahr, schreibt er Gustav, seinem Sohn, wie sehr er doch bedaure, daß seine Enkelkinder ,,nicht die schöne Jugend haben werden, die mir vergönnt war zu erleben". Dahinter steckt wohl mehr als Altersverklärung und Sorge um die Kriegs- und Nachkriegszeit. Knapp hundert Jahre später können wir es kaum noch nachvollziehen: die Menschen in den Kleinstädten und Dörfern wußten mit ihrer ungleich geringeren Freizeit mehr anzufangen als wir heute. Streß, Einsamkeit, Überdruß und Langeweile müsssen in Eschwege Fremdworte gewesen sein, jedenfalls für Otto Heinemann.

Sonntags wandert er mit der Familie oder Freunden über den Hirtenrasen durch das Höllental hinauf zum Bilstein. Oder entlang der Werra, wo Graureiher und Bleßhühner, Haubentaucher und Bekassien nisten, durch Wälder, Obstplantagen, Flecken mit alten Türmen und Toren zu einer der vielen anderen Burgruinen rund um den höchsten Berg der Gegend, den Meißner. Die Männer treffen sich beim Früh-und Dämmerschoppen. Bier ist billig, 12 1/2 Pfennig nur kostet der halbe Liter. Beim Kartenspiel werden Vereinsangelegenheiten erörtert, denn Vereinsmitglieder sind fast alle. Die Stadt mit ihren knapp achttausend Einwohnern hat allein über zehn Gesangvereine. Wo Selbstbewußtsein und gesellschaftliche Anerkennung nicht aus Berufsstand und Vermögen gezogen werden können, da bieten sich Vereinsvorstände an. Otto Heinemann, der mit achtzehn Jahren in den Turnverein eintritt und abends dreimal wöchentlich zum Üben geht, bringt es schnell zum Vorturner und bald zum Orts- und Gau-Turnwart.

Vereinsfeste werden ausgelassen gefeiert: mit Umzügen, Festessen und Bällen, am schönsten ist das jährliche Johannisfest. Vereinsideologie wird verbissen ernstgenommen. Die Mitgliedschaft im Turnverein soll ,,höheren Zwecken" dienen: der Festigung der Männerfreundschaft (,,Treu und bieder, frei und offen, so standen wir zueinander"), der Ertüchtigung (,,Turnen richtig betrieben, stärkt die Willenskraft und die Härte"), nicht zuletzt der Kräftigung vaterländischer und völkischer Gesinnung", in der sich ,,die Sehnsucht nach einem Großdeutschland" ausdrückt. Otto Heinemann und seine Turnkameraden meinten noch, sich gleichzeitig auf ihren ,,Altmeister Jahn" und den ,,alten guten Geist von 1848" berufen zu können. ,,Kein Hessen und kein Preußen, nur Deutschland soll es heißen!" Wichtig war die Einheit, nicht ihr Inhalt. Der dreijährige Militärdienst wurde als ,,vaterländische Selbstverständlichkeit" und Möglichkeit empfunden, zum ,,ganzen Mann heranzureifen".

Otto Heinemann, der in der Schule nicht einmal gelernt hatte, daß die Welt über Eschwege und Europa weit hinausreicht, hielt sich an die einzige Lebensphilosophie, die ihm bekannt war, die des deutschen Kleinstädters. ,,Nur durch Arbeit und Sparsamkeit geht es vorwärts", so wird sie in einer alten Annonce der Eschweger Kreissparkasse ausgedrückt. Fleißig und sparsam bleibt dieser Mann sein ganzes Leben. Den krassen Unterschied zwischen arm und reich sieht er zwar, doch er verbrämt ihn auch und dreht ihn einfach um. ,,Derjenige ist reich", schreibt er in seinen Memoiren, ,,der seine Wünsche und Bedürfnisse unter dem hält, was seine Mittel ihm erlauben. Der Mann ist arm, auch wenn er viel besitzt, der Bedürfnisse und Verlangen hat, mehr zu besitzen." Strebsamkeit und Ehrgeiz, verbunden mit Genügsamkeit, und die gegebenen Zustände nicht infrage stellen wollen, das sind Voraussetzungen des sozialen Aufstiegs im Alleingang.

2.

Barmen 1875, in der Familie des Dachdeckermeisters Gustav Jacob Walter.

Wieder ein Mädchen! Der Vater läßt es sich nicht merken, daß er enttäuscht ist. Sechs Töchter bringt seine Frau zur Welt, aber keinen Jungen. „Gibt es denn etwas Schöneres als solch ein kleines Mädchen?" fragt er, als am 4. September 1875 Johanna, die Zweitälteste, geboren wird.

Diese rheinische Handwerkerfamilie unterscheidet sich gründlich von der Heinemannschen in Eschwege. Hier herrscht Wohlstand. Im Boom der Gründungsjahre sind tüchtige Dachdecker gefragt. In Barmen und der weiteren Umgebung werden der Firma Walter, spezialisiert auf Kupferdächer, an vielen großen neuentstehenden Gebäuden die Dach- und Installationsarbeiten übertragen. Schon ein Jahr nach der Geburt Johannas kann die Familie ein eigenes neues Schieferhaus, drei Stock hoch, mit grünen Fensterläden beziehen. Als Gustav Walter 1913 mit 72 Jahren als einer der angesehensten Bürger stirbt, besitzt er sieben Häuser, ein beträchtliches Vermögen. Zu den aufgeblasenen Neureichen des wilhelminischen Deutschland hat er dennoch nicht gehört. In den freien Stunden liest er Bücher, spielt gern Schach oder singt mit seinen Töchtern. Erlaubt es das Geschäft, gibt er dem Fernweh nach, reist in viele europäische Länder, bis nach Afrika und USA. 1868, als 27jähriger, fährt er mit einem Schwager über die Alpen, um, so heißt es, sich Garibaldis Kampf für Italiens Freiheit und Einheit anzuschließen. Ein solches Engagement ist in dieser Familie nichts Außergewöhnliches. Der Vater sowie dessen beide Brüder hatten in der Revolution von 1848 für die gleichen Ziele in ihrem Land gekämpft. Der eine, Freischar-Offizier im Badener Aufstand, mußte über Frankreich nach den USA fliehen; dort ist er verschollen. Der zweite Bruder wurde im Gefecht von Waghäusel verwundet und starb in den Rastatter Kasematten. Nur Gustav Walters Vater kam zurück nach Barmen und sorgte, wie dann auch sein Sohn, für die Familien der Brüder mit.

Gustav Walters politisches Engagement ist bestimmt durch die schwarz-rot-goldene Familientradition. Er wird Mitglied der 1861 entstandenen Deutschen Fortschrittspartei (der späteren Deutschfreisinnigen Partei), die unter der Führung Eugen Richters für eine parlamentarische Demokratie und eine streng liberale Wirtschaftspolitik eintritt und im Deutschen Reichstag heftig gegen Bismarck opponiert. Im Wahlkreis Elberfeld-Barmen gelingt es ihr zu Beginn der achtziger Jahre sogar einmal, die dort führenden Sozialdemokraten bei der Reichstagswahl zu schlagen.

Von 1887 bis zu seinem Tod sitzt Walter in der Barmer Stadtverordnetenversammlung, arbeitet in der Bau-, Krankenhaus-, Feuerlösch-, Schlacht- und Viehhofkommission und übernimmt zahlreiche andere kommunale Ehrenämter – zum Nutzen der Gemeinde, von Nutzen sicherlich auch fürs Geschäft.

Konservativ ist in diesem liberalen Bürgerhaus nur eines: die Erziehung der sechs Töchter. Mit vierzehn werden sie von der Schule abgemeldet, bekommen blaugedruckte Haushaltskleider und müssen nun zuhause helfen: Tischdecken, Abräumen, Aufräumen, Spülen, Bettenmachen. Am Sonntagmorgen reibt ihnen die Mutter Ochsenpomade in die schwarzen langen Haare, damit sie recht schön glänzen. Sittsame Vergnügen unter Aufsicht von Erwachsenen sind erlaubt: Tanzstunde für Bürgertöchter im Hotel Plaubel, Darstellung lebender Bilder beim Wohltätigkeitsfest fürs Rote Kreuz, Bedienen der Bierhallen-Gäste beim Einweihungsfest der Barmer Ruhmeshalle. Bei diesem Ruhmeshallen-Fest im Oktober 1897 lernt der damals 33jährige Otto Heinemann das 22jährige Fräulein Walter kennen. Acht Wochen später sind sie schon verlobt. Realistisch schildert die 84jährige Johanna Heinemann, wie damals Ehen begründet wurden:

„Beim Bedienen hat mich Otto beobachtet. Da hat erst mal gedacht: ‚Die kann was, in der Art!'... Wir tanzten dann zusammen, weiter war da nix. Später hat er mir auch mal eine Postkarte geschrieben. Einfach einen Heiratsantrag hat er mir gemacht, und dann war's erledigt. Dann hat mein Vater sich fünf Wochen besonnen. Aber in den fünf Wochen hätte er doch nicht ins Haus kommen dürfen! Mein Mann sagte ja selbst, er hätte mich gar nicht gekannt. Ich glaube ganz sicher, daß ihn irgendein Herr auf mich aufmerksam gemacht hat. Es war eine Vernunftsehe... er hat gesehen, daß ich hauswirtschaftlich was konnte.

Vor der Haustüre hat er mich in den fünf Wochen auch schon mal angesprochen. Dann gingen wir ein Stück zusammen... Mutter und mich begleitete er auch gemeinsam. Aber was ist das schon! Doch kein Kennenlernen!"

Noch bevor Otto Heinemann seine Frau genauer kennenlernt, lernt er in langen ernsthaften Gesprächen seinen Schwiegervater kennen. Eine Männerfreundschaft wird begründet. Dem alten Walter imponiert „dieses Draufgehen", diese Zielstrebigkeit seines künftigen Schwiegersohnes, der seit einigen Jahren als Spar- und Stadtkassenkontrolleur im nahen Schwelm beschäftigt ist und gewiß noch weiterkommen wird. Dieser wiederum spricht in seinen Erinnerungen von keinem Menschen mit so viel Wärme wie von seinem Schwiegervater. Beide Männer verbindet die Begeisterung fürs Turnen, starkes politisches Interesse, eine antikirchliche, freireligiöse Haltung. Sie entspringt bei Walter der achtundvierziger Tradition. Wie andere Liberale verzeiht auch er der Kirche nicht, die freiheitliche Bürgerrechtsbewegung im Stich gelassen und das Bündnis von Thron und Altar im Bismarck-Reich fortgesetzt zu haben. Otto Heinemann fühlt sich durch den bewunderten väterlichen Freund bestätigt. Führen nicht auch eine moderne Naturwissenschaft und Technik das Christentum „mit seinem Wunderglauben" ad absurdum? „Die Verachtung irdischer Güter, der Errungenschaften von Kunst und Wissenschaft, konnte primitiven Hirtenvölkern genügen, nicht aber den höher entwickelten Kulturvölkern ... Das Christentum paßt nicht mehr in unsere Zeit, jedenfalls nicht in seiner orthodoxen Form ..." Gustav Walter und Otto Heinemann werden Anhänger Ernst Haeckels und des von ihm vertretenen Monismus.

Religion, Politik, Finanzen und Beruf - das sind Gesprächsthemen für Männer, an denen Frauen nicht beteiligt werden. Von ihnen wird erwartet, daß sie „das eigene Heim so schön und angenehm wie möglich gestalten", sparsame Hausfrauen, gute Köchinnen, treue Lebensgefährtinnen und liebevolle Mütter sind. Johanna Heinemann hat sich zu Hause untergeordnet, wie selbstverständlich fügt sie sich ihrem jungen Ehemann. „Ich tat nur, was er wollte ...". Gleich zu Beginn der Ehe übergibt er ihr mit dem wöchentlichen Haushaltsgeld von vorerst zwanzig Reichsmark ein dazugehöriges Haushaltsbuch und bittet um genaueste Führung. Bevor er abends zu Vorträgen, Versammlungen oder auch zum Kartenspiel mit Freunden und Kollegen geht, kontrolliert er noch das Haushaltsbuch.

Das Paar hat sich in Schwelm eine geräumige Dreizimmer-Wohnung in einem neuerbauten Mietshaus eingerichtet. Neun Monate nach dem Hochzeitstag, am 23. Juli 1899, zeigten Otto Heinemann und Frau hocherfreut die glückliche Geburt „eines prächtigen Sohnes" an. Er erhält nach seinem Großvater den Namen Gustav Walter.

3.

Essen 1906. Hier, im Zentrum des Ruhrgebiets, prallen die Jahrhunderte, das vergangene und das gerade erst beginnende, aufeinander. Hier stoßen sich die Gegensätze, erzeugen Spannung. Die Stadt ist konturlos und häßlich, ein von Kohlenstaubschwaden überzogenes Gewirr. In den engen, winkligen Gassen des alten Stadtkerns stehen noch Fachwerkhäuser mit hölzernem Giebelrahmen, mit geschnitzten und gemalten Hausinschriften. Gleich daneben Fabrikanlagen, Fördertürme, Kokereien. Kohlen- und Schlackenhalden. Mitten in der Stadt, am neuerbauten Hauptbahnhof, das Walzwerk Schulz & Knautsch. Über den Bahnhofsvorplatz rattert ab und an die Elektrische in ihrer Schmalspur. An Sonn- und Feiertagen eine trostlose Idylle.

Von Rauch und Kohlenstaub verschmutzt die Fassaden der neuen Geschäftshäuser und Banken, verschmutzt auch die schieferbedeckten bergischen Wohnhäuser des Mittelstandes, die Reihenhäuser und Baracken in den Arbeiterkolonien. Hohe Mietskasernen mit Seitenflügeln und sonnenlosen tristen Hinterhöfen wie in Berlin gibt es nicht in Essen. Krupp will das nicht. Viele der Häuser haben einen Garten. Dennoch - nichts fügt sich zusammen. Die Stadt ist planlos, viel zu schnell gewachsen. Ihre Einwohnerzahl hat sich seit 1870 vervierfacht, das Stadtgebiet durch zahlreiche Eingemeindungen seit der Jahrhundertwende fast verdreifacht. Fast 240 000 Menschen leben jetzt in dieser während zweier Generationen hochgeschossenen Industriewelt.

Nur etwas über die Hälfte der Bewohner sind in der Stadt geboren. Viele sind erst in den letzten zehn oder zwanzig Jahren, angezogen von der rapiden Industrialisierung und den damit verbundenen Arbeitsmöglichkeiten, zugewandert: hauptsächlich aus der näheren Umgebung, aus dem Rheinland und Westfalen, dem Hessischen und den preußischen Ostprovinzen. Von weither kommt die fromme ostpreußische Landarbeiterfamilie, die das Deutsche nicht beherrscht, weil man zuhause nur masurisch sprach. In der furchterregenden Fremdheit dieser Industriewelt klammert sie sich an den heimatlichen Lebensstil, sucht nach Haustieren, einem kleinen Acker, flüchtet zu gleich hierher verschlagenen Glaubensbrüdern in strengreligiöse heimatliche Gebetsvereine, Sekten. Erst der Generation der Kinder und der Enkel gelingt die Anpassung an städtisches Leben. Die Väter arbeiten bei Friedrich Krupp.

Von nahe, aus der Gegend kommt einer jener Männer, die zuständig für diese zugewanderten Masuren sind. Im Dezember 1900 ist Otto Heinemann in die Stadt gezogen. 265 andere Bewerber um den Posten hat er aus der Konkurrenz geworfen und ist Angestellter im Büro für Arbeiterangelegenheiten bei der Firma Krupp geworden. Später übernimmt er die Leitung des Büros.

1906 ist für die Familie Heinemann ein bedeutungsvolles Jahr. Gustav, von seinen Eltern zärtlich ,,Tüpp" genannt, kommt in die Schule. Der Vater kandidiert als Vertreter des Nationalen Vereins, dem hauptsächlich Nationalliberale angehören, erfolgreich für die Essener Stadtverordnetenversammlung. Und in seiner Firma, der Friedrich Krupp AG, hat sich der Kaiser angemeldet.

Im Mai 1906 verlobt sich Fräulein Bertha Krupp mit dem Großherzoglich Badischen Kammerherrn und Königlichem Legationsrat Dr. Gustav von Bohlen und Halbach. Zur Hochzeit im Oktober kommt Wilhelm II. aus Berlin. Die Familie Krupp läßt sich diese freudigen Ereignisse was kosten; drei Millionen stiftet sie, u. a. um den Wohnungsbau für die ,,minderbemittelten Kreise" zu forcieren.

Die Millionenspenden entheben diese Kreise nicht der Pfennigsorgen, denn in Essen wird Leben und Sterben jährlich teurer. Die Fleischpreise sind in den letzten Jahren um ein Drittel angestiegen, und selbst die mittelständischen Familien können sich Schweine- oder Rindfleisch für jetzt 74 bzw. 83 Pfennige das Pfund nur an Sonn- und Feiertagen leisten. Den Grabpreis hat die Stadt um fast die Hälfte, auf fünfzig Reichsmark, angehoben. Die allgemeine Teuerung trifft vor allem jene, die nicht in den Großbetrieben, sondern im Kleingewerbe tätig sind. Weil sie mit ihren

Löhnen nicht mehr auskommen können, streiken im Frühjahr und Sommer 1906 die Essener Schneider- und Schreinergesellen sowie die Fliesenleger. Schließlich wird der ortsübliche Tagelohn für Männer von 2,80 auf 3,40 RM und für Frauen von 1,50 auf 2,20 RM angehoben. Das bedeutet, daß Frauen für einen neuen billigen Mantel etwa neun Tage, für ein Paar Schuhe etwa eine Woche täglich zwölf Stunden arbeiten müssen. Die Miete für ein einfaches Arbeiterreihenhaus mit Stall und Garten betrug um diese Zeit etwa 170 Mark im Jahr.

Auch bei den Heinemanns gibt es nur sonntags Braten und in der Woche Milchreis mit Zucker und Zimt, Heringe mit Schnippelbohnen oder durch abgekochte Rinderknochen halbwegs kräftige Suppen. Aber das Familienoberhaupt hat doch bereits wichtige Erkennungsmerkmale des Bürgers vorzuweisen: ein jährliches Gehalt von etwa sechstausend Reichsmark samt Pensionsberechtigung, dazu ein eigenes Haus, das sich Otto Heinemann mit Hilfe seines Schwiegervaters, der Firma Krupp und des selbst Ersparten für 42 000 Mark gebaut hat. Auch ein Dienstmädchen und ein Logen-Abonnement im Stadttheater kann sich die Familie schon leisten. Bei den Kommunalwahlen nach dem preußischen Dreiklassenwahlrecht gehört Heinemann in Essen-Rüttenscheid, einer Wohngegend für Aufsteiger und Aufgestiegene, zu jenen 780 Wahlberechtigten in der zweiten Abteilung, die jährlich mehr als 100,60 RM, aber weniger als 444,30 RM Steuern zahlen. In der ersten Abteilung wählen 167, in der dritten über dreitausend Rüttenscheider, aber jede entsendet die gleiche Anzahl Parlamentarier in die Stadtverordnetenversammlung.

Die Heinemanns leben zwar sehr sparsam, wie sie es von Hause aus gewöhnt sind, aber die erstrebte Teilnahme an „menschlichen Kulturgütern" können sie sich nun leisten. Das Angebot ist reichlich, denn die Essener Stadtväter und Bürger tun viel, um zu beweisen, daß in ihrer durch die Industrialisierung so schnell gewachsenen Stadt auch die Schönen Künste blühen. Die Literarische Gesellschaft lädt Richard Dehmel ein, die Musikalische Gesellschaft Hans Pfitzner und Max Reger. Auch Gustav Mahler und Richard Strauß dirigieren 1906 in Essen. Der Direktor des Städtischen Theaters, angehalten, „nur solche Stücke zur Aufführung zu bringen, welche keinerlei Anstoß erregen können", setzt neben Klassikeraufführungen hauptsächlich Hermann Sudermann, August Strindberg und Anzengruber auf den Spielplan und nimmt als Kassenschlager den „Raub der Sabinerinnen", „Pension Schöller" und „Charlys Tante" ins Programm.

An Sommerabenden spielt das Städtische Orchester oder eine Militärkapelle im Stadtgarten auf, während die Essener Bürger durch die Anlagen promenieren und sich Neuigkeiten oder Klatsch erzählen. Neunmalkluge wissen in diesem Jahr, 1906, sogar zu berichten, in Amerika hätten zwei Brüder namens Wright „mit einem von ihnen nach Beobachtung des Vogelflugs erfundenen Apparat sich fünf Meter hoch vom Boden erhoben und so eine Strecke von fünfzig Metern durchflogen". Doch so Unglaubliches wollen selbst die technikgläubigen Essener nicht glauben.

4.

Von Zeit zu Zeit wird Tüpp, das hübsche Kind, herausgeputzt. Seine Mutter zieht ihm Pumphöschen und kleine, bis zu den Knien reichende Lederstiefel an, die Bluse aus dem feinsten Samt, umlegt von einem breiten Klöppelkragen, der mit einer großen Seidenschleife zugehalten wird. Klöppelbesatz ziert auch die Ärmelenden. Und so wird der Stepke gegen seinen Willen zu Kessler, dem Hofphotographen am Hauptbahnhof, geschleppt. Der stellt ihn erst einmal in Positur. Auf den Kopf bekommt er einen breiten hochgeschlagenen Strohhut, in die Rechte einen Kinderdegen. Im Hintergrund ein Palmentopf. „Kuckuck" ruft Kessler unter seinem schwarzen Tuch. Ein paar Tage später steht das neueste Tüpp-Porträt auf dem Klavier, und der Vater freut sich.

Otto Heinemann weiß sehr genau, wie er seinen Sohn erzogen haben will: als ,,Kerl, der sein Jahrhundert in die Schranken fordert". ,,Mache den Jungen niemals bange", schreibt er seiner Frau und verspricht dem Fünfjährigen einen Taler für die erste eingeworfene Fensterscheibe. Früh soll er in größtmöglicher Freiheit lernen, Furcht zu überwinden, sich zu wehren und sich durchzusetzen. Dankbar schreibt später der erwachsene Sohn: ,,Nur so bin ich dahin gekommen ..., mir einen eigenen Willen zu formen. Wie kaum ein Zweiter würde ich durch natürliche Zaghaftigkeit und Autoritätsgläubigkeit ein ausgezeichnetes Objekt einer knetenden und tyrannisierenden Erziehungskunst geworden sein, wenn ich das Unglück gehabt hätte, einer solchen ausgeliefert zu werden."

Der Vater stellt zwar pädagogische Grundsätze in der Familie auf, verwirklichen kann sie eigentlich nur die Mutter. Denn Otto Heinemann ist ,,rastlos tätig", selten nur zu Hause und auch dann in seinem Arbeitszimmer bis Mitternacht mit ,,Lesen und Studieren" beschäftigt. Wie in so vielen anderen Familien ist er die stets bewunderte Respektsperson, nach deren Willen sich die anderen richten, deren Lebensstil sie sich anzupassen haben. Gefühle zeigt man nur der Mutter. Gustav Heinemann und seine beiden jüngeren Schwestern hängen zärtlich an dieser sehr lebendigen, schönheitsliebenden, schwärmerischen und kapriziösen Frau. Zu ihren Lieblingsautoren gehören Cäsar Fleischlen und Tagore. Sie geht gern aus, besucht die Oper, viele Konzerte und sucht sich Freundinnen in Essener Künstlerkreisen. Haushalt und Küche interessieren Johanna Heinemann nicht sonderlich; Spaß macht ihr, mit den Kindern kostümiert zum Karneval zu gehen, zuhause Kinderfeste zu veranstalten. Mit viel Geschmack und Phantasie hat sie die Wohnung eingerichtet, und weder gutes Zureden noch geharnischter Protest ihres Mannes bringen sie von der Marotte ab, ständig die dafür eigens auf Speckschwarten stehenden Möbel umzustellen, neu zu arrangieren.

Auch noch im 20. Jahrhundert wirkt die wilhelminische Schule liberalen Erziehungsgrundsätzen entgegen. Dem ersten Zeugnisheft von Gustav Heinemann ist ,,Ein Wort an die Eltern und Vormünder" beigegeben, mit dem diese aufgefordert werden, ihr Kind zu ,,Gehorsam und williger Folgsamkeit gegen seine Lehrer" anzuhalten. Gern hat Gustav Heinemann die Schule nicht besucht. Die Zeugnisse sind mittelmäßig. Oft, so sagt er später, habe er im Unterricht eine ,,Maske" aufgesetzt, sich nur selten so gezeigt, ,,wie ich wirklich war oder doch langsam wurde". Dann ,,schnitt ich ... ganz ketzerische Fragestellungen an, aber nur selten war ich von ihrer Beantwortung befriedigt".

Gustav Heinmann verläßt die Schule im Sommer 1917 ,,mit dem Gefühl einer herrlichen Erleichterung, zugleich aber auch ... der Rache für die vielen Stunden der Mißachtung und Unterdrückung". Diese Schule, so meint er als Student, sei nur darauf eingestellt gewesen, ,,die junge Generation einzuexerzieren für eine hergebrachte, starre, rein äußerliche Ordnung unseres Lebens und ihre Seelen zu uniformieren, damit sie sich überall reibungslos einfügen, ohne großes Rückgrat, ohne eigenen Willen ... Da wachsen keine Persönlichkeiten, sondern – bestenfalls – 'artige Kinder'. Was ich geworden bin, bin ich trotz aller Schulerziehung geworden."

Wie auch schon beim Vater, der bewaffnet mit Holzsäbel und Papierhelm mit anderen Jungen und ,,kriegerischem Lärm" durch seinen Heimatort gezogen war, gehört zu den Lieblingsbeschäftigungen von Tüpp, Krieg gegen die Franzosen zu spielen. Aus einem Kinderheim berichtet er: ,,Wenn es schönes Wetter ist, gehen wir ins Manöver. Die 2. Kompanie, bei der ich Fahnenträger war, und die Kanonen mit 12

Jungen, welche Pferdedienste versahen, marschierten zuerst ab ... Endlich ... erschien der sehnlichst erwartete Feind ... Beim Angriff ging allerdings unsere Fahne verloren ... Der Sieg war auf der Seite der 2. Kompanie, denn sie schlug den Feind gänzlich in die Flucht ...".

Die Kinder spielen Krieg, und die Erwachsenen machen Krieg. Die Kinder „töten" ihre Gegner mit dem Korken: die Erwachsenen töten aus den Geschützrohren der Feld-, Festungs-, Schiffs- und Küstenartillerie mit dem Kruppschen Markenzeichen.

Der fünfzehnjährige Gymnasiast erlebt den Weltkriegsausbruch bei seiner Großmutter in Barmen. Die Sozialdemokratie des Wuppertales hat, wie die SPD in Essen und im ganzen Reich, in den letzten Julitagen zu einer Antikriegs-Kundgebung aufgerufen. Danach ziehen Tausende durch die Straßen, singen die „Internationale" und die „Marseillaise", rufen „Nieder mit dem Krieg" und „Hoch die SPD". Eine Woche später, am 4. August 1914, erklärt der Kaiser: „Ich kenne keine Partei mehr, ich kenne nur Deutsche." Die sozialdemokratische Fraktion im Deutschen Reichstag bewilligt einstimmig die Kriegskredite. Angesteckt von allgemeiner Kriegsbegeisterung, zieht auch die Sozialdemokratie des Wuppertals ins Feld.

Ob in Barmen oder Essen – überall das gleiche: als ein Offizier in Barmen die Mobilmachungsorder öffentlich verliest, erschallt „ein donnerndes Hurra". Auch Gustav Heinemann ruft mit Hurra. Als der Vater und dessen Mitarbeiter im Betrieb erfahren, daß mobil gemacht wird. „atmet alles auf", „Hochstimmung", eine „ungeheuere Begeisterung" kommt auf. „Deutschland war innerlich und äußerlich geeint." Otto Heinemann mag vorübergehend sogar seinen langgehegten Haß auf Wilhelm II. vergessen haben, denn er erkannte sehr genau, wie beschränkt und unfähig dieser Hohenzoller war. Seine eigenen politischen Ansichten prägten soziale und demokratische Impulse („sozial fühlen, denken und handeln; gleiche Rechte und Pflichten für alle!") sowie eine damals weitverbreitete nationalistische Gesinnung: „Deutsch sein und national sein, mein Vaterland über alles ..."

Dieser Nationalismus beseelt auch den fünfzehnjährigen Sohn. In einem mit „Sehr gut" bewerteten Schulaufsatz schreibt er kurze Zeit nach Kriegsausbruch: „Begeistert opfert jeder Hab und Gut, ja sein Leben für das Vaterland... Ohne Zweifel haben wir jetzt schon einen hohen moralischen Gewinn zu verzeichnen. Die guten Eigenschaften unseres Volkes haben völlig die Oberhand gewonnen. Wenn der Krieg den erhofften günstigen Ausgang für uns nimmt, ist ein neuer Aufschwung und ein weiteres Emporblühen unseres Vaterlandes zu erwarten und die erlittenen, unvermeidlichen Verluste werden bald ausgeheilt sein."

Auch Gustav Heinemann will siegen helfen. In Versform wird der Senior angefleht:

> „Vater! Warum darf ich nicht?
> Während meine Brüder streiten,
> Tapfer Schmerz und Tod erleiden...
> Kaum laß ich mich hier noch halten,
> Möchte auch die Feind zerspalten!"

Die Wartezeit bis zur ersehnten Einberufung wird mit der regelmäßigen Teilnahme an „Übungen zur militärischen Vorbereitung der Jugend" ausgefüllt. Doch als er im Juni 1917 zusammen mit anderen Rekruten zum in Münster stationierten Feldartillerie-Regiment 22 in Marsch gesetzt wird, ist bei den Älteren der Siegesrausch schon längst zerstoben.

Anstelle der eingezogenen Männer müssen nun viele Frauen und Jugendliche Kanonen bauen und Granaten drehen. Als der Krieg begann, arbeiteten bei Krupp 1621 Frauen, vier Jahre später sind es über 20 000. Die im zweiten und dritten Kriegsjahr rationierten Lebensmittel werden immer knapper. Besonders für die Schwerarbeiter reichen die Zuteilungen auf die Bezugskarten nicht aus. Bei Krupp verdreifacht sich der Krankenstand. Im Winter 1916/17 bleiben die Kartoffellieferungen aus, dafür werden Steckrüben ausgegeben. Wegen der gänzlich unzureichenden Ernährung legen Arbeiter von Sommer 1916 an immer häufiger die Arbeit nieder. In Münster erhalten die neuen Rekruten nur noch aus Flicken zusammengenähte Uniformen und viel zu große Stiefel, die ihnen von den Füßen fallen. Gustav Heinemann bringt es zwar schon nach vier Wochen zum besten Richtkanonier der Batterie, aber damit ist seine Militärlaufbahn auch schon zu Ende. Er wird schwer krank und schließlich als nur noch „Garnisonsverwendungsfähig Heimat" in den Kriegshilfsdienst zu Krupp geschickt. Dort arbeitet er von Juni bis November 1918 im Büro des Gartenbauvereins, zuständig für die „Erledigung des Briefwechsels über den Ein- und Verkauf von Gemüse" und „die Abwicklung der Lieferungsverträge".

Im September 1918 kommt noch einmal der Kaiser auf Besuch. Den zu einem Abendessen in die Kruppsche Villa Hügel eingeladenen Gästen versichert er, alles stände noch zum besten. Außerdem spricht er von Kronen, die er zu verteilen habe. Am nächsten Tag verteilt er Zigarren an kaisertreue Kruppsche Arbeitnehmer. Wer für Durchhalteparolen immer noch empfänglich ist, darf auf der Kaupenhöhe miterleben, wie Wilhelm II. erregt den Säbel auf den Boden stößt und sich selber Mut einredet: „Ihr an eurem Amboß, ich auf meinem Thron wollen kämpfen und durchhalten bis zum letzten ... Wer das will, der antworte mit Ja". „Ja" schreien seine Zuhörer zurück.

Ein paar Wochen später bricht die Revolution in Essen ein. Nicht wie ein reinigendes Gewitter, auf das die Menschen lange warten, kommt sie über diese Stadt, nicht wie eine langersehnte Befreierin wird sie empfangen – die Revolution wird eher schweigend eingelassen. Nur auf dem Bahnhofsvorplatz haben sich am 8. November 1918 ein paar hundert Menschen angesammelt, um von auswärts angereiste revolutionäre Matrosen und Soldaten zu empfangen. In der Stadt ist es ruhiger als sonst. In den Abendstunden ziehen Soldatentrupps durch die Theater, größeren Restaurants und Cafés und fordern Militärpersonen auf, ihre Waffen abzugeben. Gegen 21 Uhr erreichen einige der Soldaten mit umgehängten Gewehren, doch ohne Rangabzeichen und Kokarden, den Essener Saalbau, wo das Städtische Orchester sein 4. Sinfonie-Konzert in diesem Jahre gibt. Unter den Zuhörern sitzen der 19jährige Gustav Heinemann und seine Mutter. Während das Orchester mit der Solistin Fräulein Clemens Bortkiewicz' Klavierkonzert in B-Dur spielt, werden die Saaltüren aufgrissen, und es erscheinen die revolutionären Soldaten. Das Konzert wird unterbrochen. Die Männer erklären, der Militarismus sei gestürzt, gehen durch die Reihen, schneiden Offizieren die Schulterstücke von den Uniformen, und dann verschwinden sie wieder. „Es gab einigen Tumult, aber keine Gegenwehr." Einige Konzertbesucher eilen nach Hause, doch die meisten bleiben. Musikdirektor Fiedler bittet das Publikum, doch wieder Platz zunehmen, hebt den Taktstock und läßt weiterspielen.

Während der junge Heinemann und seine Mutter zusammen mit den anderen zurückgebliebenen Konzertbesuchern Tschaikowskys Romeo-und-Julia-Ouvertüre hören, wird in der Redaktion der sozialdemokratischen Arbeiter-Zeitung Essens schon die erste Rüge wegen „unzulässiger Ausschreitungen" formuliert. Sind hungrige Arbeiter in Lebensmittelläden eingedrungen? Haben Revolutionäre das Kruppsche Werk besetzt und zum gesellschaftlichen Eigentum erklärt? Nichts dergleichen.

Bei der Befreiung verhafteter Soldaten aus dem Essener Zuchthaus ließ ein ,,unkontrollierter Trupp" auch die weiblichen Zivilgefangenen frei – in den Augen sozialdemokratischer Redakteure ,,gemeine Verbrecher", deren ,,wahllose Freilassung" ein Fehler sei. Revolutionen müssen in Deutschland einen geordneten und disziplinierten Ablauf nehmen, jedenfalls wenn Sozialdemokraten dabei was zu sagen haben.

Vater Heinemanns Befürchtungen, daß diese unter Umständen wenig ,,nationalen und volksverbundenen" Leute ,,die Herrschaft des Proletariats" und den ,,Untergang der Kultur" herbeiführen könnten, erweisen sich als unbegründet. Als er am nächsten Morgen, dem 9. November 1918, in die Firma kommt, kontrollieren Mitglieder des neugebildeten Arbeiter- und Soldatenrates alle wichtigen Plätze der Fabrik. Die Arbeiter stehen auf den Straßen oder ziehen zu Volksversammlungen in die Stadt. Doch bald kehren dank ,,der besonnenen Haltung" des Arbeiter- und Soldatenrates sowie auch der Gewerkschaftsfunktionäre wieder Ruhe und Ordnung im Betrieb ein. Die Revolutionsanführer bringen die Arbeiter in die Werkhallen zurück.

Ähnlich angenehme Erfahrungen wie Herr Heinemann macht am 9. November 1918 auch der Essener Oberbürgermeister und spätere Reichskanzler Hans Luther mit den Anführern der Revolution. In den Mittagsstunden lassen sich ,,in durchaus artiger Form" Vertreter des Arbeiter- und Soldatenrates melden und zeigen sich verhältnismäßig ,,einsichtsvoll". Nichts soll zerschlagen, nur einiges verbessert werden. Erschreckend friedlich vollzieht sich der Übergang von der Monarchie zur Republik in Essen, doch Luther sieht schon ,,in aller Deutlichkeit" das Elend kommen. Umso mehr erschüttert ihn, ,,welch fröhliche Stimmung" auf den Straßen Essens in den ersten Tagen nach der Revolution herrscht. ,,Das für meine Ohren so schrecklich klingende Wort Scheidemanns vor dem Reichstagsgebäude am 9. November: 'Das deutsche Volks hat auf der ganzen Linie gesiegt', fand offenbar in den Gemütern sehr vieler, wenn nicht der meisten Essener Widerhall."

Was macht das Essener Volk so fröhlich? Der Krieg ist endlich aus! Anstelle der bisherigen Zwölf-Stunden-Schicht in den Betrieben tritt der Acht-Stunden-Arbeitstag! Und jeden Samstagnachmittag um ein Uhr können die Arbeiter nach Hause gehen! Gewerkschaftsvertreter, die ihre Gewerkschaftsmitgliedsbücher bei der Betriebseinstellung noch verbergen mußten, erscheinen nun zum erstenmal im Sitzungssaal des Kruppschen Direktoriums, um als gleichberechtigte Verhandlungspartner mit der Firmenleitung die Arbeitsbedingungen für ihre Kollegen tarifvertraglich auszuhandeln!

Otto Heinemann gehört zu den wenigen, die erkennen, daß dies nicht nur den Arbeitnehmern, sondern auch den Unternehmern nutzt; es trägt nämlich ,,sehr zu Beruhigung der Krupp-Arbeiterschaft und zur Förderung der Produktionsleistung" in seiner Firma bei.

Die Mehrheit der Essener Bürger verschließt sich solcher Einsicht. Der gemäßigte Arbeiter- und Soldatenrat, der nicht den revolutionären Wandel, sondern nur längst überfällige Reformen will, trifft auf Bürger-Unverständnis und auf Bürger-Haß. Als in der letzten November-Woche aus dem Feld heimkehrende Truppenteile durch die Stadt ziehen, hängen aus den Wohnungen und Läden um den Hauptbahnhof herum durchweg die alten schwarz-weiß-roten Fahnen. Auf Drängen des Oberbürgermeisters findet sich der Arbeiter- und Soldatenrat auch mit dieser Provokation ab.

,,Gewaltige politische Erregung" herrscht an der Münsteraner Universität, als Gustav Heinemann dort zwei Wochen nach dem Revolutionsausbruch sein Studium beginnt. Hier in Münster, bald darauf in Marburg erhält der Essener Bürgersohn inmitten des wechselnden Frontverlaufs zwischen Revolution und Reaktion seine nachhaltigste politische Erziehung.

Sich in diesen bewegten Zeiten abseits zu stellen, nichts hören und nichts sehen wollen, das erscheint ihm ganz unmöglich. Mit unbändigem Eifer nimmt er Anteil am politischen Geschehen, diskutiert mit anderen Studenten, besucht sehr viele Versammlungen und beteiligt sich an der Gründung politischer Studien-Vereine. Woran, an wen sich halten? Was hat in dieser Zeit des Umbruchs noch Bestand? die Familientradition! Die Großmutter schickt aus Barmen Briefe der beiden Brüder Walter, die für die deutsche Republik, für Einheit und Freiheit in der Revolution von 1848 fochten. Der Nachkomme stöbert in Archiven Zeitungen und Flugblätter aus diesen Jahren auf. In die republikanische Tradition der Walters fügt sich der national-liberale Antimonarchismus des Vaters. Wilhelm II. weint man in dieser Familie keine Träne nach. Der 19jährige Student begrüßt die Revolution als Fortsetzung von 1848, und für ihr wichtigstes Ergebnis hält er die parlamentarische Republik. Eine möglichst breite Basis soll sie finden; dafür zu kämpfen, meint er, sei nun die Hauptaufgabe aller Demokraten.

Wer bedroht die junge Republik? Im Winter 1918/19 steht der Feind für Gustav Heinemann vor allem links. Seine Sorge, die Republik werde durch extreme Positionen, durch jene, die die Revolution weiter, hin zum Sozialismus treiben wollen, nur gefährdet, läßt ihn vornehmlich in den Anhängern der USPD und den Spartakisten die Hauptgegner einer demokratischen, um Ausgleich bemühten Mitte sehen, der er sich aufgrund seiner Herkunft und Erziehung zugehörig fühlt. Auf Versammlungen agitiert er gegen ein Sozialismusbild, das viel zu schön sei, um auch wahr zu sein, gegen Klassenkampf, „Sozialisierung und Zwangswirtschaft", und freut sich, wenn „den Spartakisten ... der Kopf zurechtgesetzt" wird. Der Aufstandsversuch von links treibt ihn nach rechts, in eine studentische Bürgerwehr „zur Aufrechterhaltung der Ordnung und Sicherung des Eigentums". „Alle Mann ans Werk! Das Ziel: endgültige Niederwerfung aller Spartakusaufstände!", schreibt er im März 1919 an die Eltern.

Ganz anders klingen die Briefe, die sie von ihrem Sohn einige Monate später aus Marburg, seinem neuen Studienort, erhalten. Jetzt sieht er den Feind vor allem rechts, sieht Demokratie und Republik bedroht:

- durch die „entsetzliche Weltfremdheit" politisierender Generäle wie des Herrn von Ludendorff;
- durch den unablässigen Versuch von rechts, „Volkskreise und Parteien in national und nicht-national" zu scheiden;
- durch eine „lebhafte reaktionäre Propaganda" von Großgrundbesitzern, Unternehmern, Geschäftsleuten, Offizieren, Beamten und Pastoren, die daran gewöhnt sind, den Staat mit ihren eigenen Interessen gleichzusetzen und nun um ihre Privilegien fürchten. Die „den vierjährigen wahnsinnigen Krieg" vergessen lassen und „den 9. November allein zum Tage alles Unheils" stempeln wollen. Denen „alle Mittel recht sind. ... die Regierungsgewalt zu untergraben".

„Das rechtsstehende Bürgertum muß erkennen, daß es Irrwege geht ... Nur rückhaltlose Anerkennung der Demokratie und des Parlamentarismus, Einstellen jeder Wühlarbeit gegen die bestehende Regierungsgewalt, Verzicht auf jegliche Sabotage und Nachgeben in allen berechtigten Forderungen der Arbeiter können die große Spaltung und den rücksichtslosen Kampf ... verhindern", schreibt der junge Heinemann in der Hessischen Landeszeitung vom 27. November 1919.

In Marburg hat er sich der Demokratischen Studentengruppe und der Deutschen Demokratischen Partei angeschlossen und neue Studentenfreunde gewonnen: Viktor Agartz und Ernst Lemmer. Der Einfluß der Freunde und anderer demokratischer Parteimitglieder sowie eigene Erfahrung revidieren das bisherige Feindbild. Im März

1920, als der Kapp-Putsch ausbricht, beteiligt sich Gustav Heinemann in einer Volkskompagnie am Schutz der Republik. Der Putsch von rechts wird zu einem Schlüsselerlebnis für den jungen Bürgersohn.

Dem Vater war gelungen, was der Eschweger Familie als höchst erstrebenswertes Ziel erschien: der Aufstieg in das Bürgertum, in eine Klasse, die für die Heinemanns im kaiserlichen Deutschland nicht nur materiellen Wohlstand verkörperte, sondern im Unterschied zu großen Teilen der Arbeiterschaft wie auch des Adels hohe Tugenden und Werte, Freiheits- und Fortschrittsstreben.

Für den Sohn wird dieses Bürgerbild zum Trugbild. Sind „Wohlstand, Genuß, Kultur" nicht „auf Kosten einer Mehrheit", der Arbeiter, entstanden? fragt er. Was ist aus dem „anfänglich solidarischen Streben" des Bürgertums nach „allgemeiner Freiheit" denn geworden? Hat es „im Endergebnis" nicht „zur Auflösung der Solidarität" geführt? „Der wirtschaftliche Egoismus, das Gewinnstreben hat jeden Gemeinschaftsgeist vernichtet und alle Ideale ausgelöscht." Nur noch „Ruhe und Ordnung" will der deutsche Bürger.

Der Bürger Gustav Heinemann wird zu einem der hellsichtigsten Kritiker des deutschen Bürgertums im 20. Jahrhundert.

5.

Sein Bild kommt uns im Briefmarkenformat am Frühstückstisch entgegen. Es ist in Öl gefertigt worden, mit Buntstiften in Kinderzimmern. Es gibt ihn, je nach Wahl, auf Glanzpostkarten, karikiert, als Titelfoto. Doch das Gedächtnis bewahrt uns sein Porträt sinnbildhaft als Holzschnitt, kunstlos in der Form, mit wenigen kräftigen Linien, dem wir den Titel „Der Bürgerpräsident" gegeben haben: gradlinig, ohne Rankenwerk, dem Pomp abhold und sich „Gedöns" verbittend. Nein, nicht altväterlich-gemütlich wie der erste Bundespräsident, vielmehr puritanisch, pflichtbewußt, stetig und ganz einfach. Kein kunstverständiger Schöngeist, ein zundertrockener Jurist. Nach Widersprüchen, gar nach Abgründen in dem Charakterbild zu suchen, dazu forderte er nicht auf, also lassen wir es bleiben. Legen wir den Holzschnitt mal beiseite.

Bei Gustav W. Heinemann vereinte sich, was gemeinhin als sehr widersprüchlich gilt. Man konnte ihm begegnen am Vorstandstisch von Rheinstahl Essen und als Mitglied des Parteivorstands der SPD, in der CDU oder bei deren großer Widersacherin, der GVP; ob man ihn als Bewerksdirektor aus den dreißiger oder als Gast der APO aus den sechziger Jahren kannte – er konnte wortkarg wie kein zweiter sein. Zuhören mochte er stundenlang; aufmerksam, sehr konzentriert. Den anderen steht der Wunsch auf dem Gesicht geschrieben, nun möge er sich endlich äußern. Bedächtig sah er kurz auf, blickte freundlich in die Runde – schwieg. Und dieser große Schweiger unter unseren Präsidenten erzielte seine stärkste Wirkung durch die Reden.

In dem, was er dort ausgedrückt hat, wie in seinem Handeln sollte eigentlich verwirren, weil es selten ist und doch bei ihm ganz selbstverständlich wirkte: die Verbindung von Moral und Pragmatismus, von Realitätssinn und Prinzipientreue. Der Rechtsanwalt Dr. Heinemann in Essen hat sich in manchen schwierigen Fällen nüchtern zum Vergleich entschlossen. Aber dreimal hat er eine Sache bis zu den Verfassungsrichtern in Karlsruhe durchgefochten. Da ihm, dem Demokraten, politische Organisationen nicht als Ersatzkirchen, sondern als Zweckverbände galten, hat er in fünf verschiedenen Parteien zu tun versucht, was ihm wichtig dünkte. Aber sich den Nazis anzuschließen, wäre nie in seinen Sinn gekommen. Weil ihm Überzeugung mehr bedeutete als Ministerposten, gab er 1950 seinen Platz am Kabinettstisch Konrad Adenauers auf; der Wiederbewaffnung wollte er fünf Jahre nach dem Krieg nicht dienen. In die Große Koalition mit den Unionsparteien ist er sechzehn Jahre später mit viel weniger Vorbehalten eingetreten als andere der neuen Bündnispartner. Der Kompromiß erschien vernünftig, eine Alternative sah er nicht. Prinzipien hat er in der Koalition mit Kiesinger und Strauß nicht aufgegeben, seine Justizreformen können sich sehen lassen. Den Alltagsschlauen in der Politik wünscht man seine Grundsatztreue, denen in der Sonntagsschule heinemannschen Pragmatismus.

Als er 1966 als Justizminister in die Bonner Rosenburg einzieht, gesteht er seinen neuen Mitarbeitern, ein sehr ungeduldiger Mensch zu sein. Biographen werden dafür Beispiele schon in seiner Kindheit finden. Der Siebenjährige kommt aus der Schule heim und beschwert sich bei der Mutter: ,,Widder nix gelernt, nix als e und i geschrieben." Der Siebzigjährige lädt Mitglieder der Humanistischen Union zum Gespräch ins Bundespräsidialamt und fällt dann einem unwirsch in die Rede: ,,Was Sie hier erzählen, weiß ich alles schon." Seine Ungeduld konnte sich in Grantigkeit, auch im Zornausbruch entladen. Enorme Selbstbeherrschung war die Regel, aber in den Händen und der Haltung drückte sich noch die Spannung aus. Und doch begegnet man nur wenigen Menschen, die in Entscheidungsstunden ihres Lebens soviel Gelassenheit wie dieser Mann bewiesen haben. Einer der Ungeduldigsten in den Geschäften, die er zu betreiben hatte, war einer der Ruhigsten in diesem Lande. Auch schweigend noch ein Mittelpunkt, übertrug er Ruhe auf den Freundeskreis, auf Sitzungen und Staatsempfänge. Sie kam aus bürgerlichem Selbstbewußtsein und wuchs mit der Selbstsicherheit des Juristen. Am tiefsten wurzelte sie in Gottvertrauen.

Drei Wochen nach dem Auszug aus der Villa Hammerschmidt feierte Heinemann seinen 75. Geburtstag. Zu einem Empfang der SPD kam er von Essen in die Bundeshauptstadt. Nach der Glückwunschcour saß er mit einigen wenigen alten Freunden bei einer Flasche Wein zusammen: eine Protestanten-, eine Kirchenmännerrunde, Gollwitzer und Eppler, Niemöller und Bischof Scharf, Freudenberg und Posser. Erinnerungen an die Zeit des Kirchenkampfes, als die Älteren in der Runde sich in der Bekennenden Kirche fanden. Synoden-Anekdoten, deren Witz dem, der nicht dazu gehört, verschlossen bleibt, theologisches Fachgeplänkel – eine ganz und gar entspannte, heitere Atmosphäre: Heinemann unter seinen Glaubensbrüdern, Heinemann ,,zu Hause". Man weiß wenig von ihm, wenn man nichts von seiner Frömmigkeit, von seinem Glauben weiß. Hier war nichts kompliziert und widersprüchlich, alles war sehr einfach: ,,Gott regiert die Welt." Das Präsidentenamt: ,,Gottes Platzanweisung". 1953 schreibt Heinemann dem Freunde Erhard Eppler: ,,Lassen Sie sich durch nichts bewegen oder aufregen. Gottes Weltregiment bleibt ..." Zwanzig Jahre später fragen ihn Freunde, welchem Staatsmann er sich wohl am nächsten fühle. Zögernd kommt die Antwort: ,,Vielleicht dem Papst", und als Erklärung zu den recht Erstaunten: ,,Der weiß vielleicht am ehesten, daß er einen über sich hat."

In der Bibel beeindruckte ihn am stärksten die realistische Beurteilung des Menschen. Er hat sie übernommen, genauer wohl: er fühlte sich bestätigt. Da er sich keine Illusionen über Menschen machte, da er von ihren Schwächen wußte und oft genug erfahren hatte, wozu Menschen im Guten wie im Bösen fähig sind, war er vor Enttäuschungen gefeit. Vertrauensselig trat er niemandem entgegen, eher zunächst skeptisch, wie auch der Beruf verlangte. Christlich war die Konsequenz aus diesem Realismus: vorurteilslos und ohne Rachsucht auch den Gegner sehen, nach Verbindendem mit ihm suchen, nach Versöhnung Ausschau halten. Nachsichtig mit den Menschen sein, nicht zu viel erwarten, aber dennoch viel von ihnen fordern. Niemals aufgeben, immer wieder versuchen, an die Verantwortung zu mahnen. Anstoß geben zu tätigem Christentum, zur Hilfe für Zukurzgekommene, Außenseiter, Schwache. Die Möglichkeit zu scheitern, wurde bei allem, was er dachte, tat, gesehen.

Mit der Gesamtdeutschen Volkspartei ist Gustav Heinemann gescheitert. Resignation lag außerhalb der Sicht. ,,Wir können in diesem Leben nicht bewältigen, was uns aufgetragen ist, aber wir müssen bis zum letzten Atemzuge tun, was möglich ist", sagte der Sechsunsiebzigjährige. ,,Nichts geht verloren, nichts ist sinnlos." Eine Gläubigkeit, die anstrengt und beruhigt, demütig und frei macht. Hätten wir doch mehr Christen unter uns wie diesen, so unbequem, so kritisch ihrer Kirche gegenüber.

Wer was ändern will, darf sich vor Verantwortung nicht drücken. Heinemann hat viele Ämter in der Kirche übernommen. Zunächst in seiner Essener Gemeinde, später war er Ratsmitglied der Evangelischen Kirche, Präses der Synode. Die Kritik von außen an den fragwürdigen Traditionen der Kirche kann kaum härter als die seine sein. Er wußte, was das Bündnis von Thron und Altar, was seine Kirche durch die jahrhundertlange Bindung an den Obrigkeitsstaat in Deutschland angerichtet, wieviel sie dazu beigetragen hat, Unteranengeist zu züchten, antidemokratisches Denken zu fördern. Er hat beizutragen versucht, die Staatsvergötzung in der Kirche abzubauen, die Bindung an den Staat zu lösen, so etwas wie Demokratisierung in der Kirche zu betreiben. Für ihn gehörte zusammen, Protestant und Demokrat zu sein.

Der Bürgerpräsident kam aus dem Bürgertum, war ein Bürger, wollte stets ein Bürger sein. ,,Geradezu erbost" darüber, ,,wie unzulänglich wir der Freiheitsbewegungen in unserer Geschichte gedenken", versucht er in den fünf Jahren seiner Präsidentenschaft unablässig, die Bundesdeutschen zu ermuntern, unseren demokratisch-freiheitlichen Traditionen nachzuspüren und solcherart Tradition als etwas Progressives zu begreifen. Wegzukommen von den höfischen Haupt- und Staatsaktionen. Sich den Kämpfen der Bauern, Bürger, Arbeiter in der Geschichte zuzuwenden, mitzuwirken an demokratischem Geschichtsbewußtsein. Was ihm vorschwebt, ist der unablässige Dialog des Präsidenten mit den Bürgern. Weit aufgestoßen werden die Türen der Villa Hammerschmidt. Nicht nur bei Empfängen, zu denen Menschen aus allen Bevölkerungsschichten eingeladen werden, vor allem auch, um Bürger als Berater zum Gespräch zu laden. Manch einer, den es unvorbereitet traf oder dem unvermittelt aus dem Telefon ,,Hier Heinemann" entgegenschallte, hat erst dreimal schlucken müssen, ehe er begriffen hatte, daß der Bundespräsident sich bei ihm Rat holen, seine Meinung hören wollte. Mehr Menschen, als er ahnen mag, hat Gustav Heinemann Unbefangenheit im Umgang mit Regierenden gelehrt.

Wichtig war ihm, die Überzeugung von der Mitverantwortung des Bürgers zu vermitteln, sie zu stärken. Auch hier wirkt das Familienerbe mit. Die Vorfahren engagierten sich ganz selbstverständlich in Parteien und Gemeindeangelegenheiten, als Stadtverordnete und -räte. Der Vater gründete eine »Bürgerinitiative« gegen Haus- und Grundbesitzer. Das Mißtrauen gegen die ,,Vernunft" des Berufsbeamtentums war groß in der Familie, und Heinemann hat es geerbt. Den hätte man den öffentlichen Dienst mal reformieren lassen sollen, da wäre etwas rausgekommen!

Verbündet mit dem Zeitgeist zu Beginn der siebziger Jahre, hat er sich bemüht, soweit wie möglich Tätigkeit von Staatsbeamten, das Ausmaß der Staatsmacht einzudämmen, die Selbstverantwortung des Bürgers anzusprechen und ihn zur Mitarbeit in Bürgerinitiativen, Organen der Selbstverwaltung, in demokratischen Parteien zu ermuntern. Die deutsche Sozialdemokratie trägt für ihn an einem großen Erbe, dem der revolutionären bürgerlichen Demokraten. In den Grundwerten der SPD: Freiheit, Gerechtigkeit und Solidarität, war für ihn beides, die Tradition der Arbeiterbewegung und die Freiheitstradition der Bürger von 1848 aufgehoben.

Befragt danach, was er denn eigentlich für ein Landsmann sei, ein Rheinländer oder ein Westfale, bestand Gustav Heinemann zunächst darauf, das Rheinische und das Westfälische gleichermaßen zu beherrschen. Fiel es ihm schwer, sich zu entscheiden? War er nicht eigentlich ein an Rhein und Ruhr verirrter Preuße? Wenn schon das nicht, dann doch ein Westfale. Nein, er entschied, ein Rheinländer zu sein.

Freunde erinnern sich des Abends nach seiner Wahl zum Bundespräsidenten in Berlin. Man saß im ,,Schweizerhof" beisammen. Später kamen Brandt, Schmidt und Wehner noch hinzu. Brandt, von Glück und Wein beschwingt, hält eine launige Rede. Wenn dies kein Grund zum ausgelassenen Feiern ist? Erstmals ein SPD-Mann auf dem bundesdeutschen Präsidentensessel! Heinemann dankt kurz und er befindet: ,,Jetzt wollen wir mal diskutieren, was sich an unseren Unsiversitäten tut. Was bewegt die jungen Menschen?" Zwei, drei Kinnladen fallen herunter. Ausgerechnet heute abend? Jetzt, nach diesem Tage? Und dann beginnt die Diskussion. Dieser Rheinländer war darauf versessen, geistig-politischem Klima nachzuspüren, dem Zustand der Gesellschaft, Unruhe und Bewegungen nachzugehen, zu fragen, nachzubohren. Was andere anstrengt, machte ihn munter. Was andere anspannt, konnte ihn entspannen. Ein Rheinländer von tiefem Ernst.

Aber auch ein Mann, der herzhaft lachen, heiter und gelöst sein konnte. Heinemann besucht seinen Freund Professor Gollwitzer im Krankenhaus, holt bald ein Kartenspiel heraus. ,,Los, Decke gerade ziehen, jetzt wird hier Skat gekloppt". Der Arzt, der zur Visite kommt und den Besucher aufklären will, ein Krankenhaus sei keine Kneipe, sieht sich einem Altbundespräsidenten gegenüber, der gerade übermütig einen Grand ankündigt: ,,Freunde der Volksmusik, zur Sache!". Sein Humor war hausgemacht, keine langen Witze, trockene Pointen. Sinn für Ironie ging ihm ab, Sinn für Komik hatte er. War er sehr witzig? Richtiger: Er konnte fröhlich sein.

Gäbe es einen Preis für Menschen, die zu besonders treuer Freundschaft fähig sind, er hätte ihn erhalten sollen. Politische Gegnerschaft schloß Freundschaft für Heinemann nicht aus. Ernst Lemmer ist sein guter Freund geblieben, auch als sich politisch die Wege beider Männer trennten. Welches Gesangbuch einer hatte, oder ob er gar keines hatte - unwichtig für seine Freundschaft. Leise vermittelte er Verläßlichkeit und seine Art von Wärme. In seinem Hause war der Freund geborgen.

Vielleicht war er auch deshalb zu so aufrichtiger Freundschaft fähig, weil er von der Einsamkeit des Menschen wußte. Das Amt verlangt Entscheidungen, die man zuletzt alleine treffen muß; die Verantwortung kann man nicht teilen. Dadurch entsteht Distanz, auch zu Menschen und Parteien, denen man sich stark verbunden fühlt. Dem Politiker Heinemann ist überdies nicht leichtgefallen, an handfester Regierungspolitik als Präsident nicht länger teilzuhaben. Was Menschen fehlt, für die Beruf und Politik soviel bedeuten, und die das Alter zwingt, den anderen zuzuschauen, das können Jüngere nur ahnen... ,,Gegen große Vorzüge eines anderen gibt es kein Rettungsmittel als die Liebe." Zuneigung, die sich nicht allein behelfen kann, bemüht in Deutschland Goethe.

Gustav Heinemann starb am 7. Juli 1976 in Essen.

Die Darstellung über Kindheit und Jugend, zuerst erschienen unter dem Titel ,,Woher sie kamen, woher sie kommen – Ein deutsches Beispiel", in: L '76 – Demokratie und Sozialismus, Nr. 2, hrsgb. v. Heinrich Böll, Günter Grass und Carola Stern, stützt sich vor allem auf Erinnerungen des früheren Bundespräsidenten, die, auf Tonband gesprochen, Brigitte Gollwitzer 1975/76 zusammengestellt hat. Außerdem habe ich die Autobiographie des Vaters ausgewertet, die Walter Henkels unter dem Titel ,,Kronenorden Vierter Klasse – Das Leben des Prokuristen Otto Heinemann (1864-1944)" herausgegeben hat (Düsseldorf 1969). Das Porträt des Bundespräsidenten im 5. Kapitel, erschienen zuerst in: Glück gehabt – mit Präsidenten, Kanzlern und den Frauen. Eine Bonner Galerie, hrsgb. v. Werner Höfer (Stuttgart u. Zürich 1976), entstand nach vielen Gesprächen mit Gustav und Hilda Heinemann sowie mit ihren Freunden Brigitte und Helmut Gollwitzer. Außerdem verweise ich auf die dreibändige Ausgabe der Reden und Schriften des Bundespräsidenten Heinemann (Frankfurt 1975/77).

Unter den fünf Ministerpräsidenten bis zum Ende der Amtszeit Kühns war er, läßt man die zehn Monate, die der erste, ernannte Regierungschef Amelunxen amtierte, hier außer Betracht, der Mann mit der kürzesten Amtszeit. Knapp zweieinhalb Jahre hat Fritz Steinhoff (1897-1969) als Ministerpräsident der ersten sozialliberalen Koalition fungiert, die freilich eher ein Experiment als ein Vorläufer war. Erst acht Jahre nach dem Ende der Regierung Steinhoff/Weyer kam es in Düsseldorf erneut, elf Jahre später und daher schon zeitlich in einer veränderten Situation auch in Bonn zu einem Bündnis der gleichen Richtung. Beide Male, 1956 wie 1966, waren in Düsseldorf die sozialdemokratischen Ministerpräsidenten, die als Kandidaten beim Konstruktiven Mißtrauensvotum gegen ihre CDU-Vorgänger den Frontwechsel möglich machten, nicht die treibende Kraft. Kühn wollte 1966 zunächst die Große Koalition, und bei Steinhoff waren es die Freien Demokraten, die ihm anboten, mit ihrer Hilfe das Spitzenamt einzunehmen. Der gelernte Bergarbeiter Steinhoff, der viele Jahre als mittlerer, dann als gehobener Parteifunktionär hinter sich hatte, dazu noch reiche Erfahrungen als Nachkriegs-Oberbürgermeister von Hagen, hatte dieses Spitzenamt nicht im Visier. Auch unterschied er sich von Arnold und Meyers, dem Vorgänger und dem Nachfolger, ebenso wie von Kühn dadurch, daß seine Ambitionen, dem Amt seinen Stempel aufzudrücken, zumindest geringer waren; eine längere Amtszeit hätte da vielleicht zu anderen Ergebnissen geführt.

Wolf Bierbach

FRITZ STEINHOFF

Wolf Bierbach

„Ich bin ein typischer Westphälinger. Ich komme aus der Dortmunder Gegend, bin in der früher selbständigen und jetzt zu Dortmund gehörenden Gemeinde Wikkede geboren und in einer kinderreichen Bergarbeiterfamilie groß geworden. Ich bin nach der Schulausbildung und einigen Jahren bäuerlicher Tätigkeit als Ackerknecht Bergmann geworden." So skizzierte Fritz Steinhoff unmittelbar nach der Wahl zum Ministerpräsidenten am 20. Februar 1956 in einem Interview mit dem Westdeutschen Rundfunk seine Herkunft. Nach dem gebürtigen Kölner Rudolf Amelunxen und dem Schwaben Karl Arnold wurde mit Steinhoff 1956 erstmals ein Westfale Ministerpräsident des bevölkerungsreichsten Bundeslandes, und er blieb bis heute der einzige Regierungschef aus Westfalen.

1.

Geboren wurde Steinhoff am 23. November 1897. Jeder, der dem kleinen, aber intelligenten Jungen eine politische Karriere prophezeit hätte, die bis in hohe Staatsämter führen sollte, wäre verlacht worden. Dennoch ist Steinhoffs Lebenslauf paradigmatisch für führende Sozialdemokraten der Vergangenheit. Die Stationen waren: Volksschule, Hilfsarbeiter, Bergmann, zweiter Bildungsweg, Parteifunktionär, Verfolgung durch die Nationalsozialisten, Kommunalpolitik, Landes- und Bundespolitik.

Die wirtschaftliche Situation der Familie Steinhoff war überaus bedrückend. Der Vater, der wegen eines Augenleidens keine Akkordarbeiten verrichten konnte, erhielt einen Schichtlohn von weniger als fünf Mark und mußte damit eine dreizehnköpfige Familie ernähren. Bereits als Schüler verdingte sich deshalb der junge Fritz, damals wie später häufig mit dem Diminutiv „Fritzken" bedacht, als Knecht bei einem Bauern, um die Haushaltskasse der Familie ein wenig aufzubessern. Überlegungen, Steinhoff auf eine weiterführende Schule zu schicken und ihn Pfarrer oder Lehrer werden zu lassen, blieben vor diesem Hintergrund Episode. Der in seiner Armut stolze Vater soll ein entsprechendes Angebot der evangelischen Kirchengemeinde des Heimatortes Wickede mit der Bemerkung ausgeschlagen haben, er könne seine Kinder allein erziehen, und sein Sohn werde auch ohne fremde Hilfe seinen Weg machen.

Weil es für den Sohn eines Bergmannes kaum eine Alternative gab, wurde Steinhoff im Alter von siebzehn Jahren ebenfalls Bergmann. Obwohl er der harten Arbeit körperlich kaum gewachsen war, blieb er dies bis 1923, unterbrochen nur durch den Kriegsdienst bei der Marine, zu dem er 1917 eingezogen wurde. Bis 1919 schippte er als Heizer auf einem Torpedoboot Kohlen, denn sein Schiff transportierte nach Kriegsende Post und Nachschub zu den im schottischen Scapa Flow internierten deutschen Kriegsschiffen. In den Kesselräumen des Torpedobootes hat Steinhoff nach eigenem Bekenntnis erste Kontakte zu Sozialdemokraten bekommen und sich der sozialistischen Ideenwelt zugewandt. In der Familie gab es derartige Anstöße offensichtlich nicht.

Das Kriegserlebnis und die Revolution von 1918 haben in Steinhoff das Interesse und das Engagement für die Politik geweckt. Weder seine materielle Situation noch seine Bildungsvoraussetzungen ermöglichten ihm jedoch einen unmittelbaren Einstieg. Steinhoff mußte wieder Bergmann in Massen bei Unna werden, trat jedoch auch der SPD bei und schloß sich dem „Hofgeismarer Kreis" der Jungsozialisten an, der sich „um neue Erkenntnisse sozialer, politischer, religiöser und philosophischer Zusammenhänge mühte, insbesondere Nation und Staat zum Gegenstand... (seiner) theoretischen Bemühungen machte", wie Carlo Schmid das einmal formuliert hat. Zu diesem Hofgeismarer Kreis gehörten u. a. der spätere Wirtschaftsexperte der

SPD, Heinrich Deist, der Iserlohner Oberbürgermeister nach 1945 und Antikorruptionskommissar in Düsseldorf, Werner Jacobi, der spätere Frankfurter Oberbürgermeister Walter Kolb und der Direktor des Vereins der Konsumgenossenschaften, Gustav Dahrendorf. Es war ein Zusammenschluß von Jungsozialisten mit etwas verschwommenen nationalen und sozialromantischen Zielen im Gegensatz zu einem anderen, dem links-orthodoxen „Hannoverkreis" der Jungsozialisten, der sich an den Ideen und Theorien von Karl Marx orientierte. Die romantisch-idealistischen Hofgeismarer hatten im Auftreten manches mit der „Bündischen Jugend" gemeinsam. Nicht von ungefähr erinnerte sich Steinhoff 1956 an einen sechsmonatigen Studienaufenthalt in der Heimvolkhochschule Dreißigacker bei Meiningen in Thüringen im Jahre 1921 so: „Es war Ehrensache, daß wir nicht rauchten und nicht tranken. Damit wollten wir zeigen, daß wir einen neuen Weg suchten. Wir waren Idealisten und liefen nur in kurzen Hosen herum." Das Rauchen sollte er sich später allerdings zeitweilig angewöhnen, insgesamt zeichnete sich Steinhoff aber durch eine bescheidene, ja fast spartanische Lebensführung aus.

Auf die Einflüsse der Hofgeismarer ist es zurückzuführen, daß Steinhoff kein ideologisch fixierter, sondern ein pragmatisch denkender Sozialist wurde, der seine Heimat eher auf dem rechten Parteiflügel hatte. Der „neue Weg" bestand gerade für die Arbeiterkinder in diesem Kreis in einem außerordentlich stark ausgeprägten Bildungswillen. Er führte für Steinhoff und seine Freunde aber auch über die ausgetretenen Pfade des Marxismus hinaus zu einem unorthodoxen, sich an Realitäten orientierenden Sozialismus. Nicht von ungefähr hatten die Hofgeismarer Kontakt zu den „Religiösen Sozialisten" um Paul Tillich. Seinem Bildungsdrang konnte Steinhoff 1922 intensiv frönen. Der Verband der Bergarbeiter Deutschlands schickte ihn für zwei Semester an die ein Jahr zuvor mit Unterstützung der sozialdemokratisch orientierten Freien Gewerkschaften an der Universität Frankfurt gegründete „Akademie der Arbeit", wo Steinhoff bei Franz Oppenheimer und Erik Nölting Vorlesungen über Wirtschaft und Politik hörte. Im ersten Kabinett Arnold wurden Nölting und sein damaliger Schüler Steinhoff übrigens Kollegen: Nölting war Wirtschafts-, Steinhoff kurze Zeit als Nachfolger von Ernst Gnoss Wiederaufbauminister.

Nach dem Fortbildungskurs in Frankfurt kehrte Steinhoff wieder nach Massen zurück, wurde jedoch bald arbeitslos, weil im Zuge des damaligen Zechensterbens, dem vor allem die Kleinzechen in den Dörfern und Landstädten zum Opfer fielen, auch sein Pütt geschlossen wurde. Steinhoff nutzte die erzwungene Untätigkeit, um seine Ausbildung an der 1920 gegründeten „Deutschen Hochschule für Politik" in Berlin-Schöneberg fortzusetzen. Das Geld dazu verdiente er sich durch Gelegenheitsarbeiten wie Zeitungsaustragen. In Berlin hörte er vor allem bei Theodor Heuß, der von 1924 bis 1928 und dann wieder von 1930 bis 1933 Reichstagsabgeordneter der liberalen „Deutschen Demokratischen Partei/Deutsche Staatspartei" war. Unter seinem Einflluß hat sich Steinhoffs Bereitschaft zu liberaler Toleranz vertieft, wie Friedrich Keinemann feststellt. Steinhoff selbst drückte dies in einem Rundfunkinterview einmal so aus: „Wir spürten, daß Heuß nicht nur aus dem Verstand heraus lehrte, sondern mit Herz dabei war."

Obwohl seiner Herkunft nach unterprivilegiert, ist Steinhoff später nie verbittert gewesen, hat sich auch nie in den Dogmatismus und die Verbohrtheit mancher Menschen zurückgezogen, die aus eigener Kraft einen steilen sozialen Aufstieg vollbracht haben. Vielmehr versuchte er im Gegenteil, die Ursachen für soziale Benachteiligungen zu beseitigen und das Bildungsangebot auch für jene Kreise zu erweitern, die traditionell davon abgeschnitten waren und sind.

2.

Mit dem geistigen Rüstzeug, das er sich auf der Akademie der Arbeit und der Hochschule für Politik angeeignet hatte, begann Steinhoff 1926 seine politische Karriere. Die erste Etappe war, für einen Sozialdemokraten nur zu natürlich, eine Tätigkeit in der Partei oder bei einer ihrer Organisationen oder Unternehmen. Steinhoff wurde Volontär bei der ,,Westfälischen Allgemeinen Volkszeitung" (WAVZ) in Dortmund, einem Parteiblatt. Hier lernte er Fritz Henßler kennen, dem er später im Vorsitz des SPD-Bezirks Westliches Westfalen und der sozialdemokratischen Landtagsfraktion folgen sollte. An das Volontariat schloß sich 1927 die Tätigkeit als Geschäftsführer eines Zeitungsvertriebes an. Wieder ein Jahr später wurde er dann echter Parteifunktionär und übernahm die Leitung des Parteisekretariats für Hagen, Ennepe-Ruhr und Lüdenscheid. Damit ließ er sich in der Stadt nieder, die seine Heimat werden sollte, in Hagen.

Die neue Aufgabe war nicht unproblematisch, denn in Hagen gab es Gruppen, die in Anlehnung an die alte Unabhängige Sozialdemokratische Partei Deutschlands (USPD) auf Oppositionskurs zur Politik der SPD im Reich und in Preußen standen. Steinhoff gelang es jedoch, diese einzubinden und bei den Kommunalwahlen 1929 die SPD zur stärksten Partei zu machen. Er setzte nicht auf Umbruch und revolutionäre Umgestaltung des Staates, sondern auf Machterhaltung und evolutionären Wandel. Deshalb verteidigte er in Parteiversammlungen auch Schritte der Parteiführung, die er selbst inhaltlich nicht voll mittrug, beispielsweise 1931 die Enthaltung der Mehrheit der SPD-Reichstagsfraktion bei der Abstimmung über den Bau des Panzerkreuzers. Nach den Kommunalwahlen von 1929 trat er als unbesoldeter Stadtrat für Sport, Jugendpflege und Stadtgärtnereien in den Hagener Magistrat ein. Die Kommunalpolitik ließ ihn von nun an nicht mehr los.

Zu Steinhoffs Aufgaben als Parteifunktionär gehörte selbstverständlich der Kampf gegen den politischen Gegner, und das war in den frühen dreißiger Jahren vor allem die NSDAP. Wie die meisten anderen Sozialdemokraten setzte er dabei streng auf Legalität und hoffte, es werde der Kampforganisation der SPD, dem ,,Reichsbanner Schwarz-Rot-Gold", sowie der ,,Eisernen Front" gelingen, das Vordringen der Nationalsozialisten aufzuhalten. Gewalt als Mittel der politischen Auseinandersetzung lehnte er ab. Er sah zwar die Notwendigkeit eines linken Bündnisses gegen den Nationalsozialismus, grenzte sich aber immer wieder von den Kommunisten ab, denen er vorwarf, sie sähen ihre Hauptaufgabe darin, ,,Folie für die russische Staatspolitik" zu sein. Steinhoff und die Hagener Sozialdemokraten veranstalteten zwar eine Reihe eindrucksvoller Kundgebungen gegen die NSDAP, die letzte Mitte Februar 1933, aufhalten konnten sie diese Partei aber nicht.

Nach der ,,Machtübernahme" wurde Steinhoff im Zusammenhang mit dem Verbot der Sozialdemokratie im Sommer 1933 erstmals in ,,Schutzhaft" genommen, aber nach drei Tagen wieder auf freien Fuß gesetzt. Da er seinen Beruf als Parteifunktionär nun nicht mehr ausüben konnte, versuchte er sich als Vertreter für verschiedene Produkte, bis er 1937 in Hagen ein Herd- und Ofenreinigungsgeschäft eröffnen konnte, das allerdings nur einen äußerst bescheidenen Verdienst abwarf. Zuvor, 1934, war Steinhoff unter dem Vorwurf des Hochverrats von der Gestapo ein zweites Mal verhaftet worden. Weil das Belastungsmaterial aber nicht ausreichte, mußte er wieder entlassen werden; es gab noch unabhängige Gerichte und Richter. 1938 erneut verhaftet, wurde ihm zusammen mit sechs anderen Angeklagten abermals Hochverrat vorgeworfen und vom 2. Strafsenat des Oberlandesgerichtes Hamm im August der Prozeß gemacht. Nach der Anklageschrift des Staatsanwaltes, der das Gericht folgte, hatte Steinhoff Anfang 1934 einige Exemplare des ,,Neuen

Vorwärts" erhalten, der von dem nach Prag emigrierten Parteivorstand der SPD herausgegeben wurde. Außerdem soll er im Besitz von Tarnschriften mit programmatischen Aufrufen gewesen sein, die damals von der Exil-SPD, aber auch der KPD beispielsweise unter dem Umschlagtitel „Koche elektrisch" in das Reich eingeschmuggelt wurden.

Als Hauptangeschuldigter erhielt Steinhoff, der während der Untersuchungshaft in dem berüchtigten Polizeigefängnis Steinwache in Dortmund gefoltert worden war, am 12. Oktober 1938 drei Jahre Zuchthaus, die anderen Angeklagten Gefängnisstrafen zwischen eineinhalb Jahren und 27 Monaten. Nach seiner Entlassung am 16. Januar 1941 fand er eine Anstellung als Hilfsdreher in einer kleinen Firma in Iserlohn, wurde aber nach dem Attentat auf Hitler vom 20. Juli 1944 erneut verhaftet und in das Konzentrationslager Sachsenhausen gebracht, in dem seit 1937 auch Fritz Henßler inhaftiert war. Zusammen mit Henßler machte Steinhoff, als 1945 die sowjetischen Truppen näherrückten, den mörderischen Evakuierungsmarsch mit, der erst Anfang Mai in Mecklenburg endete, wo amerikanische Einheiten die KZ-Häftlinge befreiten. An den im Zuchthaus und im KZ erlittenen Torturen hatte Steinhoff zeitlebens zu tragen, doch machte er in der ihm eigenen Bescheidenheit nie ein Aufhebens davon. Magengeschwüre und ein nervöses Magenleiden waren die Spätfolgen. Es klingt zwar wie eine Andekdote, entsprach aber den Tatsachen: in der Untersuchungshaft las er 1938 immer wieder eine eingeschmuggelte Taschenbuchausgabe von Goethes Faust. „Das war mein einziger Trost. Ich konnte den Faust fast auswendig."

3.

Nach der deutschen Kapitulation verschlug es Steinhoff zunächst wieder nach Iserlohn, wo er von der Besatzungsmacht als Stadtverordneter eingesetzt wurde. Die Firma, in der er während des Krieges als Hilfsdreher gearbeitet hatte, bot ihm erneut eine Beschäftigung an. „Ich zog es aber doch vor, mich dem politischen Wiederaufbau zur Verfügung zu stellen." Deshalb hielt es ihn auch nicht lange in Iserlohn. Als ihm Parteifreunde im Winter 1945 antrugen, für das Amt des Oberbürgermeisters im benachbarten Hagen zu kandidieren, zögerte er keinen Augenblick. Bei einer Abstimmung in der ernannten Hagener Stadtvertretung entfielen auf ihn Ende Januar 1946 mit Abstand die meisten Stimmen. Die britische Militärregierung akzeptierte Steinhoff als kommunalpolitisch versierten Mann und als Nazi-Verfolgten und setzte ihn als Oberbürgermeister ein. Damit begann eine phänomenale komunalpolitische Karriere, denn Steinhoff behauptete sein Amt auch später stets unangefochten. Aus den ersten Kommunalwahlen in der britischen Besatzungszone im Herbst 1946 ging die Hagener CDU, deren maßgebender Kopf der Verleger Otto Rippel war, mit 37,5 Prozent der Stimmen als stärkste Partei hervor, während die SPD 33,5, die FDP 15,1 und die KPD 13,9 Prozent der Stimmen erreichten. Obwohl die CDU, aus deren Reihen schon der Oberstadtdirektor stammte, damit auch Anspruch auf das Amt des Oberbürgermeisters hatte, stellte sie keinen Kandidaten auf. Steinhoff wurde einstimmig wiedergewählt. Am 4. Oktober 1954 wurde er mit 37 von 39 bei zwei ungültigen Stimmen bereits zum siebenten Male in seinem Amt bestätigt.

Diese überzeugenden Voten sind zum einen Indiz für die nicht stark ausgeprägte parteipolitische Polarisierung auf der kommunalpolitischen Ebene in Hagen, dem Zentrum der märkischen Kleineisenindustrie, zum anderen aber auch Beleg für die hohe persönliche Integrationskraft, die Steinhoff besaß. Bei aller Quirligkeit von recht ausgeglichenem Temperament, konnte er zuweilen allerdings auch eindeutig autoritäre Züge an den Tag legen. Seine Fähigkeit zum Ausgleich dominierte aber.

Er ging politischem Streit zwar nicht aus dem Wege, trieb ihn aber auch nicht auf die Spitze und vermied nach einiger Zeit sorgsam jene klassenkämpferischen Töne, die zunächst noch in seinen Reden angeklungen waren. Die Überzeugung, die Demokratie in Deutschland lasse sich nur dann aufbauen und festigen, wenn der politische Kampf nicht bis aufs Messer geführt werde, brachte er unmittelbar nach seiner Wahl zum Ministerpräsidenten am 20. Februar 1956 auf diese Formel: ,,Ich bin ein ganz nüchterner Mensch und denke nicht in Ideologien. Selbstverständlich habe ich meine Grundsätze, habe eine Grundüberzeugung, aber das Denken im politischen Raum sollte auch in Deutschland ein sachliches werden. Nüchtern und kühl überlegen und dann den Mut haben, Konsequenzen daraus zu ziehen, auch dann, wenn sie zunächst ungewohnt sind — entscheidend ist ja nachher der Erfolg, was dabei herauskommt, ob der Versuch sich eben gelohnt hat...".

Steinhoff war durch und durch Pragmatiker, kein konzeptioneller Denker. Dies befähigte ihn, das Amt des Stadtoberhauptes von Hagen zur Zufriedenheit aller Parteien auszufüllen. Hinzu kam allerdings auch die desolate Lage der Stadt, die die Parteien zusammenrücken ließ. Hagen war durch Bombenangriffe im Dezember 1944 und insbesondere am 28. Februar und 15. März 1945 schwer zerstört worden; Mitte April rückten amerikanische Truppen ein. Zahllose Obdachlose vegetierten in den Ruinen, viele der mittelständischen Betriebe lagen in Trümmern. Lediglich der Stadtteil Haspe, in dem sich ein Hüttenwerk des Klöckner-Konzerns befand, war einigermaßen glimpflich davongekommen, die City dagegen fast völlig zerstört. Schon als ernannter Oberbürgermeister setzte sich Steinhoff rastlos für die Versorgung der Bevölkerung mit dem Allernotwendigsten und für den Wiederaufbau ein. Weil ihm Entscheidungsfreudigkeit ebenso zu eigen war wie die Fähigkeit zum Kompromiß, einigte man sich in Hagen schneller als anderswo auf Wiederaufbaupläne. Die meisten Kriegsschäden wurden noch in der bis 1956 dauernden Amtszeit Steinhoffs als Oberbürgermeister beseitigt. Schon 1949 konnte er das wiederaufgebaute Stadttheater eröffnen.

Steinhoff ist Zeit seines Lebens ein leidenschaftlicher Kommunalpolitiker geblieben. Es war mehr als ein Lippenbekenntnis, wenn er in einem Wahlaufruf für die Kommunalwahlen am 28. Oktober 1956 im WDR formulierte, er sei ,,der Überzeugung, daß eine ordentlich funktionierende Selbstverwaltung in den Gemeinden als das beste Fundament der Demokratie angesehen werden muß". In einem Aufsatz für den ,,Demokratischen Aufbau", eine Zeitschrift der SPD in Nordrhein-Westfalen, schrieb er: ,,Leider sind die Gemeinden nicht, wie in der Weimarer Verfassung, im Grundgesetz als 3. Säule neben Bund und Ländern verfassungsmäßig verankert. Durch diese Nichtanerkennung haben die Gemeinden bei der Steuer- und Finanzverteilung keinen in der Verfassung begründeten Rechtsanspruch. Bei der finanziellen Auseinandersetzung zwischen Bund und Ländern laufen die Gemeinden immer Gefahr, daß sie nur das erhalten, was übrigbleibt."

Steinhoff hat sehr früh die Gefahren erkannt, die für die kommunale Selbstverwaltung aus der rapide steigenden Verschuldung der Gemeinden resultierten. So hob er häufig mahnend seine Stimme, auch als Vorsitzender des Städtetages Nordrhein-Westfalen, der er schon Ende der vierziger Jahre geworden war. Als Ministerpräsident bliebt ihm allerdings eine zu kurze Zeitspanne, um vielleicht andere Zeichen zu setzen.

4.

Seit Februar 1946 Mitglied des ernannten Provinzialrats von Westfalen, der Oberpräsident Amelunxen beraten sollte, betrat Steinhoff noch im gleichen Jahr die landespolitische Bühne. Er wurde Mitglied des ebenfalls von den Briten ernannten ersten Landtags des neuen Landes. Ob er dieses neue Land von Anfang an akzeptiert oder sich nur in die durch Besatzungsdekret geschaffenen Realitäten geschickt hat, oder ob er gar das neue Gebilde, wie Kurt Schumacher oder Fritz Henßler, strikt ablehnte, läßt sich nicht sicher ermitteln. Als das Land zehn Jahre alt wurde, erklärte er am 2. Oktober 1956 in einer Feierstunde des Landtages als Ministerpräsident: „Nordrhein-Westfalen wird..., wenn es als politische Gemeinschaft einen echten und für die Geschichte unverlierbaren kulturellen Beitrag aus seinem Geist leisten will, auf eine sichtbare eigene Dokumentation seines kulturellen Wollens nicht verzichten können. Es bedarf... solcher sichtbarer kultureller Zeugnisse seiner selbst nicht zuletzt auch, um in ihnen den Willen zur Wahrung jener eigenen politischen Einheit auszudrücken, wie sie vor zehn Jahren geschaffen worden ist... Am Beginn des neuen Bundeslandes... (stand) die Bekundung der Entschlossenheit, dieses neue gliedstaatliche Gebilde eines künftigen deutschen Gesamtstaates von innen her zu einer echten politischen Gemeinschaft zu verbinden... Natürlich — wer wollte das bestreiten — ist das Land Nordrhein-Westfalen ein Zusammenschluß dreier Räume, die in der Geschichte bisher in dieser Form nicht zueinander gehörten. So mag im gewissen Sinne das Landesbewußtsein, wenn ich es einmal so nennen darf, dieses Landes nicht so ausgeprägt sein... Wir haben sicherlich keine Veranlassung, uns deshalb etwa in der Rolle eines Emporkömmlings zu fühlen. Dennoch sollte uns die Tatsache, daß Nordrhein-Westfalen als Staat eine Neuschöpfung ist, im Interesse der Erhaltung und Festigung der Einheit und des Zusammengehörigkeitsgefühls dieses Landes verpflichten, die ehrwürdige Geschichte des niederrheinischen, westfälischen und lippischen Raumes für das gemeinsame geistige Fundament dieses Landes entschlossener nutzbar zu machen... Um die Bildung einer wahrhaften staatspolitischen Kraft aus der Eigenständigkeit dieses Landes muß es uns gehen, wenn wir im bundesstaatlichen Gefüge der Bundesrepublik Deutschland unseren Platz einnehmen und behaupten wollen."

Dies war kein überschwengliches, aber ein standhaftes Bekenntnis zu der politischen Realität des Landes. Ob es anders ausgefallen wäre, wenn Steinhoff 1956 nicht in seiner Funktion als Regierungschef gesprochen hätte, läßt sich nicht beurteilen. Dem Landesparlament gehörte der Hagener Oberbürgermeister ununterbrochen bis 1958 an, ohne allerdings zunächst besonders in Erscheinung zu treten. In der Frühzeit stand Steinhoff innerhalb der sozialdemokratischen Fraktion im Schatten von Fritz Henßler, dem Fraktionsvorsitzenden, Ernst Gnoß, Alfred Dobbert, Erik Nölting, Walter Menzel, Werner Jacobi und natürlich dem alt gewordenen Carl Severing. Doch schon 1948 wurden dem damals Einundfünfzigjährigen die höheren Weihen der Politik zuteil. Am 13. Dezember beauftragte ihn Ministerpräsident Arnold mit der Wahrung der Geschäfte des Wiederaufbauministers, weil der Amtsinhaber Ernst Gnoß schwer erkrankt war. Gnoß starb im März 1949 im Alter von 48 Jahren an einem Lungenleiden, das er sich während der Verbüßung einer Zuchthausstrafe im „Dritten Reich" zugezogen hatte.

Bis zum Ende der Legislaturperiode im Sommer 1950 blieb Steinhoff Wiederaufbauminister. Schon damals urteilte ein politischer Gegner über ihn: „Er ist ein tüchtiger, fleißiger und ideenreicher Mann", und schon damals galt, was Wolfram Köhler 1956 über den Abgeordneten Steinhoff schrieb: „Meistens sitzt er tief versunken auf seinem Abgeordnetensitz, den Arm auf die Sessellehne des Nachbarn gestützt. Aufmerksam verfolgt er jeden Redner. Dann, wenn ein Stichwort fällt, fliegt seine Hand in die Höhe. Mit behenden, ausgreifenden Schritten geht er zum Rednerpult. Die Einleitungsfloskeln spricht er noch auf den Stufen zum Podium. Fritz Steinhoff kommt schnell zur Sache. Er attackiert seine politischen Gegner mit Schärfe und Ironie. Aber er bleibt sachlich. Seine Sprache ist das etwas harte Deutsch des Ruhrgebiets. Zwischenrufe sind ihm ein Vergnügen. Dann blitzt in seinen Augen der Mutterwitz." Das auffallendste Merkmal des kleinen und schmächtigen Mannes waren wohl die hellen, wasserblauen Augen, über denen sich die Stirn hoch wölbte, um dann in einem weit ausladenden Hinterkopf einzumünden. Obwohl ihm zuweilen grammatikalische Fehler unterliefen und sein Sprachschatz Grenzen hatte, war Steinhoff kein schlechter Debattenredner. Vor allem klebte er nicht am Manuskript. Rhetorische Glanzlichter konnte er allerdings nur ab und zu aufstecken.

Als Wiederaufbauminister — das Mandat als Oberbürgermeister behielt er auf Bitten der Hagener Rathausparteien bei — übernahm Steinhoff kein unwichtiges Ressort. Obwohl seine Amtszeit nur kurz war, konnte er erste politische Akzente setzen. So wurden auf seine Initiative hin das Baulenkungsgesetz und das Landeswohnungsgesetz verabschiedet, die eine einheitliche Grundlage für die notwendige Wohnraumbewirtschaftung schufen. Als er im Spätsommer 1950 seinen Ministersessel räumen mußte, konnte Steinhoff eine ansehnliche Bilanz ziehen. Während seiner Ministerzeit wurden in Nordrhein-Westfalen 125 000 Wohnungen gebaut und die Finanzierung für weitere 60 000 gesichert. Seinen wichtigsten Beitrag als Wiederaufbauminister sah er in dem Gesetz zum Wiederaufbau der Städte und Gemeinden.

5.

Aus den Landtagswahlen vom 18. Juni 1950 ging die CDU mit 36,9 Prozent der Stimmen zwar wieder als stärkste Partei hervor, hatte jedoch gegenüber den Wahlen vom 20. April 1947 leichte Verluste hinnehmen müssen. Die Sozialdemokraten verbesserten sich dagegen geringfügig von 32 auf 32,3 Prozent, während sich der Stimmenanteil der FDP mehr als verdoppelte. Nach der Neubildung der Landesregierung ohne die SPD trat Steinhoff wieder in die Fraktionsgemeinschaft seiner Partei zurück, in der er sich inzwischen so großes Ansehen erworben hatte, daß er noch im gleichen Jahr stellvertretender Fraktionsvorsitzender wurde. Mögliche Konkurrenten wie Heinz Kühn, Erik Nölting oder Walter Menzel hatten sich bereits mehr und mehr auf die Bundespolitik konzentriert. Als der Fraktionsvorsitzende Henßler am 4. Dezember 1953 gestorben war, beerbte ihn Steinhoff unangefochten gleich in zwei Ämtern, dem des Vorsitzenden des Parteibezirks Westliches Westfalen, dessen Stellvertreter er bereits 1946 geworden war, und des Fraktionsvorsitzenden in Düsseldorf. Die Fraktion wählte ihn zehn Tage nach Henßlers Tod am 14. Dezember 1953 einstimmig. Schon 1950 war Steinhoff, seit 1946 wieder hauptamtlicher Funktionär der SPD in Hagen, auch in den Bundesvorstand seiner Partei berufen worden, ohne dort jedoch besonders hervorzutreten.

Mit seiner Wahl zum Fraktionsvorsitzenden wurde Steinhoff fast automatisch die Nummer Eins seiner Partei auf Landesebene und damit Spitzenkandidat für die Landtagswahlen am 27. Juni 1954. Bei diesen Wahlen konnten die Sozialdemokraten gegenüber 1950 zwar 2,2 Prozent der Stimmen hinzugewinnen und auf 34,5 Prozent klettern, insgesamt war für sie das Wahlergebnis aber enttäuschend, denn die CDU hatte auf Kosten der kleinen Parteien weitaus kräftiger zugelegt; sie verbesserte sich um 4,4 Prozentpunkte auf 41,3 Prozent. Dagegen mußte die FDP leichte Verluste hinnehmen, und das Zentrum büßte deutlich an Attraktivität ein, denn ihm blieben nur noch neun von vorher sechzehn Mandaten. Nur die Kommunisten kehrten nicht mehr in das Parlament zurück. Zwei Jahre später wurden sie durch Beschluß des Bundesverfassungsgerichts in Karlsruhe zur verfassungswidrigen Partei erklärt und damit verboten.

Den Wahlkampf von 1954 hatte die Landes-CDU unter das Motto ,,Mit Arnold für Adenauer!" gestellt. Weder sie noch die SPD verfügte nach dem 27. Juni jedoch über die absolute Mehrheit der Stimmen und Sitze. Weil die Freien Demokraten Arnold wegen seiner Schulpolitik, vor allem wegen der konfessionellen Zwergschule, im Wahlkampf hart angenommen hatten, hofften Steinhoff und seine Parteifreunde auf eine Erneuerung der Großen Koalition mit der CDU während der ersten Legislaturperiode. Angesichts der unverändert schwierigen Situation des Landes sahen sie darin eine landespolitische Notwendigkeit. Auch Arnold liebäugelte zunächst wiederum mit der SPD als Koalitionspartner, zumal da für ihn das ,,Ahlener Programm" seiner Partei von 1947 noch Verpflichtung war. Dieses nur für die Britische Besatzungszone verabschiedete Programm sah u. a. die Vergesellschaftung der Zechen sowie die Mitbestimmung der ,,Arbeitnehmer an den grundlegenden Fragen der wirtschaftlichen Planung und sozialen Gestaltung" vor. Nicht von ungefähr wurde während der Amtszeit des ersten Kabinetts Arnold das Bergbausozialisierungsgesetz vom Landtag beschlossen, das die Militärregierung dann allerdings nicht genehmigte.

Aber unter Hinweis auf den außenpolitischen Dissens mit der SPD, der auf der Westintegration der Bundesrepublik und der eingeleiteten Wiederaufrüstung gründete, brachte Bundeskanzler Adenauer Arnold wiederum dazu, keine Koalition mit den Sozialdemokraten einzugehen. Stattdessen ließ sich der Ministerpräsident in ein Bündnis mit der ordoliberalen FDP drängen, nahm allerdings auch das Zentrum auf, das mit Rudolf Amelunxen wiederum den Justizminister stellte. Der Regierungsbildung waren intensive Beratungen in den Parteizentralen in Bonn voraufgegangen, in deren Verlauf Arnold auch mit dem Nachfolger Schumachers im SPD-Vorsitz, Erich Ollenhauer, und dessen Stellvertreter Wilhelm Mellies zusammentraf. Als er dann mit den Liberalen unter Friedrich Middelhauve handelseinig wurde und die Regierung bildete, gaben sich Steinhoff und seine Parteifreunde gekränkt und schlüpften in die Rolle des verschmähten Liebhabers. Dies wurde deutlich, als er am 28. Juli im Landtag auf die Regierungserklärung Arnolds antwortete. Hinter der ständig wiederholten Anrede ,,Herr Ministerpräsident Arnold" und der häufigen Nennung ,,Herr Bundeskanzler Adenauer" verbarg sich übrigens keine Ironie. Steinhoff, der für sich selbst derartige Anreden verschmähte und später auch als Regierungschef von äußerster Bescheidenheit war, zollte Amtsinhabern immer großen Respekt.

,,Wir haben gestern die dritte Regierungserklärung des jetzt neugewählten Herrn Ministerpräsidenten Arnold entgegengenommen. Der Herr Ministerpräsident war am Schluß seiner Regierungserklärung selber der Meinung, daß es notwendig wäre, Vorwürfe zurückzuweisen, die darauf hinausliefen, er hätte bei der Bildung dieser Regierung das Gesicht verloren. Ich gehöre nicht zu jenen, die diese Behauptung aufgestellt haben; ich habe aber auch nicht die Absicht, sie zurückzuweisen. Ich möchte vielmehr nur sagen, daß die jetzige Regierungserklärung — verglichen mit den früheren desselben Ministerpräsidenten — sehr farblos gewesen ist. Der Wahlkampf wurde von der CDU unter der Losung geführt: ,Mit Arnold für Adenauer!'. Richtig ausgelegt wird die Absicht bestanden haben, Herrn Ministerpräsidenten Arnold als Helfer für Herrn Bundeskanzler Adenauer zu benutzen, damit er dessen Politik unterstützt, abschirmt oder sichert, wie man das nun nennen mag. Jedenfalls zog die CDU unter dieser Parteiparole in den Wahlkampf und verlor seit dem 6. September 1953 (an dem die Wahlen zum 2. Bundestag stattgefunden hatten, d. V.) über eine Million Stimmen! Damit ist eindeutig nachgewiesen, daß es sich von den Wählern, die am 6. September dem Herrn Bundeskanzler Dr. Adenauer noch ihre Zustimmung gegeben haben, in der Zwischenzeit eine Million anders überlegt haben. Der Schluß, den man daraus eigentlich hätte ziehen müssen, wäre gewesen, daß es notwendig sei, eine andere Marschrichtung zu wählen. Immerhin hätte man den Willen der Wähler bei der Vorbereitung der Regierungsbildung respektieren müssen... Wenn ich mit diesen Worten auf den Anspruch der SPD, an der Regierung beteiligt zu werden, hinweise, so tue ich das nicht aus persönlichen Gründen. Niemand von uns drängt sich dazu, Minister zu werden. Aber aus rein sachlichen und politischen Gründen hätte diese Konsequenz gezogen werden müssen."

Wie tief der Stachel saß, zeigte sich eineinhalb Jahre später, als Arnold durch ein konstruktives Mißtrauensvotum gestürzt und Steinhoff als sein Nachfolger auf den Schild gehoben wurde. Karl Siemsen, der für die Sozialdemokraten den Mißtrauensantrag im Plenum begründete, erklärte, Arnold habe sich gegen seine innere Überzeugung für die Koalition mit der FDP und gegen die SPD entschieden: „Sie haben sich dem Wunsche von Bonn gefügt. Ich glaube, damals war die große Stunde der Entscheidung für Sie. Sie haben damals diese Entscheidung getroffen, für die Sie jetzt die Quittung bekommen. Es scheint mir beinahe ein Akt ausgleichender Gerechtigkeit zu sein, daß, wenn Sie uns damals aus der Koalition entsprechend dem Wunsche von Bonn herausbugsiert haben, sich jetzt der Wunsch auf Ihre Abberufung auch wieder auf die Verhältnisse in Bonn stützt."

Rein rechnerisch wäre schon 1954 eine Koalition zwischen SPD und FDP möglich gewesen, denn beide Parteien hätten zusammen über die knappe, aber ausreichende Mehrheit von 101 der 200 Sitze im Landtag gegenüber neun Mandaten des Zentrums und 90 der CDU verfügen können. Die Minikoalition, die Arnold 1950 mit dem Zentrum eingegangen war, konnte also nicht fortgeführt werden, bedurfte auf jeden Fall einer Ergänzung. Die Freien Demokraten, in deren Düsseldorfer Reihen sich einige aus der NS-Zeit belastete Politiker befanden, sahen sich vor einer schwierigen Situation. Auf Landesebene standen sie deutlich besser da als auf Bundesebene, wo sie mit der CDU in einer Koalition saßen. Wahlanalytiker konnten zu dem Schluß kommen, dieses relativ bessere Abschneiden sei auf ihre Opposition zur CDU in Düsseldorf zurückzuführen, und möglicherweise liege in einer Koalition mit den Sozialdemokraten die große Chance der Liberalen. Zum damaligen Zeitpunkt waren die Meinungsverschiedenheiten gerade in der Wirtschaftspolitik zwischen Freien und Sozialdemokraten aber noch unüberbrückbar. Fast die gesamte, damals noch eindeutig nationalliberal orientierte FDP sah in der SPD einen Vorreiter des Marxismus, den man ganz im Sinne der bürgerlich-kapitalistischen Wahlklientel der FDP undifferenziert bekämpfte.

6.

Die Wende in Düsseldorf wurde von außen eingeleitet, die Marken wurden in Bonn gesetzt. In der Bonner Koalition unter Adenauer war es 1955 zu Spannungen zwischen CDU und FDP gekommen, weil die FDP der Westintegrationspolitik des Kanzlers und dem Beitritt der Bundesrepublik zur NATO nicht mehr vorbehaltlos gegenüberstanden. Die Liberalen befürchteten ähnlich wie die Sozialdemokraten, dadurch werde das nationale Ziel der Wiedervereinigung gefährdet. Adenauer, der die CDU/CSU bei den Bundestagswahlen vom 6. September 1953 zu einem überragenden Erfolg geführt hatte — die CDU/CSU verbesserte ihre Sitzzahl um mehr als 100 auf 244, während die SPD nur zwanzig Mandate hinzugewinnen konnte und auf 151 Sitze kletterte —, drohte den Liberalen mit dem Ausschluß aus der Koalition, wenn sie ihm nicht uneingeschränkt folgten. Außerdem kamen mit Billigung des Kanzlers aus der Mitte der Unionsparteien Initiativen, das Wahlrecht zu ändern. Die

Pläne, die unter dem Rubrum „Grabenwahlrecht" in die Nachkriegsgeschichte eingegangen sind, liefen auf ein relatives Mehrheits- anstelle des Verhältniswahlrechts hinaus. Der CDU/CSU hätte ein in diesem Sinne geändertes Wahlrecht schlagartig weit mehr als die absolute Zahl der Sitze im Bundestag eingebracht und Adenauer mit seiner Partei allein regieren können. Die Leidtragenden wären die Sozialdemokraten gewesen, die dann wohl kaum mehr Aussichten gehabt hätten, aus ihrem „Dreißig-Prozent-Ghetto" herauszukommen, und vor allem die kleineren Parteien, besonders die FDP; der Gesamtdeutsche Block/Bund der Heimatvertriebenen und Entrechteten (BHE) war 1953 aus dem Bundestag ausgeschieden, Deutsche Partei und Zentrum spielten nur noch eine untergeordnete Rolle.

Die FDP, die sich vor allem bedroht fühlen mußte, reagierte schnell, aber nicht einheitlich. Während die Liberalen auf Bundesebene um Dehler versuchten, Adenauer und die CDU von ihrem Vorhaben abzubringen und damit letztlich auch Erfolg hatten, probten in Nordrhein-Westfalen einige jüngere Liberale den Aufstand. Sie ernteten damit auch im westlichen Ausland Aufmerksamkeit. Die „Jungtürken" (dieser Ausdruck stammt wahrscheinlich von dem britischen Publizisten und Historiker Terence Prittie) bäumten sich gegen das Parteiestablishment auf und suchten einen alternativen Weg. Sie lehnten nicht nur das für die FDP tödliche Grabenwahlrecht ab, sondern versuchten gleichzeitig auch, die FDP zur Mitte hin zu öffnen und sie aus der nationalkonservativen Ecke herauszuführen. Die Jungtürken, das waren vor allem Landesgeschäftsführer Wolfgang Döring, der Hagener Bürgermeister Willi Weyer, der Bundestags- und ehemalige Landtagsabgeordnete Walter Scheel sowie Wolfram Dorn, der spätere Bundestagsabgeordnete und Fraktionsgeschäftsführer der FDP, der dann jedoch ins Zwielicht geriet und heute, nach seiner Rehabilitierung, eine zweite politische Karriere im Landtag in Düsseldorf versucht.

Der geistige Kopf der Jungtürken, Döring, dachte ähnlich wie Steinhoff pragmatisch und setzte wie dieser auf Effizienz und Erfolg in der Politik. Pragmatiker war auch Willi Weyer, der seit 1954 dem Kabinett Arnold als Wiederaufbauminister angehörte und damit einer der Nachfolger Steinhoffs in diesem Amt war. Steinhoff und Weyer kannten sich seit Ende der vierziger Jahre, denn der Liberale war von 1948 bis 1954 in Hagen Stadtverordneter und zweiter Bürgermeister und damit Stellvertreter Steinhoffs gewesen. Beide hatten vertrauensvoll zusammengearbeitet. Als Steinhoff im Oktober 1969 zu Grabe getragen wurde, erklärte Weyer: „ ‚Junger Mann, langsam mit den jungen Pferden', das war eine Mahnung, die der Oberbürgermeister Fritz Steinhoff einem jungen liberalen Politiker in einer Stadtverordnetenversammlung in Hagen 1949 mit auf den Weg gab, als jener glaubte, mit forschen Attacken die Verwaltung belehren zu müssen. Quanta costa, was kostet das? Das war die Frage des Ministerpräsidenten Fritz Steinhoff an seinen Finanzminister, der auch in Düsseldorf wie in Hagen sein Stellvertreter war, wenn in der Landesregierung Vorschläge unterbreitet wurden, die finanzielle Anforderungen an den Etat mit sich brachten. Im ersten Falle mahnte ein väterlicher Freund, der bei Theodor Heuss politische Wissenschaft studiert hatte, den Parteifreund von Theodor Heuss; er ermahnte den jungen Kollegen. Im zweiten Fall bat der Ministerpräsident unseres Landes um den Rat seines Partners in der sozialliberalen Koalition der Jahre 1956—58... Fritz Steinhoff war der einzige Politiker in Hagen, der in allen Parteien nur Freunde hatte."

Dieses Vertrauensverhältnis zwischen Weyer und Steinhoff hat nicht unwesentlich zur Bildung der ersten sozialliberalen Koalition in Nordrhein-Westfalen beigetragen. Adenauer nahm das „Grabenwahlrecht" zwar zurück, konnte den Sturz Arnolds, mit dem ihn nie ein freundschaftliches Verhältnis verbunden hat, jedoch nicht mehr aufhalten. Am 31. Januar 1956 setzten die Landtagsfraktion und der Landesvorstand der Freien Demokraten eine Kommission unter Leitung von Döring zu Koalitionsverhandlungen mit der SPD ein. Es dauerte nur wenige Tage, bis sich die damals noch so ungleichen Partner handelseinig waren, obwohl der Landesvorsitzende der Liberalen, der Opladener Verleger Friedrich Middelhauve, nicht mitzog. Middelhauve war im letzten Kabinett Arnold Wirtschaftsminister und Stellvertreter des Ministerpräsidenten und fühlte sich zur Treue verpflichtet.

Die entscheidenden Tage waren der 16. und der 20. Februar 1956. Am 16. Februar, einem Donnerstag, debattierte der Landtag den von SPD und FDP gestellten Mißtrauensantrag gegen Arnold. Weil die Landesverfassung eine 48-Stunden-Frist zwischen einer solchen Initiative und dem Entscheid darüber vorsieht, konnte die Abstimmung erst am Montag, dem 20. Februar, erfolgen. Obwohl SPD und FDP nur 101 Stimmen in die Waagschale zu legen hatten, wurde Arnold mit 102 gegen 96 Stimmen abgewählt.

In der Debatte vom 16. Februar hatten die Sprecher der FDP, der spätere Wirtschaftsminister Hermann Kohlhase, und der SPD, Karl Siemsen, der unter Steinhoff Minister für Bundesangelegenheiten wurde, keinen Zweifel daran gelassen, daß Arnold selbst das Vertrauen ihrer Fraktionen genieße und sich der Mißtrauensantrag gegen die Bundes-CDU, vor allem aber gegen Adenauer richtete. In Düsseldorf machte das Wort von der Schlacht im falschen Saale die Runde. So stellte Siemsen fest: „Jacob Burckhardt hat einmal das Wort geprägt: ‚Macht macht böse'. Ich will Ihnen gerne konzedieren, Herr Ministerpräsident, daß Sie persönlich der Hybris der Macht nicht unterlegen sind. Aber dieselbe Behauptung kann ich nicht aufstellen bezüglich der CDU in Bonn und auch nicht bezüglich des Herrn Bundeskanzlers. Ich habe den Eindruck, diese sind sehr stark der Versuchung der Macht unterlegen...".

Schon neun Tage, nachdem der Landtag ihn zum Ministerpräsidenten gekürt hatte, präsentierte Steinhoff dem Plenum am 29. Februar sein Kabinett und gab seine Regierungserklärung ab. Gleich zu Beginn machte er deutlich, daß es sich bei der ersten sozialliberalen Koalition nicht unbedingt um eine Liebesheirat handelte: „Das neue Kabinett wird von einer Regierungskoalition getragen. Die derzeitige politische Entwicklung legt eine eindeutige Klarstellung des Begriffes nahe. Wir sehen in der neugebildeten Koalition eine im Staatsinteresse eingegangene Arbeitsgemeinschaft, deren Mitglieder neben übereinstimmenden Auffassungen auch voneinander abweichende besitzen. Unter Respektierung dieses Tatbestandes werden wir Wege suchen und finden, auf denen die Koalition gemeinsam positive Arbeit in der Gesetzgebung und Verwaltung des Landes leisten kann."

Von nicht wenigen Zeitungen im In- und Ausland wurde der Regierungs- und Koalitionswechsel in Düsseldorf als Zeichen politischer Instabilität und nicht normaler Machtablösung begriffen. Man befürchtete Auswirkungen auf die Außenpolitik der Bundesrepublik. In seiner Regierungserklärung setzte sich Steinhoff gegen solche Vermutungen zur Wehr: „Es ist nicht die Aufgabe einer Landeregierung, Außenpolitik zu treiben. Nachdem aber in der Polemik gegen die Bildung der neuen Koalitionsregierung in Nordrhein-Westfalen in der deutschen wie leider auch in der ausländischen Presse die Version verbreitet worden ist, daß eine Landesregierung, die nicht unter Führung der Partei des Herrn Bundeskanzlers steht, die Verbundenheit des deutschen Volkes mit den freien Völkern des Westens gefährde, muß ich hierzu die Feststellung treffen, daß solche Kombinationen völlig abwegig sind. Wer dieser Koalition und dieser Regierung nachsagt, sie gefährde die Stabilität der deutschen Verhältnisse, der leistet mit solchen Verdächtigungen der deutschen Sache im Ansehen des Auslandes einen schlechten Dienst." Der konservative Sozialdemokrat

Steinhoff, der bereits 1950 (wie übrigens auch Fritz Henßler) im Gegensatz zu einer Mehrheit in seiner Partei einen deutschen Verteidigungsbeitrag nicht ausgeschlossen hatte, stand der Westorientierung der Bundesrepublik zwar nicht vorbehaltlos, aber auch nicht ablehnend gegenüber.

7.

Das erste sozialliberale Bündnis in Nordrhein-Westfalen wurde zwar schnell geschlossen, aber es trafen sich in ihm nicht etwa zwei Parteien, die schon lange auf eine Gelegenheit zur Liaison gewartet hätten. In der Schul- und Kulturpolitik gab es zwar mannigfache Berührungspunkte, in der Wirtschafts- und Sozialpolitik aber trennten die neuen Partner Welten. Nicht von ungefähr hatte es noch Ende 1955 vorsichtige Annäherungsversuche der Sozialdemokraten an die CDU mit dem Ziel gegeben, doch noch die bereits 1954 angestrebte Große Koalition zu bilden. Aber dieser Anlauf war schnell versandet. Als Arnold zum Jahresbeginn 1956 die in Bonn heraufbeschworene gefährliche Situation voll begriff, hatte er versucht, seinerseits mit den Sozialdemokraten handelseinig zu werden, und ihnen den Eintritt in sein Kabinett angeboten. Die SPD lehnte jedoch ab, aus zwei Gründen, wie Karl Siemsen vor dem Landtag feststellte: „Einmal ist das, was man unter einem gewissen Druck gibt, um seine eigene Position zu retten, nicht so wertvoll wie das, was man freiwillig auf Grund eigener Überzeugung gibt. Zum zweiten: Mein Kollege Steinhoff hat Ihnen... erklärt, die Sozialdemokratische Partei spiele nicht auf zwei Klavieren. Wir sind faire Verhandlungspartner und faire Gesprächspartner, und ich muß anerkennen, daß sich nach unseren Erfahrungen auch die FDP uns gegenüber als ein durchaus korrekter und fairer Gesprächspartner erwiesen hat."

Übergangssituationen führen häufig zu Kompromissen, die in normalen Zeiten nicht eingegangen würden. Das sozialliberale Bündnis, das Steinhoff Anfang 1956 schloß, war ein solcher Kompromiß. Der Hagener Oberbürgermeister hätte kaum so schnell — wenn überhaupt — eine Regierung zusammengebracht, wäre er nicht zu weitgehenden Zugeständnissen bereit gewesen. Er stand einem Kabinett vor, in dem je vier Sozialdemokraten und Liberale sowie Amelunxen vom Zentrum saßen. Das Zentrum hatte Steinhoff einbezogen, um seine parlamentarische Basis zu verbreitern. Während das dritte Kabinett Arnold mit 99 CDU-, 25 FDP- und neun Zentrumsmandaten, also 133 von 200 Sitzen, über eine solide Mehrheit im Parlament verfügte, hätte es eine lupenreine sozialliberale Koalition in Düsseldorf nur auf 101 Mandate gebracht (76 SPD- und 25 FDP-Abgeordnete). Die neun Mandate des Zentrums bedeuteten parlamentarische Sicherheit für die neue Regierung. Mit der Beteiligung dieser Fraktion erkaufte sich Steinhoff alllerdings den Verzicht auf Reformen im Schulwesen, die FDP und SPD an sich für dringend geboten hielten. Der status quo, die konfessionelle Zersplitterung des Schulwesen, wurde eingefroren. In seiner Regierungserklärung merkte Steinhoff hierzu an: „Für die Gestaltung des Schullebens ist das geltende Schulrecht maßgebend; die Landesregierung wird nichts unternehmen, um eine Änderung der Grundlage des am 8. April 1952 beschlossenen Schulgesetzes herbeizuführen, jedoch wird die Aufgliederung der Volksschule dort ihre Grenze haben müssen, wo die Anforderungen, die die Gesellschaft an den Unterrichtserfolg der Schulen zu stellen hat, nicht mehr erfüllt werden."

Mit dem Schulgesetz vom April 1952 hatte man den Eltern die Bestimmung des weltanschaulichen Charakters der Volksschulen überlassen, wie es Artikel zwölf der Landesverfassung vorsah, die 1950 durch Volksabstimmung angenommen worden war. Wegen dieses Artikels, der das Elternrecht verankerte, hatten die Sozialdemokraten die Verfassung abgelehnt. Die Folge dieser Verfassungsbestimmung und des daraus resultierenden Schulgesetzes war eine fast beispiellose Zergliederung des Schulwesens. Erst zehn Jahre nach dem Ende der ersten konnte 1968 die zweite sozialliberale Koalition in Nordrhein-Westfalen die längst überfällige Reform im Schulwesen vornehmen, diesmal mit Unterstützung eines wesentlichen Teils der CDU; das Zentrum, das am meisten auf dem Elternrecht bestanden hatte, war im Parlament seit 1958 nicht mehr vertreten.

Außer Amelunxen, dem, wie schon in den Kabinetten Arnold seit 1950, das Justizressort zufiel, berief Steinhoff die vier Freidemokraten Willi Weyer (stellvertretender Ministerpräsident und Finanzen), Hermann Kohlhase (Wirtschaft und Verkehr), Paul Luchtenberg (Kultus) sowie Josef Effertz (Landwirtschaft). Die Sozialdemokraten im Kabinett waren Hubert Biernath (Inneres), Karl Siemsen (Bundesangelegenheiten), Heinrich Hemsath (Arbeit und Soziales) und Fritz Kassmann (Wiederaufbau). In keinem Kabinett vorher war dem wichtigsten Koalitionspartner von der stärksten Partei eine so starke Stellung eingeräumt worden. Nach seiner ersten Koalition bis 1950, die eine Allparteien-Regierung ohne die Liberalen (und seit 1948 ohne die Kommunisten) war, hatte Arnold in sein zweites Kabinett zehn CDU-Politiker und zwei Vertreter des Zentrums berufen; sein drittes Kabinett bestand aus sieben CDU-Politikern, zwei Liberalen und dem Zentrumsmann Amelunxen. Ganz anders wurden die Gewichte unter Steinhoff verteilt. Zählt man den mit der Richtlinienkompetenz ausgestatteten Regierungschef mit, so setzte sich das Kabinett Steinhoff/Weyer aus fünf SPD-Politikern, vier Liberalen und einem Vertreter des Zentrums zusammen. Auch in keiner späteren Landesregierung hat der kleinere Partner eine so starke Stellung besessen. Der Nachfolger Steinhoffs, Franz Meyers, konnte sein erstes Kabinett ohne jeden Koalitionspartner bilden; in seine zweite und dritte Regierung mußte er jeweils zwei Liberale aufnehmen. Auf mehr als zwei Minister haben es die Freien Demokraten auch in den Kabinetten der zweiten sozialliberalen Koalition in Nordrhein-Westfalen seit 1966 nicht gebracht. Die sozialliberale Koalition Steinhoff/Weyer ist also in dieser Hinsicht eine einmalige Erscheinung in der Landespolitik und -geschichte. Immerhin wurden durch sie aber Bewegung in die politische Landschaft gebracht.

Angesichts dieser Zusammensetzung waren von der Koalition keine starken „reformerischen" Impulse zu erwarten. Es war eine Regierung, in der sich die Partner weitgehend gegenseitig neutralisierten und auch kontrollierten. Allenfalls ein konzeptionell in großen Linien denkender Politiker, wie dies ein Jahrzehnt später Heinz Kühn in den ersten Jahren der zweiten sozialliberalen Koalition war, hätte mit einem solchen Bündnis entscheidende und noch heute sichtbare Kursänderungen bewirken können. Der auf Ausgleich bedachte Steinhoff war schon aufgrund seiner Persönlichkeitsstruktur und von seinem intellektuellen Zuschnitt her kein Regierungschef von diesem Format. Die Geschichte hat ihm allerdings auch nicht die Chance gegeben, unter günstigen Vorzeichen sozialdemokratische Politik durchzusetzen und sich länger auf den Prüfstand zu begeben. Seine Regierungserklärung vom 29. Februar 1956 war nüchtern und sachlich, beschwor keinen Aufbruch zu neuen Ufern. Konsolidierung des erreichten Wiederaufbaus, Fortschreibung der unter Arnold begonnenen Forschungsförderung, insbesondere der Kernforschung, Stärkung der mittelständischen Wirtschaft, Fortentwicklung der sozialen Fürsorge, das waren die Zielsetzungen, die Steinhoff in der Regierungserklärung vorgab. Hier sprach kein Sozialist, sondern ein Sozialdemokrat, der als Aufsichtsratsmitglied mehrerer kommunaler Versorgungsunternehmen sowie der Klöckner-Hütte in Hagen-Haspe längst die Fragwürdigkeit bestimmter sozialistischer Patentrezepte für die Wirtschaft erkannt hatte.

Steinhoff wäre kein altgedienter Kommunalpolitiker aus Leidenschaft gewesen, wenn sich seine Regierungserklärung nicht auch mit dem Verhältnis zwischen Land und Gemeinden beschäftigt hätte. Nachhaltig trat er für eine bessere finanzielle Ausstattung der Gemeinden ein. „Das Verhältnis des Landes zu den Gemeinden, Gemeinde- und Landschaftsverbänden ist in den kommunalen Verfassungsgesetzen geordnet worden... Die Neugestaltung des Finanz- und Lastenausgleichs soll mit dem Ziele gefördert werden, das Verfahren zu vereinfachen, die Leistungen für die Gemeinden zu erhöhen und die Selbstverwaltung zu stärken. Die Landesregierung bejaht das Prinzip des Steuerverbundes als Grundlage eines künftigen Finanz- und Lastenausgleichs, d. h. sie ist bereit, die Gemeinden mit einem festzulegenden Anteil an dem Aufkommen der Einkommens- und Körperschaftssteuer zu beteiligen... Die Landesregierung ist bereit, die geforderte Realsteuergarantie für die Gemeinden in der Verfassung zu verankern."

Trotz der Kürze seiner Regierungszeit hat Steinhoff dieses Reformversprechen im wesentlichen einlösen können. Schon die Tatsache, daß der Ministerpräsident in seiner Regierungserklärung die nach langen Auseinandersetzungen 1953 als Nachfolger der Provinzialverbände preußischer Tradition gegründeten Landschaftsverbände Rheinland und Westfalen-Lippe erwähnte, wies ihn als Anhänger landschaftlicher Selbstverwaltung aus. Als Vorsitzender des Städtetages Nordrhein-Westfalen hatte er die Meinung seiner Kollegen zu diesem kommunalen Spitzenverband 1952 so zusammengefaßt und sich damit identifiziert: „Wir kamen bei unseren Überlegungen immer wieder zu dem Ergebnis, jawohl, sie müssen wiederaufgebaut werden, weil doch bei Licht betrachtet diese Landschaftsverbände, nachdem die frühere Regelung — Koppelung mit dem Oberpräsidenten — weggefallen ist, jetzt nur noch kommunale Zweckverbände sein können, zunächst für Aufgaben, die den Gemeinden zustehen, die sie aber örtlich nicht bewältigen können und gemeinsam auf der überörtlichen Ebene in diesem, ich betone es..., kommunalen Zweckverband gemeinsam regeln wollen." Steinhoff lehnte also das zeitweilig diskutierte Konzept ab, einen einzigen, staatlich dominierten Landschaftsverband zu gründen. Er favorisierte das Modell, das dann auch Realität wurde, die regionale Selbstverwaltung bestimmter Aufgaben, die die Städte, Gemeinden und Kreise nicht aus eigener Kraft lösen können, wie etwa die Betreuung psychisch Kranker. Von 1953 bis 1956 wirkte er selbst als Vorsitzender der SPD-Fraktion in der Landschaftsversammlung Westfalen-Lippe aktiv an der landschaftlichen Selbstverwaltung mit, und bei einer Gedenkveranstaltung für den Freiherrn vom Stein erklärte er 1956, an die alten preußischen Provinzialverbände anknüpfend: „Eine Verwaltung gehört zu Stadt und Leuten, nicht in die ferneren Spitzen der Ministerien... Wie der Provinzialverband Westfalen tritt auch der Landschaftsverband Westfalen-Lippe als optimal günstigste und sparsamste Ordnung wieder für all die Aufgaben ein, die von einer einzelnen Stadt und den Landkreisen nicht allein durchgeführt werden können oder ihrer Natur nach die gesamte Landschaft angehen. Die Zuständigkeit des Landschaftsverbandes Westfalen-Lippe — das gilt natürlich auch für den Landschaftsverband Rheinland — ist wesentlich von dem Prinzip der Subsidiarität geformt, jenem Grundsatz des Verfassungsrechts, auf dem Möglichkeit und Begrenzung der einzelnen Verwaltungseinheiten beruht, vor allem aber auf dem Grundsatz, daß nur die Aufgaben auf eine höhere Verwaltungsstufe heraufgezogen werden sollen, die ihrer Art, ihrem Umfang und ihrem finanziellen Gewicht nach die kleinere Verwaltungseinheit überfordern. Und da scheinen mir die Landschaftsverbände ein besonders gutes und klares Beispiel dafür zu sein, daß sich Subsidiarität auch in der Verwaltung durchführen läßt... Aber auch staatspolitische Gründe sprechen für die landschaftliche Selbstverwaltung."

In die gleiche Richtung weist ein anderes kommunalpolitisches Engangement, das Steinhoff nach seinem Ausscheiden aus dem Amt des Ministerpräsidenten einging. Als am 28. November 1958 nach einem Vierteljahrhundert Pause erstmals wieder eine gewählte Verbandsversammlung für den Siedlungsverband Ruhrkohlenbezirk zusammentrat, wurde ihm einstimmig der Vorsitz übertragen.

8.

Weil Steinhoff wegen der problematischen Koalitionslage in seiner Regierungserklärung keine hochfliegenden Pläne und Programme hatte verkünden können, hielten sich 1958, als die Legislaturperiode auslief und Bilanz gezogen werden mußte, die Enttäuschungen in Grenzen. Den berühmten Stempel hat er dem Land in diesen zwei Jahren nicht aufdrücken können, allenfalls andere Prioritäten gesetzt. Eine Ära Steinhoff hat es nicht gegeben, wohl aber eine Aura, die durch absolute Bescheidenheit und Integrität gekennzeichnet wurde. Steinhoff war pfiffig, aber nicht schlitzohrig, drängte sich niemals in den Vordergrund und hat die Regierungspartner ebenso fair behandelt wie die CDU, die sich 1956 zunächst nur schwer in die Rolle der Opposition fand.

In der Regierungszeit Steinhoff/Weyer wurden vor allem Initiativen weiterentwickelt, deren Keime die voraufgegangenen Kabinette Arnold gelegt hatten. Akzente setzte die sozialliberale Koalition auf dem Sektor der Forschungsförderung und in der Kirchenpolitik. Unter Steinhoff wurde das Wissenschaftsprogramm beachtlich aufgestockt. Schon in seiner Regierungserklärung hatte er festgestellt: ,,Da vom Fortschritt der Wissenschaft in hohem Maße das wirtschaftliche Gedeihen, die soziale Sicherung und die kulturelle Gestaltung unseres Daseins abhängen, weiß sich die Landesregierung verpflichtet, alles zu tun, um den außerordentlich hohen sachlichen und persönlichen (recte: personellen) Nachholbedarf der Universitäten und Hochschulen zu befriedigen, um sie auf diese Weise wieder zum freien Wettbewerb in der Welt des Geistes zu befähigen", und das hieß: zur internationalen Konkurrenz. Vor allem wurden die Mittel für die Ingenieurwissenschaften beträchtlich vermehrt. Für den Autodidakten Steinhoff, der sich in mühseligem Selbststudium ein beachtliches Wissen angeeignet hatte und klassische Musik und Literatur liebte, war es eine hohe Genugtuung, als er am 7. März 1956 als Regierungschef den Vorsitz in der Arbeitsgemeinschaft für Forschung des Landes übernehmen konnte. Er sah darin mehr als einen formalen Akt. Die Arbeitsgemeinschaft, Vorläufer der 1970 ins Leben gerufenen Rheinisch-Westfälischen Akademie der Wissenschaften, war 1950 von Arnold auf Vorschlag des späteren Staatssekretärs Leo Brandt (SPD) gegründet worden.

Wie viele Politiker in jener Zeit zeichnete sich auch Steinhoff durch eine undifferenzierte Wissenschaftsgläubigkeit aus und baute vorbehaltlos auf die Kernenergieforschung. Vor der Arbeitsgemeinschaft für Forschung und dem Landtag forderte er mehrfach unter Hinweis auf die fortgeschrittene Atomforschung in Großbritannien und in Frankreich größere deutsche Anstrengungen auf diesem Sektor. Schon am 14. November 1956 legte er dem Parlament ein Schwerpunktprogramm vor, in dessen Rahmen die beiden Forschungsreaktoren ,,Dido" und ,,Merlin" angeschafft wurden. Beide zusammen bildeten den Grundstein für die Kernforschungsanlage im Stetternicher Forst bei Jülich, deren Kosten bis Ende der sechziger Jahre zu neunzig Prozent das Land trug. Das Jülicher Wissenschaftszentrum war natürlich keine Erfindung Steinhoffs. Die politischen Grundlagen waren vielmehr schon vor seiner Amtsübernahme gelegt worden. Steinhoff machte sich das Projekt Leo Brandts jedoch ohne Einschränkungen zu eigen und brachte es auf den Weg, wie es überhaupt bemerkenswert ist, mit welcher Intensität er sich in den zweieinhalb Jahren seiner

Regierungszeit um Fragen der Wissenschaft und Forschung kümmerte. Ebenso nachdrücklich setzte er sich für die Verbesserung der Bildungs- und Berufschancen der unterprivilegierten Schichten ein, denen er selbst entstammte. Mehr Chancengleichheit für die Mädchen und Frauen lag ihm dabei besonders am Herzen.

Überraschender waren andere Ereignisse. Am 29. August 1956 sprach der Dissident Steinhoff ein Grußwort zur Eröffnung des 77. Deutschen Katholikentages in Köln. Wer nur eine Höflichkeitsadresse des Regierungschefs erwartet hatte, sah sich getäuscht. Ohne seine Einstellung zu verleugnen, erklärte der Ministerpräsident: „Mögen auch weltanschauliche oder politische Verschiedenheiten in der Auffassung bestehen, Einigkeit besteht in der gemeinsamen Erkenntnis und Verpflichtung, alles zu tun, um den Menschen und die Ideale echter und reiner Menschlichkeit in dieser Zeit zu bewahren und zu retten. Alle, die sich vom Menschen her der großen verpflichtenden Aufgabe im Dienst an Volk und Staat verbunden fühlen, sollten sich über das Trennende hinweg in den großen gemeinsamen Schicksalsfragen der Zeit einig wissen." Dann kam das Bekenntnis: „Ich bejahe die große volkserzieherische Idee der Kirchen."

In einigen der katholischen Kirche und der CDU nahestehenden Zeitungen wurde Steinhoff deswegen blanker Opportunismus vorgeworfen. Sein Ja zur Kirche sei durchsichtig, diene nur dem Wählerfang. Dies war mit Sicherheit verkürzt und damit falsch geurteilt. Steinhoff war zeit seines Lebens alles andere als ein Fanatiker, missionarischen Eifer hat er nie an den Tag gelegt. Ohne sich anzubiedern und ohne seine Einstellung zu verleugnen, versuchte er, eine Brücke zu den beiden großen christlichen Kirchen zu schlagen. In seiner Regierungszeit wurden wichtige Verträge mit den Religionsgemeinschaften geschlossen, die noch heute gültig sind. So tauschten Steinhoff und der Apostolische Nuntius Erzbischof Muench im Februar 1957 die Ratifikationsurkunden über die Gründung des Ruhrbistums Essen aus. Acht Monate später schloß das Land mit den Evangelischen Kirchen im Rheinland und von Westfalen Kirchenverträge, in denen im wesentlichen der Preußische Kirchenvertrag von 1931 prolongiert wurde. 1958 folgte ein entsprechendes Abkommen mit der Lippischen Landeskirche. Durch all diese Verträge wurde die Position der Kirchen in einem säkularen Staat gesichert.

9.

In die Landtagswahlen vom 6. Juli 1958 ging die SPD zwar mit dem Slogan „Weiter mit Steinhoff!", dennoch standen diese unter bundespolitischen Aspekten. Die Diskussion um die atomare Bewaffnung der Bundeswehr, die der Bundestag im Januar 1958 beschlossen hatte, erreichte in dieser Zeit einen Höhepunkt. Durch den Spruch des Bundesverfassungsgerichts vom 30. Juli 1958, Volksbefragungen über Atomwaffen in Hamburg und Bremen nicht zuzulassen, wurden die Auseinandersetzungen zusätzlich verschärft. Steinhoff nahm in seinen Wahlveranstaltungen das Thema auf und erklärte beispielsweise: „Wir werden, wenn wir vom Volk das Mandat bekommen, im Bundesrat unsere Zustimmung zur Mittelbewilligung für die atomare Aufrüstung strikt verweigern. Wir werden darüber hinaus, falls für die Aufstellung atomarer militärischer Anlagen Land angefordert werden sollte, grundsätzlich unsere Zustimmung nicht erteilen."

Obwohl der Spitzenkandidat der Christdemokraten, Karl Arnold, eine Woche vor dem Wahltag plötzlich gestorben war und die Union deshalb Franz Meyers ad hoc als Ersatzkandidaten präsentieren mußte, erreichten die Sozialdemokraten ihr Wahlziel nicht. Das Angebot der SPD, die Wahlen wegen Arnolds Tod zu verschieben, schlug die CDU übrigens aus. Die Sozialdemokraten konnten ihr Ergebnis zwar um 4,7 Punkte auf 39,2 Prozent verbessern und die Zahl ihrer Mandate um fünf auf 81 erhöhen, mußten aber hinnehmen, daß die CDU von 41,3 auf 50,5 Prozent kletterte und damit nicht nur die absolute Mehrheit der Stimmen, sondern auch der Sitze im Landtag eroberte, nämlich 104 von 200. Klare Verlierer waren die Freien Demokraten, die zehn Mandate abgeben mußten und nur noch mit einer fünfzehnköpfigen Riege in den Landtag zurückkehrten, sowie das Zentrum, das ganz aus dem Parlament ausschied. Das Zentrum hatte bereits ein halbes Jahr vor den Wahlen eindeutige Auflösungserscheinungen gezeigt; sechs seiner neun Abgeordneten waren zur CDU übergetreten.

Die Freien Demokraten bekamen am 6. Juli 1958 von ihrer weiterhin nationalliberal gesonnenen Klientel die Quittung für den Sturz der Regierung Arnold und das Bündnis mit der SPD. Dieses Bündnis wurde von einem großen Teil der FDP-Wählerschaft nicht honoriert; die FDP, die 1950 noch 12,1 und 1954 immerhin 11,5 Prozent erzielt hatte, sackte auf 7,1 Prozent ab. Steinhoffs SPD hatte sich zwar deutlich gegenüber 1954 verbessert und den Aufwärtstrend der Partei seit 1947 fortgesetzt, bei einer Beschränkung im Wahlkampf auf die Landespolitik hätte sie aber wahrscheinlich noch besser abschneiden können. Die Bilanz, die Steinhoff für nur zweieinhalb Jahre Regierungsverantwortung aufmachen konnte, war schließlich nicht schlecht.

Anders als Arnold 1956 erwies sich Steinhoff als guter Verlierer. Schon am 1. Januar 1957 hatte er im Westdeutschen Rundfunk erklärt, ,,daß ein Regierungswechsel in einem demokratischen Staat ein ganz natürlicher und verfassungsgemäßer Vorgang ist, den man nicht mit einer beleidigten Miene oder dem Rückzug in den Schmollwinkel, sondern nur mit einer fairen Bereitschaft zur Mitarbeit zum Wohle des Volksganzen beantworten kann". Ohne zu klagen und ohne Zeichen der Verbitterung übernahm er wieder die Funktion des Fraktionsvorsitzenden der Sozialdemokraten, die in der Zeit seiner Regierungstätigkeit Alfred Dobbert versehen hatte, und damit die Rolle des Oppositionsführers. Seine Parteifreunde vermißten allerdings mehr und mehr den alten rhetorischen Biß. Steinhoff gefiel sich offensichtlich nun in der Rolle des Staatsmannes. Gerne wäre er 1958 auch wieder Oberbürgermeister in Hagen geworden. Dieses Amt hatte er einige Zeit nach seiner Wahl zum Ministerpräsidenten aufgegeben, weil die Doppelbelastung nicht tragbar war, sein Mandat als Ratsmitglied jedoch behalten. Aber erst am 25. März 1963, nachdem der Hagener Oberbürgermeister Helmut Turck aus Gründen der Inkompatibilität — er wurde Direktor der Stadtwerke Hagen — ausgeschieden war, gelang es ihm, noch einmal für eineinhalb Jahre erster Bürger der Stadt zu werden, die ihm längst Heimat geworden war und in der er ein Haus gebaut hatte. Das Wahlergebnis war wiederum ein persönlicher Erfolg für Steinhoff und zeigte, wie hoch er weiterhin im Ansehen selbst der politischen Gegner stand; er erhielt 36 von 38 Stimmen. Dabei hatte die SPD bei den Kommunalwahlen trotz Steinhoffs persönlichem Einsatz am 19. März 1961 Einbußen hinnehmen müssen.

Die große Reputation, die Steinhoff in Hagen und Umgebung besaß, veranlaßte die SPD bereits 1960, ihn in die Wahlkampfmannschaft des SPD-Spitzenkandidaten Willy Brandt für die Bundestagswahlen am 17. September 1961 aufzunehmen und ihn als Direktkandidaten in Hagen aufzustellen. Obwohl Steinhoff selbst nicht damit gerechnet hatte, konnte er der CDU das Direktmandat in Hagen abnehmen. Bei den Wahlen zum fünften Bundestag am 19. Dezember 1958 behauptete er seinen Wahlkreis souverän. Den Wechsel in die Bundespolitik hat Steinhoff nicht leichten und freudigen Herzens vollzogen, zumal da er gleichzeitig aus der Landespolitik ausscheiden mußte, weil die SPD-Satzung Doppelmandate ausschloß. Steinhoff fügte sich jedoch der Parteiräson. Auf dem politischen Parkett in der Bundeshauptstadt trat er nie besonders in Erscheinung, wurde, obwohl Mitglied in Willy Brandts Wahlmannschaft, nicht einmal in den Fraktionsvorstand berufen. Er blieb in Bonn ein Hinterbänkler und trauerte der führenden Rolle nach, die er in Düsseldorf ausgefüllt hatte. Steinhoff erkannte wohl, daß er für die Bundes-SPD nur eine Wahllokomotive neben anderen gewesen war.

Aber auch in der Landespolitik sank sein Stern Anfang der sechziger Jahre rasch. Erste Blessuren erlitt er bereits 1961, als es um seine Nachfolge im Fraktionsvorsitz ging. Steinhoff favorisierte den Bielefelder Zeitungsverleger Emil Groß, einen altgedienten Genossen, der von der Pike auf gedient und sich in zahlreichen parlamentarischen Schlachten bewährt hatte. Damit schätzte Steinhoff die Stimmungslage in der Fraktion jedoch falsch ein, die, inzwischen erheblich verjüngt, der Herrschaft der Altgenossen vom Schlage Henßler, Dobbert und Steinhoff überdrüssig war. Der Umbruch, den die SPD mit ihrem Godesberger Programm 1959 vollzogen hatte, sollte sich auch in einem personellen Wechsel niederschlagen. Die Fraktion und ein nicht unerheblicher Teil der Partei unterstützten den alerten und eloquenten Fritz Kassmann, der im Kabinett Steinhoff/Weyer zwar Wiederaufbauminister gewesen war, dennoch aber nicht Steinhoffs Wertschätzung genoß. Kassmann, Doktor der Rechte, Rechtsanwalt, dann hoher Arbeitsrichter, Stadtdirektor in Marl und schließlich erster Landesrat des Landschaftsverbandes Rheinland, war in Steinhoffs Augen ein Aufsteiger und hatte zu wenig sozialdemokratischen „Stallgeruch". Als „Schönling" soll Steinhoff Kassmann tituliert haben. Die Fraktion entschied sich jedoch für Kassmann, und das faßte Steinhoff als Affront auf. Er verweigerte seinem Nachfolger sogar die üblichen Höflichkeitsformeln nach der Wahl und bewies schon damit, daß er an Format verloren hatte. Noch Monate später bedauerte er öffentlich, er habe sein Mandat im Landtag in Düsseldorf zu früh niedergelegt.

Der inzwischen dreiundsechzigjährige Politiker, dem die unter der NS-Herrschaft erlittenen Torturen anzusehen waren, entwickelte ganz offensichtlich Züge von Altersstarrheit und ließ jene Qualitäten vermissen, die die SPD und mit ihr auch ihn selbst groß gemacht hatte: Solidarität. Dies zeigte sich auch, als die Sozialdemokraten zu entscheiden hatten, wen sie als Spitzenkandidaten für die Wahlen zum fünften Landtag 1962 aufstellen sollten. Steinhoff witterte eine Chance für ein landespolitisches come-back; schließlich war er immer noch unangefochten Vorsitzender des mitgliederstärksten SPD-Bezirks Westliches Westfalen. Favorit der Fraktion war Kassmann, der seine Kandidatur jedoch zurückzog, als er merkte, daß er ohne Hausmacht an der Parteibasis war und die mächtigen Bezirke seinen Wahlkampf bestimmen würden. Einstimmig beschloß der Landesausschuß am 25. April, der Landesdelegiertenkonferenz der Partei am 5. Mai Steinhoff vorzuschlagen. Alles deutete auf eine glatte Wahl hin, doch Steinhoff und seine Freunde hatten die Rechnung ohne die Delegierten gemacht. Vor allem die Vertreter der Bezirke Nieder- und Mittelrhein wollten Kassmann als Spitzenkandidaten, den auch der Kölner Bundestagsabgeordnete Heinz Kühn favorisierte. Nach heftigem Gerangel hinter den Kulissen und einem Verzichtsangebot Steinhoffs kam es schließlich zu einer Kampfabstimmung zwischen ihm und Kassmann, bei der Steinhoff mit 88 gegen 99 Stimmen unterlag. Steinhoff, der sich der Unterstützung aller 105 Delegierten aus seinem Bezirk sicher geglaubt hatte, war tief enttäuscht. Aber auch Kassmann war getroffen. Er lehnte die Wahl mit der Begründung ab, elf Stimmen Mehrheit seien kein ausreichender Vertrauensbeweis. Nach dramatischen Gesprächen am Rande der Konferenz wurde als Ersatzkandidat Heinz Kühn präsentiert, auf den sich die Delegierten dann auch, sichtlich erleichtert, mit großer Mehrheit einigten. Kühn, der lieber in der Bundespolitik geblieben wäre, bildete nach dem gegen Franz Meyers eingebrachten zweiten Konstruktivum im Dezember 1966 die zweite sozialliberale Koalition in Nordrhein-Westfalen.

Steinhoffs Rückhalt nahm nun auch in der Partei rasch ab. Er wurde 1963 zwar noch einmal im Vorsitz des Bezirks Westliches Westfalen bestätigt, doch das Votum, 175 Ja- und 111 Nein-Stimmen, signalisierte, daß ein nicht unerheblicher Teil der Partei sich einen unverbrauchteren Politiker wünschte, der den Wandel in der SPD nach Godesberg überzeugender verkörperte. Zwei Jahre später, im Mai 1965, kandidierte Steinhoff nicht mehr für den Bezirksvorsitz. Es wurde nun sehr still um ihn, obwohl er bis zu seinem Tode im Bundestag blieb. Im November 1967 verlieh ihm die Stadt Hagen die Ehrenbürgerwürde. Fritz Steinhoff starb am 22. Oktober 1969 im Alter von 72 Jahren. Sein Parteifreund Heinz Kühn, der im Dezember 1966 ebenfalls durch ein Konstruktivum Ministerpräsident in Düsseldorf wurde und die zweite, noch heute bestehende sozialliberale Koalition begründete, charakterisierte Steinhoff beim Staatsakt vor dem Begräbnis in der ihm eigenen Eloquenz so: „Sein Schicksal hat ihn immer in die Bewährungsprobe schwerer Zeiten gestellt. Er war einer der Baumeister unseres Landes, nicht von jener Sorte Architekten, denen es um glanzvolle Fassaden geht, sondern Kärrner in der Bauhütte eines humanen, freien, sozialen Staatswesens".

Herangezogen wurden Akten des SPD-Bezirks Westliches Westfalen im Archiv der sozialen Demokratie, Bonn-Bad Godesberg, Plenarprotokolle des Landtags, das Biographische Kompendium im Landtagsarchiv in Düsseldorf sowie Dirk Bavendamm, Von Arnold zu Steinhoff, in: Raum und Politik, Beiträge zur neueren Landesgeschichte, Bd. 6, hrsgb. v. W. Först (Köln u. Berlin 1977), und Friedrich Keinemann, Fritz Steinhoff, Oberbürgermeister von Hagen und nordrhein-westfälischer Ministerpräsident (Hagen 1975).

Die drei letzten Beiträge dieser Sammlung beschäftigen sich mit Lebenden, dem einunsiebzigjährigen Meyers, dem sechsundsechzigjährigen Kühn und dem einundsechzigjährigen Weyer. Die Quellen fließen hier langsamer und schmaler, manchmal sind sie nur Rinnsale. Aber dem steht als Vorteil gegenüber, daß der Autor den Mann, dessen Vergangenheit er im Blick hat, befragen kann. Tut er das mit der nötigen Vorsicht, mit skeptischer Sympathie sozusagen, dann kommt er kaum in die Gefahr, nicht viel mehr als das Mundstück für eine Trompete mit nichts als subjektiven Tönen zu bleiben. Das Porträt des Ministerpräsidenten der mittleren Jahre ist der erste Versuch, über die Tagespublizistik seiner verschiedenen Amtszeiten (Innenminister 1952-1956, Ministerpräsident 1958-1966) hinaus Werdegang, Rolle und Bedeutung, Leistungen und Mißerfolge des Doktor Franz Meyers zu beschreiben, zu erklären und zu werten. Wolfram Köhler hat dabei zum Teil bisher unbekanntes Material benutzen können.

Wolfram Köhler

FRANZ MEYERS

Ministerpräsident Karl Arnold hatte den Rechtsanwalt Dr. Franz Meyers, MdL, für Sonntagvormittag zu sich in seine Wohnung in Düsseldorf-Oberkassel gebeten. Das war Mitte Mai 1952.

In Bonn regierte zu dieser Zeit Konrad Adenauer mit einer Koalition aus CDU/CSU, FDP und Deutscher Partei (DP). Der Deutschlandvertrag, in dem die Westmächte auf ihre Sonderrechte verzichteten und ihre Unterstützung für die Wiedervereinigung Deutschlands zusagten, stand unmittelbar vor der Unterzeichnung, die am 26. Mai 1952 erfolgte. Auch ein Vertrag über eine Europäische Verteidigungsgemeinschaft (EVG) war unterschriftsreif. Dagegen gab es freilich in Frankreich erhebliche Widerstände, in Frankreich, das unter einem Kolonialkrieg in Algerien litt und wo sich die Kabinette und die Ministerpräsidenten die Klinke in die Hand gaben. In England hatten im Herbst 1951 die Konservativen die Labour-Regierung Attlee abgelöst; Winston Churchill war wieder Premierminister. In der Sowjetunion herrschte noch immer der alte Stalin.

Franz Meyers, seit kurzem Oberbürgermeister von Mönchengladbach und im Landtag Vorsitzender des Sonderausschusses für die Gemeinde- und Kreisordnung, machte sich auf ein sonntägliches Gespräch mit Arnold über die Gemeindeordnung gefaßt, die im Landtag in 2. Lesung anstand. Doch Arnold fragte Meyers, ob er Innenminister werden wolle. Franz Meyers wurde es am 25. Mai 1952, und er blieb es bis zum 20. Februar 1956. Da wurde die Regierung Arnold durch ein konstruktives Mißtrauensvotum gestürzt, ein Schicksal, das Meyers ein weiteres Mal 1966 ereilte, als er selbst Ministerpräsident war.

Das 2. Kabinett Arnold war im Juli 1950 als Kleinst-Koalition aus CDU und Zentrum gebildet worden; Innenminister war Adolf Flecken. Doch Flecken mußte im Januar 1952 Finanzminister werden, weil der bisherige Ressortchef Heinrich Weitz das Kabinett verließ und zur Girozentrale ging. Seitdem führte Arnold die Geschäfte des Innenministeriums, das im selben Haus in der Düsseldorfer Elisabethstraße untergebracht war wie die Staatskanzlei. Hinter dieser Personalunion steckte politische Absicht. Arnold hatte zu dieser Zeit – Anfang 1952 – immer noch nicht die Hoffnung auf eine Koalition mit der SPD aufgegeben. Im Falle ihrer Bereitschaft wollte er für die SPD das wichtige Innen-Ressort offen und disponibel halten. Er wollte damit den Sozialdemokraten wohl auch ein Signal geben, obwohl er wußte, daß Bundeskanzler Adenauer in Bonn eine Große Koalition in Düsseldorf nicht wünschte.

Daß er den Posten nach viermonatiger Vakanz schließlich doch mit dem CDU-Mann Meyers besetzte, war ein Aufgeben dieser Hoffnung auf eine Erweiterung der Kleinst-Koalition nach links und ein erneutes Nachgeben gegenüber Adenauer. Es war ein weiteres Stück Verzicht des christlich-sozialen Gewerkschafters Arnold auf Verwirklichung eigener wirtschafts- und sozialpolitischer Vorstellungen. Mit Meyers' Eintritt in das Kabinett fiel – diesem selbst nicht bewußt – für die CDU eine politische Richtungsentscheidung. In diesem Mai 1952 wurde der Gedanke an eine Wiederbelebung der CDU/SPD-Koalition endgültig begraben. Als dieser Gedanke vierzehn Jahre später, nach der Landtagswahl 1966, bei der CDU wieder ventiliert wurde, war es Meyers, der ihn für seine Person entschieden ablehnte.

In diesem Frühjahr 1952 aber gab es auch politische Unruhen im Ruhrgebiet, kommunistische Aufmärsche gegen die Europäische Verteidigungsgemeinschaft. Bei einem Zusammenstoß mit der Polizei waren in Essen der Kommunist Philipp Müller getötet und mehrere Polizisten verletzt worden. Da die SPD sich seinem versteckten Koalitionswerben ohnehin verschloß, meinte Arnold, der zudem noch Adenauer im Nacken hatte, daß das Innenministerium nun wohl doch mit einem energischen eigenen Ressort-Chef besetzt werden müsse. Vorübergehend war dabei auch an den

Kölner Oberbürgermeister Ernst Schwering gedacht worden. Aber die Fraktionsvorsitzenden der Regierungsparteien, Johnen (CDU) und Brockmann (Zentrum), empfahlen Meyers. Kaum jemand in der Öffentlichkeit kannte ihn. Dem Landtag gehörte er erst seit zwei Jahren an, und in der Honoratioren-Riege der CDU wirkte er mit seinen kaum 44 Jahren wie ein Jüngling. Politische Vorkriegserfahrung hatte er nicht. Der Hitlerei hatte er sich als freier Anwalt bewußt entzogen, obwohl ihn der Staatsdienst eigentlich interessiert hätte.

Mit Meyers betrat ein Mann die politische Bühne, der selbst am wenigsten an Ministerämter gedacht hatte. Der Posten fiel ihm wie von selbst zu. Ihm sind die Posten scheinbar immer nur so zugefallen. Er galt viele Jahre als ein Franz im Glück. Freilich - Glück hat auf die Dauer (nach Moltke) nur der Tüchtige. Und „der Meyers" war enorm tüchtig - immer und auf jedem Platz. Am Humanistisch-Stiftischen Gymnasium Mönchengladbach tat er sich hervor als Turner, und im Schulorchester als Violinenspieler und Bratschist. Als Jura-Student (Freiburg und Köln) besuchte er, wie andere, nicht nur einen Repetitor, sondern er machte selbst ein Repetitorium auf. Im Kriege war er - man möchte hinzufügen: selbstverständlich - Hauptmann. Meyers war immer und bei allem, was er anpackte, Haupt-Mann. Wo er war, war oben. Die Mühen, anfangs die Armut, der Fleiß, die Verwundungen, die schweren Krankheiten und die Enttäuschungen, die es auch gab und die dahinter steckten, sahen diejenigen kaum, die den „fixen Franz" nur immer für eine Frohnatur hielten und für einen unverwüstlichen Burschen mit zupackender Intelligenz.

Im Grunde seines Herzens ist Meyers ein gutmütiger Mensch, der gern und spontan Vertrauen verschenkt. Wenn dieses Vertrauen allerdings enttäuscht wird, leidet er sehr; er setzt sich dann keineswegs fix darüber hinweg.

Mittelgroß und den Freuden der Tafel sichtbar auch mit gutem Gewissen zugetan, strahlte er barocke Lebensfreude aus. Mit seiner sympathischen, quicken Rundlichkeit stand er äußerlich in einem merkwürdigen Gegensatz zu seinem Ministerpräsidenten, dem eher hageren, immer etwas hölzern wirkenden Arnold. Obwohl der Schwabe Arnold und der Niederdeutsche Meyers recht verschiedene Temperamente waren, verstanden sie sich beide gut. Es gab gelegentlich Meinungsverschiedenheiten, aber keine größeren Spannungen. Es war ein Verhältnis, das auf gegenseitiger Achtung und Loyalität beruhte.

1.

Franz Meyers, der neue Innenminister, war ein sozialer Aufsteiger, Sohn kleiner Leute. Dessen hat er sich nie geschämt. Aber er hat das auch nie wie eine Monstranz vor sich hergetragen oder gar politisches Kapital daraus geschlagen. Zum linken Flügel der CDU gehörte Meyers nicht; aber er hatte da auch kaum Gegner. In der Welt der Besitzenden bewegte er sich gern und absolut sicher. Doch stand er auch mit Gewerkschaftsführern seiner Zeit wie Ludwig Rosenberg auf gutem Fuß.

Franz Meyers, der Vater, war berittener Polizeibeamter in München-Gladbach, wie es damals noch hieß. Dort, in der Rheydter Straße, wurde Sohn Franz am 31. Juli 1908 geboren. Ihm folgte ein zweiter Sohn, also ein jüngerer Bruder. Er starb während des Krieges. Von seinem Vater hatte Franz die Liebe zu Pferden und zur Reiterei, die sein großes Vergnügen war, bis hin zu einem schweren Sturz kurz vor seinem zweiundsechzigsten Geburtstag im Sommer 1970. Wahrscheinlich hatte er vom Vater noch mehr geerbt: Pflichtbewußtsein und einen Sinn für Ordnung und präzises Arbeiten.

Von seiner Mutter Emma M. sagte der Sohn: „Sie hat viel gelesen, alles, was ihr unter die Finger kam." Eine Polizeibeamtenfrau, die viel liest, wenn auch unsystematisch und ziemlich wahllos - das läßt zumindest auf Wißbegierde und einen beweglichen Geist schließen. Die Mutter hatte auf die Erziehung des Sohnes wenig Einfluß. Denn der Knabe Franz wurde nicht im Elternhaus groß, sondern im Haus von Onkel und Tante, dem Ehepaar Jacob Pieper, das auf derselben Straße in Mönchengladbach wohnte und selbst keine Kinder hatte.

Frau Klara Pieper und Frau Meyers waren Schwestern. Onkel Jacob Pieper war Stallmeister des Mönchengladbacher Fuhrparks - also auch wieder Pferde. Der Stammbaum der Familie wurzelt im Niederdeutsch-Rheinischen: ein Großvater stammte aus Holland, der andere aus Pommern; von den Großmüttern war die eine Westfälin, die andere Rheinländerin. Als der Pommern-Großvater in Düsseldorf bei den 5. Husaren diente, lernte er die Westfalen-Großmutter kennen. Die Familie meinte immer, Franz sei seinem pommerschen Großvater besonders ähnlich, auch wenn alle Welt später behauptete, Meyers sei „ein typischer Rheinländer". Er selbst hat später mal in einem Vortrag untersucht (und als Broschüre veröffentlicht): „Was ist rheinisch?" Seine Quintessenz: „Ich glaube, daß es bisher niemandem geglückt ist, diese Frage befriedigend und erschöpfend zu beantworten."

Als Innenminister wurde Meyers 1952 Chef einer großen Verwaltungsbehörde und der Polizei, oberste Kommunalaufsicht und Verfassungsminister. Er landete damit (wie das Meyers' Art ist) gleich von oben auf einem Berg, den er schon oft angepeilt hatte und auch von verschiedenen Seiten aus angegangen war. Berufswunsch des Polizeibeamten-Sohnes war es immer gewesen, rheinischer Oberbürgermeister zu werden. Die Kommunalverwaltung hat ihn immer gereizt. Promoviert hatte er mit einer verfassungsrechtlichen Arbeit. Ihre Problemstellung war Anfang der dreißiger Jahre hochaktuell: Kann der Reichspräsident, gestützt auf die Notverordnungs-Paragraphen der Weimarer Verfassung, seine eigene Amtszeit verlängern? Die Conclusio des cand.jur.Meyers: Nein, er kann nicht; denn niemand darf in einer Sache mitbeschließen, von der er selbst betroffen ist.

Rheinischer Oberbürgermeister war er schließlich auch geworden, wobei er wiederum von oben eingestiegen war und sich nicht etwa über die Ochsentour hochgedient hatte. Nach dem Kriege hatte der heimgekehrte Artillerie-Hauptmann es mit seinem wiedereröffneten Anwaltsbüro alsbald zu einigem Geld und Ansehen gebracht. Schließlich hatte er sich auch breitschlagen lassen, auf der kommunalen Reserveliste der CDU als Ratsherr zu kandidieren, im stillen hoffend, daß sein Name nicht zum Zuge käme. Dann aber starb im März 1952 der Oberbürgermeister von Mönchengladbach, Justizrat Nonnenmühlen, der zugleich auch Senior-Partner in Meyers' Anwalts-Societät war. Meyers rückte über die Liste als Ratsmitglied nach - und wurde zugleich und auf der ersten Sitzung auch als Nachfolger Nonnenmühlens zum Oberbürgermeister gewählt, Durchmarsch vom Rathausvorplatz bis zum Präsidiumssessel. „Dem Meyers" war wieder etwas wie von selbst zugefallen. Das war am 5. März 1952.

Am 25. Mai 1952, also nur zehn Wochen später, machte Arnold ihn zum Innenminister. Innerhalb kürzester Zeit war aus dem Anwalt Meyers ein Spitzenpolitiker geworden – eine unglaubliche Karriere. War es eigentlich eine Karriere, ein Höhersteigen in Etappen? Eigentlich nicht. Meyers wurde Politiker und Minister ohne Karriere. Er brauchte sich nicht hochzudienen, sich nicht mit Delegierten, Fraktionen und neidischen Konkurrenten herumzubeißen. Er brauchte nicht zu kämpfen – Franz im Glück.

Um es vorweg zu sagen: Meyers wurde ein vorzüglicher Innenminister und Ministerpräsident. Einzelheiten werden noch darzustellen und Kritik wird noch anzubringen sein. Hier nur eine Zwischenfrage, hypothetisch zwar, aber vielleicht der

Erhellung der Persönlichkeit dienlich: Was wäre gewesen, wenn nicht ein Ministerpräsident ihn gerufen hätte, sondern der Ruhrsiedlungsverband, die Lufthansa, ein Warenhauskonzern, Krupp...? Hätte er Nein gesagt? Hätte er es schlecht gemacht? Sicher nicht. Man hätte sich Meyers ohne weiteres auch als den obersten Chef eines Energiekonzerns vorstellen können, als einen Generaldirektor, der Krupp, Karstadt oder wen auch immer zu Blüte und Erfolg geführt hätte (zum Vergleich: niemals Arnold). Meyers hätte auch das gemacht, und zwar hervorragend. Denn Meyers war ein großer Macher – wenn auch dieses Wort damals in der Politik noch nicht gängig war (niemand hat Adenauer als einen Macher bezeichnet). Zu behaupten, ein Politiker sei ein guter Macher, heißt aber zugleich, seinen ideologisch-programmatischen Unterbau anzweifeln.

Meyers hat es zunächst nicht in die Politik gedrängt. Er gehörte nicht zu denen, die 1945 politisch-geistig erregt und bewegt waren, die einen neuen Anfang setzen, Fehler der Vergangenheit überwinden und künftig verhindern wollten. Meyers' erster Gedanke nach der Heimkehr war – wie bei Millionen anderer auch – zunächst nicht der Staat und sein Wiederaufbau. Das war ihm zwar nicht gleichgültig. Aber sein primäres Interesse und seine ersten Energien richteten sich darauf nicht. Auch vor dem Kriege oder als Student war er nicht in einer Partei oder in einer weltanschaulich besonders geprägten Gruppierung engagiert oder organisiert gewesen. Meyers ging nicht in die Politik. Er geriet in die Politik.

2.

Vier Jahre lang war Franz Meyers Innenminister von Nordrhein-Westfalen, oder korrekter: zweimal zwei Jahre. In der Mitte seiner Innenminister-Zeit (Mai 1952 bis Februar 1956) lag die Landtagswahl von 1954. Ergebnis: die CDU verlor (gegenüber 1950) drei Sitze (jetzt 90), das mitregierende Zentrum ging von 16 auf neun Mandate zurück, die oppositionelle SPD gewann acht Sitze (von 68 auf 76), vielleicht nicht zuletzt deshalb, weil die Kommunisten (1950: zwölf Mandate) 1954 aus dem Landtag ganz verschwanden; die FDP schließlich errang 25 Mandate (1950 : 26) und wurde im Juli 1954 als dritte Regierungspartei neben dem Zentrum in das 3. Kabinett Arnold aufgenommen.

Der neue Innenminister stürzte sich mit ungeheurem Elan in seine neue Aufgabe. Mit der Materie war er vertraut. Als Abgeordneter hatte er sich im Kommunalausschuß und bei der Verabschiedung des Gesetzes über das Landesverfassungsgericht stark engagiert. Das Land existierte 1952 seit sechs Jahren, und mit der Annahme der Landesverfassung 1950 war der äußere Rahmen für die staatliche Existenz abgesteckt. Von da an ging es um die Ordnung des inneren Kerns. Es gab noch keine neue Gemeindeordnung und keine Landkreisordnung, Gesetze von wirklich grundlegender Bedeutung. Denn hier mußten die Rechte des Bürgers gegen die Machtbefugnisse des Staates abgesichert werden. Beide Gesetze, von Innenminister Flecken vorbereitet, wurden in der Amtszeit des Innenministers Meyers vom Landtag verabschiedet. Sie brauchten bis heute wenig geändert zu werden.

Ein spezifisch nordrhein-westfälisches Gesetz war die Landschaftsverbandsordnung, die der Landtag am 6. Mai 1953 verabschiedete. Damit wurde die Daseinsberechtigung der Landschaftsverbände Westfalen-Lippe und Rheinland gesetzlich verankert, nachdem jahrelang darüber debattiert worden war, ob man diese regionalen Selbstverwaltungsorganisationen überhaupt brauchte. Der Landschaftsverband Westfalen existierte bereits; er hatte sich sofort nach dem Kriege als Nachfolger des alten preußischen Provinzialverbandes wiedergegründet. Die Rheinländer hatten diesen Anschluß 1945 verpaßt. Ihre erste Landschaftsversammlung wurde am 29.

Oktober 1953 durch Innenminister Meyers in Düsseldorf feierlich eröffnet (der Umzug des Verbandes nach Köln erfolgte erst später).

Eine der wichtigsten Taten des Innenministers Meyers war die Verstaatlichung der Polizei. Nach dem Kriege war die Polizei nach britischem Vorbild kommunal organisiert worden, das heißt, die einzelnen Gemeinden waren für ihre Polizisten zuständig und verantwortlich. Meyers hielt diese dezentralisierte Idylle für überholt. Er unterstellte die Polizei dem Land, genauer dem Innenministerium. Dabei kamen in diesem Organisationsschema die entscheidenden Funktionen den uniformierten Leitern der Schutzpolizei und den zivilen Polizeipräsidenten zu; diese waren politische Beamte und damit jederzeit absetzbar.

Die Verstaatlichung der Polizei mußte Meyers nicht nur gegen den erbitterten Widerstand der Gemeinden durchsetzen, die ihren Verlust an Macht und Ansehen laut beklagten. Auch Ministerpräsident Arnold und das Kabinett folgten nur zögernd den Plänen des forschen Innenministers, dessen Vater noch Stadt-Polizist gewesen war. Meyers konnte allerdings eine Gunst der Stunde nutzen: nach den Vorgängen in Osteuropa, wo Ende der vierziger Jahre ein Staat nach dem anderen in eine Volksdemokratie umgewandelt worden war, herrschte eine allgemeine Furcht vor kommunistischen Umsturzversuchen. Am 17. Juni 1953 war in Ost-Berlin und in der DDR ein Volksaufstand gegen das kommunistische Regime blutig niedergeschlagen worden. Eigene Kriegserinnerungen sowie Berichte von Flüchtlingen und Spätheimkehrern aus sowjetischen Gefangenenlagern verstärkten die antikommunistischen Tendenzen. Schließlich hatten die Kommunisten, die bis 1954 noch zwölf Abgeordnete im Landtag besaßen, wegen der beginnenden Wiederbewaffnung und des geplanten Beitritts der Bundesrepublik zur Europäische Verteidigungsgemeinschaft (EVG) Demonstrationen veranstaltet, die oft blutig verliefen. Der Wunsch nach einer starken und straff gelenkten Polizei war also weitverbreitet. Das begünstigte Meyers' Polizeireform.

Zu ihr gehörte auch eine bessere Ausrüstung der Polizei vor allem mit schnellen Wagen. Denn das Zeitalter der Motorisierung war nun auch in der Bundesrepublik voll angebrochen. Daß Meyers die Polizei auch neu uniformierte, war dann mehr eine Arabeske. An die Stelle des alten Preußisch-Blau trat ein jagdliches Grün. Beim Stichwort Jagd taucht in der Erinnerung eine der merkwürdigsten Episoden aus Meyers' Innenminister-Zeit auf: die vermeintlichen oder tatsächlichen Autobahnräuber, die im Spätherbst 1954 im Raum Düsseldorf-Köln-Bonn ihr schemenhaftes Unwesen trieben. Banditen hatten nachts Autos durch Lichtzeichen angehalten und beraubt. Das löste eine Massenhysterie aus. Manche behaupteten, auf der Autobahn beschossen worden zu sein, obwohl ihnen wahrscheinlich nur ein Schotterstein gegen die Scheibe geflogen war. Die Autobahn Düsseldorf-Köln wurde nachts kaum noch befahren, oder es bildeten sich zum gegenseitigen Schutz Auto-Konvois. Das Merkwürdige war, daß es von den Banditen keine halbwegs zuverlässige Beschreibung und – bis heute – keine sichere Spur gab. Die Polizei machte scharfe Kontrollen und errichtete nachts Straßensperren. Opfer dieser Aktionen aber wurde lediglich und völlig schuldlos eine Frau. Sie wurde von der Polizei erschossen, weil ihr Mann bei einer Sperre mit seinem Porsche weitergerast war. Auch ein nächtlich pflügender Bauer wurde von nervösen Polizisten angeschossen. Damals wurde Innenminister Meyers zum „Pistolen-Franz". Er durchlebte schlimme Wochen öffentlicher Kritik. Auf längere Sicht nahm sein Ansehen aber selbst durch diese Fehlleistungen keinen Schaden.

Mit Meyers als Innenminister ist immer auch das Stichwort Verwaltungsreform verbunden. Dabei ging es zunächst darum, dem Wildwuchs der Verwaltung, wie er im Kriege und danach unter Besatzungsaufsicht sich entwickelt hatte, zurechtzustutzen und – vor allem im weiten Bereich des Innenministeriums und der Regierungspräsidenten – wieder klare Stufungen und Kompetenzen herzustellen. Dazu gehörte auch eine einheitliche Aktenführung bei den Regierungspräsidien. Spektakulär war, daß Meyers ältere Gesetze und Verordnungen dahin überprüfen ließ, ob sie überhaupt noch einen Sinn hätten. Hunderte von Bestimmungen konnten getrost gestrichen und außer Kraft gesetzt werden, ohne daß der Staat zusammenbrach. Freilich waren die meisten von ihnen ohnehin schon nicht mehr angewendet worden, so daß der tatsächliche Nutzeffekt dieser Durchforstung gering blieb. Aber Meyers Popularität wurde groß und immer größer.

Eine territoriale Neuordnung, also der Neuzuschnitt der Gemeinden und Kreise, konnte noch nicht in Angriff genommen werden. Die Zeit war dafür noch nicht reif, obwohl Meyers die Notwendigkeit kommen sah. Er vertrat übrigens immer die Auffassung, daß Verwaltungsreform weniger ein einmaliger Akt denn ein ständiger Prozeß sei.

Über Zuständigkeiten der Verwaltung, Kompetenzverteilung der Instanzen und über das Verhältnis Bund-Länder hat Meyers immer viel nachgedacht, geredet und geschrieben. Dieses Thema hat ihn stets beschäftigt, auch als Ministerpräsident und auch noch nach seinem Ausscheiden aus öffentlichen Ämtern.

Er wollte am liebsten nur drei Regierungsbezirke für Nordrhein-Westfalen statt (damals) sechs. Zeitweise hielt er es für richtig, sie ganz abzuschaffen. Als Mittelinstanz, so meinte er, könnten die Länder dienen, die ohnehin immer mehr zu Ausführungsinstanzen des Bundes degenerierten. Für Meyers gab es viel zu viel Verwaltungsebenen; seinem Naturell entsprechend hätte er das ganze Knäuel der Zuständigkeiten am liebsten mit einem kräftigen Hieb durchgehauen und kräftig reduziert. Dabei war Meyers keineswegs ein Zentralist, der auf eine starke „Reichsgewalt" vertraute. Er bekannte sich immer wieder zu einem maßvollen Föderalismus und war auf die Rechte der Länder und Nordrhein-Westfalens durchaus bedacht. Aber die Zuständigkeiten mußten klar und vernünftig sein. Gesetze und Verordnungen sollten nur wirklich Wichtiges und nicht alberne Nebensächlichkeiten regeln. Das war Meyers ständiger Appell im Landtag und im Bundesrat. Das entsprach seinem Sinn für Ordnung, Klarheit und Wesentliches. Bei seinen Bemühungen um eine Verwaltungsreform hatte er einen hervorragenden Helfer in seinem Staatssekretär Wilhelm Loschelder, zuvor Beigeordneter beim Deutschen Städtetag.

3.

Mitten im schwungvollsten Reformieren und Regieren endete plötzlich die Tätigkeit des Innenministers Franz Meyers. Das Kabinett Arnold wurde am 20. Februar 1956 durch ein konstruktives Mißtrauensvotum gestürzt. Die Freien Demokraten unter Führung ihrer Abgeordneten Döring, Weyer, Scheel, der „Jungtürken", verließen die Düsseldorfer CDU-Koalition, um den Bonner Bundeskanzler Adenauer wegen einer geplanten Wahlrechtsreform unter Druck zu setzen. Es ging um das „Grabenwahlsystem", das, bei den nächsten Bundestagswahlen angewandt, für die FDP äußerst nachteilig geworden wäre.

Arnold und sein Kabinett mußten gehen wegen einer Sache, die sie nicht zu verantworten hatten. Neuer Ministerpräsident wurde der Sozialdemokrat Fritz Steinhoff, der mit der FDP ein neues Regierungsbündnis schloß und eine erste sozialliberale Koalition bildete. Steinhoff regierte vom Februar 1956 bis zum Juli 1958. Dann waren Landtagswahlen. Die CDU gewann sie mit absoluter Mehrheit und kam 1958 erneut an die Regierung.

Während Arnold unter seinem Sturz sehr litt und innerlich mit dem Schicksal haderte, hat Meyers den Fall aus Ämtern und Würden ohne besonderen seelischen Schaden überstanden. Er hatte schließlich seine Anwaltskanzlei in Mönchengladbach, der er sich endlich wieder mit voller Kraft widmen wollte. Auch war er gerade erst 48 Jahre alt.

Die wiederentdeckte Freude an der Anwaltskanzlei währte freilich nicht lange. Denn der joviale, temperamentvolle Meyers war in den vier Jahren seiner Ministertätigkeit ein bundesweit bekannter Mann geworden. Daß er schon am Ende seiner Laufbahn angelangt sein könnte, glaubte kein Mensch. Auch das Auge von Konrad Adenauer ruhte wohlgefällig auf ihm. Adenauer, Bundeskanzler und Bundesvorsitzender der CDU, beauftragte den Innenminister a. D. Anfang 1956 mit der Planung und Organisation der Bundestagswahl im September 1957.

Meyers und die CDU – das ist ein Kapitel für sich, das bis jetzt noch kaum erforscht ist. Welchen Einfluß hatte er auf die Willensbildung der Partei? Welche Rolle spielte er als CDU-Führungsfigur, und zwar nicht nur formell? Die Quellen, aus denen eine Antwort kommen könnte, sind noch unerschlossen. Nur einige Daten sind bekannt, einige Mutmaßungen erlaubt.

Franz Meyers trat 1948 in die CDU ein, mehr auf dringliches Zureden seines Anwaltssocius Nonnenmühlen denn aus eigenem Triebe. Dann wurde er Minister, irgendwann Kreisvorsitzender der CDU Mönchengladbach, Bundeswahlkampfleiter, und daraufhin wählte ihn der CDU-Bundesparteitag 1956 in Stuttgart zu einem der drei geschäftsführenden Vorstandsmitglieder. Die beiden anderen waren Bundesinnenminister Gerhard Schröder und der damalige Bundestagsabgeordnete Kurt Georg Kiesinger. Motor und Macher in diesem Triumvirat war aber zweifellos „der Meyers", obwohl es einen offiziellen Bundesgeschäftsführer gab, den bedächtigen Bruno Heck. 1956/57 war Meyers eine Art Generalmanager der CDU. Auf dem CDU-Bundesparteitag 1960 in Kiel erstattete er auch den Rechenschaftsbericht.

Meyers hat nicht über die Partei Karriere gemacht. Nicht durch sie ist er populär geworden. Umgekehrt: Meyers stand eher neben der Partei, und die Parteiämter wurden ihm gewissermaßen nachgereicht, nachdem er in ein hohes Amt gekommen war. Die Partei schmückte sich mit ihm. Er fiel aus dem gängigen Politiker-Schema heraus, in dem die Reihenfolge lautet: erst in der Partei hochdienen und dann mit einem Staatsamt oder ähnlichem belohnt werden. Meyers besaß auch keine Hausmacht. Natürlich mochten ihn die Rheinländer mehr als die Westfalen. Aber er war nie Landesvorsitzender oder Obmann einer Gruppierung.

In die ideologischen Auseinandersetzungen hat Meyers nicht eingegriffen. Für das „hohe C" war Eugen Gerstenmaier zuständig. Er hatte in diesen Jahren einen heftigen Disput mit seinem evangelischen Amtsbruder Helmut Gollwitzer über eine „Verschleuderung des christlichen Namens?", so die Streitschrift Gerstenmaiers. Meyers war kein Ideologe. Er war Pragmatiker, und größtmögliche Liberalität bei Wahrung einiger Grundsätze war seine Devise. Das bedeutet wiederum nicht, daß Meyers genau so gut in einer anderen Partei hätte operieren können. Meyers war Katholik, wenn auch rheinisch-liberaler Prägung. Seine kleinbürgerliche Herkunft, sein eigenes Großbürgertum, sein ausgeprägter Individualismus und manche andere Veranlagung und Lebenserfahrung konnten ihn nur in der CDU eine politische Heimat finden lassen. Er hat die CDU, ihre Führer und Fürsten oft hart kritisiert, ja, in vertrautem Kreis hat er sie auch mit Hohn und Spott überzogen. Dennoch hat er nie auch nur eine Sekunde lang den Gedanken gehabt, die Union zu verlassen. In Meyers verkörperten sich geradezu die Elemente, aus denen sich die CDU zusammensetzt: Konservativismus, Liberalität und ein Schuß katholischer Zentrumsgeist.

Im Bundestagswahlkampf 1957 bemühte sich Meyers, den Honoratiorenklub CDU aufzumöbeln. Hier wurden die ersten Schritte in Richtung auf die spätere Mitgliederpartei getan. Meyers fuhr Tausende von Kilometern durch die Lande, um die Orts- und Kreisverbände zu mobilisieren. Es wurden genaue Zeitabläufe für die verschiedenen Werbephasen festgelegt. Meyers selbst studierte theoretische Schriften über die Psychologie eines Wahlkampfes und das Wahlverhalten bestimmter soziologischer Schichten. Es sollte keine Mätzchen geben, sondern man wollte sich auf wenige Parolen und Motive konzentrieren. Das großflächige farbige Porträtplakat wurde übernommen, das der Wiener Graphiker Aigner bei einer österreichischen Präsidentschaftswahl erfolgreich eingesetzt hatte. Die offizielle Parole hieß „Adenauer und seine Mannschaft". Durch den Hinweis auf die Mannschaft Erhard, Schröder, Brentano, Schäffer und andere sollte das hohe Alter Adenauers kompensiert werden. Dann wurde noch „Sicher ist sicher" propagiert, richtig kalkulierend, daß die Bürger ihren nach Krieg und Not wiedererworbenen Wohlstand jetzt auch ungestört geniessen wollten. Daraus wurde dann die Adenauer'sche Kurzformel „Keine Experimente". Sie war nicht offizielle plakatierte Wahlparole, aber sie drückte die Sehnsucht der Zeit aus.

Am Sonntag, den 15. September 1957, errang die CDU bei der Wahl zum dritten Deutschen Bundestag den bisher größten Sieg in ihrer kurzen Parteigeschichte. Mit 50,2 Prozent gewannen CDU/CSU die absolute Mehrheit. Weit abgeschlagen folgten SPD (31,8 Prozent) und FDP (7,7 Prozent). Franz Meyers war der strahlende Held. In allen Zeitungen stand zu lesen: der „fixe Franz" ist der kommende Mann! Der „Kronprinz" Adenauers im Parteivorsitz! Alle Türen und Posten schienen ihm offenzustehen. In der Tat hatte der neunundvierzigjährige Franz Meyers den Höhepunkt seiner Popularität erreicht. Der Landespolitik schien er entrückt. Er selbst war im Wahlkreis Aachen mit über 66 Prozent CDU-Stimmen in den Bundestag gewählt worden. Als gewiefter Landesminister a. D. wurde er im Bundestag Vorsitzender des Vermittlungsausschusses.

Er gab im Bundestag aber doch nur eine Gastrolle von neun oder zehn Monaten. Denn schon kündigten sich die Landtagswahlen in Nordrhein-Westfalen an. Die CDU sann auf Rache für den Sturz Arnolds durch Steinhoff und die FDP.

In diesem Landtagswahlkampf 1958 war Karl Arnold wieder Spitzenkandidat der CDU. Der Bundestagsabgeordnete Meyers ließ sich ebenfalls als Landtagskandidat aufstellen, hielt sich aber bei den personalen Operationen eher zurück. Er schien sein Betätigungsfeld tatsächlich mehr in der Bundespolitik zu suchen.

Am 6. Juli 1958 war Wahltag. Da geschah das Unfaßbare: am 29. Juni, eine Woche davor, starb Karl Arnold. Ein Herzinfarkt nach einem harten Wahlkampftag hatte das Leben des Siebenundfünfzigjährigen jäh beendet. Die CDU war ohne Führer und Spitzenkandidat. Eilig wurden über die Arnold-Plakate Streifen mit der Aufschrift geklebt: „In Deinem Geiste arbeiten wir weiter".

Am Wahltag errang dann auch die CDU in Nordrhein-Westfalen mit 50,5 Prozent und 104 Mandaten die absolute Mehrheit. Die Revanche war gelungen. Die CDU konnte allein regieren und SPD und FDP in die Opposition verbannen.

Es ist oft behauptet worden, der plötzliche Tod Arnolds und die Erschütterung, die er im ganzen Land ausgelöst hatte, habe der CDU die entscheidenden Prozentpunkte eingebracht. Das ist möglich. Exakt beweisen läßt es sich nicht. Eine große Rolle spielte zweifellos, daß die SPD-FDP-Koalition, die im Februar 1956 von den FDP-„Jungtürken" impulsiv zusammengebracht worden war, vor allem von vielen FDP-Anhängern nicht verstanden und damals nicht gutgeheißen wurde. Die FDP fiel denn auch von 11,5 Prozent (1954) auf 7,1 Prozent (1958) zurück. Die verlorenen Stimmen kamen der CDU zugute. Auch den größten Teil der Neuwähler (Wahlberechtigte 1954: 9,730 Mill., 1958: 10,508 Mill.) konnte die Union für sich gewinnen. Das waren immer noch Vertriebene, die durch den Länderausgleich neu ins Land kamen, aber auch die Zehntausende von Flüchtlingen aus der DDR (Berliner Mauer: August 1961) und viele Zuwanderer aus anderen Bundesländern. Nordrhein-Westfalen war damals noch attraktiv.

Und schließlich war Adenauer noch der ganz große Mann. Die Europäische Wirtschaftsgemeinschaft war am 1. Januar 1958 in Kraft getreten. Die D-Mark konnte neuerdings frei gegen andere Westwährungen getauscht werden. Daß Adenauer den sowjetischen Vorschlag ablehnte, die Wiedervereinigung auf dem Wege einer Konföderation mit der DDR herbeizuführen, fanden die meisten Deutschen völlig richtig. Staaten, die die DDR anerkannten, traf die ganze Härte der Hallstein-Doktrin; deshalb waren Ende 1957 die diplomatischen Beziehungen zu Jugoslawien auch sofort abgebrochen worden. In Frankreich leitete General de Gaulle, seit Mitte 1958 Ministerpräsident, eine neue Algerienpolitik ein. Die Welt war in Ordnung 1958. Man hatte wieder etwas. Man war wieder wer. Und daß dies so bleibe, das garantierten am besten Adenauer und die CDU – jedenfalls nach der Meinung vieler Bürger.

4.

Auf diesem Höhepunkt der Restauration begann in der Vita des Franz Meyers ein neuer Abschnitt. Gleich nach der Landtagswahl trat die CDU-Fraktion zusammen. Wer sollte Ministerpräsident werden? Meyers galt als Favorit. Aber er bestand auf einer formellen Abstimmung. In einem ersten Wahlgang bekam er die meisten Stimmen (nicht die absolute Mehrheit), dicht gefolgt von Landtagspräsident Josef Gokkeln, einem Exponenten des linken CDU-Flügels. An dritter Stelle rangierte der starke Mann und Landesvorsitzende aus Westfalen, Josef Hermann Dufhues, und an vierter der rheinische CDU-Vorsitzende Wilhelm Johnen. Stichwahl zwischen Meyers und Gockeln. Meyers errang eine klare absolute Mehrheit. Am 21. Juli 1958, wenige Tage vor seinem 50. Geburtstag, wählte ihn der Landtag zum Ministerpräsidenten von Nordrhein-Westfalen. Nach Amelunxen, Arnold und Steinhoff war er der vierte Regierungschef des Landes.

Wieder war er in ein Amt gekommen, nach dem er sich nicht gedrängt hatte, um das er nicht hatte kämpfen müssen. Da waren die andern, Dufhues, Johnen, Gokkeln – Inhaber hoher Parteifunktionen mit langjährigen Verdiensten in allen möglichen Organisationen. Aber nein: Meyers machte es, was dem „Alten" in Bonn natürlich die liebste Lösung war. Der „Spiegel" überschrieb seine Titelstory mit „Des Kanzlers Kö-Pilot".

Meyers hatte nie als Arnolds Kronprinz gegolten. Deshalb hatte er gar kein fertiges Programm zur Hand, als er plötzlich regieren sollte. Noch etwas unsicher bastelte er sein erstes Kabinett zusammen, genau nach dem landsmannschaftlichen, konfessionellen und sozialen Proporz, der von CDU-Kabinetten erwartet wurde. Einige Politiker gelangten in die Regierung mehr auf Druck der Fraktion denn auf Wunsch des Regierungschefs. Innenminister wurde Dufhues, zum rechten Flügel zählend. Dufhues war derselbe Jahrgang wie Meyers, ebenfalls Rechtsanwalt – und sein ärgster, zähester Rivale. An diesem Konkurrenzverhältnis hat Meyers bis zuletzt gelitten. Sein schließlich früher Rückzug aus der Politik hängt mit dieser Intimfeindschaft zusammen.

Mit dem damals erst neunundreißigjährigen ostwestfälischen Landwirt Gustav Niermann als Ernährungsminister gelang Meyers ein erster Ausbruch aus der vorgegebenen Honoratioren-Garde. Das galt auch für den achtundreißigjährigen Konrad Grundmann aus Krefeld, der im Oktober 1959 den betagten Johann Ernst als Arbeits- und Sozialminister ablöste. Die Berufung Grundmanns war eine Verbeugung vor dem linken Flügel der Partei; aber Meyers sah auch keinen anderen, der in Arbeitnehmerfragen so qualifiziert gewesen wäre wie der junge Grundmann.

Auch die erste Regierungserklärung Meyers' vom 25. Juli 1958 war in ihren politischen Aussagen auffallend zurückhaltend. Sie setzte noch keine deutlichen Akzente. Sie klang so, als gäbe es im Lande nur noch geruhsame Verwaltungsarbeit, seit „die grundlegenden Gesetzeswerke weitgehend verabschiedet sind". Die Bedeutung des Berufsbeamtentums wurde unterstrichen, an den Schulen sollte Ruhe herrschen, die Frau war vor allem Hausfrau und Mutter, und Strafe war Sühne für begangenes Unrecht, was durch den Strafvollzug nicht aufgehoben werden durfte. Diese Regierungserklärung wirkt heute wie ein Dokument der geistig-politischen Idylle am Ende der fünfziger Jahre.

Als Probleme der Zeit und des Landes klangen durch: anhaltender Wohnungsmangel wegen des Zustroms von Flüchtlingen und wegen des natürlichen Bevölkerungszuwachses. Dieser Trend hielt auch in den folgenden Jahren an. Als Meyers 1958 antrat, hatte Nordrhein-Westfalen 15,46 Mill. Einwohner; als er 1966 ging, waren es 16,83 Mill. mit weiterhin steigender Tendenz. Die „Berufsnot der Jugendlichen" (so hieß das damals) war groß. Bei einer Befragung von jungen Leuten 1954 gab nur die Hälfte an, einen Beruf zu haben, der den eigenen Neigungen entsprach. An den Schulen herrschten verbreitet Schichtunterricht und Lehrermangel. Den Krankenhäusern fehlten Schwestern. Die Universitäten waren überfüllt.

Die große Bergbaukrise, die 1958 begann – wie sich in der Rückschau erkennen läßt –, erwähnte Meyers in seiner ersten Regierungserklärung nur mit wenigen Sätzen und mit dem Unterton, dies sei wohl eine flüchtige Flaute, die bei dem „anhaltend steigenden Energiebedarf" bald mehr oder weniger von selbst überwunden sein werde.

Enthielt die erste Regierungserklärung noch wenig Programmatisches, so formulierte die erste Regierung Meyers doch bald darauf ihre Ziele in einem konkreten Schwerpunktprogramm. Nach dem Wiederaufbau, materiell und gesetzgeberisch, kamen jetzt der Ausbau und die Konsolidierung. Das erste Programm enthielt vier Schwerpunkte: 1. mehr und bessere Wohnungen, 2. mehr Schulen, 3. neue Krankenhäuser, 4. bessere Straßen.

Auch eine Strukturverbesserung wurde eingeleitet. Am 21. März 1961 legte Meyers dem Landtag eine entsprechende Denkschrift vor. Ihr folgte im April 1961 der Entwurf eines Landesplanungsgesetzes, konkret: eine Novelle zum alten Landesplanungsgesetz von 1950. Die Novelle sah die Bildung eines Landesplanungsbeirates vor, um die Elemente der Selbstverwaltung und Mitbestimmung in der Planung gegenüber staatlichen Behörden zu stärken. Im Mai 1961 wurde auch ein Ministerium für Landesplanung, Wohnungsbau und öffentliche Arbeiten (Minister: Peter Erkens) neu geschaffen, bisher Wiederaufbauministerium geheißen; der Namenswechsel war Programm. Die Bildung des „Landesamtes für Forschung" unter Staatssekretär Leo Brandt (SPD), das Landesstraßengesetz (1961), das Immissionsschutzgesetz (1962) und das Landeswassergesetz waren weitere Stichworte der Konsolidierung in den ersten vier Regierungsjahren des Ministerpräsidenten Meyers.

Von einer weiteren Neugründung hat Meyers oft gesagt, sie sei die einzige, die ihn überleben werde (was sicher zu bescheiden ist): die Kunstsammlung von Nordrhein-Westfalen. Bei einem Gespräch 1960 mit dem Düsseldorfer Handelskammer-Präsidenten Ernst Schneider und dem Bankier Kurt Forberg, beide große Kunstkenner und Mäzene, kam die Unterhaltung, die eigentlich um den Flughafen Lohausen kreiste, auf moderne Kunst. Meyers erfuhr, daß der Schweizer Galerist Beyeler Kultusminister Werner Schütz eine Sammlung von 88 Bildern und Blättern Paul Klees angeboten hatte. Aber Schütz hatte dafür kein rechtes Verständnis gezeigt, obwohl die Geschlossenheit der Sammlung einmalig war. Meyers dagegen war sofort elektrisiert. Diese Sammlung wollte er kaufen. Sie sollte Grundstock für eine Landesgalerie werden. Da das Land die erforderlichen 6,2 Millionen aber nicht gleich flüssig machen konnte, sprang der Westdeutsche Rundfunk in Gestalt seines Indendanten Hanns Hartmann ein. Der WDR schenkte das Geld. Diese 88 Klees (heute 91) bildeten den Grundstock für eine Sammlung in Düsseldorf, deren systematischer Aufbau nach der Gründung der Stiftung ,,Kunstsammlung Nordrhein-Westfalen" am 4. August 1961 einsetzte. Heute ist sie ,,eine hervorragende und exemplarische Manifestation moderner Kunst", in der ,,die maßgebenden Potenzen der Malerei des 20. Jahrhunderts" (Heinz Kühn 1968) sich repräsentieren. Bis heute freilich fehlt dieser großartigen Sammlung der Raum, in dem sie komplett ausgestellt werden könnte.

Die Episode mit der Kunstsammlung zeigt dreierlei. Einmal wieder, daß Meyers ein spontan reagierender Mensch war. Dann, daß er, der Macher und Organisator, viel musischen Sinn und Kunstverstand besaß. Er ging auch als Ministerpräsident in Konzerte, wenn es seine Zeit erlaubte. Maler, Schriftsteller, Kunstprofessoren, Architekten, Sänger und Dirigenten gehörten zu seinem Freundeskreis; und zwar nicht nur als repräsentative Fassade, sondern auch weil Meyers sich in dieser Umgebung wohl fühlte.

Und schließlich drittens: Ministerpräsident Meyers wollte nicht nur durch Gesetze und Strukturpläne das alltägliche Leben ordnen und verbessern. Er wollte dem Lande auch ein kulturelles Dekorum geben und ein gefühlsmäßiges Landesbewußtsein schaffen. Denn er wußte, daß der Mensch auch des 20. Jahrhunderts nicht vom Brot allein lebt und daß auch die Demokratie eines gewissen Glanzes bedarf, damit sie von ihren Bürgern auch sinnlich wahrgenommen werde; zweifellos richtige Überlegungen. Der Düsseldorfer Stadtplaner Professor Friedrich Tamms hatte Pläne für ein geschlossenes Regierungsviertel zwischen Landtag und Rhein entworfen, die vom Ministerpräsidenten mit größtem Beifall aufgenommen wurden. Aber er konnte sie nicht verwirklichen. Auch an die Stiftung eines Landesordens hat er gedacht – und (später) nicht nur er. Das Landeswappen sollte prächtiger gestaltet werden. All diese Pläne scheiterten am Spott und an der Phantasielosigkeit der Zeitgenossen. Wenn damals manches versäumt wurde, was über den Tellerrand wohlständischer Bedürfnisbefriedigung hinausreichte – an Meyers lag das nicht.

Schon in der ersten Regierungsperiode Meyers wurde auch der Grundstein für den Ausbau der Universitäten in Nordrhein-Westfalen gelegt – Entscheidungen, die mehr noch als die Kunstsammlung seinen Namen mit der Landesgeschichte verbinden. Am 18. Juni 1961 beschloß der Landtag die Errichtung einer Technischen Hochschule in Dortmund und am 18. Juli den Bau einer nagelneuen Universität in Bochum. Eine weitere Universität in Ostwestfalen (später Bielefeld) war dabei schon ins Auge gefaßt. Ein Jahr später, im Juli 1962, wurde die städtische Medizinische Akademie in Düsseldorf vom Land übernommen und durch Angliederung neuer Fakultäten in den nächsten Jahren zu einer weiteren Volluniversität ausgebaut. Die Erweiterung der Technischen Hochschule Aachen und der Ausbau des Essener Klinikums kamen später hinzu.

Die Initiative zum Ausbau des Hochschulwesens in Nordrhein-Westfalen geht eindeutig auf das Pluskonto der CDU-Regierung Meyers. Dabei wird nicht übersehen, daß die anderen Parteien diesen Plänen zustimmten und daß Universitätsgründungen in Deutschland damals keine Sensation waren (Mainz, Westberlin, Saarbrücken bereits 1946-1948). Der Wissenschaftsrat hatte 1960 ausdrücklich den Bau neuer Hochschulen empfohlen, um die bestehenden Einrichtungen zu entlasten. Denn starke Geburtenjahrgänge rückten an, und die ost- und mitteldeutschen Hochschulen waren nicht mehr zugänglich. Abgesehen von aller Statistik war für Meyers die Gründung neuer Hochschulen aber vor allem ein Stück Strukturpolitik. Das Ruhrgebiet, in dem hundert Jahre nur geschuftet worden war, sollte endlich eine neue, eine wissenschaftlich-geistige Dimension bekommen. Das war der eigentliche Impetus.

Für seine Universitätspläne fand Meyers in seinem zweiten Kabinett (1962-66) in dem jungen Universitätsprofessor Paul Mikat, Jahrgang 1924, einen hervorragenden Fachmann und Aktivisten. Er löste Werner Schütz, Jahrgang 1900, nach der Landtagswahl 1962 als Kultusminister ab. Die Verwirklichung der Universitätspläne, für die Anfang der sechziger Jahre die gesetzlichen Grundlagen geschaffen worden waren, vollzog sich dann in der Mitte des Jahrzehnts unter Mikats sachkundiger und energischer Regie.

5.

Bei der Landtagswahl am 8. Juli 1962 konnte die CDU ihre absolute Mehrheit nicht behaupten. Von 50,5 Prozent ging sie zurück auf 46,4 Prozent mit 96 Mandaten. Die SPD, die ihre inneren Querelen nach der Abwahl der Regierung Steinhoff (1958) überwunden hatte, verbesserte sich von 81 auf 90 Mandate. Vorsitzender der SPD-Fraktion und damit Führer der Opposition war jetzt Heinz Kühn. Die Freien Demokraten hielten sich knapp mit 14 Mandaten (bisher 15).

Meyers brauchte einen Koalitionspartner. Er verhandelte zwar mit der SPD, aber seinem politischen Zuschnitt entsprach nur die FDP. Damit war auch der Gleichklang mit Bonn hergestellt, wo Adenauer im November 1961 eine Koalition mit der FDP eingegangen war, nachdem auch er die absolute Mehrheit von 1957 verloren hatte. Als FDP-Vertreter traten in das 2. Kabinett Meyers Willi Weyer als Innenminister und Gerhard Kienbaum als Wirtschafts- und Verkehrsminister ein.

Abgesehen von diesen Koalitionsverpflichtungen zeigt diese zweite Kabinettsliste deutlicher als die erste die Handschrift von Meyers. Der achtundreißigjährige Paul Mikat wurde, wie erwähnt, Kultusminister. Der siebenundreißigjährige Gerd Ludwig Lemmer, Regierungsdirektor des Landes Berlin in Bonn, trat als Minister für Bundesangelegenheiten in das Kabinett ein. Er verfügte über gute internationale Beziehungen und wurde ein besonders enger Berater von Meyers. Die immer noch „jugendlichen" Niermann (Landwirtschaft) und Grundmann (Arbeit und Soziales) blieben. Chef der Staatskanzlei blieb zunächst auch Josef Oermann, der dann aus Altersgründen ausschied. Ihm folgte Franz Tillmann, bisher Staatssekretär im Landwirtschaftsministerium. Mit beiden „Chefs" hatte Meyers einen guten Griff getan.

In der Regierungserklärung, die er am 20. Juli 1962 vor dem Landtag abgab, versprach Meyers, das Schwerpunktprogramm der letzten Legislaturperiode (Wohnungen, Schulen, Krankenhäuser, Straßen) fortzusetzen. Über das bisher Geleistete gab er einen Rechenschaftsbericht. Dazu sollten drei neue öffentliche Aufgabenbereiche treten:

1. Eine allgemein und umfassende Strukturverbesserung des Landes. Der Rahmen dafür war weit gespannt und reichte von einer Erneuerung der Dörfer bis zum Bau von Entlastungsstädten für die Ballungsgebiete. Gewissermaßen eine Unterabteilung dieses Generalplanes bildeten Förderungs- und Hilfsmaßnahmen für den Bergbau und für die ebenfalls notleidende Textilindustrie.

2. Reinerhaltung von Luft, Wasser und Erde. Das Wort Umweltschutz wurde noch nicht verwendet, es war aber gemeint. Meyers hatte diese Problematik schon in seiner Regierungserklärung 1958 angesprochen, und ein erstes Immissionsschutzgesetz war im April 1962 beschlossen worden. Auch vor dem CDU-Bundesparteitag 1960 in Karlsruhe hatte Meyers ein Grundsatzreferat gehalten über „Schutz von Leben und Gesundheit in der industrialisierten Welt". Die Umweltproblematik beschäftigte ihn stark.

3. Förderung des öffentlichen Bildungswesens mit einem Ausbau der Universitäten und Ingenieurschulen. Eine generelle Schul- oder Bildungsreform wurde nicht verkündet oder eingeleitet. Die geplanten Initiativen bewegten sich im Rahmen der herkömmlichen Schulformen und Strukturen.

1962 antwortete auf die Regierungserklärung des Ministerpräsidenten zum ersten mal der neue SPD-Fraktionsführer Heinz Kühn. Er ging sofort zu einer scharfen Attacke über: „Diese Regierung entspricht nicht den Notwendigkeiten unseres Landes!" Er nannte sie eine Koalition der Verlierer und gab zu erkennen, daß die SPD eine Große Koalition, eine „soziale Koalition" gewünscht und angestrebt hatte. In Kühn war Meyers ein politischer Gegener erwachsen, der ihn vier Jahre später zur Strecke bringen sollte.

Ausbau und Verbesserung – das waren die Orientierungspunkte auch des 2. Kabinetts Meyers. In dieser Richtung gab es wieder zahlreiche Aktivitäten. 1963 wurde ein Fünfjahresplan beschlossen, der das Stauvermögen der Talsperren auf eine Milliarde Kubikmeter erhöhte, um Wassernöte für die Industrie und die Ballungsräume ein für allemal zu verhindern. Im November 1965 konnte Meyers die größte Talsperre, den Biggesee, ihrer Bestimmung übergeben. Von Ostern 1965 an wurde die Lernmittelfreiheit eingeführt. Im gleichen Jahr wurde eine „Strukturanalyse Ruhrgebiet" als Vorstufe eines Landesentwicklungsplanes veröffentlicht. Zahlreiche Theater und Museen im Lande wurden in der ersten Hälfte der sechziger Jahre neu eröffnet oder erweitert: in Duisburg wurde das Lehmbruck-Museum neu gebaut, in Bonn und Dortmund entstanden neue Stadttheater; in Münster wurde der Grundstein für das Westfälische Landesmuseum gelegt; Detmold, Köln, Krefeld und Solingen erhielten neue oder modernere Stätten der Kunst.

In der Weihnachtspause 1963/64 einigte sich Meyers in seinem Urlaubsdomizil im Tessin mit dem Bundesbahnpräsidenten Heinz Maria Oeftering in groben Zügen über einen starren Fahrplan, der den Nahverkehr im Ruhrgebiet und im Raum Düsseldorf schneller und bequemer machen sollte. Damit war das spätere S-Bahn-System konzipiert. 1965 konnten die ersten Teilstrecken mit starrem Fahrplan betrieben werden. Für den Nahverkehr hat sich Meyers persönlich immer sehr engagiert. 1965 konnte die nagelneue Rheinbrücke Kleve-Emmerich dem Verkehr übergeben werden. Die rechtsrheinische Autobahn, die „Holland-Linie", war fertig. Die Rheinbrücke bei Rees folgte ein Jahr später.

Diese fünfziger und sechziger Jahre waren eine imponierende Gründerzeit. Und Franz Meyers war ein Mann, der genau in diese Epoche paßte. Mit seiner Vitalität und seinem Ideenreichtum war er immer auf der Suche nach neuen Aktionsfeldern: Universitäten, Autobahnen, Talsperren, schnellere Züge, Theater, Galerien – Meyers riß andere mit. Wie arbeitete er, wie war sein Regierungsstil? Er war kein Freund überladener Schreibtische. Er entschied gern selbst und schnell. Natürlich ließ er sich beraten, und, kontaktfreudig wie er war, wußte er auch immer gute Ratgeber zu finden, auch außerhalb des Regierungsapparates. Aber dann kam er selbst rasch zu einem Entschluß. Wenig Sinn hatte er für umständliche, in langatmigen Denkschriften niedergelegte Vorbereitungen. Er las quer. Teamarbeit war eigentlich nichts für ihn, den Spontanen und Selbstbewußten, der sein Gegenüber verstanden hatte, noch bevor dieser mit dem Satz zu Ende war. In dieser Beziehung war er wesensverwandt seinem Innenminister Willi Weyer (FDP). Die beiden Männer, beide gern dicke Zigarren rauchend, verstanden sich ausgezeichnet. Sie blieben in freundschaftlichem Kontakt, auch nachdem sich politisch ihre Wege getrennt hatten.

Temperament und Arbeitsstil machten es der Umwelt nicht immer leicht, mit Meyers zusammenzuarbeiten. Zwischen CDU-Fraktion und Regierungschef gab es manche Spannungen, die gegen Ende der Ära Meyers, als die Lage für die CDU schwieriger wurde, noch zunahmen. Fraktionsvorsitzender der CDU war der Kölner Wilhelm Lenz. Manchmal mußten die Fraktion und ihr Vorsitzender den Ministerpräsidenten energisch mahnen, dies oder jenes zu tun, was die Fraktion nun mal beschlossen hatte. Unter Lenz war die Fraktion selbstbewußter geworden – aber Meyers ließ sich nicht gern dreinreden.

Als Ministerpräsident des größten Bundeslandes hatte Meyers selbstverständlich noch zahlreiche Ämter und Verpflichtungen. 1960 übernahm er turnusgemäß den Vorsitz des Bundesrates. Im selben Jahr war er zu einem einwöchigen Informationsbesuch in Großbritannien. Die Vereinigten Staaten hatte er bereits 1951 als Landtagsabgeordneter drei Monate lang durchstreift, zusammen u. a. mit dem FDP-Abgeordneten Walter Scheel. Im Mai 1961 studierte er in Los Angelos Smog-Probleme und in San Franzisco Verkehrseinrichtungen. Eine Vortragsreise in Schweden (1962), ein Informationsbesuch in Griechenland (1963), Besuch des NATO-Hauptquartiers in Paris (1963) – Meyers war viel unterwegs. Im September 1962 lernte er General de Gaulle kennen, als dieser imTriumphzug durch die Bundesrepublik reiste; er war auch in Düsseldorf. Im Juni 1964 empfing ihn der General in Paris zum Abschluß einer einwöchigen Informationstour durch französische Atom- und Forschungszentren. De Gaulle wollte den Mann näher kennenlernen, der als Mitglied des Bundesrates wesentlich mit dazu beigetragen hatte, daß der deutsch-französische Freundschaftsvertrag vom 22. Januar 1963 durch das Vorschalten einer Präambel nach Ansicht des Generals abgewertet und verwässert worden war. Meyers lag hier ganz auf der außenpolitischen Linie seines rheinischen Parteifreundes und Bundesvorstands-Kollegen Gerhard Schröder, der allerdings, wie wir heute aus den Memoiren Jean Monnets („Erinnerungen eines Europäers") wissen, keineswegs der Erfinder und Einpeitscher dieser Präambel war, die de Gaulle so verstimmt hatte, daß er Schröder Umarmung und Bruderkuß versagte.

Regieren, organisieren, reisen, Engagement für die „Christliche Internationale", im Saargebiet die streitenden Parteifreunde zur Räson bringen (politische Eingliederung der Saar: Januar 1957, wirtschaftliche Juli 1959) – Franz Meyers war überall, ein politischer Tausendsassa. Tatendrang und Ehrgeiz verführten ihn manchmal dazu, Dinge zu betreiben, die mit Landespolitik nichts zu tun hatten – jedenfalls am Anfang seiner Ministerpräsidentenzeit. Auch das brachte ihm Ärger mit der Fraktion ein. Fraktionen sind die fleißigen, geschäftigen Hausmütterchen einer Partei, die, manchmal unfroh, die tägliche Arbeit machen müssen. Sie sehen es nicht gern, wenn der geniale Herr des Hauses sich in der großen Welt herumtreibt. Aber einem Mann von Meyers' Zuschnitt war das Land manchmal zu klein und die Landespolitik gelegentlich zu spannungslos. Nebenbei: seinem Nachfolger Kühn ging es ganz genauso. Auch er „sündigte" und handelte sich damit die gleiche Kritik ein.

6.

Es ist endlich von der Bergbaukrise zu reden, welche die letzten Regierungsjahre des Ministerpräsidenten Franz Meyers immer mehr belastete und die schließlich mit dazu beitrug, daß die CDU von der SPD im Regieren des Landes abgelöst wurde – auch wenn sie nicht der einzige Grund dafür war. Die radikale Umgestaltung des Steinkohlenbergbaus an der Ruhr, verbunden mit Krisenerscheinungen in der Stahlindustrie, begann im Jahre 1958. Zwanzig Jahre später, Ende der siebziger Jahre, war sie immer noch nicht beendet.

Zwanzig Jahre lang haben sich die Ministerpräsidenten, die Regierungen und alle Fraktionen des Landtags immer wieder mit diesem Problem befaßt. Dabei war es für jede Regierung ein Handicap, daß sie nicht unumschränkt allein handeln konnte; denn Energiepolitik war und ist Sache des Bundes. Alle Landesregierungen mußten sich deshalb neben eigenen Initiativen darum bemühen, die Bonner Regierung in ihrem Sinne zu aktivieren, sie zu vernünftigen Energieplänen zu bringen und außerdem für alle Ruhr-Hilfen um Verständnis bei den anderen Bundesländern zu werben. Das war die Generalaufgabe. Sie war mit am schwersten.

In den Nachkriegsjahren war Kohle in ganz Europa Mangelware. Ihre Energie wurde für den Wiederaufbau dringend gebraucht. Der Bergmann war deshalb der umworbene Held der Nachkriegszeit. Junge Leute wurden zwangsweise in den Bergbau verpflichtet. Plötzlich wurde das alles ganz anders.

Als Franz Meyers 1958 das Amt des Ministerpräsidenten übernahm, lagen acht Millionen Tonnen auf Halde. Auf seinem Schreibtisch aber fand er ein Gutachten der sogenannten Weisen der Montanunion vor. Darin stand, auch in den Jahren 1965 bis 70 sei mit Energiemangel zu rechnen, und deshalb müsse bevorzugt weiter Kohle gefördert werden. Die Weisen hatten mit ihrer Voraussage des weiteren Energiebedarfs sicher recht. Aber sie übersahen, daß der Kohle in anderen Energieträgern gewichtige Konkurrenten entstanden waren. Als Meyers ins Amt kam, durfte er glauben, die acht Millionen Tonnen auf Halde seien nur Ergebnis einer vorübergehenden Absatzkrise. Dieser Glaube, der sich auf die Ansicht sehr sachverständiger Leute stützte, erwies sich schon bald als falsch.

Das Erdöl war auf dem Vormarsch, und es eroberte sich in den sechziger Jahren den deutschen Markt. Erdöl war nicht nur billiger, sondern auch sauberer, leichter zu handhaben, weshalb es im Hausbrand nicht aufzuhalten war. Außerdem drückte auf den deutschen Kohlemarkt billigere Importkohle, die für die deutschen Küstenländer durchaus interessant war. Schließlich sank durch neue Hochofen-Technologien der Koksverbrauch. Die Kernenergie spielte zunächst noch keine Rolle. Aber jeder konnte sich ausrechnen, daß auch sie künftig ihren Anteil am Energiemarkt beanspruchen würde.

Das Problem, über das Bundes- und Landesregierungen nachdenken mußten (bis heute), lautete: Welchen Anteil sollen die einzelnen Energieträger Kohle, Öl und Kernenergie am gesamten, ständig wachsenden Energiemarkt haben? Wie war zu verhindern, daß die Kohle nicht völlig vom Erdöl weggespült wurde? Wie waren einmal festgesetzte Anteile dann zu garantieren?

Für den Bergbau bedeuteten Öl, Erdgas und Kernenergie auf jeden Fall, daß er sich kleiner setzten mußte. Zechen waren zu schließen. Das wiederum warf schwere soziale Fragen auf. Was sollte aus den Bergleuten werden, aus ihren Familien? Durften sie noch in ihren Zechenwohnungen bleiben, wenn sie sich einen anderen Beruf suchten? Wer schulte sie um? Durfte man sie wegen vieler Feierschichten, die sie nicht zu verantworten hatten, in Not geraten lassen?

Mit diesen Fragestellungen und Problemen mußte sich der Landtag immer wieder beschäftigen. Eine große Energiedebatte fand am 1. Dezember 1964 statt. Sie dauerte acht Stunden und wurde in voller Länge vom Fernsehen übertragen, was damals noch selten war. Zu dieser Zeit wurde eine Jahresförderung von 140 Millionen Tonnen als die Produktionsgröße angesehen, die dem Bedarf entspreche und auf die hin der Bergbau sich „gesundschrumpfen" müsse. Zwei Jahre später, 1966, erwies sich diese Zahl als zu hoch, und wer sie 1964 noch gebilligt hatte – wie Meyers –, der wurde 1966 dafür heftig getadelt. Die Debatte vom 1. Dezember 1964 verlief bei aller Gegensätzlichkeit fair und endete mit einer einstimmig angenommenen Entschließung. Denn am nächsten Tage, am 2. Dezember, fand eine große Energiedebatte in Bonn statt, in der auch Meyers das Wort ergriff. Dafür wollte der Landtag dem Regierungschef etwas in die Hand geben, das von allen Parteien unterstützt wurde.

Bis dahin, also bis Dezember 1964, waren die Regierungen in Bonn und Düsseldorf natürlich nicht tatenlos gewesen. Man hatte die Größe der Krise inzwischen längst erkannt. Folgende Maßnahmen waren ergriffen worden: 1. Durch eine Heizölsteuer wurde das billige Öl teurer und dadurch - so hoffte man - gegenüber der Kohle weniger attraktiv gemacht. 2. Ein Kohlezoll verteuerte und bremste den Import von Kohle aus Übersee. 3. Für die Stillegung von Förderkapazitäten zahlte der Staat Prämien („Rationalisierungsverband"). Dazu kamen zahlreiche andere staatliche Hilfen, die vor allem die entstehenden sozialen Nöte mindern sollten: Zuschüsse zur Bergbau-Knappschaftsversicherung, vorzeitige Pensionierung bei finanziellem Ausgleich, Wohnungs- und Umschulungsgelder und schließlich die lange umkämpften bezahlten Feierschichten. An dieser Kohle- und Energiepolitik haben nach 1966 auch die sozialliberalen Koalitionen in Düsseldorf und dann in Bonn prinzipiell nichts geändert. Auch die 1968 gebildete Einheitsgesellschaft für alle Zechen war von Meyers 1966 bereits konzipiert und angestrebt worden. Meyers und Erhards Kohlepolitik war im Ansatz durchaus richtig. Bei aller Betonung der Marktwirtschaft war Meyers kein Neoliberaler, der die Kohle blind dem Wettbewerb aussetzen wollte. Diesen Vorwurf richtete die oppositionelle SPD auch mehr gegen Wirtschaftsminister Kienbaum (FDP). Verhängnisvoll für Meyers war, daß die krisenhafte Entwicklung an der Ruhr schneller lief, als alle Pläne zu greifen vermochten. Auch die Berufung eines „Beauftragten für das Ruhrgebiet" in Gestalt des Kieler Staatssekretärs a. D. Fritz Sureth am 1. März 1966 mit Amtssitz in Essen änderte daran nichts.

Am Ende der Regierungszeit Kühns im September 1978 waren die Haldenbestände an der Ruhr doppelt so hoch wie am Ende der Regierungszeit Meyers' 1966. Aber das Thema war politisch nicht mehr so brisant. Die sozialen Ängste, die 1958 bedrohlich aufkamen, gab es 1978 im Bergbau nicht mehr. 1964/66 konnten alle Programme und Hilfsmaßnahmen nicht verhindern, daß das Schrumpfen des Bergbaus dramatische Züge bekam. Die Betroffenen und das ganze Ruhrgebiet waren jahrelang über ihr künftiges Schicksal sehr beunruhigt. Es gab große, erregte Protestversammlungen, Umzüge mit schwarzen Fahnen und begleitet von dumpfen Trommelwirbeln, an denen sich führende Persönlichkeiten, darunter auch der Essener Bischof Franz Hengsbach, beteiligten. Aber von den freigesetzten Bergleuten blieb nicht ein einziger längere Zeit arbeitslos. Denn die übrige Konjunktur florierte, und die Werber anderer Betriebe, die Arbeitskräfte suchten, standen schon vor den Zechentoren.

Am 15. März 1966 führte der Landtag erneut eine Bergbaudebatte, die diesmal mehr als zehn Stunden dauerte und in ihrer Schärfe den bevorstehenden Wahlkampf ankündigte. Die SPD hatte eine Interpellation eingebracht, die der Oppositionsführer Kühn begründete. Er nannte Zahlen: seit 1957 mußten 170 000 Bergleute aus dem Bergbau ausscheiden; mehr als vierzig große Zechenstillegungen werden folgen; im Jahre 1965 standen einer Förderung von 135 Millionen Tonnen nur Absatzmöglichkeiten im Umfange von 126,6 Millionen Tonnen gegenüber; die Halden wuchsen weiter, neue Feierschichten drohten. Kühn sparte nicht mit schwersten Angriffen gegen die Bundes- und die Landesregierung: die CDU-Regierungen haben die ganze Gefahr nicht rechtzeitig erkannt! Sie haben eine Politik des Laufenlassens betrieben! Sie haben die Probleme des Ruhrgebietes und die Sorgen des Bergmannes nie verstanden! Sie haben auf die Marktwirtschaft vertraut und sich von den Ölgesellschaften übers Ohr hauen lassen.

7.

Die Bergbaukrise wurde das große Thema der Landtagswahl im Sommer 1966. In Bonn regierte zu dieser Zeit längst nicht mehr Konrad Adenauer. Nachdem auch seine eigenen Leute lange genug genörgelt hatten: ,,Der Alte muß weg", überreichte er am 11. Oktober 1963 dem Bundespräsidenten seine Rücktrittserklärung. Vorausgegangen war eine Regierungskrise wegen der ,,Spiegel-Affäre" (Oktober 1962). Neuer Bundeskanzler wurde der bisherige Wirtschaftsminister Ludwig Erhard. Nach den Bundestagswahlen 1965 hatte Erhard im Oktober 1965 erneut eine CDU/CSU-FDP-Regierung gebildet.

Das Jahr, das Erhard danach noch zum Regieren blieb, war ein Stolpern von Krise zu Krise. Wie Adenauer befürchtet hatte, war Erhard nicht die starke Führungspersönlichkeit, sondern der Wirtschaftsprofessor ohne politisches Gespür. Was sich 1965/66 im Ruhrgebiet abspielte, wurde voll auf sein Schuldkonto geschrieben – und das nicht einmal zu unrecht. Erhard verstand wohl theoretisch die Probleme der Ruhr, war in der Praxis aber ratlos, beging grobe Ungeschicklichkeiten (,,Pinscher und Uhus") und leitete damit immer mehr Wasser auf die Mühlen der voll angreifenden SPD-Opposition.

Meinungsumfragen prophezeiten der CDU schon lange nichts Gutes. Bei einer Befragung im Dezember 1965 stellte EMNID eine ,,beachtliche Politisierung" in Nordrhein-Westfalen fest und prophezeite: ,,Angesichts der derzeitigen Stimmung ist ein hoher Wahlsieg der SPD bei der kommenden Landtagswahl nicht ausgeschlossen. Die SPD könnte dabei die absolute Mehrheit erringen." Kritisiert wurde von den Befragten vor allem das Verhalten der Bundesregierung. Die Landesregierung galt als besser und wurde vorwiegend mit ,,gut" und ,,mäßig" beurteilt. Als bedeutendste Landespolitiker galten 1. Meyers, 2. Innenminister Weyer (FDP), 3. Kultusminsiter Mikat (CDU). Der Spitzenkandidat der SPD, Heinz Kühn, war ein halbes Jahr vor der Wahl nur einem Drittel aller Wähler bekannt. Über den Ministerpräsidenten hieß es: ,,Meyers steht ...auf einsamer Höhe der Nennungen als gewünschter zukünftiger Ministerpräsident" (33 Prozent); Kühn wünschten sich sieben Prozent.

Ein viertel Jahr später, bei einer EMNID-Umfrage in der zweiten März-Hälfte 1966, sah die Sache für die CDU nicht viel rosiger aus, auch wenn es Anzeichen ,,für eine sozusagen unterschwellig eingetretene Verbesserung der Wahlchancen" gab. Aber eine absolute Mehrheit der Befragten wollte noch immer SPD wählen. Die Position der SPD wurde als ,,zielstrebig und aktiv" beschrieben, die der CDU als ,,schwankend, lustlos, innerlich zerrissen" – Attribute, die in der Öffentlichkeit vor allem Bundeskanzler Erhard angehängt wurden.

Überraschend war, daß nach der EMNID-Umfrage keineswegs die Bergbaukrise das Hauptgesprächsthema der Befragten in Nordrhein-Westfalen war. Im Vordergrund standen vielmehr die Lage in Südostasien und andere außenpolitische Fragen. Über die Bergbaumisere sprach nur etwa jeder zehnte. Unter 18 von den Fragern aufgeführten politischen Problemen errang ,,Hilfe für den Bergbau" nur Platz 12 in der Rangfolge; im Ruhrgebiet (mit Sauerland) kam dieses Problemfeld allerdings auf Platz neun. An erster Stelle wurden genannt: Geldwertstabilität, Sicherung der guten wirtschaftlichen Lage, Verkehrssicherheit, niedrige Preise. Obwohl Meyers auch bei dieser zweiten Umfrage noch weit an der Spitze der Popularität stand, waren inzwischen Kühn und die SPD-Politiker etwas bekannter geworden. Kühn war im Frühjahr 1966 etwa so bekannt wie der Bundesratsminister Lemmer (CDU) und etwas mehr als Landeswirtschaftsminister Kienbaum (FDP).

Vor diesem Hintergrund klang der Wahl-Slogan der CDU beinahe trotzig: ,,Meyers macht es!" Das Plakat war im ganzen Lande einheitlich. Und wenn sich alle verschworen haben – der ,,fixe Franz", der großer Macher, sollte und wollte den Karren noch einmal aus dem Dreck ziehen. Nun, er machte es nicht mehr. Bei der Landtagswahl am 10. Juli 1966 erlitt die CDU eine schwere Niederlage. Mit 49,5 Prozent und 99 Sitzen verfehlte die SPD nur ganz knapp die absolute Mehrheit. Die CDU sackte ab auf 42,8 Prozent (86 Sitze), während die FDP sich mit 6,9 Prozent und 15 Sitzen gerade halten konnte. Ob die Niederlage womöglich noch schlimmer für die CDU ausgefallen wäre, wenn der Wahlkampf nicht auf den populären Meyers personalisiert worden wäre, ist nur eine spekulative Frage.

Es stand also nur 101 zu 99 für die CDU-FDP-Koalition Meyers. Das Desaster wurde noch komplettiert durch die Tatsache, daß Meyers bei seiner erneuten, seiner dritten Wahl zum Ministerpräsidenten im Landtag am 25. Juli 1966 in geheimer Abstimmung nicht einmal die 101 Stimmen der Koalition erhielt, sondern nur 100 gegen 99 der SPD. Meyers selbst war immer davon überzeugt, daß die eine Enthaltung bei der Abstimmung aus den Reihen der eigenen CDU gekommen war und nicht etwa von der FDP.

Die Hauptschuld an der schweren Wahlniederlage traf sicherlich die schwache Bundesregierung unter Bundeskanzler Erhard; am wenigsten jedenfalls Franz Meyers als Person. Erhard und seine Regierung wurden denn auch sehr schnell mit in den Strudel gezogen, der sich in Düsseldorf aufgetan hatte. Selten war die Interdependenz zwischen Düsseldorf und Bonn so deutlich geworden wie im Spätsommer und Herbst 1966.

Aber warum eigentlich diese Parallelität? Schließlich trat Erhard am 30. November 1966 nicht aus Sympathie für Meyers' Schicksal als Bundeskanzler zurück. Gab es tiefere Gründe und Strömungen für die CDU-Katastrophe in Düsseldorf und die galoppierende Schwäche der CDU-Regierung in Bonn? Oder war es wirklich nur die Bergbaukrise? Schon die Umfragen zeigten, daß die Masse der Wähler davon garnicht so übermäßig ergriffen war, auch wenn sie vordergründig durch die Wahlpropaganda der SPD die Schlagzeilen beherrschte. Wendet man den Blick einmal ab von diesem aktuellen Punkt, entdeckt man andere politisch relevante Aspekte.

Die CDU in Nordrhein-Westfalen hatte seit ihrer absoluten Mehrheit 1958 von Wahl zu Wahl absolut und prozentual an Anhängern verloren, obwohl die Zahl der Wahlberechtigten immer noch wuchs. Umgekehrt hat die SPD im gleichen Zeitraum ebenso regelmäßig zugelegt. Der Sieg der SPD war 1966 vielleicht in dieser Höhe überraschend, aber er kam bei Nahem besehen nicht völlig unerwartet. Er hatte einen Vorlauf. Im November 1959 hatte die SPD ihr Godesberger Programm verabschiedet und hoffnungslos starre Oppositionspositionen aufgegeben. Sie war ,,bürgerlich" geworden. Vorsitzender war Willy Brandt. Im Lande hatte die SPD mit Heinz Kühn einen Oppositionsführer bekommen, der an Intelligenz und Tatkraft Meyers ebenbürtig war. Beide Männer hatten sogar gewisse Ähnlichkeiten. Sie konnten freilich persönlich keine Beziehung zueinander finden. Dennoch hat Kühn später den gestürzten Meyers immer sehr fair und loyal behandelt und ihm durch Ehrenämter (u. a. in der Akademie der Wissenschaften) Anerkennung zuteil werden lassen.

Der beklagenswerte Zustand der CDU im Herbst und der Sturz Erhards hat auch – was oft übersehen wird – eine außenpolitische Komponente. Ein Staatsbesuch des SED-Chefs Walter Ulbricht in Kairo im Februar/März 1965 hatte die Fragwürdigkeit der Hallstein-Doktrin vollends deutlich werden lassen. Eine öffentliche Diskussion war darüber entstanden, ob man nicht doch direkt mit der DDR verhandeln solle – bis dahin ein böser, ketzerischer Gedanke. Mit ihrer Friedensnote vom 25. März 1966, in der Gewaltverzichtserklärungen für alle Warschauer Pakt-Staaten angeboten wurden, wollte sich die Regierung Erhard/Schröder dem allgemeinen Entspannungstrend anpassen, der vor allem von General de Gaulle gefördert wurde, Bonns bestem Freund. Schon 1964 hatte de Gaulle die Volksrepublik China diplomatisch anerkannt. Am 7. März 1966 war Frankreich aus den militärischen Gremien der NATO ausgeschieden. Und bei seinem Besuch in der Sowjetunion Ende Juni 1966 hatte der ebenso eigenwillige wie weitsichtige General bei der Landung auf dem Flugplatz Wnukowo ausgerufen: „Ich bin tief bewegt, dieses... von Friedenseifer erfüllte Rußland wiederzusehen!"

Da lag etwas in der Luft, was nicht mehr nach Hallstein-Doktrin roch. Und die SPD verstand das besser aufzugreifen als die CDU-Regierung Erhard/Schröder mit ihrer Friedensnote vom Gewaltverzicht. Da hatte im Frühjahr 1966 die Ostberliner SED der SPD einen Redneraustausch angeboten. Essen und Chemnitz sollten die Orte freier politischer Rede werden. Im Düsseldorfer CDU-Fraktionsvorstand referierte Dufhues am 2. Mai 1966 über dieses jedermann erregende Gesprächsangebot aus Ostberlin. Dufhues warnte davor, die bisherigen Positionen aufzugeben. Die SPD dagegen nahm dieses Angebot am 26. Mai in einem kühnen Entschluß an. Sie nahm Ulbricht beim Wort. Worauf die SED Angst vor der eigenen Courage bekam und das ganze Unternehmen wieder abblies.

Moralischer Sieger aber war die SPD. Die Diskussion darüber, ob man nicht doch mit der DDR direkt und nicht weiter nur immer über die vier Großmächte reden sollte, ging weiter. Es kam der SPD-Bundesparteitag Anfang Juni 1966 in Dortmund mit einer wichtigen Rede des Parteivorsitzenden Willy Brandt. Er gab zu verstehen, daß man in der Deutschlandpolitik künftig mit der vielbeschworenen Viermächteverantwortung allein nicht weiterkommen werde. Die Rückendeckung des Westens sei zwar unerläßlich, aber ohne eigene Initiativen werde man nicht auskommen – so argumentierte, noch recht behutsam, Willy Brandt. Er skizzierte damit die neue Ostpolitik, die er dann später als Bundeskanzler verfolgte. Die deutsche Öffentlichkeit war in diesem Sommer 1966 für neue Möglichkeiten in den deutsch-deutschen Beziehungen sensibilisiert. Und die SPD sprach die geheimen Hoffnungen weiter Bevölkerungskreise an. Sie drängte damit die CDU und den zögernden Erhard ein weiteres Mal in die Defensive. Das alles geschah unmittelbar vor der nordrhein-westfälischen Landtagswahl. Es war also gewiß nicht nur die bevorstehende Schließung der Zeche „Graf Bismarck", die der SPD so viele neue Wähler einbrachte.

Alles in allem ergibt sich: drei Jahre nach dem Ausscheiden Adenauers aus der Politik hatten sich die Kräfte der CDU offenbar erschöpft. Nach großen Erfolgen seit Kriegsende in Nordrhein-Westfalen und in der Bundesrepublik hatte sie an Faszination verloren. Die Hallstein-Doktrin brach zusammen, und nicht nur sie. Die CDU befand sich in einer Phase des Niedergangs. Der Wahlausgang 1966 in Nordrhein-Westfalen war dafür ein schrilles und deutliches Signal.

8.

Für Meyers bedeutete der Wahlausgang vom 10. Juli 1966 den Anfang vom Ende der politischen Karriere. Noch in der Wahlnacht dachte er an Rücktritt. Aber Abgeordnete der FDP und andere Freunde ermunterten ihn, weiterzumachen. Und dann war da die Rücksicht auf Bonn. Solange die CDU-FDP-Bundesregierung Erhard noch einigermaßen zusammenhielt, sollte auch in Düsseldorf den Verlockungen eines Koalitionswechsels nicht nachgegeben werden. Er selbst, so hatte Meyers schon frühzeitig erklärt, stehe für eine Koalition mit der SPD nicht zur Verfügung.

Nach diesem Wahlergebnis und angesichts der Probleme an der Ruhr lag eine Große Koalition nahe. Die SPD forderte sie energisch; denn an eine kleine Koalition mit der FDP dachte die SPD zunächst noch nicht. Schon am Montag nach der Wahl, am 11. Juli 1966, gab es das erste Koalitionsgespräch mit der SPD. Die Sozialdemokraten waren konziliant. Sie boten der (schwächeren) CDU fünf Minister und eine „Bundesratsklausel", d. h. Stimmenenthaltung des Landes im Bundesrat bei Interessenverletzung des einen Partners. Zwei Tage später Koalitionsverhandlungen der CDU mit der FDP, die zu diesem Zeitpunkt eine Koalition mit der SPD ebenfalls noch eindeutig ablehnte. Am 14. Juli nahm die Verhandlungskommission der CDU - Meyers, Lenz, Dufhues, Grundmann und der stellvertretende Fraktionsvorsitzende Hennemann - an einer Sitzung des CDU-Parteipräsidiums in Bonn teil. Auch das Präsidium wünschte wieder eine kleine Koalition für Düsseldorf.

Dennoch regten sich dagegen in den Reihen der CDU bereits erste Bedenken. Auch bei der CDU empfand man die SPD als den eindeutigen Sieger der Wahl, der den moralischen Anspruch wenigstens auf Mitregierung habe. Doch waren die Meinungen über die Konsequenzen geteilt. Auf der Sitzung des westfälischen Landesvorstandes am 15. Juli sprach sich niemand so recht für eine Große Koalition aus. Vielmehr ging die Grundstimmung in die Richtung, man solle die SPD mit ihren 99 Mandaten allein regieren lassen. Doch dagegen gab es am 18. Juli 1966 in der Fraktion wieder Einwände. Schließlich und nach stundenlanger Diskussion stimmte die Fraktion ab: bei 85 abgegebenen Stimmen waren 63 CDU-Mandatare für eine Koalition mit der FDP, fünf Abgeordnete für ein Zusammengehen mit der SPD, 15 wollten in die Opposition gehen, und zwei enthielten sich der Stimme; der Abgeordnete Dr. Peters fehlte. Das heißt: ein Viertel der Fraktion war schon eine Woche nach der Wahl nicht mehr für eine Fortsetzung der Koalition mit der FDP. Der totale Umschwung im November kam also nicht aus heiterem Himmel.

Zunächst aber war die Entscheidung gefallen. Mit der FDP wurde man sich rasch einig. Weyer (Inneres) und Kienbaum (Wirtschaft) wurden wieder Minister. Meyers konnte am 26. Juli 1966 dem Landtag sein 3. Kabinett präsentieren. Es war genau der Tag, an dem zwanzig Jahre vorher, am 26. Juli 1946, die britische Militärregierung mit Rudolf Amelunxen den ersten Ministerpräsidenten Nordrhein-Westfalens ernannt hatte.

Die dritte Regierungserklärung Meyers überraschte durch eine ganz neue Tonart. Sie ließ spüren, daß sich gegenüber 1962 und 1958 viel geändert hatte. Da tauchten immer wieder Wörter auf wie „Wandel", „Wandlungsprozess" und „neue Bedürfnisse der Gesellschaft" - wo bisher immer nur vom „Ausbau des Erreichten" variationsreich die Rede gewesen war. Die Strukturverbesserung wurde jetzt zum „obersten Ziel der Landesregierung" erklärt. Neue Probleme waren aufgetaucht: Sicherung der Arbeitsplätze, Kampf gegen Inflation, die Studentenlawine. Meyers' Erklärung ging häufig in der Unruhe des Hauses und im Hohngelächter der SPD unter. Es war eine stürmische Sitzung. Eine beklommene Regierung saß seiner triumphierenden Opposition gegenüber. Danach ging das Parlament bis zum 19. September 1966 in die Sommerferien.

Als die CDU-Fraktion sich am 26. September wieder versammelte, herrschte gedrückte Stimmung. Die Lage in Bonn hatte sich weiter verschlechtert. Sachliche und persönliche Querelen und gegenseitige öffentliche Vorwürfe der Partner belasteten das CDU-FDP-Kabinett Erhard immer mehr. Der Eindruck der Zerrissenheit und Entschlußlosigkeit im Lager der Regierung hatte sich noch verstärkt.

Aber auch in Düsseldorf sah es nicht gut aus. Die Fraktion war unzufrieden, daß Meyers noch keinen neuen Justizminister ernannt hatte. Er verwaltete dieses Ressort selbst, nachdem Artur Sträter bei der Regierungsneubildung im Sommer ausgeschieden war. Später wurde es noch für acht Wochen Friedrich Vogel. Unzufriedenheit herrschte auch wegen der Öffentlichkeitsarbeit der Regierung. Außerdem zeichneten sich Schwierigkeiten in der Haushalts- und Finanzpolitik ab. In der Fraktion herrschten Unsicherheit und Unmut, wodurch sich das Verhältnis Meyers-Lenz nicht besserte.

Am 27. Oktober 1966 kam der Zusammenbruch in Bonn. Die FDP-Minister Mende, Dahlgrün, Bucher und Scheel verließen wegen grundlegender Meinungsverschiedenheiten über den Haushaltsausgleich durch Steuererhöhungen das Kabinett Erhard. Der Beschluß zu diesem Austritt war praktisch am Abend zuvor, am 26. Oktober 1966, im Düsseldorfer Altstadtlokal ,,Alter Hafen" gefallen. Dort hatten FDP-Politiker und Journalisten zusammengesessen und die Lage in Bonn kritisch diskutiert. Am 30. November 1966 trat schließlich auch Bundeskanzler Erhard formell zurück, und am 1. Dezember stellte Kurt Georg Kiesinger (CDU) dem Bundestag sein neues Kabinett der Großen Koalition vor. Darin war der SPD-Vorsitzende Brandt Außenminister und Vizekanzler geworden.

Durch diese veränderte Szenerie in Bonn war Ende Oktober 1966 auch für Düsseldorf eine völlig neue Lage entstanden. Das Argument vom Flankenschutz für die kleine Koalition in Bonn war für die CDU entfallen. Auch in Düsseldorf begannen sich die Ereignisse zu überschlagen. Der November 1966 wurde einer der spannendsten und entscheidendsten Abschnitte in der Landesgeschichte. Und zwar ging es nicht nur mehr um die Bildung irgendeines Kabinetts oder um die Besetzung von irgendwelchen Ministerposten. Vielmehr wurden in diesen vier Wochen die Weichen gestellt, die schließlich regulierten, ob die Züge in den nächsten fünfzehn Jahren weiter in Richtung CDU oder ob sie nach sozialdemokratischen Schaltplänen fahren sollten. Der November 1966 brachte ein ,,renversement des alliances", einen Umsturz aller Bündnisse - zunächst in Düsseldorf, später in Bonn. Dieser November 1966 wurde für die gesamte deutsche Innenpolitik zu einer Zäsur.

Durch das Landtagswahlergebnis vom 10. Juli 1966 und durch den Zerfall der Regierung Erhard war bei den Sozialdemokraten der Drang nach der Regierungsgewalt übermächtig geworden. Am 2. November 1966 suchte Landtagspräsident John van Nes Ziegler (SPD) den CDU-Fraktionsvorsitzenden Lenz in dessen Zimmer im Landtag auf. Die beiden Kölner kannten sich aus der gemeinsamen Rekrutenzeit. Nach einigen Einleitungsfloskeln über die Ausstattung eines Fraktionsraumes kam van Nes Ziegler zur Sache. Er verwies auf die für die CDU so brüchige Lage und deutete die Bereitschaft der SPD zu einer Großen Koalition an. Dabei gab er zu verstehen, daß er nicht auf eigene Faust handele, sondern im Auftrage des Fraktionsvorsitzenden Kühn zu Lenz gekommen sei.

Lenz informierte über diesen ersten Kontaktversuch sofort Konrad Grundmann, den Vorsitzenden der Rheinischen CDU. Dann telefonierte er mit Rainer Barzel, dem Fraktionsvorsitzenden der CDU/CSU in Bonn. Barzel empfahl Lenz, weiterzuverhandeln und den Kontakt zur SPD aufrecht zu erhalten. Am nächsten Tage, am 3. November, berichtete Lenz auch Ministerpräsident Meyers telefonisch über das Gespräch mit van Nes Ziegler; denn am 2. November war Meyers nicht zu erreichen gewesen.

Kühn hatte mehrere Kundschafter ausgesandt. In diesen ersten Novembertagen gab es ein Gespräch über eine mögliche Große Koalition auch zwischen den Abgeordneten Johannes Rau (SPD) und Otto Flehinghaus (CDU). Sie kannten sich gut aus gemeinsamer Arbeit in der evangelischen Kirche. Weitere Kontakte, die sich dann zu regelrechten Sondierungsgesprächen entwickelten, folgten in den nächsten Tagen. So gab es auf der Gewerkschafts-Schiene auch ein Treffen zwischen Grundmann und Kühn in der Wohnung des DGB-Vorsitzenden Ludwig Rosenberg in Hösel bei Düsseldorf. Am 10. November 1966 war Kühn bereits mit Lenz in Köln zusammengetroffen, also ein Gespräch der beiden Fraktionsführer.

In unserem Zusammenhang interessiert aber vor allem die Frage: was tat Franz Meyers, und war er über die Kontakte informiert? Denn es ist gelegentlich der Eindruck entstanden - und Meyers hat durch Interviews und andere Äußerungen selbst dazu beigetragen -, Lenz, Grundmann und andere hätten hinter dem Rücken des immer noch regierenden Ministerpräsidenten verhandelt und „konspiriert".

Diese Version läßt sich nicht aufrechterhalten. Übereinstimmende mündliche Aussagen von Beteiligten, vor allem aber schriftliche Quellen aus der Zeit belegen eindeutig, daß Meyers vom ersten Augenblick an über alles unterrichtet war. Daß er selbst sich an den Verhandlungen nicht beteiligte, hatte zwei Gründe. Einmal wollte und durfte er als amtierender Ministerpräsident einer noch bestehenden Koalition selbst nicht in den Geruch kommen, an der Auflösung dieser Koalition beteiligt zu sein. Das war korrekt. Und dann ging es bei diesen Geheimverhandlungen um eine Koalition mit der SPD schließlich um ein Bündnis, an dem Meyers sich selbst nicht zu beteiligen wünschte.

Am 7. November befaßte sich der Düsseldorfer CDU-Fraktionsvorstand in einer vertraulichen Sitzung mit der Regierungskrise in Bonn. Meyers gehörte zum Fraktionsvorstand. Es ist kaum denkbar, daß bei dieser Gelegenheit nicht auch die Kontaktversuche der SPD zur Sprache gekommen sind. Zwei Tage später, am 9. November 1966, trat der Fraktionsvorstand erneut zusammen; Meyers referierte über eine Bundesvorstandssitzung der CDU in Bonn. Das Ergebnis der Düsseldorfer Sitzung war: der Fraktionsvorstand wurde ermächtigt, schnelle politische Entscheidungen zu treffen und im Interesse der CDU „die erforderlichen Gespräche zu führen". An diesem „Ermächtigungsbeschluß" vom 9. November 1966 wirkte nur Dufhues nicht mit, der fehlte, wohl aber Franz Meyers. Am 19. November 1966 waren die Minister Lemmer (Stellvertreter CDU Rheinland) und Niermann (Stellvertreter CDU Westfalen) in Köln bei Lenz und erklärten ihr Einverständnis mit einer Großen Koalition. Am Abend desselben Tages trafen sich ebenfalls in Lenz' Kölner Wohnung Meyers sowie die stellvertretenden Fraktionsvorsitzenden Pürsten und Hennemann. Die gesamte politische Lage wurde eingehend besprochen, natürlich auch die vorausgegangenen Sondierungsgespräche. Meyers erklärte seinen Parteifreunden an diesem Abend des 19. November, daß er bereit sei, „ins Glied zurückzutreten", wenn es zu einer Großen Koalition komme.

Zentrale Figur der Verhandlungen im November 1966 war auf Seiten der CDU Wilhelm Lenz. Das war völlig korrekt und demokratisch. Denn er war der Fraktionsvorsitzende und als solcher für Koalitionsbildungen zuständig. Aber der regierende Ministerpräsident Meyers war in die Entwicklung voll einbezogen.

Etwa von Mitte November an gingen die Sondierungsgespräche in regelrechte Verhandlungen über, freilich auch diese zunächst noch geheim. Nach der Ermächtigung vom 9. November durch den Fraktionsvorstand traf sich Lenz am 17. November ein weiteres Mal mit Heinz Kühn; die Öffentlichkeit erfuhr erst eine Woche später davon. Auf einer Sitzung des CDU-Fraktionsvorstandes am 21. November und in Anwesenheit von Meyers wurden die Vollmachten sogar noch erweitert: der Fraktionsvorstand (Lenz, Pürsten, Hennemann) wurde ausdrücklich zu politischem Handeln ermächtigt, falls die Lage es erfordere. Am 23. November wurde dieser Auftrag noch einmal bestätigt. Zuvor hatte der vierzehnköpfige Fraktionsvorstand aber noch andere wichtige Feststellungen getroffen: keiner der Anwesenden sprach sich für ein Fortbestehen der Koalition mit der FDP aus. Ebenso war kein Vorstandsmitglied der Fraktion dafür, daß die CDU in die Opposition gehe. Lenz, Pürsten und Hennemann wurden nun formell und offiziell zu Verhandlungsführern mit der SPD ernannt. In einer Pressemitteilung vom selben Tage wurde auch die Öffentlichkeit darüber unterrichtet, daß die CDU mit der SPD am 24. November in aller Form über eine Große Koalition verhandeln wolle. Zur gleichen Zeit liefen auch Koalitionsverhandlungen CDU-SPD in Bonn. Ein – allerdings nur scheinbar – entscheidendes Treffen zwischen den Spitzen von SPD und CDU fand schließlich am 27. November 1966, einem Sonntag, im Dortmunder Hotel „Krone" statt. Nach den stundenlangen Beratungen zeigte das Fernsehen Kühn und Lenz Arm in Arm, und jeder durfte glauben, nun sei die Große Koalition für Düsseldorf perfekt.

Wie im Krimi kam dann aber die überraschende Wende und das furiose Finale. Die Freien Demokraten unter Willi Weyer, die sich lange als die Düpierten betrachtet hatten, wurden plötzlich aktiv. Sie hatten gemerkt, daß die SPD-Basis mit Mehrheit gar keine Begeisterung für eine Koalition mit der CDU zeigte, für eine Große Koalition also, die für Bonn bereits abgemacht und dort auch nicht anders möglich war. Die Sehnsucht des SPD-Volkes ging möglichst weit weg von der kaum geliebten CDU. In Nordrhein-Westfalen ließ sich diese Sehnsucht mit Hilfe der FDP und mit Hilfe ihres Vorsitzenden Willi Weyer erfüllen. Schließlich hatte Weyer schon einmal 1956 bis 58 mit dem Sozialdemokraten Steinhoff als Ministerpräsident koaliert.

In Form eines konstruktiven Mißtrauensvotums wählte der Landtag am 8. Dezember 1966 den SPD-Fraktionsvorsitzenden Heinz Kühn (SPD) zum neuen Ministerpräsidenten von Nordrhein-Westfalen. Kühn bekam sämtliche Stimmen von SPD und FDP. Die CDU und mit ihr Franz Meyers hatten das Rennen verloren. Es ist später manchmal gesagt worden, der Fehler Meyers' sei es gewesen, nach der Wahlniederlage vom Juli 1966 wieder eine Koalition mit der FDP gebildet zu haben; die CDU hätte gleich auf die SPD zugehen sollen, die damals, im Sommer, noch zu haben gewesen wäre. Dieser Vorwurf übersieht die Zeitumstände. Gerade weil im Sommer 1966 die Bonner Koalition unter Erhard zwar geschwächt, aber noch existent war, fühlte sich die CDU in Düsseldorf geradezu verpflichtet, keine eigenen Koalitions-Experimente zu machen. Meyers, der den Wahlausgang vom Juli sehr wohl als Niederlage verstanden hatte, handelte aus höherer Staatsräson, aber auch aus dem Vertrauen heraus, das er in die FDP setzte. Und wenn in Bonn nicht ein politisch und körperlich zusammenbrechender Erhard, sondern immer noch ein starker Adenauer regiert hätte, dann wäre Meyers mit seiner CDU-FDP-Koalition auch mit einem Mandat Vorsprung über die Runden gekommen.

Aber es ging in diesem Herbst des Jahres 1966 letztlich nicht um Sitze und Parteienkombinationen. Eine neue Zeit hatte begonnen. Die Wiederaufbau- und Konsolidierungsphase der Bundesrepublik war endgültig zu Ende. Franz Meyers war eine Symbolfigur gerade dieser aktiven und optimistischen Epoche. Als solche ist er zu einer der bemerkenswertesten Gestalten der Landes- und Zeitgeschichte geworden.

Persönlich war Meyers durch die strapaziösen Ereignisse des Jahres 1966 recht mitgenommen. Zur körperlichen Erschöpfung kamen Gefühle der Bitterkeit und auch der menschlichen Enttäuschung. Diesen Sturz schüttelte er nicht einfach aus den Kleidern. Außerdem hat ihm wohl auch seine Frau energisch dazu geraten, nun einmal etwas Pause in dem unerquicklichen Geschäft Politik zu machen.

Seine Frau – Franz Meyers hatte das Fräulein Dr. jur. Alberte Mertens als Student in Köln kennengelernt. Sie stammte aus einer engagierten Zentrums-Familie. Da die Ehe kinderlos blieb, konnte Frau Meyers sich ganz ihrem Mann und seiner Arbeit widmen. Sie spielte die ihr zugefallene Rolle mit wacher, lebhafter Intelligenz und war ihrem Mann eine kluge Lebensgefährtin, auf deren Rat vor wichtigen Entscheidungen er nie verzichtete.

9.

Mit dem Sturz am 8. Dezember 1966 trat Franz Meyers von der politischen Bühne ab, schrittweise zwar, aber schließlich doch endgültig. Es hat Erklärungen gegeben, Ansätze auch, daß er wiederkommen werde. Aber wenn man die Jahre bis 1970 überblickt, als er schließlich die wichtigsten politischen Ämter niederlegte, dann zeigt sich, daß er um sein politisches Comeback eigentlich nie so recht und mit vollem Einsatz gekämpft hat. Nie hat er nach 1966 versucht, einen Fraktions- oder Landesvorsitz zu erringen oder sich sonst eine Startrampe für neuen Höhenflug zu bauen. Der Mann, der in seinen erfolgreichen Jahren vor Vitalität und Ideenreichtum sprühte, schien nach seiner Niederlage, für die er selbst am wenigsten konnte, innerlich das Handtuch geworfen zu haben. Wenn die aktive Politik je seine große Leidenschaft war, dann erkaltete diese jetzt. Gewiß, er hatte dafür seine subjektiven Gründe und persönlichen Erklärungen. Dennoch war dieser allmähliche, resignative Rückzug aus den Landes- und Parteigeschäften ein merkwürdiges Phänomen.

Auf dem 17. Landesparteitag der CDU Rheinland am 10. und 11. Februar 1967 in Oberhausen hielt Meyers das Hauptreferat über „Die CDU in der Bewährung". Das war keineswegs eine wehleidige Rede. Vielmehr zeigte der gestürzte Ministerpräsident sehr klarsichtig die Gefahren auf, die der CDU durch die Große Koalition in Bonn drohten – nämlich Profilverlust. Deshalb trat er auch entschieden für eine Trennung der Ämter von Parteivorsitz und Bundeskanzler ein. Alles in allem präsentierte sich Meyers in Oberhausen noch als ein Mann, der die Flinte nicht ins Korn werfen will. Er, Grundmann und Lemmer waren vom Landesvorstand auch beauftragt worden, mit der CDU Westfalens über eine gemeinsame Koordinierungsstelle zu sprechen, um die Parteiarbeit im Lande zu aktivieren. Das nach dem Sturz Arnolds 1956 geschaffene CDU-Landespräsidium war sanft entschlafen, nachdem sein Motor, Rainer Barzel, sich in die Bundespolitik gestürzt hatte. Nach diesem Landesparteitag von Oberhausen zog Meyers sich zu einem längeren Urlaub in sein Haus im Tessin zurück.

Im Landtag trat Meyers während des ganzen Jahres 1967 nicht als Redner auf. Erst am 17. Januar 1968, also ein Jahr nach seinem Sturz, begründete er einen CDU-Antrag zur Lage der Textilindustrie. Dann vergingen wiederum neun Monate, bis er am 22. Oktober 1968 einen Entwurf über ein Tumultschädengesetz für seine Partei einbrachte. Insgesamt ist er in den dreieinhalb Jahren von 1967 bis Mitte 1970 (Ende der Legislaturperiode) nur sechsmal als Debattenredner hervorgetreten.

Ein Schlüsselereignis zum Verständnis für Meyers' Verhalten nach 1966 war zweifellos die etwas sonderbare CDU-Veranstaltung, die am Samstag, den 21. Oktober 1967, im Essener Saalbau stattfand. Die CDU des Rheinlandes und von Westfalen-Lippe wollte in einer gemeinsamen Versammlung einen Spitzenkandidaten wählen. Daran war zweierlei merkwürdig: 1. Eine Landtagswahl stand 1970, also erst in knapp drei Jahren an. 2. Die Zusammensetzung der 150-Mann-Versammlung war ungewöhnlich. Sie bestand aus der Landtagsfraktion und den beiden Landesvorständen, die mit weiteren Parteifreunden „aufgefüllt" wurden, bis je 75 Rheinländer und Westfalen zusammen waren. Die demokratische Legitimation dieser Versammlung war durchaus anfechtbar. Der Ex-Kultusminister und Jura-Professor Mikat definierte: „Rechtlich gesehen ist dies eine Zusammenkunft von Freunden, die überlegen wollen, wen sie 1969 oder 1970 einer noch zu bestimmenden Delegiertenversammlung als Kandidaten Numero eins einer noch völlig unbekannten Reserveliste unverbindlich empfehlen sollen."

Unverbindlich war die Essener Versammlung nun allerdings garnicht. Es ging vielmehr ganz konkret darum, ob die nun oppositionelle CDU Franz Meyers oder seinen Rivalen Josef Hermann Dufhues als ihren Spitzenmann – zunächst mehr symbolisch und optisch – herausstellen sollte. Daß zwischen den beiden gleichaltrigen Männern, dem konservativen Westfalen Dufhues und dem liberalen Rheinländer Meyers, eine Intimfeindschaft bestand, wurde schon erwähnt. Nach dem Sturz Meyers' als Ministerpräsident und als dieser sich über Monate politisch sehr zurückhielt, versuchte Dufhues stärker denn je, sich an die Spitze der Partei zu setzen. Und die Partei sehnte sich nach einem neuen Führer, davon (wie so oft) neues Heil erhoffend. Sie wünschte auch ein Ende des verbissenen Tauziehens und drängte nach einer klaren Entscheidung und nach Eindeutigkeit in der Führungsspitze. Deshalb verfiel sie auf diese Essener Versammlung, bei der knallhart über Meyers oder Dufhues entschieden wurde.

Von den 148 Delegierten, die anwesend waren, bekam Dufhues 79 Stimmen, Meyers 58 bei 11 Enthaltungen. Dufhues obsiegte also mit 21 Stimmen über Meyers, über den Mann, der vier Jahre Innenminister und acht Jahre erfolgreicher Ministerpräsident gewesen war. Das war der Fußtritt der Partei.

Diese Abstimmungsniederlage hat Meyers innerlich schwerer getroffen als seine Abwahl als Ministerpräsident. Er war zutiefst verletzt vom Verhalten mancher Parteifreunde. Damals ist der Zug für Meyers abgefahren. Er schwor sich wohl innerlich: „Und wenn sie mich auf Knien bitten..." Meyers war eben nicht nur die rheinische Frohnatur. Er war auch pommerscher und westfälischer Dickschädel.

Er wurde noch einmal gebeten. Kiesinger und CDU-Generalsekretär Heck ließen Monate später bei ihm anfragen, ob er 1970 nicht doch wieder Spitzenkandidat werden wolle. Als Boten schickten sie ihm – ausgerechnet – Dufhues. Nachdem Meyers abgelehnt hatte, gestand ihm Dufhues, daß er selbst todkrank sei. Er starb am 26. März 1971.

Unmittelbar nach der Abstimmung von Essen kommentierte Meyers bitter: „Eine Niederlage ist kein Sprungbrett für eine andere Position." Nein, auf dem Parteitag der Rheinischen CDU, vier Wochen später, am 24. November 1967 in Kleve, werde er nicht gegen Grundmann um den Landesvorsitz kandidieren, sagte er. Meyers war damals 59 Jahre alt.

In Essen beging die CDU von Nordrhein-Westfalen am 21. Oktober 1977 eine Torheit. Sie stellte einen verdienstvollen Mann ins Abseits. Dieser Mann freilich zog sich dann auch von sich aus noch immer weiter ins Abseits zurück. In Düsseldorf unterhielt Meyers noch ein politisches Büro, und hin und wieder schrieben die Zeitungen, der Ministerpräsident a. D. rüste sich zu neuen Taten. Anläßlich seines 60. Geburtstages am 31. Juli 1968 erklärte er in einem Pressegespräch, er wolle nicht in die Bundespolitik einsteigen. Ob er bei den Landtagswahlen 1970 wieder Spitzenkandidat sein werde, wisse er nicht. Er dränge sich nicht auf, sondern er warte ab.

Auf dem 17. CDU-Bundesparteitag im November 1969 in Mainz verzichtete er auf seine Wiederwahl in den Bundesvorstand, in den er 1967 in Braunschweig noch einmal gewählt worden war. Und als es zu Beginn des Jahres 1970 um die Aufstellung der Reservelisten für die Landtagswahl in Nordrhein-Westfalen ging, da sagte er ebenfalls ,,Nein, danke." Diese letzte Absage an die aktive Landespolitik begründete er Jahre später in einem Interview ausdrücklich mit der ,,Delegierten"-Konferenz von Essen.

In einem anderen Zusammenhang kam Meyers noch einmal in die Schlagzeilen. Sein geistesverwandter politischer Gegner, Innenminister Weyer (FDP), bestellte ihn für die Zeit vom 1. August 1969 bis zum 20. November 1969 zum ,,Beauftragten der Landesregierung für die Aufgaben des Oberbürgermeisters und des Rates der Stadt Bonn." Hinter diesem langatmigen Titel verbargen sich die Aufgaben eines kommunalen ,,Kommissars" für die neugebildete Großstadt Bonn bis zur nächsten Kommunalwahl, aus der dann ein neuer Oberbürgermeister hervorging. Dieselbe Funktion übte Meyers dann noch einmal in seiner Geburtsstadt aus. Im Zuge der Gebietsneuordnung am Niederrhein war er vom 1. Januar 1975 bis zum 21. Mai 1975 Regierungskommissar von Mönchengladbach. Er regierte damit noch einmal die Stadt, von der aus er genau 23 Jahre vorher, im Frühjahr 1952, als Oberbürgermeister seine politische Laufbahn begonnen hatte.

Der Beitrag stützt sich auf mehrere Gespräche mit Ministerpräsident a. D. Dr. Franz Meyers und auf mündliche Auskünfte von Beteiligten; außerdem wurden benutzt Kompendien und Protokolle des Landtagsarchivs sowie unveröffentlichte Dokumente und Unterlagen des Hauptstaatsarchivs in Düsseldorf und des Stadtarchivs Mönchengladbach.

Sind für die Amtszeiten Franz Meyers als Innenminister und als Ministerpräsident Akten teilweise einzusehen, Quellen anzuzapfen, so gilt das für Kühn sehr viel weniger. Dafür stehen seine öffentlichen Äußerungen in Parlament, Presse, Rundfunk und Fernsehen uneingeschränkt zur Verfügung. Das Porträt Heinz Kühn, mehr als nur eine Skizze, aber unvermeidlicherweise in manchen Passagen Bruchstück, Versuch, Entwurf macht gerade von der Möglichkeit, Kühn selbst zu Wort kommen zu lassen, Gebrauch – Dokumentation, die schon in der Auswahl Wertung enthält.

Marcel Gärtner

HEINZ KÜHN

Wenn die Partei ihn rief, war er stets bereit. Viele Stationen seines wechselvollen politischen Lebens werden dadurch markiert, daß er immer wieder dem Ruf seiner Partei in viele Ämter und Funktionen folgte. Sozialdemokrat aus Überzeugung, aus Leidenschaft und aus Verstand, ist Heinz Kühn nie ein politischer Funktionär gewesen. Was ihn von anderen unterscheidet, ist seine intellektuelle Eigenständigkeit, seine ausgeprägte Individualität, seine auch in den Stunden der Enttäuschung unerschütterliche Gesinnungstreue und seine Bereitschaft, eigene Positionen auch gegen Mehrheitsmeinungen zu vertreten.

In der SPD, so hörte man oft aus seinem Munde, müsse auf Nebenmann und nicht auf Vordermann gedacht werden. Er empfindet seine Partei in erster Linie als eine auf Solidarität angelegte Gesinnungsgemeinschaft. Jeder Verlust an Solidarität macht ihn betroffen. Inzwischen hat er den Sessel des Landesvaters aus eigenem Entschluss für einen Nachfolger freigemacht, der bis zur nächsten Landtagswahl im Jahre 1980 zeigen soll, was er kann. Der Abgeordnete Kühn zog sich in die Reihen der sozialdemokratischen Landtagsfraktion zurück, dorthin, wo seine parlamentarische Laufbahn am 27.März 1948 begann. Zweiundzwanzig Jahre gehört er nun diesem Landtag an, neun Jahre war er Abgeordneter des Deutschen Bundestages, fünf Jahre Mitglied der Beratenden Versammlung des Europarates und der Versammlung der Westeuropäischen Union, in beiden Gremien Vorsitzender der SPD-Fraktion, und schließlich war er nahezu zwölf Jahre lang Ministerpräsident des Landes Nordrhein-Westfalen, länger als jeder seiner Vorgänger in diesem Amt.

Mit dem Abschied Kühns von der Regierungsspitze ist ein Kapitel Landesgeschichte zu Ende gegangen. Diesen zwölf Jahren hat Kühn den unverwechselbaren Stempel seiner eigenwilligen Persönlichkeit aufgedrückt. Mit seiner Lebenserfahrung, mit seinem Sinn für größere politische Zusammenhänge hat er die oft mühsame Enge der Landespolitik überstrahlt; nie ließ er sich ins provinzielle Abseits drängen. Unter den zweihundert Abgeordneten des Landtages ist Heinz Kühn der letzte Mann der ersten Stunde. Als Sechsunddreißigjähriger zog er 1948 in dieses Parlament ein, dem damals Männer wie Konrad Adenauer und Heinrich Lübke angehörten. Als stellvertretender Vorsitzender des Verfassungsausschusses trug er maßgeblich dazu bei, die Grundlagen der 1950 in Kraft gesetzten Landesverfassung zu legen. Fünfundzwanzig Jahre später erinnerte sich Kühn in einem Rundfunkgespräch so: ,,Im Vergleich zu heute, wo es ja idyllisch ruhig im Landtage zugeht, waren das damals turbulente Zeiten. Es waren aber auch Zeiten, da die technische Ausstattung des Landtages sich noch in äußerst bescheidenen Dimensionen hielt. So entsinne ich mich, wie damals der Iserlohner Landtagsabgeordnete Werner Jacobi als Vorsitzender des Verfassungsausschusses und ich nachts in den Behelfs-Übernachtungszimmern des Landtags saßen und unsere eigenen Anträge und die Formulierungen der Verfassungsartikel erarbeiteten, wo wir mit zwei Fingern auf der Schreibmaschine tippten. Wenn ich das heute ansehe: den stattlichen Stab von wissenschaftlichen Mitarbeitern der Fraktionen und das Aufgebot an Damen, die dort als Schreibhilfen das Haus bevölkern... Das ist das eine. Das andere, ich sagte es schon: es waren leidenschaftliche Auseinandersetzungen, die auch noch dazu führten, daß wir Sozialdemokraten, übrigens auch wie die FDP, damals die Verfassung ablehnten – leidenschaftliche Debatten um die Schulgesetzgestaltung. Es ging in der Tat darum, daß die CDU (davon ist sie heute mittlerweile ja schon lange abgekommen) eine unbedingt konfessionell geprägte Schulform hatte. Das ging so weit, daß von der CDU aus damals das Wort proklamiert wurde, daß katholische und evangelische Kinder nicht durch ein Schultor gehen sollten. Ich vergesse nie die Auseinandersetzung mit Frau Christine Teusch im Kulturausschuß, als sie meinte, das Gebot der Toleranz erzwinge schon die Teilung von katholischen und evangelischen Kindern, denn man könne ihnen doch nicht beiden, den evangelischen Kindern zumal, das 'Gegrüßet seiest Du, Maria' als morgendliches Schulgebet anbieten, und ich damals den Vorschlag gemacht habe, daß es wohl zwischen beiden Konfessionen noch möglich sein würde, ein gemeinsames Schulgebet zu finden, ja, daß das Morgengebet eigentlich gar nicht in die Schule, sondern in den Schoß der Familie gehöre."

1.

Manche Widersprüche seines Wesens scheinen vom Elternhaus her angelegt zu sein. Seine Mutter war eine strenge rheinische Katholikin, sein Vater ein treuer sozialdemokratischer Handwerker, den es 1910 vom Sudetenland an den Rhein verschlagen hatte. Geboren wurde er am 18. Februar 1912 im Zentrum von Köln, unweit von Bahnhof und Dom; draußen sangen die Jecken ,,Die Wienands han ene Has' em Pott"; es war in der Nacht vom Karnevalssonntag zum Rosenmontag. Ein typischer Kölner ist er aber nicht geworden, doch hat er die rheinische Bereitschaft zur Toleranz aus den Windeln mitgenommen. An sich selbst erlebte er in frühester Kindheit ein Stück ,,Kulturkampf". Gegen den Widerstand des Vaters besuchte er eine katholische Konfessionsschule, wurde Meßdiener und trat später als Gymnasiast in den katholischen Jugendbund Neudeutschland ein, der unter dem geistigen Einfluß der Jesuiten stand. Nach dem Wunsch seiner Mutter sollte Heinz Kühn katholischer Geistlicher werden. Doch nach dem Ersten Weltkrieg und in der politischen Aufbruchstimmung von Weimar änderte sich sein Lebensweg. Mit sechzehn trat er aus der Kirche aus, schloß sich der Sozialistischen Arbeiterjugend an, trat er gewissermaßen in die Fußstapfen seines Vaters. Das war 1928. Zwei Jahre später machte er sein Abitur, mit der Reifeprüfung trat er der SPD bei – als ein ,,Linker", wie man heute sagen würde. Danach studierte er bis 1933 in Köln Staatswissenschaften und Nationalökonomie. ,,Am 30. Januar 33 war ich noch sehr jung, aber ich war einer der Jugendführer des Reichsbanners Schwarz-Rot-Gold, also der Wehrorganisation, in der das katholische Zentrum, die sozialdemokratische Partei und die demokratische Partei zusammen versuchten, damals die Demokratie zu verteidigen; ich war Vorsitzender der sozialistischen Studentengruppe an der Universität Köln. Nach einer gewissen Zeit bin ich zum ersten Mal ins Ausland gegangen, als die Gestapo mich zu verhaften suchte und dann meine Mutter, eine gut katholische Frau, die von Politik gar nichts verstand, für mich ins Konzentrationslager warf. Und ich bin wieder illegal in die Heimat zurückgekehrt, wo wir versuchten, gegen das Nazisystem unsere Organisation aufzubauen, und mußte dann endgültig rausgehen. Nach 1945, am Ende der Hitlerei, habe ich dann die Außenpolitik der Rheinischen Zeitung gemacht, deren Chefredakteur ich später wurde."

Mit dem braunen Unheil begannen die bitteren Jahre der Illegalität, der Emigration, des Widerstandes. Von den Nationalsozialisten wurde Kühn die deutsche Staatsbürgerschaft aberkannt. Tausende von Gegnern totalitärer Regime in aller Welt haben diese schmerzhafte Erfahrung des Heimatverlustes mit ihm und nach ihm gemacht. Kühn ging zunächst nach Saarbrücken, dann nach Prag, schließlich nach Brüssel und Gent. Auch während der deutschen Besatzung in Belgien erlahmte sein Widerstandswille nicht. In seinem Unterschlupf verfaßte er dreizehn ,,Freiheitsbriefe an die Deutsche Wehrmacht". Sie wurden illegal in mehreren tausend Exemplaren verteilt und richteten sich in erster Linie an die deutschen Offiziere, deren Treue zum Eid von Hitler mißbraucht wurde. Der Verfasser dieser, wegen ihres dokumentarischen Wertes heute noch lesenswerten ,,Freiheitsbriefe" fühlte sich trotz Verfolgung, Emigration und Demütigung zu einer politischen Haltung verpflichtet, die die anti-hitlerische Politik kompromißlos gegen jede anti-deutsche Einstellung abgrenzte. Nach Stalingrad schrieb Kühn an die Offiziere der Wehrmacht:

,,Von der halben Million deutscher Soldaten, die vor Stalingrad fielen oder dort zu Krüppeln wurden, ist in den furchtbaren Winterkämpfen mehr als eine Viertelmillion der VI. Armee militärisch nutzlos allein um des Eroberertrotzes Hitlers willen zugrunde gegangen! Für die Triumphsucht eines Mannes haben Hunderttausende deutscher Männer, Väter und Brüder ihr Leben lassen müssen!

Das Wort Napoleons, daß für einen Mann wie ihn eine Million Menschenleben nicht zählen, ist auch die zynische Überzeugung Hitlers. Seiner Idee eines antisowjetischen Kreuzzuges hat er bereits heute mehr als zwei Millionen deutscher Menschenleben geopfert. Es werden noch viele Millionen folgen, wenn der Krieg einen weiteren Winter dauern wird, viele Millionen, bis Deutschland sich zuletzt auf den Schlachtfeldern Rußlands verbluten wird!

Nicht *Lebensraum* des deutschen Volkes – *Todesraum* des deutschen Volkes wird der Osten werden, wenn nicht das deutsche Volk dem System Hitlers rechtzeitig ein Ende bereitet! Stürzt Hitler, rettet Deutschland!"

In seinem nächsten Freiheitsbrief griff Kühn 1943 eine Ankündigung auf, die der oberste SS-Führer Heinrich Himmler sechs Jahre vorher vor Wehrmachtsoffizieren gemacht hatte – die Ankündigung, daß es in einem künftigen Kriege nicht nur die Fronten zu Lande, zu Wasser und in der Luft geben werde, sondern dazu noch einen vierten Kriegsschauplatz: Innerdeutschland.

,,Auf Himmlers ,Kriegsschauplatz Innerdeutschland' tobt seit zehn Jahren der Kampf zwischen Gestapo und deutscher Opposition. Ein ungleicher Kampf, so ungleich an Macht, wie es noch nie einen Kampf in der Geschichte der Menschheit gab! Ein erbarmungsloser Kampf einer Armee des staatlichen Terrors gegen die illegalen Freischaren der nationalen Verantwortung, der sozialistischen Gerechtigkeit und der religiösen Gesinnung.

Einer Armee von Horchern, Denunzianten, Provokateuren, Folterknechten und Mördern stehen die ,verlorenen Haufen' der Freiheit gegenüber, immer wieder ihre gelichteten Reihen aus Sozialisten und Christen, aus Arbeitern und Bürgern neu rekrutierend, immer wieder neue Soldaten der Freiheit gegen die Zwingburg des Dritten Reiches führend. Studenten stehen in diesem Kampf neben Arbeitern, Geistliche neben Offizieren, Männer neben Frauen.

Der Pesthauch der Gestapo lagert über Deutschland!

Mit Wissen und Willen der Regierung werden in Deutschland politische Gefangene geschlagen, gepeitscht, gemartert; durch Folterungen erpreßte Geständnisse gelten vor Nazigerichten als Beweis für die Schuld politischer Angeklagter. Die Gestapo gebietet allmächtig und unumschränkt über Tod und Leben deutscher Menschen. Der gesamte Staats- und Verwaltungsapparat ist ihr untergeordnet, sie kann an jede beliebige Behörde jede beliebige Forderung richten: man hat ihr zu gehorchen. Sie ist Staatsanwalt und Richter in einer Person und in eigener Sache".

Der Freiheitsbrief Nummer 6 stand unter der Überschrift ,,Tyrannei oder Rechtstaat?" Dem opportunistischen und zynischen Goebbels-Wort, daß nur der Erfolg zähle, nicht aber Sitte und Moral, setzte Kühn 1943 das Prinzip entgegen, daß eine Kulturnation nur unter einem rechtlich geordneten Staatsleben gedeihen könne.

,,Total ist im Dritten Reich die Unbeschränktheit des cäsarischen Diktators und seiner Kumpane; Total ist im Dritten Reich die Unfreiheit der Massen des deutschen Volkes!

Faschismus und Nazismus sind die konsequente Vergewaltigungsform eines rechtlos gemachten Volkes!

Kadavergehorsam, Bespitzelung, Denunziantentum, Willkür, Führeranbetung, Rechtlosigkeit, Unterdrückung der Kritik, diese Methoden erziehen kein *Herrenvolk* und keine *Elite*, sondern eine *Knechts-Nation* und *Prätorianer-Garde*.

Das aber gerade ist das zynisch beabsichtigte Ziel des Nazisystems, sein nationales Verbrechen am deutschen Volk: zu einer Nation von Knechten soll Deutschland werden, zum willenlosen Werkzeug der Hakenkreuz-Despotie!

Deutschland wird seine äußere Freiheit nur dann bewahren, wenn es sich seine innere Freiheit erkämpft, es wird die Achtung der Völker, die es unter der Tyrannei des Hitlersystems verloren hat nur dann zurückgewinnen, wenn es sich seine Freiheit selbst erobert.

Für ein Reich der inneren und äußeren Freiheit!

Stürzt Hitler, rettet Deutschland!"

2.

Die Jahre der Verfolgung und des Exils hat Heinz Kühn als junger Mann erlebt, sie haben sein politisches Bewußtsein geschärft und auch seine Abwehrbereitschaft gegen den Extremismus von links und von rechts. Noch vor Kriegsende, während im Winter 1944/45 die Ardennenschlacht tobte, trat er im befreiten Belgien öffentlich und entschieden der Auffassung des damaligen belgischen Sozialistenführeres Camille Huysmanns entgegen, der die Deutschen ganz pauschal für demokratisch untauglich erklärt hatte. In einem Fernseh-Gespräch mit Theo M. Loch im April 1978 schilderte der zum Staatsmann gereifte Kühn die Zersplitterung des Widerstandes gegen den Nationalsozialismus und analysierte die Ursachen des beispiellosen Aufstiegs Adolf Hitlers so: „Selbstverständlich haben wir nicht gewußt, wie schwer das Ganze sein würde und wie sehr wir in die Isolation gingen. Als ich nach Saarbrücken kam und die Redakteure der Rheinischen Zeitung, die schon da waren, sich mit mir zusammensetzten, da fragte Wilhelm Sollmann, ein erfahrener Politiker, ein großer Staatsmann, ein bedeutender Mensch: Wie lange glaubst Du, daß die sich drüben halten werden? Sechs Jahre, sagte ich damals, wird es meiner Überzeugung nach sicher dauern, darauf müssen wir uns einrichten. Da sprang Wilhelm Sollmann auf, ganz temperamentvoll, und sagte: Du bist verrückt geworden, in sechs Monaten haben die die Inflation und haben sie abgewirtschaftet. Das war damals noch die vorherrschende Meinung. Man hatte unterschätzt, daß doch die konservativen Kräfte, sowohl das große Kapital als auch der Großgrundbesitz, in Hitler eine Art Hofhund sich zu halten gedachten. Daß er nachher der Hausherr wurde, haben sie nicht gedacht; denken Sie an Oldenburg-Januschau, den politischen Berater Hindenburgs, der einmal gesagt hat: Wir werden mit den sympathisch-jungen Kerlen der SA schon fertig werden. Und die wurden mit denen fertig. Oder andere, denken wir an Schacht – ich habe einmal in einer Rede gesagt: Diejenigen sind mehr Schuld an unserem Unglück, die damals das deutsche Volk in das Zimmer gesperrt haben, in dem Schlange und Tiger waren. Schlange und Tiger können nicht anders sein als Schlange und Tiger, Schlange und Tiger sind nicht schuldig, schuldig sind diejenigen, die unser Volk in diesen Raum gesperrt haben. Und wir haben alle miteinander unterschätzt, welche großen, mächtigen Kräfte sich Hitlers bedienen wollten, und es war sehr bald dann so, daß Widerstand mit unseren schwachen Mitteln kaum zu leisten war. Der Widerstand war ein moralischer Widerstand."

Die seelische und materielle Not der Emigration, die übrigens bis heute gern übersehen, gern verdrängt wird, schilderte Kühn so: „Ich habe nie soviel Patriotismus und soviel Heimatliebe und Heimweh erfahren wie in der Emigration – schon Heinrich Heine, schon Dante, wenn er von dem bitteren Brot der Emigration sprach, des treppauf, treppab im Elend, das materielle Elend der Emigration dann auch noch seelisch erleben muß – Heinrich Heines Wort: ‚Denk ich an Deutschland in der Nacht, dann bin ich um den Schlaf gebracht'. Ich habe soviele Juden erlebt draußen, die sich so sehr als Deutsche fühlten, manchmal vielmehr als andere Deutsche, die glaubten, gute Deutsche zu sein. Das war schon ein furchtbares Erlebnis. Und es hat viele Nationalsozialisten gegeben, die ja auch überzeugt waren und in ihrer Art Idealisten. Die sechs Millionen, die in den NS-Organisationen waren, waren nicht alle faschistische Schweine. Das wäre doch schlimm, dann hätte es nicht die Möglichkeit eines Wiederaufstiegs und einer demokratischen Zukunft für unser Volk gegeben. Die verbrecherischen Elemente – leider hatten sie die Kommandohöhen der Macht in ihren Händen."

In Kühns Denken hat die nach dem Zweiten Weltkrieg aufgestellte Kollektivschuld-Theorie niemals Eingang finden können. Schließlich zählten nach seiner Überzeugung auch die vielen mißbrauchten Idealisten zu den Opfern Hitlers. Das Recht auf politischen Irrtum billigte er jedem zu, der den Weg zurück fand. So hat Kühn immer argumentiert, in den vierziger wie in den siebziger Jahren, auch, was den Tyrannen-Mord betraf, das Attentat auf Hitler am 20. Juli 1944. „In unseren sozialdemokratischen und freiheitlich-sozialistischen Widerstandsgruppen ist das Problem des Tyrannen-Mordes eigentlich nie erörtert worden. Denn wir hatten gar nicht die technischen Mittel, wir hatten nicht die Gelegenheit, dies zu tun. Ich würde den Mord an Hitler – und ich nehme das schwerwiegende Wort 'Mord' – für gerechtfertigt gehalten haben, um unser Volk vor furchtbarem Unglück zu bewahren."

In den Hitler-Jahren hat Kühn erlebt, wie die Nationalsozialisten nach dem Prinzip der Salami-Taktik ihre Gegner ausschalteten: zuerst die Linken und die Marxisten (zwischen Kommunisten, Sozialdemokraten und Freiheitlich-Liberalen machten sie keine Unterschiede), dann die Juden, schließlich die ihrem System unbequemen Christen beider Konfessionen und zuletzt auch unbotmässige Konservative. Aus diesen Erfahrungen zog er die Lehre, daß die Solidarität der Demokraten, wenn sie nicht zur Alltags-Floskel degeneriert, die Essenz des freiheitlichen Rechtsstaates ist.

1945 kehrte Kühn nach Köln zurück. 1948 ging er in den Landtag und stritt dort für eine liberale Landesverfassung. Wenn es nach ihm gegangen wäre, dann hätten die Länder keine Ministerpräsidenten haben sollen. Er wollte das Staatsbewußtsein der Länder etwas tiefer ansiedeln, als es schließlich geschah, und er hätte an der Spitze der Länder-Verwaltungen anstatt eines Ministerpräsidenten lieber einen Landeshauptmann gesehen. Die Sozialdemokraten hatten damals ein unitarisch orientiertes Staatsbewußtsein. Kühn wendet sich heute noch angeekelt ab, wenn föderalistische Gesinnung in egoistische Schacherei ausartet. Vergeblich hat er sich eine Zeitlang im Sinne des Grundgesetz-Auftrages für eine Neuordnung der Länder eingesetzt – für die Schaffung von fünf grossen und leistungsfähigen Ländern, die ebenbürtige Partner des Bundes hätten werden sollen. Inzwischen weiß Kühn, daß nichts so beständig ist wie das Provisorische.

1953 zog er in den Bundestag. Dort fielen die grossen politischen Entscheidungen jener Zeit, dort fühlte er sich hingezogen; es ging um die Wiederbewaffnung, um die Deutschlandpolitik, um die Einbindung der Bundesrepublik ins westliche Verteidigungsbündnis. Von den Bänken der Opposition aus verärgerte er Konrad Adenauer mit scharfzüngigen Zwischenrufen. Ungebrochen seit jener Zeit auch sein Engagement für Europa, für einen europäischen Staatenbund, und seine Leidenschaft für die Außenpolitik. Diese Leidenschaft hat ihn bei Freunden und Gegnern suspekt gemacht. Anfälle von Fernweh konnte Heinz Kühn nur schwer überwinden. Wenn ihn das Reisefieber packte, wurden Partei und Kabinett von Unruhe ergriffen. Es gibt keinen Kontinent und nur sehr wenige Länder, die Kühn nicht bereist hätte, mal in offizieller, mal in halbdiplomatischer Mission, gelegentlich auch aus privater Neugier. Mit vielen Politikern der Dritten Welt verbinden ihn enge Freundschaften. Aber seine Partei, die SPD, hat die Weltläufigkeit und die Sprachgewandtheit dieses Politikers nicht immer nutzen wollen. Vielen blieb es unverständlich, daß er die große weite Welt nicht aufgeben wollte, um sich mit Leib und Seele ins Provinz-Gerangel zu stürzen. Noch heute mag er örtliche Querelen nicht als welterschütternde Ereignisse einstufen. So wirkt er als Landespolitiker auf viele wie ein exotischer Ausnahmefall.

In die Landespolitik kehrte Kühn 1962 eher widerwillig zurück. In Düsseldorf saßen die Sozialdemokraten in der Opposition. Es fehlte ein führender Kopf, der fähig gewesen wäre, mit neuen Gedanken und mit scharfer Zunge gegen die CDU-FDP-Koalition unter Franz Meyers zu streiten. „Meinen persönlichen Neigungen nach wäre ich ganz gerne in der Bundespolitik geblieben, aber so wie es ja eine Staatsräson gibt, gibt es in bestimmten Situationen auch eine Parteiräson, und so habe ich dann die Rückkehr in die Landespolitik angetreten."

3.

Kühn folgte dem Ruf seiner Partei aus Einsicht ins Notwendige. Er machte die Oppositionsfraktion sehr bald zu einer scharfen Waffe gegen die Regierung. Als brillanter Debatten-Redner, mit einer beinahe unübertrefflichen Lust an süffigen Formulierungen, brachte er die Regierung Meyers in Verlegenheit, attackierte er sie unermüdlich – mal mit leichtem Florett, mal mit schwerem Säbel. 1966, auf dem Höhepunkt der ersten wirtschaftlichen Rezession und des Zechen-Sterbens an der Ruhr, errang er einen spektakulären Wahlerfolg. Die SPD verfehlte die absolute Mehrheit im Landtag nur um ein Mandat, genauer gesagt: nur um wenige hundert Wählerstimmen. CDU und FDP gelang es vorübergehend, die Übernahme der Regierungsverantwortung durch einen sozialdemokratischen Ministerpräsidenten zu verhindern. Als jedoch das Kabinett Erhard in Bonn zerfiel, brachen auch in Düsseldorf die Dämme. Kühn wollte damals dem Bonner Beispiel folgen und nach dem Bündnis Kiesinger-Brandt auch in Nordrhein-Westfalen SPD und CDU zu einer Großen Koalition zusammenführen. Die Verhandlungen mit CDU-Chef Wilhelm Lenz waren bereits unter Dach und Fach, Kühn nannte den Christdemokraten schon jovial seinen Co-Piloten. Dann versteifte sich der Widerstand der sozialdemokratischen Partei-Basis und der Landtagsfraktion; Kühn hatte die Lage falsch eingeschätzt. In Bonn mußte die SPD unter dem neuen Kanzler Kurt Georg Kiesinger mitregieren, in Düsseldorf ließen die Mehrheitsverhältnisse eine sozialliberale Koalition mit der FDP zu. So wurde Kühn zunächst gegen seinen Willen an die Seite Willi Weyers gedrängt. Später haben beide daran mitgewirkt, ihr Modell auf Bonn zu übertragen.

Mit dem Bündnis von SPD und FDP kam die Schulpolitik in Nordrhein-Westfalen nach sechzehn Jahren wieder auf die politische Tagesordnung. Kühn wollte die Volksschule aus ihrer konfessionellen Bindung lösen. In seiner ersten Regierungserklärung plädierte er vor dem Landtag für Toleranz zwischen Kirche und Staat: „Zu den wesentlichen Aufgaben der Landespolitik gehört die Pflege der Beziehungen zwischen dem Staat und den Kirchen sowie den übrigen Religionsgemeinschaften. Im demokratischen Staat, der auf dem Boden der Religionsfreiheit steht, müssen alle Bürger, die Christen beider Bekenntnisse, ebenso wie die Nichtchristen nach ihrer

Überzeugung leben können. Grundlage für das Fortbestehen des religiösen Friedens in unserem Lande ist die Achtung dieses Rechts. Die Landesregierung anerkennt und achtet auf dieser Grundlage die Freiheit, die rechtliche Stellung und den besonderen Auftrag der Kirchen. Sie wird diese Rechte schützen, die Freiheit des kirchlichen Wirkens gewährleisten. Die Landesregierung erwartet von den Kirchen, daß sie das Recht und die Freiheit der staatlichen Organe anerkennen, die für das Wohl der Bürger notwendigen Entscheidungen in eigener Verantwortung treffen. Die Landesregierung ist bemüht, das Verhältnis von Staat und Kirche in diesem Sinne als ein Verhältnis freier Partnerschaft zu gestalten."

Dennoch spitzte sich der weltanschauliche Streit zu. Für die Entlassung der Volksschule aus kirchlichen Bindungen mußte die Verfassung geändert werden. Dafür bedurfte es der Zustimmung der oppositionellen CDU. Es gab langwierige und mühsame Verhandlungen mit der Union, die Mitte der sechziger Jahre kompromißbereiter war als Ende der vierziger Jahre. Verlorene Positionen mochte sie nicht länger verteidigen. Auf dem Höhepunkt der Auseinandersetzung hat der Regierungschef damals sogar eine Volksbefragung erwogen. Im Landtag sagte er: „Ich hoffe, daß es nicht zu einer solchen Notwendigkeit kommen muß, weil immer damit verbunden ist die Weckung emotionaler Empfindungen – alles das, was dann an die Grenze eines Kulturkampfes führt, den wir uns in der Tat ersparen sollten. Das heißt nicht, daß ich eine solche Volksbefragung befürchten würde, denn Sie wissen, daß die letzten Befragungen gezeigt haben, daß mehr als 80 Prozent der Menschen in unserem Lande für die Gemeinschaftsschule, zumindest bei der Hauptschule, sind. Sie wissen, daß wir es ja bei den 6-bis 10-jährigen bei der bisherigen Regelung belassen wollen, daß dort also die Eltern vom weltanschaulichen Elternrecht Gebrauch machen können. Ich würde nichts dagegen haben, daß man alle aktiven und potentiellen Eltern, also meinetwegen alle Menschen zwischen 18 und 60 Jahren, befragen sollte, welche Schulform sie haben wollen. Das Ergebnis steht für mich fest, aber ich glaube, daß es viel gescheiter ist und der Sache viel dienlicher ist, wenn in nüchterner Verhandlungsatmosphäre aus dem Geist einer gegenseitigen Entgegenkommensbereitschaft, aus dem Geist der Toleranz man eine Lösung findet."

Parallel zur Auseinandersetzung um die Schule, die später einvernehmlich gelöst werden konnte (inzwischen ist die Hauptschule als christliche Gemeinschaftsschule nicht mehr umstritten), tobte an der Ruhr der Existenzkampf der Kohle. Bundeswirtschaftsminister Ludwig Erhard hatte dem Bergbau eine Absatzgarantie von 140 Millionen Jahrestonnen versprochen, jedoch nichts gegen den ruinösen Wettbewerb des Erdöls unternommen. So mußte eine Zeche nach der anderen geschlossen werden, verloren Zehntausende von Bergarbeitern ihre Arbeitsplätze. Auch in Bonn war es damals schwer, Verbündete für den Kohle-Bergbau zu finden. Freie Marktwirtschaft, das hieß damals freie Bahn dem Tüchtigen, freie Bahn dem billigeren Energieträger. Von einer nationalen Energiereserve mochte niemand reden. Währenddessen wuchs die Unruhe im Industrierevier. Am 21. Oktober 1967 versammelten sich auf dem Marktplatz von Dortmund-Huckarde 14 000 aufgebrachte Bergarbeiter. Mit den von der Schließung bedrohten Zechen „Hansa" und „Pluto" waren ihre Arbeitsplätze gefährdet, drohte ihren Familien der Entzug der Lebensgrundlage. Es herrschte eine explosive Stimmung auf dem Marktplatz von Huckarde, schwarze Fahnen und Sprech-Chöre „Kühn und Schiller – Zechenkiller" , tönte es über den Platz. Heinz Kühn wollte nicht kneifen; mutig und wortgewaltig stellte er sich der aufgebrachten Menge: „Als Ministerpräsident dieses Landes, der an der Spitze einer Regierung steht, die vor allen Dingen den Stimmen der Arbeiter in diesem Lande ihr Vertrauen und ihre Existenz verdankt, muß ich vom Bund verlangen, daß bei allen Maßnahmen nicht die Interessen des Kapitals, sondern die Interessen der Arbeiter berücksichtigt werden und im Mittelpunkt aller Überlegungen stehen. Es muß endgültig Schluß sein mit einer Politik, die darauf spekuliert, daß man die Privatisierung der Gewinne und die Sozialisierung der Verluste den Menschen dieses Staates zumuten kann. Wenn eine Politik der Stillegungsprämien zur chaotischen Liquidation von Arbeitsplätzen führt, zur rücksichtslosen Freisetzung von Arbeitsplätzen, dann ist diese Politik der Stillegungsprämie falsch. Es ist ein Zeichen, daß etwas faul ist, wenn im selben Augenblick, in dem die Arbeiter ihre Arbeitsplätze verlieren, die Aktionäre erhöhte Aktienkurse beschert erhalten. Mehr und mehr drängt die Entwicklung auf die von der IG Bergbau geforderte Einheitsgesellschaft, die endlich die innere Organisationsreform im Bergbau bewältigen kann, die schon lange erforderlich ist. Und wenn der Staat Milliarden von Steuermitteln der Allgemeinheit in die Gesundung des Bergbaus stecken muß, dann hat er auch ein Recht, mitzuwirken bei den Endscheidungen, und dann können die Unternehmer nicht fordern, daß man ihnen das selbst überließe."

Inzwischen gibt es längst diese Einheitsgesellschaft, die Ruhrkohle AG. Der Ölschock hat auch in Bonn den Stellenwert der Kohle erhöht. Dem einheimischen Energieträger werden mannigfache Hilfen geleistet: das Verstromungsgesetz, die Koks-Kohle-Subvention, Technologie-Programme. Bund und Land haben Milliarden darin investiert, den Bergbau zu modernisieren. Der Widerstand gegen den Bau von Kernkraftwerken tat ein übriges, um die Politiker hierzulande zur Rückbesinnung auf die eigenen Boden-Ressourcen zu veranlassen. Auf dem Hamburger Bundesparteitag der SPD im November 1977 wurde der Vorrang der Kohle bei der Energieversorgung zum Beschluß erhoben; nur der sogenannte Rest-Energiebedarf soll mit Atomkraft gedeckt werden. Heinz Kühn sagte zu diesem Parteitags-Beschluß: „Wir leben in einem Industriegebiet, das zwar von vielen Belastungen der Vergangenheit mittlerweile in den zehn Jahren unserer Regierungsführung befreit worden ist. Wir können heute sagen (und mit Stolz und Genugtuung sagen), daß das Ruhrgebiet das sauberste Industrie-Ballungsgebiet der ganzen Welt ist. Dennoch gibt es immer noch hohe Umwelt-Luftbelastungen. Das Ziel muß sein, durch neue, technologisch moderne Kohlekraftwerke technologisch veraltete Kohlekraftwerke, die viel mehr an Gift und Schadstoffen in die Luft speien, zu ersetzen, so daß also der Gesamtbelastungscharakter für eine Region sich nicht verschärft und erschwert. Was aber vor allen Dingen wichtig ist: es müssen ganz klare rechtliche Maßstäbe gesetzt werden, das heißt, Gerichte müssen nicht in die Lage kommen, durch richterliche Sprüche dort Entscheidungen zu treffen, sondern auch sie müssen an klare Gesetzgebungsnormen gebunden sein, so daß Bürger-Initiativen, Gerichte und alle miteinander wissen, woran sie sich zu halten haben. Das wird eine Modernisierung der Kohlekraftversorgung ergeben und eine optimalere Nutzung der Kohle, und da wir bis zur Mitte der achziger Jahre – ich würde eher sogar noch schätzen: bis gegen Ende der achziger Jahre – ohnehin keine Energielücke haben werden, wird dies ausreichen, um den langsam wachsenden Energiebedarf zu decken".

In den sechziger und siebziger Jahren ging es an der Ruhr nicht nur um die Kohle. Das von der Politik lange Zeit vernachlässigte Industrierevier hatte an Attraktivität verloren, war unmodern geworden. Schwere strukturelle Mängel bedrohten seine Wettbewerbsfähigkeit. Im März 1968 beschloß das Kabinett Kühn das sogenannte Entwicklungsprogramm Ruhr. „Was wir in diesem Land können, das ist: in der Infrastruktur des Landes, in der inneren Ausgestaltung des Landes die Voraussetzung für eine bessere Zukunft schaffen. Das heißt, wir werden in diesem Plan Flächen für industrielle Ansiedlung, und zwar Großflächen, bereitstellen, das heißt: durch Mittel aufkaufen eine Reihe von Flächen von der Mindestgröße von 100 Hektar. Ein anderes Problem ist die Mobilität der Menschen. Was versteht man darunter? Heute müssen die Menschen bereit sein, auch einen anderen Beruf auszuüben und neu zuerlernen, als sie ihn in ihrer Jugend erlernt haben. Das gilt nicht nur für die Bergarbeiter. Sie müssen bereit sein, an einem anderen Orte ihre Beschäftigung zu finden als an dem Ort, an dem sie wohnen. Dafür wird entwickelt – und Bund und Land werden hier zusammenzuarbeiten haben – das S-Bahn-System der Bundesbahn und ein Stadtbahn-System, das die Menschen an dieses S-Bahn-System anschließt. Es wird ein Straßensystem in der Nord-Süd-Richtung und in der West-Ost-Richtung durch das Ruhrgebiet hindurchgeführt werden müssen, und wir werden eine Reihe von vierspurigen Bahnen autobahnähnlichen Charakters entwickeln in einer Länge von insgesamt 500 km."

Hinzu kam der Ausbau eines engen Hochschulnetzes. Früher war das Ruhrgebiet bildungspolitisch eine unterentwickelte Provinz. Mit der Errichtung von Revierparks, mit der Verbesserung des Umweltschutzes erhöhte sich auch der Freizeitwert des Reviers. In den letzten zwölf Jahren hat die Landschaft zwischen Duisburg und Dortmund ein neues, ein modernes, zum Teil sogar attraktives Gesicht bekommen. 1970 ergänzte Kühn das Entwicklungsprogramm Ruhr durch das Nordrhein-Westfalen-Programm 1975, einen ehrgeizig in die Zukunft greifenden Entwicklungsplan für das ganze Land. Auch hiervon konnten wesentliche Teile verwirklicht werden; andere scheiterten an der Finanznot des Landes und seiner Gemeinden. Als Kühn 1975 zum dritten Male ins Amt des Regierungschefs gewählt wurde, hatten sich die wirtschaftlichen Rahmenbedingungen der Politik grundlegend verändert. Der sogenannte Öl-Schock und die weltweite Rezession waren nicht spurlos an Nordrhein-Westfalen vorübergegangen. Es gab weniger Wachstum und mehr Arbeitslose. Der versprochene Aufschwung ließ auf sich warten. Kühn hatte erkannt, daß der Schwung der Reformzeit vorbei war. Nun forderte er eine Zeit der Konsolidierung, nicht des Stillstandes. „Wir haben Reformen durchgeführt und gesellschaftliche Erneuerungen entwickelt und die sozialen Grundlagen unseres Staates verbessert in einem Maße, wie das in einer vergleichbaren Zeit früher nie in der Geschichte der Bundesrepublik der Fall gewesen ist. Und jetzt muß man sich darauf beschränken, das Bewährte zu bewahren und das Notwenige zu tun; die Schritte nach vorn werden kleiner werden".

4.

In die erste Hälfte der siebziger Jahre fiel auch Kühns Auseinandersetzung mit den Jungsozialisten, eine Auseinandersetzung, die auf beiden Seiten voller Mißverständnisse zu stecken schien. Die Jusos wollten nicht begreifen, daß sich Kühn stets durch und durch als demokratischer Sozialist verstand. Umgekehrt fürchtete der Regierungschef, daß das ideologie- und theoriebesessene Vorwärtsdrängen der jungen Generation die SPD von ihren gerade gewonnenen Wählern, den sogenannten Aufsteigern und dem Mittelstand, abschneiden könnte. Auf dem Höhepunkt dieser Auseinandersetzung zog sich Herbert Wehner aus der Bonner Parteiführung zurück. Willy Brandt rief Heinz Kühn als Stellvertreter an die SPD-Spitze. Kühn folgte diesem Ruf, wie immer ein treuer Soldat seiner Gesinnung. Im April 1973 wurde er in Hannover gewählt. Ein Interview aus jenen Tagen gibt Einblicke in die tolerante Gesinnung dieses überzeugten Sozialdemokraten: „ Eine Partei lebt immer aus vorletzten Werten. Der Mensch lebt aus den letzten Wertvorstellungen, das heißt, die Begründung seines Handelns leitet er ab aus einem letzten weltanschaulichen Fundament, und so ist auch das Kurt Schumacher-Wort zu verstehen: ‚Es ist uns gleichgültig, ob jemand aus der christlichen Bergpredigt kommt oder aus marxistischer Wirtschaftsanalyse oder philosophischer Vorstellung'. Das Programm ist das Handlungsprogramm einer Gemeinschaft, die in dem, was sie politisch tut, einig sein muß, in dem, wie sie es aber individuell begründet, sehr pluralistisch sein kann. Nun genügt es nicht, nur sich einig zu sein in dem, was man praktisch tut, sondern man muß auch gewisse Grundwerte haben: also Freiheit, die Würde der Persönlichkeit, die Selbstbestimmung des Menschen, Solidarität – nur muß man immer als Partei sagen, was dies unter den gegebenen konkreten gesellschaftlichen Umständen heute praktisch und konkret heißt. Was nutzt es mir, wenn ich sage, wir sind für Demokratie, für Selbstverwirklichung und Selbstbestimmung des Menschen? Wenn ich nicht sage, wie soll sich das denn aber heute, um die Mitte dieses Jahrhunderts, wie soll es sich heute auswirken, wie soll das mal im Jahre 2000 aussehen? Da sind wir an der Frage der paritätischen Mitbestimmung, da sind wir an der Frage der Demokratisierung und der Gesellschaft, welche Perspektiven hat sie und welche Grenzen hat sie? Es nutzt ja nichts, daß wir den Leuten große Worte sagen; das kann jeder, das ist sehr leicht und unverbindlich. Man muß immer wieder sagen, die Grundwerte des demokratischen Sozialismus sind in 110 Jahren unverändert geblieben, aber die praktischen Programme haben sich verändert, so wie sich die gegebenen materiellen und historischen Umstände verändert haben."

Damals wie heute ist Kühn besorgt um den Fortbestand der sozialliberalen Bündnisse. Ein Zerfall der SPD-FDP-Koalition würde, so fürchtet er, die SPD auf lange Zeit von der Regierungsverantwortung trennen, sie möglicherweise in schwere Zerreißproben stürzen und die Bundesrepublik in ein restauratives und konservatives Fahrwasser bringen. Deshalb fand er sich gegenüber den Freien Demokraten oft zu Kompromissen bereit, die seine eigenen Genossen nicht verstehen oder nur widerwillig akzeptieren konnten. Eine der bittersten Stunden war für Heinz Kühn der Rücktritt seines Freundes Willy Brandt vom Kanzleramt wegen der Guillaume-Affäre im Mai 1974. In einem kleinen Kreise sagte er resignierend: „Ich bin unendlich traurig". Vor der Öffentlichkeit vertrat er Brandts Entschluß jedoch mit Festigkeit. „Es wäre sicherlich der Wunsch aller verantwortlichen Sozialdemokraten gewesen, daß er sich hätte entschließen können, auch das Amt des Bundeskanzlers zu behalten. Er hat die Entscheidung getroffen, die er vor seinem Gewissen und seiner Verantwortung glaubte treffen zu müssen. Wir haben diese Entscheidung zu respektieren. Der Bundeskanzler trägt die politische Verantwortung für das, wofür er keine persönliche Schuld hat. Aus einem hohen moralischen Ethos heraus hat er sich in dieser Verantwortung zu seinem Schritt entschieden."

Unter der Kanzlerschaft von Helmut Schmidt ist die Temperatur zwischen Bonn und Düsseldorf um einige Grade kälter geworden. Aber Kühn hat es bis zum Schluß als seine wichtigste politische Aufgabe angesehen, Flankenschutz für das bedrängte SPD-FDP-Bündnis in Bonn zu geben. In dieser Funktion allerdings ist er 1977/78 immer schwächer geworden. Die von ihm viel zu früh eingeleitete Diskussion um seine Nachfolge hat seine politische Autorität unterspült. Einen Teil seiner Autorität hat er ohne Not selbst zerredet. Schließlich verließ ihn die politische Fortüne, ließen ihn auch Freunde im Stich. Es gab die unglückselige Affäre Poullain mit schweren Pannen im Kabinett, dann das erfolgreiche Volksbegehren gegen die Kooperative Schule, es gab aber auch innerhalb der SPD rüde Versuche, ihn vorzeitig aus dem Amt zu drängen. Undankbar wie die Politik nun einmal ist, zählten die unbestreitbaren Verdienste plötzlich kaum mehr. Bittere Wochen für einen Mann, der so stark eingebunden sein will in die Solidarität seiner Gesinnungsgemeinschaft.

5.

Als Kühn im Herbst 1978 das Amt des Ministerpräsidenten verließ, tat er das zwar aus freiem Entschluß, aber er hat diesen Schritt auch aus Einsicht in die Interessen seiner Partei getan, die 1980 mit einem neuen Kandidaten in den Wahlkampf ziehen muß. Aufs Altenteil will sich der erfahrene und in manchen Auseinandersetzungen gestählte Politiker nicht zurückziehen. Im Juni 1979 schließt sich der Kreis, zieht Heinz Kühn ins erste direktgewählte europäische Parlament ein, um dort wie in den fünfziger Jahren für einen humanen, demokratischen Sozialismus zu streiten. Seine Perspektive, die letzten aktiven Politiker-Jahre noch einmal der europäischen Idee zu widmen, wirkt auf ihn wie ein Jungbrunnen. Wie beständig und wie leidenschaftlich sein Engagement für Europa ist, zeigt ein nahezu dreißig Jahre altes Ton-Dokument, eine Rede des siebenundreißigjährigen Heinz Kühn vom 20. April 1949: ,,Wenn wir nicht alle in unserem zusammengeschrumpften Europa, oder dem was davon übriggeblieben ist, lernen, daß wir in erster Linie Europäer und erst in zweiter Linie Nationale sind, wenn wir nicht alle lernen, daß es in diesem Europa, in dem ein Flugzeug in wenigen Stunden Dutzende von nationalen Grenzen zu überfliegen vermag, eine kirchturmhorizontige Beschränktheit darstellt, Nationalfahnen schwingend und Nationallieder singend gegeneinander in Kriegen zu kämpfen, anstatt ohne diese Requisiten des Nationalismus miteinander in Frieden zu arbeiten, dann wird Europa vor seiner selbstmörderischen Katastrophe nicht zu bewahren sein. Ist es nicht töricht, im Westen Europas Grenzen verschieben und Staatszugehörigkeit von Grenzdörfern ändern zu wollen, in einer Zeit, in der das unwichtig zu werden beginnt, ob Aachen deutsch und Lüttich belgisch ist, sondern in der es allein darauf ankommt, daß beide Seiten europäisch sind, eingeordnet in die alle Nationalstaaten überwölbende Souveränität eines europäischen Parlaments? Eine Utopie? Wenn Belgien vor wenigen Tagen durch seinen Ministerpräsidenten Paul-Henri Spaak auf die ihm zugesprochene westdeutsche Gebietsvergrößerung verzichtete, so bedeutet diese wahrhaft europäische Entscheidung zugleich auch eine Antwort auf das skeptische Achselzucken derjenigen, die die Idee der Europa-Einheit als eine vielleicht schöne, aber gewiss ferne Utopie abtun möchten. Vergessen Sie nicht, sagte der Franzose Albert Camus unlängst zu diesen Skeptikern, daß die Geschichte nichts anderes ist als eine Utopie, die Gestalt gewinnt."

Eine Utopie, die Gestalt gewinnt. Ein Teil dieser Utopie ist in Europa Wirklichkeit geworden, ein anderer nicht. Wirtschaftlich ist die Gemeinschaft ein Riese, politisch blieb sie ein Zwerg, ist sie häufig zerstritten. Vielleicht ändert das erste direktgewählte Europa-Parlament einiges daran, vielleicht verschafft sich Europa mit diesem Parlament politisch eine Stimme. Seine letzte politische Schlacht will Heinz Kühn für diese Sache schlagen.

Die biographische Skizze Kühn, erschienen zuerst als WDR-Sendung (20.9.1978), beruht auf langjähriger Kenntnis und Beobachtung, dem Studium von Landtags-Protokollen und Beschlüssen der Landesregierung, auf der Auswertung der „Freiheitsbriefe an die deutsche Wehrmacht" sowie auf Gesprächen mit Ministerpräsident a. D. Heinz Kühn. Das Gespräch, das Theo M. Loch am 4. 4. 1978 im „Westdeutschen Fernsehen" mit Kühn führte und aus dem hier zitiert ist, erschien im vollen Wortlaut in: Es gab nicht nur den 20. Juli . . . , Dokumente aus einer Sendereihe im Westdeutschen Fernsehen, hrsgb. v. d. Pressestelle des Westdeutschen Rundfunks (Köln 1979).

Wie Heinz Kühn in der Porträtskizze selbst zu Wort kommt, so ist Willi Weyer der Miturheber, zumindest der erzählende Gehilfe des Autors. Das ergibt wenigstens ein Bild von den wichtigsten Stationen seiner politischen Laufbahn, die bereits vor Jahren mit dem Rücktritt als Minister und Landesvorsitzender der Freien Demokraten zu Ende ging. Weyer taucht als Person in den politischen Lebensläufen der meisten führenden Landespolitiker auf. Er war Wohnungsbau-, Finanz- und Innenminister, länger auf der Regierungsbank als in der Opposition, Ministerpräsidenten-Stellvertreter und hat mit der CDU wie mit der SPD koaliert, mit Arnold, Steinhoff, Meyers und Kühn. Was die einen ungewöhnliche Flexibilität nannten, war für die anderen souveränes politisches Geschick unter Anwendung und Ausnutzung der parlamentarischen Möglichkeiten, bewiesen von einem Mann, der im Gegensatz zu allen anderen in dieser Sammlung porträtierten Politikern aus dreißig Jahren am Ende der Weimarer Republik noch keine Erfahrungen hatte machen können, weil er zu jung dazu war.

Karl Fischer

WILLI WEYER

In amerikanischer Gefangenschaft, mit Zehntausenden anderer ehemaliger Soldaten im Mai 1945 auf den Düsseldorfer Rheinwiesen zusammengepfercht, wuchs dem Flakunteroffizier Willi Weyer aus Hagen die Erkenntnis, daß die Politik künftig nicht mehr der Weimarer Generation allein überlassen werden dürfe. So wie er dachten viele und begannen noch im Kriegsgefangenen-Camp ihre Vorstellungen von Freiheit und Demokratie zu artikulieren. Doch der Weg von der Einsicht bis zu den Schalthebeln politischer Macht war lang und steinig. Auch der junge Jurist mit der Gestalt eines Zehnkämpfers und einem gehörigen Schuß Selbstvertrauen mußte bald einsehen, daß der ,,verlorenen Generation" nichts geschenkt wurde. Dabei besaß Weyer, gerade neunundzwanzigjährig, gegenüber vielen anderen den großen Vorteil, bereits ein abgeschlossenes Jurastudium in Bonn, Jena und München vorweisen zu können. Dem ehemaligen Assistenten an der ,,Akademie für Deutsches Recht" hatte eine Wehrdienstverletzung die Chance geboten, seine juristischen Examina noch vor der Einberufung zum Kriegsdienst abzulegen, und Weyer hatte diese Chance genutzt. Doch zu Broterwerb und Familiengründung reichte es erst, als er 1946 Syndikus beim süd-westfälischen Einzelhandelsverband wurde. Mehr als die Verbandsjuristerei interessierte den Sohn eines Hagener Altliberalen jedoch die Politik. Das lag wohl in der Familie; der Vater war in der Weimarer Republik Mitglied der ,,Deutschen Demokratischen Partei", der späteren ,,Deutschen Staatspartei" gewesen, und schon sein Großvater hatte als ,,Freisinniger" und Parteigänger Eugen Richters gegolten. Weyer Junior aber, am 16. Februar 1917 in Hagen in unmittelbarer Rathausnähe geboren und in der fünften Generation ,,Ennepeströter" (wie sich die Einwohner der Ennepetalstraße stolz nennen), begann seine politische Laufbahn bei den Jungdemokraten. Zusammen mit den Töchtern und Söhnen anderer Altliberaler gründete er die westfälischen Jungdemokraten. Als sie bald ihre Blicke auch nach dem Rheinland richteten, stießen sie dort auf andere Jungdemokraten mit dem Oberschlesier Erich Mende an der Spitze, über den ebenfalls ein Altliberaler und ehemaliger Staatsparteiler, der Verleger Friedrich Middelhauve in Opladen, seine schützende Hand hielt. Auf der gemeinsamen Suche nach neuen Gesinnungsfreunden, vor allem bei Wochenend-Diskussionen in den rheinischen Jugendherbergen Uedesheim und Bad Godesberg, entdeckte Weyer Wolfgang Döring, einen ehemaligen Panzerhauptmann aus Leipzig, der nicht in die sowjetische Besatzungszone zurück wollte und sich in Mülheim an der Ruhr als Dolmetscher und Geschäftsführer einer Kraftfahrzeug-Reparatur-Werkstätte durchs Leben schlug. Aber auch die Hagener Unternehmerstochter Liselotte Funke, Wolfram Dorn aus Werdohl und die beiden Sudetendeutschen Heinz Lange und Siegfried Zoglmann gehörten bald zur Führungs-Crew der Jungdemokraten, an deren Spitze sich Weyer und Mende Jahr für Jahr im Landesvorsitz abwechselten. ,,In Gedanken sehe ich sie noch alle vor mir, die Gründer der Jungdemokraten von Nordrhein-Westfalen: dünne, magere Gestalten in ausgefransten Wehrmachtsuniformen, als Reiseproviant eine Scheibe Panhas zwischen zwei Scheiben Maisbrot, vielleicht für die Herren des Vorstandes einen Salzhering als Sonderzuteilung", so erinnert sich Weyer heute.

1.

Hagen war nicht nur Weyers Startplatz als Jungdemokrat, sondern auch sein erstes parteipolitisches Betätigungsfeld. Hier kandidierte er zum ersten Mal für die FDP zum Stadtparlament und avancierte bald nach den Kommunalwahlen 1948 vom Stadtverordneten zum stellvertretenden Oberbürgermeister. Obwohl er aus seiner Abneigung gegen jede sozialistische Gleichmacherei kein Hehl machte, fand er bald wohlwollende Anerkennung durch den sozialdemokratischen Oberbürgermeister Fritz Steinhoff. Die große Stunde kam für Weyer und seine jungen politischen Freunde jedoch erst bei den Landtagswahlen im Juni 1950. Zwar hatten sie sich schon beim Wahlkampf für die ersten Bundestagswahlen im August 1949 nützlich gemacht, doch stand dem aufreibenden Einsatz nur ein karger Lohn an politischem Einfluß gegenüber. Darum gingen sie 1950 aufs Ganze. Sie erklärten sich zwar abermals bereit, die Kärrnerarbeit zu leisten, also Plakate zu kleben, Flugblätter zu verteilen und Versammlungen zu organisieren, allerdings unter einer Bedingung: jeder fünfte Platz auf der liberalen Landesliste müsse einem Jungdemokraten vorbehalten bleiben. Die Altliberalen, froh, überhaupt aktive Wahlkämpfer zu finden, akzeptierten, und so zogen sie in den Landtag ein: Dorn, Funke, Lange, Weyer, Zoglmann und Döring, den Weyer als Hauptgeschäftsführer in den FDP-Landesverband holte.

Für die meisten war der Landtag allerdings nur das Sprungbrett in den Bundestag. Auch Weyers Ehrgeiz zielte eigentlich auf Bonn; 1953 kandidierte er erfolgreich für den zweiten Deutschen Bundestag, dem er jedoch nur bis 1954 angehörte. Aber er erkannte bald, daß es wichtiger sein könnte, auf längere Sicht der erste in Düsseldorf als einer unter vielen in Bonn zu sein. Weyer setzte auf die Landespolitik. Seinen Bonner Freunden, die ihn deshalb als „provinziell" verspotteten, verging bald das Lachen. Während sie sich in Bonn noch immer um Anerkennung bemühten, schaffte Weyer bereits 1954 den Sprung auf den Ministersessel. Er verdankte ihn allerdings nicht so sehr besonderer Tüchtigkeit als vielmehr dem unmißverständlichen Wunsche des CDU-Vorsitzenden Bundeskanzler Adenauer, seine kleine Bonner Koalition durch einen Flankenschutz aus dem bevölkerungsreichsten Bundesland abzusichern. Adenauers rheinischer Verschlagenheit hatte der biedere Schwabe und linke Flügelmann der CDU, Karl Arnold, nichts entgegenzusetzen. Er, der lieber, wie schon einmal, 1947 bis 1950, mit den Sozialdemokraten koaliert hätte, ließ sich nun die kleine Koalition auch in Düsseldorf aufzwingen. Seine einzige Rache bestand darin, dem rechten Flügelmann der FDP, Ernst Achenbach, Essener Rechtsanwalt und vor 1945 Botschaftsrat an der Deutschen Botschaft in Paris, der sich schon als Wirtschaftsminister sah und seine Freunde bereits zum Einstand eingeladen hatte, eine eindeutige Abfuhr zu erteilen. Eben dieses Mißgeschick Achenbachs war Weyers erste Ministerchance. Neben dem Landesvorsitzenden Middelhauve, den Arnold mit allen Zeichen des Mißtrauens als seinen Stellvertreter und Wirtschaftsminister akzeptieren mußte, kam Weyer, Stellvertreter Middelhauves im FDP-Landesvorsitz seit 1950 und Jungdemokraten-Chef, als Wiederaufbauminister ins dritte und letzte Kabinett Arnold.

Was Adenauer Arnold gegenüber 1954 noch gelungen war, ging zwei Jahre später schief, als er die Zeit für reif hielt, nach der Deutschen Partei (der früheren Niedersächsischen Landespartei) und dem Gesamtdeutschen Block/BHE auch die Freien Demokraten als dritten Koalitionspartner politisch abzuhängen. Mit der Welfen- und der Flüchtlingspartei hatte Adenauer leichtes Spiel gehabt. Jetzt täuschte er sich in der Frontsoldatengeneration unter den Liberalen. Sein versuchtes Diktat an eine zum Rapport nach Bonn bestellte Delegation, das geplante Grabenwahlsystem, das das Mehrheitswahlrecht verstärken sollte, was für die FDP tödlich sein konnte, anzunehmen oder bei den nächsten Bundestagswahlen unterzugehen, scheiterte an Willi Weyer: „Nein, Herr Bundeskanzler, das machen wir nicht mit!" Auch Adenauers Anspielung auf Wahlabsprachen zwischen CDU und FDP im Bergischen Land im Jahre 1950 — „Dann aber, Herr Weyer, wäre der Herr Scheel niemals in den Düsseldorfer Landtag gekommen!" — blieb wirkungslos. Noch am gleichen Abend unterrichtete Weyer seine politischen Freunde in der Wohnung von Walter

Scheel in Benrath über sein Gespräch mit dem Bundeskanzler. Man wurde sich rasch einig, daß nun gehandelt werden müßte.

Das war die Stunde für einen zu allem entschlossenen Freundeskreis, der nicht nur der FDP das politische Überleben rettete, sondern auch noch Landes- und Bundesgeschichte machte. Ehe sie es noch ahnen konnte, hatten die liberalen Rebellen gegen Adenauer bereits ihren Spitznamen: „Jungtürken". Aber Weyer war nicht etwa ihr „Chef". Er konnte und wollte diese Rolle nicht übernehmen, weil er noch dem Kabinett Arnold angehörte und wie kein anderer besser wußte, das Arnolds Stellvertreter Middelhauve niemals seine Hand zum Sturz des Regierungschefs hergeben würde. Auch Mitverschwörer Scheel hatte nicht das Zeug zum Rebellenchef. So wuchs die Führung dem stellvertretenden Fraktionsvorsitzenden Döring zu. Als ehemaliger Panzerkommandant im Afrika-Korps, der die Taktik kannte, plötzlich im Rücken des Feindes aufzutauchen, zögerte Döring nicht lange, das Wagnis einzugehen. Unterstützung fand er bei Lothar Steuer vom rechten Flügel, der in Weimar Reichstagsabgeordneter der Deutschnationalen gewesen war. Steuer, Landtagsvizepräsident, rechnete als erfahrener parlamentarischer Stratege aus, daß der Sturz von drei CDU/FDP-Landesregierungen genügen würde, um Adenauers Pläne zur Einführung des neuen Mehrheitswahlrechtes im Bundesrat zu blockieren.

2.

Selbst auf die Gefahr hin, bei einem Scheitern seine politische Karriere begraben zu müssen, entschloß sich Döring, in Nordrhein-Westfalen das Signal zur Offensive zu geben. Unbemerkt von den politischen Auguren in der Landeshauptstadt traf er sich am 28. Januar 1956 im Hagener Rathaus mit dem sozialdemokratischen Fraktionsvorsitzenden im Landtag, Oberbürgermeister Steinhoff, und bot ihm an, mit Hilfe der FDP neuer Ministerpräsident zu werden. Steinhoff, von dieser plötzlichen Chance überrascht, zögerte zunächst und sagte erst zu, als Döring ihm versicherte, der liberale Garant für dieses erste sozialliberale Bündnis werde kein anderer als Steinhoffs ehemaliger Stellvertreter in Hagen, der noch amtierende Wiederaufbauminister Willi Weyer sein, der zudem bereit sei, in einem Kabinett Steinhoff das schwierige Amt des Finanzministers zu übernehmen.

Erst Tage später erfuhr Adenauer von dem ebenfalls völlig überraschten Arnold, was er angerichtet hatte. Im Vertrauen auf seine bisher immer erfolgreichen Überredungs- und Einschüchterungskünste bestellte er nicht Weyer, sondern den Fraktionsvorsitzenden der Freien Demokraten im Landtag, den früheren Bielefelder Oberbürgermeister Hermann Kohlhase, ins Bundeskanzleramt. Kohlhase war die Schlüsselfigur, wenn es darum ging, das konstruktive Mißtrauensvotum gegen Arnold zu beantragen. Was der Bundeskanzler mit ihm besprechen wollte, konnte er unschwer erraten. Da er die Einladung ins Bundeskanzleramt telefonisch erhalten hatte, ließ er Adenauer auf dem gleichen Wege wissen, er sei gern bereit, nur lasse die augenblickliche politische Lage in Düsseldorf zur Zeit keine Bonn-Reise zu. Nun resignierte Adenauer, Arnold stürzte, und Weyer wurde stellvertretender Ministerpräsident in der ersten sozialliberalen Koalitionsregierung unter Ministerpräsident Steinhoff. Als Finanzminister war er zugleich zweitmächtigster Mann im Kabinett. Nur wenige Monate später resignierte Friedrich Middelhauve, der das Mißtrauensvotum gegen Arnold abgelehnt hatte, auch als Parteichef. Sein Nachfolger wurde Willi Weyer.

Die Sozialdemokraten, die nun auch in der Bundespolitik neue Perspektiven erkannten, belohnten in der Hoffnung auf weitere sozialliberale Koalitionen in anderen Bundesländern die liberalen Mehrheitsbringer in Nordrhein-Westfalen mit drei weiteren Ressorts neben Weyers Finanzministerium: dem Kultus-, dem Landwirtschafts- und dem Bauministerium. Die so plötzlich auf die harten Bänke der Opposition vertriebene CDU versuchte noch lange, Weyer als „Brutus" abzustempeln. Noch fünfzehn Monate nach seinem Sturz hatte Arnold Weyers Haltung beim Regierungswechsel nicht verwunden. Auf Kundgebungen unterstellte er ihm, Konförderationsgespräche mit Ulbrichts Sozialistischer Einheitspartei gefordert zu haben. Als Weyer seinen ehemaligen Regierungschef daraufhin verleumderischer Absichten bezichtigte und Arnold zu einem öffentlichen Streitgespräch aufforderte, wich dieser aus.

Zwei Jahre lang bemühten sich Weyer und seine Kabinettskollegen Prof. Paul Luchtenberg (Kultus), Josef Effertz (Landwirtschaft) und Hermann Kohlhase (Wohnungsbau), liberale Vorstellungen in der Landespolitik zu verwirklichen. Schon bereits als Bauminister bis 1956 hatte Weyer seine Vorstellungen von liberaler Landespolitik deutlich zu machen versucht. Mit der Förderung des Wohnungseigentums bemühte er sich, möglichst viele Menschen gegen kollektivistisches Massendenken immun zu machen. Private Bauherren, die ihr kriegszerstörtes Haus wieder aufbauen wollten, erhielten eindeutig den Vortritt vor Baulöwen. Vorrangig wurden die Baulücken in den Straßen der Städte und Gemeinden geschlossen, Bunker geräumt, Ersatzwohnungen gebaut, der Wohnungsbau insgesamt wieder sozial orientiert. Dem Finanzminister Weyer dagegen stellten sich größere Startschwierigkeiten in den Weg. Joseph Paul Franken, Staatssekretär im Finanzministerium und Arnold besonders verpflichtet, verweigerte Weyer die Gefolgschaft. Sein sozialdemokratischer Nachfolger, der Steuerberater Gerhard Bothur, hatte erhebliche Anlaufschwierigkeiten, und die CDU als Opposition hoffte auf ein Scheitern des Ministers. Doch Weyer gelang es, die Landesfinanzen in Ordnung zu halten, nicht zuletzt, weil Steinhoff ihm völlig freie Hand ließ. Nur seine beim Amtsantritt verkündete Absicht, den Steuerdschungel zu durchforsten, blieb wegen der kurzen Amtszeit von kaum mehr als zwei Jahren und weil die Zuständigkeiten des Bundes entgegenstanden, unerfüllt.

3.

Am 28. Juni 1958, eine Woche vor den vierten Landtagswahlen, starb Karl Arnold. Bei den Wahlen erhielten die Liberalen, die nach Meinung vieler Wähler Arnold 1956 in den Rücken gefallen waren und zudem auch Unternehmer und Mittelständler unter ihren Wählern enttäuscht hatten, ebenso eine Abfuhr wie die Sozialdemokraten. Die CDU errang die absolute Mehrheit, und der neue Ministerpräsident Franz Meyers konnte ein reines CDU-Kabinett bilden. Weyer wurde als Nachfolger von Wolfgang Döring, der inzwischen in den Bundestag abgewandert war, Fraktionsvorsitzender der nun oppositionellen FDP. Obwohl bald für den unverbrauchten ehemaligen Bau- und Finanzminister günstige Angebote aus der Wirtschaft vorlagen, entschloß sich Weyer, die Stelle eines Beigeordneten in Wuppertal anzunehmen. Auch Duisburg hatte ihm eine ähnliche Offerte gemacht.

Weyer zehrte in der bergischen Metropole von seinen finanzpolitischen Kenntnissen, und die Wuppertaler fuhren nicht schlecht mit ihm. Aber auch Adenauer hatte den Mann aus Hagen nicht aus den Augen verloren. Bei der Regierungsbildung 1961 versuchte er ihn mit einem Angebot zum Eintritt in das Bundeskabinett zu locken. Da die Liberalen ihm bei den Koalitionsverhandlungen nur die zweite und dritte Garnitur als Ministerkandidaten präsentierten, hätte der Bundeskanzler gern mit Weyer einen liberalen Top-man engagiert, der sich sein Ressort aussuchen konnte. Aber Weyer lehnte ab und schlug für Walter Scheel, der damals noch nicht zur Spitzengruppe der Freien Demokraten gehörte, ein Spezialministerium vor, das ganz nach Scheels Bedarf und Geschmack war: Entwicklungshilfe-Minister und stellvertretender Außenminister. Adenauer akzeptierte.

Trotzdem blieb Weyer nicht lange in Wuppertal. Nach den nächsten Landtagswahlen 1962 brauchte Franz Meyers, weil seine Partei um fünf Sitze unter der absoluten Mehrheit blieb, wieder einen Koalitionspartner. In der kleinen Koalition, die die CDU mit den Liberalen einging, fiel Weyer fast automatisch der ,,Stellvertretende Ministerpräsident" und ein wichtiges Ministerium zu. Er forderte für sich das Innenministerium, weil er dieses Beamten-, Polizei- und Kommunalministerium zu Recht für eine Schlüsselposition hielt, wenn er auch die Kombination von stellvertretendem Regierungschef und Finanzminister, die er unter Steinhoff hatte erproben können, nicht unterschätzte. Meyers ging auf die Forderung des Juniorpartners ein und überließ den Liberalen auch noch das Wirtschafts- und Verkehrsministerium sowie zwei Staatssekretärposten im Kultus- und im Wirtschaftsministerium.

Auch zu Franz Meyers fand Weyer ein ähnlich gutes menschliches Verhältnis wie ein halbes Jahrzehnt vorher zu Fritz Steinhoff. Der Innenminister Weyer setzte fort, was seine Amtsvorgänger Meyers und Dufhues begonnen hatten. Er baute die Verstaatlichung der Polizei weiter aus, legte besonderen Wert auf die technische Verbesserung der Ausrüstung und hob den personellen Leistungsstand. Vor allem widmete Weyer seine Aufmerksamkeit der Beseitigung des Feindverhältnisses zwischen Staat und Bürger, Polizei und Bevölkerung. Er versuchte, das Bild vom Polizisten als ,,Bullen" zu tilgen und statt dessen die Polizei in die Rolle des ,,Freundes und Helfers" zu rücken. Um auch den Verkehrsteilnehmern zu demonstrieren, wie wichtig die Polizei zur Aufrechterhaltung der Ordnung im Straßenverkehr sei, scheute Weyer nicht davor zurück, gelegentlich rasende Autofahrer höchstpersönlich mit der Polizeikelle zu stoppen. Er wollte wenigstens in Nordrhein-Westfalen dem Polizeibeamten das Ansehen des englischen Bobby geben. Sein Plan, die Überbeanspruchung der Polizeibeamten durch den Einsatz einer 10 000 Mann starken ,,Hilfspolizei" in Grenzen zu halten, scheiterte jedoch an den Eifersüchteleien der Polizeigewerkschaft. Dabei wollte Weyer den Polizisten keine Konkurrenz machen, sondern angesichts eines leergefegten Arbeitsmarktes und der Unmöglichkeit, alle Planstellen zu besetzen, nur eine Übergangslösung schaffen, so wie sie sein Kabinettskollege Kultusminister Mikat zur Beseitigung des Lehrermangels ebenfalls ausprobiert hatte.

Da dem Innenminister also eine spürbare Entlastung der Polizei versagt blieb, bemühte er sich um so intensiver, seinen Beamten alle Mittel der modernen Technik zur Verfügung zu stellen; seine Initiativen reichten vom Radar-Wagen für die Verkehrsüberwachung über bessere Schußwaffen bis zu schnelleren Autos. Im Frühjahr 1966 reisten er und eine Parlamentariergruppe nach Chicago, um die amerikanische Form der Verbrechensbekämpfung zu studieren. Zurückgekehrt, ließ er das Landeskriminalamt mit modernster Elektronik ausrüsten. Auch schreckte er nicht vor einem Alleingang in der computergesteuerten Verbrechensbekämpfung zurück, als er merkte, daß mit Ausnahme von Niedersachsen alle anderen Landeskriminalämter und das Bundeskriminalamt, sei es aus Geldmangel oder aus Kompetenzrangeleien, nicht mitmachen wollten. Durch eine geschickte Politik gegenüber dem Parlament fand er selbst für solch kostspielige Alleingänge noch immer eine breite parlamentarische Mehrheit.

Zur inneren Sicherheit in Nordrhein-Westfalen, für die Weyer von 1962 bis 1975 verantwortlich war, zählen Vorkehrungsmaßnahmen gegen das Einschleusen verfassungsfeindlicher Kräfte in den Staatsdienst ebenso wie der Polizeieinsatz gegen Kidnapper, Terroristen und Politrocker. Den Radikalen-Erlaß der Ministerpräsidenten hatte Weyer ohnehin nicht übernommen, sondern in einer modifizierten und zugleich praktikableren Spielart als ,,Vorläufige Richtlinien" gehandhabt, um damit schon rein äußerlich den Erprobungscharakter zu dokumentieren. Mitte der siebziger Jahre forderte er öffentlich immer wieder, die KPD und andere kommunistische Splittergruppen wie den KBW, den ,,Kommunistischen Bund Westdeutschland", zu verbieten. Nach der Besetzung des Bonner Rathauses durch die militanten marxistisch-leninistischen KPD-Kader rief Weyer den Staat zur Selbstverteidigung auf. Obwohl er sich selbst darüber im klaren war, daß ein totaler Schutz gegen Terror nicht möglich sei, bildete er an zehn Stellen des Landes ,,mobile Einsatztrupps" der Polizei, die als Spezialeinheiten besonders ausgerüstet und trainiert waren. Das Vorhandensein dieser Spezialeinheiten hat die vorbeugende Wirkung nicht verfehlt, einige spektakuläre terroristische Gewaltakte allerdings nicht verhindern können.

Aber nicht nur der Sicherheit schenkte Weyer seine besondere Aufmerksamkeit. Seine Sorge galt auch einem Informationssystem, das alle Fachressorts der Landesregierung und die Landesoberbehörden in die Lage versetzen sollte, schnell und mit größtmöglicher Genauigkeit die neuesten Zahlenunterlagen zu erhalten. Weitblikkender als sein Amtskollege in anderen Bundesländern, ließ Weyer nicht nur das Statistische Landesamt frühzeitig in ein ,,Landesamt für Datenverarbeitung und Statistik" umwandeln, sondern stattete dieses Amt auch mit modernsten Computern aus. Das versetzte ihn die Lage, als erster Innenminister der Bundesländer seiner Regierung eine ,,Landesdatenbank" mit Millionen eingespeicherter und jederzeit abrufbarer Daten zur Verfügung zu stellen. Als Weyer feststellen mußte, daß er damit den Neid der Parlamentarier weckte, die sich nach gleichen Informationsmöglichkeiten sehnten, machte er mit Hilfe eines ,,Terminals" im Landtag auch dem Parlament das gesamte Informationssystem zugänglich.

4.

Stellvertreter des Ministerpräsidenten und Innenminister blieb Weyer auch im zweiten und dritten Kabinett Meyers. Dann kam es Anfang Dezember 1966, wenige Monate nach Neuwahlen des Landtags, zum zweiten Mal durch Umschwenken der Liberalen von der Partnerschaft mit der Union zu der mit den Sozialdemokraten zu einer sozialliberalen Koalition, die nicht, wie unter Steinhoff, kaum mehr als zwei Jahre hielt, sondern nunmehr bereits dreizehn Jahre Bestand hat. Ministerpräsident wurde Heinz Kühn, obwohl er selbst am liebsten eine große Koalition mit der CDU eingegangen wäre. Das Verhältnis Weyer-Kühn war zunächst nur korrekt, bis sich auch diesmal beide Männer trotz unterschiedlicher Temperamente zu achten und später auch menschlich gegenseitig zu schätzen wußten. Weyers Bemühungen, die sozialliberale Koalition wieder aufleben zu lassen, wären allerdings vergeblich geblieben, wenn nicht die aus 99 direkt gewählten Abgeordneten zusammengesetzte und sehr selbstbewußte SPD-Fraktion der kleinen Koalition mit den Freien Demokraten eindeutig den Vorzug gegeben hätte. Daß Weyer Minister unter Karl Arnold, Fritz Steinhoff, Franz Meyers und Heinz Kühn war oder wurde, veranlaßte den CDU-Fraktionsvorsitzenden Wilhelm Lenz, der schon fest mit einer großen Koalition gerechnet hatte, zu der bissigen Bemerkung, Weyer sei ein ,,Minister Immergrün".

Ihn ließ die Apostrophierung allerdings ungerührt. Weyer wollte sich mit der Vollendung der von Arnold begonnenen und von Meyers und Dufhues fortgeführten Verwaltungsreform ein Denkmal besonderer Art setzen. Die regionale und die kommunale Neugliederung, abgerundet durch eine Funktionalreform, sollte ein Jahrhundert-Werk werden und ihn mit den großen Reformern Stein-Hardenberg in eine Reihe stellen. Weyer wollte Nordrhein-Westfalen mit Hilfe einer Städte-Verbandslösung nicht nur neu gliedern, sondern auch die Verwaltungsstruktur des größten Bevölkerungs- und Industrie-Ballungsraums konkurrenzfähiger machen. Aber Kleinkariertheit unter Kommunalpolitikern und Landtagsabgeordneten, Mißtrauen beim Koalitionspartner, den Sozialdemokraten, und — wie Weyer selbst nachträglich konstatierte — die Phantasiearmut der Experten in der Kommunalabteilung des Innenministeriums ließen seine gewiß ehrgeizigen Pläne scheitern. Dabei hatte Weyer möglichst viele gewachsene Städte und Gemeinden erhalten, sie zugleich aber durch ein Verbundsystem in die Lage versetzen wollen, den Problemen der Zukunft gerecht zu werden. Ähnlich wie die einzelnen Nationalstaaten in der Europäischen Gemeinschaft hätten auch die einzelnen Städte und Gemeinden, soweit sie einem Städteverbund angehörten, einen Teil ihrer Souveränität an die Verbandsgemeinschaft abgeben müssen. Dagegen aber liefen fast alle Betroffenen Sturm. Weyer mußte einsehen, daß er selbst für seine ebenso kühnen wie modernen Vorstellungen keine Mehrheit fand. Der „Macher" zog seine Konsequenzen. Als Demokrat vertrat er nunmehr die Alternativ-Lösung, das Kreis-Modell, allerdings ohne jenen großen Schwung, mit dem er als Reformer angetreten war. So blieb nicht nur die Regionalreform, deren erklärtes Ziel es zunächst war, die Zahl der Regierungsbezirke zu halbieren, bereits im Ansatz stecken, sondern auch mancher andere vernünftige Vorschlag zur kommunalen Neugliederung. Der einzige Erfolg der Regionalreform, die Auflösung des Regierungsbezirks Aachen, brachte Weyer nur Spott und Ärger ein. Aachener Kritiker attestierten ihm einen „preußischen Blick" und Europafeindlichkeit obendrein.

Um zu retten, was noch zu retten war, regte Weyer, der spürte, welche Gefahren sich auftürmen würden, wollte man eine kommunale Neugliederung nur mit der knappen Koalitionsmehrheit durchboxen, die Bildung eines „Zehner-Clubs" an, dem neben Regierungs- und Koalitionsvertretern auch solche der parlamentarischen Opposition angehörten. Das war eine Einrichtung in der verfassungsrechtlichen Grauzone, aber sie hat die Aufgabe erfüllt, die sonst dem Koalitionsausschuß der Regierungsparteien zufällt. Im Zehner-Club vorbesprochen und anschließend in den Fraktionen diskutiert, rauften sich Koalition, Opposition und Regierung mit wechselnden Mehrheiten zu Kompromissen zusammen. Was dem Innenminister Weyer während seiner Amtszeit versagt blieb, wird ihm inzwischen, da er sich aus der Landes- und Parteipolitik zurückgezogen hat, auch von seinen erbittertsten Gegnern von damals bestätigt, die Erkenntnis nämlich, daß die Städteverbandslösung doch viele Vorteile gehabt hätte. Und nachträglich bedauern dies vor allem diejenigen, die sich damals weigerten, bei einer Städteverbandslösung einige kommunale Kompetenzen abzugeben, während sie später mit der Kreis-Lösung ihre Selbständigkeit als Gemeinden verloren haben.

Obwohl Weyer innerlich darunter litt, daß die kommunale Neugliederung viele Ziele nicht erreicht hatte, setzte er sich anschließend mit großem Nachdruck für die Funktionalreform als Ergänzung der Gemeindereform ein. Wie kein anderer war er sich bewußt, daß ein Hinauszögern der Funktionalreform, die eigentlich synchron mit der kommunalen Neugliederung hätte erfolgen müssen, das gesamte Reformwerk zu einem Torso werden lassen würde. Damit wäre der Landtag allerdings ebenso überfordert gewesen wie die Kommunalabteilung des Innenministeriums. Als immer wieder neue zeitliche Verzögerungen eintraten, war Weyer selbst nicht mehr bereit, dieses im Vergleich zur kommunalen Neugliederung nicht minder schwierige Reformgeschäft zu vollenden. Als Einzelkämpfer, der Weyer im Innersten seines Herzens geblieben war, wollte er sich nicht länger von anderen Kräften, auf die er keinen Einfluß nehmen konnte (keinen unmittelbaren jedenfalls), sein weiteres Schicksal vorschreiben lassen.

5.

Der Mann, dessen politisches Leben sich ebenso durch seinen Drang zur Macht wie durch seinen ausgeprägten Sinn für Realitäten auszeichnet, fällte schon zu einer Zeit, in der andere noch an errungenen Machtpositionen klebten, die einsame, höchst persönliche Entscheidung, sich schrittweise aus den Positionen politischer und staatlicher Macht zurückzuziehen. 1973 wegen seiner außergewöhnlichen Verdienste um die Festigung des demokratischen und sozialen Rechtsstaates mit dem Schulterband des Großen Bundesverdienstkreuzes mit Stern ausgezeichnet, ersparte sich Weyer damit jene Demütigungen, die wenige Jahre später sein langjähriger Partner im Regierungsbündnis, Ministerpräsident Kühn, aus den eigenen Reihen so schmerzvoll erfahren mußte.

Sein politisches Testament hatte Weyer schon 1968 auf einem Landesparteitag in Dortmund vor der Öffentlichkeit hinterlegt, als er sich zu den preußischen Tugenden von Pflichterfüllung und Sparsamkeit bekannte und zugleich zur Verteidigung der nationalen Freiheit und der sozialen Ordnung aufrief, aber auch seinen Parteifreunden riet, das Nationalgefühl nie zu leugnen. Mit diesem politischen Credo hat Weyer eigentlich nur ausgesprochen, was ihn ein Leben lang bewegte. Als er 1956 nach zehnjähriger Zugehörigkeit zur FDP und der Bewährung in zahlreichen Parteiämtern den Führungsanspruch in der FDP anmeldete, begründete er diesen Schritt mit seiner Sorge um den Fortbestand einer selbständigen liberalen Partei. Friedrich Middelhauve dagegen zeigte sich, als das konstruktive Mißtrauensvotum gegen Karl Arnold zustande kam, nicht bereit, die Neigungsehe mit der CDU gegen ein Schutz- und Trutzbündnis mit den Sozialdemokraten einzutauschen. Middelhauve signalisierte damit einen Generationswechsel. Damals, Mitte der fünfziger Jahre, ging der politische Führungsanspruch langsam aus den Händen der Weimarer Generation an die Angehörigen der Generation über, die durch den Zweiten Weltkrieg und die Kriegsfolgen geprägt wurde. Die Liberalen und ehemaligen Staatsparteiler, die nach 1945 entscheidend zur Gründung und zum Aufstieg der Freien Demokratischen Partei beigetragen hatten — außer Middelhauve Landtagsvizepräsident Gustav Altenhain, der Haushaltsexperte der FDP Erich Unshelm und Kultusminister Prof. Paul Luchtenberg, um nur einige zu nennen —, zogen sich oft aus Altersgründen freiwillig aus der aktiven Politik zurück oder wurden von den jüngeren Kräften verdrängt. Als Weyer den Landesvorsitz von Middelhauve übernommen hatte, ging er an die Reorganisation des Landesverbandes. Rasch gelang es den ein Jahrzehnt lang organisatorisch schwachen Freien Demokraten, die Zahl ihrer Ortsverbände von 100 auf 500 zu erhöhen und mit der fünffachen Organisationsstärke die Zahl der Mitglieder von 9 000 auf 18 000 zu verdoppeln. Dennoch schaffte es auch die eindrucksvolle Wahlkampflokomotive Weyer, die, durch die ewige Zigarre symbolisiert, ständig unter Dampf zu sein schien, nicht, die Zahl der liberalen Wähler zu steigern. Sie konnte nicht einmal gehalten werden. Das lag allerdings nicht an Weyer, sondern an dem bundesweiten Abwärtstrend bei den Liberalen, der auch vor den Grenzen Nordrhein-Westfalens nicht Halt machte.

Weyer, der 1963, nach dem Tode von Wolfgang Döring, für fünf Jahre auch stellvertretender Bundesvorsitzender wurde, suchte diesem für die Liberalen existenzbedrohenden Trend gegenzusteuern, indem er sich darum bemühte, liberale Leitbilder der breiteren Öffentlichkeit wieder ins Bewußtsein zu bringen. Mit der Stiftung einer „Wolfgang-Döring-Medaille" sollte der frühverstorbene, unkonventionell frische, manchmal draufgängerische und doch wiederum verantwortungsbewußte Spitzenpolitiker posthum zum Aushängeschild der FDP gemacht werden. Um die Bedeutung und das Ansehen dieser Auszeichnung noch durch eine weitere Symbolfigur mit bundesweitem Respekt zu unterstreichen, fuhr Weyer nach Stuttgart, wo er Altbundespräsident Theodor Heuß dazu bewegen wollte, erster Träger dieser Medaille zu werden. Obwohl Heuß in seiner Amtszeit als Bundespräsident nicht selten aus der Distanz des Alters und der Weisheit heraus Dörings politisches Draufgängertum kritisch beobachtet hatte, nahm er an, allerdings unter der Voraussetzung, daß die Medaille nur einmal jedes Jahr an eine Persönlichkeit verliehen werden dürfte, die sich um die liberale Idee verdient gemacht oder durch liberale Haltung ausgezeichnet habe. Auf Heuß folgten Thomas Dehler und andere, Weyer selbst nicht ausgeschlossen.

Während Weyer noch mit starkem persönlichem Engangement als Innenminister und Landesvorsitzender um das Überleben und die organisatorische Festigung seiner Partei kämpfte, leitete er zugleich seinen Rückzug aus der Tagespolitik und seinen Übergang in die Gesellschaftspolitik ein, wie er sein sportpolitisches Engagement verstanden wissen will. Er spürte, daß er innerhalb seiner Partei eigentlich schon zum Denkmal geworden war, daß die Nachkriegsgeneration Führungsansprüche anmeldete, daß sich die Vorstellungen von liberalen Leitfiguren zu ändern begannen und daß dieser Auffassungswechsel vor allem in der Haltung der Jungdemokraten bemerkbar wurde, die sich immer mehr an Weyer und seinem Führungsstil innerhalb der Partei rieben. In dieser Situation, von der auch führende Politiker anderer Parteien nicht verschont blieben, zeigte Weyer viel Fingerspitzengefühl und taktisches Geschick. Um einen Kronprinzenstreit zu vermeiden, baute er selbst seinen Nachfolger auf. Es spricht für Weyer, daß er diesen aus der nächsten Generation auswählte und mit Horst Ludwig Riemer einen neuen Landesvorsitzenden aus der politischen Nachwuchsorganisation der Liberalen fand, aus der er selbst einmal gekommen war. Der für Außenstehende nahtlose Übergang von Weyer zu Riemer hat es nicht nur Weyer ermöglicht, sein Gesicht zu wahren, sondern auch die Partei vor Flügelkämpfen und damit zugleich vor der Gefahr bewahrt, unter die Fünf-Prozent-Hürde des Landtagswahlgesetzes gedrückt zu werden.

Früher und deutlicher als Weyer lieb sein konnte, hat sich sein Nachfolger im Landesvorsitz allerdings Weyers Vorstellungen widersetzt, auch ohne Amt weiterhin die personalpolitischen Weichen zu stellen. Als Weyer im Juni 1973 den Düsseldorfer Bürgermeister Hans Günter Deimel, den er schon als Innenminister nicht hatte durchsetzen können, wenigstens zum Düsseldorfer Regierungspräsidenten machen wollte, versagte ihm die junge Garde mit Riemer an der Spitze die Gefolgschaft. Anstelle von Deimel wurde mit Achim Rohde einer der engsten Mitarbeiter Riemers Regierungspräsident in Düsseldorf.

Als Weyer mit 55 Jahren den Landesverbandsvorsitz abgab, hatte er in seiner Partei dennoch „das Haus bestellt". Vor ihm waren schon andere Liberale gegangen, Männer wie seine ehemaligen Stellvertreter im Landesvorsitz, Heinz Lange und Siegfried Zoglmann, mit denen ihn nicht nur langjährige Zusammenarbeit, sondern auch persönliche Freundschaft verband. Der große Taktiker Weyer vermag sich auch heute noch nicht ganz von dem Vorwurf freizusprechen, daß er diese Männer, vor allem Lange, der zeitweilig Fraktionsvorsitzender im Landtag war, hätte für die FDP halten können. Er ist noch heute davon überzeugt, daß diese „Nationalliberalen" in der FDP mehr hätten erreichen können als nach ihrem Ausscheiden. Daß diejenigen, die damals ausscherten, weil sie ihre nationalen und liberalen Grundpositionen gefährdet sahen, inzwischen ebenfalls einsichtiger geworden sind, mag kein

Trost sein. Die beiderseitige tiefe, persönliche Enttäuschung läßt sich nicht mehr ungeschehen machen.

Dennoch hat Weyer, der 1972 aus der Führungsspitze der Partei und 1975 aus Landesregierung und Landtag ausgeschieden ist, nicht resigniert. Er trauert nicht verpaßten Chancen nach, auch nicht der für ihn reizvollen Aussicht, unter Bundeskanzler Schmidt als Nachfolger von Werner Maihofer das Bundesinnenministerium oder ein anderes Bonner Ministerium zu leiten. Ob bei den Jungdemokraten oder in der Freien Demokratischen Partei, ob im Regierungsamt als Minister und Stellvertreter des Ministerpräsidenten, ob als Mitglied des Verwaltungsrates des Westdeutschen Rundfunks oder in anderen öffentlichen Funktionen, als Präsident des Landessportbundes und jetzt seit Jahren als Präsident des Deutschen Sportbundes, immer war und ist Weyer nicht nur präsent, sondern auch prägnant. Die Art und Weise, wie Weyer seine Aufgaben ausfüllte, charakterisierte eine Frau, die Witwe eines bekannten Kölner Sportprofessors, Charlotte Diem, mit dem Wort: „Ein Mensch, der immer den Raum ausfüllt, den er betritt." Für diejenigen aber, die immer noch glauben, Weyer werde nach seinem „Ausflug in den Sport" wieder in die politische Arena zurückkehren, muß Weyer eine Enttäuschung sein. Wie Walter Scheel am Ende seiner Amtszeit als Bundespräsident sieht auch Willi Weyer als Sportbundpräsident für sich keine Rückkehr in die Parteipolitik. Nicht einmal ein Sitz im Europaparlament könnte ihn aus der selbstgewählten Distanz von der Tagespolitik herauslocken.

Der Beitrag über Willi Weyer basiert auf zweieinhalb Jahrzehnten kritischer Begleitung als mit Landespolitik befaßter Journalist, zahlreichen Weyer-Interviews und Protokollgesprächen zur Landesgeschichte, der Biographischen Dokumentation des Landtagsarchivs und Rundfunksendungen, außerdem der politischen Wolfgang Döring-Biographie von Wolfram Dorn und Wolfgang Wiedner, Der Freiheit gehört die Zukunft (Bonn 1974).

Die Autoren

Wolf Bierbach, geb. 1942 in Wuppertal-Elberfeld, Studium von Publizistik, Soziologie und Kunstgeschichte in Münster, Mitglied der Landesredaktion des WDR. – Schrieb Beiträge zur Rundfunkgeschichte, so „Von Wefag und Werag" und „Versuch über Ernst Hardt" in „Annalen des Westdeutschen Rundfunks", hrsgb.v.W.Först, Bd.2 (1974), stellte in Bd.3 (1978) Dokumente zur Nachkriegsgeschichte des WDR zusammen und erläuterte sie und legte in der Reihe „Rundfunkforschung", hrsgb.v.Studienkreis Rundfunk und Geschichte durch Winfried B. Lerg, Bd. 3 (1975), vor: „Die Rundfunkreformvorschläge von Reichsminister Carl Severing".

Walter Först, geb.1920 in Düsseldorf, nach dem Krieg bis 1948 beim Berliner „Tagesspiegel", dann Korrespondent in Nordrhein-Westfalen, seit 1951 beim NWDR Köln, späterem WDR, seit 1961 dort Leiter der Landesredaktion. – Schrieb u.a.: „Robert Lehr als Oberbürgermeister" (Düsseldorf 1962), „Geschichte Nordrhein-Westfalens" Band 1 (Köln u.Berlin 1970) und zahlreiche Beiträge in Sammelbänden und Zeitschriften zur Landes- und Kommunalgeschichte; Herausgeber von: „Rheinisch-westfälische Lesebücher" (4 Bde. 1965ff.). „Beiträge zur neueren Landesgeschichte des Rheinlandes und Westfalens " (7 Bde. 1967ff.) und „Annalen des Westdeutschen Rundfunks" (3 Bde. 1973ff.).

Karl Fischer, geb. 1920 in Liebeschitz, Bezirk Leitmeritz/Elbe, Redakteur im WDR-Hörfunk-Studio Düsseldorf. – Schrieb u.a.: „Ross, Rhein und Rose. 25 Jahre Nordrhein-Westfalen", hrsgb.v. Statistischen Landesamt (1971).

Marcel Gärtner, geb. 1931 in Berlin, 1949 Redakteur, später Ressortleiter bei der „Allgemeinen jüdischen Wochenzeitung" (Düsseldorf), 1959 Pressereferent im Landespresse- und Informationsamt der Landesregierung von Nordrhein-Westfalen, 1968 Redakteur im WDR-Hörfunk-Studio Düsseldorf, jetzt Auslandskorrespondent von WDR und NDR im Europa-Studio Brüssel.

Alfred Hartlieb von Wallthor, Dr.phil., geb. 1921 in Feldkirch, Wissenschaftlicher Direktor im Provinzialinstitut für Westfälische Landes- und Volksforschung, Lehrbeauftragter an der Universität Münster. – Schrieb u.a.: „Das Verhalten der Westfalen in den geistigen Umwälzungen der Neuzeit bis zur Mitte des 19.Jahrhunderts" (1958); „Höhere Schulen in Westfalen vom Ende des 15. bis zur Mitte des 19. Jahrhunderts" (1957); „Die landschaftliche Selbstverwaltung Westfalens in ihrer Entwicklung seit dem 18.Jahrhundert" (1965); „Die Schweizer Reise des Freiherrn vom Stein" (1969); „Der Freiherr vom Stein in Italien" (1969); Bearbeiter von „Freiherr vom Stein. Briefe und amtliche Schriften", Bde.VI (1965) und VII (1969).

Dietrich Höroldt, Dr.phil., geb. 1927 in Eisleben, 1959 Archivrat bei der Archivberatungsstelle des Landschaftsverbandes Rheinland in Köln, seit 1965 Direktor des Stadtarchivs und der Wissenschaftlichen Stadtbibliothek Bonn. – Schrieb u.a.: „Das Stift St. Cassius zu Bonn von den Anfängen bis zum Jahre 1580" (1957); „Inventar des Archivs der Pfarrkirche St.Lambertus in Düsseldorf" (1963); „Quellen zur älteren Geschichte von Hilden, Haan und Richrath" (mit Günter von Roden; Bd. 3 1964, Bd.4 1968, Bd.5 1973); „Kleine Geschichte der Stadt Bonn" (1967; 3. Aufl. mit Edith Ennen unter dem Titel „Vom Römerkastell zur Bundeshauptstadt" 1976); „Stadt und Universität. Rückblick aus Anlaß der 150 Jahr-Feier der Universität Bonn" (mit Josef Dietz und Hans Hennig Herzberg 1968); „25 Jahre Bundeshauptstadt Bonn. Eine Dokumentation" (1974).

Wolfram Köhler, Dr.phil., geb.1924 in Wüstegiersdorf in Schlesien, nach zehnjähriger Tätigkeit als Auslands-Korrespondent (Wien und Paris) seit 1971 Studioleiter des WDR in Düsseldorf. – Schrieb u.a.: „Das Land aus dem Schmelztiegel" (Düsseldorf 1961); „Der Chef-Redakteur – Theodor Wolff 1868-1942" (Düsseldorf 1978); „Annahme verweigert – das Volksbegehren in Nordrhein-Westfalen" (Düsseldorf 1978).

Horst Lademacher, Dr.phil., geb. 1931 in Ründeroth, Oberbergischer Kreis, 1958 Mitarbeiter am Internationalen Institut für Sozialgeschichte in Amsterdam, 1962 europäischer Beamter bei der Kommission der EWG in Brüssel, 1964 wissenschaftlicher Assistent am Institut für geschichtliche Landeskunde der Universität Bonn, 1969 Habilitation für neuere und neueste Geschichte, 1970 apl., 1972 o.Professor für neueste Geschichte an der Freien Universität Amsterdam, seit April 1979 o.Professor für neuere und neueste Geschichte an der Gesamthochschule Kassel. – Schrieb u.a.: „Wilhelm von Oranien als Statthalter in den Niederlanden 1572-1584" (1958); „Die Zimmerwalder Bewegung, Protokolle und Korrespondenz" (2 Bde. 1968); „Die Belgische Neutralität als Problem der europäischen Politik 1830-1914" (1970); „Die nördlichen Rheinlande von der Rheinprovinz bis zur Bildung des Landschaftsverbandes 1815-1935", in: Rheinische Geschichte, hrsgb. von Franz Petri und Georg Droege, Bd.2 (1976); „Moses Heß und seine Zeit" (1977), daneben zahlreiche Aufsätze und kleinere Beiträge zur Geschichte der Arbeiterbewegung, der europäischen Außenpolitik sowie zur geschichtlichen Landeskunde.

Paul Ludwig, geb. 1921 in Korsenz/Schlesien. Leiter des WDR-Studios Münster.

Rudolf Morsey, Dr.phil., geb. 1927 in Recklinghausen, Gymnasium Paulinum und Universität Münster, 1955 im höheren Schuldienst, 1957 bei der Kommission für Geschichte des Parlamentarismus und der politischen Parteien in Bonn, 1965 Habilitation, 1966 o.Professor für neuere Geschichte in Würzburg, seit 1970 an der Hochschule für Verwaltungswissenschaften Speyer. Vorsitzender der Kommission für Geschichte des Parlamentarismus und der politischen Parteien (Bonn) und der Kommission für Zeitgeschichte (Bonn). Schrieb u.a.: ,,Die oberste Reichsverwaltung unter Bismarck" (1957); ,,Der Interfraktionelle Ausschuß 1917/18", 2 Bde. (mit E.Matthias, 1959); ,,Die Regierung des Prinzen Max von Baden" (mit E.Matthias, 1960); ,,Die Deutsche Zentrumspartei 1917-1923" (1966); ,,Die Protokolle der Reichstagsfraktion und des Fraktionsvorstands der Deutschen Zentrumspartei 1926-1933" (1969); ,,Brüning und Adenauer" (1972); ,,Der Untergang des politischen Katholizismus 1932/33" (1977). Herausgeber bzw. Mitherausgeber u.a. von: ,,Das Ende der Parteien 1933" (1960, Nachdruck 1979); ,,Zeitgeschichte in Lebensbildern" (bisher 3 Bde., 1973 ff.); Veröffentlichungen der Kommission für Zeitgeschichte, bisher 52 Bde. (1965 ff.); ,,Adenauer-Studien", bisher 4 Bde. (1971 ff.),Quellen zur Geschichte des Parlamentariums und der politischen Parteien, 3.Reihe (bisher 4 Bde., 1974 ff.); ,,Verwaltungsgeschichte" (1977).

Carola Stern, geb. 1925 in Ahlbeck/Ostsee, bis 1951 u.a. als Lehrerin in der DDR, Studium der Politologie und Soziologie an der Freien Universität in Berlin, 1960 Leiterin des politischen Lektorats des Verlages Kiepenheuer & Witsch in Köln, seit 1970 Redakteurin beim WDR, Leiterin der Abteilung Kommentare und Faetures. – Schrieb u.a.: ,,Porträt einer bolschewistischen Partei" (1957); ,,Ulbricht, eine politische Biographie" (1964); ,,Willy Brandt" (rororo-Monographie 1975) –. Zusammen mit Heinrich Böll und Günter Grass Herausgeberin der Zeitschrift ,,L 76 – Demokratie und Sozialismus". Als Mitbegründerin von Amnesty International mit der Carl von Ossietzky-Medaille der Liga für Menschenrechte ausgezeichnet. 1978 Mitbegründerin der Gustav-Heinemann-Initiative.

Karl Teppe, Dr.phil., geb.1943 in Wuppertal, Wissenschaftlicher Assistent am Seminar für Geschichte/Politik an der Pädagogischen Hochschule Westfalen-Lippe, Abteilung Münster. – Schrieb u.a.: ,,Provinz – Partei – Staat. Zur provinziellen Selbstverwaltung im Dritten Reich, untersucht am Beispiel Westfalens" (Münster 1977); ,,Die Teilung Deutschlands und die Entstehung zweier deutscher Staaten" (mit Erich Kosthorst, Paderborn 1978); Aufsätze in Fachzeitschriften zur Verfassungs-, Verwaltungs- und Sozialgeschichte des 19. und 20.Jahrhunderts.

Abbildungsverzeichnis

Carl Severing	Bildstelle des DGB, Düsseldorf
Johannes Gronowski	Im Privatbesitz
Clemens August Graf von Galen	Bischöflich Münstersches Offizialat, Osnabrück
Rudolf Amelunxen	Archiv des Landtags NRW
Robert Lehr	Archiv des Landtags NRW
Bernhard Salzmann	Landschaftsverband Westfalen-Lippe Münster
Heinrich Drake	Staatsarchiv Detmold
Konrad Adenauer	Pablo-Bild, Düsseldorf
Karl Arnold	Archiv des Landtags NRW
Fritz Henßler	Archiv des Landtags NRW
Johannes Brockmann	Hans Gregor, Bochum-Querenberg
Walter Menzel	C. A. Stachelscheid, Düsseldorf
Hermann Wandersleb	Stadtarchiv Bonn
Erik Nölting	Archiv des Landtags NRW
Christine Teusch	Archiv des Landtags NRW
Josef Gockeln	Margulies, Düsseldorf
Gustav Heinemann	Stadtverwaltung Essen
Fritz Steinhoff	Archiv des Landtags NRW
Franz Meyers	Archiv des Landtags NRW
Heinz Kühn	Archiv des Landtags NRW
Willi Weyer	Eva Tüssmann, Pressestelle des Landtags NRW

Register